国家级高技能人才培训基地推荐教材

U0962900

船舶辅机电力拖动

主编　钱德福
主审　王功明

HEUP 哈爾濱工程大學出版社

内容简介

本书共分十章，主要内容包括：电力拖动基础；机械特性与转速特性；电动机的起动；电动机的电气制动；电动机的转速调节；电动拖动的过渡过程；控制电器与电动机基本控制电路；甲板机械与机舱辅机；起货机、绞缆机与锚机；船舶辅助锅炉的自动控制；制冷与空调；船舶舵机。

本书适用于船厂船舶电工和技师的培训或自学教材，也可用于船员考证培训及其他形式的职业教育和相关技术人员参考。

图书在版编目(CIP)数据

船舶辅机电力拖动/钱德福主编. —哈尔滨：哈尔滨工程大学出版社，2015.1

ISBN 978-7-5661-0993-4

Ⅰ. ①船… Ⅱ. ①钱… Ⅲ. ①船舶-电力传动-职业教育-教材 Ⅳ. ①U664.5

中国版本图书馆 CIP 数据核字(2015)第 026175 号

出版发行 哈尔滨工程大学出版社
社　　址 哈尔滨市南岗区东大直街 124 号
邮政编码 150001
发行电话 0451-82519328
传　　真 0451-82519699
经　　销 新华书店
印　　刷 哈尔滨市石桥印务有限公司
开　　本 787mm×1 092mm 1/16
印　　张 24.25
插　　页 2
字　　数 649 千字
版　　次 2015 年 1 月第 1 版
印　　次 2015 年 1 月第 1 次印刷
定　　价 50.00 元

http://www.hrbeupress.com

E-mail:heupress@hrbeu.edu.cn

序

高技能人才是企业人才队伍的重要组成部分，是建设海洋装备产业大军的优秀代表，是推动技术创新和科技成果转化的核心骨干，高技能人才培养工作一直是公司人才培养工作的重中之重。在我国启动首批建设“国家级高技能人才培训基地”评比中，沪东中华作为船舶行业唯一一家企业获此殊荣。在“国家级高技能人才培训基地”项目建设过程中，我们发现现有的技能人才培训教材重理论、轻实操，内容陈旧，缺少新技术、新工艺的讲解，已经不能满足企业产品升级的需求，公司迫切需要一套能够适应现代造船模式技能人才培训的教材。

本次出版的教材是沪东中华“国家级高技能人才培训基地”的配套教材，也是公司高级技能人才培养体系中的重要组成部分。为此，公司专门成立了教材编审委员会，组织了各领域的专家，结合生产实际情况和行业发展新趋势编写成书，内容涵盖了船舶电焊、船体装配、船舶电工三个专业，今后还将逐步完善其他工种的培训教材。本套教材注重操作和工艺知识的讲解，填补了国内同类技能人才培训教材的空白，主要作为企业相关工种培训的指导用书，也可供高职高专、技工学校等职前教育选用。

教材编写过程中得到了公司生产、技术部门领导和专家的大力支持，谨在此表示感谢！希望沪东中华各领域的精英积极将自己知识和经验的“金矿”“富矿”不断地转化为理论成果，公司也将为大家学习交流打造一个开放的平台。

由于时间比较仓促，教材难免有一些不完善之处，敬请各位读者不吝指正，使本套教材日臻完善。

沪东中华造船（集团）有限公司 副总经理

2014 年 3 月 11 日

编 写 说 明

本书为培训船舶高级电工编写,同时也兼顾有关电气技术人员参考的需要,着重讲述了电力拖动的基础知识和船舶辅机的电路分析,要求船电学员通过适当时间的培训能了解交、直流电动机的基本特性,掌握有关电动机的运行特点,学会阅读与船舶辅机有关的电路图,分析电路各元件的动作情况和元件参数变化的影响,为承担设备操作、调试、维修等工作打下基础。

书中第一部分是电力拖动的基础知识部分,分 1 至 6 章。第 1 至第 5 章分别叙述生产机械和电动机的机械特性,电动机启动、制动、调速和过渡过程,重点要求学员了解电力拖动的基本特点和工作情况。第 6 章介绍常用的电路元件和电力拖动的基本控制电路,要求学员掌握常用元件的特性和分析基本控制电路的工作情况。

书中第二部分叙述各类有关的船舶辅机,着重分析各控制电路的工作,对各辅机的结构只做简单介绍。要求学员了解辅机拖动电路的工作情况,并通过对典型设备的分析,学会阅读与分析较复杂控制电路的方法。

本书未涉及电动机容量、发热等与系统设计相关的内容,所考虑的阅读对象以操作、调试、维修有关电气设备的人员为主,也兼顾供有关设计人员参考。目前直流电动机在随动系统和较早的调速设备中尚有使用,本书关于直流电动机的有关内容,对这方面的工作人员还是必要的,但一般的电气传动已很少用直流电动机,可在教学中按培训要求予以取舍。

考虑学员的实际水平差参不齐,大多数学员的数学水平和电机学知识不足,在讲解某些电路前需要补充相关内容。为此本书在相应章节以"楷书"形式列入相关内容,建议按学员实际水平,予以补充讲解。

为了满足少数学员的学习要求,和有关设计人员参考需要,本书把较深入的内容以"仿宋体"形式列入。这部分内容对船舶电工可以略去。

对于不同层次电气工作人员培训与参考的需要,可考虑选择其中相关内容,建议:

中级船舶电工培训:

考虑以常用电力拖动设备为主,凡涉及数学推演的内容可从简,有关计算的内容可略去。

第一部分　电力拖动基础

　　第 1 章　全部

　　第 2,3,4 章　有关交流电动机部分的内容

　　第 5 章　第 1 ~ 5 节

　　第 6 章　第 4 节中的实用电路分析部分可从略

第二部分　甲板机械与机舱辅机

选择锚机、辅助锅炉、冷藏和单动操舵等内容。

高级船舶电工培训：

应包括本书所述的全部内容。其中与直流电动机相关内容可省略，若考虑到学员今后可能接触自动随动的拖动装置，也可作为基础知识列入培训范围，但不作为重点。对于书中以"楷书"形式列入的补充内容，若学员的实际水平较高，则可从略；而以"仿宋体"形式列入的内容则可从简或略去。

关于供设计者参考：

编者认为以下内容可供设计参考：

第1章　按电动机的铭牌（样本）数据推算电动机的特性；
　　　　交流绕线式电动机转子电阻的计算与误差修正。

第2章　直流电动机启动电阻计算步骤与实例；
　　　　交流鼠笼式电动机串电阻或电抗启动的计算；
　　　　交流鼠笼式电动机降压启动的电流、转矩与元件容量；
　　　　交流绕线式电动机启动电阻和启动电流的计算（转差比例法）。

第4章　交流电动机变极调速；
　　　　交流绕线式电动机调速电阻计算

第5章　过渡过程时间计算

第6章　基本控制电路与实用电路分析

以及以"仿宋体"形式列入的相关内容等。

编者

2014年10月

目　　录

第一部分　电力拖动基础

第二部分 甲板机械与机舱辅机

第一部分　电力拖动基础

拖动系统的构成　包括发动机(原动机)、传动机构和工作机械,其中前两项构成拖动装置。

电力拖动装置　由电动机包括它的控制设备和传动机构组成。

工作机械　工作机械是拖动装置的作用对象,对船舶机械来说主要有泵、通风机、压缩机、冷藏与空调、锅炉、起货机、起锚绞缆机、舵机和其他各特种设备等。

第1章　机械特性与转速特性

机械特性　机械特性是指转速与转矩之间的关系。

(1)电动机的机械特性是电动机转速与输出转矩之间的关系。

(2)生产机械的机械特性则是生产机械的转速与拖动它所需的负载转矩之间的关系。

转速特性　电动机转速与电流之间的关系,仅用于电动机。

1.1　生产机械的机械特性

1.1.1　按生产机械负载转矩的性质分

反抗性负载　负载转矩始终与旋转方向相反,即始终阻碍旋转的负载。

位能性负载　负载转矩的方向始终不变,与旋转方向无关的负载。

1.1.2　按负载转矩随转速变化的规律分

恒转矩负载　负载转矩恒定,不随转速变化。

恒功率负载　转速变化功率不变,负载转矩与转速成反比。

通风机型负载　负载转矩与转速的平方成正比,负载功率与转速的三次方成正比。

其他类型负载　不能归入上述典型特性的各种生产机械的机械特性。

1.1.3　各种机械特性举例

起货机　起吊货物属于位能性负载,负载为恒转矩。

各种离心式风机、离心泵、螺旋桨等　属于反抗性负载,负载转矩为通风机型负载。

电缆、纸张卷绕等　要求张力不变,卷绕速度不变,属于恒功率负载,反抗性:

$M_L = FR$,$Fv = M_L\omega$,并要求≈常数,即功率不变(图1-1)。

$$v = R\omega$$

$$M_L = \frac{Fv}{\omega}$$

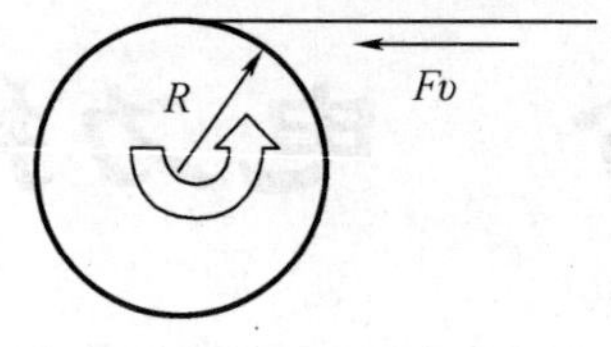

图1-1　纸张卷绕示意图

拖动直流他激发电机:转矩与转速成正比,归入其他类型,反抗性:

发电机电势　$E = C_e n\Phi$

负载电流　$I_a \approx \frac{C_e n\Phi}{R}$

拖动转矩　$M = C_M \Phi I_a = C_e \frac{C_M n\Phi^2}{R}$

当磁通 Φ 和负载电阻 R 不变时,　$M \propto n$

1.1.4　船舶辅机的基本性能(表1-1)

表1-1　船舶辅机的基本性能

负载类型	空载时的负载	启动时的负载转矩和负载特点
往复式活塞泵	30%～40%	重载启动,负载周期性变化且受缸数影响
离心泵(不注水)	7%～12%	轻载启动,通风机类型
离心泵(注水、关阀)	40%～50%	轻载启动,通风机类型
高压活塞式压缩机 关闭进气阀(无反压) 开启进气阀(有反压)	60%～70%	重载启动,负载周期性变化且受缸数影响 额定负载的三分之二 额定负载
低压活塞式压缩机 关闭进气阀(无反压) 开启进气阀(有反压)	50%	重载启动,负载周期性变化且受缸数影响 额定负载的二分之一 额定负载
离心式风机	40%	轻载启动,通风机类型,关闭出风口则负载减小
轴流式风机	40%	轻载启动,通风机类型,关闭出风口则负载增大

1.1.5　生产机械的机械特性图例(图 1－2)

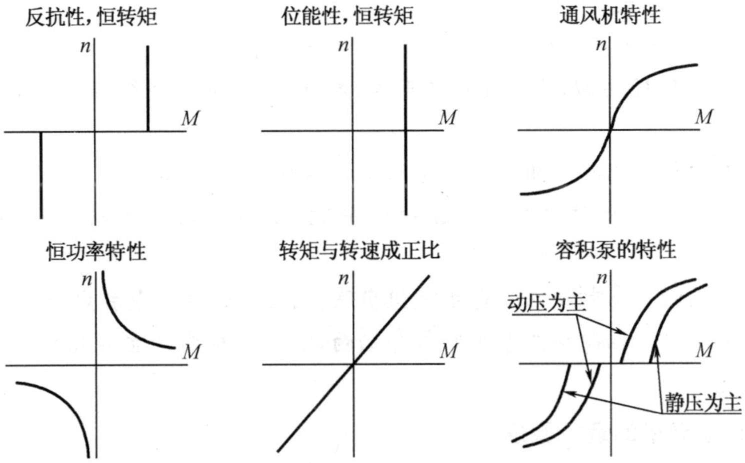

图 1－2　机械特性图例

1.2　电动机的机械特性

补充内容:复习直流电动机

附 1　直流电动机的工作原理(图 1－3)

接通电源后,通过电刷使电枢导线上通过电流 I_a,按左手定则导线受力使电动机的电枢按箭头 n 方向旋转,即可带动负载。

电枢旋转后,导线切割磁力线产生感应电动势,其方向按右手定则与电源电压相反(抵消),限制电流增大。

电动机的电磁转矩　　$M = C_M \Phi I_a$

电动机的感应电动势　　$E = C_e \Phi n$

其中　　$C_e = \dfrac{PN}{60a}$,　$C_M = \dfrac{PN}{2\pi a}$,　$C_M = \dfrac{60}{2\pi} C_e \Phi = 9.55 C_e \Phi$

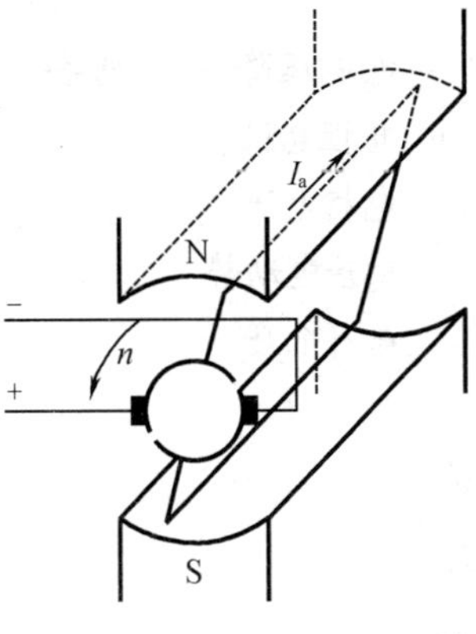

图 1－3　直流电机原理示意图

P——磁极对数；

N——电枢导线总数；

a——电枢绕组并联支路数。

实际电动机的磁场由励磁绕组通电产生，按产生磁场的绕组接法不同，直流电动机分为：

他激直流电动机　励磁绕组由独立电源供电，励磁电压固定不变。

并激直流电动机　励磁绕组与电枢绕组并联，由同一电源供电，励磁电压基本固定不变。

串激直流电动机　励磁绕组与电枢绕组串联，励磁电流等于电枢电流。

复激直流电动机　励磁绕组分串励与并励两部分，电机内的主磁场由这两部分绕组的合成磁势产生。

附2　直流电动机的运行原理

1. 电枢反应

电动机运行时，电枢流过电流，产生电枢磁势，在与主磁通垂直的方向产生磁通 Φ_a 与主磁场 Φ 合成，引起磁场畸变，使合成磁场的物理中性线逆旋转方向移过某一角度，磁极中的磁通一侧增大，另一侧减少。

当电动机负载较大，即电枢电流较大时，磁极一侧饱和，饱和侧磁通的增加较少，而另一侧磁通减少较多，造成合成磁通总量减少。

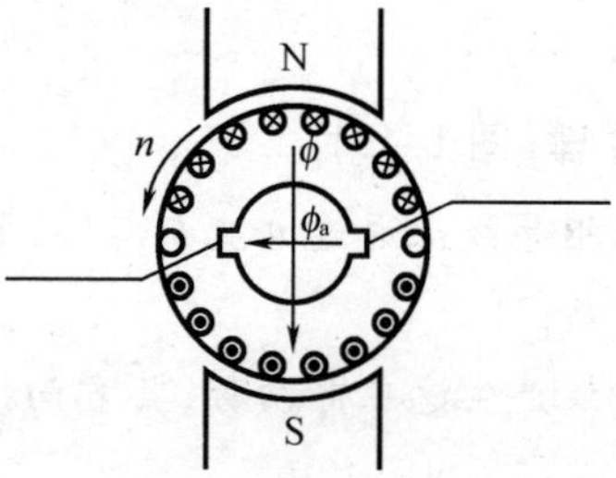

图1-4　电枢反应示意图

2. 电势平衡

$$U = E + I_a R_a + 2\Delta U = C_e \Phi n + I_a R_a + 2\Delta U$$

- U —— **电源电压**
- E —— **感应电动势**
- I_a —— **电枢电流**
- R_a —— **电枢电阻**
- $2\Delta U$ —— **电刷压降(一般略去)**

3. 转矩平衡

$$M = M_2 + M_0$$

- M —— **电磁转矩**
- M_2 —— **输出转矩**
- M_0 —— **空载转矩**

过渡过程状态

$$M=M_2+M_0+M_{dy}=M_2+M_0+J\frac{\mathrm{d}\omega}{\mathrm{d}t}$$

dω——角速度的微分
dt——时间的微分
J——转动惯量
M_{dy}——动态转矩

4. 功率平衡

输入功率

$$P_1=P_M+p_{\mathrm{Cuf}}+p_{\mathrm{Cua}}+p_{\mathrm{S}}$$

p_{S}——电刷损耗
p_{Cua}——电枢铜损耗
p_{Cuf}——励磁铜损耗
P_M——电磁功率

电磁功率

$$P_M=P_2+p_0$$

p_0——空载损耗
P_2——输出功率

5. 转矩—功率关系式

$$M=9550\frac{P}{n}$$

P——功率 (kW)
n——转速 (r/min)
M——转矩 (N•m)

$$M=974\frac{P}{n}$$

P——功率 (kW)
n——转速 (r/min)
M——转矩 (N•m)

附 3　直流电动机的铭牌数据

型号；　额定功率；　额定电压；　额定电流；　额定转速；
励磁方式；　励磁电压；　励磁电流；　效率；
以及运行方式，防护方式，冷却方式，绝缘等级等。

1.2.1　电动机机械特性分类

电动机机械特性是指电动机转速 n 与输出转矩 M_2 之间的关系，即函数 $n=f(M_2)$ 其中 $M_2=M-M_0$，由于空载转矩 M_0 的比例很小（约 2% ~5%）常把电动机转速与电磁转矩 M 之间的关系 $n=f(M)$ 看作电动机的机械特性。

绝对硬特性：转矩变化转速不变。

硬特性：转矩增大转速略有下降。

软特性：转矩增大转速下降很快。

上翘特性：转速随转矩增大而升高；此种特性的电动机极少应用，一般应予避免。

1.2.2　直流并（他）激电动机的特性

（1）特性表达式

转速特性表达式

$$n=\frac{U-I_aR}{C_e\Phi}=n_0-\Delta n$$

机械特性表达式

$$n=\frac{U}{C_e\Phi}-\frac{R}{C_eC_M\Phi^2}M=n_0-\Delta n$$

由电势平衡方程式 $U=C_e\Phi n+I_aR$ 可直接推出转速特性表达式。

由转矩关系式 $M=C_M\Phi I_a$ 得到 $I_a=\frac{M}{C_M\Phi}$ 代入转速特性即可推得机械特性表达式。

直流并(他)激电动机的机械特性和转速特性都是一条下降的直线,即 $n=n_0-\Delta n$,转速降落 Δn 与电枢回路的电阻 R 成正比。

电枢回路不串外加电阻时 $R=R_a$,电阻很小,转速降少,转速特性和机械特性都是硬特性。因未串联外加电阻,不改变电动机本身性能,称之为"自然特性"或"固有特性"。

电枢回路串外加电阻时 R 增大,转速降增多,外加电阻大则特性变为软特性;外加电阻小,则接近硬特性;因串入外加电阻,改变了电动机本身性能,称之为"人工特性"。

(2)由铭牌数据估算直流并(他)激电动机的特性

铭牌数据:额定电压 U_N;额定电流 I_N;额定转速 n_N;额定功率 P_N;效率 η。

①电枢电阻 R_a

若有实际电动机,可做实际测量,取得准确的电阻值(折算到温度 75 ℃的值)。

在无法取得实际数据时,可按下列各经验公式估算

直流并(他)激电动机　　$R_a=0.5(1-\eta)\frac{U_N}{I_N}\quad(\Omega)$

直流串激电动机　　$R_a=0.75(1-\eta)\frac{U_N}{I_N}\quad(\Omega)$

直流复激电动机　　$R_a=0.6(1-\eta)\frac{U_N}{I_N}\quad(\Omega)$

②额定励磁电流 I_f 与额定电枢电流 I_{aN}

已有实际电动机,应测量励磁绕组电阻 R_f(折算到温度 75 ℃的值),求出额定励磁电流 $I_f=\frac{U_N}{R_f}$。

额定电枢电流 $I_{aN}=I_N-I_f\quad(\mathrm{A})$

③求 $C_e\Phi$ 与 $C_M\Phi$ 值

$$C_e\Phi=\frac{U_N-I_{aN}R_a}{n_N}\qquad C_M\Phi=9.55C_e\Phi$$

④直流并(他)激电动机的自然特性

转速特性

$$n=\frac{U-I_aR_a}{C_e\Phi}\quad(\mathrm{r/min})$$

机械特性

$$n=\frac{U}{C_e\Phi}-\frac{R_a}{C_eC_M\Phi^2}M\quad(\mathrm{r/min})$$

把上述求得的数据代入,就得到电动机的特性表达式,并可归纳为 $n=n_0-\Delta n$。

⑤额定电磁转矩

$$M_N=C_M\Phi I_{aN}=9.55C_e\Phi I_{aN}\quad(\mathrm{N\cdot m})$$

⑥ 额定转矩(输出转矩)

$$M_{2N}=9.55\frac{P_N}{n_N}\quad(\mathrm{N\cdot m})$$

⑦空载转矩

$$M_0=M_N-M_{2N}\quad(\mathrm{N\cdot m})$$

(3)求机械特性举例

并激电动机铭牌数据:额定电压 $U_N=220\mathrm{V}$;额定电流 $I_N=152\mathrm{A}$;额定转速 $n_N=1\ 000\ \mathrm{r/min}$;额定功率 $P_N=30\ \mathrm{kW}$;效率 $\eta=0.9$;并激绕组电阻 $R_f=110\ \Omega$。

①估算 R_a

$$R_a=0.5(1-\eta)\frac{U_N}{I_N}=0.5(1-0.9)\frac{220}{152}=0.072\ 4(\Omega)$$

②额定励磁电流 I_f 与电枢电流 I_{aN}

额定励磁电流
$$I_f=\frac{U_N}{R_f}=\frac{220}{110}=2(\mathrm{A})$$

额定电枢电流
$$I_{aN}=I_N-I_f=152-2=150(\mathrm{A})$$

③求 $C_e\Phi$ 与 $C_M\Phi$ 值

$$C_e\Phi=\frac{U_N-I_{aN}R_a}{n_N}=\frac{220-150\times0.072\ 4}{1\ 000}=0.209\ 14$$

$$C_M\Phi=9.55C_e\Phi=9.55\times0.209\ 14=1.997\ 3$$

④直流并(他)激电动机的自然特性

转速特性

$$n=\frac{U-I_aR_a}{C_e\Phi}=\frac{200-0.072\ 4I_a}{0.209\ 14}=1\ 052-0.346\ 2I_a(\mathrm{r/min})$$

机械特性

$$n=\frac{U}{C_e\Phi}-\frac{R_a}{C_eC_M\Phi^2}M=\frac{200}{0.209\ 14}-\frac{0.072\ 4}{0.209\ 14\times1.997\ 3}M=1\ 052-0.173\ 32M(\mathrm{r/min})$$

⑤额定电磁转矩

$$M_N=C_M\Phi I_{aN}=1.997\ 3\times150=299.6(\mathrm{N\cdot m})$$

⑥额定转矩(输出转矩)

$$M_N=9\ 550\frac{P_N}{n_N}=9\ 550\frac{30}{1\ 000}=286.5(\mathrm{N\cdot m})$$

⑦空载转矩

$$M_0=M_N-M_{2N}=299.6-286.5=13.1(\mathrm{N\cdot m})$$

特性曲线:并(他)激电动机的转速特性和机械特性都是直线,只需确定两点即可画出整条曲线。

若要计算电枢串联电阻后的特性(人工特性),只需要把上列各式中的 R_a 换成电枢回路的总电阻 R 即可。

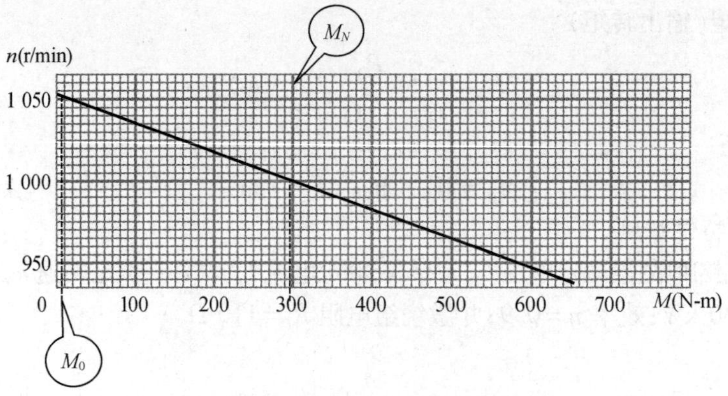

图1-5　直流并激电动机的机械特性

1.2.3　直流串激与复激电动机的特性

(1)串激电动机

串激电动机的励磁电流与电枢电流相等,磁通 Φ 随电枢电流变化,由于磁路的饱和特性,磁通与电枢电流的关系为非线性,因此不能简单地用数学公式计算。

电枢电流较小,磁路不饱和时,磁通与电流成正比,$\Phi = C_{\Phi} I_a$ 则有

$$U = C_e \Phi n + I_a R_a = C_e C_{\Phi} I_a n + I_a R_a$$

串激电动机不饱和时的转速特性

$$n = \frac{U}{C_e C_{\Phi} I_a} - \frac{R_a}{C_e C_{\Phi}}$$　转速与电枢电流成反比。

将 $M = C_M \Phi I_a = C_M C_{\Phi} I_a^2; I_a = \sqrt{\frac{M}{C_M C_{\Phi}}}$ 代入上式得到串激电动机不饱和时的机械特性:

$$n = \frac{U\sqrt{C_M C_{\Phi}}}{C_e C_{\Phi}\sqrt{M}} - \frac{R_a}{C_e C_{\Phi}}$$　转速与转矩的平方根成反比。

电枢电流很大时,磁路饱和,磁通保持定值 Φ_S 则有

$$U = C_e \Phi_S n + I_a R_a$$

串激电动机饱和时

转速特性
$$n = \frac{U}{C_e \Phi_S} - \frac{R_a}{C_e \Phi_S} I_a$$

机械特性
$$n = \frac{U}{C_e \Phi_S} - \frac{R_a}{C_e C_M \Phi_S^2} M$$

电流很大时,转速特性和机械特性是一条下降的直线,这部分的特性与并激电动机相似。

直流串激电动机实际的特性只能用曲线表示,并用图解法进行分析,只有对各特定区段,可用数学解析式作近似分析。

直流串激电动机空载时电枢电流很小,电机的磁通也很小,因此空载转速极高,一般可达额定转速的5~6倍,以后随着负载增大,转速迅速下降,它的机械特性是软特性。为避免转速过高,对电动机和设备造成危害,直流串激电动机不允许空载,也不允许用皮带或链条传动。

直流串激电动机特性曲线的形状如图 1 - 6 所示。

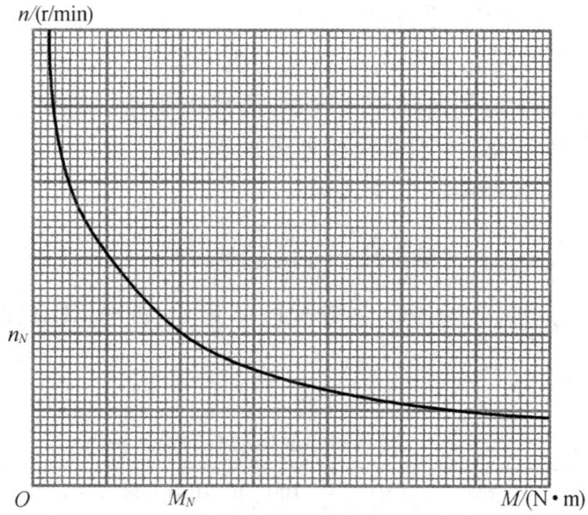

图 1 - 6　直流串激电动机的机械特性

(2)复激电动机

复激电动机的励磁绕组分两部分,一部分为并激绕组产生固定的磁通,另一部分为串激绕组,产生的磁通随电枢电流变化,它的特性介于并激与串激之间。在复激电动机中,串激成分占主要地位的电动机称为强复激电动机,其特性为软特性,串激成分较少的则为硬特性。

复激电动机的特性曲线形状如图 1 - 7 所示。

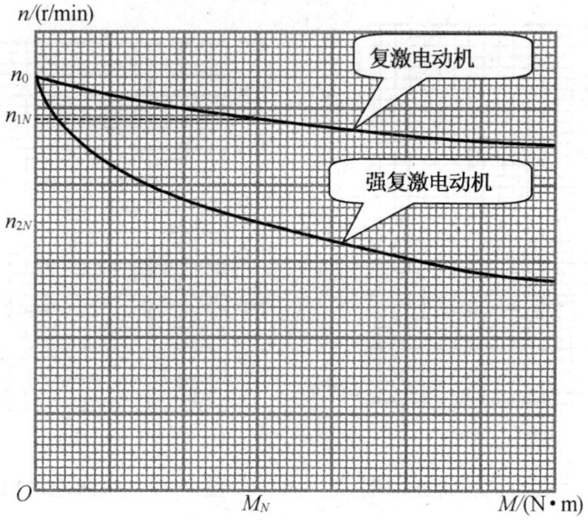

图 1 - 7　直流复激电动机的机械特性

复激电动机在空载时有并激磁场存在,有固定的空载转速,允许空载运行。由于它还有串激磁场的加磁作用,可以抵消电枢电流的减磁作用,可消除由电枢反应引起的特性上翘,使电动机的运行更加稳定。

复激电动机的电路连接须注意保证并激绕组与串激绕组磁场极性一致。否则串激磁势与并激磁势抵消,负载增大时,磁通减少,会造成飞车。要使复激电动机反转,只可单把电枢绕组反接,或把并激和串激励磁绕组同时反接,以保证并、串激极性的一致。千万不可单独把并激绕组反接或把串激绕组与电枢绕组一起反接。

(3)串、复激电动机的通用特性曲线

由于串、复激电动机的磁路饱和情况随电动机的设计和制造工艺而变化，它们的机械特性与转速特性都不能简单地用数学公式表示，需要由制造厂提供。通常制造厂对同一系列电动机提供通用的特性数据，并用曲线或列表来表示。

制造厂提供的通用特性都用标幺值表示

$$标幺值 = \frac{实际值}{额定值} \times 100\%$$

例如：某系列串激电动机的通用特性如表 1-2 所示，苏联 КПД 型复激电动机特性如表 1-3 所示。

表 1-2　某系列串激电动机的通用特性

I^* %	20	40	60	80	100	120	140	160	180	200
n^* %	295	152.5	121	107.5	100	94.5	90	85.5	81.6	78.3
M^* %	6	26	49	74.5	100	127.5	154	182.5	210	238.5

根据表 1-2 所列数据，可画出机械特性（图 1-8）和转速特性（图 1-9），也可画出电流与转矩之间的关系曲线。电动机的实际转速、电流、转矩等于上表所列的标幺值与额定值的乘积。

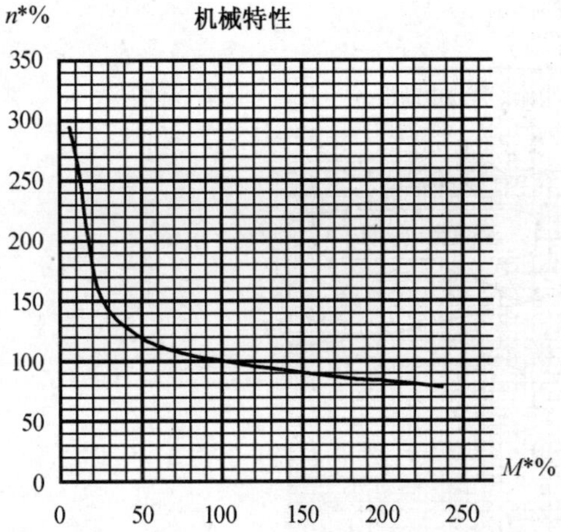

图 1-8　串激电动机的机械特性图例

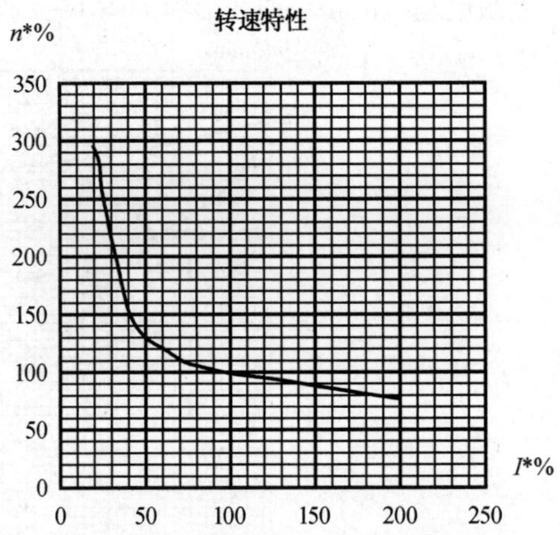

图 1-9　串激电动机的转速特性图例

表 1-3　苏联 КПД 型复激电动机特性

I^* %	M^* %	n^* %
0	0	140
10	5	134
20	12	128
40	28	117

表 1－3(续)

I^*%	M^*%	n^*%
60	52	109
80	75	104
100	100	100
120	125	97
140	150	94
160	175	91
180	200	88
200	225	86.5

(4)复激电动机特性作图例(按 ZZY－H 通用特性)

已知:复激电动机:额定功率 10 kW;额定电压 220 V;额定电流 55.5 A;额定转速 750 r/min,如表 1－4 所示。

作:$n-M$,$n-I$,$M-I$ 曲线。

转速特性:按通用特性与额定值乘积作图,如图 1－10 所示。

表 1－4　上海南洋电机厂 ZZY－H 型特性

I^*%	M^*%	n^*%
0	0	135
10	7	129
20	16	124
40	37	116
60	58	109
80	78	104
100	100	100
120	122	98
140	144	96
160	166	93
180	187	91
200	208	89

机械特性:先求额定转矩

$$M = 9\ 550 \times \frac{10}{750} = 127.3\ \text{N} \cdot \text{m}$$

再按通用特性与额定值乘积作图。

转矩与电流的关系曲线:按各转速值所对应的转矩与电流在直角坐标上取点作图。

上例的数据如表 1 –5 所示。

表 1 –5　上海南洋电机厂 ZZY – H 型特性

I	0	5.55	11.1	22.2	33.3	44.4	55.5	66.6	77.7	88.8	99.9	111
M	0	8.9	20.4	47.1	73.8	99.3	127.3	155.3	183.3	211.3	238.1	264.8
n	1 012	968	930	870	818	780	750	735	720	698	683	668

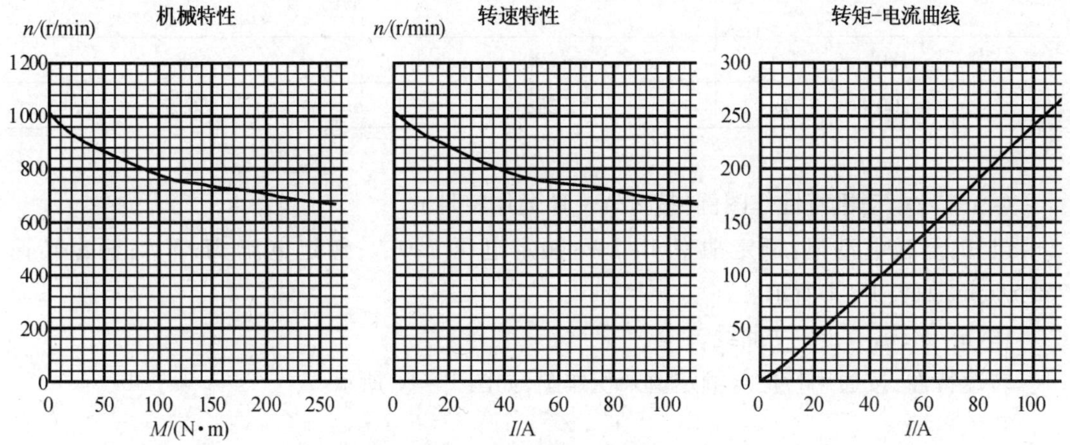

图 1 –10　复激电动机的特性图例

补充内容:复习异步电动机的工作原理

附 1　三相旋转磁场

在空间相隔 120°(电角)分布的三相绕组,如图 1 –11 所示,通以对称三相交流电后,在空间形成顺相序方向旋转的旋转磁场,该旋转磁场具有下列特点:

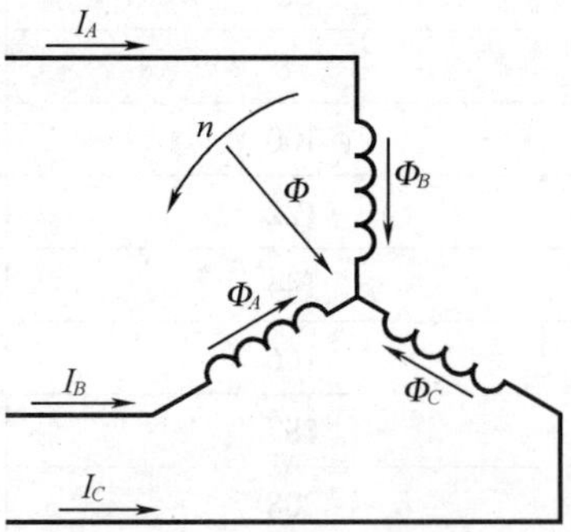

图 1 –11　三相旋转磁场的形成

①旋转磁场的幅值恒定,为单相绕组磁场振幅的 1.5 倍。

②旋转磁场的旋转方向与所通电流的相序方向一致,更换电流相序,磁场向反方向旋转。

③当某相绕组电流达到最大值时,旋转磁场的方向与该绕组所产生的磁场方向一致。

④旋转磁场的旋转速度与电流的频率成正比，与电动机的磁极对数成反比。

$$n_1 = \frac{f}{P} \quad \text{r/s(转/秒)} \qquad n_1 = \frac{60f}{P} \quad \text{r/min(转/分)}$$

三相旋转磁场的图示说明：

三相旋转磁场是由每一相电流流过线圈所产生的磁场在空间叠加形成的。

各相电流波形及各相电流波在空间的指向如图 1－12 所示。

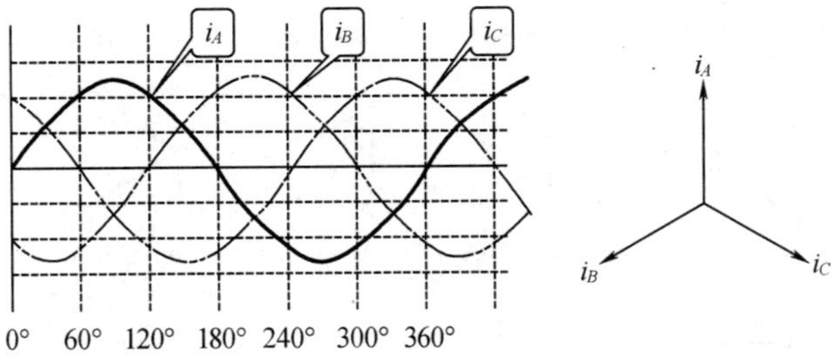

图 1－12　三相瞬时电流及三相空间方向图

①各相励磁电流(表 1－6)

表 1－6

ωt	i_A	i_B	i_C
0°	0	−0.866	0.866
30°	0.5	−1	0.5
60°	0.866	−0.866	0
90°	1	−0.5	−0.5
120°	0.866	0	−0.866
150°	0.5	0.5	−1
180°	0	0.866	−0.866
210°	−0.5	1	−0.5
240°	−0.866	0.866	0
270°	−1	0.5	0.5
300°	−0.866	0	0.866
330°	−0.5	−0.5	1
360°	0	−0.866	0.866

②合成磁势矢量图(图 1－13)

从上列磁势合成矢量图看出，合成磁势 F 随时间的推移在空间按三相绕组所布置的位置次序旋转，每经过交流电一个周期旋转一周电角度。

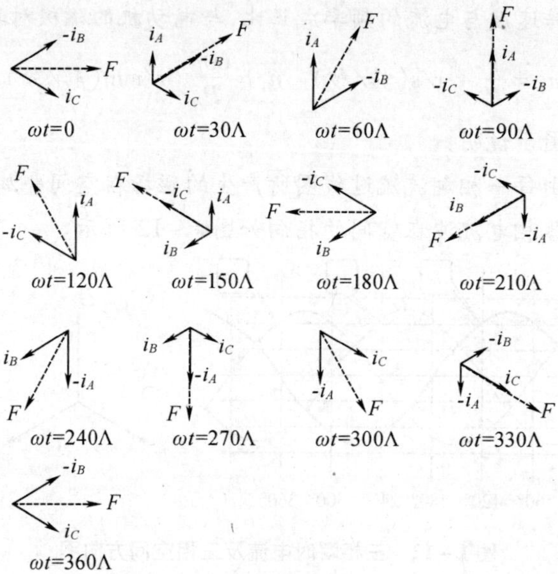

图 1－13　三相旋转磁场的合成方向

③旋转磁场的数学分析

假设在时间的起始点，A 相的磁势是最大值，则

各相励磁磁势

$$F_A = i_A W = IW\cos\omega t$$

$$F_b = i_b W = IW\cos(\omega t - 120°)$$

$$F_C = i_C W = IW\cos(\omega t + 120°)$$

各相励磁磁势在合成磁势 F 方向(θ)的分量，如图 1－14 所示

$$F'_A = i_A W = IW\cos\omega t\cos\theta$$

$$F'_b = i_b W = IW\cos(\omega t - 120°)\cos(120° - \theta)$$

$$F'_C = i_C W = IW\cos(\omega t + 120°)\cos(120° + \theta)$$

W 为绕组的匝数。

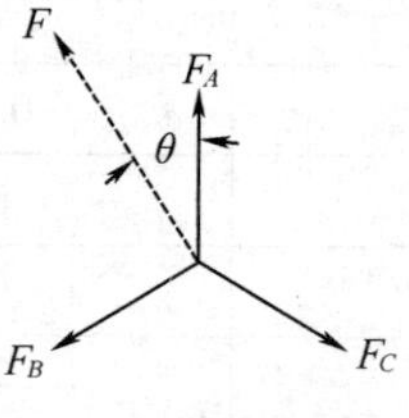

图 1－14　旋转磁场方向

在 θ 方向的合成磁势 F

$$\begin{aligned}F &= F'_A + F'_b + F'_C \\ &= IW\cos\omega t\cos\theta + IW\cos(\omega t - 120°)\cos(120° - \theta) + IW\cos(\omega t + 120°)\cos(120° + \theta) \\ &= 0.5IW\{[\cos(\omega t + \theta) + \cos(\omega t - \theta)] + [\cos(\omega t - \theta) + \cos(\omega t + \theta - 240°)] + \\ &\quad [\cos(\omega t + \theta + 240°) + \cos(\omega t - \theta)]\} \\ &= 1.5IW\cos(\omega t - \theta)\end{aligned}$$

即合成磁势的振幅为 1.5IW(单相磁势的 1.5 倍),在空间的方向为 $\theta=\omega t$。

注:上式中

$$\begin{aligned}&\cos(\omega t+\theta)+\cos(\omega t+\theta-240^\circ)+\cos(\omega t+\theta+240^\circ)\\=&\cos(\omega t+\theta)+[\cos(\omega t+\theta)\cos240^\circ+\sin(\omega t+\theta)\sin240^\circ]+\\&[\cos(\omega t+\theta)\cos240^\circ-\sin(\omega t+\theta)\sin240^\circ]\\=&\cos(\omega t+\theta)+[-0.5\cos(\omega t+\theta)]+[-0.5\cos(\omega t+\theta)]=0\end{aligned}$$

附 2　异步电动机的基本工作原理

交流三相异步电动机的定子绕组通以对称三相交流电流,在电动机内部产生旋转磁场。该旋转磁场与电动机的转子产生相对运动,磁场切割转子导体,在转子导体中产生感应电动势,感应电动势的方向由右手定则确定。异步电动机的转子导体是连成通路的,在感应电动势的作用下,在导体中流过感应电流,该电流与旋转磁场相互作用,使导体受力,按左手定则所确定的方向使转子受力旋转,其转向与旋转磁场的转向一致。

据上所述,异步电动机转子导体的受力,来源于转子导体与旋转磁场的相对运动,因此除非有外力拖动,它的旋转速度不可能和旋转磁场一致,即不可能达到同步转速。这也是"异步电动机"名称的由来。

同步转速与异步电动机转速之差占同步转速的比值,叫作转差率,用 s 表示

$$s=\frac{n_1-n}{n_1}$$

其中,n_1 为同步转速,n 为电动机转速。

异步电动机的转速、转差率和所处的运行状态如下:

$n=0$	$s=1$	电动机堵转
$n=n_1$	$s=0$	理想空载状态
$n<0$	$s>1$	电动机反转,倒拉反接制动
$0<n<n_1$	$1>s>0$	电动机工作状态(其中尚有稳定与不稳定工作区之分,待后说明。)
$n>n_1$	$s<0$	转速超过同步转速,电动机反馈发电,再生制动

附 3　异步电动机的等效电路

① 定子与转子通过磁场相互联系

图 1-15:定子绕组(每相)　定子电阻 r_1　定子漏抗 x_1

转子绕组(每相)　转子电阻 r_2　转子漏抗 x_2

异步电动机的三相绕组是对称的,它的等效电路可只考虑其中一相。

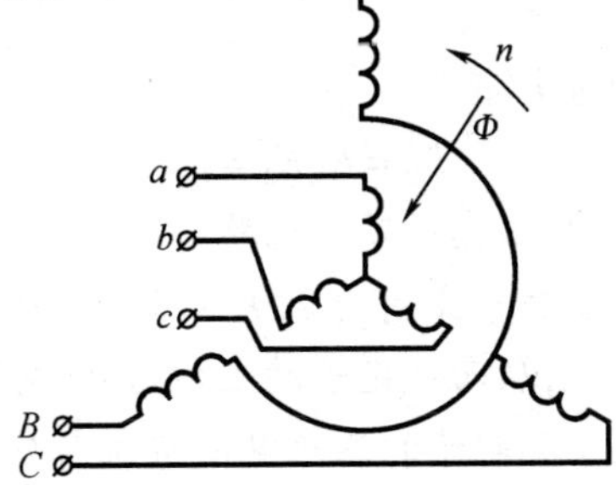

图 1-15　定、转子的电磁联系

②转子绕组开路状态的等效电路

定子绕组加上电压 U_1,(在等效电路中考虑一相,每一相上所加的是相电压)在绕组中流过励磁电流 I_0 并产生磁通 Φ(三相磁通合成为旋转磁场)。

旋转磁场以同步转速切割定子绕组,在定子绕组中产生感应电动势 E_1,E_1 的方向与电源电压相反。

电压 U_1 应与感应电动势 E_1 和定子绕组的电压降相平衡,即

$$U_1 + E_1 - I_0(r_1 + jx_1) = 0 \quad 或 \quad U_1 = -E_1 + I_0(r_1 + jx_1)$$

旋转磁场也切割转子导体,在转子导体中产生感应电动势 E_2,当转子在开路状态 E_2 没有通路,转子导体中没有电流,对旋转磁场和定子感应电动势都没有影响。

转子开路状态的等效电路和矢量如图 1－16 所示。

由等效电路可见,感应电势可用励磁电流流过等效励磁阻抗表示,即 $E_1 = I_0(r_m + jx_m)$。

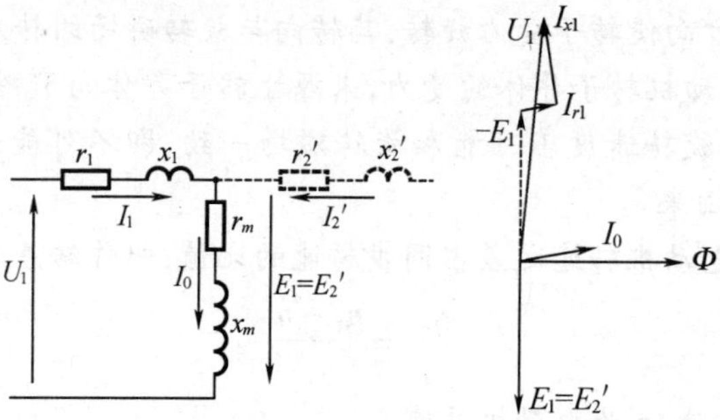

图 1－16　异步电动机转子绕组开路状态的等效电路及相量图

$$E_1 = 4.44 f k_{P1} W_1 \Phi$$

式中　k_{P1}——定子绕组系数;

W_1——定子绕组匝数;

Φ——磁通量。

定子感应电动势的大小与磁通成正比,与电源频率成正比,与定子绕组的等效匝数(匝数与绕组系数的乘积)成正比。

转子感应电动势 $E_2 = 4.44 f k_{P2} W_2 \Phi$,以下与变压器的初次级变换相类似,引入电压变换系数 K_E

$$K_E = \frac{k_{P1} W_1}{k_{P2} W_2}$$

式中,k_{P2} 为转子绕组系数。

则折算到定子的转子感应电动势 E_2'

$$E_2' = K_E E_2 = E_1$$

③转子绕组短路、电动机堵转状态的等效电路

与转子开路的不同之处在于转子上有电流 I_2 流过,I_2 也在电动机内部产生磁场,这一磁场按楞次定律与定子磁场相反,从而使定子的主磁通 Φ 减弱,这就是转子电流的反应。

转子电流反应的结果使定子和转子的感应电动势都与磁通成比例减小,转子开路的电压平衡状态 $U_1 = -E_1 + I_0(r_1 + jx_1)$ 遭到破坏。这时定子电流 I_1 就会自动增大,以抵消转子电流 I_2 的作用,使电路重新达到平衡,即达到 $U_1 = -E_1 + I_1(r_1 + jx_1)$。

堵转状态的等效电路和矢量图如图 1－17 所示。

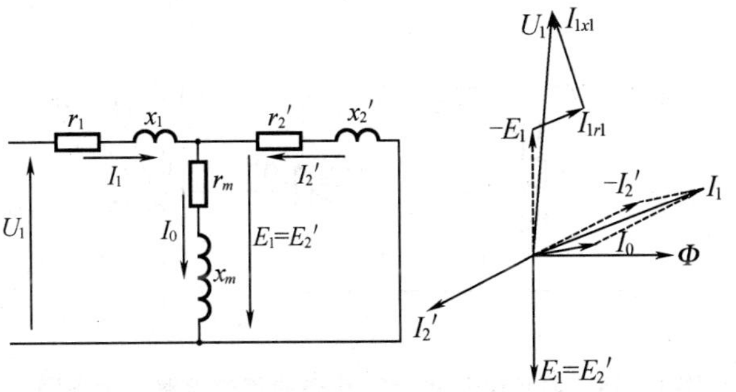

图 1－17　异步电动机转子堵转状态的等效电路及相量图

转子电流　$$I_2' = \frac{E_2'}{r_2' + jx_2'}$$

④转子绕组短路、电动机运行状态的等效电路

电动机运行时，转子旋转，转子导体与旋转磁场相对速度降低为

$$n_2 = n_1 - n$$

转子绕组切割磁场的速度和绕组内的感应电动势也同比下降

$$\frac{E_{2n}}{E_2} = \frac{E_{2n}'}{E_2'} = \frac{n_2}{n_1} = s \quad 即\ E_{2n}' = sE_2'$$

相对速度降低后，绕组切割磁场的周期延长（与速度成反比），因此转子内感应电动势的频率 f_2 与相对速度也成正比降低，即

$$f_2 = sf_1$$

由此转子绕组参数发生下列变化

转子电阻基本不变　$r_{2n} = r_2, r_{2n}' = r_2'$

转子电抗与频率成正比　$x_{2n} = sx_2, x_{2n}' = sx_2'$

从而转子电流 I_2 折算到定子的值为

$$I_2' = \frac{sE_2'}{r_2' + jsx_2'} = \frac{E_2'}{\frac{r_2'}{s} + jx_2'}$$

把此式与堵转状态的转子电流相比较，可以看出只要把转子电阻从 r_2' 增大到 $\frac{r_2'}{s}$ 就是了，也就是说，电动机运行状态的等效电路，是在堵转状态的等效电路中增加了电阻 $\frac{(1-s)r_2'}{s}$。

由此可画出异步电动机运行状态的等效电路和它的相量图，如图 1－18 所示。

转子电阻从 r_2' 增大到 $\frac{r_2'}{s}$ 实际上增加了 $\frac{(1-s)r_2'}{s}$，所增加的这部分电阻，代表了电动机运转时的机械功率。

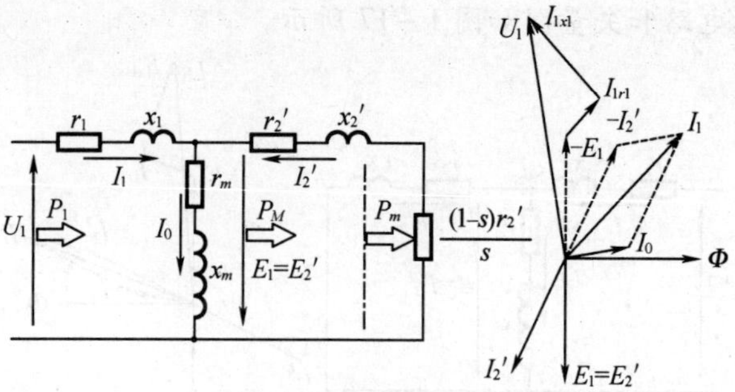

图 1-18 异步电动机运行状态的等效电路及相量图

电动机运行状态向量图与堵转状态向量图所含内容相同,仅运行状态功率因数角减小,功率因数与堵转状态相比有很大提高而已。

上面的等效电路在工程上使用过于复杂,实用上忽略一些次要因素把电路简化。忽略励磁电流对定子电流的影响和定子电压降对励磁电流的影响,简化为图 1-19。

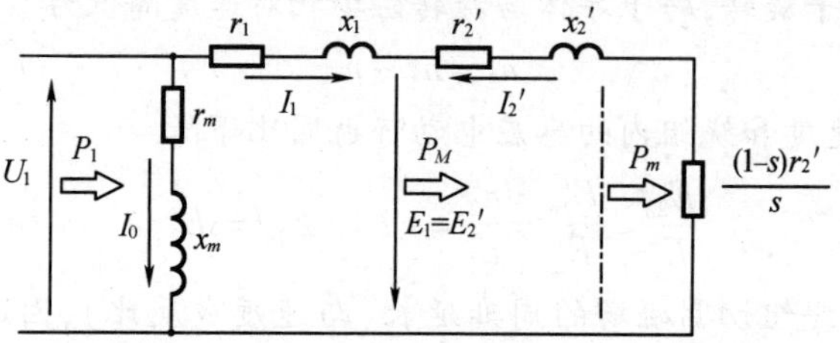

图 1-19 忽略励磁电流影响的等效电路

进一步把励磁电流完全忽略,则简化等效电路如图 1-20 所示。

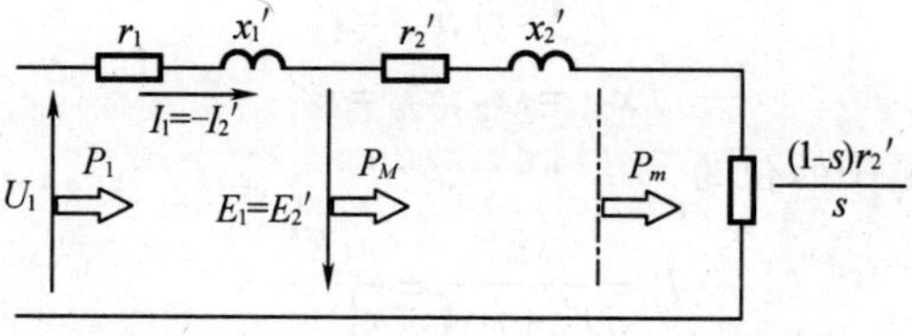

图 1-20 异步电动机的简化等效电路

附 4 异步电动机功率、损耗、效率

参见图 1-18 异步电动机动运行状态的等效电路:

输入功率由电源提供 $P_1 = \sqrt{3}\,U_1 I_1 \cos\Phi$

定子铜损耗 $p_{cu1} = 3I_1^2 r_1$

励磁损耗 $p_f = I_0^2 r_m$

通过磁的耦合由定子传输给转子的电磁功率

$$P_M = P_1 - p_{cu1} - p_f$$

转子铜损耗 $p_{cu2} = 3I'^2_2 r'_2 = 3I_1^2 r_2$

转子铁损耗因电动机运行时,转子磁通的交变频率($f_2 = sf_1$)很低,可以忽略。

转子的机械功率 $P_m = P_M - p_{cu2}$

转子的空载损耗(包括机械损耗 p_m 和附加损耗 p_a)

$$p_0 = p_m + p_a$$

输出功率由输入功率减去以上损耗得出

$$P_2 = P_1 - p_{cu1} - p_f - p_{cu2} - p_0 = P_M - p_{cu2} - p_0 = P_m - p_0$$

电动机的效率
$$\eta = \frac{P_2}{P_1} = \frac{P_2}{P_2 + \sum p} = \frac{P_1 - \sum p}{P_1}$$

其中
$$\sum p = p_{cu1} + p_f + p_{cu2} + p_0$$

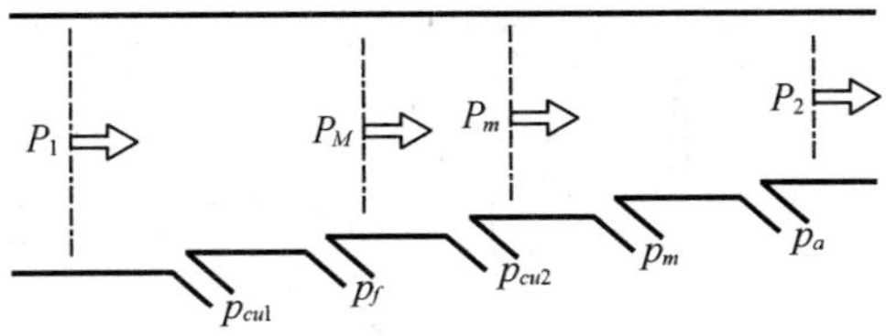

异步电动机的功率平衡图

1.2.4　异步电动机的转速特性与机械特性

按简化等效电路

$$I_1 \approx I_2' = \frac{U}{\sqrt{\left(r + \frac{r_2'}{s_1}\right)^2 + (x_1 + x_2')^2}}$$ (这里定子电流 I_1 中忽略了励磁电流。)

当电动机转速较高(接近额定转速)时，s 很小，$\frac{r_2'}{s} \gg r_1$ 使 r_1 可以被忽略，得到电流与转差率的关系，即转速特性

$$I_1 \approx I_2' \approx \frac{U}{\sqrt{\left(\frac{r_2'}{s}\right)^2 + (x_1 + x_2')^2}}$$ (在转速低时，这样的简化有误差)

定子通过旋转磁场传给转子的电磁功率

$$P_M = 3I_2'^2 \frac{r_2'}{s}$$

$$P_M = M\omega_1$$

ω_1 为旋转磁场的同步角速度。

得到电动机的电磁转矩

$$M = \frac{3U^2 \frac{r_2'}{s}}{\omega_1\left[\left(\frac{r_2'}{s}\right)^2 + (x_1 + x_2')^2\right]}$$

取 s 为自变量，使 $\frac{\mathrm{d}M}{\mathrm{d}s} = 0$，求出与电磁转矩的极大值相应的转差率，得到电动机的临界转差率

$$s_K = \frac{r_2'}{x_1 + x_2'}$$

对应于临界转差率时电动机的转矩，就是异步电动机的最大转矩（也称之为“临界转矩”）：

$$M_K=\frac{3U^2}{2\omega_1(x_1+x_2')}$$

其中 $\omega_1=2\pi f,x=2\pi fL$。

由上述两式得出如下结论：

异步电动机的转矩与电压平方成正比，与频率平方成反比，与转子回路的电阻无关；异步电动机的转差率与电压无关，与频率成反比，与转子回路的电阻成正比。

求电动机不同转速时的转矩与临界转矩的比

$$\frac{M}{M_K}=\frac{\dfrac{2r_2'(x_1+x_2')}{s}}{\left(\dfrac{r_2'}{s}\right)^2+(x_1+x_2')^2}$$

分子和分母都除以 $(x_1+x_2')^2$

$$=\frac{\dfrac{2r_2'}{s(x_1+x_2')}}{\left(\dfrac{r_2'}{s(x_1+x_2')}\right)^2+1}$$

其中 $\dfrac{r_2'}{(x_1+x_2')}=s_K$

$$=\frac{\dfrac{2s_K}{s}}{\left(\dfrac{s_K}{s}\right)^2+1}=\frac{2}{\dfrac{s_K}{s}+\dfrac{s}{s_K}}$$

由此可推得异步电动机的机械特性（转矩与转差率—转速间的关系）

$$M=\frac{2M_K}{\dfrac{s_K}{s}+\dfrac{s}{s_K}}$$

按此式可画出机械特性曲线。

左列表达式和曲线式是在忽略定子电阻 r_1 和励磁电流的前提下得出的，因此存在一些误差。在电动机转速较高时，即 $0<s<s_K$ 区段有足够精度，在低转速区段它的误差较大。

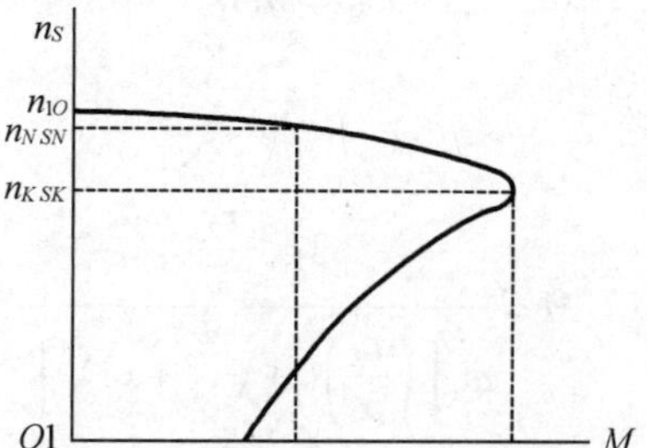

图 1－21　异步电动机的机械特性

异步电动机机械特性的特点：

$n=0$　　$s=1$　　电动机堵转，输出启动转矩；

$n<0$	$s>1$	电动机反转,倒拉反接制动;
$n=n_1$	$s=0$	理想空载状态;
$n=n_N$	$s=s_N$	额定工作状态;
$n=n_K$	$s=s_K$	电动机状态,输出最大转矩;
$0<n<n_K$	$1>s>s_K$	电动机工作状态,上翘特性,不稳定运行区段;
$n_K<n<n_1$	$s_K>s>0$	电动机工作状态,下降特性,稳定运行区段;
$n>n_1$	$s<0$	反馈发电状态,再生制动。

一般异步电动机的数据范围:

额定转差率　　$s_N=0.01\sim0.06$;

临界转差率　　$s_K=0.1\sim0.2$;

过载倍数(M_K/M_N)　　$\lambda_M=1.8\sim2.5$。

1.2.5　由异步电动机的铭牌及样本数据估算机械特性与转速特性

鼠笼式电动机的铭牌和样本大致有下列数据:

额定功率 P_N(kW);额定电压 U_N(V);额定电流 I_N(A);额定转速 n_N(r/min);过载倍数 λ_m;启动电流倍数 λ_I;启动转矩倍数 λ_S;最小转矩倍数 $\lambda_{\min}$;额定功率因数 $\cos\Phi$;效率 η 等。

绕线式电动机的铭牌和样本尚有下列数据:

转子开路电压 E_{2N}(V);转子额定电流 I_{2N}(A)等。

(1)求机械特性

额定转矩　$M_N=9550\dfrac{P_N}{n_N}$　(N·m)　$M_N=974\dfrac{P_N}{n_N}(kgf-m)$

最大转矩　$M_K=\lambda_m M_N$

额定转差率　$s_N=\dfrac{n_1-n_N}{n_1}$

临界转差率:由机械特性表达式$\dfrac{2M_K}{M_N}=\dfrac{s_K}{s}+\dfrac{s}{s_K}=2\lambda_m$两端乘以 ss_K

得到 s_K的二次代数方程 $s_K^2-2\lambda_m s_N s_K+s_N^2=0$

解得:$s_K=s_N(\lambda_m+\sqrt{\lambda_m^2-1})$

把求得的 M_K和 s_K代入机械特性表达式 $M=\dfrac{2M_K}{\dfrac{s}{s_K}+\dfrac{s_K}{s}}$即可求出电动机的机械特性。

这样求出的机械特性对绕线式电动机有足够精度,对鼠笼式电动机在 $0<s<s_K$范围内也有足的精度,而在 $s_K<s<1$ 的范围内上式误差较大。

按实用要求可求出启动转矩 $M_S=\lambda_S M_N(s=1)$和最小转矩 $M_{\min}=\lambda_{\min}M_N$(在稍高于七次谐波的同步转速 $s_7=6/7$ 处,即 $s\approx0.86$),并在转速稍高于 s_7处,即在 $s\approx0.84$ 处取 $M_{\min}$,再按表达式曲线对称位置的转矩 得到大致的曲线。

举例:

某异步电动机的相关参数为:$s_N=0.04$;$\lambda_M=2.4$;$\lambda_S=1.4$;$\lambda_{\min}=0.9$;$s_K=0.183$

按 $M=\dfrac{2M_K}{\dfrac{s}{s_K}+\dfrac{s_K}{s}}$和 $M_K=\lambda_M M_N$ 有 $M=\dfrac{2\times2.4M_N}{\dfrac{s}{0.183}+\dfrac{0.183}{s}}$

取不同的转差率 s 值代入此式，可求得电动机转矩 M 与 s 的关系（即机械特性）如表1－7。

表1－7　电动机车专矩 M 与 s 的关系

s	0	0.04	0.08	0.12	0.16	0.183
M	0	1.001339	1.761689	2.20109	2.378514	2.4
s	0.2	0.3	0.4	0.6	0.8	1
M	2.390562	2.133955	1.815917	1.339402	1.043402	0.849936

按表1－7数据在直角坐标纸上绘图，就可得图1－22中“按算式计算的曲线”。再在 $s \approx 0.84$ 处找到 $M_{\min} = \lambda_{\min} M_N$，和 $s=1$ 处找到 $M_S = \lambda_S M_N$，可得到大致曲线如图1－22“考虑谐波影响的近似曲线”。

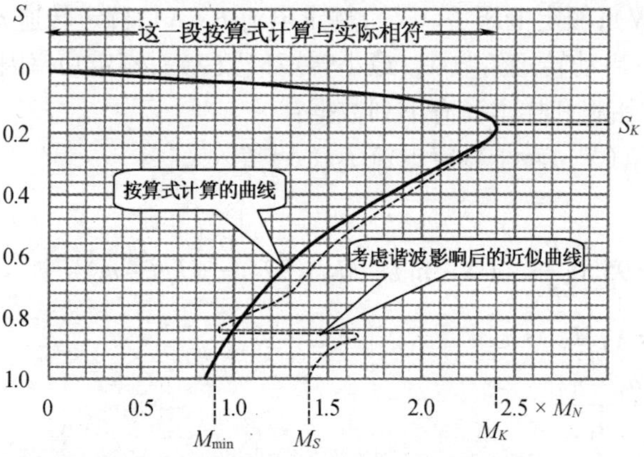

图1－22　按铭牌数据绘制的机械特性曲线

图1－22曲线的不稳定段是近似的，但可解决一般的拖动问题。只要最小转矩 $M_{\min}$ 大于所要拖动的负载力矩，就可保证设备顺利启动，特性不稳定段的误差会影响设备启动时间，通常可调整时间的整定值予以解决。

关于考虑谐波转矩的机械特性更进一步的探讨，请参阅书末的附录。

（2）求转速特性

由
$$I_2' \approx \frac{U}{\sqrt{\left(\frac{r_2'}{s}\right)^2 + (x_1 + x_2')^2}} = \frac{U}{x_1 + x_2'} \times \frac{1}{\sqrt{1 + \left(\frac{s_K}{s}\right)^2}}$$

当 $n=0$，即 $s=1$ 时电动机流过启动电流 I_S，则有启动电流

$$I_S = \frac{U}{x_1 + x_2'} \times \frac{1}{\sqrt{1 + s_K^2}}$$

即 $\frac{U}{x_1 + x_2'} = I_S \sqrt{1 + s_K^2}$ 代入上式得

电动机在不同转速时的电流

$$I_1 \approx I_2' \approx I_S \times \frac{\sqrt{1+s_K^2}}{\sqrt{1+\left(\frac{s_K}{s}\right)^2}} = \lambda_I I_N \times \frac{\sqrt{1+s_K^2}}{\sqrt{1+\left(\frac{s_K}{s}\right)^2}}$$

把上述所求出的 s_K 值和启动电流倍数 λ_I 代入此转速特性表达式即可求得电动机的转速特性：

$$I = \frac{\sqrt{1+s_K^2}}{\sqrt{1+\left(\frac{s_K}{s}\right)^2}} \times \lambda_I I_N$$

举例：$I_S = 6I_N$，$s_K = 0.183$

$$I = \frac{6 \times \sqrt{1+0.183^2}}{\sqrt{1+\left(\frac{0.183}{s}\right)^2}} I_N$$

取不同的转差率 s 值代入此式，可求得电动机电路 I 与 s 的关系（即转速特性）如表1－8。

表 1－8　电动机电路 I 与 S 的关系

s	0	0.04	0.08	0.12	0.16	0.183
I	6	1.302 503	2.443 248	3.344 78	4.014 864	4.313 097
s	0.2	0.3	0.4	0.6	0.8	1
I	4.500 109	5.207 284	5.546 717	5.834 305	5.946 055	6

按上表数据在直角坐标纸上绘图，就可得图 1－23 的曲线。

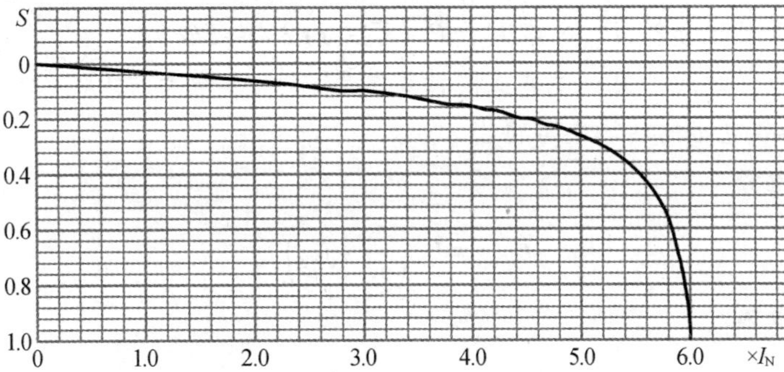

图 1－23　按铭牌数据绘制的转速特性曲线

由于 s_K 一般不足 0.2，$\sqrt{1+s_K^2} \approx 1$ 在估算时可简化为

$$I = \frac{\lambda_I I_N}{\sqrt{1+\left(\frac{s_K}{s}\right)^2}}$$

其误差不大。

由上可见，异步电动机转速特性与直流电动机转速特性的差别很大，特别是在考虑电

动机启动时,必须注意其中的差别。

1.2.6 绕线式电动机每相转子电阻

按一般教科书和手册其计算公式有如下两种:

$$r_2 = \frac{1\,000P_N}{3I_{2N}^2} \times \frac{s_N}{1 - s_N} \quad 或 \quad r_2 = \frac{E_{2N}s_N}{\sqrt{3}I_{2N}}$$

式中 P_N——额定功率,kW;

s_N——额定转差率;

E_{2N}——转子开路线端电压,V;

I_{2N}——转子额定电流,A

这两公式在理论推导和实际应用上都有误差,按第一算式计算结果偏小,按第二算式计算结果偏大,在需要精确计算时应予修正。

附:上两式的由来及误差

第一式:由等效电路的电磁功率得出电动机的额定电磁功率

$$P_{MN} = 3I_{2N}^2 \frac{r_2'}{s_N} = 3I_{2N}^2 \frac{r_2}{s_N}$$

电动机转子的额定机械功率

$$P_{2N} = (1 - s_N)P_{MN} = 3I_{2N}^2 r_2 \frac{1 - s_N}{s_N}$$

移项后得到

$$r_2 = \frac{P_{2N}}{3I_{2N}^2} \times \frac{s_N}{1 - s_N}$$

与本小节开始所列算式比较,除系数“1000”属于功率单位换算外,P_N 与 P_{2N}是有区别的。P_N 是电动机实际输出的机械功率,而 P_{2N}是通过电磁耦合传到转子的机械功率,其中包含了电动机的各项机械损耗,P_{2N}应略大于 P_N(误差约 3% ~5%)。

所以按本小节开始所列第一个算式的计算结果偏小,应增大约 3% ~5%。

第二式:由等效电路的转子电势得出
电动机转子的相电势

$$E_{2N\Phi} = I_{2N}\left(\frac{r_2}{s_N} + jx_2\right)$$

电动机转子的线电势

$$E_{2N} = \sqrt{3}E_{2N\Phi} = \sqrt{3}I_{2N}\left(\frac{r_2}{s_N} + jx_2\right)$$

显然应有

$$\frac{r_2}{s_N} + jx_2 = \frac{E_{2N}}{\sqrt{3}I_{2N}}$$

即

$$r_2 + js_N x_2 = \frac{E_{2N}s_N}{\sqrt{3}I_{2N}}$$

再与本小节开始所列算式比较,上式计算结果应是转子电路的阻抗,把它当作转子电

阻 r_2，显然偏大（阻抗是电阻与电抗按相量相加，计算值比实际电阻值约大 0.5% ~1%）。

所以按本小节开始所列第二个算式的计算结果偏大，应减小约 0.5% ~1%。

结论：按第一个算式计算一般需增大约 3% ~5%，而按第二个算式计算一般需减小约 0.5% ~1%。在实际计算中，可在小数位圆整时，按上述误差范围取相近的值。

1.2.7　深槽式与双鼠笼式异步电动机概述

为了改善鼠笼式异步电动机的启动特性，即提高电动机启动转矩，根据异步电动机机械特性和临界转差率表达式

$$M=\frac{2M_K}{\frac{s_K}{s}+\frac{s}{s_K}}\quad 和\quad s_K=\frac{r_2'}{x_1+x_2'}$$

增大 s_K 即增大转子电阻 r_2，就可提高电动机在低速及堵转时的转矩，但这样一来，电动机在正常运转时的速度和效率都会降低，这是人们所不希望得到的。为了既能提高启动转矩，又不降低运行性能，目前异步电动机多采用深槽式或双鼠笼式，它们利用交变磁场的限流作用，使电动机的转子电阻随转速变化，低速时电阻增大，高速时电阻变小。

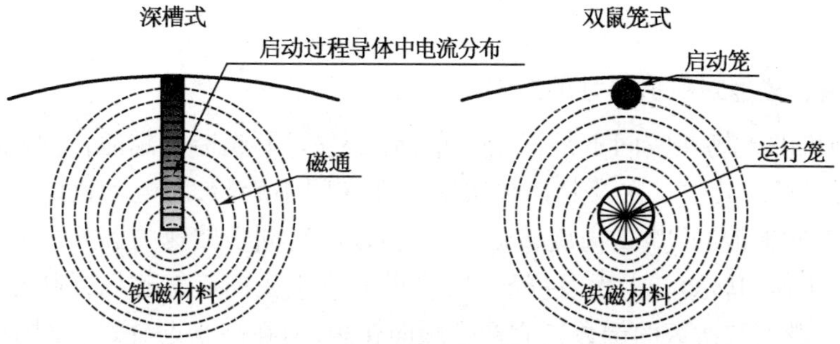

图 1 -24　电流的集肤效应

电动机堵转时旋转磁场切割转子的频率为电源频率 f_1，处在近转子中心处的导体受磁通的作用比近表面的导体大得多，使转子电流集中在近转子外周的导体中（集肤效应）。对深槽电动机相当于缩小了导体截面，增大了电阻；对双鼠笼电动机，则电流集中在用高电阻率材料（黄铜、锰铜等）制造的截面较小的启动笼中，其电阻也较大。

随着电动机转速上升，旋转磁场切割转子的频率下降，集肤效应的作用也相应减弱，在深槽电动机中，转子导体的电流趋向均匀分布，等效电阻逐步降为导体原来的电阻值；在双鼠笼电动机中，运行笼由高导电率材料（纯铜）制造且截面较大，电流通过运行笼，转子电阻就变小了。

这样就使电动机的机械特性发生了很大变化：

图 1 -25：深槽式电动机与普通鼠笼电动机机械特性的比较。实线为深槽式电动机的机械特性；虚线为普通鼠笼电动机的机械特性。深槽式电动机临界转速略有下降，启动转矩增大，在升速过程中转矩有下降区段。

图 1 -26：双鼠笼电动机的机械特性双鼠笼电动机的机械特性是由启动笼和运行笼两条特性合成的。虚线是运行笼特性；点画线是启动笼特性；实线是合成后电动机的机械特性。

合理设计启动笼和运行笼,可得到需要的机械特性,但有时候转速上升过程中也会出现转矩下降,在设计电力拖动中应予注意。

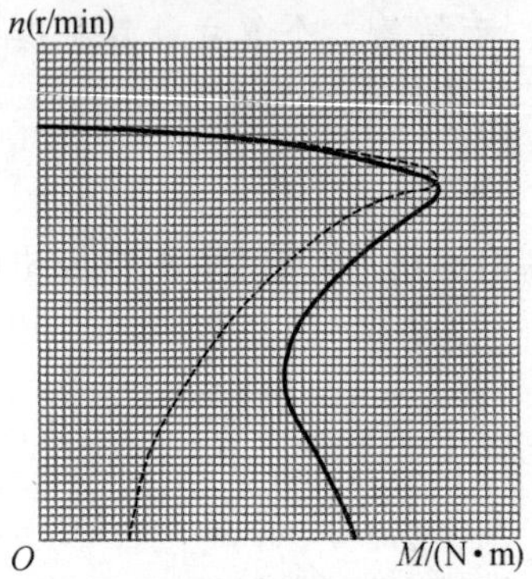

图 1-25　深槽式机械特性

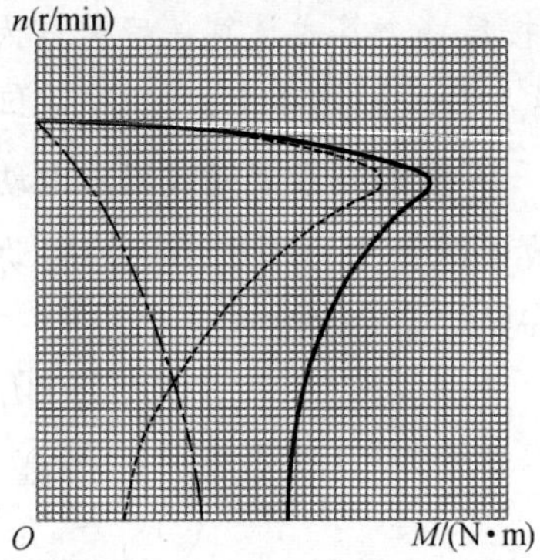

图 1-26　双鼠笼式机械特性

实际鼠笼式异步电动机为提高启动和低速段的性能(转矩),都采用深槽和双笼结构,其机械特性在临界转差率 s_K 以下与前述表达式(按单鼠笼简化)有较大差异,在使用中应予注意。

1.2.8　谐波磁通对机械特性的影响

实际电动机的磁场在空间不是正弦分布,而在空间形成谐波磁通,这些谐波磁通也在空间形成旋转磁场。其中三次及其倍数次谐波在空间不旋转,对电动机的运行没有影响。五次(及 $6k-1$ 次谐波)产生逆向旋转磁场,旋转速度是同步转速的五分之一(及谐波次数的倒数),它产生逆向转矩。七次及 $(6k+1)$ 次谐波产生正向旋转磁场,旋转速度是同步转速的七分之一(及谐波次数的倒数),它产生顺向转矩,但在高于七分之一同步转速处,处于反馈发电状态,它的转矩也与旋转方向相反。因此在略高于七分之一同步转速处,受七次谐波反向转矩的影响,往往会出现最小转矩。

IEC 标准规定,最小转矩不小于启动转矩的 70%;我国 Y 系列电动机标准规定不小于 0.9 倍额定转矩。若电动机的负载转矩超过这一最小转矩值,则电机就会滞留在与最小转矩相对应的转速上(略高于七分之一同步转速附近的可能性较大),不能正常启动升速,这一点必须特别注意。机械特性的大致形状如图 1-27 所示。

电动机的机械特性在电力拖动中是至关重要的,只有电动机的机械特性与生产机械的机械特性配合适当,才能达到比较理想的结果。对于重要的电力拖动系统,应仔细了解生产机械的特性,并向电动机制造厂索取有关电动机的特性资料,才能做出合理地选择。如果不能取得电动机的有关资料,则至少应按电动机的样本数据(包括启动转矩与最小转矩)推算出近似特性曲线,以考查其与生产机械的配合的情况,使所配的系统能通过调试与修正,达到使用要求。

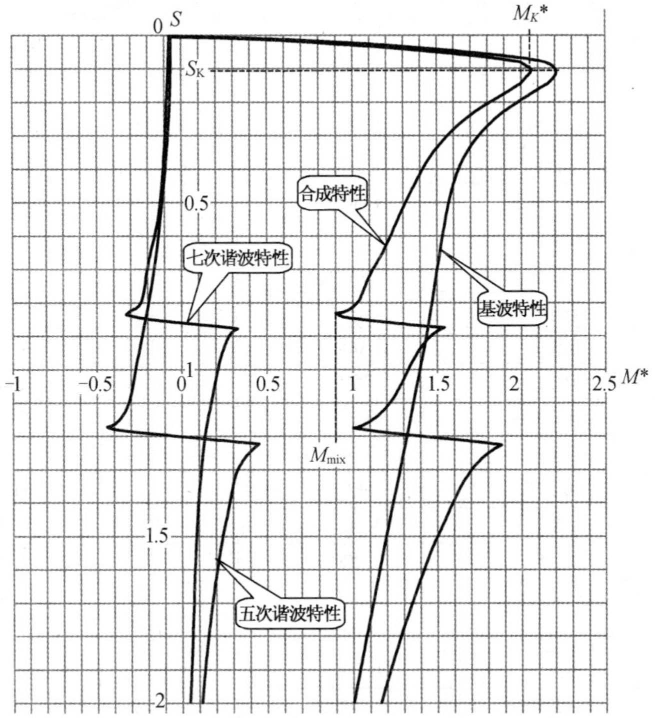

图 1－27　考虑谐波影响的机械特性

参考习题

1. 什么是电动机的机械特性,什么是生产机械的机械特性?

2. 什么是电动机的转速特性?

3. 生产机械的负载,按负载性质可分为哪几类,各有什么特点?

4. 生产机械的负载,按负载转矩随转速变化规律可分为哪几类,各有什么特点?

5. 起重机吊钩的负载(起吊和放下重物),属于哪类负载,为什么?

6. 桥式起重机大车和小车的负载(重物纵向或横向移动),属于哪类负载,为什么?

7. 船用通风机属于哪类负载,有何特点? 试画出它的机械特性曲线形状。

8. 写出直流电动机的电势平衡方程式和感应电动势的表达式,说明各符号代表什么。

9. 写出直流电动机的转矩—功率关系式,说明各符号含义与单位。

10. 写出直流电动机功率平衡式,说明各符号含义。

11. 写出直流电动机输出功率与输入功率的关系,输出功率与电压电流的关系,说明各符号含义与单位。

12. 电动机的机械特性指什么关系? 机械特性可分为哪几种类型,各有何特点?

13. 直流并(他)激电动机的励磁有何特点,它的机械特性属于哪一类?

14. 选择以下一台直流并激电动机的铭牌数据,计算并画出该电动机的机械特性和转速特性。

序号	额定电压 U_N/V	额定电流 I_N/A	额定转速 n_N/(r/min)	额定功率 P_N/kW	效率	励磁电流 I_f/A
a	110	10	3 000	0.8	0.79	0.39
b	110	25	3 000	2.2	0.85	0.9
c	110	107.5	3 000	10	0.91	1.32
d	110	9.85	1 500	0.8	0.6	0.62
e	110	24.8	1 500	2.2	0.77	0.87
f	110	107.5	1 500	10	0.84	1.7
g	110	10	1 000	0.8	0.71	0.82
h	110	26.4	1 000	2.2	0.78	1.72
i	110	82.3	1 000	7.5	0.82	2.59
j	110	10.1	750	0.8	0.61	0.87
k	110	61.5	750	5.5	0.78	2.02
l	110	188.3	750	17	0.81	4.04
m	110	242.5	600	22	0.84	4.56
n	220	5	3 000	0.8	0.78	0.19
o	220	41.5	3 000	7.5	0.89	0.65
p	220	113.6	3 000	22	0.92	1
q	220	4.92	1 500	0.8	0.69	0.33
r	220	41	1 500	7.5	0.85	1.45
s	220	381.5	1 500	75	0.92	3.33
t	220	12.67	1 000	2.2	0.78	0.63
u	220	161	1 000	30	0.86	1.93
v	220	5.1	750	0.8	0.72	0.55
w	220	17.7	750	3	0.78	1.11
x	220	55.5	750	10	0.78	1.62
y	220	93.5	600	17	0.8	2.23
z	220	214	600	40	0.87	2.98

15. 直流串激电动机的励磁有何特点，它的机械特性属于哪一类？它在轻载和重载时的机械特性有何不同？

16. 为什么直流串激电动机不允许空载运行？凡由它拖动的设备有哪些方面是必须注意的？

17. 直流复激电动机的励磁有何特点，它的机械特性可属于哪一类？它是否可空载运行，为什么？

18. 画出直流串激电动机的机械特性与转速特性曲线：

电动机额定电压 $U_N=220\text{V}$；额定电流 $I_N=161\text{A}$；额定转速 $n_N=1\ 000\ \text{r/min}$；额定功率 $P_N=30$；

制造厂提供的通用特性曲线如下表：

$I^*\%$	$n^*\%$	$M^*\%$
20	295	6
40	152.5	26
60	121	49

表(续)

I^*%	n^*%	M^*%
80	107.5	74.5
100	100	100
120	94.5	127.5
140	90	154
160	85.5	182.5
180	81.6	210
200	78.3	238.5

19. 三相旋转磁场是如何形成的,有什么特点?

20. 说明交流异步电动机的工作原理,为什么把它叫做“异步”电动机?怎样改变电动机的转向?

21. 什么是异步电动机的转差率?写出它的表达式,并予说明。

22. 画出交流异步电动机的简化等效电路,说明各符号所代表的内容。

23. 分别说明异步电动机的转矩、转差率与电源电压、频率、转子回路的电阻间的关系。

24. 什么是异步电动机的临界转差率和临界(最大)转矩?说明临界转差率与电动机绕组的电阻、电抗间以及电源频率之间的关系。

25. 写出交流电动机输出与输入功率的关系,输出功率与电压、电流的关系,说明符号含义与单位。

26. 写出异步电动机的简化机械特性表达式,说明各符号所代表的内容和它的适用范围。

27. 试说明异步电动机不同的转差率范围所对应的转速范围和这些范围与所处工作状态之间的关系。

28. 选择以下一台交流鼠笼式异步电动机的铭牌数据,计算额定转矩,最大转矩,额定和临界转差率:

序号	额定功率/kW	额定电流/A	额定转速/(r/min)	效率	功率因素	启动转矩	临界转矩	启动电流
a	11	22.6	1 460	0.88	0.84	2.2	2.3	7
b	15	30.3	1 460	0.885	0.85	2.2	2.3	7
c	18.5	35.9	1 470	0.91	0.86	2.0	2.2	7
d	22	42.5	1 470	0.915	0.86	2.0	2.2	7
e	30	56.8	1 480	0.922	0.87	2.0	2.2	7
f	37	69.8	1 480	0.918	0.87	1.9	2.2	7
g	45	82.5	1 480	0.923	0.88	1.9	2.2	7
h	55	102.5	1 480	0.926	0.88	2.0	2.2	7
i	75	139.7	1 480	0.927	0.88	1.9	2.2	7
j	90	164.3	1 480	0.935	0.89	1.9	2.2	7
k	110	201.9	1 480	0.935	0.89	1.8	2.2	6.8
l	132	242.3	1 480	0.94	0.89	1.8	2.2	6.8
m	160	293.7	1 480	0.945	0.89	1.8	2.2	6.8
n	200	367.1	1 480	0.945	0.89	1.8	2.2	6.8

表(续)

序号	额定功率/kW	额定电流/A	额定转速/(r/min)	效率	功率因素	启动转矩	临界转矩	启动电流
o	250	458.9	1 490	0.947	0.9	1.4	2.2	6.8
p	315	556.2	1 490	0.952	0.9	1.4	2.2	6.9

29. 按第28题所选数据,画出近似机械特性和转速特性。

30. 按以下两式计算绕线式电动机的转子电阻,式中各符号代表什么内容?取什么单位?计算结果要否修正?如需要则如何修正?

$$①r_2 = \frac{1000P_N}{3I_{2N}^2} \times \frac{s_N}{1 - s_N} \qquad ②r_2 = \frac{E_{2N}s_N}{\sqrt{3}I_{2N}}$$

31. 与普通笼形电动机相比,深槽式异步电动机的机械特性有何不同?

32. 双鼠笼电动机的机械特性与普通单鼠笼电动机有何不同?

33. 电动机谐波磁通对机械特性有何影响?

第 2 章　电动机的启动

电动机启动是指电动机从静止状态升速到稳定运行的全过程。电动机启动是一个过渡过程，是短时的过渡状态，而不是长期的稳定运行状态。对电动机启动有如下要求：

1. 要有足够的启动转矩。即在启动的全过程中的每一瞬间，电动机的输出转矩必须大于负载转矩，只有这样电动机才能升速到稳定运行的转速。

2. 启动电流限制在允许范围内。这是由电源的容量和电动机的承受能力共同决定的，对直流电动机主要受电动机本身能力限制，而交流电动机则主要由电源容量决定。

3. 启动时间(即过渡过程时间)短。

4. 启动过程能耗少。

5. 启动设备简单、价廉、维修方便等。

上述前两项要求是主要的，必须满足的。

2.1　直流电动机的启动

2.1.1　直流电动机的启动方法

降压启动：保持励磁不变，降低电枢电压启动。

串电阻启动：电源电压不变，电枢串联电阻后接到电源。

直接启动：只能用于直流伺服电动机类很小的直流电动机(功率小于 0.5 kW)，稍大的直流电动机都不能直接启动。

按直流电动机的电势平衡方程式 $U=E+I_aR_a$；$E=C_e\Phi n$ 得到：$I_a=\dfrac{U-C_e\Phi n}{R_a}$

刚开始启动时，电动机转速 $n=0$，电枢电流 $I_a=\dfrac{U}{R_a}$，采用上述三种不同启动方法的情况是不一样的。

降压启动：降低电枢电压 U，可把电枢电流 I_a 限制在允许范围内。

串电阻启动：电枢串联外加电阻 R_e 后，电枢回路电阻从 R_a 增大到 $R=R_a+R_e$，也可把电枢电流限制在允许范围内。

直接启动：除直流伺服电动机类很小的直流电动机外，因直流电动机的电枢电阻 R_a 一般都很小，直接启动的电枢电流 I_a 很大，可达到额定电流的 10 ~ 20 倍，是电动机所不能承受的，并可能引起下列后果：

①换向火花大，烧坏换向器；

②电枢电流过大，烧坏绕组；

③电枢绕组电动力过大，绕组崩裂；

④启动力矩过大，引起机械损坏；

⑤大容量电动机启动时,可能使电网过载、电压过度降低,影响电网正常运行和其他用电设备工作。

所以功率稍大的直流电动机都不允许直接启动。

2.1.2 降压启动

一般直流电动机允许最大启动电流 I_{Smax} 为额定电流 I_N 的 2 ~2.5 倍,为使启动电流不超过允许值,降压启动的初始电压应为

$$U_S=(2\to 2.5)I_N R_a$$

然后随着电动机转速上升,逐步升高电压。

并激直流电动机降压启动的特性大致如下:

初始电压降低后启动电流限制在最大电流 I_{Smax}(图 2 -1 的 A 点),随转速上升电流逐步下降,在稍大于额定电流(I_{CH})时须升高电压,使转速继续上升,直到电压升至额定值,电动机进入自然特性在 B 点稳定运行,启动过程结

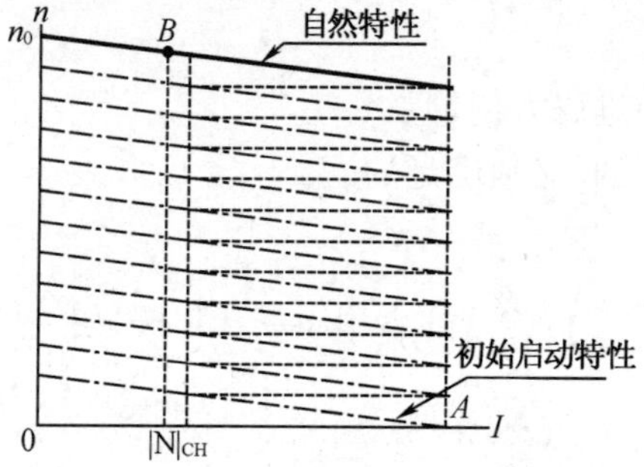

图 2 -1 降压启动的特性曲线

2.1.3 电枢串电阻启动

电枢串电阻 R_E 后,电动机的转速特性和机械特性的表达式如下:

转速特性
$$n=\frac{U-I_a(R_a+R_E)}{C_e\Phi}$$

机械特性
$$n=\frac{U}{C_e\Phi}-\frac{R_a+R_E}{C_eC_M\Phi^2}M$$

把上式变换后求得电枢电流
$$I_a=\frac{U-C_e\Phi n}{R_a+R_e}$$

串入适当的外加电阻,可使启动电流限制在允许范围内,以后随着转速上升,电流下降,在稍大于额定电流时减小电阻 R_E,使电动机转入稍高的人工特性上继续升速,直至进入自然特性运行,完成启动过程。图 2 -2 为并激直流电动机串电阻启动的特性曲线。

选择适当的 R_E 把启动电流限制在允许值 I_{Smax},电动机从 A 点开始升速,当转速升至 a 点,相应的电流下降到 I_{CH},时,为使电动机能继续升速,须切除部分外加电阻,使电动机转入稍高的人工特性继续升速。在切除电阻的瞬间,电枢电流突变到 I_{Smax}(b 点)。以后升速到 c 点和 e 点再分别切除电阻,直到进入自然特性后升速到 B 点稳定运行。

为保证电动机在整个启动过程中持续升速,转换力矩 M_{CH} 必须大于负载力矩 M_L(一般把电动机额定转矩 M_N 作为可拖动的最大负载力矩),或转换电流 I_{CH} 大于额定电流 I_N。

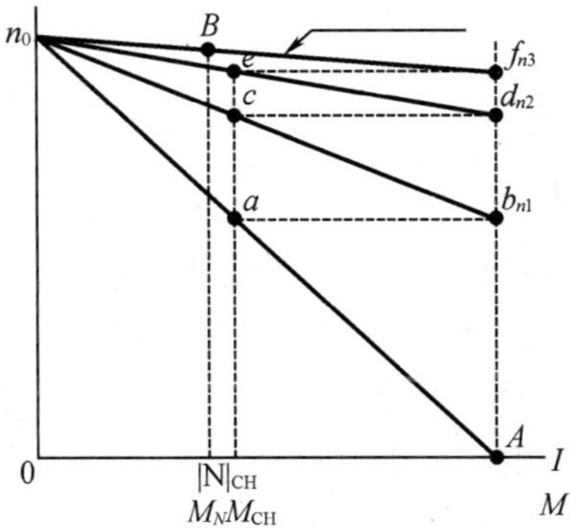

图 2－2　并激电动机串电阻启动自然特性曲线

通常取　　　　　　$M_{CH}=1.1\sim1.2M_N$　　$I_{CH}=1.1\sim1.2I_N$

直流电动机串电阻启动的各特性曲线与串联电阻值的关系说明如下：

假设启动级数 m，则外加总电阻 R_e 应等于所有各级启动电阻 $r_1,r_2\cdots r_{m-1},r_m$ 之和，而对应于各级启动特性的电枢回路总电阻分别为：

第一级启动特性，曲线 n_0aA，电枢回路电阻 $R_1=R_a+r_1+r_2+\cdots+r_{m-1}+r_m$

第二级启动特性，曲线 n_0cb，电枢回路电阻 $R_2=R_a+r_2+\cdots+r_{m-1}+r_m$

⋮

第 m 级启动特性，曲线 n_0□□，电枢回路电阻 $R_m=R_a+r_m$

a 点和 b 点的转速都是 n_1，按电动机的电势平衡方程式有

$C_e\Phi n_1=U-I_{Smax}R_2=U-I_{CH}R_1$　即　$I_{Smax}R_2=I_{CH}R_1$；$\frac{I_{Smax}}{I_{CH}}=\frac{R_1}{R_2}$

c 点和 d 点的转速都是 n_2，同样有 $I_{Smax}R_3=I_{CH}R_2$；$\frac{I_{Smax}}{I_{CH}}=\frac{R_2}{R_3}$

依次类推得到

$$\frac{I_{Smax}}{I_{CH}}=\frac{R_1}{R_2}=\frac{R_2}{R_3}=\cdots\cdots=\frac{R_{m-1}}{R_m}=\frac{R_m}{R_a}=\lambda$$

λ 称为“转换比”。

转换比按 $\lambda=\frac{I_{Smax}}{I_{CH}}$ 计算，结合电枢电阻 R_a 可求出各级启动电阻

$$R_m=R_a+r_m=\lambda R_a,\quad r_m=(\lambda-1)R_a;$$

$$R_{m-1}=R_m+r_{m-1}=\lambda R_m,\quad r_{m-1}=(\lambda-1)R_m=\lambda(\lambda-1)R_a=\lambda r_m;$$

依次类推得到：

$$r_{m-2}=\lambda r_{m-1};$$

$$\vdots$$

$$r_2=\lambda r_3;$$

$$r_1=\lambda r_2。$$

2.2 直流电动机分级启动电阻的计算

如上所述，直流电动机在启动过程中，需要逐步升高电压（降压启动）或逐级切除电阻（电枢串电阻启动），降压启动时的电压调节要由专用设备来实现，而串电阻启动时，切除电阻的时间和次序由启动控制箱控制，各级电阻的大小则是事先计算好的。下面说明各级启动电阻的计算方法，计算时认为电动机的铭牌数据都是已知的。

2.2.1 简易估算法

先计算总启动电阻，然后按启动级数分配各级电阻值，计算步骤如下：

计算总启动电阻 R_E：

选最大启动电流 $I_{Smax}=(2\to2.5)I_N$；

电枢电阻 R_a 按节 1.2.2 所述方法求出；则外串总启动电阻 $R_E=\dfrac{U_N}{I_{Smax}}-R_a$；

二级启动：$R_E=r_1+r_2$；取 $r_1=\dfrac{2R_E}{3}$；$r_2=\dfrac{R_E}{3}$；

三级启动：$R_E=r_1+r_2+r_3$；取 $r_1=0.5R_E$；$r_2=0.3R_E$；$r_3=0.2R_E$。

2.2.2 查表法

凡标准的直流电动机，在产品目录中可查出启动电阻的标幺值 r^*，可按标幺值求出各级启动电阻。

$$\text{标幺值}=\frac{\text{实际值}}{\text{基准电阻}}\quad \text{即}\quad r^*=\frac{R}{R_N},\ r=r^*R_N$$

基准电阻 $R_N=\dfrac{U_N}{I_N}$（注意：R_N 不是电枢电阻 R_a，不能搞错。）

2.2.3 分析法

分析法适用于计算直流并激或他激电动机的启动电阻，计算步骤如下：

①测量实际电枢电阻或用下式（经验公式）计算电枢电阻 R_a

$$R_a=0.5(1-\eta)\frac{U_N}{I_N}$$

②按允许范围选择启动电流 I_{Smax}；

③计算电枢回路总电阻 R_1：$R_1=\dfrac{U_N}{I_{Smax}}$

④初选启动级数 m

⑤求切换比值 λ_1：

$$\lambda_I=\sqrt[m]{\frac{R_1}{R_a}}$$

⑥验算切换电流（或切换转矩）

$$I_{CH}=\frac{I_{Smax}}{\lambda_1}\quad \text{或}\quad M_{CH}=\frac{M_{Smax}}{\lambda_1}$$

若 $I_{CH}>1.2I_N$；或 $M_{CH}>1.2M_N$ 可减少启动级数 m（相差较大时）或减小启动电流 I_{Smax}（相差较小时）重新计算。

若 $I_{CH} < 1.1I_N$;或 $M_{CH} < 1.1M_N$ 需增加启动级数 m(相差较大时)或增大启动电流 I_{Smax}(相差较小时)重新计算。

重新计算从②或④开始,直至 $I_{CH} = 1.1I_N \sim 1.2I_N$;或 $M_{CH} = 1.1M_N \sim 1.2M_N$,则启动级数和启动电流的选择适当,再进行后续计算。

⑦计算各级启动电阻 $r_m \sim r_1$

$$r_m = (\lambda - 1)R_a;$$
$$r_{m-1} = \lambda r_m;$$
$$\vdots$$
$$r_2 = \lambda r_3;$$
$$r_1 = \lambda r_2。$$

2.2.4　图解法

图解法可用于计算各种类型直流电动机的启动电阻,但串激和复激电动机一般只能用图解法计算。

(1)并激直流电动机启动电阻的图解计算

按 1.2.2 所述方法计算并画出自然转速特性曲线 n_0B_f,如图 2－3 所示。

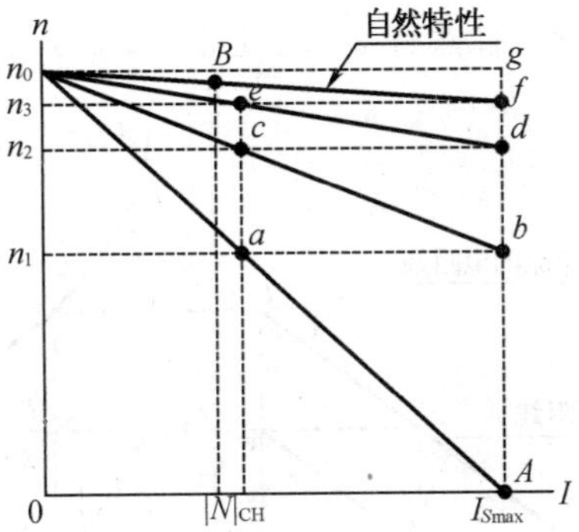

图 2－3　图解法求启动电阻

初选启动电流 I_{Smax} 和转换电流 I_{CH},在横坐标上取 I_{Smax} 和 I_{CH} 并作垂直线;

连接 $n_0(0,n_0)$ 点和 $A(I_{Smax},0)$ 与垂线 I_{CH} 相交于 a 点;过 a 点作水平线与垂线 I_{Smax} 交于 b 点;

连接 $n_0(0,n_0)$ 点和 $b(I_{Smax},n_1)$ 与垂线 I_{CH} 相交于 c 点;

过 c 点作水平线与垂线 I_{Smax} 交于 d 点;

连接 $n_0(0,n_0)$ 点和 $d(I_{Smax},n_2)$ 与垂线 I_{CH} 相交于 e 点;

过 e 点作水平线与垂线 I_{Smax} 交于 f 点……

若最终水平线与垂线的交点和水平线与自然特性的交点不重合,则适当调整启动电流 I_{Smax} 和转换电流 I_{CH} 值,重新作图直至基本重合为止;

过 n_0 点作水平线与垂线 I_{Smax} 交于 g 点;

由于 Ag 相当于 $n_0 = \dfrac{U}{C_e\Phi} = I_{Smax}R_1$;

Ab 相当于 $n_1 = I_{Smax}(R_1 - R_2) = I_{Smax}r_1$;

Bd 相当于 $n_2 - n_1 = I_{Smax}(R_2 - R_3) = I_{Smax}r_2$……

其中 $R_1=\dfrac{U_N}{I_{Smax}}$，可按上述线段长度比例求出各级启动电阻。

若启动级数为 m 可依次类推。

(2)串激、复激直流电动机启动电阻的图解计算

以下以串激电动机为例，如图 2－4 所示，绘图步骤如下：

①按 1.2.3 所述，由通用特性曲线画出自然特性曲线($gg'f'e'$)

②初选启动电流 I_{Smax} 和转换电流 I_{CH}，在横坐标右轴上取 I_{Smax} 和 I_{CH} 并作垂直线，与自然特性相交于 e' 和 f' 点；

③计算 R_a，R_1，R' 并在横坐标左轴上取 R_a，R_1 和 R' 点，作 R_a，R_1 的垂直线；其中

R_a 按 1.2.2(2)所列方法计算；

$R_1=\dfrac{U_N}{I_{Smax}}$，即能在转速为零时使电枢流过电流 I_{Smax} 的电枢电路总电阻；

$R'=\dfrac{U_N}{I_{CH}}$。即能在转速为零时使电枢流过电流 I_{CH} 的电枢电路总电阻。

④过 e' 和 f' 点分别作水平线与 R_a 的垂直线分别交于 e，f 点；其中

e 点对应于电枢不外串电阻(自然特性)流过电流 I_{Smax} 时的转速；

f 点对应于电枢不外串电阻(自然特性)流过电流 I_{CH} 时的转速；

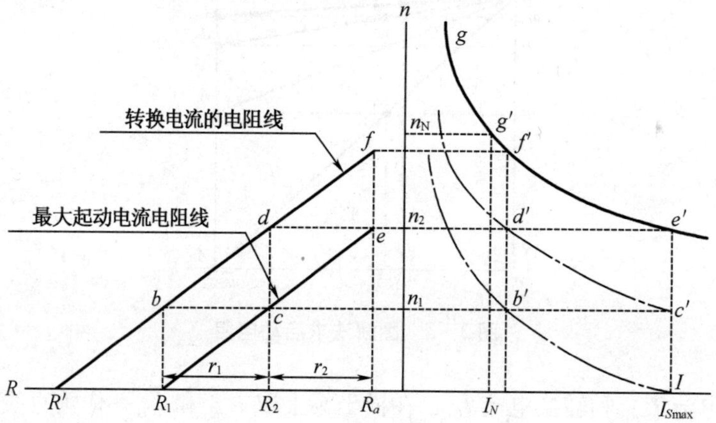

图 2－4　图解法求串激电动机启动电阻

⑤分别连接 R_1 与 e 和 R' 与 f。

因为 R_1 和 e 是流过相同电流 I_{Smax} 对应于不同转速和电阻的两点，而由直流电动机的转速特性(下式)可知，对所有各类直流电动机，当电流不变时磁通量不变，可推得转速与电阻之间的函数关系是直线关系。

$$n=\frac{U-I_{Sx}R}{C_e\Phi}=n_0-KR$$

所以直线 R_1e 是电流保持 I_{Smax} 不变，转速与电阻之间的关系；同理直线 $R'f$ 是电流保持 I_{CH} 不变，转速与电阻间的关系。

⑥由 R_1 作垂线交 $R'f$ 于 b 点，再从 b 点作水平线交 R_1e 于 c 点，交 I_{CH} 垂线于 b' 点，交 I_{Smax} 垂线于 c' 点；

b 点代表电阻为 R_1 不变，转速上升到了 n_1，对应于第一级启动特性曲线的 b' 点；

c 点代表转速在 n_1 时切除一段电阻 r_1，电枢电阻变为 R_2，对应于第二级启动特性曲线的 c'点；

⑦由 c 作垂线交 $R'f$ 于 d，再从 d 点作水平线交 R_1e 于 e 点，交 I_{CH}垂线于 d'，交 I_{Smax}垂线于 e'点；

d 点代表电阻为 R_2 不变，转速上升到了 n_2，对应于第二级启动特性曲线的 d'点；

e 点代表转速在 n_2 时再切除一段电阻 r_2，这对应于第三级启动特性曲线上的 e'点；若 e'点也正好在自然特性曲线上，则就对应于电枢电阻 R_a 和自然特性的 e'点，作图完毕。

⑧若 e'点不在自然特性上，则应重新调整 I_{Smax}和/或 I_{CH}，从步骤②开始重复上述过程，直至基本吻合为止；

⑨图中 r_1，r_2 即代表了各级启动电阻：

$$\frac{R_1}{OR_1}=\frac{R_a}{OR_a}=\frac{r_1}{bc}=\frac{r_2}{de}$$

其中 $R_1=\dfrac{U_N}{I_{Smax}}$，并按上述比例求出各级启动电阻。

若启动级数为 m 可依次类推。

2.2.5　启动电阻计算举例

2.2.5.1　并激电动机例题

额定电压为 220 V，额定电流为 214 A，额定转速为 600 r/min，额定功率为 40 kW，效率为 0.87；

励磁电流为 2.98 A；样本推荐三级启动电阻标幺值为 0.22，0.11，0.06。

试用不同方法计算启动级数和各级启动电阻：

①简易计算法

$$I_{Smax}=(2\to2.5)\times214=428\to535\text{A}\quad 取\quad I_{Smax}\approx470\ \text{A}$$

$$R_a=0.5(1-0.87)\frac{220}{214}=0.0668\ \Omega$$

$$R_e=\frac{220}{470}-0.0668=0.4\ \Omega\quad\left(I_{Smax}=\frac{220}{0.4+0.0668}=471.3\ \text{A}\right)$$

取三级启动

$$r_1=0.5\times0.4=0.2\ \Omega$$

$$r_2=0.3\times0.4=0.12\ \Omega$$

$$r_3=0.2\times0.4=0.08\ \Omega$$

$$I_{Smax}=\frac{220}{0.2+0.12+0.08+0.0668}=471.3\ \text{A}$$

②查表法

由样本资料查得各级启动电阻标幺值：$r_1^*=0.22\quad r_2^*=0.11\quad r_3^*=0.06$

$$R_N=\frac{220}{214}=1.028\ \Omega$$

$$r_1=0.22\times1.028=0.226\ \Omega$$

$$r_2=0.11\times1.028=0.113\ \Omega$$

$$r_3=0.06\times1.028=0.0617\ \Omega$$

$$I_{Smax}=\frac{220}{0.226+0.113+0.0617+0.0668}=470.6\ \text{A}$$

③分析法

$R_a = 0.0668\ \Omega$,初选 $I_{Smax} \approx 470\ \text{A}$,$R_1 \approx \dfrac{220}{470} = 0.468\ \Omega$,三级启动 $m = 3$

$$\lambda_I = \sqrt[3]{\frac{0.468}{0.0668}} \approx 1.913 \quad I_{CH} = \frac{470}{1.913} = 247\ \text{A} \quad (\approx 1.15 I_N \text{符合要求})$$

$$r_3 = (1.913 - 1) \times 0.0668 = 0.061\ \Omega$$

$$r_2 = 1.913 \times 0.061 = 0.1167\ \Omega$$

$$r_1 = 1.913 \times 0.1167 = 0.2232\ \Omega$$

$$I_{Smax} = \frac{220}{0.2232 + 0.1167 + 0.061 + 0.0668} = 470.4\ \text{A}$$

④图解法

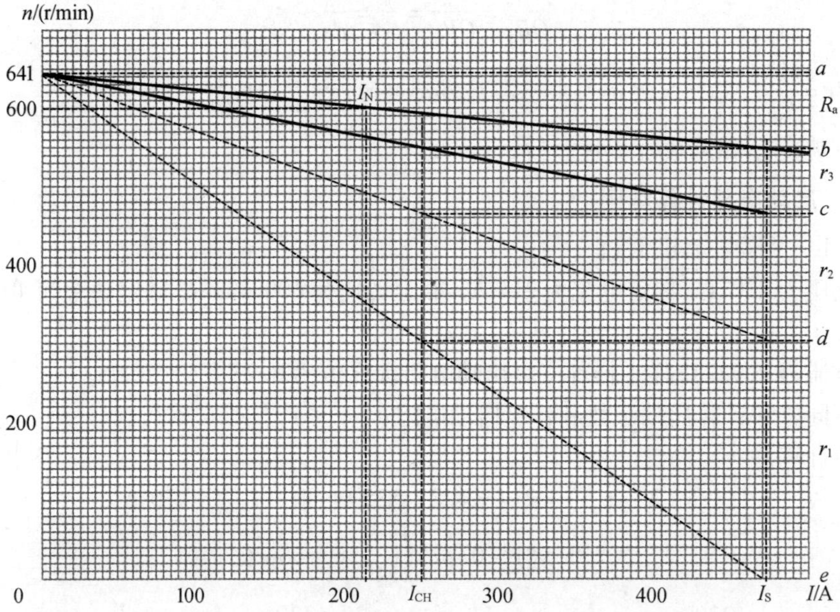

图 2-5　图解法求启动电阻例题——并激电动机

求空载转速

$$I_a N = 214 - 2.98 \approx 211\ \text{A}$$

$$C_e \Phi = \frac{220 - 211 \times 0.066\ 8}{600} = 0.343\ 18$$

$$n_0 = \frac{220}{0.343\ 18} = 641 \quad \text{r/min}$$

初选
$$I_{Smax} \approx 470\ A$$

$$I_{CH} \approx 245\text{A}$$

$$r_3 = \frac{bc}{ab} \times 0.066\ 8 = 0.063\ \Omega$$

$$r_2 = \frac{cd}{ab} \times 0.066\ 8 = 0.116\ \Omega$$

$$r_1 = \frac{de}{ab} \times 0.066\ 8 = 0.22\ \Omega$$

$$I_S=\frac{220}{0.22+0.116+0.063+0.0668}=472\ \text{A}$$

2.2.5.2　复激电动机例题

电动机额定电压 $U_N=220$ V；额定电流 $I_N=178$ A；额定转速 $n_N=980$ r/min；额定功率 $P_N=34$；效率 0.86；其通用特性曲线如表 2－1 所示。

表 2－1　复激电动机通用特性曲线数据

I^* %	M^* %	n^* %
0	0	140
10	5	134
20	12	128
40	28	117
60	52	109
80	75	104
100	100	100
120	125	97
140	150	94
160	175	91
180	200	88
200	225	86.5

试用图解法求启动级数和各级启动电阻。

①自然特性（转速见表 2－2）：

表 2－2　自然特性

I	0	17.8	35.6	71.2	106.8	142.4	178	213.6	249.2	284.8	320.4	356
n	1372	1313	1254	1147	1068	1019	980	951	921	892	862	848

②初选启动电流 I_{Smax} 和转换电流 I_{CH}

$$I_{Smax}=400\ \text{A},\quad I_{CH}=200\ \text{A}$$

③计算 R_a, R_1, R'

$$R_a=0.6(1-0.86)\frac{220}{178}=0.1038\ \Omega\quad R_1=\frac{220}{400}=0.55\Omega\quad R'=\frac{220}{200}=1.1\ \Omega$$

④作图（图 2－6）

按初选的 I_{Smax} 和 I_{CH} 作图，E 点和 e' 点尚有偏移，宜作适当调整再作图，使偏移尽可能少一些，如图 2－7 所示。

启动电流　$I_{Smax}=420$ A

转换电流　$I_{CH}=205$ A

启动电阻第一级　$r_1=R_1-R_2=0.524-0.245=0.279\ \Omega$

启动电阻第二级　$r_2=R_2-R_a=0.245-0.1038=0.141\ \Omega$

注：启动电流和转换电流都大于电动机的负载电流，在求启动电阻作图时，可按电动机带负载启动的实际情况，只需绘出大于负载电流的转速特性。

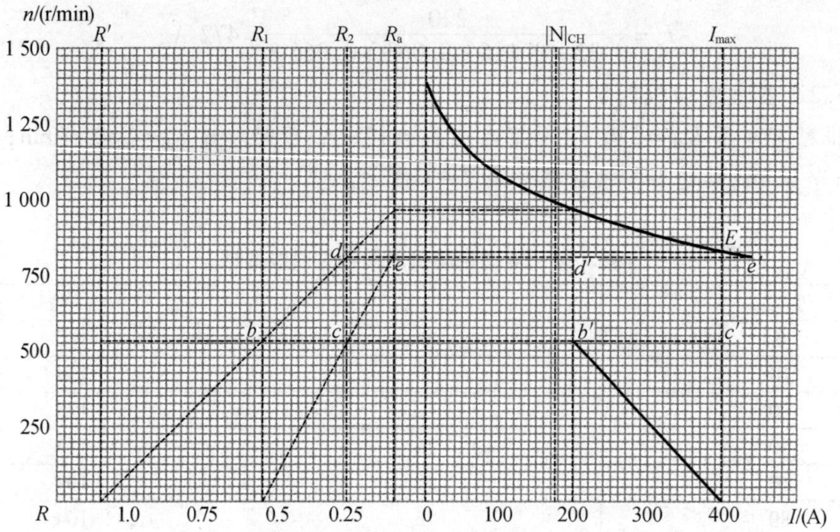

图 2-6 图解法求启动电阻例题——复激电动机

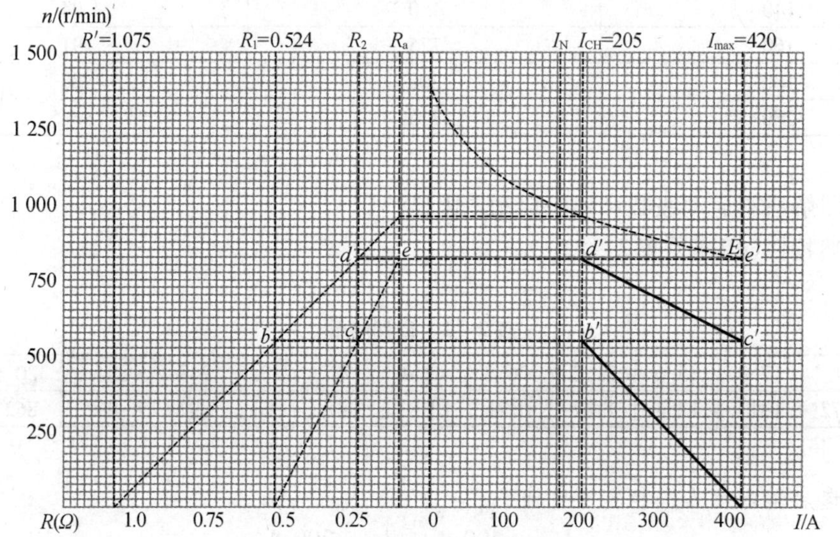

图 2-7 调整后的启动电阻图解

2.3 交流异步电动机的启动

2.3.1 鼠笼式异步电动机启动

(1)全压直接启动

鼠笼式异步电动机直接启动的启动电流为额定电流的 5 ~ 8 倍,启动转矩一般为额定转矩的 1 ~ 2 倍。

全压直接启动对电网有较高的要求,一般用于容量较小的电动机启动。

(2)降压启动

如第一章所述,电动机的转矩与电压平方成正比,降压后电动机的启动转矩也按相同比例下降,若用在带负载启动的系统中,应予足够重视。鼠笼式电动机有三种降压启动方式。

①定子串电阻或电抗启动(图 2-8)

启动电流流过电阻或电抗,在电阻或电抗上引起电压降,使电动机输入端的电压降低,电动机的启动电流也成比例下降。由于启动开始时电流很大,电压降较大,启动转矩减少也多;随着转速升高电流减小,转矩的比例会有提高。待转速升至临界转速以上切除电阻或电抗,电动机回到自然特性,进入正常运行。

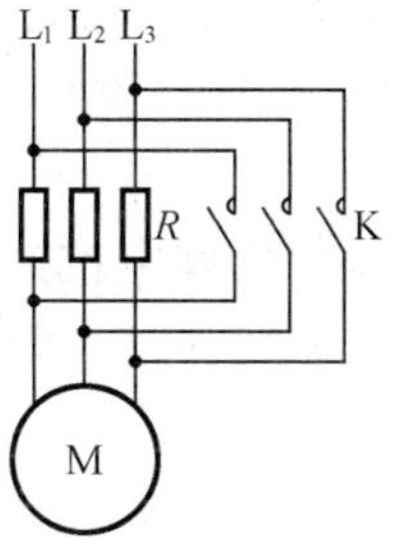

图 2-8　串电阻降压启动

串电阻或电抗启动的机械特性和转速特性如图 2-9 所示。

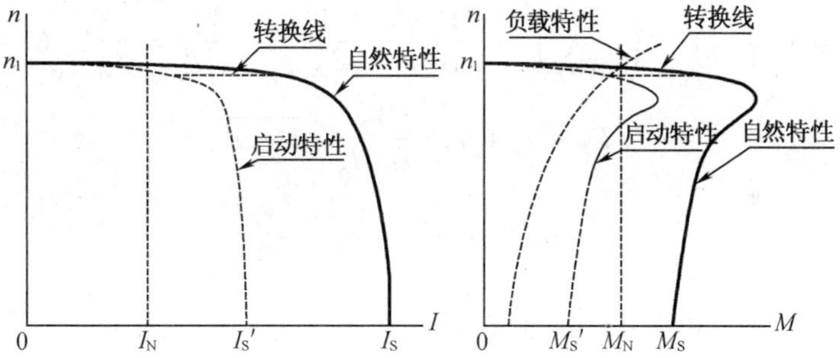

图 2-9　异步电动机串电阻或电抗启动特性

按初始启动转矩计算启动阻抗:

已知:电动机直接启动转矩 M_S;直接启动电流 I_S;电动机启动电流倍数 $\lambda_I = I_S/I_N$;求串阻抗启动电流 I_S';串阻抗启动转矩 M_S'。

设:启动电压下降倍数 $\alpha = V/V_N$;V 是启动开始时电动机的相电压;V_N 是额定相电压;

因启动转矩与启动电压平方成正比,启动电流与启动电压成正比得到:

$$\alpha = \sqrt{\frac{M_S'}{M_S}} = \frac{I_S'}{I_S}$$

a. 串电抗启动

忽略电动机绕组的电阻,电动机的电抗

$$x = x_1 + x_2' \approx \frac{V_N}{I_S}$$

用标幺值表示有

$$x^* \approx \frac{V_N I_N}{I_S V_N} = \frac{I_N}{I_S} = \frac{1}{\lambda_I}$$

外串电抗 x_P 后应使电流降到 I_S' 即

$$x_p^* + x^* = \frac{V_N I_N}{V_N I_S'} = \frac{I_N}{\alpha I_S} = \frac{1}{\alpha \lambda_I}$$

由此得到：外串电抗标幺值

$$x_p^* = \frac{1}{\alpha \lambda_I} - \frac{1}{\lambda_I} = \frac{1-\alpha}{\alpha \lambda_I}$$

外串电抗真值

$$x_P = \frac{1-\alpha}{\alpha \lambda_I} \times \frac{V_N}{I_N} = \frac{1-\alpha}{\alpha \lambda_I} \times \frac{U_L}{\sqrt{3} I_N}$$

b. 串电阻启动

串电阻启动的总阻抗由电阻和电动机的漏电抗按阻抗三角形计算，电阻则是启动电阻和电动机绕组电阻之和，即 $Z = (R_e + r_1 + r_2') + jx$。其中

$$x \approx \frac{V_N}{I_S} \quad 则有 \quad |Z|^2 = (R_e + r_1 + r_2')^2 + \left(\frac{V_N}{I_S}\right)^2$$

按限制启动电流的要求，应使

$$|Z|^2 = (R_e + r_1 + r_2')^2 + \left(\frac{V_N}{I_S}\right)^2 = \frac{V_N^2}{I_S'^2}$$

$$(R_E + r_1 + r_2')^2 = \left(\frac{V_N}{\alpha \lambda_I I_N}\right)^2 - \left(\frac{V_N}{\lambda I_N}\right)^2 = \frac{V_N^2}{\alpha^2 \lambda_I^2 I_N^2} - \frac{V_N^2}{\lambda_I^2 I_N^2} = \frac{V_N^2}{\alpha^2 \lambda_I^2 I_N^2}(1-\alpha^2)$$

$$R_E + r_1 + r_2' = \frac{V_N}{\alpha \lambda_I I_N}\sqrt{1-\alpha^2}$$

其中

$$r_2' = s_K(x_1 + x_2') = \frac{s_K V_N}{I_S} = \frac{s_K V_N}{\lambda_I I_N}$$

由于 r_1 和 r_2' 在整个启动电阻中的比例不大，可近似认为 $r_1 \approx r_2'$，$r_1 + r_2' = \dfrac{2 s_K V_N}{\lambda_I I_N}$

得到 $$R_E = \frac{V_N}{\lambda_I I_N}\left[\sqrt{\left(\frac{1}{\alpha}\right)^2 - 1} - 2s_K\right] = \frac{U_N}{\sqrt{3}\lambda_I I_N}\left[\sqrt{\left(\frac{1}{\alpha}\right)^2 - 1} - 2s_K\right]$$

c. 串阻抗启动例题

笼形电动机 380 V，7.5 kW，971 r/min，16.7 A，$\eta = 0.85$，$\cos\Phi = 0.79$，$\lambda_s = 2.0$，$\lambda_I = 6.5$，$\lambda_m = 2.0$；要求限制启动电流不超过 4 倍，求启动电抗或电阻。

用电抗启动：

$$\alpha = 4/6.5 = 0.615\ 4$$

标幺值

$$x_P^* = \frac{1-0.6154}{0.615\ 4 \times 6.5} = 0.096\ 15$$

真值

$$x_P = 0.096\ 15 \times \frac{220}{16.7} = 1.267\Omega$$

用电阻启动

$$s_N = \frac{1\ 000 - 971}{1\ 000} = 0.029$$

$$s_K = 0.029(2 + \sqrt{2^2 - 1}) = 0.108\ 23$$

$$R_e = \frac{220}{6.5 \times 16.7}\left[\sqrt{\left(\frac{6.5}{4}\right)^2 - 1} - 2 \times 0.10823\right] = 2.157\ \Omega$$

在同一启动电流限值下，串电抗与串电阻的阻抗值相差很大，这是电动机电抗与启动电抗直接相加，而电抗与启动电阻要按直角三角形求阻抗的缘故，在实际应用时不可混淆。

②自耦变压器降压启动（图 2－10）

启动时电动机由自耦变压器次级供电，电动机的输入电压大小由变压器抽头处的匝数与绕组总匝数的比值决定。若比值为 k，电动机输入电压就是 kU，输出转矩就按 k^2 的比例下降。

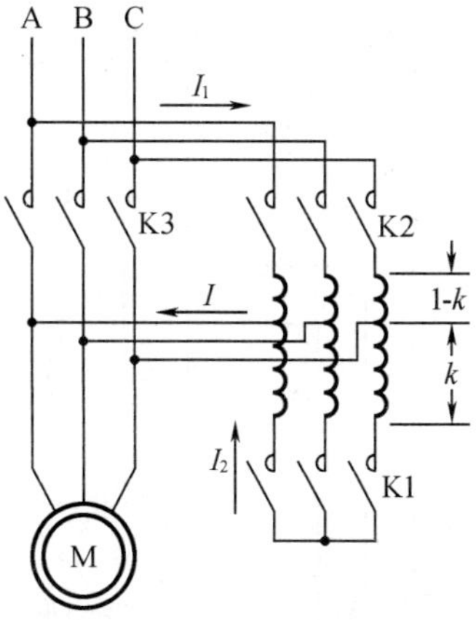

图 2－10　自耦变压器降压启动

流入电动机的电流与输入电压成正比，即与 k 值成比例，$I_S' = kI_S$，I_S 是直接启动时的电流值。

在启动过程中流入电动机的电流由自耦变压器绕组内两部分电流合成。按照自耦变压器工作原理，绕组内两部分电流产生的磁势是相互抵消的，I_1 与 I_2 的方向相反（图 2－10）。

设变压器抽头处匝数比为 k，则抽头至电源端的匝数比为 $1-k$，按照磁势抵消（相等）的原则

$$(1-k)I_1 = kI_2$$

$$I = I_1 + I_2$$

可解得　$I_1 = kI; I_2 = (1-k)I$

于是得出自耦变压器启动各部分的电流

流入电动机的电流　$I = kI_S$

电源供入的电流　$I_1 = k^2 I_S$

变压器次级的电流　$I_2 = k(1-k)I_S$

一般降压启动自耦变压器抽头的调节范围在 0.5～0.8，则图 2－10 中按各接触器实际通过的电流，其容量与电动机额定电流之比分别为：

K_1 按 $0.25I_N$（$k=0.5$ 时达最大值）

K_2 按 $0.64I_N$（自耦变压在最大抽头处 $k=0.8$，可达到的最大值）

K_3 按 I_N（在启动完成后流过额定电流 I_N）

自耦变压器降压启动的正常启动程序为：

K_1 合上后 K_2 立即闭合，电动机降压启动；

经过适当延时后断开 K_1,电动机经变压器的一部分线圈接到电源(不停电,即闭式启动);

立即合上 K_3,电动机直接接电源;

即时断开 K_2,启动动作完毕转入正常运行。

降压启动的自耦变压器按短时运行设计,通电时间不能很长,也不能连续多次启动。若启动较长时间后不能转到正常运行,应立即停机检查。

③Y/Δ(星——三角形)启动(图 2 - 11)

启动时电动机三相绕组接成 Y 形,启动完毕后三相绕组接成 Δ 形,因此启动时电动机每相绕组的输入电压是正常运行时的$\frac{1}{\sqrt{3}}$倍,相当于输入电压降低$\sqrt{3}$倍,电动机的启动转矩就下降为三分之一。

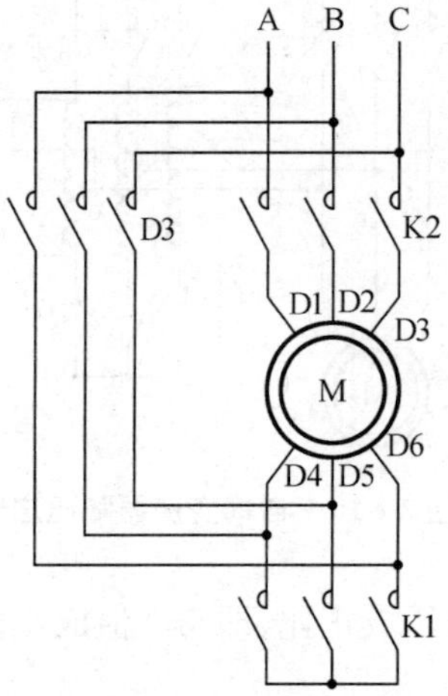

图 2 - 11　*Y* - Δ 降压启动

启动时每一绕组的电流是正常运行时各绕组电流的$\frac{1}{\sqrt{3}}$,是正常运行 Δ 接法线电流的$\frac{1}{3}$,即启动电流下降为三分之一。

正常运行绕组电流是线路电流的$\frac{1}{\sqrt{3}}$图 2 - 11 中按各接触器实际通过的电流,容量与电动机额定电流之比为:

K_1 按 $0.33I_N$;

K_2,K_3 按 $0.58I_N$。

Y/Δ(星—三角形)启动的正常启动程序为:K_1 合上后 K_2 可立即闭合,电动机按 Y 接法降压启动;经过适当延时后断开 K_1,电动机短时停电(开式启动);合上 K_3,电动机按 Δ 接法接到电源,启动动作完毕转入正常运行。

④关于"1 型与 2 型"启动器的接触器容量选择问题

以上关于自耦变压器和 Y/Δ 降压启动器,按照接触器通过的电流大小,提出了接触器的容量要求。这对于陆用和一般船用启动器都符合标准及使用要求,但对于有抗短路要求的船用启动器,还必须增加考核接触器耐短路电流能力(短路容量)的指标。

国际电工委员会(IEC)在 2009 年 9 月出版的《IEC 60947 - 4 - 1》出版物中,对电动机启动器规定了两种型式,“1”型和“2”型。两种型式启动器的区别在于不同的耐受短路电流的能力,可适应不同用户的使用要求。现国外船级社已对船用启动器提出按“2”型要求审验。

要求启动器,不论是“1”型还是“2”型,在发生短路时都不能发生人身和设备事故。对于“1”型启动器,不要求发生短路故障后能继续使用;而对“2”型启动器则要求无需修理或更换零件还能继续工作(见《IEC 60947 -4 -1》的8.2.5.1 - 英文版P51)。对此《IEC 60947 -4 -1》的9.3.4(英文版P65 - P68)规定了试验方法和合格判据。其中《IEC 60947 -4 -1》的表13(P66)按启动器额定容量规定了应耐受的预期短路电流“r”,见表2 -3。

如果启动器安装处的短路电流(额定条件短路电流I_q)大于表13规定值,《IEC 60947 -4 -1》(英文版P67)的9.3.4.2.2规定,要按I_q做试验。

此项要求实质是对所用接触器耐受短路电流能力的要求,直接影响启动器所用接触器容量的选择。一般启动器都由断路器或熔断器切断短路电流,以保护人身和设备安全。因此,“1”型启动器,仍可按传统方法选择接触器的容量;而“2”型启动器,须增加考核接触器耐短路电流的能力,即在发热电流、按工作制确定的接通与分断电流的基础上,增加耐短路电流容量,在需要时则须增大接触器的容量。

表2 -3　IEC 60947 -4 -1的表13 - 按额定工作电流所定的预期试验电流值

额定工作电流I_e(AC -3)a(A)	预期短路电流“r”(kA)
$0 < I_e \leqslant 16$	1
$16 < I_e \leqslant 63$	3
$63 < I_e \leqslant 125$	5
$125 < I_e \leqslant 315$	10
$315 < I_e \leqslant 630$	18
$630 < I_e \leqslant 1000$	30
$1000 < I_e \leqslant 1600$	42
$1600 < I_e$	按制造商和用户间的协议

a 若接触器或启动器未指定按使用类别AC -3,对制造商声明的任何使用类别预期电流“r”都对应最大额定工作电流。

对于直接或串阻抗启动器,所用接触器的容量按电动机工作电流选择,一般其短路耐受能力较易达到要求。对于降压型启动器,用传统方法选择的接触器容量,Y -Δ启动器全部小于电动机工作电流,自耦变压器启动器也有2个小于电动机工作电流。一般容量小的接触器的短路耐受能力也小,往往达不到上表的规定,用于“2”型启动器就需要增大容量。

目前各公司生产的接触器,尚未见到有短路耐受容量的样本数据,但相关公司已编制关于“1”型或“2”型启动器的配置表。

法国施耐德公司(中国地区)基于其生产的接触器的短路耐受能力,规定用于“2”型的Y -Δ启动器,所有接触器额定容量都按电动机工作电流选择。

在这里需要强调的是,并不是“2”型降压启动器的所有接触器,都需按电动机工作电流选择,也不是按电动机工作电流选择接触器容量,就一定符合“2”型要求。是否符合“2”型启动器要求,完全由所用接触器的短路耐受能力决定。

例如:额定电流120A的电动机,采用Y-Δ启动:

按常规接触器容量分别为2只0.58×120=69.6 A和一只0.33×120=40 A。若所选接触器型号有很好的短路耐受能力,稍大于40 A的接触器就能耐受表2-3规定的5 kA短路电流,则按常规选择接触器,即2个70 A和1个40 A,就能符合“2”型要求(据说ABB公司对其产品就是这样规定的);若70 A的接触器能耐受5 kA短路电流,则可选择3个70 A的接触器;如果只有125 A的接触器才能耐受5 kA短路电流,则三个接触器容量都要用125 A。

对于质量很差的接触器,如果120 A接触器还承受不了5 kA短路电流,这种接触器原则上就不适于制造“2”型启动器;如果一定要用的话,只能用大于电动机额定电流的接触器了。

附1:关于“接触器的短路耐受能力”

《IEC 60947-4-1》的9.3.4.2.1和9.3.4.2.2中的试验方法,是先调好电路的短路电流值,再把启动器接入该短路电路,各接触器在分断状态加电源、合闸各接触器,由短路保护器件分断电路。

由此“接触器的短路耐受能力”应有以下个特点:

a. 接触器能接通该短路电流;

b. 在短路保护器件动作前的短时间内,接触器能承受该短路电流;

c. 接触器不需要分断短路电流,短路电流由保护器件(开关、熔断器等)分断;

d. 允许接触器触头有轻微熔合(用螺丝刀等工具即可分开),分开后可继续工作。

以上第②项承受短路电流的时间,对断路器是指瞬动动作时间(对于电动机启动器应属于终端用电设备,短路保护不需要延时),对熔断器则需是元件的熔断时间。这两种不同的配置,接触器承受短路电流的时间不同,对选择接触器是有区别的。

⑤延边Δ接法启动(图2-12)

启动时电动机各相绕组有一部分接成Y形,一部分接成Δ形,启动完毕后三相绕组全部接成Δ形。启动时电动机每相绕组的输入电压大小随两部分绕组的匝数比而变,因此它的启动转矩和启动电流也因两部分绕组的匝数不同而有所不同。

图2-12中D1D7,D2D8,D3D9在启动时按Y形连接,而D7D4,D8D5,D9D6在启动时按Δ形连接,与直接启动相比其启动电流和启动转矩变化如表2-4所示。

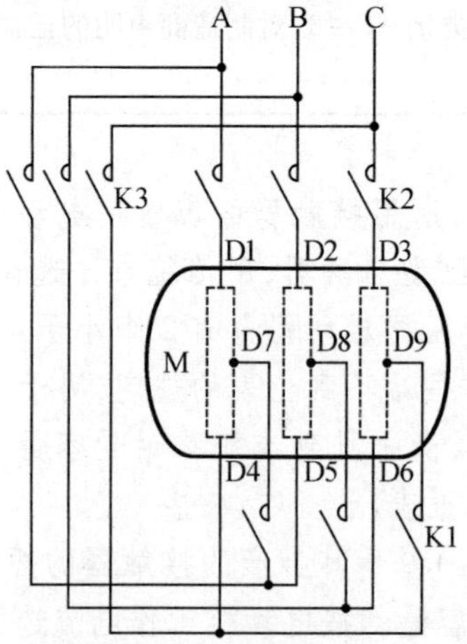

图2-12 延边Δ启动

表2-4　转矩变化表(1)

Y/Δ匝数	绕组电压	启动电流	启动转矩
2/1	0.623	0.43	0.43
1/1	0.66	0.50	0.50
1/2	0.721	0.60	0.60

与表2-5Y/Δ启动相比：

表2-5　转矩变化表(2)

Y/Δ匝数	绕组电压	启动电流	启动转矩
1/0	0.577	0.333	0.333

延边Δ接法启动各接触器的容量如下：

K1只通过启动相电流且为线电流的$\frac{1}{\sqrt{3}}$，可按两种匝数比选择：匝数比1/1：选择$0.29I_N$（为通用起见也可按$0.35I_N$选择）；匝数比2/1或1/2：选择$0.35I_N$（考虑匝数比调整可能取较大值）；K2，K3正常运行电流为$0.58I_N$，按$0.6I_N$选择。

延边Δ接法启动各接触器的动作程序与Y/Δ接法启动的完全相同。

补充：关于Y接法与Δ接法的阻抗变换

按照从A,B,C任何两端测量，阻抗相等的原则作阻抗变换。

由A,B两端

$$z_a+z_b=\frac{(Z_A+Z_B)Z_C}{Z_A+Z_B+Z_C} \tag{1}$$

由B,C两端

$$z_b+z_c=\frac{(Z_B+Z_C)Z_A}{Z_A+Z_B+Z_C} \tag{2}$$

由A,C两端

$$z_a+z_c=\frac{(Z_A+Z_C)Z_B}{Z_A+Z_B+Z_C} \tag{3}$$

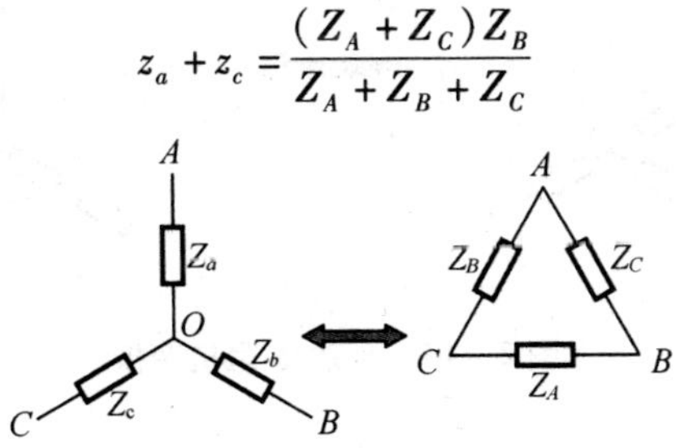

图2-13　Y-Δ接法的阻抗变换

解(1)至(3)式得到

由(2)-(3)

$$z_a-z_c=\frac{Z_BZ_C-Z_AZ_B}{Z_A+Z_B+Z_C} \tag{4}$$

$$\left.\begin{aligned}
&(3)+(4)/2 \qquad z_a=\frac{Z_BZ_C}{Z_A+Z_B+Z_C} \quad (5)\\
&(1)-(5) \qquad z_b=\frac{Z_AZ_C}{Z_A+Z_B+Z_C} \quad (6)\\
&(2)-(6) \qquad z_c=\frac{Z_AZ_B}{Z_A+Z_B+Z_C} \quad (7)
\end{aligned}\right\}\text{由}\Delta\text{接法变为 Y 接法的计算式}$$

$(5)\times(6)$
$$z_az_b=\frac{Z_AZ_BZ_C^2}{(Z_A+Z_B+Z_C)^2} \tag{8}$$

$(6)\times(7)$
$$z_bz_c=\frac{Z_A^2Z_BZ_C}{(Z_A+Z_B+Z_C)^2} \tag{9}$$

$(5)\times(7)$
$$z_az_c=\frac{Z_AZ_B^2Z_C}{(Z_A+Z_B+Z_C)^2} \tag{10}$$

$(8)+(9)+(10)$
$$z_az_b+z_bz_c+z_az_c=\frac{Z_AZ_BZ_C(Z_A+Z_B+Z_C)}{(Z_A+Z_B+Z_C)^2}=\frac{Z_AZ_BZ_C}{Z_A+Z_B+Z_C} \tag{11}$$

$$\left.\begin{aligned}
&(11)\div(5) \qquad Z_A=\frac{z_az_b+z_bz_c+z_az_c}{z_a} \quad (12)\\
&(11)\div(6) \qquad Z_B=\frac{z_az_b+z_bz_c+z_az_c}{z_b} \quad (13)\\
&(11)\div(7) \qquad Z_C=\frac{z_az_b+z_bz_c+z_az_c}{z_c} \quad (14)
\end{aligned}\right\}\text{由 Y 接法变为}\Delta\text{接法的计算式}$$

当三相阻抗相等时，即 $z_a=z_b=z_c=z, Z_A=Z_B=Z_C=Z$ 时：

Y 接法转变为 Δ 接法 $Z=3z$；Δ 接法转变为 Y 接法 $z=\frac{Z}{3}$。

附 2：延边 Δ 接法绕组电压、电流和转矩的推导

z_1, z_2' 是启动时各段绕组的阻抗，如图 2-14 所示。

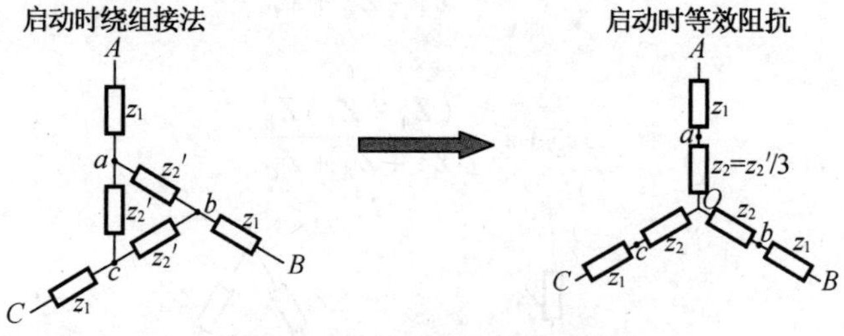

图 2-14　延边 Δ 阻抗变换

①Y 匝数/Δ 匝数 = 1/1（图 2-15）

启动时绕组总阻抗为 Z，则 $z_1=z_2'=3z_2=0.5Z$；$z_2=Z/6$

$$U_{A0}=U_{\Phi}\text{（相电压）}$$

$$U_{co}=U_{\Phi}/4$$

以 A 相为例求绕组电压（图 2-15）

$$U_{Ac}=\sqrt{U_\Phi^2+\frac{U_\Phi^2}{16-0.5U_\Phi^2\cos 120^\circ}}=\sqrt{U_\Phi^2+\frac{U_\Phi^2}{16+0.25U_\Phi^2}}=\sqrt{1.3125U_\Phi^2}=\sqrt{\frac{1.3125U_L^2}{3}}$$

$$=0.66U_L$$

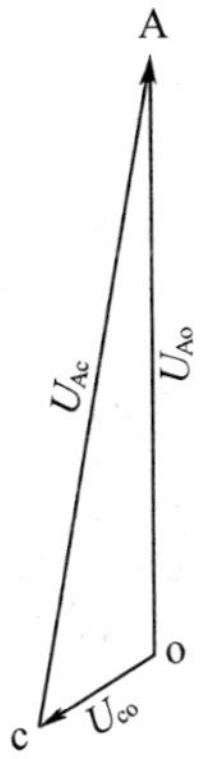

图 2－15　Y/Δ＝1/1 的绕组电压

此电压虽加于绕组两端，但绕组两部分流过的电流并不相同，因此电动机的转矩并不与这一电压的平方成正比，在实用上这一电压已没有多大意义。

以 A 相为例求启动电流比例：（与直接启动相比，如图 2－16 所示。）

延边 Δ 接法启动电流　　$I_{AS}=\dfrac{U_\Phi}{\frac{4z}{3}}=\dfrac{\sqrt{3}U_L}{4z}=\dfrac{\sqrt{3}U_L}{2Z}$

直接启动电流　　$I'_{AS}=\dfrac{\sqrt{3}U_L}{Z}$

启动电流比例　　$\dfrac{I_{AS}}{I'_{AS}}=0.5$

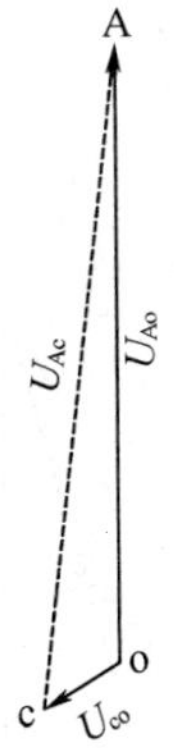

图 2－16　Y/Δ＝2/1 的绕组电压

启动转矩比例与输入功率成正比，在电源电压相同时与电流成比例，即

$$\frac{M_{AS}}{M'_{AS}}=0.5$$

② Y 匝数/Δ 匝数＝2/1，启动时绕组总阻抗为 Z

则 $z_1=2z_2'=6z_2=2Z/3;z_2=Z/9$

$$U_{A0}=U_\Phi(\text{相电压})$$

$$U_{co}=U_\Phi/7$$

以 A 相为例求绕组电压(图 2-16)

$$U_{Ac}=\sqrt{U_\Phi^2+\frac{U_\Phi^2}{49-\frac{2U_\Phi^2\cos 120°}{7}}}=\sqrt{U_\Phi^2+\frac{U_\Phi^2}{49+\frac{U_\Phi^2}{7}}}=\sqrt{1.1633U_\Phi^2}=\sqrt{\frac{1.1633U_L^2}{3}}$$

$$=0.623U_L$$

以 A 相为例求启动电流比例:

延边 Δ 接法启动电流 $$I_{AS}=\frac{U_\Phi}{7z_2}=\frac{U_L}{7\sqrt{3}z_2}=\frac{9U_L}{7\sqrt{3}Z}$$

直接启动电流与前述 I_{AS}' 相同

$$I_{AS}'=\frac{\sqrt{3}U_L}{Z}$$

启动电流比例 $$\frac{I_{AS}}{I_{AS}'}=0.429$$

启动转矩比例应与输入功率成正比,在电源电压相同时与电流成比例,即

$$\frac{M_{AS}}{M_{AS}'}=0.429$$

③Y 匝数/Δ 匝数 =1/2,启动时绕组总阻抗为 Z

则 $z_1=0.5z_2'=1.5z_2=Z/3;z_2=2Z/9$

$$U_{A0}=U_\Phi(\text{相电压})$$

$$U_{co}=0.4U_\Phi$$

以 A 相为例求绕组电压(图 2-17)

$$U_{Ac}=\sqrt{U_\Phi^2+0.16U_\Phi^2-0.8U_\Phi^2\cos 120°}=\sqrt{U_\Phi^2+0.16U_\Phi^2+0.4U_\Phi^2}=\sqrt{1.56U_\Phi^2}$$

$$=\sqrt{\frac{1.56U_\Phi^2}{3}}=0.721U\Phi$$

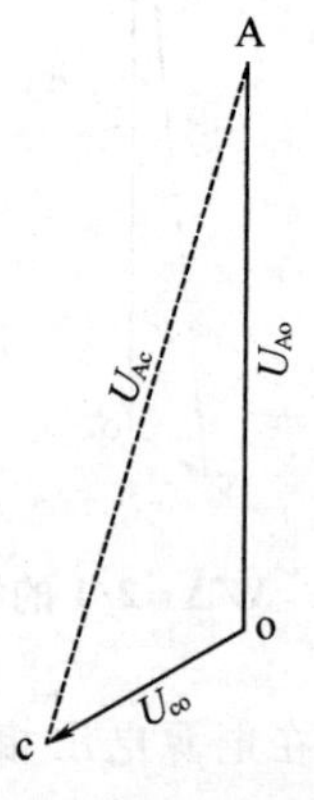

图 2-17 Y/Δ=1/2 的绕组电压

以 A 相为例求启动电流比例:

延边 Δ 接法启动电流

$$I_{AS}=\frac{U_{\Phi}}{2.5z_2}=\frac{U_L}{2.5\sqrt{3}z_2}=\frac{9U_L}{5\sqrt{3}Z}$$

直接启动电流与前述 I'_{AS} 相同

$$I'_{AS}=\frac{\sqrt{3}U_L}{Z}$$

启动电流比例

$$\frac{I_{AS}}{I'_{AS}}=\frac{9}{15}=0.6$$

启动转矩比例应与输入功率成正比，在电源电压相同时与电流成比例，即

$$\frac{M_{AS}}{M'_{AS}}=0.6$$

⑥各降压启动方法的比较

由于各种降压启动方法，电动机绕组与电源的连接不同，绕组两端电压和绕组内电流的变化规律有差别，它们的机械特性也不相同，其变化情况如图 2－18 所示。

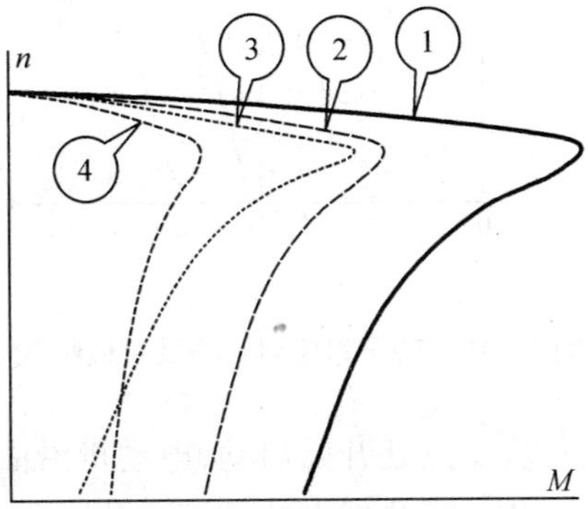

图 2－18　各降压启动特性比较

曲线“1”为自然特性。

曲线“2”为自耦降压启动特性，变压器抽头可调，转矩可在自然特性基础上按比例变化（电压从 0.6～0.8，转矩由 0.36～0.64）。

曲线“3”为定子串阻抗启动特性，转矩大小随阻抗大小而变，但转速升高时电流减小，阻抗压降也减小，电动机端电压升高，因此在高转速时转矩比例上升较快。

曲线“4”为 Y/Δ 启动特性，转矩为自然特性的三分之一。

2.3.2　绕线式异步电动机转子串电阻启动

在推导异步电动机机械特性过程中，我们曾经得到：

临界转差率

$$M_K=\frac{3U^2}{2\omega_1(x_1+x'_2)}$$

最大转矩

$$s_K=\frac{r'_2}{x_1+x'_2}$$

并由此得知，当转子电阻改变时，临界转差率 s_K 与转子电阻成比例变化，电阻越大转速愈低；而最大转矩（或叫做临界转矩、疲倒转矩）则不随电阻变化。这样可以在绕线式电动机的转子回路中串联电阻，改变电动机的机械特性。

2.3.2.1　转子电路图、机械特性曲线及启动过程

曲线① 外串电阻

$$r_{21}+r_{22}+r_{23}$$

曲线② 外串电阻

$$r_{22}+r_{23}$$

曲线③ 外串电阻

$$r_{23}$$

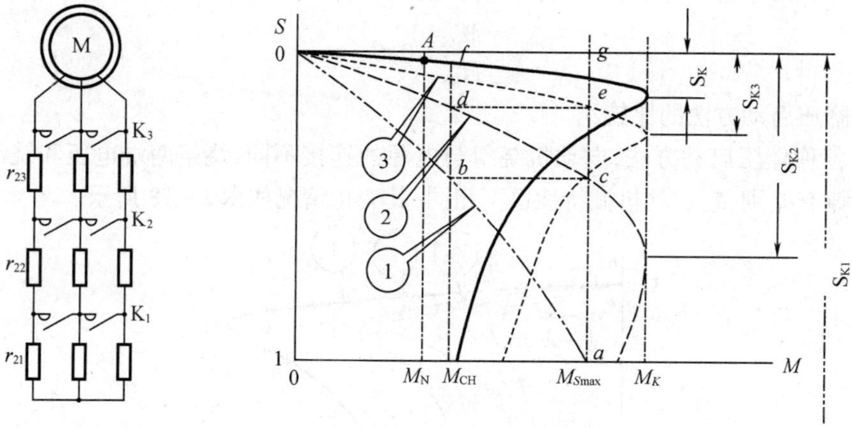

图 2-19　转子串电阻电路及机械特性

由所选择的启动转矩 M_{Smax} 从 a 点处开始启动，电动机沿曲线①升速至 b 点，然后切除第一段启动电阻 r_{21} 转入曲线②的 c 点，再沿曲线②继续升速至 d 点切除第二段启动电阻 r_{22} 转入曲线③的 e 点，再沿曲线③继续升速至 f 点切除最后一段启动电阻 r_{23} 转入自然特性的 g 点，沿自然特性升速至稳定运行点 A 点，完成整个启动过程。

2.3.2.2　启动转矩的选择

初始启动转矩的选择应同时考虑转矩和电流两大因素，从增大启动转矩出发，希望初始启动转矩尽可能大些（最大是电动机的临界转矩），即初始启动时取人工机械特性的 $s_{K1}=1$。

但按电动机的转速特性，选择不同的 s_{K1} 可得到不同的初始启动电流比例：

按转速特性

$$I=\frac{I_{ST}\sqrt{1+s_{K1}^2}}{\sqrt{1+\left(\frac{s_{K1}}{s}\right)^2}}$$

初始启动电流：开始启动时 $s=1$

$$I_{Smax}=I_{ST}$$

初始启动转矩

$$M_{Smax}=\frac{2M_K}{s_K+\frac{1}{s_K}}$$

对不同的人工机械特性可得到对应的启动电流和启动转矩，见表 2－6。

表 2－6　启动电流和启动转矩

s_{K1}	1	1.5	2	2.5	3
I_{Smax}/I_S	0.707	0.555	0.447	0.371	0.361
M_{Smax}/M_K	1	0.923	0.8	0.69	0.6

按照表 2－6，在不过分降低启动转矩的前提下，选择 $s_{K1}=2$ 附近（$1.5<s_{K1}<2.5$ 范围内），启动转矩在 $M_{Smax}=0.8M_K$（约 $0.7\sim0.9M_K$）之间，而启动电流则有较大幅度减少（$0.4\sim0.55I_S$）。一般可初选 $s_{K1}\approx2$；然后再作调整。

2.3.2.3　分析法计算启动电阻(1)——转矩比例法

这是现有教科书和设计手册所介绍的计算方法，它是把电动机的机械特性，按空载和额定工况两点作线性化处理再进行分析计算，其特点是各级启动转矩与转换转矩的比例相同，不妨称之为转矩比例法。因这样线性化的机械特性与实际特性差别很大，使计算得出的启动级数偏多，得出的电阻值偏大。所以这一计算方法可作学习分析，并不实用。

其计算步骤如下：

①初选启动转矩 M_{Smax}；

②初选启动级数 m；

③按下式计算转换比 λ

$$\lambda=\sqrt[m]{\frac{M_N}{s_NM_{Smax}}}$$

式中　M_N——额定转矩(N·m)；

s_N——额定转差率；

$\frac{M_N}{s_N}$——空载和额定工况两点的连线延长与横轴(n＝0)交点处的转矩。

④校验转换转矩 M_{CH}

$$M_{CH}=\frac{M_{Smax}}{\lambda}$$

要求 $M_{CH}>$ 负载转矩 M_L，一般取 $M_{CH}=1.1\sim1.2M_N$。

若不能满足上述要求，则重新选择启动转矩 M_{Smax}（相差不多时）或级数 m（相差较多时），再重复上述计算，直至基本符合为止。

⑤求电动机转子电阻 r_2

r_2 的计算式已在 1.2.6 节中说明，为方便起见把计算式重复如下，关于计算式修正内容可参阅 1.2.6 节，不再赘述。

$$r_2=\frac{1000P_N}{3I_N^2}\times\frac{s_N}{1-s_N}\quad 或\quad r_2=\frac{E_{2N}s_N}{\sqrt{3}I_{2N}}$$

⑥求各级外串电阻 $r_{2m}\sim r_{21}$；

启动第 m 段电阻 $r_{2m}=(\lambda-1)r_2$

启动第 $m-1$ 段电阻 $r_{2m-1}=\lambda r_{2m}$

⋮

启动第 2 段电阻 $r_{22}=\lambda r_{23}$

启动第 1 段电阻 $r_{21}=\lambda r_{22}$

2.3.2.4 图解法求启动电阻

这里介绍割线图解法,在理论上是比较正确的方法,可用来计算线绕式电动机的启动电阻。但为了得到精确的结果,要作很大的图纸并经过反复调整作图,工作量较大。

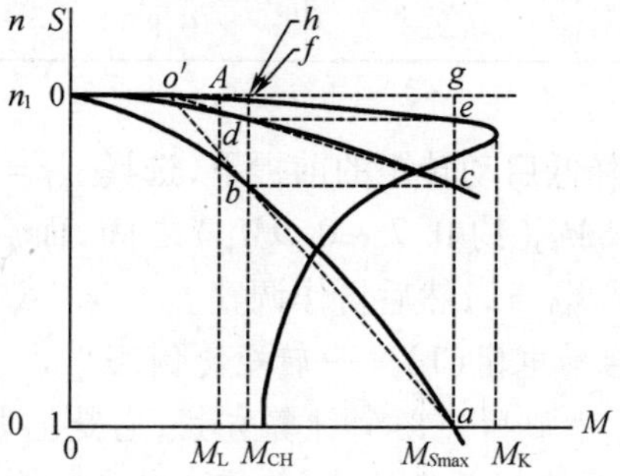

图 2-20 割线图解法求绕线式电动机的启动电阻

作图步骤:

①按电动机的铭牌或样本数据计算并绘制自然机械特性曲线 $0Afe$;

②过 0 点作水平线 $0g$;

③初选最大启动转矩 M_{Smax} 和启动转换转矩 M_{CH} 并在横坐标轴上找出相应点作垂直线,与自然特性曲线交于 e 和 f 两点;

④连接 e 和 f 点并延长交 0g 线于点 O' 点;

⑤连接 O' 和 M_{Smax}(a 点),交 M_{CH} 线于 b 点;(注意:O' 点不是 O 点)

⑥由 b 点作水平线交 M_{Smax} 线于点 c 点;

⑦连接 c 和 O' 点,交 M_{CH} 线于点 d 点;

⑧由 d 点作水平线交 M_{Smax} 线于点 e 点,并与自然特性曲线相交;

若这两个交点不重合,则调整 M_{Smax}/M_{CH},再重复进行⑤至⑧项作图,直至这两个交点基本重合,则作图完毕;

⑨计算转子电阻 r_2;

⑩按以下线段比例计算各级启动电阻

$$\frac{r_2}{eg}=\frac{r_{21}}{ac}=\frac{r_{22}}{ce}$$

若启动级数超过 2 级可按此类推。

这一作图法的依据是对同一输出转矩,电动机的转差率始终与临界转差率成正比。按简化机械特性

$$\frac{2M_K}{M}=\frac{s_K}{s}+\frac{s}{s_K}$$

取

$$\frac{M_K}{M}=\alpha$$

则有
$$s^2 - 2\alpha s s_K + s_K^2 = 0$$
$$s = s_K(\alpha - \sqrt{\alpha^2 - 1})$$

当转子中串联电阻后，临界转差率 s_K 改变，对应于 M_{Smax} 和 M_{CH} 的转差率 s_{sm} 和 s_{ch} 都按比例变化，它们在两转矩处的工作点的连线都通过点 O'。

2.3.2.5　分析法计算启动电阻(2)——转差比例法

前述 2.3.2.3 的转矩比例法是把异步电动机机械特性的稳定部分当作直线看待，把绕线式异步电动机的机械特性按空载状态和额定状态作线性处理后，参照他激直流电动机相同方法求启动电阻。这种近似方法忽略了异步电动机转差率随转矩增大的事实，求出的启动级数明显偏多，电阻偏大，与实际不符。上面 2.3.2.4 的割线图解法，是各教科书和设计手册所推荐的方法，但为提高精度要作很大的图纸，比较麻烦。转差比例法则采取割线图解法的原理，通过计算求出启动级数和电阻值，是一项方便正确的计算方法。

图 2-20 中设
$$\frac{ag}{bh} = \frac{cg}{dh} = \frac{eg}{fh} = \frac{O'g}{O'h} = \lambda'$$

式中　$bh = cg$——启动特性在转换转矩处的转差率；

$dh = eg = s_{\max}$——自然特性在启动转矩处的转差率；

$ag = 1$——启动特性在启动转矩处的转差率；

$fh = s_{ch}$——自然特性在转换转矩处的转差率。

对两级启动有
$$\frac{ag}{eg} = \lambda'^2$$

若有 m 级则为 λ'^m

得到
$$\lambda' = \sqrt[m]{\frac{1}{s_{\max}}}$$

λ'是启动转差率与转换转差率的比率。电动机的 s_N，s_K，M_N，M_K按样本数据计算。

以后按以下步骤计算：

①初选启动转矩 M_{Smax}（$0.8M_K$左右）：取值范围 $M_{\text{Smax}} = 0.7 \sim 0.9M_K$；

②计算临界转矩 M_K与启动转矩 M_{Smax}的比值：$\alpha = \dfrac{M_K}{M_{\text{Smax}}}$取值范围 $\alpha \approx 1.4 \sim 1.1$；

③并计算对应的启动转差率 $s_{\max}$：$s_{\max} = s_K(\alpha - \sqrt{\alpha^2 - 1})$；

④初选启动级数 m；

⑤计算转换比 λ'
$$\lambda' = \sqrt[m]{\frac{1}{s_{\max}}};$$

⑥求转换转差率 s_{ch}
$$s_{\text{ch}} = \frac{s_{\max}}{\lambda'};$$

⑦校验转换转矩 M_{CH}。

转换转矩 M_{CH}可由 s_{ch}代入机械特性表达式求出。因 M_{CH}与 M_N 很近，这一段机械特性很接近直线，可认为转矩与转差率成正比，只要 $s_{\text{ch}} = 1.1 \sim 1.2s_L$（若电动机带全负荷启动，则 $s_{\text{ch}} = 1.1 \sim 1.2s_N$）就可以满足要求。

若不能满足上述要求，则重新选择 M_{smax}（相差不多时）或 m（相差较多时），再重复上述计算，直至基本符合为止 。

⑧求电动机转子电阻 r_2；

⑨求各级外串电阻 $r_{2m} \sim r_{21}$；

启动第 m 段电阻 $$r_{2m}=(\lambda'-1)r_2$$

启动第 $m-1$ 段电阻 $$r_{2m-1}=\lambda' r_{2m}$$

$$\vdots$$

启动第 2 段电阻 $$r_{22}=\lambda' r_{23}$$

启动第 1 段电阻 $$r_{21}=\lambda' r_{22}$$

2.3.2.6　转子串电阻启动例题：

电动机额定电压 380 V，额定功率 28 kW，额定电流 59 A，额定转速 950 r/min，转子电压 186 V，转子电流 90 A，过载倍数 2.0；试计算启动级数与电阻。

①按转矩比例法计算

初选 $M_{\mathrm{Smax}}=0.8M_K=1.6M_N$，启动级数 $m=4$

$$s_N=\frac{1\,000-950}{1\,000}=0.05$$

$$\lambda=\sqrt[4]{\frac{1}{0.05\cdot 1.6}}=1.88$$

$$M_{\mathrm{CH}}=\frac{1.6}{1.88}M_{\mathrm{N}}=0.851M_{\mathrm{N}}(\text{太小})$$

取 $M_{\mathrm{Smax}}=0.92M_K=1.84M_N$，启动级数 $m=5$

$$\lambda=\sqrt[5]{\frac{1}{0.05\times 1.84}}=1.612$$

$$M_{\mathrm{CH}}=\frac{1.84}{1.612}M_N=1.142M_N(\text{合适})$$

$$r_2=\frac{186\times 0.05}{90\sqrt{3}}=0.059\,66\ \Omega$$

按该算式的应取稍小值　取 $r_2=0.059\,2\Omega$

$$r_{25}=(1.612-1)\times 0.059\,2=0.036\,2\ \Omega$$

$$r_{24}=1.612\times 0.036\,5=0.058\,4\ \Omega$$

$$r_{23}=1.612\times 0.058\,8=0.094\,1\ \Omega$$

$$r_{22}=1.612\times 0.094\,8=0.152\ \Omega$$

$$r_{21}=1.612\times 0.152\,7=0.245\ \Omega$$

②割线图解法(图 2－21)

$$M_N=9.55\times 28\,000/950=281.5\ \mathrm{N\cdot m}$$

$$M_K=2\times 281.5=563\ \mathrm{N\cdot m}$$

$$s_K=0.05(2+\sqrt{2^2-1})=0.186\,6$$

按 $$M=\frac{2\times 563}{\dfrac{0.186\,6}{s}+\dfrac{s}{0.186\,6}}$$

画 $0<s<s_K(0.186\,6)$ 段的机械特性，见表 2－7。

表 2-7　$0 < s < s_K(0.1866)$ 段的机械特性

s	0.02	0.04	0.06	0.08	0.10	0.12	0.14	0.16	0.18
n	980	960	940	920	900	880	860	840	820
M	119.3	230.8	328.1	407.8	468.8	512.3	540.5	556.4	562.6

选择 $M_{Smax} = 1.84M_N = 518\ \text{N}\cdot\text{m}$

$$M_{CH} = 1.142\ M_N = 321.5\ \text{N}\cdot\text{m}$$

按图 2-21 得出三级启动，按图中的线段比例求出各级电阻

$$r_{23} = \frac{12}{12.1} \times 0.0592 = 0.0587\ \Omega$$

$$r_{22} = \frac{25}{12.1} \times 0.0592 = 0.1223\ \Omega$$

$$r_{21} = \frac{51}{12.1} \times 0.0592 = 0.2495\ \Omega$$

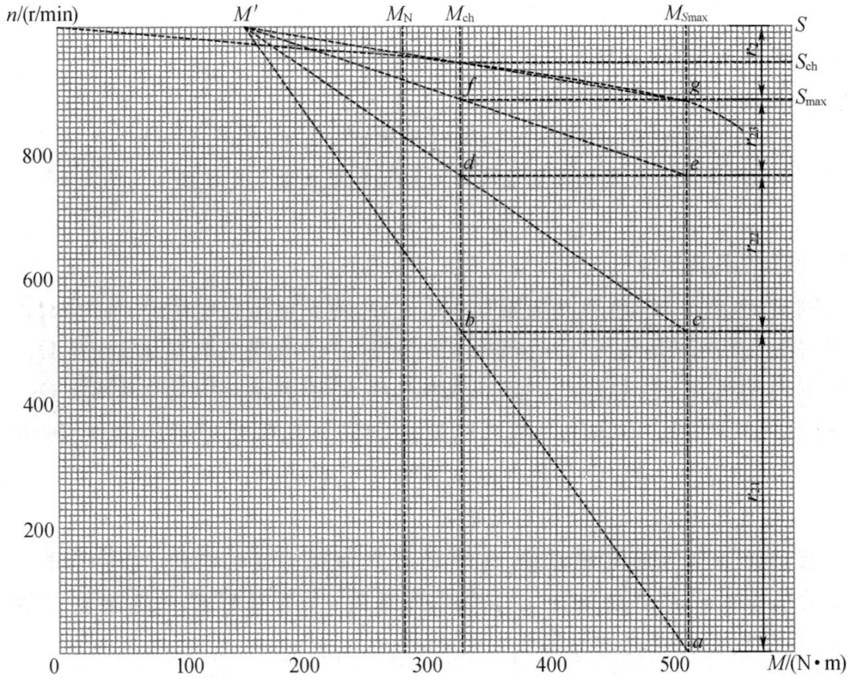

图 2-21　割线图解法求绕线式电动机的启动电阻例图

③按转差比例法计算

$$s_N = 0.05,\ s_K = 0.1866,\ M_N = 281.5\ \text{N}\cdot\text{m},\ M_K = 563\ \text{N}\cdot\text{m}$$

初选 $M_{Smax} = 518\ \text{N}\cdot\text{m}$，启动级数 $m = 3$

$$\alpha = \frac{563}{518} = 1.087$$

对应　$s_{max} = s_K(\alpha - \sqrt{\alpha^2 - 1}) = 0.1866(1.087 - \sqrt{1.087^2 - 1}) = 0.1234$

计算转换比 λ'　$\lambda' = \sqrt[3]{\dfrac{1}{0.1234}} = 2.009$

求转换转差率 s_{ch} $$s_{ch}=\frac{0.123\ 4}{2.009}=0.061\ 4$$

$$\frac{s_{ch}}{s_N}=\frac{0.061\ 4}{0.05}=1.23\quad 稍大$$

再选 $$M_{Smax}=510\ \text{N}\cdot\text{m}$$

$$\alpha=\frac{563}{510}=1.104$$

$$s_{max}=s_K(\alpha-\sqrt{\alpha^2-1})=0.186\ 6(1.104-\sqrt{1.04^2-1})=0.118\ 74$$

计算转换比 λ' $$\lambda'=\sqrt[3]{\frac{1}{0.11874}}=2.034\ 6$$

求转换转差率 s_{ch}

$$s_{ch}=\frac{0.118\ 74}{2.034\ 6}=0.058\ 36$$

$$\frac{s_{ch}}{s_N}=\frac{0.058\ 36}{0.05}=1.167\quad 符合要求$$

电动机转子电阻 $r_2=0.059\ 2\ \Omega$

求各级外串电阻

$$r_{23}=(\lambda'-1)r_2=1.034\ 6\times0.059\ 2=0.061\ 25\ \Omega$$

$$r_{22}=\lambda' r_{23}=2.034\ 6\times0.061\ 25=0.124\ 6\ \Omega$$

$$r_{21}=\lambda' r_{22}=2.034\ 6\times0.124\ 6=0.253\ 6\ \Omega$$

④三种计算结果的比较

转矩比例法:级数5级,总启动电阻0.585 7 Ω,转子电路总电阻0.644 9 Ω;

割线图解法:级数3级,总启动电阻0.430 5 Ω,转子电路总电阻0.489 7 Ω;

转差比例法:级数3级,总启动电阻0.439 5 Ω,转子电路总电阻0.498 7 Ω。

转矩比例法误差太大,不实用。割线图解法和转差比例法结果很接近,图解法作图有些误差,两者不可能完全一致,转差比例法无需作图比较方便。

2.3.2.7 关于绕线式电动机的启动电流

为选择启动设备和考虑电源容量,常需估算电动机的启动电流,而转子串电阻后的启动电流按电动机样本或铭牌数据是很难精确计算的,下面是取部分经验数据估算启动电流,可供选择启动设备和考虑电源容量中使用。

定转子电压变比 $$k_V=U_N/E_{2N}$$

定转子电流变比 $$k_I=1/k_V$$

这是按理想状态 $k_V k_I=1$,实际由于定子流过励磁电流有阻抗压降 U_N 稍大于 E_1,但差别不大,实际计算时可取往下的圆整值(稍减小)。

转子电阻折算到定子 $$R_2'=k_V^2R_2$$

上述例题的启动电流按转矩比例法数据:

电压变比 $$k_V=380/186=2.043$$

取变比 $$k=2$$

转子电阻 $$r_2'=k^2\ r_2=2^2\times0.059\ 2=0.236\ 8\ \Omega$$

定转子电抗 $$x_1+x_2'=r_2'/s_K=0.236\ 8/0.186\ 6=1.269\ \Omega$$

转子总电阻　$R_2' = k^2 R_2 = 2^2 \times 0.6449 = 2.5996\ \Omega$

定子电阻　$r_1 \approx r_2' = 0.2368$((这是大致估计的数值)

总阻抗

$$Z = \sqrt{(r_1 + R_2')^2 + (x_1 + x_2')^2} = \sqrt{(0.2368 + 2.5596)^2 + 1.296^2} = 3.1072\ \Omega$$

启动电流

$$I_S = \frac{V_N}{Z} = \frac{U_N}{\sqrt{3}Z} = \frac{380}{3.1073\sqrt{3}} = 70.6\ \text{A}$$（启动电流,未计及电源供给的励磁电流)

转子启动电流　$I_S' = I_S k = 70.6 \times 2 = 141.2\ \text{A}$　(流过启动电阻的电流)

启动电流倍数

$I_S / I_N = 70.6/59 = 1.2$　(因电阻和级数偏大,故启动电流较小)

按割线图解法的数据

转子总电阻　$R_2' = k^2 R_2 = 2^2 \times 0.4897 = 1.9588\ \Omega$

总阻抗

$$Z = \sqrt{(r_1 + R_2')^2 + (x_1 + x_2')^2} = \sqrt{(0.2368 + 1.9588)^2 + 1.296^2} = 2.536\ \Omega$$

启动电流　$I_S = \frac{V_N}{Z} = \frac{U_N}{\sqrt{3}Z} = \frac{380}{2.536\sqrt{3}} = 86.51\text{A}$

转子启动电流　$I_S' = I_S k = 86.51 \times 2 = 173\ \text{A}$

启动电流倍数　$I_S / I_N = 86.51/59 = 1.47$

按转差比例法数据

转子总电阻　$R_2' = k^2 R_2 = 2^2 \times 0.4987 = 1.9948\ \Omega$

定子电阻　$r_1 \approx r_2' = 0.2368\ \Omega$

总阻抗

$$Z = \sqrt{(r_1 + R_2')^2 + (x_1 + x_2')^2} = \sqrt{(0.2368 + 1.9948)^2 + 1.296^2} = 2.567\ \Omega$$

启动电流　$I_S = \frac{V_N}{Z} = \frac{U_N}{\sqrt{3}Z} = \frac{380}{2.567\sqrt{3}} = 85.5\ \text{A}$

转子启动电流　$I_S' = I_S k = 85.5 \times 2 = 171\ \text{A}$

启动电流倍数　$I_S / I_N = 85.5/59 = 1.45$

注:上述启动电流中未包含定子的励磁电流,实际电源供给电动机的启动电流还应与建立旋转磁场所需的励磁电流相量相加,即启动电流和启动电流倍数都比上述计算值稍大。

为进一步估算电动机(包括励磁电流)的启动电流,可作如下考虑:按额定工况推算励磁电流(图 2-22)。定子额定折算电流 = 转子额定电流/变比 ($I_1 = I_2'$)。

折算电流的功率因数角由等效电路确定:

$$\tan\varphi = \frac{x_1 + x_2'}{r_1 + \frac{r_2'}{s}},\quad \varphi = \arctan\frac{x_1 + x_2'}{r_1 + \frac{r_2'}{s}}$$

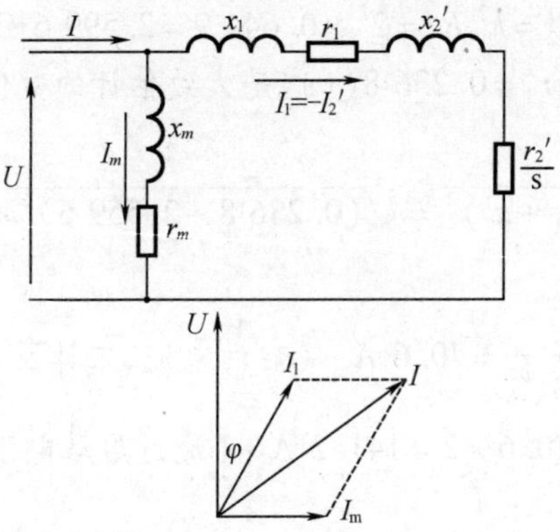

图 2－22　由简化等效电路估算启动电流

励磁电流 I_m 的功率因数角稍小于90°，励磁电流 I_m 与 I_1 的夹角稍小于 $90°-\varphi$。由定子额定电流 I_N 和 $I_1=I_2'$ 就可求出励磁电流 I_m。

按余弦定律

$$I_N^2=I_1^2+I_m^2-2I_1I_m\cos(90°+\varphi)$$

$$I_m^2+2I_1I_m\sin\varphi+(I_1^2-I_N^2)=0$$

$$I_m=-I_1\sin\varphi+\sqrt{(I_1\sin\varphi)^2-(I_1^2-I_N^2)}$$

$$I_m=-I_1\sin\varphi+\sqrt{I_N^2-(I_1\cos\varphi)^2}$$

把 I_m 与上述折算到定子的启动电流相量相加，可得到接近实际的启动电流。

折算启动电流的功率因数角

$$\tan\varphi=\frac{x_1+x_2'}{r_1+R_2'}$$

$$\varphi=\arctan\frac{x_1+x_2'}{r_1+R_2'}$$

实际启动电流：

$$I=\sqrt{I_S^2+I_m^2+2I_SI_m\sin\varphi}$$

把上述转差比例法的计算结果，试计算实际启动电流：

定子额定折算电流

$$I_1=I_2'=I_2/k=90/2=45\text{A}$$

额定电流　$I_N=59\text{A}$

折算电流的功率因数角：

$$\varphi=\arctan\frac{x_1+x_2'}{r_1+\dfrac{r_2'}{s}}=\arctan\frac{1.269}{0.236\,8_1+\dfrac{0.236\,8}{0.05}}=14.32°$$

励磁电流

$$I_m=-I_1\sin\varphi+\sqrt{I^2-(I_1\cos\varphi)^2}=-45\sin 14.32°+\sqrt{59^2-(45\cos 14.32°)^2}=28.62\ \text{A}$$

折算启动电流的功率因数角

$$\varphi=\arctan\frac{1.269}{0.236\,8+1.994\,8}=29.62°$$

实际启动电流

$$I=\sqrt{I_S^2+I_m^2+2I_SI_m\sin\varphi}=\sqrt{85.5^2+28.62^2+2\times85.5\times28.62\sin 29.62^\circ}=102.7\ \text{A}$$

实际启动电流倍数

$$I/I_N=102.7/59=1.74$$

2.3.2.8　绕线式电动机的启动转矩

在前述计算中已选择了启动转矩,按理不需要再作计算,但因所选的计算方法本身的误差,不一定能达到预选的效果,这里进行复验,可鉴别所选算法的优劣。

串电阻后启动特性的临界转差率与转子电路总电阻成正比

$$s_{K1}=\frac{s_K\times R_2}{r_2}$$

串电阻后启动转矩

$$M_s^*=\frac{2M_K^*}{s_{K1}+\dfrac{1}{s_{K1}}}$$

转矩比例法:预选 $M_S=1.84M_N=518\ \text{N}\cdot\text{m}$

$$s_{K1}=\frac{s_K\times R_2}{r_2}=\frac{0.1866\times0.6449}{0.0592}=2.033$$

$$M_S=\frac{2M_K}{s_{K1}+\dfrac{1}{s_{K1}}}=\frac{2\times2M_N}{2.033+\dfrac{1}{2.033}}=1.584M_N$$

割线图解法:预选 $M_S=518\ \text{N}\cdot\text{m}=1.84M_N$

$$s_{K1}=\frac{s_K\times R_2}{r_2}=\frac{0.1866\times0.4897}{0.0592}=1.5435$$

$$M_S=\frac{2M_K}{s_{K1}+\dfrac{1}{s_{K1}}}=\frac{2\times2M_N}{1.5435+\dfrac{1}{1.5435}}=1.825M_N$$

转差比例法:预选

$$M_S=510\ \text{N}\cdot\text{m}=1.812M_N$$

$$s_{K1}=\frac{s_K\times R_2}{r_2}=\frac{0.1866\times0.4987}{0.0592}=1.572$$

$$M_S=\frac{2M_K}{s_{K1}+\dfrac{1}{s_{K1}}}=\frac{2\times2M_N}{1.572+\dfrac{1}{1.572}}=1.812M_N$$

与预选的启动转矩比较,转矩比例法的误差最大,达到预选值的 -14%。割线图解法误差 0.8%,这是由作图误差引起的。转差比例法计算结果与预选值一致。

2.3.2.9　串频敏变阻器启动

(1)频敏变阻器

频敏变阻器的结构与交流三相电抗器相似,铁芯用普通钢板(6 ~ 12 mm)或钢管制成,绕组通交流电时,铁芯中的磁滞和涡流损耗都很大,在电路中的作用相当于一只消耗有功功率的电阻,图 2 -23 是它的结构示意和一相的等效电路图。

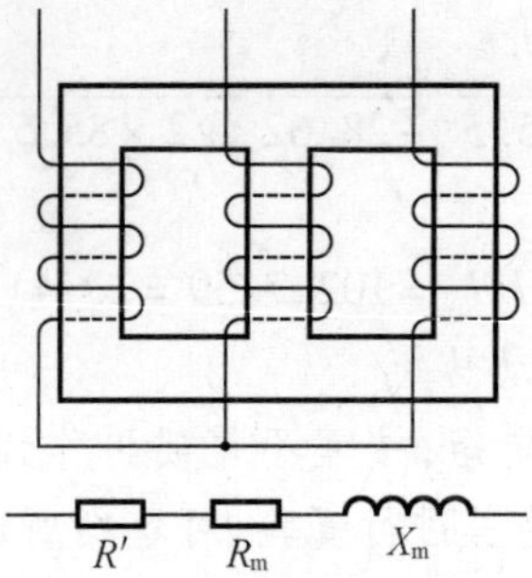

图 2-23　频敏变阻器

R'频敏变阻器绕组的直流电阻(较小),R_m是频敏变阻器的损耗电阻,它的电阻值随流过的交流电的频率变化,频率愈高则铁芯损耗越大,等效的 R_m 值越大。X_m频敏变阻器的励磁电抗,电抗值与流过的交流电的频率成正比。

实际的频敏变阻器铁芯分上下两部分,用夹板和螺栓等固定,上下铁芯间的间隙可调,改变铁芯间的垫片厚度可调节电抗和等效电阻的大小;三相线圈有抽头(0.71,0.85)改变抽头接线,可粗调电抗和等效电阻。

(2)绕线式异步电动机转子串频敏变阻器启动

频敏变阻器绕组按 Y 或 Δ 接法连接,引出三个线头与电动机转子相连,相当于电动机转子串联阻抗 $R_m+R'+jX_m$,在绕组中流过电动机的转子电流。电动机转子电流的频率与转差率成正比,在启动的初始阶段电动机转子电流的频率 $f_2=f_1$,R_m和 X_m都处于最大值,以后随转速上升,转子电流的频率逐渐下降,R_m和 X_m也都随之下降,当电动机达到稳定运行转速时,频敏变阻器的等效阻抗就接近于绕组的直流电阻 R'了。

因此绕线式异步电动机采用转子串频敏变阻器启动,在启动过程中转子回路的电阻会随转速上升自动减小,不必逐级切除启动电阻。对于长期稳定运行的绕线式异步电动机,只需在启动结束后把电动机转子绕组短接;对于经常断续起停的绕线式异步电动机,频敏变阻器可与电动机转子绕组固定连接。

2.3.3　交流电动机软启动

交流电动机软启动是控制输入电动机的交流电压,使电压随电动机转速的升高而变化,使电动机在启动过程中电流和转矩不出现突变,实现平稳启动、升速。

交流电动机软启动器实质上就是降压启动器,与一般启动器的区别仅在于电压按设定的要求连续调节、不突变。电动机在启动过程中,启动转矩仍与电压的平方成正比。它比其他降压启动方法的优点仅在于电压随转速同步上升,启动电流较稳定,没有转换时的电流冲击,而启动转矩并不比其他降压启动方法高,这一点须特别注意。

(1)软启动装置的工作原理

使用半导体开关元件控制三相交流电的导通角,使电动机输入电压得到控制,在电动机启动过程中电压逐步上升,频率不变,如图 2-24 所示。

电动机的转矩与输入(基波等效)电压的平方成正比。电动机的输入电压就是软启动器的输出电压,软启动器按设定的启动电流、初始电压、启动时间等,由内部的控制电路板控制开关元件的通断,调节输出电压实现电动机的平稳启动,其中启动电流限制优先于其他设定值。

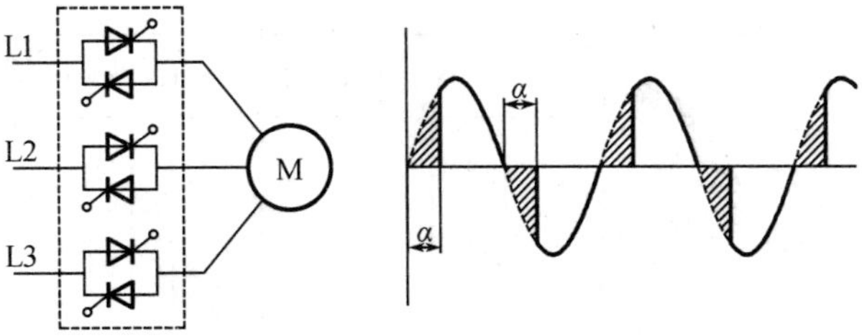

图 2－24　软启动器(主电路与波形)

电动机转向由输入电源的相序(L1－L2－L3)决定,软启动器不控制电动机转向。

电动机软启动的特性因启动电流等设定值而变化,在低转速阶段启动电流限值小于电动机直接启动电流,软启动器输出电压按此比例降低,启动转矩则按电压比值(等于电流的比值)的平方下降;升至启动电流限值等于或大于电动机直接启动电流时,软启动器输出额定电压,启动转矩电动机的输出转矩回归到电动机自然机械特性,如图 2－25 所示。

(2)ABB 公司 PS 系列软启动器简介

一般用途软启动器:PSD75…840,具有一般启动能力,用于泵、短输送带、压缩机等的启动。

高启动能力软启动器:PS DH30…720,有高启动能力,允许长时间启动,适用于大型风机、粉碎机、研磨机等的启动,带有内置电子过载保护器。

a. 电路连接(主电路图 2－26)

Q——电源断路器;

M——电动机;

K2——旁路接触器。

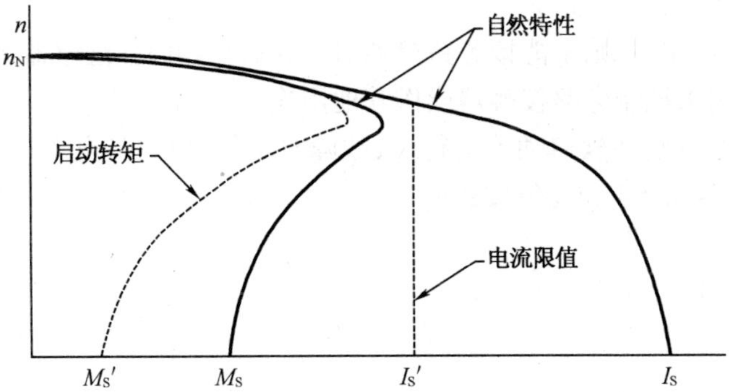

图 2－25　电动机软启动的特性曲线

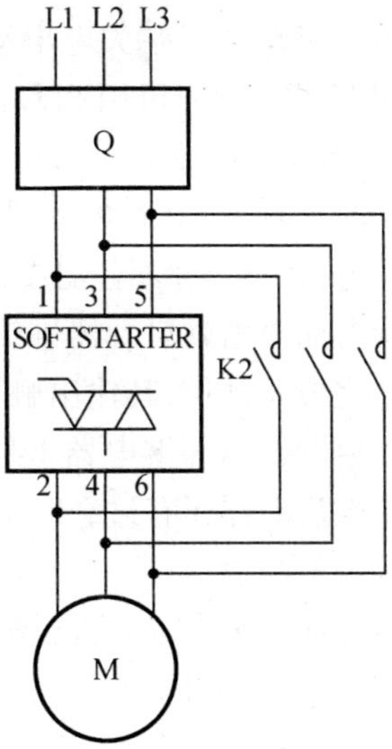

图 2－26　软启动器主电路

控制电路(图 2－27)

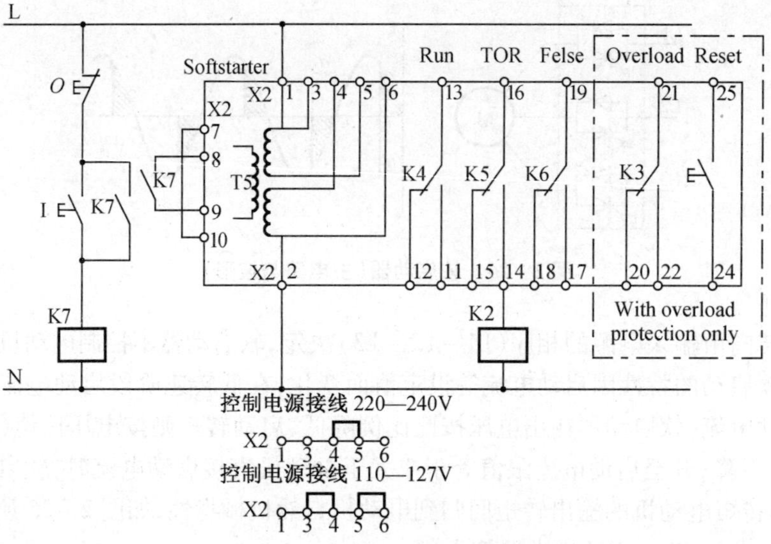

图 2-27　软启动器控制电路

O——停止按钮；I——启动按钮；K7——继电器

电源断路器的作用是通断电源、短路保护或兼作过载保护，这与一般启动器的电源断路器相同，也可采用隔离开关加熔断器。但必须指出对于内附电子保护器的软启动器，主电路仍必须配置电源断路器（或隔离开关加熔断器）作短路保护，因为电子保护器的保护功能对切断短路电流是不完善的（短路分断容量不足）。

启动/停止按钮的作用与一般启动器一致。软启动器的控制接线端“7 和 8”是内部电源，输出直流 24 V，电压极性为“7 -”“8 +”。在接线端“9，10”输入 24 V 电压，“9”端为正，电动机就启动，“9”端失电电动机就停止（制动）。所以也可由外部 24 V 电源进行控制，例如在用 PLC 控制时可用 PLC 的 24 V 电源和输出触头控制软启动器的动作。用外部电源控制时，内外电源不能连接，即端子“7，10”在用外部电源控制时不能连接。

旁路接触器 K2 在电动机启动完成后旁路软启动，其作用是减少软启动器的功耗和延长使用寿命。K2 并不是必要的，旁路软启动器仍可正常工作，尤其是电动机正常运行于低负载状态而要由软启动器进行节能控制时，则不能接旁路接触器。软启动器内部继电器 K5 在启动完成时动作，其输出触头可用来控制旁路接触器或作其他用途。

软启动器内部继电器 K4，K6 等分别在软启动器运行、或故障时动作，对内带电子过载保护的软启动器还有过载时动作的触头 K3 和复位按钮。

b. 信号与设定

信号面板与设定面板（图 2-28）

信号灯和按钮

OVL——过载指示灯；

Reset——复位按钮；

F1，F2——故障指示灯；

On——控制电源有电；

R——运行（电动机由软启动器供电）；

T——（启动时）电压上升完毕；

P——节能功能已激活。

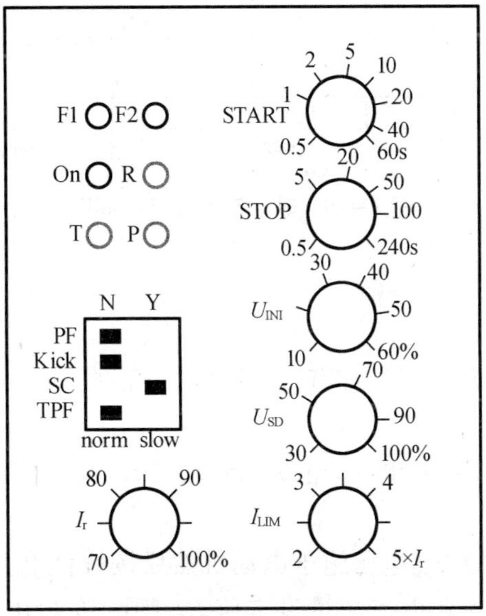

图 2－28　软启动器控制面板

设定电位器

START——启动电压上升时间:0.5 s～60 s 可调;

STOP——停止电压下降时间:0.5 s～240 s 可调;

U_{INI}——启动初始电压:10%～60% 额定电压可调;

U_{SD}——停止电压:30%～100%额定电压可调;

I_{LIM}——启动电流限值。

2～5 倍电动机额定电流可调

I_r——电动机额定电流(占软启动器额定电流的百分比):70%～100%可调;

设定开关(N——无,Y——有)(图 2－29)

PF——节能功能;启动完后正常运行阶段按负载调节电压节能;

Kick——脉冲突跳启动;短时 90%全电压克服电磁过渡过程加速启动;

SC——大电流分断;运行阶段电流超过限值 200 ms 以上断开;

TPF——节能功能反应时间(norm——普通速,slow——慢速)。

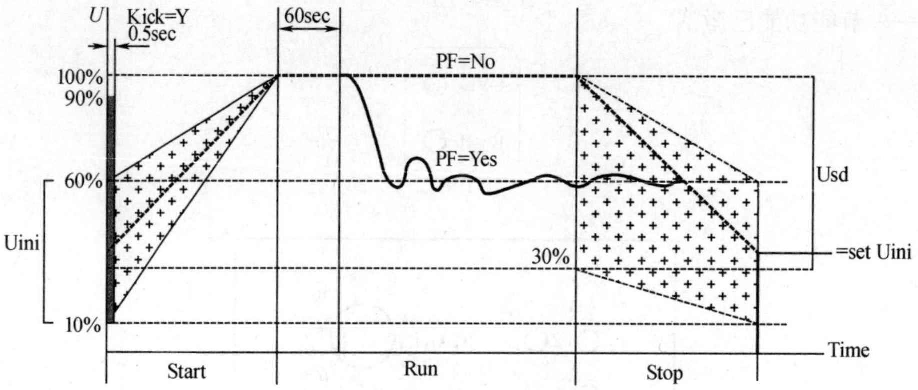

图 2-29　软启动器运行时间图

c. 操作与说明

(a)电源

电源接通“On”亮;电路板自检,如有故障则“F_1,F_2”亮。

(b)启动

端子“9,10”之间接入 24 V 电压,电动机启动,“R”亮。作用于电动机的电压分两种情况:

ⅰ若 Kick = N 则设定的 U_{INI}电压施于电动机然后按线性上升,经设定的启动时间后终止于全电压。在启动过程中若电流超过设定值 I_{LIM}则电压上升减慢,启动时间相应延长。启动结束时“T”亮。

ⅱ若 Kick = Y 则先加 90% 全电压于电动机历时 0.25 ~0.5 s,然后按①所述步骤启动。

ⅲ运行

PF = N,全电压施于电动机。

PF = Y,启动完毕后全电压施于电动机历时 60 s 后,电压按负载调节,使电动机工作于较高效率,按负载调节电压的反应速度由开关 TPF 的位置选择。

注意:若软启动器有旁路接触器,则旁路时电动机始终加全电压,软启动器失去调节作用,开关 PF 必须置于 N 位置。

(c)停止:

端子“9,10”断开,执行停机程序。“T”熄灭。电压从设定的 U_{SD}值线性下降,经设定的停止时间降至启动时的初始电压,然后分断电源,“R”熄灭。

(d)其他保护功能

电流限制:电流限制设定优先于其他设定,启动时电流超过限值则电压不再上升,直至电流小于限制值。整个启动过程不能超过 240 s,因在 240 s 内启动电流不能降至电动机额定电流则:

ⅰ开关 SC = Y,软启动器分断;

ⅱ开关 SC = N,软启动器输出全电压于电动机。

注意:启动时间过长,往往由于启动电流不能满足系统启动转矩,应重新调整启动初始电压 U_{INI}和启动电流限值 I_{LIM},但须核查电源容量能否承受新设定的启动电流。否则须重新设置电源容量或采用变频调速方法启动。

大电流分断:由开关 SC 的位置选择,若 SC = Y 而在电动机施以全电压后电流超过 I_{LIM} 历时 200 ms,则软启动器关断,“F1”亮。大电流分断后由停止信号复位。

超温:软启动器散热器过热,由温度传感器切断软启动器,“F2”亮。

可控硅元件故障:“F1、F2”亮。仅一个元件故障在 SC = N 时可完成一次启动。

缺相:软启动器关断“F1”亮。

(e)内附电子过载保护功能

过载保护:电动机发生过载,软启动器停止工作,“OVL”亮。经一定延时后会自动复位;也可按“Reset”按钮或外接于端子“24,25”的按钮复位。

大电流检测:

ⅰ若 SC = Y,在 200 ms 内电流的均方根值大于启动电流限值 I_{LIM},软启动器关断;

ⅱ若 SC = N,在 50 ms 内电流的均方根值大于 $8 \times I_e$,软启动器关断。

注意:这不是完全的短路保护,作为短路保护的断路器或熔断器是不可省的。(软启动器的分断容量不足以分断短路电流,发生短路时要由断路器或熔断器予以保护。)

注:对于频率与电压一起调节的装置,那就不是单纯的启动器而是变频调速器,它可从低频低压开始启动电动机,逐步升高频率与电压,可获得大而稳定的启动转矩,也不会出现电流冲击,也可在电动机运行全过程中控制转速和转矩,是今后交流电动机控制的发展方向。

2.4　交流同步电动机的启动控制

交流同步电动机转子上设有直流励磁绕组,在运行时通直流电产生磁场并与定子的旋转磁场同步旋转,旋转速度不因负载大小而改变。即交流同步电动机具有绝对硬的机械特性。交流同步电动机在静止或低速状态,因转子及其拖动系统的惯性不能依靠直流磁场拉入同步运行,必须采取措施使其升至接近同步转速,然后再通直流励磁拉入同步运行,这就是交流同步电动机的启动。

为了启动需要,交流同步电动机转子上除设置励磁绕组外,还设置了短时运行的启动绕组。启动绕组的结构与异步电动机的鼠笼转子相似,但因直流励磁的需要,转子上有磁极结构,鼠笼绕组在转子上不是均匀分布的。鼠笼绕组用黄铜、青铜等材料制造,电阻稍大,以便在启动阶段产生适当启动力矩使电动机升速。在稳定运行阶段它和定子旋转磁场没有相对运动,因此也不产生感应电流和电磁转矩;但在负载突变引起瞬态转速变化时(相对于定子旋转磁场有相位变化),与定子旋转磁场出现瞬时相对运动,从而感应出电流产生电磁转矩,这个电磁转矩减弱转速的变化,起阻尼作用,因此也称为阻尼绕组。

2.4.1　同步电动机启动的主要环节

同步电动机启动主要考虑以下环节:

①启动升速——使电动机升速至接近同步转速;

②防止励磁绕组过压——在电动机低速阶段,防止直流励磁绕组出现过压;

③整步控制——在定子与转子相位匹配时通直流励磁,把电动机拉入同步;

④连锁与保护——在启动受阻的情况下,停止启动。

(1)启动升速

使同步电动机从静止状态开始升速可采用另设原动机拖动或异步启动等方案,其中最常用的是异步启动方案。

异步启动的原理是同步电动机的三相绕组通入三相交流电后,在电动机内产生旋转磁场,旋转磁场与设在转子上的启动绕组(鼠笼)产生相对运动,在启动鼠笼内产生感应电势与电流,该感应电流与旋转磁场相互作用(按左手定则)产生与旋转磁场方向一致的启动转矩,使电动机升速。

与启动鼠笼式异步电动机相似,按电源的承受能力,同步电动机可采用取直接启动、定子串阻抗启动或自耦变压器降压启动等。一般不采用 Y/Δ 等需要改变定子绕组接法的启动方法。

较大型的同步电动机,有两套或几套并联的三相绕组,启动时可只接其中一套绕组(或一部分绕组)直接启动,以限制启动电流并节省启动设备。

(2)防止励磁绕组过压

在启动初期,定子与转子的相对速度较高,在直流励磁绕组(匝数很多)中会产生交流感应高电压,为限制电压幅度,励磁绕组必须通过电阻短路。励磁绕组与短路电阻构成的回路,在感应电动势的作用下流过交变电流,按楞次定律该电流阻止励磁绕组内的磁通变化,从而使感应电压减小。

短路电阻的阻值一般为励磁绕组电阻值的 7 ~ 10 倍,过大则感应电压太高,不利于绕组绝缘;过小则绕组中的感应电流可能太大,而励磁绕组在转子上是单相绕组,流过的感应电流产生脉动磁场,该磁场与定子旋转磁场相互作用会产生不可忽视的单轴力矩,这一转矩与启动绕组产生的转矩叠加,使电动机的启动机械特性出现凹坑(转矩减小)不利于电动机的启动。

在电动机启动完毕或接近同步转速时,感应电动势为零或很低,再切除短路电阻。

(3)整步控制

当转速升至接近同步转速(或称亚同步转速、准同步转速,一般是在同步转速的 95% 以上)时,应适时通入直流励磁电流,断开励磁绕组的短路电阻,使电动机在直流磁场的作用下进入同步运行。

施加直流励磁的时机要保证:

①电动机转速已接近同步转速;

②通电瞬间电动机转子在空间的位置能使励磁绕组产生的直流磁场与定子的旋转磁场方向相符(直流磁场的南极与旋转磁场的北极对齐,直流磁场可稍滞后于旋转磁场约 15° ~ 30°电角度);

③对于小型同步电动机,在达到亚同步转速后,先通小直流励磁电流,以后加大直流励磁,使相位不匹配时接通励磁引起的冲击变小,从而省去定子与转子相位匹配再接通励磁的要求。

要达到第①项要求,若另设原动机带动启动,则需把原动机转速调到接近同步转速。若采用异步启动,则电动机启动鼠笼的机械特性与启动时负载特性的交点,需在同步转速的 95% 以上。

要达到第②项要求,就要考虑接通直流励磁时定子与转子的相位匹配(整步)。

若按第③项要求,则要考虑直流励磁的逐步增大。

(4)连锁与保护

同步电动机的启动鼠笼是按短时运行设计制造的,必须限制启动时间,在规定时间之内若不能完成整个启动过程(包括升速、相位同步和加入直流励磁等环节),必须断开电源检查,并在间隔一定时间之后才可再次启动,以保护电动机(启动鼠笼)免遭损坏。

2.4.2　整步控制原理

整步控制的原理是测量励磁绕组感应电动势的频率和相位,由频率确定电动机所达到的转速,由感应电动势的相位判断定子与转子的相对位置,并在允许的相对位置范围内施加直流励磁。

(1)励磁绕组感应电动势的变化规律

感应电动势的大小和频率都与电动机的转差率成正比,在升速阶段随着转速上升,定子与转子间的转速差减小,感应电动势的幅值变小,频率降低、周期延长,即感应电动势的振幅和角频率都与电动机的转差率 s 成正比。设 E_m 为电动机在静止状态,定子旋转磁场在励磁绕组中所感应的电动势的振幅,则启动升速过程中感应电动势的瞬时值为 $e = sE_m \sin s\omega_1 t$,如图 2-30 所示。

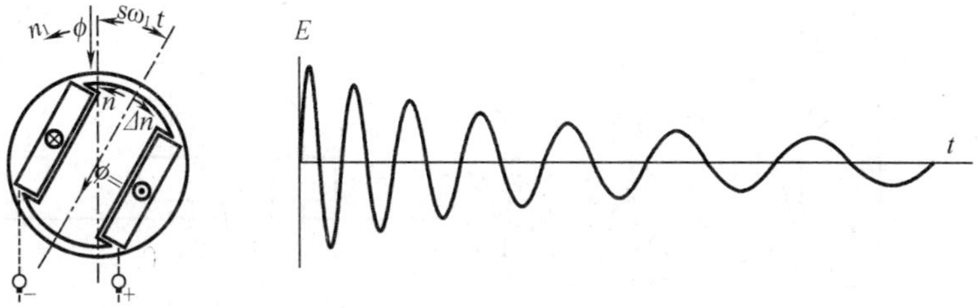

图 2-30　同步电动机励磁绕组内感应电动势的变化规律

n_1——同步转速;n——即时转速;Δn——相对转速;s——转差率;ω_1——同步角频率

由上图定子与转子的相对位置可知,当 $t = 0$(计时的始点),转子磁极与定子旋转磁场对齐,以后以两者的转速差 Δn 相对运动,从而在励磁绕组中产生感应电动势。以下假设把差角 $s\omega_1 t = 0 \sim 180°$范围内引出的感应电动势定为正值,其方向如图所示,◉表示从纸面流出,⊗表示向纸面流入。则差角 $s\omega_1 t = 180° \sim 360°$的范围内,引出的感应电动势方向相反,其值为负。

(2)定子磁场与转子磁极的相对位置

按上述假设的电势正负极性,当感应电动势由负变正过零时,就是定、转子相位一致的瞬间。在随后的半个周期(指由转速差产生的周期),感应电动势为正,转子滞后于定子旋转磁场。而在感应电动势由负变正过零前的半周期内,则为转子超前于定子旋转磁场。

(3)通入直流励磁的时间与极性

当电动机转速已达到准同步转速后,在感应电动势由负变正过零的瞬间附近,顺着即将产生的电动势的方向通入直流励磁电流,就可产生与旋转磁场方向相一致的磁场,把电动机拉入同步。

为了使加入直流励磁所产生的同步力矩,一开始就能使电动机加速,宜在转子稍滞后于旋转磁场的瞬间通入励磁,即在感应电动势由负变正过零的瞬间稍后(不超过 15° ~ 30°电角为好)通直流励磁。

直流励磁的极性应使励磁产生的磁通方向与旋转磁场的方向一致,即应使流入励磁绕组的电流方向顺着感应电势的方向。(见图 2－30,顺着过零后电动势方向输入电流,由右手螺旋定则确定所产生的磁通 $\Phi_=$ 的方向与旋转磁场的方向一致。)要使通入直流励磁电流的方向顺着过零后电动势的方向,外加直流励磁电源的极性需与绕组两端测得的电势极性相反。(见图 2－30,过零后感应电动势为右“＋”左“－”,则外加直流励磁电源为右“－”左“＋”。)

2.4.3 同步电动机启动电路举例——手动整步控制

为说明同步电动机启动整步原理,举手动整步控制为例。

对于另设可调速原动机(直流电动机或柴油机等)拖动启动的同步电动机,可在升速至接近同步转速时,观察励磁绕组的感应电动势,判断整步情况,控制接通励磁电流。图 2－31是手动整步控制示意原理图。

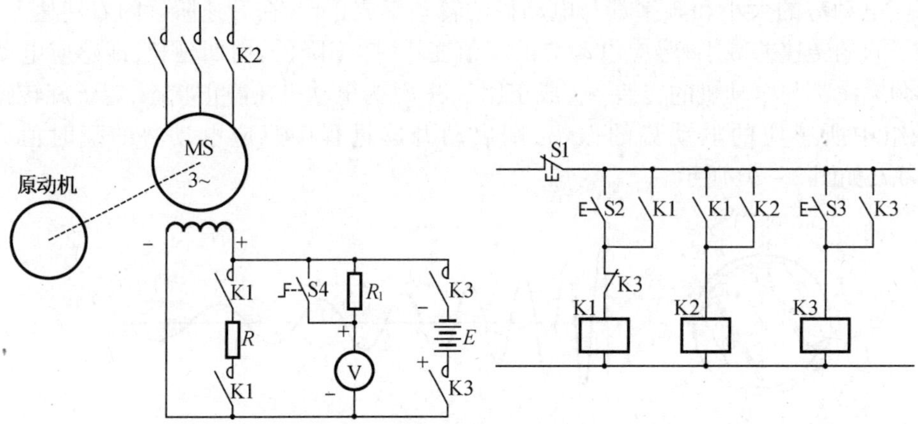

图 2－31　手动整步控制示意原理图

R——励磁绕组短路电阻;R_1——电压表附加电阻;E——直流励磁电源;V——直流双向电压表

启动操作与动作情况如下:

启动拖动原动机,使电动机达到接近同步转速;(电动机先不接交流电源,励磁绕组无感应电势。)

按 S2:K1 接通自保,励磁绕组并联短路电阻 R;

K2 接通自保,电动机接通三相交流电源;

观察直流电压表指针应左右摆动,在电压振幅较小时接通 S4,短接电压表附加电阻 R_1,观察电压表的摆动幅度;

调节原动机转速使电压表指针摆动周期为 3～4 s 以上(频差约 0.3～0.25 Hz);

在电压表读数从负的最大值减小到零时,按 S3,K3 接通自保,励磁电源向励磁绕组输入励磁电流;

K1 断开,切除励磁绕组的短路电阻;

S4 复位,电动机启动结束。

注意:按 2.4.2(3)所述,图 2－31 中励磁电源与电压表的极性保证了在感应电动势为正时,通入的励磁电流方向与感应电动势方向一致。

附:同步电动机的力角特性和启动特性。

同步电动机的转速不随负载变化,但当负载改变时定子磁场与转子磁场之间是有相对位移的,当负载增加时位移角 δ 增大,电动机输出转矩与位移角之间符合下式,称为力角特

性或功角特性

$$M = M_K \sin\delta$$

式中　M_K——电动机的最大输出转矩；

δ——同步电动机的力角(或功角)。

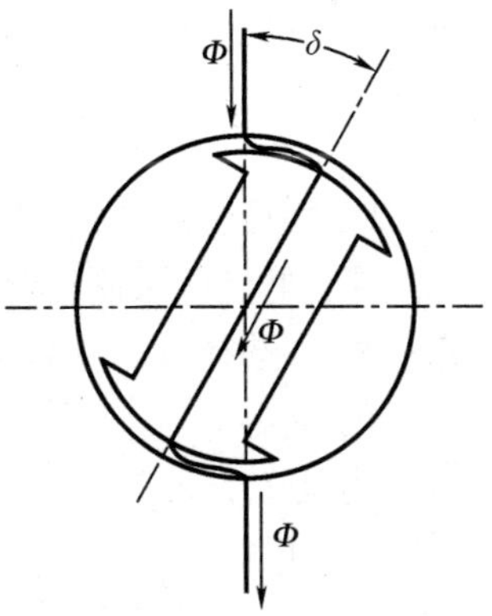

图 2－32　同步电动机的力角特性

若负载力矩超过电动机的最大输出转矩,同步电动机就带不动负载,不能同步运行,出现失步。一般同步电动机在额定负载时的力角为 20°～30°,所以同步电动机的过载能力为

$$\lambda = \frac{\sin 90^\circ}{\sin(20^\circ \to 30^\circ)} \approx 2 \to 3$$

同步电动机依靠鼠笼型转子启动,其启动机械特性与鼠笼电动机相似,仅转子电阻和转差率较大,但须注意与负载转矩的交点处的转差率要能保证电动机达到接近同步转速。如图 2－33 所示:

曲线①初始启动转矩较小,但能达到较高的转速,可把电动机拉入同步。

曲线②初始启动转矩较大,但只有在轻载时才能达到接近同步转速。

曲线③是励磁绕组中的感应电流与定子旋转磁场相互作用产生的单轴转矩,它的大小随励磁绕组两端的短路电阻值而变,叠加在启动转矩上,在稍大于 0.5 倍同步转速处出现最小转矩。在考虑同步电动机启动方案时,最小转矩必须大于启动阻力矩,否则不能启动,这一点不可忽视。

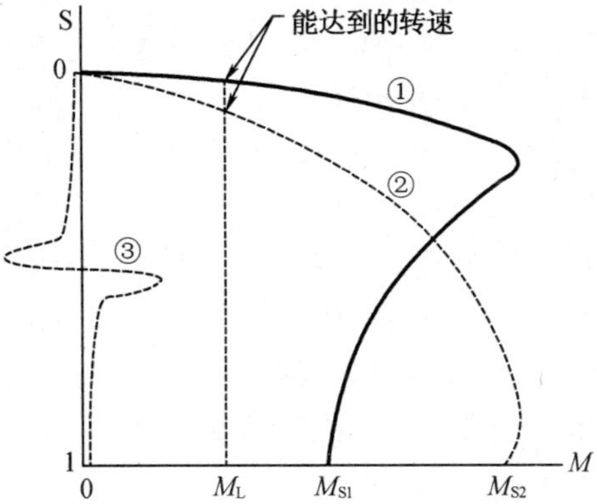

图 2－33　同步电动机的启动特性

参考习题

1. 什么是电动机启动,对电动机启动有哪两项主要的要求,为什么?

2. 直流电动机有哪几种启动方法,它们各有什么特点,采用这些方法的主要目的是什么?

3. 试画出并激电动机串电阻启动时的电路图,并简要说明它符合启动的要求。

4. 直流电动机启动时启动电流和转换电流应限制在什么范围,为什么?

5. 以下为并激直流电动机的铭牌数据,选择其中一台分别按简化方法和分析方法计算启动电阻。

a. 额定电压 $U_N=110$ V; 额定电流 $I_N=5.26$ A; 额定转速 $n_N=1\,500$ r/min;
额定功率 $P_N=0.4$ kW; 效率 $\eta=0.63$; 励磁电流 $I_f=0.37$ A

b. 额定电压 $U_N=110$ V; 额定电流 $I_N=7.6$ A; 额定转速 $n_N=1\,500$ r/min;
额定功率 $P_N=0.6$ kW; 效率 $\eta=0.68$; 励磁电流 $I_f=0.52$ A

c. 额定电压 $U_N=110$ V; 额定电流 $I_N=9.85$ A; 额定转速 $n_N=1\,500$ r/min;
额定功率 $P_N=0.8$ kW; 效率 $\eta=0.69$; 励磁电流 $I_f=0.62$ A

d. 额定电压 $U_N=110$ V; 额定电流 $I_N=13.3$ A; 额定转速 $n_N=1\,500$ r/min;
额定功率 $P_N=1.1$ kW; 效率 $\eta=0.72$; 励磁电流 $I_f=0.79$ A

e. 额定电压 $U_N=110$ V; 额定电流 $I_N=18.2$ A; 额定转速 $n_N=1\,500$ r/min;
额定功率 $P_N=1.5$ kW; 效率 $\eta=0.73$; 励磁电流 $I_f=0.68$ A

f. 额定电压 $U_N=110$ V; 额定电流 $I_N=24.8$ A; 额定转速 $n_N=1\,500$ r/min;
额定功率 $P_N=2.2$ kW; 效率 $\eta=0.77$; 励磁电流 $I_f=0.87$ A

g. 额定电压 $U_N=110$ V; 额定电流 $I_N=34.5$ A; 额定转速 $n_N=1\,500$ r/min;
额定功率 $P_N=3$ kW; 效率 $\eta=0.77$; 励磁电流 $I_f=1.07$ A

h. 额定电压 $U_N=110$ V; 额定电流 $I_N=61$ A; 额定转速 $n_N=1\,500$ r/min;
额定功率 $P_N=5.5$ kW; 效率 $\eta=0.79$; 励磁电流 $I_f=0.54$ A

i. 额定电压 $U_N=110$ V; 额定电流 $I_N=107.5$ A; 额定转速 $n_N=1\,500$ r/min;
额定功率 $P_N=10$ kW; 效率 $\eta=0.84$; 励磁电流 $I_f=1.7$ A

j. 额定电压 $U_N=110$ V; 额定电流 $I_N=134.4$ A; 额定转速 $n_N=1\,500$ r/min;
额定功率 $P_N=13$ kW; 效率 $\eta=0.85$; 励磁电流 $I_f=1.87$ A

k. 额定电压 $U_N=110$ V; 额定电流 $I_N=183$ A; 额定转速 $n_N=1\,500$ r/min;
额定功率 $P_N=17$ kW; 效率 $\eta=0.86$; 励磁电流 $I_f=3.6$ A

l. 额定电压 $U_N=110$ V; 额定电流 $I_N=235$ A; 额定转速 $n_N=1\,500$ r/min;
额定功率 $P_N=22$ kW; 效率 $\eta=0.87$; 励磁电流 $I_f=4.4$ A

6. 按第5题求得的启动电阻,画出启动特性曲线。

7. 串激电动机额定电压 $U_N=220$ V;额定电流 $I_N=161$ A;额定转速 $n_N=1\,000$ r/min;额定功率 $P_N=30$;效率 $\eta=0.86$。

制造厂提供的通用特性曲线如下表:

I^* %	n^* %	M^* %
20	295	6
40	152.5	26
60	121	49
80	107.5	74.5
100	100	100
120	94.5	127.5
140	90	154
160	85.5	182.5
180	81.6	210
200	78.3	238.5
220	75	267
240	71.7	295.5

用图解法求各级启动电阻。

8. 鼠笼式交流电动机有哪几种降压启动方法?

9. 以下为交流 Y 系列电动机的铭牌数据,额定电压 380 V,采用定子串电抗方法启动,选择其中一台计算启动电抗,要求启动电流不超过 4 倍额定电流。

序号	额定功率/kW	额定转速/(r/min)	额定电流/A	效率	功率因数	堵转电流倍数	堵转转矩倍数	最大转矩倍数
a	3	1420	6.8	0.83	0.81	7	2.2	2.2
b	4	1440	8.8	0.845	0.82	7	2.2	2.2
c	5.5	1440	11.4	0.87	0.83	7	2.2	2.2
d	7.5	1440	15.4	0.88	0.84	7	2.2	2.2
e	11	1460	22.6	0.89	0.84	7	2.2	2.2
f	15	1460	30.3	0.90	0.84	7	2.2	2.2
g	18.5	1470	35.9	0.91	0.86	7	2.0	2.2
h	22	1470	42.5	0.915	0.86	7	2.0	2.2
i	30	1470	56.8	0.925	0.87	7	2.0	2.2
j	37	1480	69.8	0.925	0.87	7	1.9	2.2

10. 以下为交流 Y 系列电动机的铭牌数据,采用定子串电阻方法启动,选择其中一台计算启动电阻,要求启动电流不超过 4 倍额定电流。

序号	额定功率/kW	额定转速/(r/min)	额定电流/A	效率	功率因数	堵转电流倍数	堵转转矩倍数	最大转矩倍数
a	3	960	7.2	0.84	0.81	6.5	2.0	2
b	4	960	9.4	0.85	0.82	6.5	2.0	2
c	5.5	960	12.6	0.865	0.83	6.5	2.0	2
d	7.5	970	17.0	0.875	0.84	6.5	2.0	2
e	11	970	24.6	0.885	0.84	6.5	2.0	2
f	15	970	31.4	0.895	0.84	6.5	1.8	2

表(续)

序号	额定功率/kW	额定转速/(r/min)	额定电流/A	效率	功率因数	堵转电流倍数	堵转转矩倍数	最大转矩倍数
g	18.5	970	37.7	0.905	0.86	6.5	1.8	2
h	22	970	44.6	0.905	0.86	6.5	1.8	2
i	30	980	59.5	0.915	0.87	6.5	1.7	2
j	37	980	72	0.92	0.87	6.5	1.8	2

11. 说明自耦变压器降压启动时电动机的启动电流、启动转矩与变压抽头间的关系。所用各接触器的容量应如何选择?

12. 说明 Y/Δ 降压启动时电动机的启动电流、启动转矩是多少,所用各接触器的容量应如何选择?

13. 采用延边 Δ…Y/Δ 降压启动与自耦变压器降压启动和降压启动各有何优缺点?

14. 绕线式交流电动机采用转子串电阻启动要同时考虑哪两个因素?兼顾这两因素启动转矩应选择多大为宜?

15. 以下为交流绕线电动机的铭牌数据,选择其中一台计算启动电阻。

序号	额定功率/kW	额定转速/(r/min)	额定电流/A	转子电压/V	转子电流/A	最大转矩/额定转矩
a	20	1420	41	187	68	2.3
b	28	1420	56	225	80	2.5
c	40	1450	79	290	86	2.6
d	55	1450	105	400	85	2.8
e	75	1460	144	436	111	2.8
f	100	1460	190	560	110	3.0
g	115	1465	213	195	377	2.2
h	135	1465	251	227	376	2.3
i	155	1470	288	272	358	2.5
j	180	1470	327	295	398	2.3
k	225	1470	405	296	498	2.1
l	260	1470	466	339	480	2.2
m	300	1475	535	396	473	2.3

16. 参照上题计算结果(启动转矩与转换转矩),按图解法求启动电阻并作比较。

17. 试述频敏变阻器电阻随频率变化的原理。

18. 频敏变阻器用于启动绕线电动机有何特点?

19. 什么是交流电动机软启动,它与其他启动方法有何异同?

20. 与异电动机相比同步电动机结构有什么特点,它们的作用是什么?

21. 启动同步电动机分哪几个阶段,启动设备应包括哪些环节?

22. 同步电动机异步启动一般采用哪几种启动方法,这时应如何处理它的励磁绕组,为什么?

23. 同步电动机启动升速后通励磁电流有什么要求?

第3章 电动机的电气制动

3.1 制动概述

制动:由力的作用阻止物体运动称为制动。

电气制动:利用电动机所产生的电磁转矩阻止或限制运动。

电气制动包括使电动机停止和使电动机限速运行两种情况。

电力拖动系统中有下列三种制动情况:

(1)使系统停车　即刹车制动,可采用电气制动和机械制动两种制动方式。

其中机械制动是用电磁制动器或其他机械制动器进行制动。

(2)降低速度　电动机从高速到低速一般都用电气制动。

(3)限速运行　对位能性负载用电气制动限制下降速度,防止自由跌落。

电动机的电气制动有下列三种方式:

(1)再生制动(反馈发电制动)

(2)能耗制动(动力制动)

(3)反接制动

3.2 直流电动机的再生制动

3.2.1 再生制动

电动机的实际转速高于它本身的理想空载转速时,电动机就运行于再生制动状态。

在再生制动状态,电动机的反电势超过电源电压,电枢电流反向;电动机向电源输出电流,运行于发电机工作状态,把动能变为电能返回电网。

在下列情况时直流电动机出现再生制动状态:

(1)外力使电动机加速,使电动机实际转速超过空载转速,即 $n>n_0$;

(2)直流电源电压下降,使新的空载转速 n_0'低于电动机当前实际转速,即 $n_0'<n$;

(3)励磁电流增大磁通增加,使新的空载转速 n_0''低于电动机当前实际转速,即 $n_0''<n$。

3.2.2 并激直流电动机的再生制动

$$U=E+I_a(R_a+R_e)=C_e n\Phi+I_a R$$

上式中

$$R=R_a+R_E$$

$$I_a=\frac{U-C_e\varphi n}{R}$$

情况(1) $n > n_0 = \dfrac{U}{C_e\varphi}$ I_a为负值,电流反向

情况(2) $n > n_0' = \dfrac{U}{C_e\varphi}$ I_a为负值,电流反向

情况(3) $n > n_0'' = \dfrac{U}{C_e\varphi}$ I_a为负值,电流反向

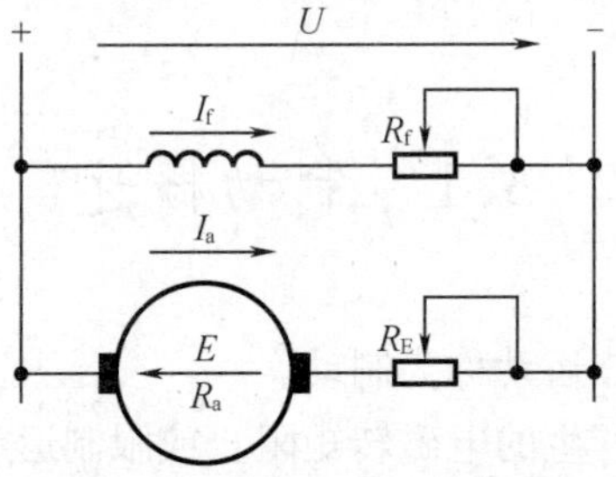

图 3-1 直流并激电动机接线图

电动机的电磁转矩 $M = C_M\varphi I_a$,随 I_a 反向而改变方向,阻碍电动机旋转,变为制动转矩。并激电动机工作在再生制动状态时,电路接线没有变化,电枢电流的方向与大小对主磁通没有影响,因此再生制动状态的特性曲线是电动状态的延伸。上述三种情况的特性曲线变化如图 3-2 所示。

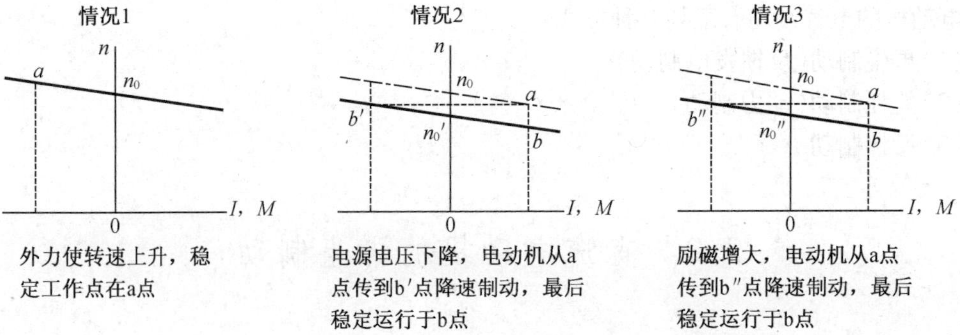

图 3-2 直流并激电动机的三种再生制动特性曲线

3.2.3 串激电动机

串激电动机空载转速极高,不存在理想空载转速,即不可能出现 $n > n_0$ 的运行状态,不会有再生制动。

在采用串激电动机拖动的系统中,若需要用再生制动,就必须把励磁绕组改为按他激方式连接,通以固定的直流励磁,电动机的特性也就和并激电动机相同了。

3.2.4 复激电动机

复激电动机在电枢电流反向时,原来加复激电动机就变成差复激电动机,磁场将随电枢电流增加而减小,这会使电动机工作不稳定。因此在用复激电动机拖动的系统中需要用再生制动时可采用下面两种方法。

(1)把串激绕组短接,电动机运行于并激状态

这种方法控制比较简单,是较常使用的方法,直流起货机中落货时经常使用这种方法。

它的机械特性如图3－3所示。

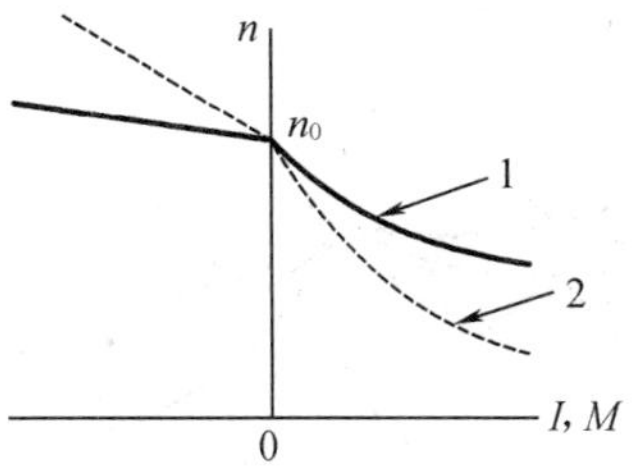

图3－3　复激电动机的再生制动特性曲线

曲线①电枢回路没有外串电阻（或电阻较小），曲线② 电枢回路有外串电阻（电阻较大）。在转速高于n_0时，转矩和电流都反向，这段特性曲线的形状与并激电动机相同。

复激电动起货机从提升到落货的情况如图3－4所示。

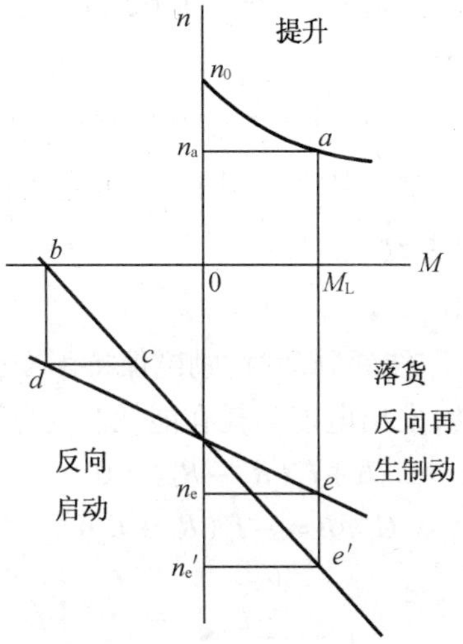

图3－4　复激电动机再生制动

电动状态：

起货机提升货物，电动机克服负载转矩M_L正向旋转，起货工作在a点；

到达最高点后电动机先停车；

短接串激励磁绕组、电枢串电阻（曲线be'）；

接反向电源，电动机从b点开始沿人工特性bce'反向升速，至c点后（或稍后）切除电枢串联电阻，转移到自然特性de从d点开始升速经过反向空载转速达到e点以等速落货。落货阶段电动机转速超过空载转速，处于再生发电状态。

若反向启动后不切除电枢电阻，则将沿bce'升速到e'点运行，落货速度更快。

（2）把串激绕组反接，电动机在再生制动时仍运行于加复激状态

此时电动机的反电势须克服电枢上的电阻压降，在相同电流或转矩（绝对值）条件下，其转速比电动机状态略高（在相同电流或转矩位置，两者与界限特性的差值相等，但正负相反，与界限特性对称），如图3－5所示。

①界限特性：假想电枢电阻为零时的特性曲线；

②自然特性：再生发电时曲线在高于界限特性处（$E = U + I_aR_a$）；

③ 人工特性:再生发电时曲线高于界限特性和自然特性($E=U+I_a[R_a+R_C]$)。这种方式控制复杂,较少应用。

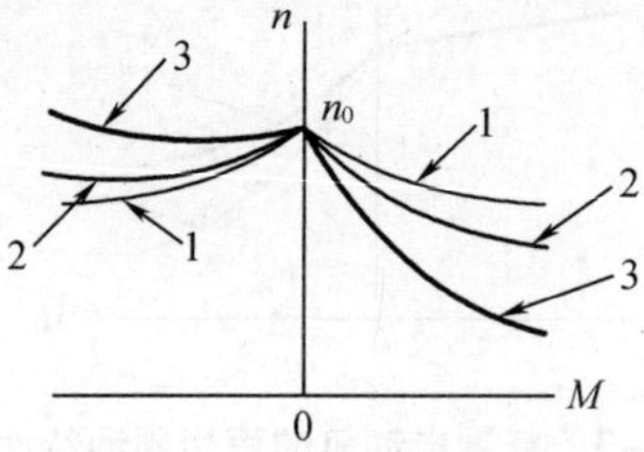

图 3-5　复激电动机再生制动特性曲线

3.3　直流电动机的能耗制动

能耗制动:把运行中的电动机电枢从电源脱开接到电阻,并维持所需的励磁,使电动机及所拖动的系统的动能转变为电能消耗在电阻上,就叫能耗制动。

3.3.1　并激电动机的能耗制动

正常运行:K1 接通,K2 断开;

能耗制动:K2 接通,K1 断开;能耗制动时,励磁保持不变,电枢与电源脱离,外加电压为零,电动机由惯性带动继续旋转,发出电能消耗在能耗制动电阻 R_B上。

即

$$E+I_a(R_a+R_b)=0$$

$$C_e n\Phi=-I_a(R_a+R_b)$$

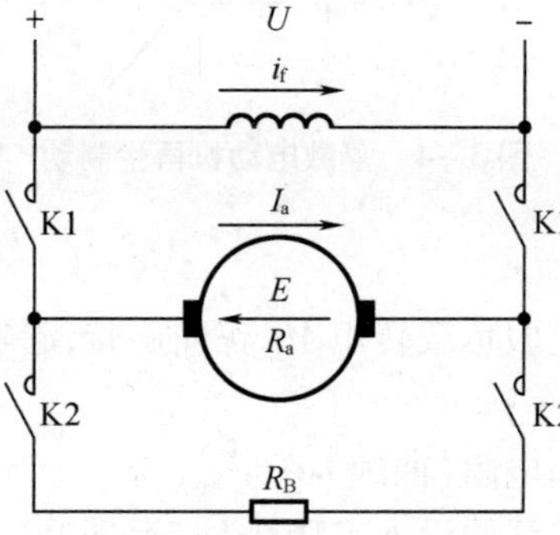

图 3-6　能耗制动接线原理图

可得到能耗制动时的特性如下

转速特性
$$n=\frac{R_a+R_B}{C_e\varphi}I_a$$

机械特性
$$n=\frac{R_a+R_B}{C_e C_M\varphi^2}M$$

得到能耗特性曲线都是过零点的直线,如图 3-7 所示。

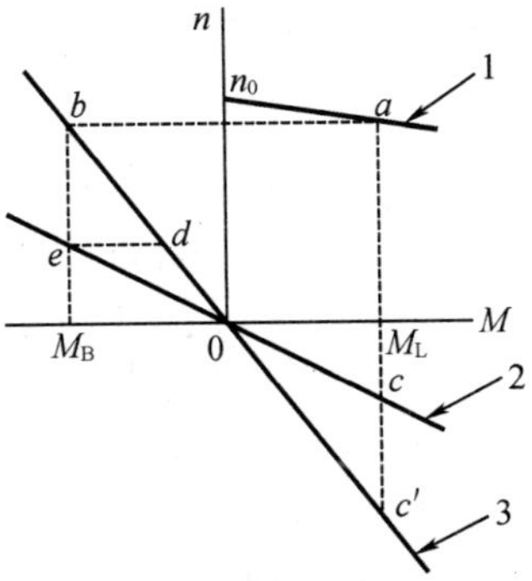

图 3-7　能耗制动特性曲线

能耗制动的制动转矩与转速成正比，与电枢回路的总电阻成反比。

对于反抗性负载能耗制动能使系统停车（稳定工作点在 0 点）；对于位能性负载则可使位能负载等速下降（稳定工作点在 c 点或 c' 点）。

为限制制动电流，从高速状态制动时，R_b 要取较大的值（特性“3”）；若为了加速制动，当转速下降到一定值时，如 d 点，应切除部分电阻，使转移到特性“2”的 e 点，再沿特性“2”降速。

3.3.2　串激电动机的能耗制动

按照能耗制动的要求，须保持励磁方向不变，对串激电动机则须在电枢电流反向时保证励磁方向不变，可采用下述两种方式。

（1）串激方式制动（图 3-8）

在能耗制动时，电动机从电源脱离，须把串激励磁绕组反接后再接到能耗电阻。这样在电流反向时，励磁电流的方向不变，电动机在惯性作用下沿原方向旋转，感应电动势方向不变，电流按感应电动势的方向流通，从而产生制动力矩。制动电流的大小与感应电动势成正比，而感应电动势又与磁通和转速成正比，因此在电流较小磁通不饱和时，电流与转速的平方成正比，而当制动电流较大时，磁通饱和，电流就与转速成正比。

电动机运行方式的接线

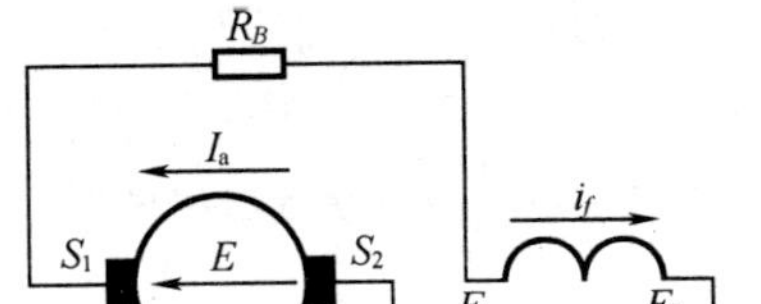

能耗制动运行方式的接线

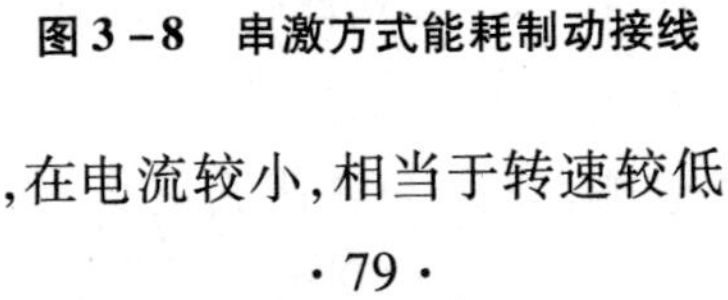

图 3-8　串激方式能耗制动接线

由于制动转矩 $M = C_M \varphi I_a$，在电流较小，相当于转速较低时，转矩近似按转速的二至三次方变化,在电流较大转速较高时,转矩按转速成正比变化。机械特性曲线的形状如图3-9所示。

在电动机拖动负载 M_L 运行于 a 点实行能耗制动时,电动机因惯性在原转速下转入能耗特性,工作于 b 点,出现制动转矩 M_b,实现能耗制动并沿制动特性降速停车。

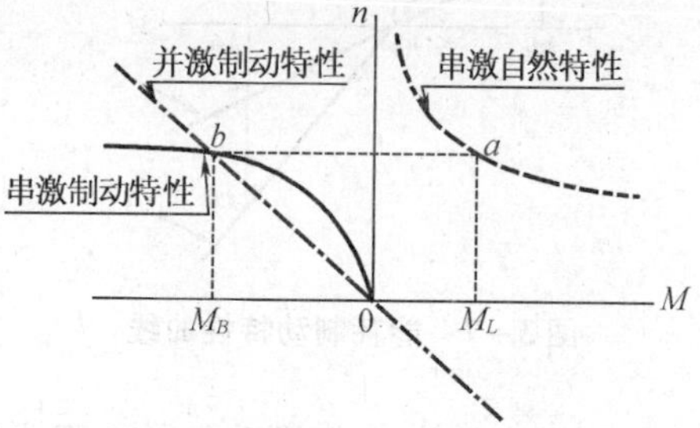

图3-9　串激电动机能耗制动特性曲线

制动转矩的大小随制动电阻值递减,即电阻大制动力矩小。

串激电动机用串激方式能耗制动时,若不反接串激绕组,则励磁反向把电动机磁极的剩磁抵消,就没有感应电动势,从而也没有电枢电流和制动转矩,就不能实现能耗制动。在能耗制动中若电动机出现反转,则电动势和电流就反向,这时励磁绕组流过反向电流,其情况和上面所述相同。这种现象在拖动位能性负载情况下是会出现的,而一旦出现这种情况,就会造成位能负载自由下落,这是很危险的。所以拖动位能负载时,串激电动机不宜采用串激方式进行能耗制动。

(2)他激方式制动

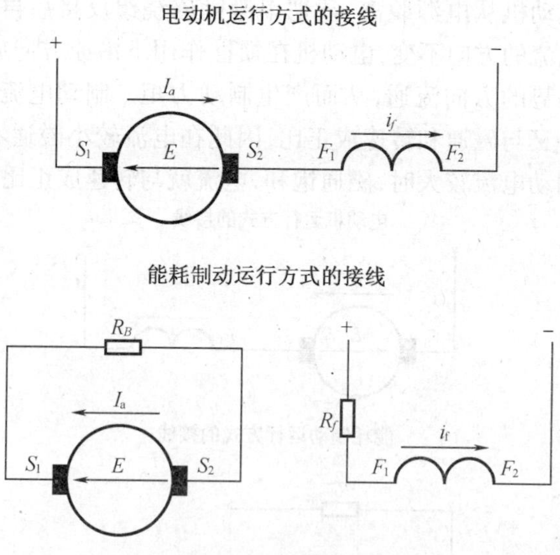

图3-10　他激方式能耗制动

在能耗制动时,电动机电枢从电源脱离通过能耗电阻短接。励磁绕组由专用直流(低压)电源供电,保持励磁电流的方向不变,电动机在惯性作用下沿原方向旋转,感应电动势方向不变,电流沿反方向流通,从而产生制动力矩。制动电流的大小与转速和磁通的乘积成正比,因制动过程中磁通不变,制动转矩与转速成正比。能耗制动的机械特性是一条下降的直线,直线的斜率随能耗制动电阻值递增,而制动力矩则随能耗制动电阻值递减。改变直流励磁电流可调节制动转矩。

由于串激绕组的直流电阻极小,在改为并激时一般都须降低电压并串电阻(若用原电动机的电源,则电阻上的损耗会很大)。

(3)串、并激两种能耗制动方法的比较和主电路接线(图 3 - 11)

串激方式能耗制动:不需要另设电源,转速降低时转矩下降快,无反向制动力矩,不适宜于位能性负载。

并激方式能耗制动:需要另设电源,转速与转矩成正比,有反向制动力矩,可用于位能负载等速下降。

两种方式的制动力矩都随能耗制动电阻值增大而递减。而他激方式则可以控制励磁电流调节制动力矩。

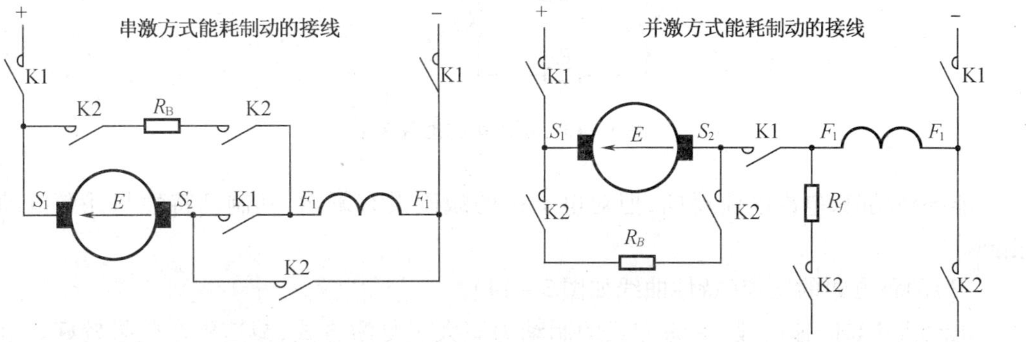

图 3 - 11　能耗制动主电路接线

电动运行方式:K1 接通,K2 断开;

能耗制动方式:K2 接通,K1 断开。

3.3.3　复激电动机的能耗制动

复激电动机的能耗制动可采用下述两种方式。

(1)励磁绕组的接线不变(接线图 3 - 12)

K1 接通,K2 断开;电动机运行。

K2 接通,K1 断开;能耗制动。

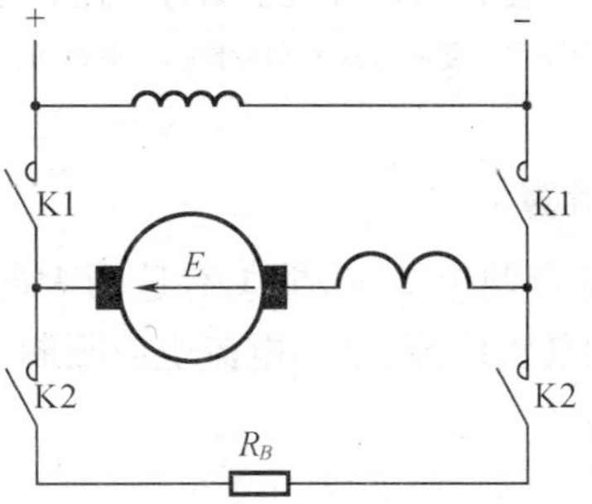

图 3 - 12　复激电动机能耗制动

能耗制动时,电枢电流反向,电动机工作在差复激状态,其制动力矩比并激状态小,但转速下降时制动力矩的减小也较慢。当电动机因位能负载拖带而反转时,其感应电动势改变方向,电枢电流使电动机工作在复激状态,制动力矩随反向转速上升而迅速增加,能限制位能负载按一定速度下降。

(2)切除串激绕组(接线图3-13)

K1接通,K2断开;电动机运行。

K2接通,K1断开;能耗制动。

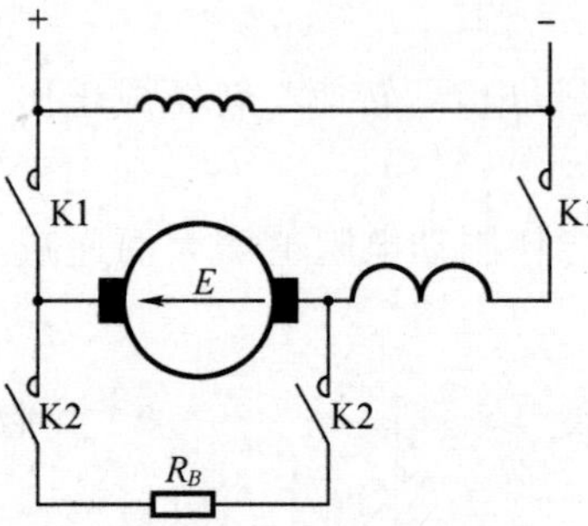

图3-13 切除串激能耗制动

能耗制动时,电枢电流反向,但对电动机的激磁没有影响,其制动特性与并激电动机相同。

(3)两种方式的比较(特性曲线如图3-14)

电动机正转降速阶段,并激方式的制动力矩大于复激方式,减速停车效果较好。电动机在倒拉反转阶段,复激方式的制动力矩大于并激方式,宜于控制重物限速下降。

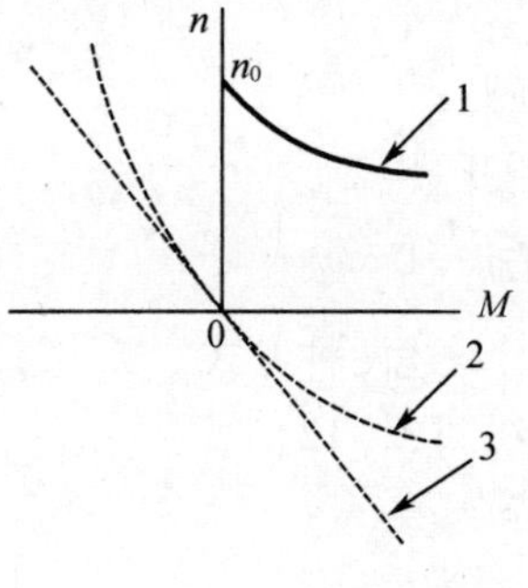

图3-14 能耗制动特性曲线

1—自然特性;2—复激方式制动特性;3—并激方式制动特性

3.3.4 能耗制动电阻的计算

计算能耗制动电阻主要符合两个要求,即①有适当大的制动力矩;②电流限制在允许范围内。按直流电动机允许的最大电流,制动电流也应限制在额定电流的2~2.5倍。制动电阻按下式计算

$$R_B=\frac{E_{max}}{I_B}-R_{a*}$$

式中 E_{max}——电动机在最高转速下的反电势;

R_B——制动电阻;

R_{a*}——制动工作状态时的电枢电阻；

I_B——允许制动电流。

制动工作状态时的电枢电阻 R_a^*，按经验公式区别下述情况确定。

并激电动机：为电枢电阻

$$R_a = 0.5(1-\eta)\frac{U_N}{I_N}$$

串激电动机：采用他激励磁制动，电枢电阻

$$R_a = 0.5(1-\eta)\frac{U_N}{I_N}$$

采用串激绕组反接制动，电枢电阻与串激绕组电阻之和

$$R_a = 0.75(1-\eta)\frac{U_N}{I_N}$$

复激电动机：采用短路串激绕组制动，电枢电阻

$$R_a = 0.5(1-\eta)\frac{U_N}{I_N}$$

采用不改变绕组接线制动，电枢电阻与串激绕组电阻之和

$$R_a = 0.6(1-\eta)\frac{U_N}{I_N}$$

E_{max}区别下述情况确定

并激电动机　$$E_{max} = U_N$$

串激电动机　$$E_{max} = (U_N - I_N R_a)\frac{n_{max}}{n_N}$$

式中　R_a——电动机运行状态电枢回路电阻；

n_{max}——电动机运行状态可能达到的最高转速。

复激电动机　$$E_{max} = U_N \frac{n_{max}}{n_0}$$

式中　n_{max}——电动机运行状态可能达到的最高转速；

n_0——电动机运行的空载转速。

能耗制动电阻的计算举例：

并激直流电动机：

额定电压 $U_N = 110$ V；　额定电流 $I_N = 5.26$ A；　额定转速 $n_N = 1\ 500$ r/min；

额定功率 $P_N = 0.4$ kW；　效率 $\eta = 0.63$；　励磁电流 $I_f = 0.37$ A

$$R_a = 0.5(1-\eta)\frac{U_N}{I_N} = 0.5(1-0.63)\frac{110}{5.26} = 3.87\ \Omega$$

$$I_b = (2\to 2.5)I_N = (2\to 2.5)\times 5.26 = 10.5\to 13.2\ \text{A}\quad 取\ 12\ \text{A}$$

$$R_b = \frac{E_{max}}{I_b} - R_a = \frac{110}{12} - 3.87 = 5.3\ \Omega$$

并激直流电动机：

额定电压 $U_N = 110$ V；　额定电流 $I_N = 5.26$ A；　额定转速 $n_N = 1\ 500$ r/min；

额定功率 $P_N = 0.4$ kW；　效率 $\eta = 0.63$；　励磁电流 $I_f = 0.37$ A

$$R_a = 0.5(1-\eta)\frac{U_N}{I_N} = 0.5(1-0.63)\frac{110}{5.26} = 3.87\ \Omega$$

$$I_b = (2 \to 2.5)I_N = (2 \to 2.5) \times 5.26 = 10.5 \to 13.2\text{A} \quad 取\ 12\text{A}$$

$$R_b = \frac{E_{\max}}{I_b} - R_a = \frac{110}{12} - 3.87 = 5.3\ \Omega$$

串激直流电动机：

额定电压 $U_N = 110$ V；　额定电流 $I_N = 5.26$ A；　额定转速 $n_N = 1\ 000$ r/min；

最高转速 $n_N = 2\ 000$ r/min；额定功率 $P_N = 0.4$ kW；效率 $\eta = 0.63$。

$$R_a = 0.75(1-\eta)\frac{U_N}{I_N} = 0.75(1-0.63)\frac{110}{5.26} = 5.8\ \Omega$$

$$I_b = (2 \to 2.5)I_N = (2 \to 2.5) \times 5.26 = 10.5 \to 13.2\ \text{A} \quad 取\ 12\text{A}$$

$$E_{\max} = (U_N - I_N R_a)\frac{n_{\max}}{n_N} = (110 - 5.26 \times 5.8)\frac{2\ 000}{1\ 000} = 159\ \text{V}$$

$$R_b = \frac{E_{\max}}{I_B} - R_a = \frac{159}{12} - 5.8 = 7.45\ \Omega$$

复激直流电动机：

额定电压 $U_N = 110$V；　额定电流 $I_N = 5.26$ A；　空载转速 $n_N = 1\ 680$ r/min；

最高转速 $n_N = 1\ 600$ r/min；额定功率 $P_N = 0.4$ kW；效率 $\eta = 0.63$。

$$R_a = 0.6(1-\eta)\frac{U_N}{I_N} = 0.6(1-0.63)\frac{110}{5.26} = 4.64\ \Omega$$

$$I_B = (2 \to 2.5)I_N = (2 \to 2.5) \times 5.26 = 10.5 \to 13.2\ \text{A} \quad 取\ 12\ \text{A}$$

$$E_{\max} = U_N\frac{n_{\max}}{n_0} = 110 \times \frac{1\ 600}{1\ 680} = 104.7\ \text{V}$$

$$R_B = \frac{E_{\max}}{I_B} - R_a = \frac{104.7}{12} - 4.64 = 4.09\ \Omega$$

3.4　直流电动机的反接制动

反接制动：电动机的反电势与电源电压方向一致的运行状态，叫做反接制动。

电动机在反接制动时仍从电源吸取能量，并把从电源吸取的能量和系统的动能都消耗在制动电阻上。

反接制动有两种方式：

倒拉反接制动：电源极性不变，电动机受外力作用反转，反转感应电动势的方向与电源的极性一致，如图 3-15 所示。

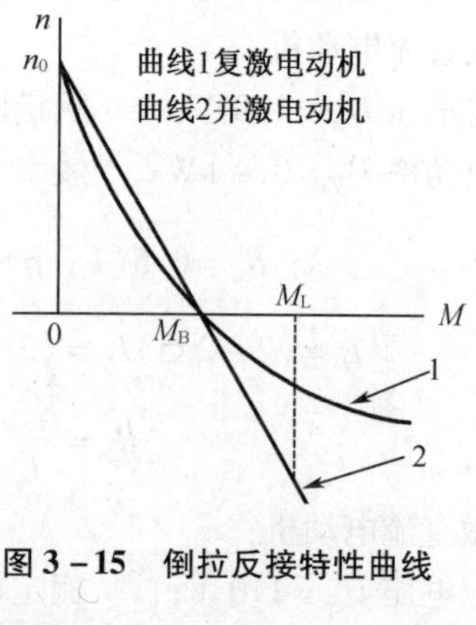

图 3-15　倒拉反接特性曲线

电源反接制动：电源极性反向，与感应电动势的方向一致，电动机先正转减速，过零点后再反转。

3.4.1　倒拉反接制动

电动机输出转矩方向不变，但负载力矩大于电动机的堵转转矩，旋转方向与输出转矩方向相反，电动机工作在机械特性的第四象限。

电枢电流
$$I_a=\frac{U+E}{R_B+R_a}$$

转速
$$n=n_0-\frac{R_B+R_a}{C_e C_m \Phi^2}M=n_0-\Delta n$$

当负载力矩大于电动机的堵转力矩时就进入反接制动工况，在反接制动状态 $\Delta n>n_0$，$n<0$，$s>1$，电动机反转。

(1)电动机在倒拉反接制动时须注意以下两点

①电源电压与反电势方向一致，电动机把从电源吸取的能量和本身的机械能都消耗在制动电阻上。

②制动电流应限制在允许范围内，电枢回路须串入相当大的电阻 R_b，其大小至少约为初始启动电阻的两倍。

(2)倒拉反接制动的应用举例：

①起货机限速落货

如图 3－16，若起货机先运行在自然特性(工作在 a 点)起吊重物，到一定高度后，电枢串入大电阻转到反接制动特性运行(工作点转移到 b 点)，此时负载转矩大于电动机的输出转矩，转速沿人工特性下降，因停转的制动转矩仍小于负载转矩，电动机在重物作用下反转，最后在工作点 c 定速下降。

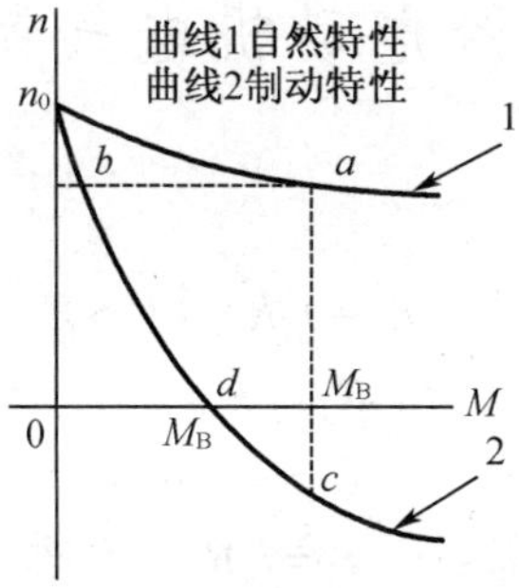

图 3－16　倒拉限速落货

②绞缆机自动收放缆

与起货机限速落货的特性相同，绞缆机在收紧缆绳后有一固定收紧力矩，此时电动机输出转矩 M_B 与缆绳的收紧力矩平衡，工作点为 d 点。若由外界因素(潮水、风力或其他原因)使缆绳受力变化，电动机就会旋转。缆绳受力增大时电动机反转，放松缆绳；缆绳受力减小时电动机正转，收紧缆绳，可使缆绳始终保持一定的紧松程度。

3.4.2　电源反接制动

电源反接后电动机输出转矩的方向改变，与原旋转方向相反，在一段时间内电动机在惯性下减速，工作在机械特性的第二象限，如图 3－17 所示。

电枢电流
$$I_a=\frac{U+E}{R_B+R_a}$$

转速
$$n = n_0 - \frac{R_B + R_a}{C_e C_m \Phi^2} M = n_0 - \Delta n$$

当电动机工作于特性"1"的 a 点时把电源反接,并在电枢回路串电阻,电动机转入特性"2"的 b 点运行,这时电动机输出反向制动力矩 M_B,以后沿特性"2"制动,转速下降。

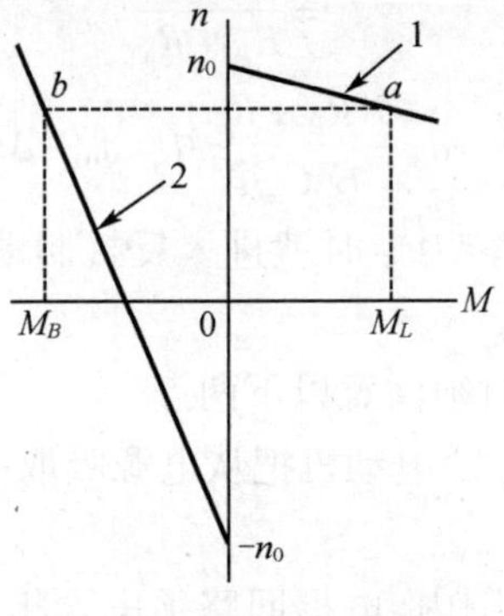

图 3-17　电源反接制动

电源反接制动可使系统迅速停车,但须在转速下降到零时及时切断电源,不然电动机将反向启动。

为了限制制动电流,电枢回路同样须串入相当大的电阻 R_b,其大小也至少约为初始启动电阻的两倍。

3.5　直流电动机电气制动小结

(1)各运行状态电势平衡式:

电动状态　$U = E + I_a R \quad (U > E)$

再生制动　$U = E + I_a R \quad (E > U, I_a$ 反向)

能耗制动　$E = -I_a R$

反接制动　倒拉反接:$U + E = I_a R \quad$ (E 改变方向)

电源反接　$U + E = -I_a R \quad$ (U 改变方向)

(2)各运行状态的机械特性如图 3-18 所示。

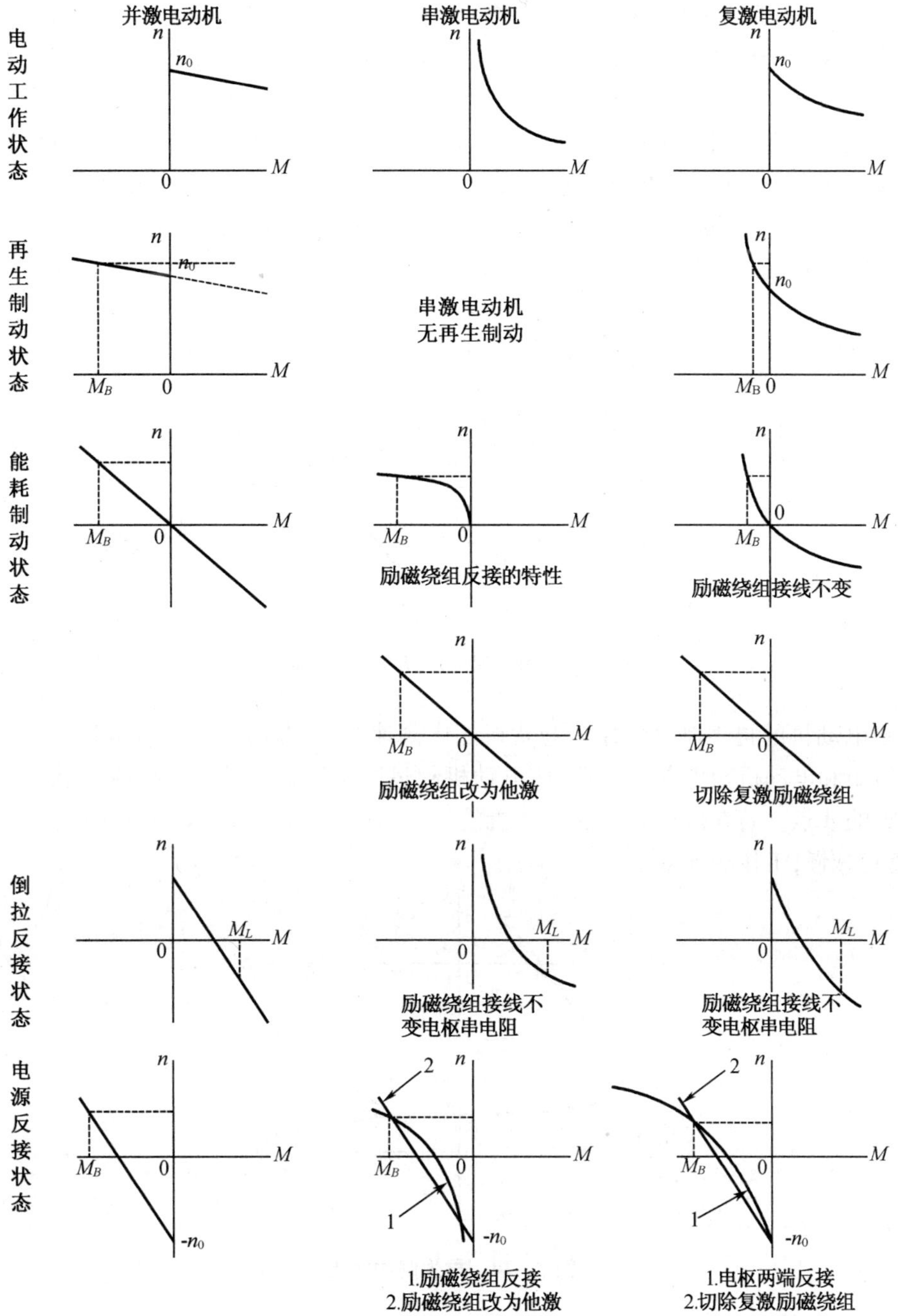

图 3－18　直流电动机各种制动方式的特性曲线

3.6　异步电动机再生制动

当外力矩使异步电动机的实际转速超过同步转速时，转子导体切割旋转磁场的方向就反向了，相应地转子导体上的感应电动势与感应电流也反向，按左手定则转子受力方向反转,电磁转矩与转子旋转方向相反,成了制动力矩。

在电动机转子电流反向的同时,定子电流中用于平衡转子电流的分量也随之反向,电动机除继续向电网吸收用于励磁的无功电流外,向电网反馈有功电能。

异步电动机再生制动的机械特性表达式和电动机状态的表达式相同(再生制动时的电动机的接线与电动运行状态的接线没有变化,它的机械特性表达式就与电动机状态的机械特性表达式相同)。当转速高于同步转速 $n > n_1$,转差率 s 为负值,按表达式得到的转矩也是负的,即转矩与旋转方向相反,其机械特性曲线如图 3-19 的第二象限。

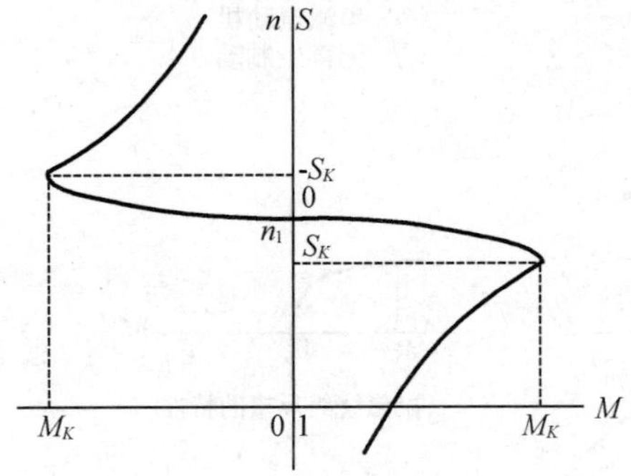

图 3-19　异电动机再生制动特性曲线

异步电动机的再生制动常用于起货机的中高速落货,此时电动机接成反向运转,重物下落的转矩和电动机转矩方向一致,使电动机超过同步转速后处于再生制动状态,工作在图 3-20 的 A 点。若在落货时改变电动机的极数,使极对数增加,则电动机的同步转速降低,则落货减慢,工作在 A'点。

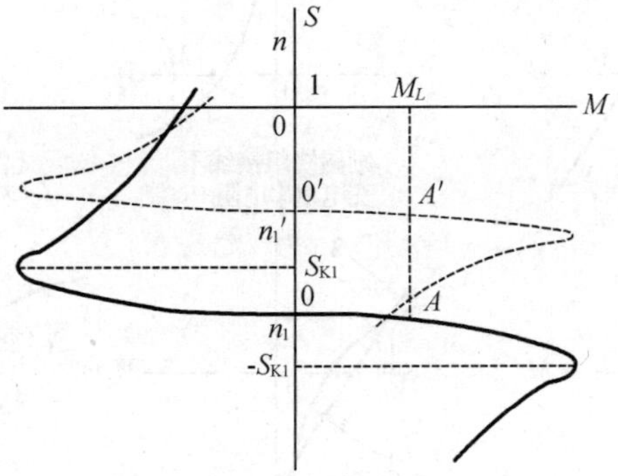

图 3-20　再生制动落货

3.7　异步电动机能耗制动

他激式能耗制动:把电动机的定子绕组从电源脱开,经电阻通入低压直流激磁。其接线如图 3-21 所示。

正常运行:K1 合上,K2 分断;

能耗制动:K2 合上,K1 分断。

K1 和 K2 不能同时合上。

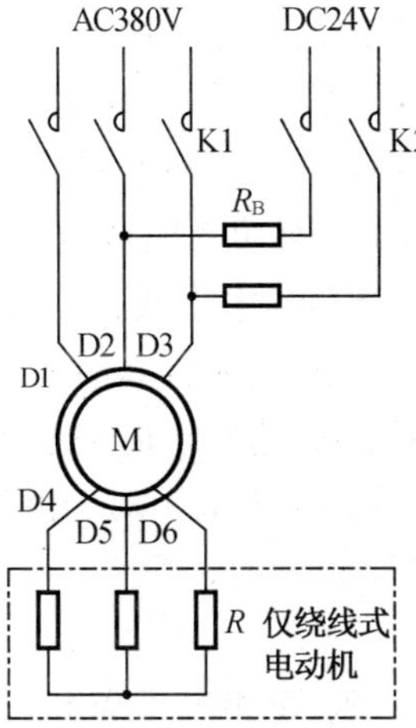

图 3－21　能耗制动接线

(1)制动原理

定子绕组通直流电后,在空间形成一个静止磁场,若转子在惯性或位能负载带动下旋转,转子导体就切割磁力线,在导体上产生感应电动势,只要转子导体构成回路,就有感应电流流过,感应电流方向由右手定则确定。

转子导体上的感应电流与静止磁场相互作用产生电磁转矩,转矩方向由左手定则确定,与旋转方向相反,起制动作用。

只有绕线式异步电动机,可在转子回路中串入电阻,调节能耗制动转矩的大小。

(2)能耗制动的机械特性

与异步电动机运行机械特性相似,但同步转速变为零(磁场静止不动),即特性曲线向下移动 n_1,经过原点。

计算转差率的基准值仍为原来的 n_1,即转差率 $s=-\frac{n}{n_1}$,临界转差率与转子回路电阻成正比;最大转矩随外加直流电压递增,当磁场不饱和时,和直流电压的平方成正比。

图 3－22:曲线“1”和“2”是具有不同转子电阻的两条特性,而曲线“1”和“3”则是直流励磁电压不同的两条特性;曲线“4”是电动运行状态的机械特性曲线。

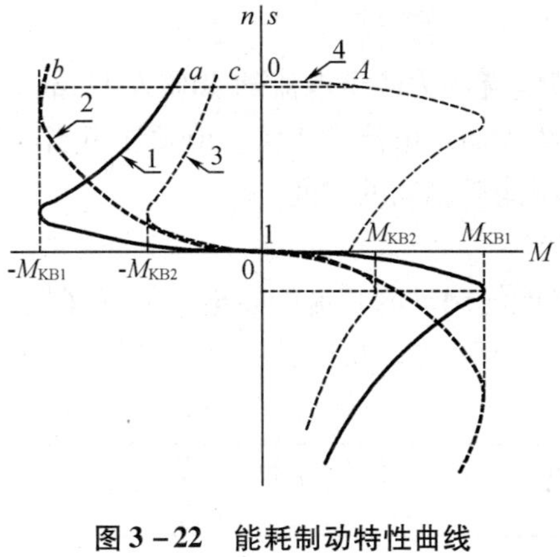

图 3－22　能耗制动特性曲线

当电动机从电动高速运行转入能耗制动运行时，电动机因系统惯性仍处于正向高速运转（由第一象限分别转入第二象限的 a,b,c 点），相对于定子静止磁场的转差率 $s\approx -1$，转子的感应电势和电流都很大，而功率因数很低，因此制动功率不大，制动转矩较小；随着电动机转速降低，转子的感应电势的幅度和频率都下降，转子电路的漏电抗与转速成比例减小，使电流的减小慢于电势的下降速度，而功率因数则有提高，使制动转矩反而上升；到转速降到临界转差率以下，转子感应电势的频率很低，转子的漏电抗已几乎不起作用，转子电流随感应电势的幅度下降，制动转矩也下降，到停车时 $n=0$，制动转矩也随之消失。

对于绕线式异步电动机，为了提高高速状态时的制动转矩，可在转子回路内串入电阻（提高电路的功率因数）使机械特性的斜率增大。对于鼠笼式异步电动机，转子中无法串电阻，只能适当提高直流励磁电压。

（3）能耗制动的直流电压

能耗制动时向定子绕组供直流电压，每相定子绕组内只有直流电阻 r_1，为得到需要的励磁电流，电压必须较低（用交流电降压后整流，必要时要串电阻），直流电压计算如下

$$U=2r_1I$$

式中 I——直流励磁电流；按电动机空载电流倍数考虑 $I=KI_0$；

I_0——电动机的空载电流；

K——绕线式电动机取 2 ~ 3 ，鼠笼式电动机取 4 ~ 5。

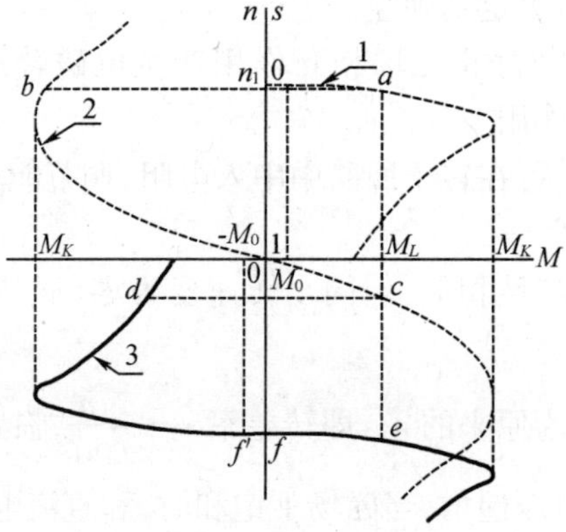

图 3－23　能耗制动落货

1—起货状态电动机械特性；2—能耗制动机械特性；3—高速落货状态电动机的机械特性

一般异步电动机的空载电流约为额定电流的 40% 左右，故绕线式电动机可取约为额定电流，而鼠笼式电动机可取约为额定电流的 2 倍。但须注意当电流超过额定电流值时，就不能作长期能耗制动，而需限制能耗制动的时间。

（4）能耗制动计算举例

计算交流绕线式电动机能耗制动的直流励磁电压和转子的外串电阻，要求在 0.5 倍额定转速附近制动转矩达到最大值。电动机的铭牌数据如下。

额定功率/kW	额定转速/(r/min)	额定电流/A	转子电压/V	转子电流/A	最大转矩/额定转矩
20	1420	41	187	68	2.3

转子电阻

$$r_2=\frac{E_{2N}s_N}{\sqrt{3}I_{2N}}=\frac{187\times0.053\ 333}{68\sqrt{3}}=0.084\ 68\ \Omega\quad 取\ r_2=0.084\ \Omega$$

变压比 $$k_V\approx\frac{U_N}{E_{2N}}=\frac{380}{187}=2.032\approx2$$

定子电阻 $$r_1=r_2'=k_V^2r_2=2^2\times0.084=0.336\ \Omega$$

取直流励磁电流取≈额定电流 $I=40\text{A}$

直流励磁电压 $U=2Ir_1=2\times40\times0.338\ 7=27\ \text{V}$

可取 24 V,励磁电流约 35.4 A

额定转差率 $$s_N=\frac{1\ 500-1\ 420}{1\ 500}=0.053\ 333$$

临界转差率 $$s_K=0.053\ 333(2.3+\sqrt{2.3^2-1})=0.233\ 1$$

半额定转速制动转矩最大的各相转子能耗制动电阻

$$R_B=\frac{0.084\times0.5}{0.233\ 1}-0.084=0.096\ 2\ \Omega$$

附述:鼠笼式异步电动机能耗制动多用于使电动机停车,一般时间都不长。绕线式异步电动机可用能耗制动限速(低速)下降,运行时间较长,励磁电流以不超过额定电流为好。起货机用能耗制动慢速落货如图 3-23 所示。

电动起货工作在 a 点;当货物升至最高点要使电动机停车时,定子从电源脱开接到直流电源,转子串入适当电阻,转移到特性"2",在转速尚未降低时工作在 b 点,电动机在反向制动转矩作用下降速到停车(0 点),这时应及时断开电源进行机械刹车,使系统保持在停车状态。若在电动机停车时不作机械刹车,则电动机将在位能负载作用下反转,而工作在 c 点,以慢速落货。

若要快速落货,则改为反转接线,转移到特性"3"的 d 点,电动机将在反转力矩和位能负载的共同作用下,迅速反转,直到超过反向同步转速 f 点,电动机输出力矩反向,与位能负载平衡,工作在 e 点快速落货。

对于起货机空钩降落,因空钩的位能负载不足以克服系统的摩擦力矩,这时候系统的负载属于反抗性负载,能耗制动状态不会出现反转,若要下降必须按反转接线,才能使空钩下降,工作在 f' 点。

3.8 异步电动机反接制动

3.8.1 电源反接制动

在电动机运行情况下,改变接入电动机定子绕组的电源相序(任意两相对换),电动机就进入电源反接制动。

电源相序改变后,旋转磁场的转向与电动机转向相反,转子导体切割磁场的方向倒转,相应地感应电动势、电流、电磁转矩都反向,电动机在反向力矩作用下制动。

制动初始阶段转子与磁场的相对转速为 n_1+n,转差率 $s=\dfrac{n_1+n}{n_1}>1$。

在整个降速阶段，转子的感应电势和电流都很大，频率也很高，转子漏电抗很大（开始时接近启动时漏电抗的两倍）因而功率因数很低，制动功率不大，制动转矩很小。

对于绕线式电动机在电源反接制动时，应在转子回路中串电阻，增大机械特性的斜率，以得到大的制动转矩，并限制制动电流。

对于鼠笼式电动机，电源反接时的电流会大于直接启动电流，而制动力矩很小（小于启动力矩），故不宜采用电源反接制动。在需要电动机反转的场合，也应先用其他方法使电动机停止后，再接成反转接线，反向启动。

3.8.2 倒拉反接制动

电动机在位能负载拖动下强制反转的运行状态叫做倒拉反接制动，如图 3-24 所示。

倒拉反接时电动机内部的情况与电源反接相同，旋转磁场的转向与电动机转向相反，转子导体切割磁场的方向倒转，相应地感应电动势、电流、电磁转矩都反向，电动机在反向力矩作用下制动，如图 3-25 所示。

转子与磁场的相对转速为 n_1+n，转差率

$$s=\frac{n_1+n}{n_1}>1$$

对于鼠笼式电动机，电流大于直接启动电流，制动力矩很小（小于启动力矩），所以鼠笼式电动机不能采用倒拉反接制动。

对于绕线式电动机需在转子回路中串电阻，增大机械特性的斜率，得到需要的制动转矩，并限制制动电流；对于位能性负载还可实现限速下降。

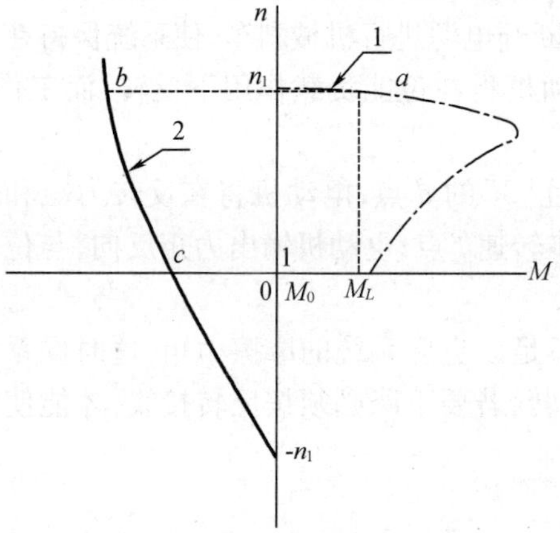

图 3-24 电源反接特性曲线

曲线 1 起货电动机械特性

曲线 2 电源反接机械特性

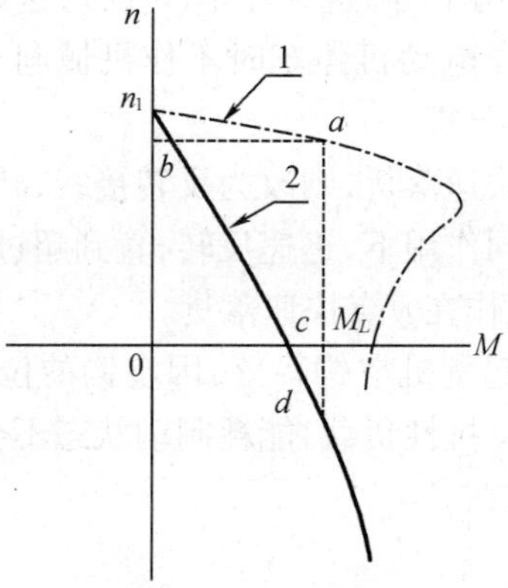

图 3-25 倒拉反接特性曲线

曲线 1 起货电动机械特性

曲线 2 电源反接机械特性

3.9 涡流制动器

目前起吊设备中，经常使用带涡流制动器的绕线式异步电动机，用涡流制动器进行制动和附加调速。

涡流制动器定子和电动机的定子部分固定联结，其定子绕组通直流励磁电流；涡流制

动器的转子由实芯导磁体组成并与电动机的转子联轴。

在涡流制动器定子励磁绕组上通入直流电时，就在它内部产生静止磁场，当转子受电动机带动旋转，转子导体切割该磁力线，产生感应涡流，涡流与磁场相互作用，就产生制动力矩。

涡流制动器制动力矩的大小与磁通量大小的平方成正比(当磁通未饱和时与励磁电流的平方成正比)，其制动机械特性与交流鼠笼电动机能耗制动特性相似，但涡流路径上钢材的电阻较铜、铝导体大，且随转速上升，铁芯损耗和等效电阻都增大，制动特性所对应的临界转差率较鼠笼电动机大。

制动力矩的变化规律，可近似表达为

$$M_B = \frac{2M_{KB}}{\dfrac{s_B}{s_{KB}} + \dfrac{s_{KB}}{s_B}}$$

式中　M_{KB}——与励磁电流对应的最大制动转矩，$M_{KB} = KI_0^2$；

s_{KB}——涡流制动器的临界转差率；

s_B——涡流制动器的转差率(静止状态转差率为零)，与电动机转差率 s 的关系为 $s_B = 1 - s$。

调节励磁电流 I_0 的大小，就可改变制动力矩大小。对反抗性负载可加速停车，对位能性负载可限制下降速度。

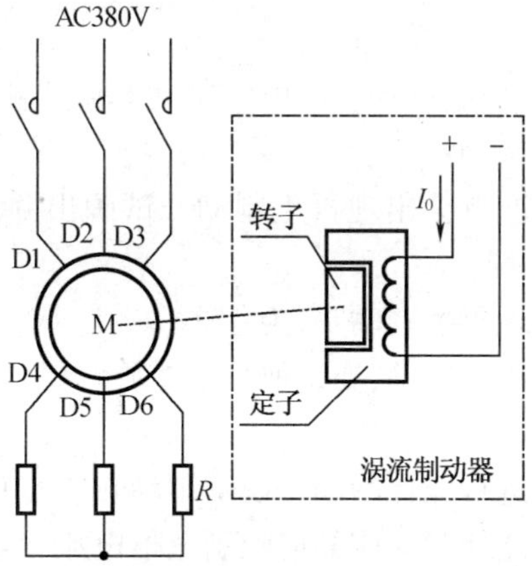

图 3-26　涡流制动器

3.10　异步电动机电气制动小结

(1)再生制动

$n > n_1$ 电动机向电源吸取无功励磁电流，反馈有功电能。

机械特性曲线在$(0, n_1)$点与电动机运行的特性曲线对称(中心对称)。

(2)能耗制动

$n > 0$ 时，转矩与转向相反，使电动机减速。

$n < 0$ 时，转矩与转向同时反向，两者的方向仍相反，但转矩已与位能负载的力矩方向相

反,可限制位能负载下降速度。

制动力矩与直流励磁电流的平方成正比(磁路未饱和时),特性曲线上的临界转差率与转子回路电阻成正比。

(3)反接制动

仅适用于绕线式异步电动机。为限制制动电流和得到需要的制动力矩,需在转子回路中串联电阻。

(4)电源反接

可迅速停车并反转,适用于要求正反转运行的系统。需要停车时,应在接近停转时切断电源或再加机械制动。

(5)倒拉反接

可使位能负载等速下降。若要使鼠笼式电动机反转,必须先使其停车,然后再反向启动。

(6)涡流制动器

制动力矩的大小与磁通量大小的平方成正比,与电动机的转速成正比。调节励磁电流 I_0 的大小,就可改变制动力矩。

参考习题

1. 什么是电动机的电气制动,电动机的电气制动有哪几种方式?

2. 什么是电动机的再生制动?

3. 直流电动机在什么情况下会出现再生制动?试画出并激电动机再生制动时的特性曲线和工作点。

4. 直流串激电动机会出现再生制动吗,为什么?

5. 直流复激电动机采用再生制动,要采取什么措施?

6. 什么是电动机的能耗制动?

7. 直流并激电动机怎样进行能耗制动?说明制动转矩与转速、励磁、电阻等的关系。

8. 直流并激电动机采用能耗制动应如何限制电枢电流和重物的下降速度?

9. 直流串激电动机有哪两种能耗制动方式?说明它的制动转矩与转速的关系。

10. 带位能负载的直流串激电动机应采用哪种能耗制动方式,为什么?

11. 直流复激电动机的能耗制动可采用哪两种方式,各有什么特点?

12. 以下为并激直流电动机的铭牌数据,选择其中一台计算转子的能耗制动电阻。

a. 额定电压 $U_N = 110$ V; 额定电流 $I_N = 5.26$ A; 额定转速 $n_N = 1\ 500$ r/min;
额定功率 $P_N = 0.4$ kW; 效率 $\eta = 0.63$; 励磁电流 $I_f = 0.37$ A

b. 额定电压 $U_N = 110$ V; 额定电流 $I_N = 7.6$ A; 额定转速 $n_N = 1\ 500$ r/min;
额定功率 $P_N = 0.6$ kW; 效率 $\eta = 0.68$; 励磁电流 $I_f = 0.52$ A

c. 额定电压 $U_N = 110$ V; 额定电流 $I_N = 9.85$ A; 额定转速 $n_N = 1\ 500$ r/min;
额定功率 $P_N = 0.8$ kW; 效率 $\eta = 0.69$; 励磁电流 $I_f = 0.62$ A

d. 额定电压 $U_N = 110$ V; 额定电流 $I_N = 13.3$ A; 额定转速 $n_N = 1\ 500$ r/min;
额定功率 $P_N = 1.1$ kW; 效率 $\eta = 0.72$; 励磁电流 $I_f = 0.79$ A

e. 额定电压 $U_N=110$ V；　额定电流 $I_N=18.2$ A；　额定转速 $n_N=1\ 500$ r/min；
额定功率 $P_N=1.5$ kW；　效率 $\eta=0.73$；　励磁电流 $I_f=0.68$ A
f. 额定电压 $U_N=110$ V；　额定电流 $I_N=24.8$ A；　额定转速 $n_N=1\ 500$ r/min；
额定功率 $P_N=2.2$ kW；　效率 $\eta=0.77$；　励磁电流 $I_f=0.87$ A
g. 额定电压 $U_N=110$ V；　额定电流 $I_N=34.5$ A；　额定转速 $n_N=1\ 500$ r/min；
额定功率 $P_N=3$ kW；　效率 $\eta=0.77$；　励磁电流 $I_f=1.07$ A
h. 额定电压 $U_N=110$ V；　额定电流 $I_N=61$ A；　额定转速 $n_N=1\ 500$ r/min；
额定功率 $P_N=5.5$ kW；　效率 $\eta=0.79$；　励磁电流 $I_f=1.54$ A
i. 额定电压 $U_N=110$ V；　额定电流 $I_N=107.5$ A；　额定转速 $n_N=1\ 500$ r/min；
额定功率 $P_N=10$ kW；　效率 $\eta=0.84$；　励磁电流 $I_f=1.7$ A
j. 额定电压 $U_N=110$ V；　额定电流 $I_N=134.4$ A；　额定转速 $n_N=1\ 500$ r/min；
额定功率 $P_N=13$ kW；　效率 $\eta=0.85$；　励磁电流 $I_f=1.87$ A
k. 额定电压 $U_N=110$ V；　额定电流 $I_N=183$ A；　额定转速 $n_N=1\ 500$ r/min；
额定功率 $P_N=17$ kW；　效率 $\eta=0.86$；　励磁电流 $I_f=3.6$ A
l. 额定电压 $U_N=110$ V；　额定电流 $I_N=235$ A；　额定转速 $n_N=1\ 500$ r/min；
额定功率 $P_N=22$ kW；　效率 $\eta=0.87$；　励磁电流 $I_f=4.4$ A

13. 串激电动机额定电压 $U_N=220$ V；额定电流 $I_N=161$ A；额定转速 $n_N=1\ 000$ r/min；额定功率 $P_N=30$；　效率 $\eta=0.85$；　最高转速 $n_S=1\ 150$ r/min。试计算能耗制动电阻的阻值。

14. 反接制动有何特点，反接制动有哪两种工作状态，它们有何区别？

15. 交流电动机在什么情况下会出现再生制动？

16. 交流鼠笼式电动机能耗制动应如何接线？

17. 交流绕线式电动机能耗制动应如何接线？

18. 交流电动机能耗制动的制动力矩和励磁电流有什么关系？

19. 说明交流绕线电动机能耗制动时，与最大制动力矩对应的转速（转差率）与转子电阻间的关系。

20. 以下为交流绕线式电动机的铭牌数据，选择其中一台计算能耗制动的直流励磁电压和转子的外串电阻，要求在0.5倍额定转速附近制动转矩达到最大。

额定功率/kW	额定转速/(r/min)	额定电流/A	转子电压/V	转子电流/A	最大转矩/额定转矩
a. 20	1420	41	187	68	2.3
b. 28	1420	56	225	80	2.5
c. 40	1450	79	290	86	2.6
d. 55	1450	105	400	85	2.8
e. 75	1460	144	436	111	2.8
f. 100	1460	190	560	110	3.0
g. 115	1465	213	195	377	2.2
h. 135	1465	251	227	376	2.3
i. 155	1470	288	272	358	2.5
j. 180	1470	327	295	398	2.3
k. 225	1470	405	296	498	2.1

表(续)

额定功率/kW	额定转速/(r/min)	额定电流/A	转子电压/V	转子电流/A	最大转矩/额定转矩
l. 260	1470	466	339	480	2.2
m. 300	1475	535	396	473	2.3

21. 试述交流鼠笼式电动机电源反接时的电势、电流、有功功率和转矩等的变化情况。

22. 为什么交流鼠笼式电动机不宜采用反接制动？说明使电动机从正转到反转应执行的操作步骤。

23. 按题 20 的数据,计算交流绕线式电动机反接制动转子的外串电阻?

24. 简述涡流制动器的工作原理,它的制动力矩和哪些因素有关?

第 4 章　电动机的转速调节

4.1　电动机调速概述

电动机的转速调节是人为改变电路和/或电动机的参数,使电动机在原负载条件下改变转速。实质上就是人为改变电动机的机械特性,它不同于负载变化而引起的转速变化。

分析电动机的调速方法可归纳为获得合适的人工机械特性及其随相关因素变化的情况。

对不同调速方法的评价,从技术指标和经济指标两方面进行考虑。

4.1.1　技术指标

1. 调速范围

在额定负载条件下可达到的最高转速与最低转速之比。

$$D = \frac{n_{max}}{n_{min}}$$

2. 平滑性

以相同负载下相邻调速级的转速差来衡量,转速差愈小,平滑性愈好。

3. 稳定性

以负载波动引起的转速差来衡量,负载变化的转速差愈小,稳定性愈好。

稳定性用静差率表示:

$$s = \frac{n_0 - n}{n_0} = \frac{\Delta n}{n_0}$$

4. 调速类型

电动机在允许的发热条件下输出功率或输出转矩与转速之间的关系。以额定电流时功率、转矩与转速的关系来衡量。如功率不随转速变化称为恒功率调速,转矩不随转速变化称为恒转矩调速等。不同的调速类型适用于不同类型的负载。

选择调速方法时,应尽可能使负载的类型和生产机械的机械特性相符,使电动机得到充分利用。

4.1.2　经济指标

设备投资,调速能耗,维修费用等。

4.1.3　电动机的调速方法

1. 直流电动机的调速方法(图 4 - 1)

机械特性表达式:

$$n=\frac{U-I_aR}{C_e\Phi}=\frac{U}{C_e\Phi}-\frac{R}{C_eC_m\Phi^2}M$$

在相同负载条件下,改变转速的方法有:

(1)改变电源电压 U;

(2)改变磁通量 Φ,由调节励磁电流 i_f实现;

(3)电枢电路串外加电阻 R_{ad}。

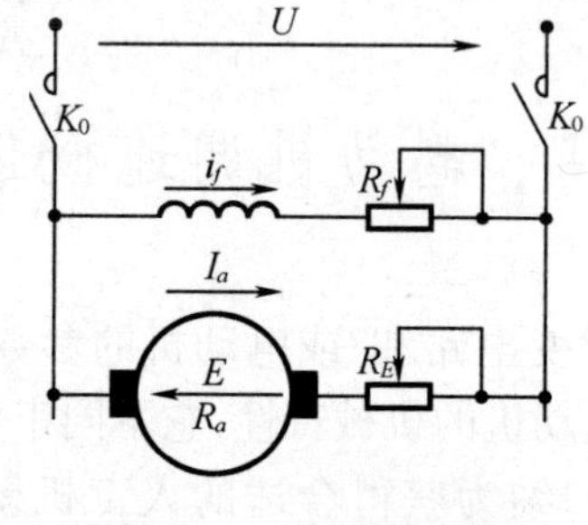

图 4-1　直流电动机

2. 异步电动机的调速方法(图 4-2)

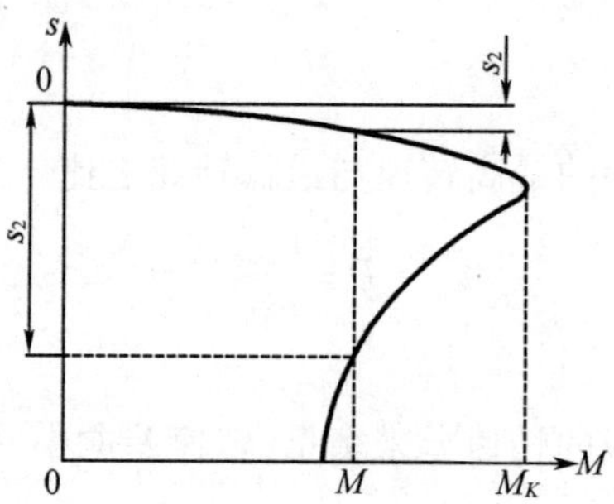

图 4-2　异步电动机特性曲线

由机械特性表达式

$$\frac{M_K}{M}=\frac{\frac{s}{s_K}+\frac{s_K}{s}}{2}$$

当 M 为某一值时, 取$\frac{M_K}{M}=\alpha$,可得到

$$\frac{s}{s_K}+\frac{s_K}{s}=2\alpha$$

即

$$s^2-2\alpha ss_K+s_K^2=0$$

求解得

$$s=s_K(\alpha\pm\sqrt{\alpha^2-1})$$

其中"-"的解"s_1"对应机械特性的稳定部分,而取"+"的解"s_2"对应机械特性的不稳定部分。

由转差率定义

$$s=\frac{n_1-n}{n_1}$$

得到

$$n=n_1(1-s)=\frac{60f}{P}[1-s_K(\alpha\pm\sqrt{\alpha^2-1})]$$

由此可见交流异步电动机的调速方法有：

①改变电源频率 f——改变电动机的同步转速；

②改变电动机的磁极对数 P——改变电动机的同步转速；

③改变临界转差率 $s_K=\frac{r_2'}{x_1+x_2'}$，一般在转子回路中串入电阻，改变电动机的转速降；

④改变 α 值——改变电动机的转速降。由改变电源电压 U 实现。电动机的最大转矩 M_K 随电压的平方变化，在相同负载转矩下，α 值与电压的平方成正比。

4.2　直流电动机电枢电路串电阻调速

4.2.1　并(他)激电动机

1. 转速特性与机械特性(图 4－3)

$$n=\frac{U}{C_e\Phi}-\frac{R_a+R_{ad}}{C_e\Phi}=\frac{U}{C_e\Phi}-\frac{R_a+R_{ad}}{C_eC_m\Phi^2}M$$

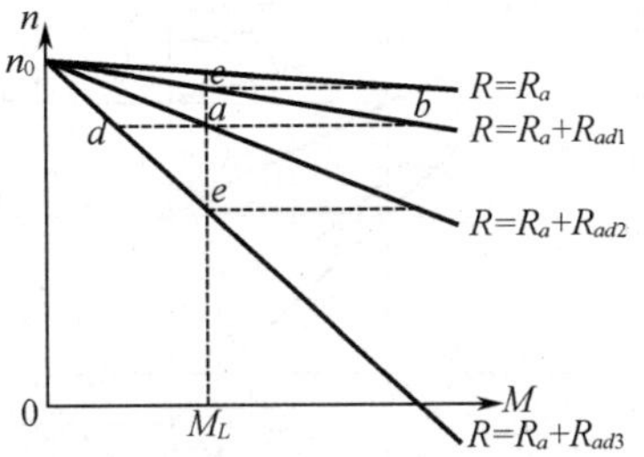

图 4－3　电枢串电阻调速特性曲线

电枢电路串电阻的调速方法仅改变 R_{ad}，电压 U 和磁通 Φ 都不变，转速特性与机械特性都是下降的直线，下降的斜率随 R_{ad} 递增。

磁通 Φ 不变，当电动机的电流相同时，输出转矩 $M=C_M\Phi I_a$ 不变，属于恒转矩调速。

从上述内容得出如下结论：

(1)电枢串电阻调速时，电动机的空载转速不变。因此在轻载时用这种调速方法效果不明显；

(2)电枢电路串电阻后机械特性和转速特性都变软，调速的稳定性变差；

(3)转速降低后，转矩基本不变，输出功率减小，能量消耗在附加电阻 R_{ad} 上，经济性较差。

2. 电枢电路串电阻调速的变速过程(图 4－3)

图中
$$R_{ad1}<R_{ad2}<R_{ad3}$$

若电动机带动负载(力矩 M_L)在 a 点上稳定运行，现欲升高转速，则把电枢电路的附加电阻从 R_{ad2} 减小到 R_{ad1}，电动机就转到较高的特性上。在转换瞬间，系统还来不及升速，电动机运行在机械特性的 b 点，输出转矩大于负载力矩，系统沿较高的特性曲线升速，当升到与 c 点相应的转速时，输出转矩和负载力矩相等，系统就在新的 c 点上稳定运行，完成了升速调节。

如要降低转速，则把电枢电路的附加电阻从 R_{ad2} 增大到 R_{ad3}，电动机就转到较低的特性上，同样在转换瞬间，系统来不及降速，电动机运行在机械特性的 d 点，输出转矩就小于负载力矩，使系统沿较低的特性曲线降速，当降到与 e 点相应的转速时，输出转矩和负载力矩平衡，系统就在较低的 e 点上稳定运行，完成了降速调节。

3. 调速特性绘图

“1”界限特性：假设电枢电阻为零时电动机的特性（理想特性，$R=0,\Delta n=0$）；

“2”自然特性：不外串电阻时电动机的特性，转速降与 R_a 成正比；

“3”人工特性：$R_1=R_a+R_{ad1}$；

“4”人工特性：$R_2=R_a+R_{ad2}$；

“5”人工特性：$R_3=R_a+R_{ad3}$；

在同一电流或转矩下的转速降落与电枢回路的总电阻成正比，可在任一电流或转矩处画垂线，把界限特性与自然特性间的距离当作 R_a，然后按 R_a 与外串电阻按比例取长度，在垂线上从界限特性开始取该长度，把所得的点与空载转速点连起来，就得到相应于该外串电阻的人工特性。

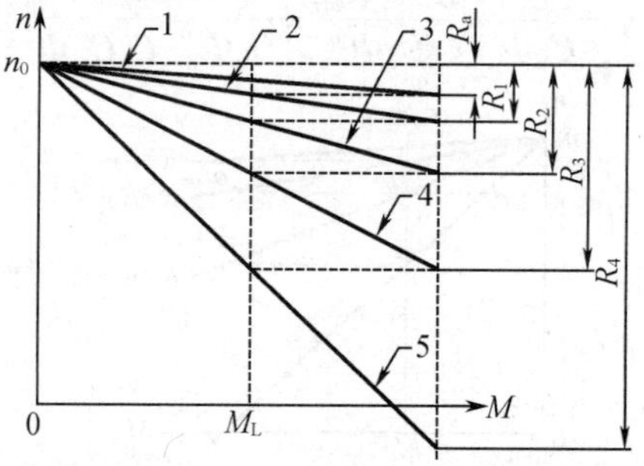

图 4－4　并（他）激电动机调速特性

4.2.2　复激（或串激）电动机

1. 人工机械特性

复激（或串激）电动机的特性表达式和并激电动机一样，但磁通 Φ 随电枢电流变化，因此不能由表达式直接画出人工机械特性曲线，而需逐点绘图（点绘法）。

点绘人工机械特性有多种方法，各方法的原理是一样的，都要在制造厂提供的通用特性的基础上绘制。

(1) 图解法：

①绘图步骤如下（图 4－5）：

画电动机自然特性和不同电流的“转速－电阻”线：

取纵坐标为转速，右横坐标为电流，左横坐标为电阻；

按通用特性曲线画出电动机的自然转速特性；

在右横坐标上取各电流值（如点 a，相当于 $I=I_N$），作垂直线交转速特性曲线于点 b；

在左横坐标上取电枢电阻值 R_a（如点 e），并作垂直线；

在左横坐标上按不同电流值，取 $R=U/I$ 各电阻值（如点 c，相当于 $R=U/I_N$），该电阻值与电动机堵转时电流 I 相对应；

由 b 点作水平线与 R_a 的垂直线相交于点 d，该点是电动机流过电流 I_N 而转速升至自然特性状态的转速，即电枢回路只有电阻 R_a 时的转速；

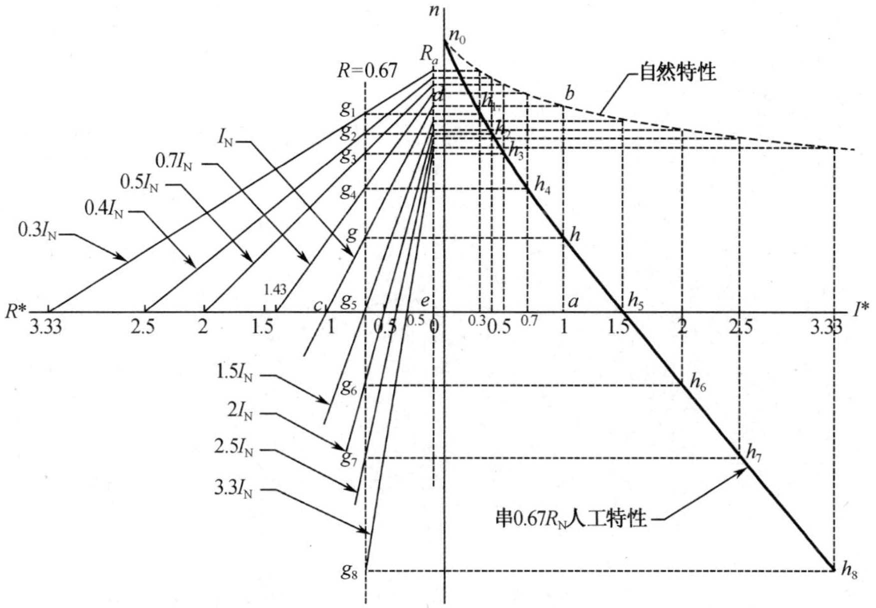

图 4－5　复激电动机特性图解法

连接点 c 和 d，cd 线即为电流为 I_N 不变，电阻从堵转值减到 R_a 的转速变化线；（从 c 点向下延长即为电阻值增加、电流不变、电动机反转的变化规律）

取不同电流值（例如：$I=0.2, 0.5, 1.5, 2, 2.5, 3.3I_N$ 等）可作出多组与电流值对应的类似 cd 的“转速－电阻”线（即上图中纵坐标左面的各直线）；

②求电动机电枢回路总电阻为某值时的人工特性：

在左横坐标上取该电阻值（如电阻值 R_Z，点 g_5）并作垂直线，与对应各电流的“转速－电阻”线相交（如点 $g_\square$）；再由 $g_\square$ 点作水平线与对应电流值的线相交于点 $h_\square$；该 $h_\square$ 点就是所求的人工特性上的一点；

把所取电阻垂直线与各“转速－电阻”线的所有交点同样处理（如 g_1-h_1，g_2-h_2，…），可得到一系列交点（图中 $h_1 \sim h_8$ 等），把这些交点平滑地连接起来，就得到与所取电阻对应的一条人工转速特性。

要画出其他总电阻值的人工机械特性，只需另取一个电阻值，画一条对应电阻垂线，按同样方法画出各交点，再平滑地连接起来就可以了。

绘图法的作图工作量很大，也很难取得较高的精度，以下介绍几种比较实用的方法。

(2) 界限特性法（见图 4－6）

界限特性：假想直流电动机的电枢电阻为零，电动机所具有的特性（理想状态）。

在理想状态电动机的转速 $n=\dfrac{U}{C_e\Phi}$，即转速与磁通成反比，转速与电流和转矩之间的关系由电流与磁通的关系所决定，即由电动机的磁化曲线决定。

由 $n=\dfrac{U-IR_a}{C_e\Phi}$，同一电流所对应的界限特性转速为 $n'=\dfrac{U}{C_e\Phi}$

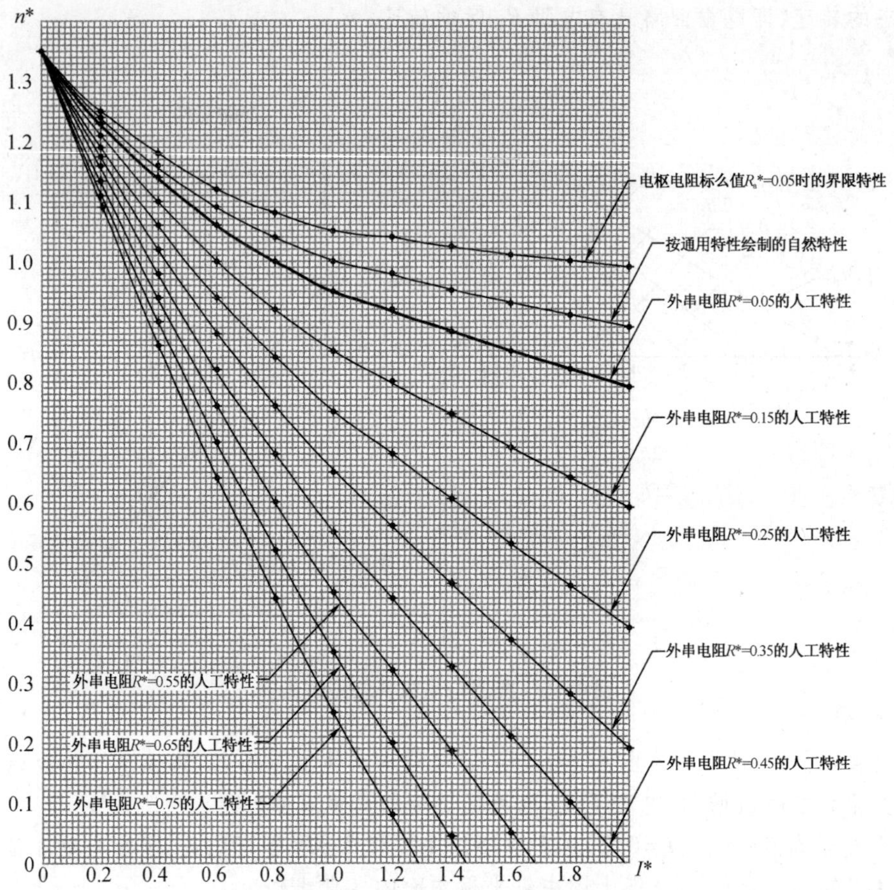

图 4-6　界限特性法绘复激电动机的机械特性

用标幺值表示则有$\dfrac{n'^*}{n^*}=\dfrac{U}{U-IR_a}=\dfrac{1}{1-\dfrac{I}{I_N}\dfrac{I_N}{U}R_a}=\dfrac{1}{1-I^*R_a^*}$

按此式可用 n'^* 和对应的电流值 I^* 点绘出界限特性 $n'^*—I^*$。

例如 ZZY－H 型电动机的通用特性(按标幺值表示)如下：

I^*	0	0.2	0.4	0.6	0.8	1.0	1.2	1.4	1.6	1.8	2.0
M^*	0	0.16	0.37	0.58	0.78	1.00	1.22	1.44	1.66	1.87	2.08
n^*	1.35	1.24	1.16	1.09	1.04	1.00	0.98	0.96	0.93	0.91	0.89
n'^*	1.35	1.25	1.18	1.12	1.08	1.05	1.04	1.03	1.01	1.00	0.99

表中 n'^* 为假设自然特性的电枢电阻标幺值，R_a^* 为 0.05 计算的界限特性转速值。

即 $n'^*=\dfrac{U^*}{C_e\Phi}=\dfrac{U^*}{U^*-I^*R_a^*}n^*=\dfrac{1}{1-0.05I^*}n^*$

(3)比例转速法

由人工特性转速 $n''=\dfrac{U-I(R_a+R_e)}{C_e\Phi}$和自然特性转速 $n=\dfrac{U-IR_a}{C_e\Phi}$对应于同一电流的

$C_e\Phi$ 相等，就得到$\frac{n''}{n}=\frac{U-I(R_a+R_e)}{U-IR_a}$，以标幺值表示为$\frac{n''^*}{n^*}=\frac{1-I^*(R_a+R_e)^*}{1-I^*R_a^*}$，可计算出各电流值时外串电阻 R_e 所对应的转速，从而点绘出相应的人工特性曲线。

(4)求 $C_e\Phi$ 法

任何类型直流电动机，若电枢电流不变则励磁磁势不变，即 $C_e\Phi$ 不变。于是可按各电动机自然特性上各点电流与对应的转速，按自然转速特性的表达式求得与各点电流对应的 $C_e\Phi$ 值；再由所求得的 $C_e\Phi$ 值按人工转速特性的表达式求得与各点电流对应的串联电阻后的转速。

由额定值和电枢电阻求电流为 I 时的 $C_e\Phi$：

$$C_e\Phi=\frac{U-IR_a}{n}$$

求电流为 I 时串联电阻后的转速 n''：

$$n''=\frac{U-I(R_a+R_e)}{C_e\Phi}$$

把各(电流、转速)点平滑连接就得到串电阻后的人工转速特性。

仍以 ZZY－H 型电动机为例(仍设 $R_a^*=0.05$)：

I^*	M^*	n^*	$C_e\Phi$	n''^*			
				$R_E^*=0.05$	$R_E^*=0.15$	$R_E^*=0.25$	$R_E^*=0.35$
0	0	1.35	0.74074	1.35	1.35	1.35	1.35
0.2	0.16	1.24	0.79839	1.228	1.202	1.177	1.152
0.4	0.37	1.16	0.84483	1.136	1.089	1.013	0.9943
0.6	0.58	1.09	0.86607	1.085	1.016	0.9468	0.8775
0.8	0.78	1.04	0.92308	0.9967	0.9100	0.8233	0.7367
1.0	1.00	1.00	0.95	0.9474	0.8421	0.7368	0.6316
1.2	1.22	0.98	0.95918	0.9175	0.7923	0.6672	0.5421
1.4	1.44	0.96	0.98925	0.8877	0.7432	0.5987	0.4542
1.6	1.66	0.93	0.98925	0.8491	0.6874	0.5257	0.3639
1.8	1.87	0.91	1.00	0.82	0.64	0.46	0.28
2.0	2.08	0.89	1.01124	0.7911	0.5933	0.3956	0.1978

以上各法都可绘制调速特性，但采用分流励磁调速时也需要 $C_e\Phi$ 值，用 $C_e\Phi$ 法较方便。

2. 调速过程与直流并激电动机相同。

3. 调速计算

(1)已知外串电阻求各负载时的转速

①由特性曲线查出；

②计算法：按上述 $C_e\Phi$ 法求出 $C_e\Phi$ 和 n''。

若已知负载为转矩，则先在自然特性上找出对应的电流值，再用 $C_e\Phi$ 法求出 n''。

(2)已知各负载时要求的转速 n''，求外串电阻：

①由特性曲线查出；

②计算法：按上述 $C_e\Phi$ 法求出 $C_e\Phi$，代入转速特性表达式求出外串电阻。

若已知负载为转矩，则先在自然特性上找出对应的电流值，再用 $C_e\Phi$ 法求出外串电阻。

由

$$n''=\frac{U-I(R_a+R_e)}{C_e\Phi}$$

得到外串电阻

$$R_e=\frac{U-Ce\Phi n''}{I}-R_a$$

(3)计算例题

①直流并激电动机

额定电压 $U_N=110$ V； 额定电流 $I_N=5.26$ A； 额定转速 $n_N=1\ 500$ r/min；

额定功率 $P_N=0.4$ kW； 效率 $\eta=0.63$； 励磁电流 $I_f=0.37$ A

计算：

ⓐ使电动机在额定负载下以 500 r/min 反向旋转，电枢需串联的电阻值：

电枢电阻

$$R_a=0.5(1-0.63)\frac{110}{5.26}=3.868\ 8\ \Omega$$

反电势

$$C_e\Phi n_N=110-5.26\times3.868\ 8=89.65$$

$$C_e\Phi=\frac{89.65}{1\ 500}=0.059\ 77$$

额定工况的转速降

$$\Delta n_N=\frac{5.26\times3.868\ 8}{0.059\ 77}=340.5\ \text{r/min}$$

串联电阻后反向 500 r/min 时额定负载的转速与额定转速之差

$$\Delta n_{500}=1\ 500+500=2\ 000\ \text{r/min}$$

电枢需串联的电阻值

$$R_e=\frac{2\ 000\times3.868\ 8}{340.5}=22.724\ \Omega$$

ⓑ电枢串联电阻的标幺值为 $R_E^*=0.8$ 时，求电动机在额定负载时的转速：

串联电阻值

$$R_e=\frac{0.8\times110}{5.26}=16.73\ \Omega$$

额定负载时的转速降

$$\Delta n_N=\frac{340.5\times16.73}{3.868\ 8}=1\ 472.5\ \text{r/min}$$

额定负载时的转速

$$n=1\ 500-1\ 472.5=27.5\ \text{r/min}$$

②直流复激电动机

额定电压 220 V；额定功率 19 kW；额定电流 99 A；额定转速 730 r/min；效率 0.86；最高转速 1 700 r/min。

电动机的通用特性曲线如下（按标幺值的百分数表示）：

I^*	0	10	20	40	60	80	100	120	140	160	180	200
M^*	0	7	16	37	58	78	100	122	144	166	187	208
n^*	135	129	124	116	109	104	100	98	96	93	91	89

计算:ⓐ使电动机在额定负载下以 500 r/min 反向旋转的电枢串联电阻值:

电枢电阻

$$R_a = 0.6(1-0.86)\frac{220}{99} = 0.186\ 7\ \Omega$$

额定负载时的

$$C_e\Phi = \frac{220-99\times 0.186\ 7}{730} = 0.276$$

串联电阻值

$$R_e = \frac{220-0.276\times(-500)}{99} - 0.186\ 7 = 3.43\ \Omega$$

ⓑ使电动机在 60% 负载下堵转的电枢串联电阻值:

电枢电阻

$$R_a = 0.5(1-0.86)\frac{220}{99} = 0.186\ 7\ \Omega$$

60% 负载时的

$$C_e\Phi = \frac{220-0.6\times 99\times 0.1867}{1.09\times 730} = 0.262\ 55$$

串联电阻值

$$R_e = \frac{220-0.262\ 55\times 0}{0.6\times 99} - 0.186\ 7 = 3.517\ \Omega$$

ⓒ电枢串联电阻的标幺值 $R_E^* = 0.8$ 时,电动机在额定负载时和在 60% 负载时的转速:

外串电阻

$$R_e = 0.8\times\frac{220}{99} = 1.591\ \Omega$$

额定负载时的

$$C_e\Phi = \frac{220-99\times 0.186\ 7}{730} = 0.276$$

额定负载时的转速

$$n = \frac{220-99(0.186\ 7+1.591)}{0.276} = \frac{44.007\ 7}{0.276} = 159.5\ \text{r/min}$$

60% 负载时的

$$C_e\Phi = \frac{220-0.6\times 99\times 0.186\ 7}{1.09\times 730} = 0.262\ 55$$

60% 负载时的转速

$$n = \frac{220-0.6\times 99(0.186\ 7+1.591)}{0.262\ 55} = 435.7\ \text{r/min}$$

4.2.3　电枢串电阻调速的特点

(1)空载转速不变,机械特性变软;

(2)轻载时调速不明显,适用于重载调速;

(3)只能降低转速;

(4)调速平滑性差;(因主电路电阻不能分级太多)

(5)能耗大;(转速降低损失的能量消耗在电阻上,电阻的功率须按长期工作设计)

(6)恒转矩调速。(电流与转矩的关系不变)

4.3 直流电动机变压调速

在励磁不变的条件下,减小直流电动机的电枢电压,其机械特性平行下移。他激(并激电动机变压调速时需改为他激接线)电动机的特性是往下移动的平行直线。复激和串激电动机的特性是往下移动的曲线,下移的垂直距离随电流(或转矩)的增大而减小。

4.3.1 他激发电机-电动机组

由交流电动机带动他激直流发电机和并激直流励磁机,其转速基本不变。励磁机输出恒定电压供发电机和电动机的励磁。发电机的输出供直流他激电动机电枢,调节发电机的励磁电流,就可改变其输出电压,从而改变直流电动机的电枢电压,达到直流电动机调速的目的。

1. 电路及调速原理(图4-7)

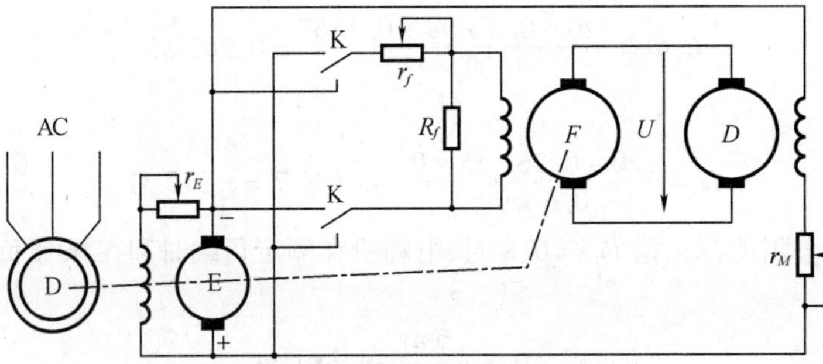

图4-7 发电机-电动机组变压调速原理图

$$U = E_F - IR_{aF} = E_M + IR_{aM}$$

式中 E_F——发电机感应电动势 $E_F = C_e \Phi_F n_F$;

R_{aF}——发电机电枢电阻;

n_F——发电机转速(即交流电动机的转速);

Φ_F——发电机的磁通;

E_m——电动机感应电动势 $E_M = C_e \Phi_M n_N$;

R_{aM}——电动机电枢电阻;

Φ_M——电动机的磁通;

n_N——直流电动机转速。

$$E_M = E_F - I(R_{aF} + R_{aM})$$

电动机转速

$$n = \frac{E_F - I(R_{aF} + R_{aM})}{C_e \Phi_M}$$

调节发电机励磁电流(改变电阻 r_F)可调节发电机的电动势 E_F,从而使直流电动机得到不同的转速,得到平行的机械特性。

回路中的总电阻为 $R_{aF}+R_{aM}$(发电机电枢电阻和电动机电枢电阻之和),机械特性的硬度比单台电动机接在恒压电网上稍软。

从理论上推理,调节发电机的励磁电流即可达到任意的低转速,但实际上当励磁电流很小时,由于发电机的电枢反应的去磁作用,在负载增大时很可能失去励磁而使发电机输出电压降为零,造成电动机停转。因此发电机电动机－组变压调速的最低转速约为额定转速的十分之一,即调速范围约为 10:1。

对于允许高于额定转速运行的电动机,则可以在发电机输出额定电压时,再减小电动机的励磁,即调节励磁电路电阻 r_M 使电动机的转速进一步提高。这样总的调速范围可达到约 30:1 或 40:1。

2. 机械特性(图 4－8)

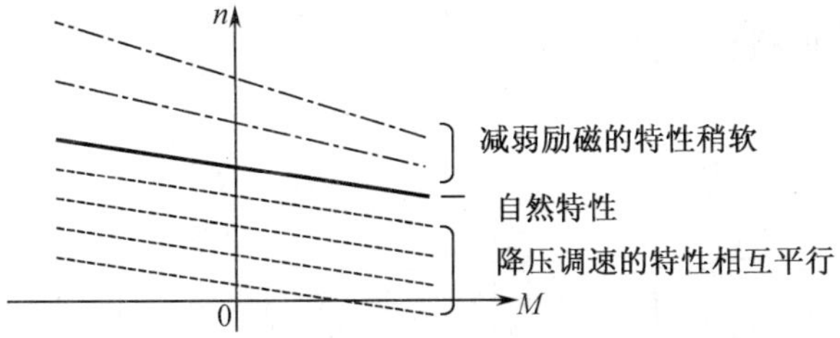

图 4－8　变压调速特性

3. 启动

①启动交流电动机升速至稳定运行,直流励磁机自励,输出额定电压。

②把直流电动机的励磁电阻减到最小(电动机全压励磁),把发电机励磁电阻调到最大(发电机励磁电流最小)。

③按需要的转向接通发电机的励磁开关(即电路图中元件 K)。直流电动机开始低速运转。

④逐步减小发电机励磁电阻(增大励磁电流)到需要值为止。

发电机输出电压上升,电动机转速随之上升,到要求转速后稳定运行。(若电动机允许继续升速,在发电机电压升至额定值后,在需要更高转速时,可降低电动机励磁电流使继续升速。)

4. 调速

调节发电机的励磁电阻 r_F 使发电机的感应电动势改变,就可改变电动机的转速,达到调速的目的。(对于减弱电动机励磁的运行工况,应先调电动机励磁电流,在电动机励磁电流为额定值时,才可降低发电机输出电压。)

发电机励磁回路的电感较大,其时间常数常可与系统机电时间常数相比拟,在调节励磁电阻时,励磁电流按指数规律变化,电流或转矩的冲击较小,转换比较平滑。

发电机励磁电阻全部短接后,要进一步升速,可增大电动机的励磁电阻,减小电动机的励磁电流,使电动机升速。同理,其变速也较平滑。

5. 制动与停车

当增大发电机励磁电阻或断开发电机励磁电源时,发电机的励磁电流通过放电电阻 R_f

放电,并按指数规律衰减,发电机的输出电压也逐步下降(停车则逐步下降到0)。此时,在一段时间内电动机因机械惯性仍在较高速度运转,其反电势高于发电机的输出电压使电流反向,电动机出现能耗制动;而发电机则在反向电流和弱励磁下加速,运行于反馈发电状态,带动交流异步电动机(原动机)超过同步转速,把电能返回电网。当直流电动机动能消耗后,发电机仍由原动机带动稳定运转。若断开发电机励磁,则发电机最后输出电压为零,直流电动机停转。

6. 反转

把发电机励磁开关反接,发电机的励磁电流由正变负按指数规律变化。在励磁电流由正向减小到零的一段时间内,电动机再生制动,发电机反馈发电。在励磁电流由零反向上升时,电动机先是在低压状态反接制动,然后反向启动升速,直到稳定运行。

4.3.2 差复激发电机 - 他激电动机组

利用差复激发电机输出电压随电流下降的特性,使电动机的转速随负载增大而很快下降,从而获得软或陡降的机械特性。

1. 电路图

I_a 与 i_F 的励磁磁势方向相反。

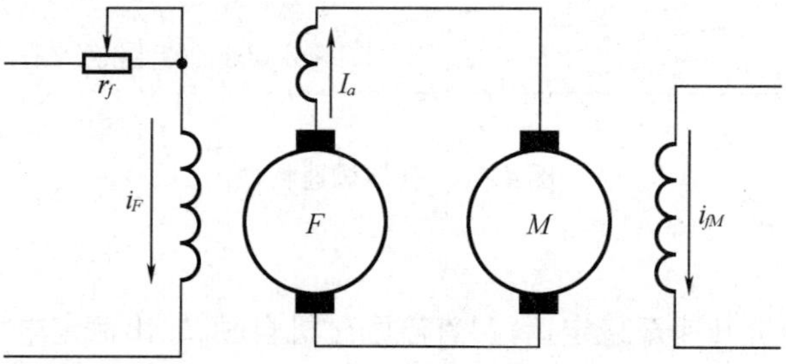

图 4-9　差复激发电机 - 电动机组变压调速原理图

2. 第一种情况:发电机的他激磁势使发电机磁路工作在非饱和区(电动机低速运行),见图 4-10。

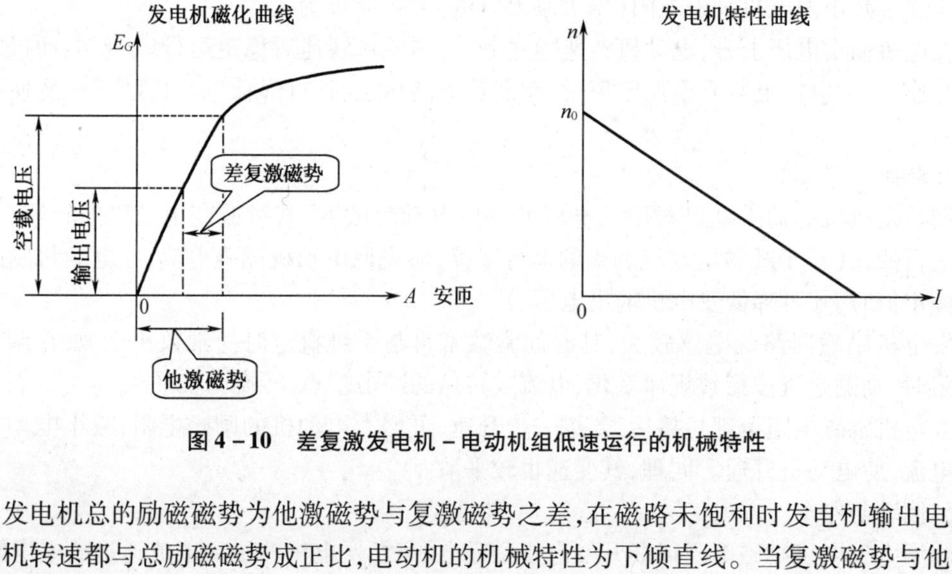

图 4-10　差复激发电机 - 电动机组低速运行的机械特性

发电机总的励磁磁势为他激磁势与复激磁势之差,在磁路未饱和时发电机输出电压和电动机转速都与总励磁磁势成正比,电动机的机械特性为下倾直线。当复激磁势与他激磁势相等时，电动机堵转。

$$堵转电流=\frac{他激绕组匝数}{串激绕组匝数}\times 他激励磁电流$$

3. 第二种情况：发电机的他激磁势使发电机磁路工作在饱和区（电动机高速运行），见图 4－11。

当电动机负载较轻，电枢电流较小时，总激磁磁势随电枢电流增大而减小，但因磁路处于饱和状态，磁通量减少不多，发电机输出电压和电动机的转速都下降很少，电动机的转速特性和机械特性都较硬。

当电动机的负载增大，电枢电流增大到可与他激励磁磁势相抵消时，磁路就退出饱和，电枢电流的变化就会引起磁通成比例变化，发电机输出电压和电动机转速也随之改变，这一段电动机的特性变得软。

当发电机串激磁势和他激磁势相等时，总励磁磁势为零，发电机无输出电压，电动机停转。

发电机他激磁势使磁路工作在饱和区所得到的机械特性如上所述，称为陡降特性，也叫“挖土机特性”。

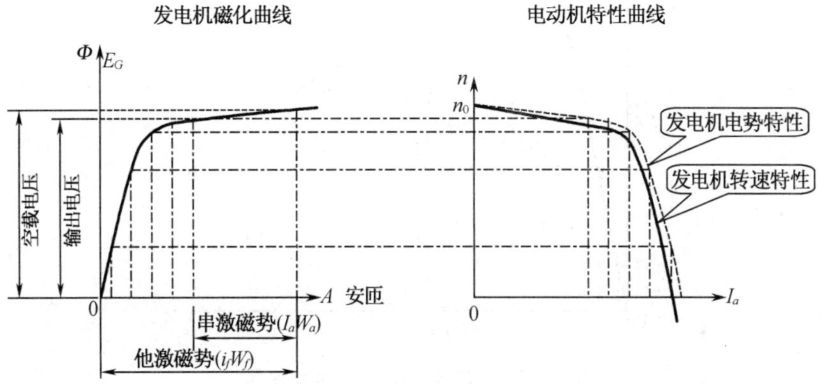

图 4－11　差复激发电机－电动机组高速运行的机械特性

4. 三励磁绕组发电机－电动机组

三励磁绕组发电机是发电机除他激和串激励磁绕组外，增加一套并激励磁绕组。他激和并激磁势之和构成发电机初始励磁成分，当负载增大时串激绕组使总磁势下降，同时并激绕组因励磁电压下降也使总磁势减少，就使发电机输出电压和电动机转速下降更快，从而获得更陡的陡降特性。

5. 发电机－电动机系统的调速特点

（1）稳定性高，调速范围广；（一般可达到 10:1，若再采用电动机变激磁混合调速，则调速范围可达到 40:1）

（2）调速平滑，可实现无级调速；（只调节励磁电流）

（3）能耗少；（主电路没有外串电阻）

（4）最低转速受发电机电枢反应去磁作用的限制，不能无限制调低；

（5）发电机若剩磁较大时，可能造成电动机爬行；

（6）动力设备投资大，但控制设备较小，机械传动设备可简化。

附:关于直流发电机自励建压问题,见图 4-12

图 4-7 的发电机-电动机调速系统,主发电机和执行电动机都由直流励磁机提供励磁电源。励磁机本身是并激直流发电机,由自己的感应电势供给励磁建立电压。

一般发电机的磁路系统都有剩磁,当受原动机带动旋转时,电枢导线切割剩磁磁通产生感应电势 e_1,e_1 加在并激励磁绕组两端,按照欧姆定律在励磁绕组中流过励磁电流 i_1,i_1 的作用使感应电势增大到 e_2,在 e_2 的作用下励磁电流又增大到 i_2……这样的反复过程,使发电机最终发出电势 E_f,而相应的励磁电流为 i_f,点(i_f,E_f)就是发电机的稳定工作点。

图 4-12 中的场阻线,代表了发电机励磁电路的电阻值(电压与电流的关系)。电阻增大则场阻线的斜率变大,与磁化曲线的交点向左下移动,发电机电压下降;电阻减小则场阻线的斜率变小,与磁化曲线的交点向右上移动,发电机电压上升。在实际应用电路中,发电机的励磁绕组都串联可变电阻器(励磁调节电阻)用来调节发电机的输出电压,电阻减小电压升高,电阻增大电压下降。

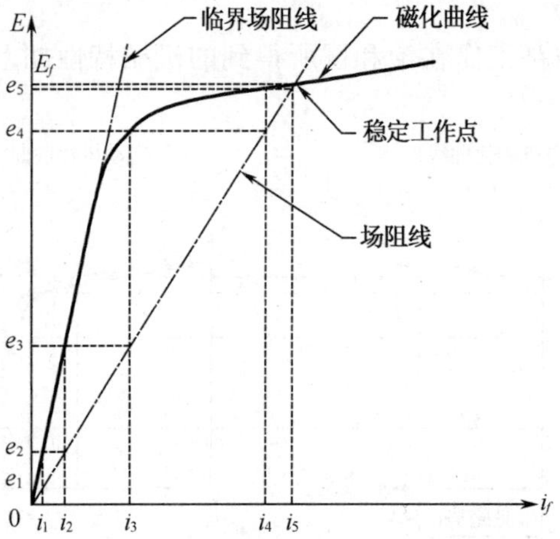

图 4-12 并激发电机的自励建压

发电机的励磁电路的电阻值不能无限增大,由图 4-12 可见,当电阻超过一定限值,场阻线的斜率太大时,它除了在剩磁电压附近与磁化曲线就没有其他交点了,发电机就发不出电压。发电机能发出电压所对应的最大励磁电阻,叫作“临界电阻”,相应的场阻线叫“临界场阻线”。要使发电机发出可供使用的电压,励磁电路的总电阻值不能超过临界电阻值。

由上述可见,发电机能自行建压的先决条件是磁路必须有剩磁存在,若磁路没有剩磁就不可能发电,这时就必须设法给磁路充磁(用外部直流电源串电阻接到励磁绕组两端)。

如果励磁绕组两端接反,则发出的电势在励磁绕组中产生的电流把剩磁磁势抵消掉,发电机也不能发电,这时需要检查与更正接线,并进行外部充磁。

4.3.3 直流电动机串并联调速(图 4-13)

两台(或多台)直流电动机拖动同一负载,电动机电枢并联时,每台电动机电枢电压为电源电压;电枢串联时则为电源电压的二分之一(或台数分之一)。

两台直流电动机并联时转速:

没有外串电阻

$$n_p = \frac{U - I_a R_a}{C_e \Phi} = n_0 - \Delta n$$

电枢串电阻

$$R_E: U = C_e\Phi n + 2I_aR_E + I_aR_a$$

$$n_p = \frac{U - I_aR_a - 2I_aR_E}{C_e\Phi} = n_0 - \Delta n - 2\Delta n_E$$

其中 $2\Delta n_e$ 是总电路串电阻 R_e 所引起的转速降。

由此可见，两台（或多台）电动机并联，空载转速不变，外串电阻的转速降相当于电阻值乘以并联电动机的台数。

两台直流电动机串联时转速：

由

$$U = 2C_e\Phi n + 2I_aR_a$$

没有外串电阻

$$n_S = \frac{U - 2I_aR_a}{2C_e\Phi} = \frac{n_0}{2} - \Delta n$$

电枢串电阻 R_E

$$U = 2C_e\Phi n + I_aR_e + 2I_aR_a$$

$$n_p = \frac{U - 2I_aR_a - I_aR_E}{2C_e\Phi} = \frac{n_0}{2} - \Delta n - \frac{\Delta n_E}{2}$$

由此可见，两台（或多台）电动机串联，空载转速要除以串联电动机的台数，外串电阻的转速降相当于电阻值除以并联电动机的台数。

注意：电动机串、并联调速时，励磁绕组始终接在额定励磁电压的电源上，不随电枢接法而改变。这种调速方法对每台电动机是恒转矩调速。

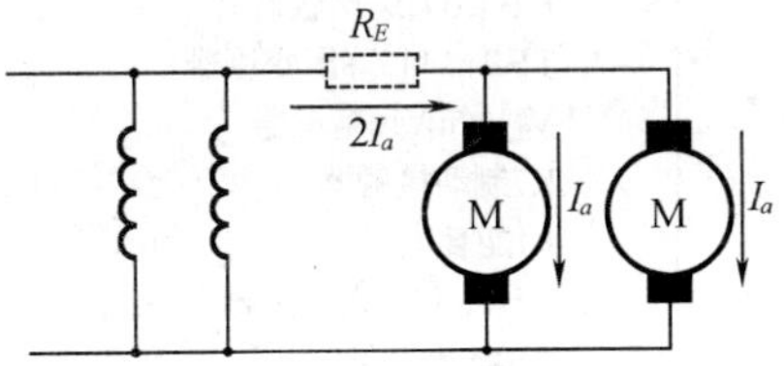

图 4－13　直流电动机并联调速

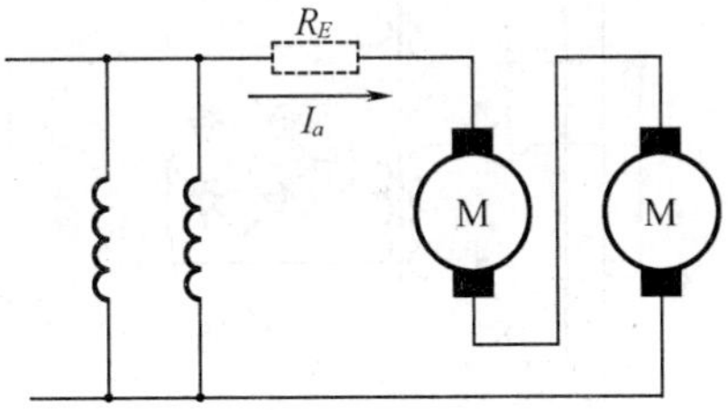

图 4－14　直流电动机串联调速

4.3.4　整流电源变压调速

目前电力电子开关元件发展迅速，调压整流技术已相当成熟，有些直流电动机的电枢电路采用调压整流电源供电，可控制电动机的电枢电压，从而达到调速的目的。在调压整流的控制电路中，还可引入电压、电流等反馈信号，使电动机的转速更趋稳定，变压调速的范围也日趋增大。

图 4－15 是小功率直流电动机采用可控硅调速的例子。

电动机运行时接触器 K1 和继电器 K3 或 K4 接通，电枢电压由硅可控整流器控制，以调节电动机的转速；K3 或 K4 接通可改变并激励磁绕组极性，以改变磁通方向，控制电动机的转向。可控硅每半周在交流电过零点时，靠续流管的作用关断一次。

接触器 K2 接通，电动机通过制动电阻进行能耗制动

图 4－16 是某船厂吊车起重电动机的主电路，采用接通整流变压器初级，逐级增加电动机电枢电压控制转速的方案。

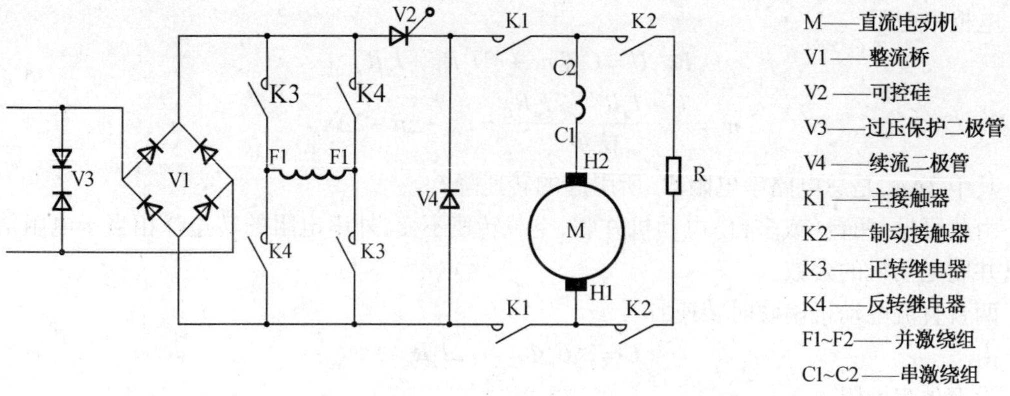

图 4-15　整流电源变压调速例(小功率电机)

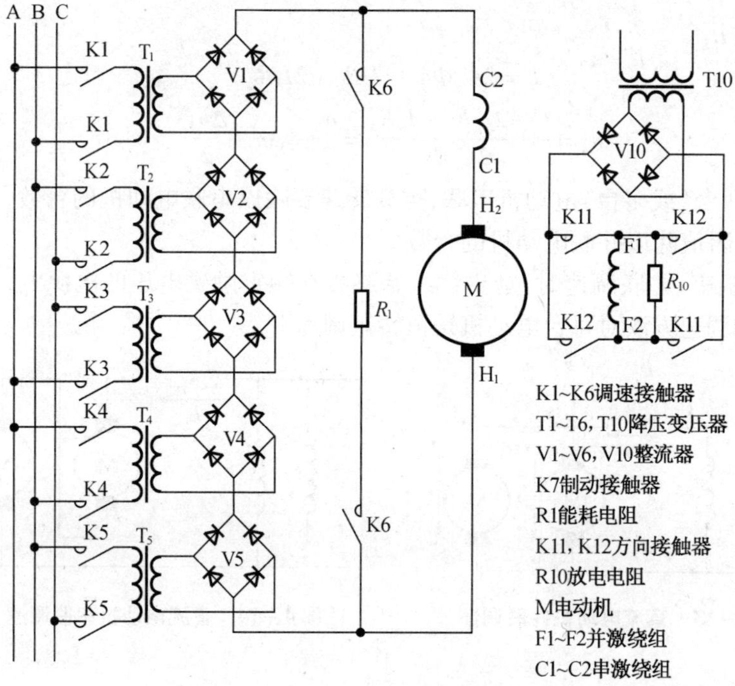

图 4-16　整流电源变压调速例(起货机)

T1 ~ T5 是 380/48 V 降压变压器，经 V1 ~ V5 整流供电动机 M 的电枢电压，接通 K1 ~ K5 中一组或几组可使电动机获得相应电压。

T10 是 380/220 V 变压器，经 V10 整流供电动机 M 的励磁电压，接通 K11 或 K12 使电动机并激磁场改变极性，可控制电动机的转向，实现起/落货。

K6 和 R1 构成能耗制动电路。

这一电路利用整流元件代替电动—发电机组实现大功率直流电动机的调压控制，调速接触器放在初级，电流容量较小。为制造方便 5 组整流电路的规格相同，可实现 5 级转速控制。

若为了增加转速级数(提高调速平滑度)，各整流电路可设计为不同电压，使各组按不同排列通电，就可得到更多的速度挡级。

图 4-17 是出现过的一种错误设计。当时曾有技术人员以节省整流器为由，提出这一设

计，在方案审查中有人提出否定意见，后经实验证明其错误而被否决，在此列出以供参考。

造成这种错误的原因是有关变压器的基本概念和交流电相量相加的概念模糊所致。

先不考虑变压器初级电压的相位关系，单个变压器可画成图 4－18 的等效电路，当初级未接通时，从次级电路看进去的阻抗接近励磁阻抗 $r_m + jx_m$（实际应再加上次级绕组的阻抗），即次级两端即使加上额定电压所流过的电流也只能达到励磁电流的大小，而一般功率变压器的励磁电流只占额定电流 2%～5%，不足以使电动机运转。若次级绕组两端电压超过额定电压，则变压器将处于过电压励磁的饱和状态，其励磁损耗和铁芯损耗会使变压器过热。

当需要电动机低速运行时，K1～K5 有一或两组接通，这两组变压器有电压输出，但必须通过另外三组或四组变压器的次级，才能到达整流器，加到另外三组或四组，每一变压器次级的电压只有额定电压的 1/4 或 2/3，能流过变压器的电流比励磁电流还小，电动机不可能带负载转动。

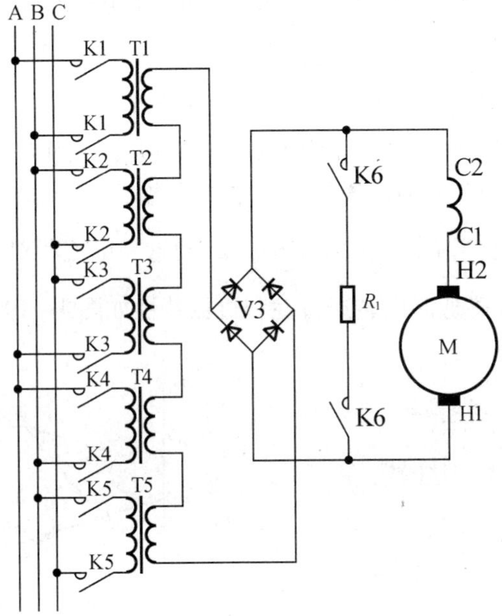

图 4－17　变压调速的错误设计

当调节电动机中速运行时，K1～K5 有三组接通，这三组变压器有电压输出，通过另两组变压器的次级到达整流器，加到另两组变压器次级的电压略小于额定电压的 3/2，使变压器处于过压状态，此时电流可能稍大于励磁电流，电动机可慢速转动（不是所要求的中速），且时间一长变压器就要过热。

若调节电动机到第四级速度，K1～K5 有四组接通，加到最后一组变压器次级的电压最高可达额定电压的 3～4 倍，使变压器严重过压，电流很大，电动机可以转动，但变压器铁芯已严重饱和，很快就烧坏。

只有在全速状态所有变压器都接通，电动机加全部电压以全速运行，才能正常工作。也就是说这种电路只有一挡全速，没有调速功能。

把图 4－16 和图 4－17 做一比较，其差别就在于图 4－16 是每一级先整流，再通过其他各级的二极管输到电动机，各二极管正向电阻很小，使电动机在各级都可顺利启动运行；而图 4－17 要交流电先通过其他变压器的绕组再到达整流器，而各变压器绕组的阻抗很大，电流不能顺利通过,电动机就不能顺利启动,一旦电压大到能够克服绕组的阻抗时,变压器本身已经要崩溃了。

以上内容是按变压器次级电压相位一致的情况考虑的,而实际的初级电路(图 4-17),因考虑三相负载平衡,各变压器次级电压相位是不同的,叠加后的输出电压是相量和,三台变压器输入三相电压就相互抵消,再增加变压器最大也只相当于一个变压器的电压,根本不可能升速。

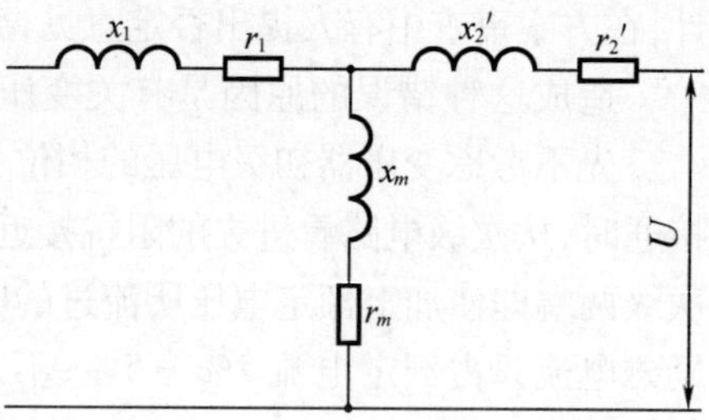

图 4-18 变压器等效电路

4.4 直流电动机变激磁调速

4.4.1 并激电动机减激磁调速

当减弱磁场时,空载转速上升与磁通量成反比;转速降也增大,电流不变时转速降与磁通量成反比;转矩不变时转速降与磁通量的平方成反比。

不论磁通量如何变化,当 $I_{aS}=\dfrac{U}{R_a}$时转速 $n=0$,而这一电流所对应的堵转转矩为 $C_M\Phi I_{aS}$ 与磁通成正比变化。不同磁通时的转速特性和机械特性如图 4-19,图 4-20 所示。

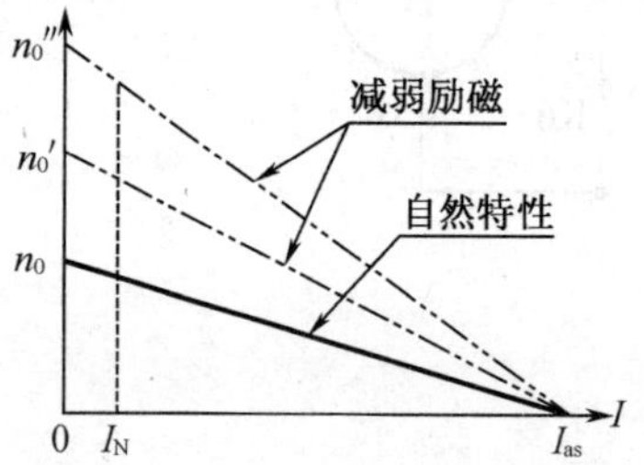

图 4-19 减激磁调速的转速特性

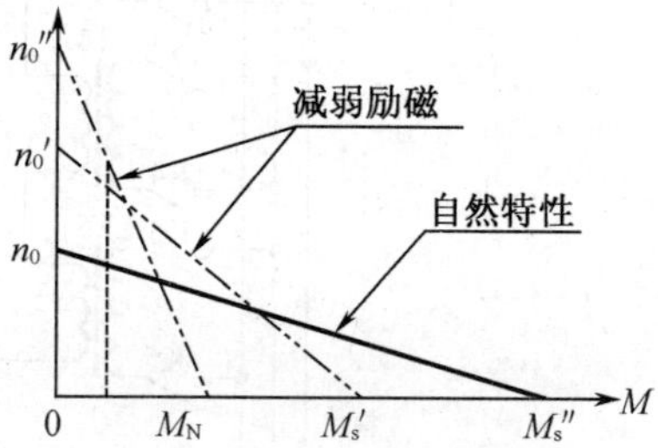

图 4-20 减激磁调速的机械特性

1. 减激磁调速的特点

(1)磁通减少空载转速上升,与磁通量成反比;

(2)磁通减少转速降增大,特性变软;

(3)输出转矩与磁通量成正比,属于恒功率调速;(当负载转矩不变时,电动机电流增大。)

(4)调节励磁电流,功耗小;

(5)转速特性相交于横轴上同一点,$I_{as}=\dfrac{U}{R_a}$;

(6)堵转转矩随磁通减少成比例减小。

2. 可能出现的一些情况

(1)从高速调到低速,磁通增大,反电势增大,会产生再生制动;

(2)若在电枢电压较低时减励磁,因输出转矩下降,在负载转矩不变时转速可能反而下降,即出现“反调现象”;一般在自然特性以下不宜采用减励磁调速;

(3)励磁回路有较大电感,时间常数较大(和电动机的机电时间常数属于同一数量级)

在换挡时励磁电流按指数规律变化，电枢电流的冲击比较缓和。

4.4.2　串激(强复激)电动机减激磁调速(图 4-21)

1. 串激(强复激)电动机减激磁的方法是励磁绕组并联电阻，使电枢电流分路，流过励磁绕组的电流减小。

励磁电流

$$I_{SM}=\frac{R_C}{R_C+R_{SE}}I_a$$

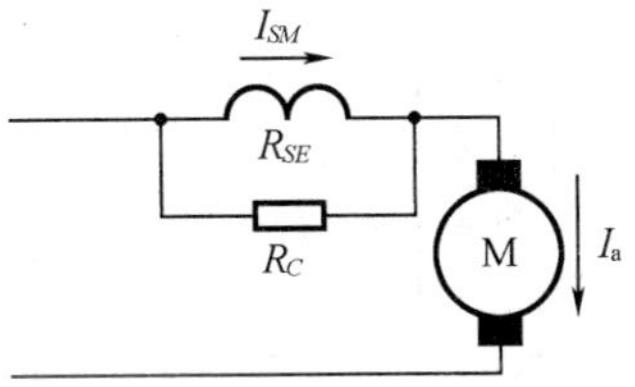

图 4-21　串激电动机减激磁调速电路

2. 串激(强复激)电动机减激磁后的特性曲线

在已知电动机自然特性和串激绕组电阻值时可按 $C_e\Phi$ 法求出励磁绕组分路后的人工特性：

(1)由自然转速特性 $n-I_a$ 求出电动机的磁化曲线 $C_e\Phi-I_a$

$$C_e\Phi=\frac{U-I_aR_a}{n}$$

(2)计算电枢电流 I_a 时的励磁电流 I_{SM}

$$I_{SM}=\frac{R_C}{R_C+R_{SE}}I_a$$

(3)在 $C_e\Phi-I_a$ 曲线上找出串激励磁电流为 I_{SM} 所对应的 $C_e\Phi'$，这就是分路后电枢电流为 I_a 时实际的 $C_e\Phi$ 值；

(4)计算与电枢电流 I_a 对应的并联电阻后的转速 n''，点绘得到人工转速特性；

$$n''=\frac{U-I_aR_a}{C_e\Phi}$$

(5)计算与电枢电流 I_a 对应的转矩 M，点绘得到人工机械特性

$$M=C_M\Phi'I_a=9.55C_e\Phi'I_a$$

例：以某强复激电动机为例，其通用特性如下表；电枢电阻和分流电阻的标幺值为 $R_a^*=0.075$，$R_{SE}^*=0.025$。求 $R_C^*=0.025$ 的人工特性($I_{SM}=0.5\ I_a$)。

自然特性				计算值($R_C^*=0.025$)		
I^*	M^*	n^*	$C_e\Phi^*$	$C_e\Phi'^*$	n''^*	M''^*
0	0	1.7	0.588 24	0.582 24	1.7	0
0.2	0.10	1.5	0.656 67			
0.4	0.24	1.36	0.713 24	0.656 67	1.477	0.22
0.6	0.42	1.23	0.776 42			
0.8	0.67	1.11	0.846 85	0.713 24	1.318	0.562
1.0	1.00	1.00	0.925			
1.2	1.37	0.92	0.989 13	0.776 42	1.172	1.075
1.4	1.81	1.85	1.052 94			
1.6	2.32	1.79	1.113 92	0.846 85	1.039	1.764
1.8	2.95	0.73	1.184 63			
2.0	3.65	0.68	1.25	0.825	0.919	2.701

按以上计算值绘制的曲线图形如图 4－22 所示。

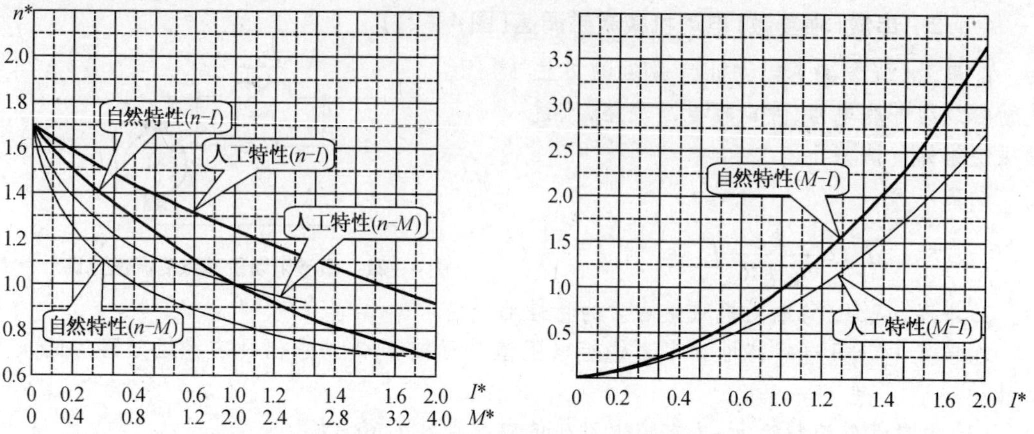

图 4－22　复激电动机减激磁调速特性曲线

4.5　直流电动机电枢分路调速

这种调速方法的能耗很大，一般仅用于小型伺服电动机构。

4.5.1　并激直流电动机电枢分路调速（图 4－23）

励磁绕组接额定励磁电压；电枢绕组与外电阻 R_C 并联后再和电阻 R_d 串联。

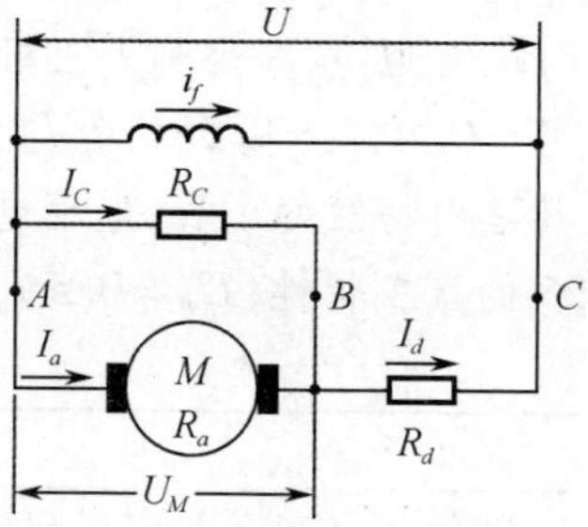

图 4－23　电枢分路调速电路

1. 转速特性与机械特性

$$U_M = I_C R_C = E + I_a R_a \quad ①$$

$$U = I_C R_C + I_d R_d \quad ②$$

$$I_d = I_a + I_C \quad ③$$

③代入②　　$U = I_C(R_C + R_d) + I_a R_d \quad I_C = \dfrac{U - I_a R_d}{R_C + R_d}$

将上式代入①

$$E = \frac{UR_C}{R_C + R_d} - \frac{I_a R_C R_d}{R_C + R_d} - I_a R_a = \frac{UR_C}{R_C + R_d} - \left(\frac{R_C R_d}{R_C + R_d} + R_a\right) I_a$$

其中 $\dfrac{R_C R_d}{R_C + R_d}$ 为 R_C 与 R_d 的并联电阻值，记作 $R_C // R_d$ 则有

$$n=\frac{U}{C_e\Phi}\times\frac{R_C}{R_C+R_d}-\left(\frac{R_CR_d}{R_C+R_d}+R_a\right)\frac{I_a}{C_e\Phi}=\frac{U}{C_e\Phi}\times\frac{R_C}{R_C+R_d}-\frac{R_C/\!/R_d+R_a}{C_e\Phi}I_a$$

$$=\frac{R_C}{R_C+R_d}n_0-\frac{R_C/\!/R_d+R_a}{C_eC_M\Phi^2}M=n_0'-\Delta n'$$

电枢分流后的空载转速 n_0'按并、串联电阻上的分压比下降，小于电动机的原空载转速；转速降落 $\Phi\Delta n'$相当于串联了外加的两只并联电阻，大于电动机的自然转速降，小于电动机电枢串电阻 R_d时的转速降。此调速方法在电源电压不变的条件下可降低转速，而机械特性比单纯串电阻调速硬些。

2. 串联电阻不变，并联电阻变化时的特性曲线（图 4－24）

当 A 点电位与 B 点电位相等时，$U_M=0$，$I_C=0$，R_C 为任意值对电动机的状态不起作用。此时有

$$I_a=I_d=\frac{U}{R_d}\quad E=-I_aR_a$$

$$C_e\Phi n=-\frac{R_a}{R_d}U$$

$$n=-\frac{R_a}{R_d}\times\frac{U}{C_e\Phi}=-\frac{R_a}{R_d}n_0$$

即不论并联电阻 R_C 为何值，所有特性曲线都通过图 4－24 中第四象限的 A 点（U/R_d，$-n_0R_a/R_d$）。

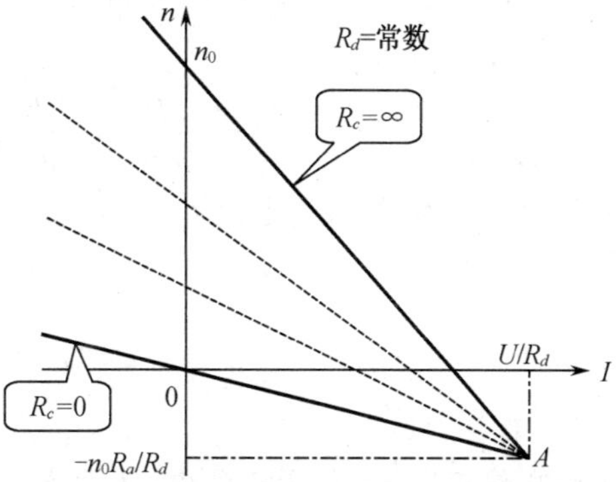

图 4－24　电枢串联电阻不变的分路调速特性

3. 并联电阻不变，串联电阻变化时的特性曲线（图 4－25）

当 B 点电位与 C 点电位相等时，$U_M=U$，$I_d=0$，R_d为任意值对电动机的状态不起作用。此时有

$$I_a=-I_C=\frac{U}{R_C}$$

$$U=E+I_aR_a=C_e\Phi n-\frac{UR_a}{R_C}$$

$$C_e\Phi n=U\left(1+\frac{R_a}{R_C}\right)$$

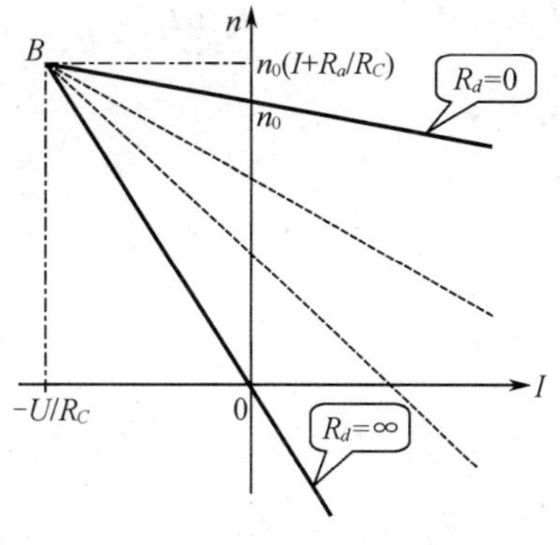

图 4－25　电枢并联电阻不变的分路调速特性

$$n=\frac{U}{C_e\Phi}\left(1+\frac{R_a}{R_C}\right)=\left(1+\frac{R_a}{R_C}\right)n_0$$

即不论并联电阻 R_C 为何值，所有特性曲线都通过图 4－25 中第二象限的 B 点，其坐标为［$-U/R_C$，$n_0(1+R_a/R_C)$］。

4.5.2 串激直流电动机电枢分路调速

1. 电枢并联电阻后与励磁绕组串联(图4－26)

并联电阻 R_C 与电枢并联;串激励磁绕组接在并联后的主电路上再与 R_d 串联。

电动机空载时 $I_a=0$,但励磁绕组仍有电流,存在空载转速 n_0'。负载时串联电阻 R_d上的压降比没有并联电阻时大,因此机械特性变软。

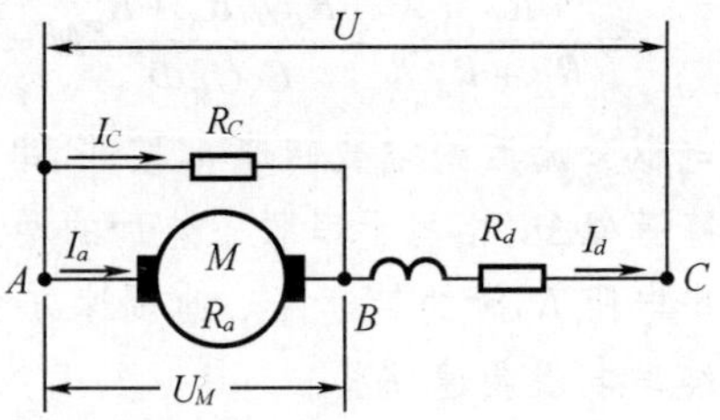

图4－26 串激电动机电枢并联调速(1)

(1)回路方程式与并激电动机相同,可推得

$$n'=\frac{U}{C_e\Phi'}\times\frac{R_C}{R_C+R_d}-\frac{R_C/\!/R_d+R_a}{C_e\Phi'}I_a$$

其中 $C_e\Phi'$是串激绕组通过电流 I_d(与 I_a 对应)时的值。

与 I_a 对应的

$$I_d=I_a+I_C=\frac{U+I_aR_C}{R_C+R_d}$$

(2)作特性曲线

①由自然特性 $n-I_a$求出 $C_e\Phi-I$ 曲线

$$C_e\Phi=\frac{U-I_aR_a}{n}$$

②对各 I_a 值按 $I_d=I_a+I_C=\dfrac{U+I_aR_C}{R_C+R_d}$计算出相应的 I_d,并在 $C_e\Phi-I$ 曲线上找出与 I_d对应的 $C_e\Phi'$;

③按 $n'=\dfrac{U}{C_e\Phi'}\times\dfrac{R_C}{R_C+R_d}-\dfrac{R_C/\!/R_d+R_a}{C_e\Phi'}I_a$ 计算与 I_a 相对应的转速 n',作 I_a-n'曲线,即分路后的转速特性;

④分路后的机械特性

$$n'=\frac{U}{C_e\Phi'}\times\frac{R_C}{R_C+R_d}-\frac{R_C/\!/R_d+R_a}{C_eC_M\Phi'^2}M$$

(3)当 R_d为定值,R_C 改变时曲线都通过同一点

当 A 点与 B 点电位相同时 $I_C=0$,R_C 可为任意值。

$$I_a=I_d=\frac{U}{R_d}$$

$$\begin{aligned}n'&=\frac{U}{C_e\Phi'}\times\frac{R_C}{R_C+R_d}-\frac{R_C/\!/R_d+R_a}{C_e\Phi'}\times\frac{U}{R_d}\\&=\frac{U}{C_e\Phi'}\times\frac{R_C}{R_C+R_d}-\frac{R_CR_d}{(R_C+R_d)C_e\Phi'}\times\frac{U}{R_d}-\frac{U}{C_e\Phi'}\times\frac{R_a}{R_d}\\&=-\frac{U}{C_e\Phi'}\times\frac{R_a}{R_d}\end{aligned}$$

转速特性都通过第四象限(U/R_d, $-UR_a/C_e\Phi'R_d$)点,其中 $C_e\Phi'$是对应于 $I_d=U/R_d$时的值。

(4)因 B,C 两点若同电位,励磁绕组将无电流,特性曲线在第二象限没有公共点。

2. 励磁绕组串电阻后与电枢并联(图 4-27)

电路实际变为并激电动机。

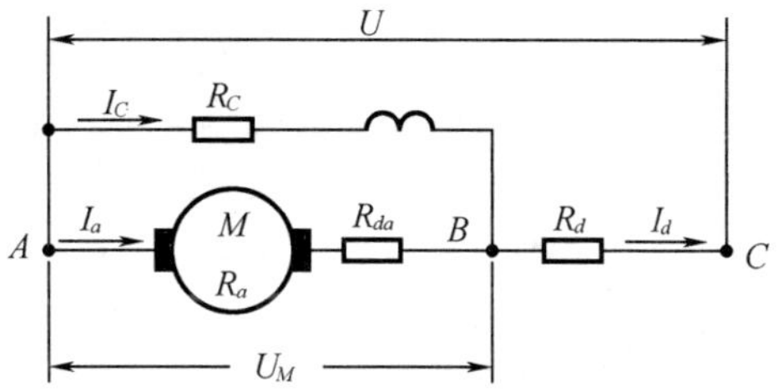

图 4-27　串激电动机电枢并联调速(2)

(1)回路方程式与并激电动机相同,而 R_a 变为 $R_a+R_{da}=R_D$ 可推得

$$n'=\frac{U}{C_e\Phi'}\times\frac{R_C}{R_C+R_d}-\frac{R_C/\!/R_d+R_D}{C_e\Phi'}I_a$$

其中励磁电流(不计串激励磁绕组的电阻):

$$I_CR_C=U-I_dR_d=U-(I_a+I_C)R_d$$

移项归并得

$$I_C=\frac{U-I_aR_d}{R_C+R_d}$$

(2)作特性曲线

①由自然特性 $n-I_a$ 求出 $C_e\Phi-I$ 曲线

$$C_e\Phi=\frac{U-I_aR_a}{n}$$

②对各 I_a 值按 $I_C=\dfrac{U-I_aR_d}{R_C+R_d}$ 计算出相应的 I_C;

③在 $C_e\Phi-I$ 上找出与 I_C 对应的 $C_e\Phi'$;

④按 $n'=\dfrac{U}{C_e\Phi'}\times\dfrac{R_C}{R_C+R_d}-\dfrac{R_C/\!/R_d+R_D}{C_e\Phi'}I_a$ 计算与 I_a 相应的转速 n',作 I_a-n' 曲线,即分路后的转速特性;

⑤分路后的机械特性为

$$n'=\frac{U}{C_e\Phi'}\times\frac{R_C}{R_C+R_d}-\frac{R_C/\!/R_d+R_D}{C_eC_M\Phi'^2}M$$

(3)R_C 为定值,R_d 改变时,各特性曲线通过同一点

当 B 点与 C 点电位相同时 $I_d=0$,R_d 可为任意值;

$$I_C=-I_a=U/R_C$$

$$\begin{aligned}n'&=\frac{U}{C_e\Phi'}\times\frac{R_C}{R_C+R_d}-\frac{R_C/\!/R_d+R_D}{C_e\Phi'}\times\frac{U}{R_d}\\&=\frac{U}{C_e\Phi'}\times\frac{R_C}{R_C+R_d}-\frac{R_CR_d}{(R_C+R_d)C_e\Phi'}\times\frac{U}{R_d}-\frac{U}{C_e\Phi'}\times\frac{R_D}{R_d}\\&=-\frac{U}{C_e\Phi'}\times\frac{R_D}{R_d}\end{aligned}$$

转速特性都通过$[-U/R_C,-U(R_C+R_D)/C_e\Phi'R_C]$点,其中 $C_e\Phi'$ 是对应于 $I_C=U/R_C$ 时的值。

(4)因 A,B 两点若同电位,励磁绕组将无电流,特性曲线在第二象限没有公共点。

4.5.3　**复激直流电动机电枢分路调速**

1. 电枢并联电阻后与串激励磁绕组串联(图4－28)

因串激励磁电流增大,空载转速降低。

2. 串激励磁绕组串电阻后与电枢并联,相当于并激电动机(图4－29)

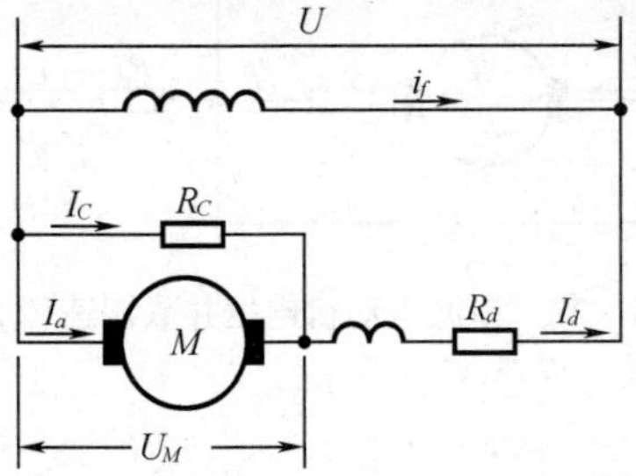

图4－28　复激电动机电枢并联电阻调速(1)

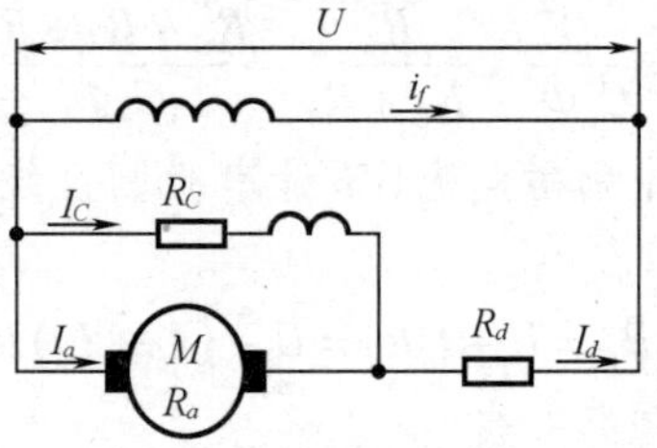

图4－29　复激电动机电枢并联电阻调速(2)

4.6　电机放大机简介

电机放大机又称旋转放大器(Rotary Amplifier),是自动随动控制中常用的功率放大元件,属于直流发电机的范畴。电机放大机由原动机拖动以恒定速度旋转,靠调节励磁电流控制输出电压,用作直流电动机的变压电源,实现电动机的调速控制。它可用小电流控制大功率,其放大倍数、控制的灵活性和稳定性大大优于普通直流发电机。

4.6.1　**自励式电机放大机(图4－30)**

自励式电机放大机在本质上是直流自励发电机外加控制励磁绕组,其并激励磁回路的电阻超过自励的临界电阻值,励磁回路的场阻线和电机的磁化曲线除零点外没有别的交点,这样当控制电压 $u=0$ 时发电机不会自励建压,输出电压 $U=0$。加某一控制电压于控制励磁绕组,在控制励磁绕组上就有励磁电流 i_C 流过而在电机中产生磁场,从而在发电机的电枢两端产生感应电压,这一感应电压使并激励磁绕组流过电流从而使电压进一步上升,最后稳定在相应的输出电压上。这样就以很小的控制功率 $u\times i_C$ 控制较大的功率输出 $U\times I$,u 和 i_C 的大小与方向决定了输出电压和电流的大小与方向。

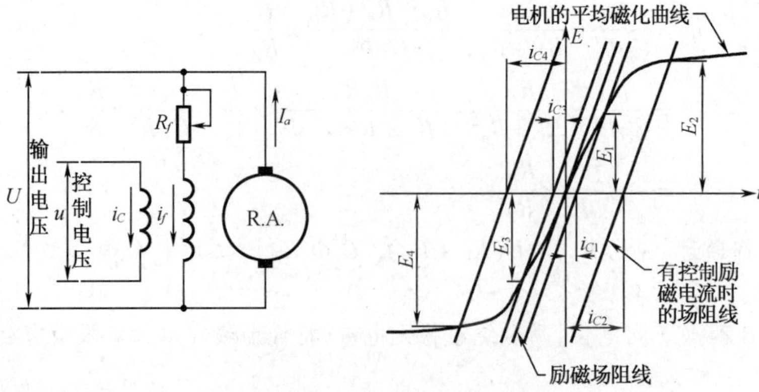

图4－30　自励式电机放大机

控制励磁绕组上流过的电流 i_C，相当于把并激励磁绕组的场阻线平行移过与 i_C 相对应的一段距离，如图中的 $i_{C1} \sim i_{C4}$。输出电压的大小和极性由移动后的场阻线与电机磁化曲线的交点所决定。在磁化曲线的不饱和段，控制电压或电流很小的变化就可使输出电压有很大变动，并激励磁回路的电阻愈接近临界值，即场阻线斜率与磁化曲线起始段的斜率愈接近，放大倍数就愈大。图中 R_f 可调整励磁回路总电阻，从而调整放大倍数。

当控制励磁绕组电流 i_C 较大时，场阻线与磁化曲线的交点在磁化曲线的饱和段，这时电机放大机运行于饱和状态，控制信号（电压与电流）变化输出基本不变。

自励式电机放大机的控制绕组可以有几个，可通以各种控制信号，其输出电压大小与极性则由各控制信号的综合结果决定，可达到各项控制要求。

4.6.2　交磁式电机放大机（图 4－31）

交磁式电机放大机在结构和工作原理上与一般直流发电机有所不同，在主磁极上装有控制励磁绕组和补偿绕组（图 4－31 中 K1，K2），在换向极的位置增加了横向励磁绕组（图 4－31中 H1，H2），在磁场几何中心线上的电刷通过横向励磁绕组短接，而在主磁场轴线位置设置了输出电刷，电机放大机的功率输出就从输出电刷引出至电动机或其他受控设备。

交磁式电机放大机的工作原理：

控制信号送入电机放大机的控制绕组在电机中产生控制磁通 Φ_{11}、Φ_{12}；各控制磁通合成后的总磁通在电枢绕组中产生感应电势，其方向由右手定则确定。

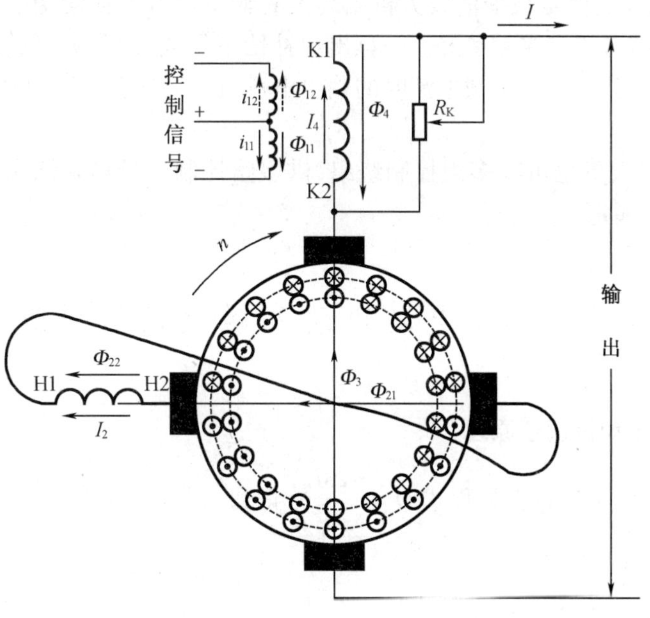

图 4－31　交磁式电机放大机

现假设总磁通方向与 Φ_{11} 一致，则电枢绕组中的感应电势方向如图中外圈所示（⊙为流出纸面，⊗为流入纸面），并通过在几何中心线上的电刷和横向励磁绕组形成回路。这一回路的电阻很小，电流 I_2 就比较大，I_2 在电枢中产生的交轴电枢反应磁通 Φ_{21} 方向由右手螺旋定则确定，I_2 流过横向励磁绕组中产生的磁通 Φ_{22} 方向与 Φ_{21} 一致，Φ_{21} 与 Φ_{22} 叠加构成放大机中的横向合成磁通。电枢绕组切割横向合成磁通也产生感应电动势，其方向如图中内圈所示，这一电动势出现在与主磁极轴线一致的电刷上，可从这对电刷引出去驱动直流电动机或其他受控设备。

交磁式电机放大机在没有电流输出的情况下,按上述可把小的控制信号电压放大,但当接上负载后电枢中流过负载电流 I,也同样产生电枢反应磁通 Φ_3。由图所示 Φ_3 的方向与控制信号的总磁通 Φ_{11} 相反,把控制信号的作用完全抵消了,也就是说在这种情况下交磁式电机放大机不能向负载输送有用的功率。为了解决这个问题,交磁式电机放大机在输出电路上设置了补偿绕组,补偿绕组与控制绕组同在主磁极上,流过负载电流 I 产生的磁通 Φ_4 方向与控制磁通 Φ_{11} 相同,与电枢反应磁通 Φ_3 相反,其大小则调整到和 Φ_3 相等而正好抵消,即 $\Phi_3=-\Phi_4$,这样交磁式电机放大机的输出电压就完全由控制信号决定了。

横向励磁绕组的作用仅在于增大横向合成磁通,从而提高放大倍数,从工作原理上说与交轴电枢反应相同,并非每台交磁式电机放大机都必须有横向励磁绕组。

补偿绕组的作用是平衡负载电流的直轴电枢反应,它是必不可少的。为使补偿绕组的磁通能正好与直轴电枢反应磁通相抵,在放大机的设计时都留有裕量,即若负载电流全部流过补偿绕组所产生的磁通稍大于电枢反应磁通,在放大机出厂调试时调整并联在补偿绕组两端的电阻 R_3 分流一部分负载电流,使流过补偿绕组的电流能正好与电枢反应磁通相抵。R_3 的调整对放大机的工作性能是至关重要的,R_3 稍大则补偿过多,相当于增大了控制信号,使放大机的放大倍数大增,输出电压随电流上升;R_3 稍小则补偿不足,相当于减小了控制信号,使放大机的放大倍数大减,输出电压随电流下降;R_3 过大则稍有信号放大机就饱和输出,R_3 过小则控制信号被抵消放大机始终没有输出。所以补偿绕组并联电阻 R_3 不得随便调整,并须保持各接点接触良好。一旦出现补偿不足或过剩,则需进行负载试验,在控制信号不变条件下,测定不同负载电流时的输出电压,调节补偿电阻,使输出电压的变化符合要求。

交磁式电机放大机也可有多组控制绕组,供多路控制信号输入综合,其输出就由各控制信号的综合结果而定。

4.7 异步电动机改变磁极对数调速

4.7.1 异步电动机调速原理

由异步电动机的机械特性方程式 $M=\dfrac{2M_K}{\dfrac{s_K}{s}+\dfrac{s}{s_K}}$ 得到 $\dfrac{2M_K}{M}=\dfrac{s_K}{s}+\dfrac{s}{s_K}$。

设 $\dfrac{M_K}{M}=\alpha$,则有 $\dfrac{s_K}{s}+\dfrac{s}{s_K}=2\alpha$,即

$$s^2-2\alpha s_K s+s_K^2=0$$

解得

$$s=s_K(\alpha\pm\sqrt{\alpha^2-1})$$

即

$$\frac{n_1-n}{n_1}=s_K(\alpha\pm\sqrt{\alpha^2-1})$$

$$n_1-n=n_1 s_K(\alpha\pm\sqrt{\alpha^2-1})$$

$$n=n_1[1-s_K(\alpha\pm\sqrt{\alpha^2-1})]$$

其中正负号对应同一负载下的两种转速，一个在稳定工作区，一个在不稳定工作区。

由此可见，对于相同的负载转矩，$\alpha=\dfrac{M_K}{M}$是确定的，要得到不同的转速有两种方法，一是改变同步转速 n_1，再是改变临界转差率 s_K。

由交流电动机的同步转速 $n_1=\dfrac{60f}{P}$可知，改变电源频率 f 或电动机的磁极对数 P，就可改变同步转速，从而调节电动机的转速。本节主要叙述交流电动机改变磁极对数的原理与方法。

4.7.2　变极原理与适用范围

（1）电动机定子上设置不同极对数的三相绕组，电源接入到不同的绕组，在电动机内部就会形成不同极对数的旋转磁场。

这种方法对每一种转速须有一套绕组，电动机制造费用较高，但两套绕组可同时通电，用于变速过程不允许有短时失电的场合，如起货机等。

（2）把每一相定子绕组分成两个相同的“半绕组”，改变其中一个“半绕组”中电流的流向，使磁极的数量改变一倍。其变极的原理见图 4－32 和图 4－33。

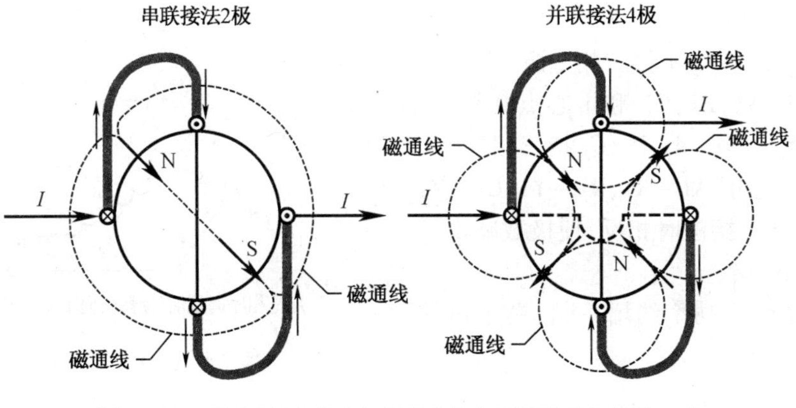

图 4－32　两个“半绕组”由串联接法 2 极变为并联接法 4 极

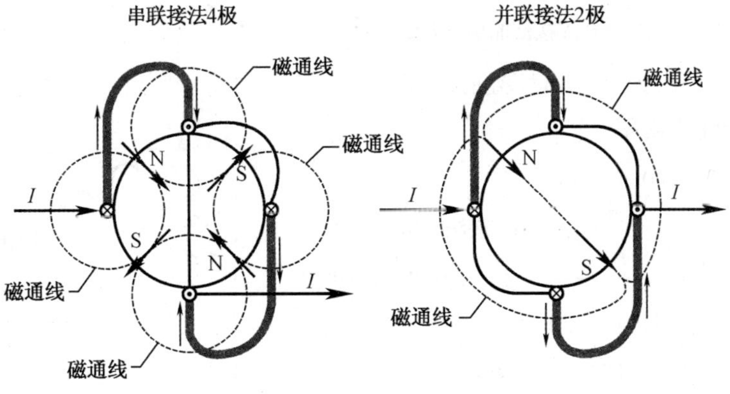

图 4－33　两个“半绕组”由串联接法 4 极变为并联接法 2 极

以上串、并联两种接法，都可改变极对数，实际应用中串联接法对应低转速（极数多），并联接法对应高转速（极数少），这样可达到接近恒转矩调速要求。

若取串联接法对应高转速，并联接法对应低转速，则低转速可允许的电流是高转速时的两倍，即低速转矩是高速转矩的4倍，实际不大采用这种变极接法。

绕组由一种串联接法变为另一种串联接法，或由一种并联接法变为另一种并联接法，则功率基本不变，属于恒功率调速；由串联接法变为并联接法则功率增加一倍，一般在并联时极数减少，转速增高，即按图4-33的接法，为恒转矩调速。

1. 变极调速只适用于鼠笼式异步电动机。

异步电动机变极须改变绕组的接法：

对于鼠笼式异步电动机定子绕组接法改变后，鼠笼转子的导体端头都已短接，其感应的极数会随定子极数相应改变，无须改变转子绕组的接法，使用时很方便。但对于绕线式异步电动机，则必须在改变定子接法的同时，相应改变转子绕组的接法，使与定子有相同的极对数；而要改变转子接法，则必须把转子绕组的"半绕组"的抽头通过滑环引出，而这样做是非常困难的。

因此，异步电动机变极调速，只适用于鼠笼式交流电动机；绕线式交流电动机不采用变极方法调速。

4.7.3 三相电动机绕组的实际变极接法：

1. Y-YY接法(图4-34)

Y接法：A1，B1，C1接三相电源。

YY接法：A1，B1，C1和中心点0短接，两个"半绕组"并联；A_2，B_2，C_2接三相电源。

这样"半绕组"A1-X1，B1-Y1，C1-Z1的电流方向与Y接法时相反，使极数减少一半，转速增加一倍。

YY接法输入功率约增一倍，属于恒转矩调速。

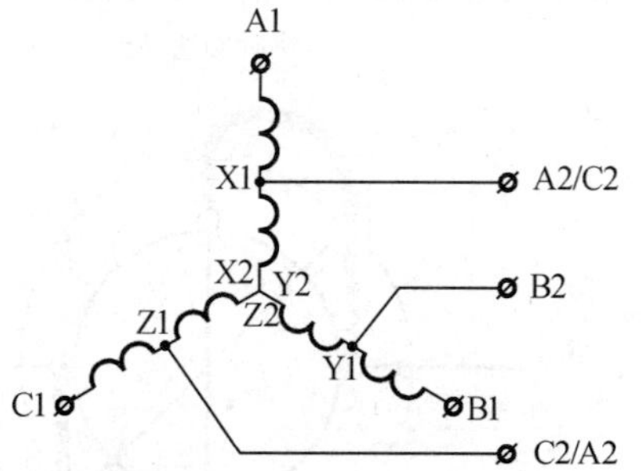

/后是相序调整后(保持转向不变)的编号

图4-34 Y-YY接线

Y接法的输入功率：

$$P_Y = \sqrt{3}UI_N \cos\phi_Y$$

Y接法的功率因数

流过绕组的额定电流

YY接法的输入功率：

$$P_{YY} = \sqrt{3}U(2I_N)\cos\phi_{YY} \approx 2P_Y$$

YY接法的功率因数

流过两绕组并联的电流

2. Δ-YY接法(图4-35)

Δ接法：A1，B1，C1接三相电源。

YY接法：A1，B1，C1短接；A2，B2，C2接三相电源。

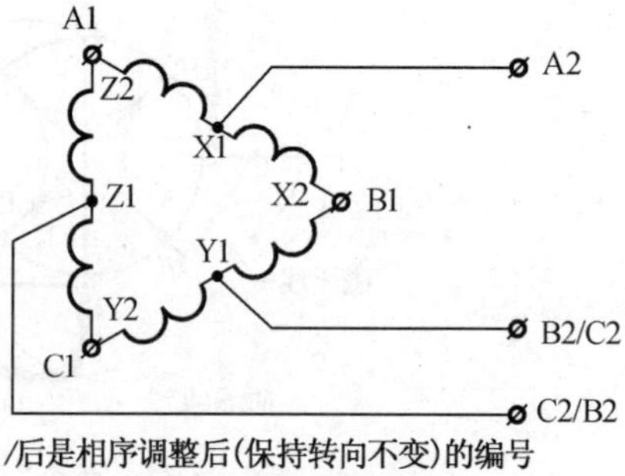

/后是相序调整后(保持转向不变)的编号

图4-35 Δ-YY接线

Δ接法输入功率

$$P_{\Delta}=\sqrt{3}U(\sqrt{3}I_{N\Phi})\cos\varphi_{\Delta}$$

YY 接法输入功率

$$P_{YY}=\sqrt{3}U(2I_{N\Phi})\cos\Phi_{YY}=\frac{2}{\sqrt{3}}P_{\Delta}\approx1.16P_{\Delta}$$

Δ 接法与 YY 接法的功率相差不多,接近恒功率调速。

3. 变极前后的电源相序

改变绕组连接使电动机的磁极数变化一倍后,绕组在空间分布的电角度也相应改变一倍,极数增加一倍,整个空间电角度也增加一倍;原来相隔电角度 120°布置的各相绕组,变成了相隔电角度 240°;而原来相隔电角度 240°布置的各相绕组,变成了相隔电角度 480°,等效于反方向相隔电角度 120°。这样就使原来顺序布置的绕组次序变成了逆序,旋转磁场的转向也反了。为了保持电动机在变速前后的转向不变,在变极前后电动机接入的电源相序必须倒过来。(一般电动机出厂时已把接线编号与电源相序配合好,应按出厂的接线图接线)

为了能形象地说明问题,图 4 – 36 画出两极和四极电动机每隔 120°电角磁场旋转的情况:

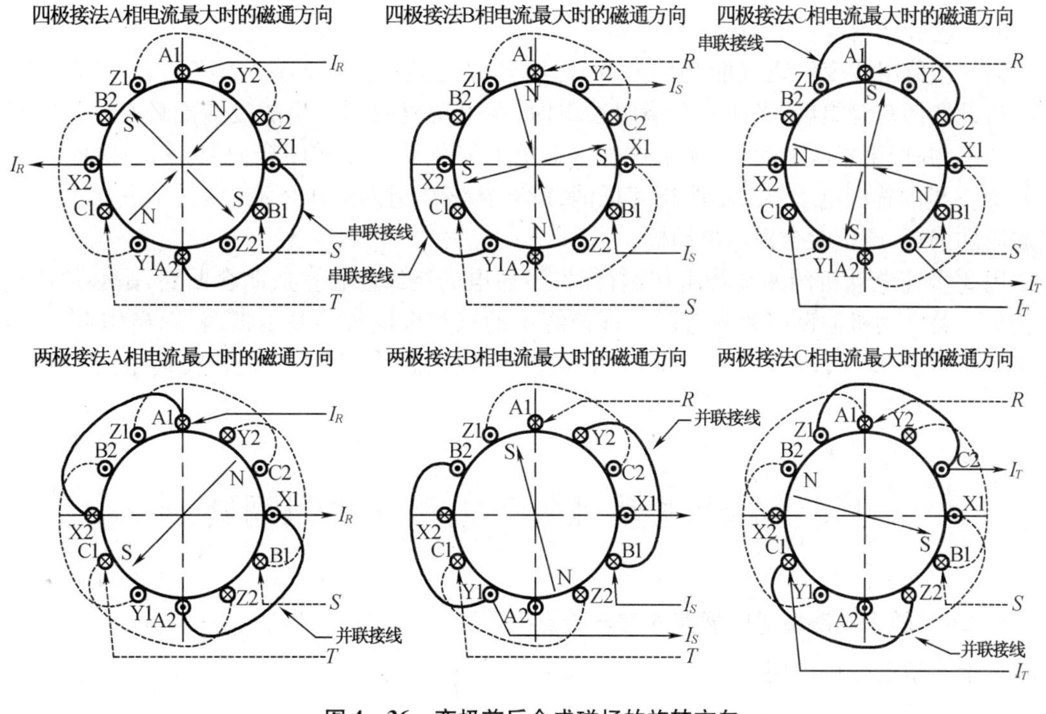

图 4 – 36　变极前后合成磁场的旋转方向

图 4 – 36 中一相绕组分为两个"半绕组",A 相为 A_1X_1 和 A_2X_2,B 相为 B_1Y_1 和 B_2Y_2,C 相为 C_1Z_1 和 C_2Z_2。各绕组始端 A_1,B_1,C_1 在空间相差 120°角(机械角),对两极接法等于 120°电角,而对四两极接法等于 240°电角。当两个"半绕组"串联接成四极电机,交流电每经过 120°电角(由 A 相最大转到 B 相最大,再转到 C 相最大。)其合成磁通在空间反时针方向(与绕组布置的转向相反)转过 60°机械角;而两个"半绕组"并联接成两极电机,同样交流电经过 120°电角,合成磁通在空间顺时针方向(与绕组布置的转向相同)转过 120°机械

角。说明按绕组本身相序引出接线,两种转速的转向是相反的。

4. 变极双速电动机主电路接线

(1) Y－YY 接法(图 4－37)

(2) Δ－YY 接法(图 4－38)

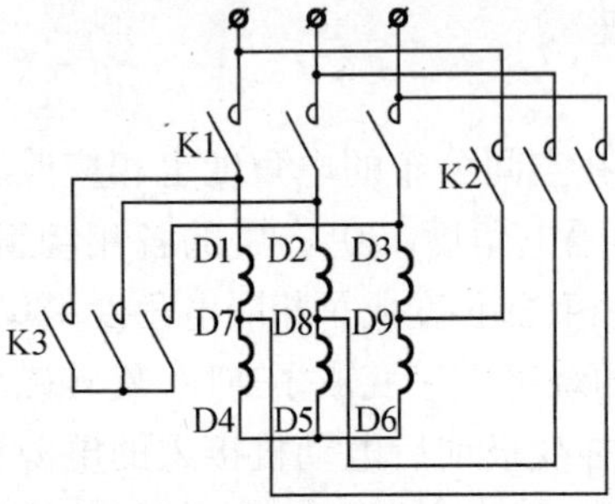

图 4－37　Y－YY 接法

K1 接通:Y 接法

K2,K3 接通:YY 接法

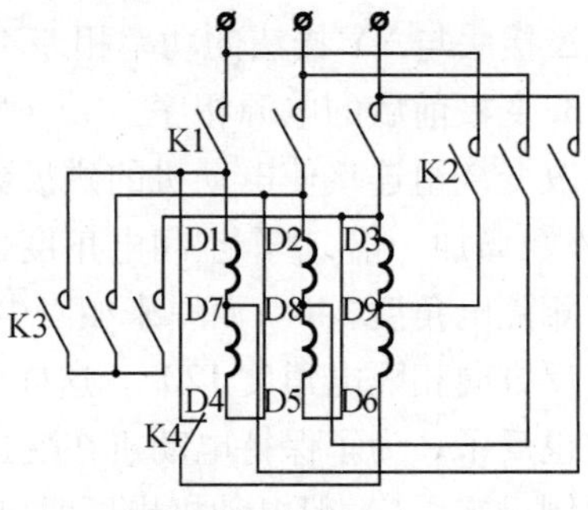

图 4－38　Δ－YY 接法

K1 接通:Δ 接法

K2,K3 接通:YY 接法

K4 是三速或四电动机的连锁触头

5. 三速和四速异步电动机的绕组接线

同一组绕组改变接线只能得到两种转速,若要得到三速或四速,则必须有两套绕组。电动机设置两套绕组后,当任一套绕组通电时,在电动机内所产生的旋转磁场必然切割另一套绕组,并产生感应电动势,如果这时未通电的三相绕组接成闭合回路(例如接成 Δ 接法),而三相的感应电动势又不能相互抵消,就会在该绕组内形成环流(尤其是三次谐波),引起附加损耗,严重时会损坏电动机。

因此多速电动机的两套绕组在运行时,不通电的绕组能否接成闭合回路,是必须认真对待的。若电动机的设计和制造已保证该绕组的三相电动势能基本抵消,则当作别论;否则必须把回路断开,若这一套绕组是 Δ 接法,则须用触头把它分断,在要通电时再把它接通。

4.8　异步电动机转子电路串电阻调速

4.8.1　转子电路串电阻调速原理与特点

由上一节已分析得到

$$n = n_1[1 - s_K(\alpha \pm \sqrt{\alpha^2 - 1})]$$

其中

$$\alpha = \frac{M_K}{M}, \quad s_K = \frac{r_2'}{x_1 + x_2'}$$

只要改变转子电路中的电阻 r_2,就可使临界转差率与电阻成比例变化,达到改变转速的目的。转子电阻愈大,机械特性愈软,电动机的转速愈低。

上述转速表达式中的“±”表示在同一负载下电动机可能有两种转速,其中“－”代表较高转速即机械特性的稳定部分,是调速中实际使用的部分;而“＋”则代表较低转速,是机械特性的不稳定部分,应避免在调速中出现。在转子电路串电阻调速中我们只用“－”号。即

$$n = n_1[1 - s_K(\alpha - \sqrt{\alpha^2 - 1})]$$

串电阻调速的特点如下：

①空载转速不变；

②转速由自然特性下调，机械特性变软，轻载调速不明显；

③能量消耗在调速电阻上，调速经济性差；

④恒转矩调速。

4.8.2　调速电阻计算

1. 接线图，见图 4－39。

2. 已知样本数据

额定功率 P_N；额定电压 U_N；

额定电流 I_N；额定转速 n_N；

过载倍数 λ_m；转子开路电压 E_{2N}；

转子额定电流 I_{2N}。

要求调速特性，见图 4－40，其中 $M^* = \frac{M}{M_N}$为转矩标幺值，$n^* = \frac{n}{n_1}$为转速标幺值。

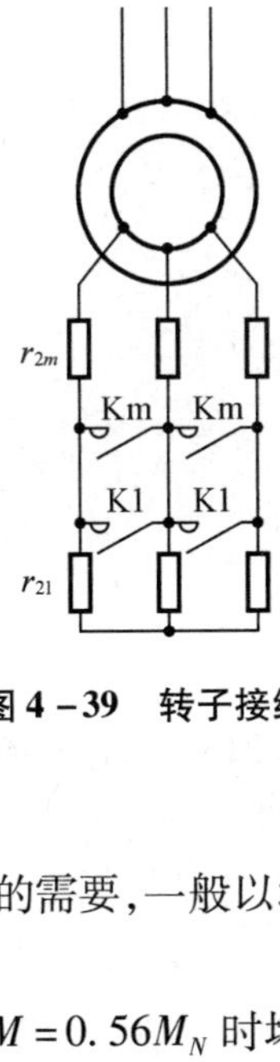

图 4－39　转子接线

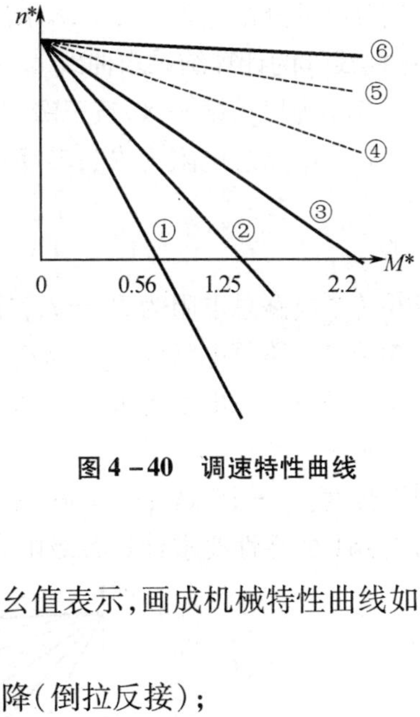

图 4－40　调速特性曲线

调速要求：

按生产机械的需要，一般以堵转状态的转矩标幺值表示，画成机械特性曲线如图 4－40 所示。

特性①：在 $M = 0.56M_N$ 时堵转；常用于慢速下降（倒拉反接）；

特性②：用于慢速提升，在 $M = 1.25M_N$ 时堵转；

特性③：用于慢速提升或第一级启动，启动转矩 $M = 2.2M_N$；

特性④和⑤：用于第二和第三级启动或增速；

特性⑥：为自然特性，用于高速起货。

3. 计算步骤

（1）求 s_N：$s_N = \frac{n_1 - n_N}{n_1}$

（2）求 s_K：$s_K = s_N(\lambda_m + \sqrt{\lambda_m^2 - 1})$

(3)求 r_2:$r_2=\dfrac{E_{2N}s_N}{\sqrt{3}I_{2N}}$或 $r_2=\dfrac{P_Ns_N}{3I_{2N}^2(1-s_N)}$(对 r_2 的计算误差可作适当修正)

(4)求曲线(1)~(3)所对应的临界转差率 s_K'

$$s_K'=\frac{\lambda_m}{M^*}+\sqrt{\left(\frac{\lambda_m}{M^*}\right)^2-1}$$

上式来源:按机械特性方程式,对转子串电阻后的临界转差率 s_K'应符合

$$M=\frac{2M_K}{\dfrac{s}{s_K'}+\dfrac{s_K'}{s}}\quad \frac{M}{2M_K}\left(\frac{s}{s_K'}+\frac{s_K'}{s}\right)=1$$

堵转时 $s=1$,得

$$\frac{M^*}{2\lambda_m}\left(\frac{1+s_K^2}{s_K'}\right)=1\quad 即\quad s_K^2-\frac{2\lambda_m}{M^*}s_K'+1=0$$

按二次方程式求解并取"+"号(串电阻后临界转差率增大),就得到上式。

(5)求转子每相的总电阻和外串电阻

总电阻:与临界转差率成正比,$R=\dfrac{s_K'}{s_K}r_2$;外串电阻:$R=\left(\dfrac{s_K'}{s_K}-1\right)r_2$。

每一挡分级的外串电阻 r_{21},r_{22},r_{23}则是各级电阻之差。

(6)由曲线③的计算结果求曲线④~⑥的外串电阻

把曲线③作为启动第一级,按三级启动求各级电阻。

曲线③转子电路总电阻为 R_{23};转换比

$$\lambda=\sqrt[3]{\frac{R_{23}}{r_2}}$$

曲线⑥转子电路总电阻为 $R_{26}=r_2$;外串电阻 $r_{26}=0$。

曲线⑤转子电路总电阻为 $R_{25}=\lambda R_{26}$;外串电阻 $r_{25}=\lambda r_2$。

曲线④转子电路总电阻为 $R_{24}=\lambda R_{25}$;外串电阻 $r_{24}=\lambda r_{25}$。

4. 计算例题

电动机数据:$P_N=15$ kW;$n_N=962$ r/min;$\lambda_m=3.2$;$E_{2N}=218$ V;$I_{2N}=46.5$ A

按图 4-41 的特性要求计算各级电阻:

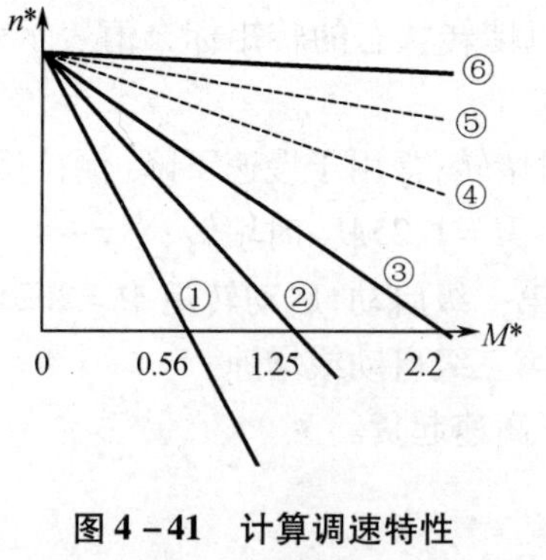

图 4-41 计算调速特性

$$s_N=\frac{1\ 000_1-962_N}{1\ 000_1}=0.038$$

$$s_K = 0.038(3.2 + \sqrt{3.2^2 - 1}) = 0.2371$$

$$r_2 = \frac{218 \times 0.038}{\sqrt{3} \times 46.5} = 0.1029$$

或

$$r_2 = \frac{15 \times 1\,000 \times 0.038}{3 \times 46.5^2(1 - 0.038)} = 0.0913$$

取修正值　$r_2 = 0.1\ \Omega$

曲线①：

堵转时 $M^* = 0.56$，

$$s_K' = \frac{3.2}{0.56} + \sqrt{\left(\frac{3.2}{0.56}\right)^2 - 1} = 11.34$$

转子总电阻

$$R_{21} = \frac{11.34}{0.2371} \times 0.1 = 4.783\ \Omega$$

曲线②：

堵转时 $M^* = 1.25$，

$$s_K' = \frac{3.2}{1.25} + \sqrt{\left(\frac{3.2}{1.25}\right)^2 - 1} = 4.917$$

转子总电阻

$$R_{22} = \frac{4.917}{0.2371} \times 0.1 = 2.074\ \Omega$$

曲线③：

堵转时 $M^* = 2.2$，

$$s_K' = \frac{3.2}{2.2} + \sqrt{\left(\frac{3.2}{2.2}\right)^2 - 1} = 2.511$$

转子总电阻

$$R_{23} = \frac{2.511}{0.2371} \times 0.1 = 1.059\ \Omega$$

从曲线③以后，按启动分级要求计算曲线④～⑥。

启动转换比：由曲线③的 R_{23} 分三级减至 r_2，

$$\lambda = \sqrt[3]{\frac{1.059}{0.1}} = 2.196$$

曲线⑥：自然特性

转子总电阻 $R_{26} = r_2 = 0.1\ \Omega$；

外串电阻 0。

曲线⑤：

转子总电阻 $R_{25} = 0.1 \times 2.196 = 0.2196\ \Omega$；

外串电阻 $r_{25} = R_{25} - r_2 = 0.1196\ \Omega (= 1.196 \times 0.1)$。

曲线④：

转子总电阻 $R_{24} = 0.2196 \times 2.196 = 0.4822\ \Omega$；

外串电阻 $r_{24} = R_{24} - R_{25} = 0.2626\ \Omega (= 2.196 \times 0.1196)$。

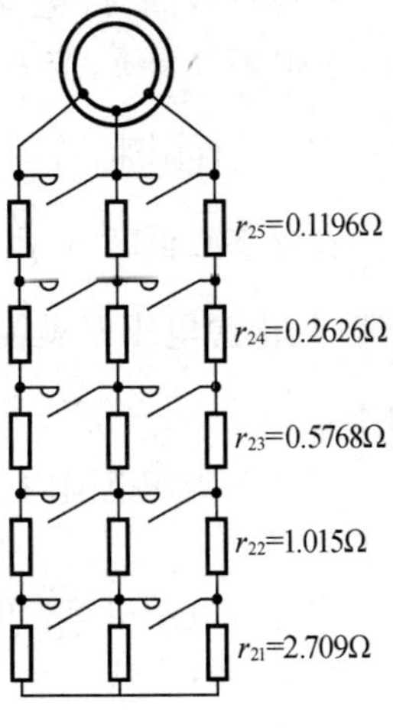

图 4－42　转子电路接线图

曲线③：

转子总电阻 $R_{23}=1.059\ \Omega$。

外串电阻 $r_{23}=R_{23}-R_{24}=0.576\ 8\ \Omega(=2.196\times0.262\ 6)$。

曲线②：

转子总电阻 $R_{22}=2.074\ \Omega$。

外串电阻 $r_{22}=R_{22}-R_{23}=1.015\ \Omega$。

曲线①：

转子总电阻 $R_{21}=4.783\ \Omega$。

外串电阻 $r_{21}=R_{21}-R_{22}=2.709\ \Omega$。

4.9 交流异步电动机变频调速

改变电源的频率，就是改变旋转磁场的转速，使交流电动机的同步转速 $n_1=\frac{60f}{P}$随之改变，从而改变电动机的转速。变频调速的调速范围广、平滑性好、具有良好的静态和动态性能、效率高，是应用最广的一种交流调速方法。

4.9.1 变频调速的基本要求与机械特性

电动机的电磁转矩 $M=C_M\Phi I\cos\alpha$，对于恒定负载希望电动机按恒转矩调速，则要求在改变频率时保持磁通量 Φ 不变；而电动机的反电势则和磁通与频率的乘积成正比，即$E=4.44fW\Phi$；为保持磁通量不变，要求反电势 E 和频率 f 的比值保持不变（$\frac{E}{f}=C$）。对于超过电动机额定转速的速度调节，受绝缘电压的限制，电动机的最高运行电压不超过额定电压。

由异步电动机的等效电路（见图 4－43）可知，电源电压 U 和反电势 E 之间的相差，是电流 I_1 在 r_1 和 x_1 上的电压降。

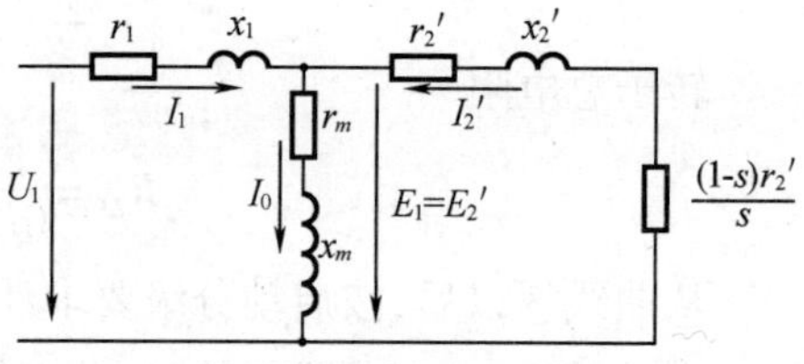

图 4－43　异步电动机等效电路

（1）调速范围在电动机额定转速以下

在频率较高时（电动机转速较高），r_1 和 x_1 比 r_2'/s 小很多，$U\approx E$，按 U 和频率 f 的比值保持不变（$\frac{U}{f}=C$）进行调速，可保持磁通量 Φ 基本不变。

在频率较低时，x_1 和 x_2 都减小，使 r_1 和 x_1 的影响已不可忽略，在反电势与频率按比例下降时，电源电压 U 就需略高于反电势 E，即$\frac{U}{f}$值需随频率下降略有增高，才能实现恒转矩调速。

在这一调速范围内，额定电压 U_N 对应于额定频率 f_N，电源电压 U 在额定电压 U_N 及以下。

按异步电动机等效电路图 4－43 有

转子折算电流

$$I_2' = \frac{U}{\sqrt{\left(r_1 + \frac{r_2'}{s}\right)^2 + (x_1 + x_2')^2}}$$

电磁功率：

$$P_M = 3I_2'^2 \frac{r_2'}{s}$$

同步角速度：

$$\omega_1 = \frac{2\pi f_1}{p}$$

电磁转矩：

$$M = \frac{P_M}{\omega_1} = \frac{3U^2 p \frac{r_2'}{s}}{2\pi f_1 \left[\left(r_1 + \frac{r_2'}{s}\right)^2 + (x_1 + x_2)^2\right]}$$

其中 p 是磁极对数。

频率与电压按比例调节时：

$$\frac{U}{U_N} = \frac{f_1}{f_{1N}}$$

而定子和转子的电抗是与频率成比例，即

$$x_1 = \frac{x_{1N} f_1}{f_{1N}}\ ,\ x_2' = \frac{x_{2N}' f_1}{f_{1N}}$$

$$M = \frac{3U_N^2 \left(\frac{f_1}{f_{1N}}\right)^2 p \frac{r_2'}{s}}{2\pi f_1 \left[\left(r_1 + \frac{r_2'}{s}\right)^2 + \left(\frac{f_1}{f_{1N}}\right)^2 (x_{1N} + x_{2N}')^2\right]}$$

$$= \frac{3U_N^2 \left(\frac{f_1}{f_{1N}}\right) p \frac{r_2'}{s}}{2\pi f_1 \left(\frac{f_{1N}}{f_1}\right) \left[\left(r_1 + \frac{r_2'}{s}\right)^2 + \left(\frac{f_1}{f_{1N}}\right)^2 (x_{1N} + x_{2N}')^2\right]}$$

$$= \frac{3U_N^2 \left(\frac{f_1}{f_{1N}}\right) p \frac{r_2'}{s}}{2\pi f_{1N} \left[\left(r_1 + \frac{r_2'}{s}\right)^2 + \left(\frac{f_1}{f_{1N}}\right)^2 (x_{1N} + x_{2N}')^2\right]} \times \frac{s^2}{s^2}$$

$$= \frac{3U_N^2 \left(\frac{f_1}{f_{1N}} \times s\right) p r_2'}{2\pi f_{1N} \left[(s r_1 + r_2')^2 + \left(\frac{f_1}{f_{1N}} \times s\right)^2 (x_{1N} + x_{2N}')^2\right]}$$

其中，$\frac{f_1}{f_{1N}} \times s = \frac{f_2}{f_{1N}} = \frac{\Delta n}{n_{1N}} = \Delta n^*$ 是转速降落占额定同步转速的比率。即

$$M = \frac{3U_N^2 p r_2' \Delta n^*}{2\pi f_{1N} [(s r_1 + r_2')^2 + \Delta n^{*2} (x_{1N} + x_{2N}')^2]}$$

说明在频率与电压按比例调节的条件下，电动机的输出转矩随转速降变化。若不同转

速下电动机的输出转矩不变,即 M 不变,则 Δn^* 也保持原值,$\Delta n = \Delta n^* \times n_{1N}$ 保持原值,也就是对于不同的电源频率,在输出转矩相等时,其转速降落的绝对值相等(图 4-44 中各实线曲线)。

当电动机运行在较高转速时,转差率相对较小,式中 sr_1 可以忽略不计,输出转矩最大值基本不变。当运行在低转速时,相同转速降的转差率变大,式中的 sr_1 使输出转矩有所下降,最大转矩会减小。要保持低频段的最大转矩,就需适当提高变频电压。(图 4-44 中各点画线曲线)

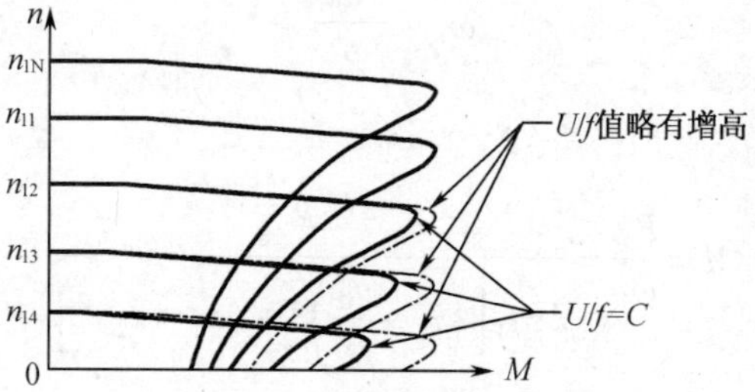

图 4-44　改变电源频率的机械特性($n \leq n_N$)

(2)调速范围在电动机额定转速以上

受绝缘电压限制,电动机运行的最高电压不超过额定电压,当频率 f 超过额定频率 f_N 时,比值 $\frac{U}{f}$ 与频率成反比,磁通 Φ 和转矩 M 都与频率成反比,而转速与频率成正比,$M\omega \approx C$ 属于恒转矩调速。

额定电压的电磁转矩:

$$M = \frac{P_M}{\omega_1} = \frac{3U_N^2 p \dfrac{r_2'}{s}}{2\pi f_1 \left[\left(r_1 + \dfrac{r_2'}{s} \right)^2 + (x_1 + x_2)^2 \right]}$$

转矩与转速(频率)成反比。机械特性见图 4-45。

(3)调速范围内电压、转矩与转速(频率)的关系

低于额定转速的电压随转速上升,最大转矩不变,恒转矩调速;高于额定转速则电压不变,转矩与转速成正比,恒功率调速。变化曲线见图 4-46。

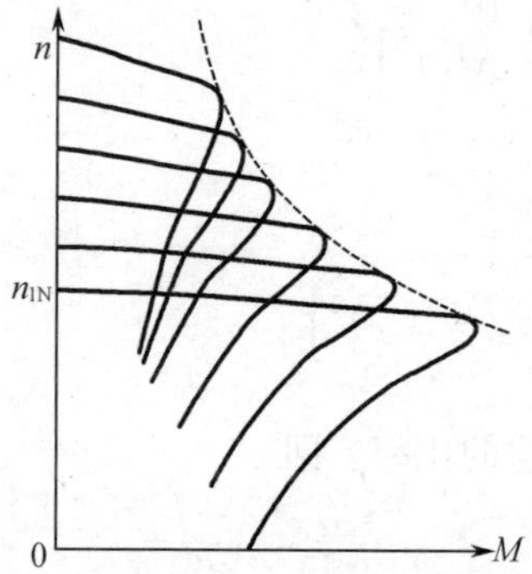

图 4-45　改变电源频率的机械特性($n > n_N$)

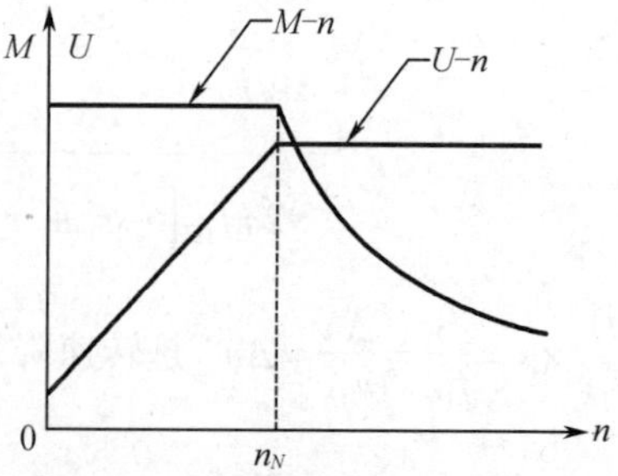

图 4-46　电压、转矩与转速的关系

4.9.2 变频电源

据上所述,电动机变频调速要有变压变频(VVVF – Variable voltage & variable frequency)电源,电源由变频器提供。目前采用大功率电子器件的静止变频器,已取代了过时的旋转变频机组。通常静止变频器可按照结构型式和电源性质分类。

1. 按电路的结构型式可分为交–直–交变频器和交–交变频器

交–直–交变频器:方框图见图4–47。

先把电网的交流电整流成直流,再把整流后的直流逆变为频率可调的交流,故又称为间接变频器。变频器的输出频率由逆变环节控制,输出电压则按不同型式的变频器,有的由整流环节控制,有的由逆变环节控制。

交–交变频器:方框图见图4–48。

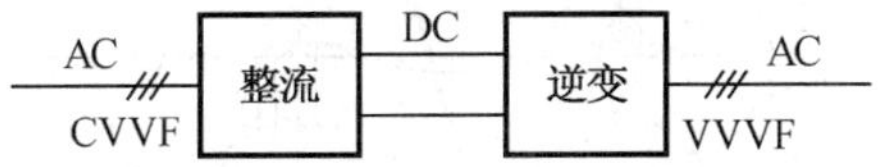

图4–47 交–直–交变频器

图4–48 交–交变频器

直接把电网的交流逆变为电压和频率可调的交流,又称为直接变频器。

2. 按电源性质可分为电压型变频器和电流型变频器:

电压型变频器:也称电压源变频器,具有电压源特性。

交–直–交电压型变频器的框图见图4–49(a),中间直流环节用大电容滤波,近似恒压源,有低阻抗,输出电压为受直流电压钳位的矩形波。

交–交电压型变频器的框图见图4–50(a),供电电源的低阻抗,使它具有恒压源特性。

交–直–交电流型变频器的框图见图4–49(b),中间直流环节串联大电感,近似恒流源,输出电流为不受负载影响的矩形波。

交–交电流型变频器的框图见图4–50(b),正反两组变流器都通过大电感接到电网,使输出电流为不受负载影响的矩形波。

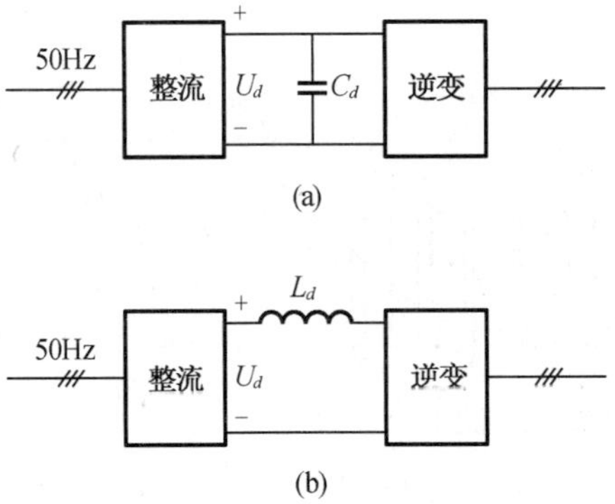

图4–49 交–直–交变频器的两种型式

(a)电压型;(b)电流型

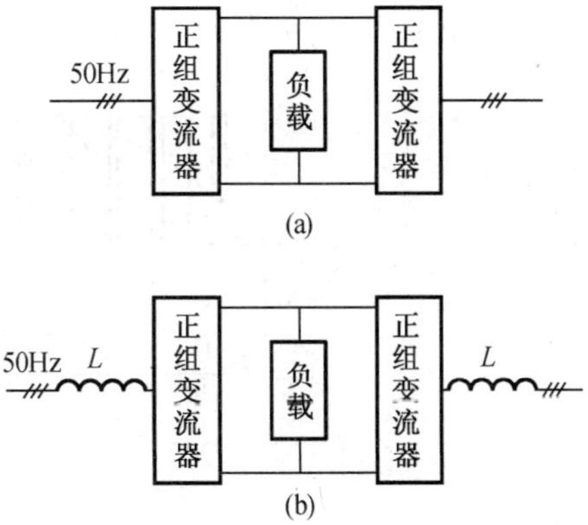

图4–50 交–交变频器的两种型式

(a)电压型;(b)电流型

3. 交–直–交电压型变频器的输出波形

变频器的输出波形是通过电子开关控制的矩形波,与一般电动机输入的正弦波差别很大,关系到电动机的选择和运行;产生调频调压波形的方法,又对电网的功率因数和谐波干扰有重大影响。这里稍作说明。

(1)输出电压由整流环节控制的变频器

整流环节的开关元件控制交流波形导通角的大小,调节整流后的直流电压,该直流电压就是输出电压的振幅值。直流电压高,导通角大,电压波与电流的基波相位接近,电网功率因数高(图4-51(a));直流电压低,导通角小,电压波与电流的基波相位滞后于电压波,电网功率因数低,即电动机低速运行时功率因数很差(图4-51(b))。逆变环节控制频率,把直流逆变为交流输出。

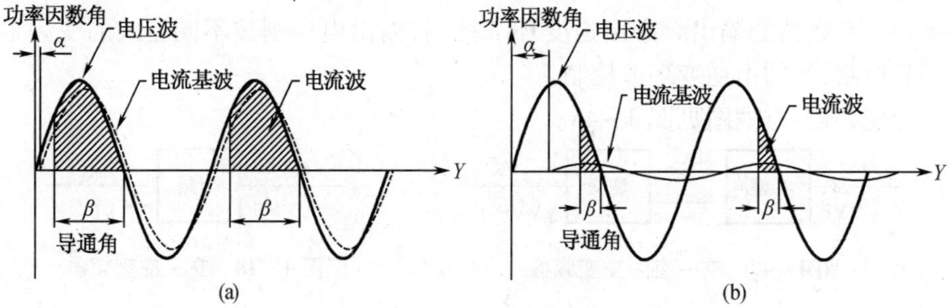

图4-51　整流波形图

(a)高电压、高转速、高功率因数;(b)低电压、低转速、低功率因数

这种变频器,电网侧的电流波形畸变严重,含大量高次谐波,使电网供电质量下降;输出电压为矩形波或阶梯波,高次谐波含量也不少,使电动机损耗增大。此外,输出电压和频率由两个环节分开控制,两者间的协调配合也比较复杂。

(2)输出电压和频率由逆变环节控制的变频器

整流环节是全波整流,电压与电流相位基本一致,电网功率因数高。

逆变环节采取脉冲宽度调制(代号PWM),即用一组宽度按正弦规律变化的脉冲代替正弦波,输出电压的频率由整个脉冲组的重复频率调节,输出电压的大小,由各脉冲的宽度控制。这种脉冲组经滤波后,可得到正弦波。其输出波形如图4-52所示。

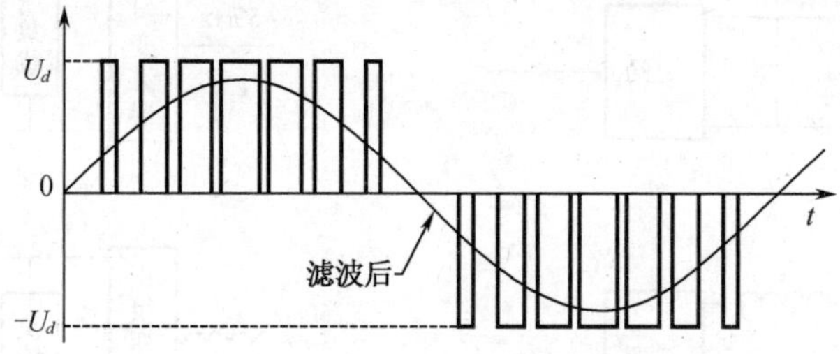

图4-52　PWM调制输出波形图

产生这种调制波形的方法之一是三角波调制法,图4-53显示了三角波调制法的原理:

设三角波电压为u_Δ,正弦调制波电压为u_R。

正半波在$u_\Delta < u_R$区间有正脉冲输出,在$u_\Delta > u_R$区间截止,形成宽度随调制波振幅递增的脉冲组,负半波的情况与此相同。

调制波的频率控制脉冲组的重复频率,从而决定了输出电压的基波频率。

调制波的大小决定输出电压(基波)的大小。调制波u_R大,则$u_\Delta < u_R$的持续时间长,输

出脉冲变宽,输出电压(基波)大;调制波 u_R小,则 $u_\Delta < u_R$的持续时间短,输出脉冲变窄,输出电压(基波)变小。

三角波的频率决定了输出电压与正弦波的拟合程度。三角波的频率愈高,则输出脉冲愈密,谐波成分愈少,波形畸变率愈低。但输出脉冲的密集度受功率电子器件开关速度的制约,不可能无限提高。

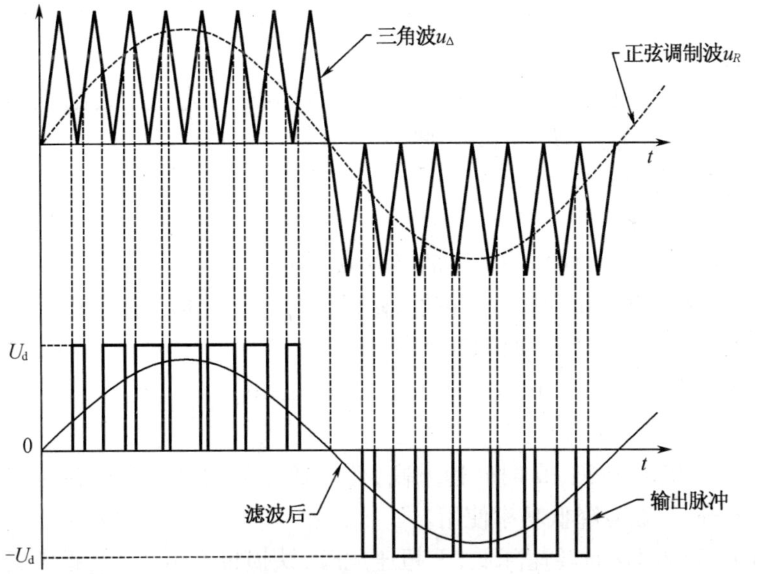

图 4－53　三角波 PWM 调制原理

4.9.3　对变频调速电动机以及相关电路的要求

变频电源供给电动机的是重复的脉冲电压,经过电动机本身的电抗和电路中各阻抗的滤波作用,流过电动机的电流基本上是正弦波,但必然有高次谐波残留,这些高次谐波引起电动机的额外损耗和温升。各制造商按其生产的变频器的特点,会对所配电动机提出相应要求,有的指定专配电动机系列,有的要求适当降低常用电动机的使用容量。

一般空气自冷电动机的散热量大致与转速的 3 次方成正比,低转速运行时散热效果极差,凡调速范围较大或需要低速运行的系统,变频调速要用强迫冷却的电动机。多数情况可另配风冷电动机,在主电动机运行的全过程中保证通风冷却,其控制电路须相互连锁保护。

各型号变频器,输出电压脉冲的密集度和波形搭配也不同,其所含谐波成分各异,对电路滤波有不同要求,有的要求在电路中配置滤波阻抗(电抗器或电容器),应按制造商提供的文件配置。

各制造商推出的变频器各有特点,而型式各异。每一种类型,一般只适用于某一类或几类负载,和一定的控制要求(如单向或正反向运转、动力制动、电能反馈要求等),一定要按制造商提供的文件,选用与负载和运行要求相配的变频器和相关的附属器件,电路设计也要符合要求。

4.10 电源电压与频率对交流异步电动机的影响

1. 电压的影响

(1)转矩与电压的平方成正比,电压下降转矩也下降,在负载不变条件下电动机电流增大,可使电动机过载。

(2)磁通与电压成正比,电压升高磁通增大,电压高于额定值时磁通饱和,使励磁电流剧增,铁损耗增大,铁芯发热,功率因数下降。

2. 频率的影响

(1)转速随频率变化;

(2)磁通与频率成反比,转矩与频率的平方成反比;

(3)自通风冷却的电动机在频率下降时,随转速降低而散热条件恶化。

3. 关于 50 Hz 与 60 Hz 电动机的使用

一般情况下 380 V/50 Hz 电动机与 440 V/60 Hz 电动机可相互通用,但需注意以下几点:

(1)50 Hz 电动机用于 60 Hz 时转速升高,若未超过电动机的允许转速则可使用,但此时铁损随频率上升,一般应降低功率使用。

(2)60 Hz 用于 50 Hz 时转速降低,无超速危险,铁损也有减少,但散热变差,两者综合的结果视具体电动机而异,一般也应降低功率使用为好。

4.11 电磁转差离合器

1. 结构

电磁转差离合器是通过磁的耦合进行调速,并把电动机的转矩传到下一级机构的装置。采用电磁转差离合器调速的异步电动机称为电磁调速电动机,它由三部分组成:鼠笼式异步电动机、电磁转差离合器和控制装置。目前电磁调速电动机已把三部分组装起来成套供应。

2. 基本原理

电磁转差离合器的两个基本组成部分是电枢和磁极,其结构如图 4 – 54 所示。电枢部分为圆筒形实芯钢体,兼有导磁和导电功能,与电动机的转轴刚性连接,其转速与电动机的转速相同,是电磁转差离合器的主动部分。磁极部分由齿极、励磁绕组和导磁体等组成。齿极是齿轮形的钢芯实体,与传动机构的主轴刚性连接,是电磁转差离合器的从动部分,其凸出部分就是磁极。励磁绕组和导磁体则固定在机座上。齿极与电枢之间以气隙隔开。

当励磁绕组通入直流励磁电流后,在电磁转差离合器中产生恒定磁通,如图 4 – 54 的虚线所示。电动机带动电枢旋转时,切割齿极处的气隙磁通,在电枢的实芯钢环上产生感应电势和涡流,如图 4 – 55 所示,该涡流与气隙磁通相互作用产生电磁转矩,带动齿极和从动部分沿电枢旋转的方向转动。

显然,电枢上产生感应电动势和涡流的前提是电枢与齿极必须有相对运动,即两者之间必须有转差,电磁转差离合器也由此而得名。

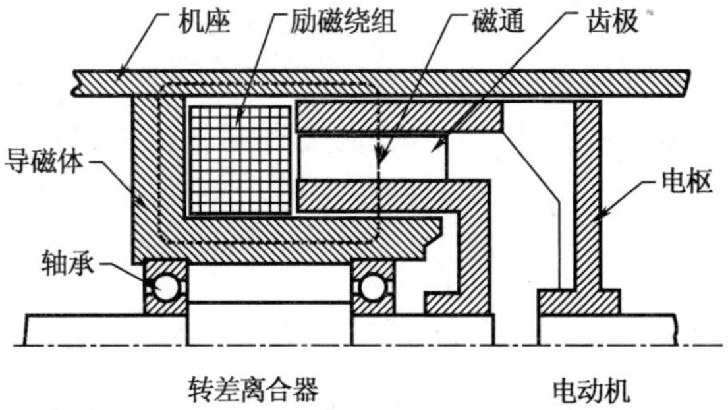

图 4－54　电磁转差离合器结构示意图

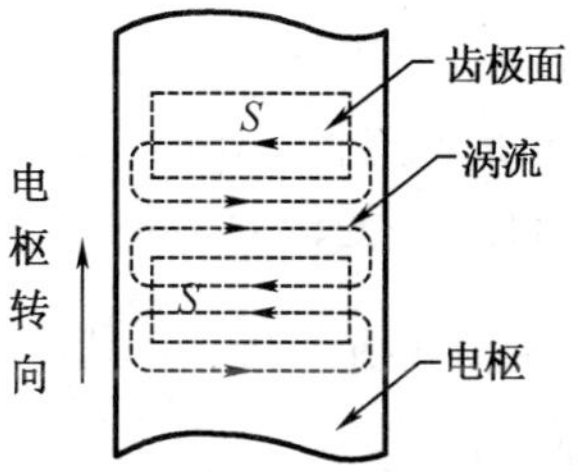

图 4－55　转差离合器涡流的作用力

电枢上对应一个磁极范围内的感应电动势：

$$E = BLv = BLR(\omega_1 - \omega_2)$$

式中　B——气隙磁通密度；

L——电枢轴向有效长度；

v——切割速度：

R——电枢平均半径；

ω_1——主动轴角速度；

ω_2——从动轴角速度。

涡流：

$$I = \frac{E}{Z}$$

式中，Z 为一个磁极下的涡流等效阻抗。

一个磁极所受的力：

$$F = BLI = BL\frac{E}{Z}$$

整个离合器的输出转矩：

$$M = 2pFR = 2p\frac{B^2L^2R^2}{Z}(\omega_1 - \omega_2)$$

式中，$2p$ 为总磁极数。

由此可见，电磁转差离合器的输出转矩与磁通密度的平方成正比，即输出转矩随励磁电流的大小而变；当磁路未饱和时，转矩与励磁电流平方成正比，随着电流增大，磁路逐渐饱和，输出转矩的增加变缓。由于电磁转差离合器的电枢是由铸钢制成，其电阻较大，机械特性较软，不同励磁电流时的机械特性见图 4－56。

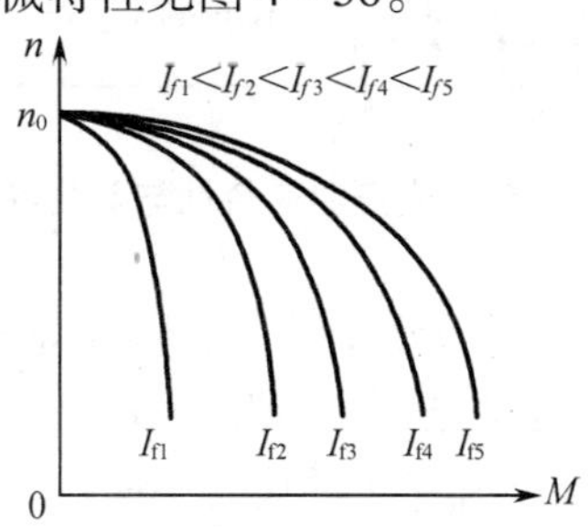

图 4－56　电磁转差器机械特性

(3)关于能量损耗

电磁转差离合器主动部分和从动部分的转矩相等(按作用力与反作用力相等原理)。它依靠转差进行工作,调速时消耗了全部转差功率,使电枢发热、温度升高。转速差愈大(从动部分转速愈低)功耗就愈大,传动效率也愈低。离合器允许传递的功率受发热限制,即受到允许消耗的最大转差功率的限制。

主动轴输入功率 $P_1=\frac{Mn_1}{9\ 550}$,从动轴输出功率 $P_2=\frac{Mn_2}{9\ 550}$,转差功率 $P_S=P_1-P_2=\frac{M(n_1-n_2)}{9\ 550}$

由此可见,若允许消耗的最大转差功率 P_S 一定时,输出转矩与转差成反比,从动轴转速愈低,可输出的转矩也愈小。电磁转差离合器比较适用于通风机型负载。

4.12 关于异步电动机变压调速

本章开始(4.1.3)所列异步电动机的调速方法,改变电源电压也可调节异步电动机的转速。但这种调速方法的实用范围不广,以下仅就变压调速的特点和使用范围作简要说明。

按异步电动机转速表达式

$$n=n_1(1-s)=\frac{60f}{P}[1-s_K(\alpha\pm\sqrt{\alpha^2-1})]$$

其中

$$\alpha=\frac{M_K}{M}$$

M_K与电源电压的平方成正比,在负载转矩一定时,α 值就与电源电压平方成正比,转速也就随电压改变。电压上升,α 值增大,若电动机运行在特性的稳定段,$\alpha-\sqrt{\alpha^2-1}$ 减小,电动机转速略有上升,但调节的范围很小。若运行于非稳定段,$\alpha+\sqrt{\alpha^2-1}$ 增大,转速随电压上升反而下降。

图 4-57 示出异步电动机电源电压改变后机械特性变化和不同负载的调速情况。

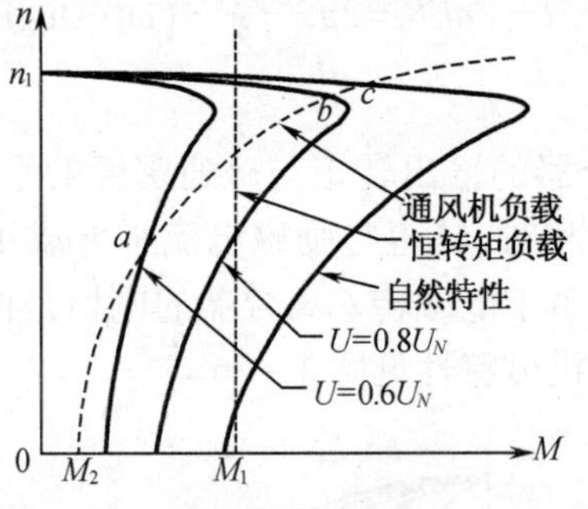

图 4-57 变压调速特性与负载特性

对恒转矩负载(图中 M_1),若运行于稳定段,电压升降时电动机转速升降很少,其调速效果极微;若运行于非稳定段,转速随电压上升反而下降(出现反调),而且不能稳定运行。因此对恒转矩类型的负载,异步电动机变压调速是不实用的。

对通风型负载(图中 M_2),因其转矩随转速的变化率高于异步电动机特性(不稳定段)的变化率,能在机械特性不稳定段上稳定运行,可以采用异步电动机变压调速。如图 4-57

所示，在 0.6 倍额定电压时可稳定运行于 *a* 点，0.8 倍时稳定运行于 *b* 点，全电压时稳定运行于 *c* 点，可以满足一定调速范围的要求。

值得注意的是采用变压调速的异步电动机的机械特性，需与通风机型负载的特性配合，一般应是全速运转时达到接近额定功率。但这样一来，由图 4－57 可看出，在降压低速运行时负载特性与电动机的特性很接近，电压稍有波动转速的变化会较大，调速的稳定性差，实际可用的转速不能调到很低，能达到 3:1 的调速范围就很不错了。

参 考 习 题

1. 电动机调速有哪几个技术指标？
2. 直流电动机有哪几种调速方法？
3. 交流异步电动机有哪几种调速方法？
4. 画出并激直流电动机串电阻调速原理图，说明串电阻后特性曲线的变化情况。
5. 以下为并激直流电动机的铭牌数据，选择其中一台计算：

①电枢串联电阻值，使电动机在额定负载下以 500 r/min 反向旋转；

②电枢串联电阻的标幺值 $R_E^* = 0.8$ 时，电动机在额定负载时的转速。

序号	额定电压/V	额定电流/A	转速/(r/min)	功率/kW	效率	励磁电流/A
a	110	5.26	1500	0.4	0.63	0.37
b	110	7.6	1500	0.6	0.68	0.52
c	110	9.85	1500	0.8	0.69	0.62
d	110	13.3	1500	1.1	0.72	0.79
e	110	18.2	1500	1.5	0.73	0.68
f	110	24.8	1500	2.2	0.77	0.87
g	110	34.5	1500	3	0.77	1.07
h	110	61	1500	5.5	0.79	0.54
i	110	107.5	1500	10	0.84	1.7
j	110	134.4	1500	13	0.85	1.87
k	110	183	1500	17	0.86	3.6
l	110	235	1500	22	0.87	4.4

6. 以下复激电动机，选择一台计算：

①电枢串联电阻值，使电动机在额定负载下以 500 r/min 反向旋转；

②电枢串联电阻的标幺值 $R_E^* = 0.8$ 时，电动机在额定负载时的转速。

序号	额定电压/V	额定电流/A	额定功率/kW	效率	额定转速/(r/min)	最高转速
a	220	99	19	0.86	730	1700
b	220	120	24	0.87	800	1700
c	220	120	23	0.87	1100	2100
d	220	150	30	0.88	1050	2100

通用特性曲线如下表：

I^*	0	10	20	40	60	80	100	120	140	160	180	200
M^*	0	7	16	37	58	78	100	122	144	166	187	208
n^*	135	129	124	116	109	104	100	98	96	93	91	89

7. 直流电动机电枢串电阻调速有什么特点？

8. 直流电动机采取变压调速方法时，电动机应如何接线？(画图说明)

9. 用直流他激发电机作为变压调速电源时，怎样调节电动机的转速？电动机的调速范围可达到多少？

10. 直流他激发电机－电动机组，电动机在制动时处于什么工作状态？此时直流发电机和交流电动机各处于什么工作状态？

11. 直流差复激发电机－他激电动机组能得到什么样的机械特性，为什么？

12. 画出两台同型号直流电动机串、并联调速的原理图，说明两种状态下的功率、转速和转矩。

13. 直流串激电动机：额定功率 $P_N = 30$ kW；额定电压 $U_N = 220$ V；额定电流 $I_N = 161$ A；额定转速 $n_N = 1\ 000$ r/min；效率 0.89；最高转速 3 000 r/min。

制造厂提供的通用特性曲线如下表：

I^*%	20	40	60	80	100	120	140	160	180	200
n^*%	295	152.5	121	107.5	100	94.5	90	85.5	81.6	78.3
M^*%	6	26	49	74.5	100	127.5	154	182.5	210	138.5

求串激励磁绕组并联分流电阻，若并联电阻值与串激励磁绕组的阻值相等，求励磁分流后的转速特性与机械特性。

14. 画出直流并激电动机电枢分路调速的原理图，说明其空载转速和负载时的转速降怎样变化。

15. 试述自励式电机放大机的工作原理。

16. 试述交磁式电机放大机的工作原理。

17. 交磁式电机放大机补偿电阻调整对特性有何影响？

18. 变极调速适用于哪种电动机？

19. 可变极调速的交流电动机，一套绕组可以有几挡速度？各挡速度间有何关系？若要增加速度挡级，怎么办？

20. 变极调速的交流电动机有哪两种接线方法？分别说明转速、转矩和功率的变化情况。变速时接线相序怎样处理？

21. 交流多速(三速以上)电动机的接线要注意什么？

22. 试述交流绕线式电动机转子绕组串电阻调速的特点。

23. 以下为交流绕线电动机的铭牌数据，选择其中一台计算调速电阻。

序号	额定功率/kW	额定电压/V	额定电流/A	n/(r/min)	λ_m	转子电压/V	转子电流/A
a	20	380	41	1 420	2.3	187	68
b	28	380	56	1 420	2.5	225	80
c	40	380	79	1 450	2.6	290	86
d	55	380	105	1 450	2.8	400	85
e	75	380	144	1 460	2.8	436	111
f	100	380	190	1 460	3	560	110
g	115	380	213	1 465	2.2	195	377
h	135	380	251	1 465	2.3	227	376
i	155	380	288	1 470	2.5	272	358
j	180	380	327	1 470	2.3	295	398
k	225	380	405	1 470	2.1	296	498
l	260	380	466	1 470	2.2	339	480
m	300	380	535	1 475	2.3	396	473

计算要求如下：

(1)慢速下降的堵转力矩标幺值0.5；慢速上升的堵转力矩标幺值1.1；

(2)启动力矩为0.8 倍最大转矩；从第一级启动到自然特性分几级启动。

24. 交流电动机变频调速，在改变频率时电压应怎样变化？

25. 额定频率50 Hz 的电动机能否用于60 Hz 电源，应注意什么？

26. 额定频率60 Hz 的电动机能否用于50 Hz 电源，应注意什么？

27. 在题 6 的复激电动机的串激励磁绕组并联分流电阻，若并联电阻值与串激励磁绕组的阻值相等，求励磁分流后的转速特性与机械特性。

题 6 的复激电动机数据：

序号	额定电压/V	额定电流/A	额定功率/kW	效率	额定转速/(r/min)	最高转速
a	220	99	19	0.86	730	1 700
b	220	120	24	0.87	800	1 700
c	220	120	23	0.87	1 100	2 100
d	220	150	30	0.88	1 050	2 100

通用特性曲线如下：

I^*	0	10	20	40	60	80	100	120	140	160	180	200
M^*	0	7	16	37	58	78	100	122	144	166	187	208
n^*	135	129	124	116	109	104	100	98	96	93	91	89

第5章　电力拖动的过渡过程

5.1　电力拖动概述

定义:电力拖动系统由一个稳定运行状态转换到另一个稳定运行状态的过程叫作过渡过程。

电力拖动系统在以下情况会出现过渡过程:

(1)人为改变运行情况　如启动、制动、调速、反转等。

(2)电路参数变化　如电源电压波动、线路阻抗变化、电源频率变化、负载改变等。

过渡过程的变化规律受三种惯性因素的影响:

(1)机械惯性　系统中电动机、生产机械、传动装置等的惯性,惯性大小用机电时间常数衡量。

(2)电磁惯性　系统中电动机和电路中各元件的电感所引出的惯性,惯性大小用电磁时间常数衡量。

(3)热惯性　系统中各元件受热后其参数变化的惯性,惯性大小用热时间常数衡量。

分析过渡过程主要考虑系统的机械惯性,其次考虑电磁惯性,基本不考虑热惯性。这是因为:

(1)电动机运行状态的变化速度主要由机械惯性决定,机电时间常数通常在“秒”这一数量级。也就是说电力拖动系统的过渡过程往往在几秒到几十秒时间内完成。

(2)在采用励磁控制的拖动系统中(如发电机-电动机系统中,改变发电机励磁电流调节发电机输出电压),其电磁时间常数与机电时间常数相近,可在“0.1 s”的数量级,必要时要和机械惯性一起考虑。

(3)热惯性的时间常数很大,一般以“小时”为数量级计算,在电力拖动系统几十秒的过渡时间内不会有显著变化,也就不会影响系统的过渡过程,可以不予考虑。

分析过渡过程的方法:

(1)经典法　解系统的运动微分方程。

(2)运算法　用运算微积数学转换解系统的运动微分方程。

(3)图解法　用作图的方法求得符合工程要求的解答。对于不能用简单的数学式子表达其机械特性的拖动系统,往往只能用图解法求解。

本章内容只作最简单的介绍,并主要介绍图解法概念以及按图解法原理的计算方法。

5.2　电力拖动运动方程式

M——电动机的电磁转矩,转矩方向与电动机转向一致为正值;

M_L——阻转矩,转矩方向与电动机转向相反为正值;

M_{dy}——动态转矩,转矩方向与电动机转向一致为正值,其值等于电动机的电磁转矩与阻转矩之差 $M_{dy}=M-M_L$。

$M_{dy}=M-M_L=0$,电力拖动系统处于稳定(平衡)状态;

$M_{dy}=M-M_L>0$,电力拖动系统处于加速状态;

$M_{dy}=M-M_L<0$,电力拖动系统处于减速状态。

平衡方程式:

$$M_{dy}=M-M_L=J\frac{d\omega}{dt}(\mathrm{N\cdot m})$$

式中　J——转动惯量($\mathrm{kg\cdot m^2}$)也叫惯性矩,$J=m\rho^2$;

m——旋转体质量,kg;

ρ——回转半径,m;

ω——角速度 rad/s;

$\frac{d\omega}{dt}$——角加速度 $\mathrm{rad/s^2}$。

在工程上常用 GD^2 代替 J,GD^2 叫作飞轮矩,或叫飞轮惯量,单位为 $\mathrm{kg\cdot m^2}$;n 代替 ω;n 为转速,即每分钟转数,单位为 r/min。

则有:

$$m=G(\mathrm{kg})$$

$$\rho=\frac{D}{2}(\mathrm{m})$$

其中,D 旋转体的回转直径(m)

$$J=m\rho^2=\frac{GD^2}{4}(\mathrm{kg\cdot m^2})$$

$$\omega=\frac{2\pi n}{60};\quad \frac{d\omega}{dt}=\frac{2\pi}{60}\cdot\frac{dn}{dt}$$

得到

$$M_{dy}=M-M_L=J\frac{d\omega}{dt}=\frac{GD^2}{4}\times\frac{2\pi}{60}\times\frac{dn}{dt}=\frac{\pi GD^2}{120}\frac{dn}{dt}\quad(\mathrm{N\cdot m})$$

为使 GD^2 的单位与转矩的单位相互对应,即把转矩 M 的单位改为($\mathrm{kgf\cdot m}$)与 GD^2($\mathrm{kg\cdot m^2}$)对应,或把 M 的单位改为($\mathrm{N\cdot m}$)与 GD^2($\mathrm{N\cdot m^2}$)对应,则算式变为

$$M_{dy}=M-M_L=\frac{\pi GD^2}{120g}\frac{dn}{dt}=\frac{GD^2}{375}\frac{dn}{dt}$$

N 和 kgf 都是作用力的单位,大小差 g 倍,属同一量纲。kg 和 kgf 都代表一千克,但前者代表物体质量,后者代表作用力。

注意:在用上式进行过渡过程计算时,M 与 GD^2 的单位必须相互对应。

5.3 转矩的折算

折算原则:按功率平衡的原则折算,通常都折算到电动机轴。

1. 旋转运动物体的折算

电动运行状态:此时电动机的输出转矩为“+”与旋转方向一致,电动机输出功率等于生产机械和传动装置所消耗的功率。(这时电动机轴是主动轴)

$$M_L' = \frac{M_L}{i\eta}$$

式中 M_L——负载转矩(N·m);

i——转速比(电动机转速/生产机械转速);

η——传动效率。

制动运行状态:此时电动机的输出转矩为“-”,与旋转方向相反,生产机械位能输出的功率等于电动机消耗功率加上传动装置的消耗功率。(这时电动机轴是被动轴或叫从动轴)

$$M_L' = \frac{M_L\eta}{i}$$

式中 M_L——负载转矩(kgf·m);

i——转速比(电动机转速/生产机械转速);

η——传动效率。

2. 直线运动物体的折算

电动运行状态:其中 F 为负载阻力(kg),

$$M_L'\omega = \frac{Fv}{\eta}$$

式中 v——运动速度,m/s;

η——传动效率。

$$M_L' = \frac{Fv}{\omega\eta} = \frac{60Fv}{2\pi n\eta} = 9.55\frac{Fv}{n\eta}$$

制动运行状态

$$M_L' = \frac{Fv\eta}{\omega} = \frac{60Fv\eta}{2\pi n} = 9.55\frac{Fv\eta}{n}$$

5.4 飞轮矩的折算

折算原则:按动能不变的原则折算,即折算后等值飞轮矩的动能等于实际系统各部分动能之和,通常都折算到电动机轴。

1. 旋转运动物体的折算:旋转物体的等效飞轮矩与转速的平方成反比。

$$GD_{EQ}^2 = \frac{GD_n^2}{i^2}\ (\mathrm{kg\cdot m^2})$$

式中　GD_n^2——旋转物体的飞轮矩；

GD_{EQ}^2——折算到电动机轴的等效飞轮矩。

2. 直线运动物体的折算

按动能相等原则：

$$\frac{mv^2}{2}=\frac{J_{EQ}\omega^2}{2}\quad 得到\quad J_{EQ}=\frac{mv^2}{\omega^2}$$

$$GD_{EQ}^2=\frac{4gmv^2}{\omega^2}=4Gv^2\times\left(\frac{60}{2\pi n}\right)^2=365\frac{Gv^2}{n^2}$$

式中　G——运动物体质量，kg；

v——运动物体线速度，m/s；

n——旋转轴转速（折算到电动机时即电动机转速，r/min）。

5.5　电力拖动的启动时间和制动时间

按 5－2 节的分析，电力拖动系统的运动方程式：

$$M_{dy}=M-M_L=\frac{GD^2}{375}\frac{\mathrm{d}n}{\mathrm{d}t}$$

$$\mathrm{d}t=\frac{GD^2}{375}\frac{\mathrm{d}n}{M-M_L}$$

$$t=\frac{GD^2}{375}\int_{n_1}^{n_2}\frac{\mathrm{d}n}{M-M_L}=\frac{GD^2}{375}\int_{n_1}^{n_2}\frac{\mathrm{d}n}{M_{dy}}\ (\mathrm{s})$$

这是转速从 n_1 过渡到 n_2 的时间。

1. 动态转矩恒定条件下的加速时间与启动时间

若电动机在变速过程中保持 $M_{dy}=M-M_L$不变，则转速从 n_1 过渡到 n_2 的加速时间为

$$t=\frac{GD^2}{375}\frac{n_2-n_1}{M-M_L}\quad(\mathrm{s})$$

若从静止状态启动，则 $n_1=0$，启动时间为

$$t=\frac{GD^2}{375}\frac{n_2}{M-M_L}\quad(\mathrm{s})$$

2. 动态转矩恒定条件下的制动时间

制动时系统的动态转矩是电动机的制动转矩 M 与负载阻转矩 M_L 之和（电动机的转矩已改变方向），从转速 n_2 降到 n_1 的时间是

$$t_{\mathrm{B}}=\frac{GD^2}{375}\int_{n_2}^{n_1}\frac{\mathrm{d}n}{-M-M_L}=\frac{GD^2}{375}\int_{n_1}^{n_2}\frac{\mathrm{d}n}{M+M_L}=\frac{GD^2}{375}\times\frac{n_2-n_1}{M+M_L}$$

若系统自由停车，即电动机不做电气制动，没有制动转矩，则 $M=0$，从 n_2 到停车的时间是

$$t_{\mathrm{b}}=\frac{GD^2}{375}\int_{n_2}^{0}\frac{dn}{-M_L}=\frac{GD^2n_2}{375M_L}$$

对于经常启动、制动的拖动系统，为提高生产效率，要求尽可能缩短启动与制动时间，

要尽量减小系统的飞轮矩 GD^2，这时选择具有较小 GD^2 的电动机显得尤为重要。因为一般拖动系统电动机都处于高速端，它的飞轮矩直接影响过渡时间，而生产机械与传动机构的飞轮矩经过折算(除以 i^2)后，其影响已大大减小。对于与电动机直接联轴的或处于高速端的生产机械，减小它的 GD^2，对缩短过渡过程时间则也是至关重要的。

对于转矩为非线性变化的系统(电动机电磁转矩为非线性，和/或负载转矩为非线性)，求解上述积分是有困难的，一般须用图解法或图解分析法求解。

3. 启动时间与制动时间的图解计算：

按动态方程推得过渡过程时间为

$$t = \frac{GD^2}{375}\int_{n_1}^{n_2}\frac{\mathrm{d}n}{M - M_{\mathrm{L}}} = \frac{GD^2}{375}\int_{n_1}^{n_2}\frac{\mathrm{d}n}{M_{\mathrm{dy}}}\ (\mathrm{s})$$

这是转速从 n_1 过渡到 n_2 的时间。

依照定积分原理，上式中积分部分可化作机械特性曲线 $n=f(M)$ 图中的纵坐标轴、水平线 $n=n_1$、$n=n_2$ 及曲线 $n=f\left(\frac{1}{M-M_L}\right)=f\left(\frac{1}{M_{dy}}\right)$ 所围的面积，在已知电动机的机械特性($M-n$)和负载机械特性(M_L-n)时可用图解法求解过渡过程时间。求解的步骤如下：

①按所采用的启动、制动或调速级数把系统的过渡过程分成相应的阶段；

②计算系统的等效飞轮矩“GD^2_{eq}”和等效阻力矩“M_L”，一般折算到电动机轴；

③按所分的阶段逐段作图：

(a)作电动机机械特性曲线($n-M$)；

(b)作负载机械特性曲线($n-M_L$)；

(c)并画出动态转矩特性曲线($n-M_{dy}$)，其中 $M_{dy}=M-M_L$；

(d)计算 M_{dy}的倒数，并画出动态转矩倒数的曲线($n-M_{dy}^{-1}$)；

(e)按所求阶段的起始与终了转速画水平线；

(f)在图上求出纵坐标、两条水平线和曲线($n-M_{dy}^{-1}$)所围的面积，算出该阶段的过渡时间(可分成多段求梯形面积再相加)；

(g)把各阶段过渡时间相加，就得到系统总的过渡时间。

注：在计算最后一级的过渡时间时，最终转速达到稳定转速的95%以上就认为过渡完毕。

按上述方法得到转速－时间曲线($n-t$)后，可由电动机的机械特性求出过渡过程的转矩－时间曲线($M-t$)，由电动机的转速特性求出过渡过程的电流－时间曲线($I-t$)。

4. 由上述内容归纳，可得出过渡过程时间与系统的转动惯量(飞轮矩)成正比，与动态转矩成反比，与开始与终了的转速差成正比。

5.6 直流并(他)激电动机的过渡过程

5.6.1 电流与转速方程式

并(他)激电动机的转速特性与转矩

$$n = \frac{U}{C_e\Phi} - \frac{R}{C_e\Phi}i \quad M = C_m\Phi i$$

代入运动方程式

$$M_{dy}=M-M_L=C_m\Phi i-M_L=\frac{GD^2}{375}\frac{\mathrm{d}n}{\mathrm{d}t}$$

得

$$i=\frac{GD^2}{375C_m\Phi}\frac{\mathrm{d}n}{\mathrm{d}t}+\frac{M_L}{C_m\Phi}$$

$$n=\frac{U}{C_e\Phi}-\frac{GD^2R}{375C_eC_m\Phi^2}\frac{\mathrm{d}n}{\mathrm{d}t}+\frac{R}{C_eC_m\Phi^2}M_L=n_0-T_{me}\frac{\mathrm{d}n}{\mathrm{d}t}+\Delta n$$

Δn——稳定运行转速降

T_{me}——电动机的机电时间常数

n_0——电动机的空载转速

其中，$T_{me}=\dfrac{GD^2R}{375C_eC_m\Phi^2}$为电动机的机电时间常数。

把 $C_e\Phi=\dfrac{U}{n_0}$，$C_m\Phi=\dfrac{M_S}{I_S}$（堵转转矩/堵转电流）和$\dfrac{U}{I_S}=R$ 代入，则得到时间常数用空载转速和堵转转矩的表达式：

$$T_{me}=\frac{GD^2R}{375C_eC_m\Phi^2}=\frac{GD^2Rn_0I_S}{375UM_S}=\frac{GD^2n_0}{375M_S}$$

机电时间常数与系统的飞轮矩成正比，与电枢回路总电阻成正比，与空载转速成正比，与堵转转矩成反比。

5.6.2　并激电动机启动的过渡过程

1. 转速－时间的变化规律

由 $n=n_0-T_{me}\dfrac{\mathrm{d}n}{\mathrm{d}t}-\Delta n$ 得 $\mathrm{d}t=\dfrac{T_{me}\mathrm{d}n}{n_0-\Delta n-n}$

$$t=-T_{me}\ln(n_0-\Delta n-n)+C$$

从 n_1 升速到 n 的时间：

$$t=-T_{me}\ln(n_0-\Delta n-n)\big|_{n_1}^{n}=T_{me}[\ln(n_0-\Delta n-n_1)-\ln(n_0-\Delta n-n)]$$

$$t=T_{me}\ln\frac{n_0-\Delta n-n_1}{n_0-\Delta n-n}=T_{me}\ln\frac{n_L-n_1}{n_L-n}$$

上式中 $n_L=n_0-\Delta n$ 为在 M_L 负载时电动机的稳定转速。

$$-\frac{t}{T_{me}}=\ln\frac{n_L-n}{n_L-n_1}$$

转速变化规律

$$n=n_L-(n_L-n_1)\mathrm{e}^{-\frac{t}{T_{me}}}$$

式中 n_L-n_1 为稳定转速与起始转速之差。

电动机从静止状态启动 $n_1=0$，则

$$n=n_L(1-\mathrm{e}^{-\frac{t}{T_{me}}}),\quad t=T_{me}\ln\frac{n_L}{n_L-n_1}$$

若为空载启动，则

$$n=n_0(1-\mathrm{e}^{-\frac{t}{T_{me}}}),\quad t=T_{me}\ln\frac{n_0}{n_0-n_1}$$

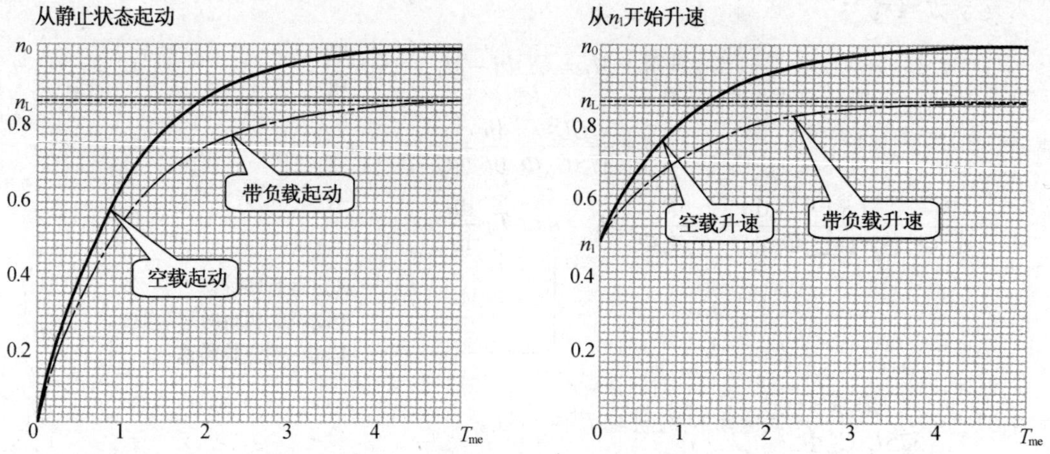

图 5-1　单级启动(升速)的 $n-t$ 曲线

2. 电流的变化规律

由　$$i=\frac{GD^2}{375C_m\Phi}\frac{\mathrm{d}n}{\mathrm{d}t}+\frac{M_L}{C_m\Phi}==\frac{GD^2}{375C_m\Phi}\frac{\mathrm{d}n}{\mathrm{d}t}+I_L$$

（I_L：稳定运行的负载电流）

和
$$t=-T_{me}\ln(n_0-\Delta n-n)+C$$

得到
$$-\frac{t-C}{T_{me}}=\ln(n_0-\Delta n-n)$$

$$n_0-\Delta n-n=\mathrm{e}^{-\frac{t}{T_{me}}}\cdot\mathrm{e}^{\frac{C}{T_{me}}}=-C'\mathrm{e}^{-\frac{t}{T_{me}}}$$

其中
$$C'=-\mathrm{e}^{\frac{C}{T_{me}}}$$

$$n=n_0-\Delta n+C'\mathrm{e}^{-\frac{t}{T_{me}}}$$

对时间求导

$$\frac{\mathrm{d}n}{\mathrm{d}t}=-\frac{C'}{T_{me}}e^{-\frac{t}{T_{me}}}$$

代入电流表达式

$$i=\frac{GD^2C'}{375C_m\Phi T_{me}}\mathrm{e}^{-\frac{t}{T_{me}}}+I_L$$

按初始边界条件,开始启动 $t=0$ 时电流 i 等于初始启动电流 I_{in},即 $i=I_{in}$,

$$I_{in}=\frac{GD^2C'}{375C_m\Phi T_{me}}+I_L$$

得到
$$C'=\frac{375C_m\Phi T_{me}}{GD^2}(I_{in}-I_L)$$

其中初始启动电流
$$I_{in}=\frac{U}{R}$$

得到启动电流的表达式:

$$i=(I_{in}-I_L)\mathrm{e}^{-\frac{t}{T_{me}}}+I_L=\left(\frac{U}{R}-I_L\right)\mathrm{e}^{-\frac{t}{T_{me}}}+I_L$$

若空载启动,则 $I_L=0$,

$$i = \frac{U}{R} e^{-\frac{t}{T_{me}}}$$

时间与电流的关系式：

$$\frac{i - I_L}{I_{in} - I_L} = e^{-\frac{t}{T_{me}}}$$

$$t = -T_{me} \ln \frac{i - I_L}{I_{in} - I_L} = T_{me} \ln \frac{I_{in} - I_L}{i - I_L}$$

对于并激电动机串电阻启动的每一级，各启动电流 $I_{in} = I_{Smax}$ 与转换电流 $i = I_{CH}$ 都相同，则每一级的 $K = \ln \frac{I_{in} - I_L}{i - I_L}$ 值都相同。每一级的启动时间和这一级的机电时间常数成正比（与电枢回路总电阻成正比）。

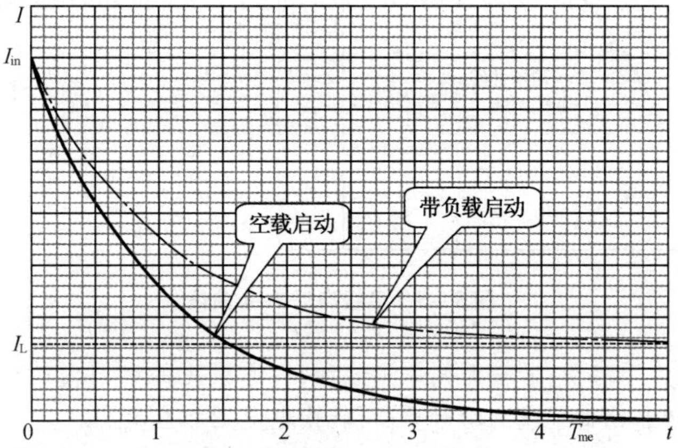

图 5－2　单级启动 $I-t$ 曲线

3. 电枢串电阻分级启动的电流与转速曲线

负载条件下启动：每一级的启动时间常数与电枢回路的总电阻成正比，每一级启动持续时间也与总电阻成正比。

I_{in}——初始启动电流

I_{CH}——启动转换电流

I_L——负载电流

t_1——第一级启动时间

t_2——第二级启动时间

t_3——第三级启动时间

n_0——空载转速

n_L——负载转速

n_1——第一级启动转速

n_2——第二级启动转速

n_3——第三级启动转速

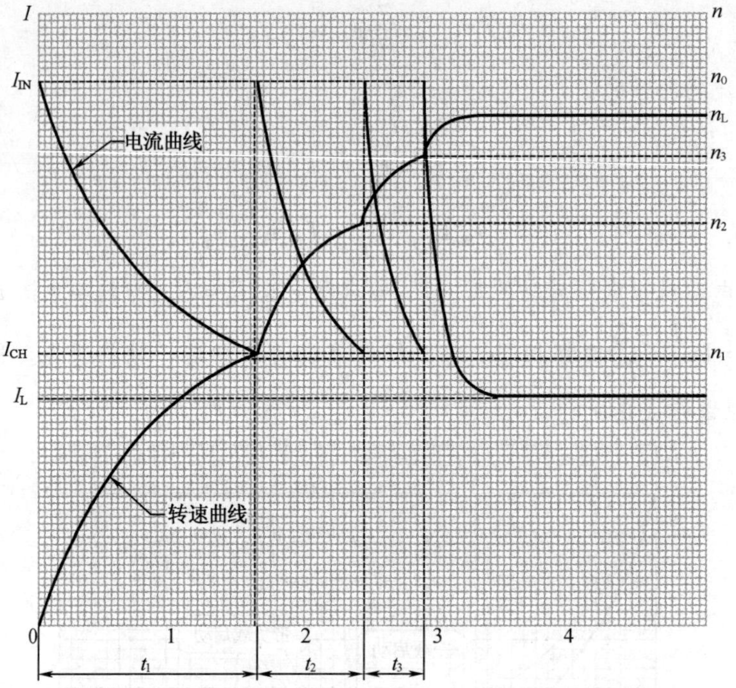

图 5-3 多级启动 $I-t$ 曲线

空载或轻载条件下启动:若按时间原则启动,在原设定的时间内转速升高较快,电流下降较多,在转换时转速比带负载启动时要高,转换电流则相应减小。

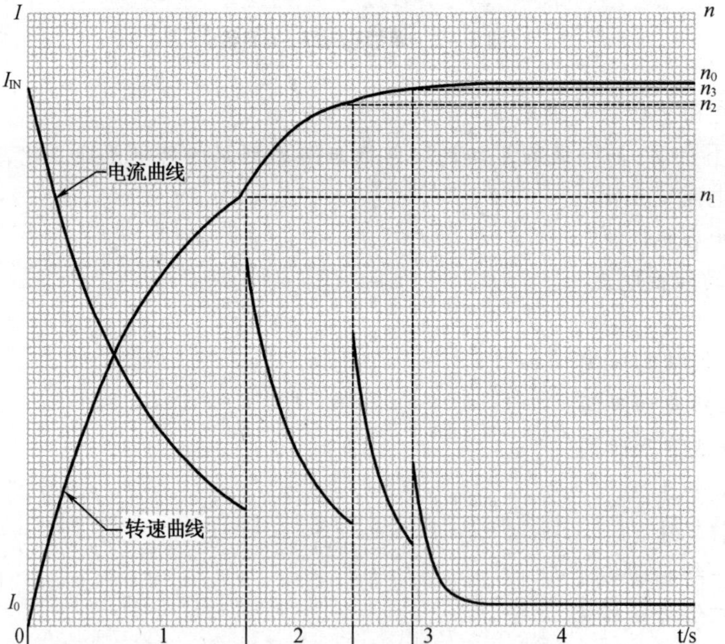

图 5-4 多级启动 $n-t(I-t)$ 曲线(轻载)

I_{in}——初始启动电流

I_0——空载电流
t_1——第一级启动时间
t_2——第二级启动时间
t_3——第三级启动时间
n_0——理想空载转速
n_0'——实际空载转速
n_1——第一级启动转速
n_2——第二级启动转速
n_3——第三级启动转速

5.6.3　并激电动机能耗制动的过渡过程

能耗制动的时间常数

$$T_{mR}=\frac{GD^2R}{375C_eC_m\Phi^2}$$

其中 R 为能耗制动电阻与电枢电阻之和($R=R_B+R_a$)。

反抗性负载能耗制动的稳定转速 $n_0=0$。

位能性负载能耗制动的稳定转速(有位能力矩 M_L 时) $n_L=-\Delta n$。

能耗制动的初始电流 $I_b=\dfrac{C_e\Phi n_1}{R}$。

位能负载能耗制动稳定运行电流 $I_L=\dfrac{M_L}{C_m\Phi}$(即对应于 $n_L=-\Delta n$ 时的电流,限速下降)。

1. 能耗制动转速的变化规律(图 5-5)

$$n=-\Delta n-(-\Delta n-n_1)e^{-\frac{t}{T_{mb}}}=(n_1+\Delta n)e^{-\frac{t}{T_{mb}}}-\Delta n$$

式中　n_1——起始转速;
$-\Delta n$——位能负载能耗制动的稳定转速;
$n_1+\Delta n$——起始转速与稳定转速之差。

空载或反抗性负载能耗制动:

$$\Delta n=0,\quad n=n_1e^{-\frac{t}{T_{mb}}}$$

转速下降时间

$$t=T_{mb}\ln\frac{n_1+\Delta n}{n+\Delta n}$$

空载或反抗性负载制动时间

$$t=T_{mb}\ln\frac{n_1}{n}$$

位能负载从 n_1 到停止时间

$$t=T_{mb}\ln\frac{n_1+\Delta n}{\Delta n}$$

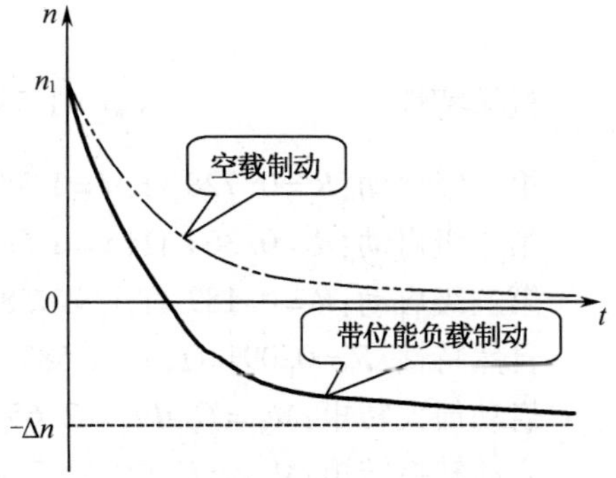

图 5-5　能耗制动 $n-t$ 曲线

2. 能耗制动电流的变化规律(图 5-6)

$$i=(I_b-I_L)e^{-\frac{t}{T_{mb}}}+I_L=\left(\frac{C_e\Phi n_1}{R}-I_L\right)e^{-\frac{t}{T_{mb}}}+I_L$$

空载或反抗性负载制动电流($I_L=0$)：

$$i=I_b e^{-\frac{t}{T_{mb}}}=\frac{C_e\Phi n_1}{R}e^{-\frac{t}{T_{mb}}}$$

时间与电流的关系：

$$\frac{i-I_L}{I_b-I_L}=e^{-\frac{t}{T_{mb}}};$$

$$t=-T_{mb}\ln\frac{i-I_L}{I_b-I_L}=T_{mb}\ln\frac{I_b-I_L}{i-I_L}$$

空载或反抗性负载制动时间：

$$t=T_{mb}\ln\frac{I_b}{i}$$

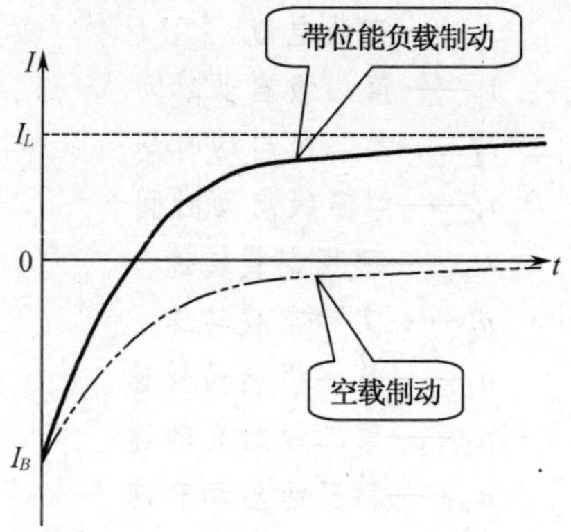

图 5-6 能耗制动 $I-t$ 曲线

5.6.4 直流并激电动机过渡过程的图解法

例：并激直流电动机：$P_N=100$ kW；$U_N=440$ V；$I_N=254$ A；$n_N=1\ 500$ r/min；最大启动电流 $2.5I_N$；$GD_M^2=7.3\ \text{kg}\cdot\text{m}^2$；系统其他部分的飞轮矩折算到电动机轴 $GD_L^2=5.36\ \text{kg}\cdot\text{m}^2$；系统的负载阻力矩折算到电动机轴 $M_L'=630$ N·m

按启动要求已求得：

启动级数 3 级；启动电流 $I_S=600$ A；转换电流 $I_{CH}=300$ A；

电枢电阻 $R_a=0.091\ \Omega$；

启动时电枢回路总电阻：第一级 $R_1=0.728\ \Omega$；第二级 $R_2=0.364\ \Omega$；第三级 $R_3=0.182\ \Omega$；

1. 求机械特性"$n-M$"曲线

以下各算式来源于直流电机的基本方程式 $n=\frac{U-IR}{C_e\Phi}=\frac{U}{C_e\Phi}-\frac{M}{C_e\Phi C_m\Phi}$，转矩单位是 N·m。

$$C_e\Phi=\frac{440-254\times 0.091}{1\ 500}=0.277\ 9$$

$$C_m\Phi=9.55\times 0.277\ 9=2.654$$

$$n_0=\frac{440}{0.277\ 9}=1\ 583\ \text{r/min}$$

机械特性：
$$n=1\ 583-\frac{R}{0.277\ 9\times 2.654}M$$

第一级启动：$R=0.728\ \Omega$，$n=1\ 583-0.987\ 1M$。

第二级启动：$R=0.364\ \Omega$，$n=1\ 583-0.493\ 5M$。

第三级启动：$R=0.182\ \Omega$，$n=1\ 583-0.246\ 8M$。

自然特性：$R=0.091\ \Omega$，$n=1\ 583-0.123\ 4M$。

启动最大转矩：$M_S=C_M\Phi I_S=2.654\times 600=1\ 592.4$ N·m。

启动转换转矩：$M_{CH}=C_M\Phi I_{CH}=2.654\times 300=796.2$ N·m。

各启动级的起始转速与转换转速：

第一级启动：起始 $n_S=0$，转换 $n_{CH}=1\ 583-0.987\ 1\times 796.2=797$ r/min。

第二级启动：起始 $n_S=797$ r/min，转换 $n_{CH}=1\ 583-0.493\ 5\times 796.2=1\ 190$ r/min。

第三级启动：起始 $n_S=1\ 190$ r/min，转换 $n_{CH}=1\ 583-0.246\ 8\times 796.2=1\ 386.5$ r/min。

自然特性：起始 $n_S=1\ 386.5$ r/min。

达到转换转矩时认为启动完毕，$n_{CH}=1\ 583-0.123\ 4\times 796.2=1\ 485$ r/min。

2. 作图：参见图 5－7 和图 5－8

（1）按“1.”计算的结果画出电动机机械特性。

（2）计算总阻力矩及动态转矩

电动机额定转矩

$$M_{N2}=9\ 550\frac{P_N}{n_N}=9\ 550\frac{100}{1\ 500}=636.7\ \text{N}\cdot\text{m}$$

电动机额定电磁转矩

$$M_N=C_M\Phi I_N=2.654\times 254=674.1\ \text{N}\cdot\text{m}$$

电动机空载转矩

$$M_0=M_N-M_{N2}=674.1-636.7=37.4\ \text{N}\cdot\text{m}$$

总阻力矩

$$M_L=630+37.4=667.4\ \text{N}\cdot\text{m}$$

由机械特性上的电磁转矩总阻力矩之差得动态转矩 $M_{dy}=M-M_L$。

（3）计算并画出动态转矩倒数“M_{dy}^{-1}”曲线；（M_{dy}^{-1}的单位为$[\text{N}\cdot\text{m}]^{-1}$）

（4）计算总飞轮矩，注意单位换算到 $\text{N}\cdot\text{m}^2$（也可都用 $\text{kgf}\cdot\text{m}$ 和 $\text{kg}\cdot\text{m}^2$）

$$GD^2=9.81(GD_M^2+GD_L^2)=9.81(7.3+5.36)=124.1\ \text{N}\cdot\text{m}^2$$

（5）计算各阶段启动时间

转速从 n_1 过渡到 n_2 的时间：

$$\Delta t=\frac{GD^2}{375}\int_{n_1}^{n_2}\frac{\text{d}n}{M-M_L}=\frac{GD^2}{375}\int_{n_1}^{n_2}\frac{\text{d}n}{M_{dy}}\quad(\text{s})$$

积分值按梯形面积计算

$$\Delta t=\frac{GD^2}{375}\times\frac{(M_{dy1}^{-1}+M_{dy2}^{-1})\times\Delta n}{2}\quad(\text{s})$$

其中$\frac{GD^2}{375}=\frac{124.1}{375}=0.331\ \text{N}\cdot\text{m}\quad(\text{s})$；$\Delta n=n_2-n_1$。

各级启动时间的计算如下：

第一级启动：起始 $n_S=0$，转换 $n_{\text{CH}}=1\ 583-0.987\ 1\times 796.2=797\ \text{r/min}$。

n	M	$M_{dy}^{-1}(\text{N}\cdot\text{m}^{-1}\times 10^{-3})$	M_{dy}^{-1}平均值（与上一格平均）	$\Delta n/(\text{r/min})$	$\Delta t/\text{s}$	$\sum\Delta t/\text{ms}$
0	1 604	1.068				
200	1 401	1.363	1.2	200	79	79
400	1 198	1.883	1.6	200	106	185
500	1 097	2.327	2.1	100	69	255
550	1 046	2.638	2.5	50	41	296
600	996	3.045	2.8	50	46	343
650	945	3.56	3.3	50	54	397
700	894.5	4.403	4	50	66	463
750	844	5.666	5	50	83	546
780	813.5	6.845	6.3	30	63	609
797	796	7.760	7.3	17	41	650

第一级启动时间 $t_1 = 0.650\text{s}$。

第二级启动:起始 $n_S = 797$ r/min,转换 $n_{CH} = 1\,583 - 0.493\,5 \times 796.2 = 1\,190$ r/min。

n	M	M_{dy}^{-1}(N·m^{-1}×10^{-3})	M_{dy}^{-1}平均值(与上一格平均)	Δn/(r/min)	Δt/ms	$\sum\Delta t$/ms
797	1 593	1.081				
900	1 384	1.395	1.25	103	43	43
1 000	1 181	1.946	1.67	100	55	98
1 060	1 060	2.549	2.25	60	45	143
1 100	979	3.212	2.9	40	38	181
1 160	857	5.27	4.2	60	83	264
1 190	796	7.755	6.5	30	65	329

第二级启动时间 $t_2 = 0.329$ s;总时间 $T = 0.979$ s。

第三级启动:起始 $n_S = 1\,190$ r/min,转换 $n_{CH} = 1\,583 - 0.246\,8 \times 796.2 = 13\,86.5$ r/min。

n	M	M_{dy}^{-1}(N·m^{-1}×10^{-3})	M_{dy}^{-1}平均值(与上一格平均)	Δn/(r/min)	Δt/ms	$\sum\Delta t$/ms
1 190	1 593	1.081				
1 260	1 309	1.559	1.3	70	30	30
1 300	1 147	2.086	1.8	60	36	66
1 340	985	3.153	2.6	40	34	100
1 370	863	5.111	4.1	30	41	141
1 386.5	796	7.765	6.4	16.5	35	176

第三级启动时间 $t_3 = 0.176$ s;总时间 $T = 1.155$ s

转入自然特性:起始 $n_S = 1\,386.5$ r/min,完毕 $n_{CH} = 1\,583 - 0.123\,4 \times 796.2 = 1\,485$ r/min。

n	M	M_{dy}^{-1}(N·m^{-1}×10^{-3})	M_{dy}^{-1}平均值(与上一格平均)	Δn/(r/min)	Δt/ms	$\sum\Delta t$/ms
1 386.5	1 593	1.081				
1 420	1 320	1.53	1.3	33.5	14	14
1 460	997	3.036	2.3	40	30	44
1 485	7 945	7.889	5.5	25	46	90

最后升速时间 $t_4 = 0.090$ s;总启动时间 $T = 1.245$ s。

注:以上 M_{dy} 采用了计算数据,这是在并激电动机特定条件下(有机械特性的解析表达式)才能做到的,在其他情况下则须用曲线上量出的数据。

机械特性及动态转矩曲线见图 5-7。

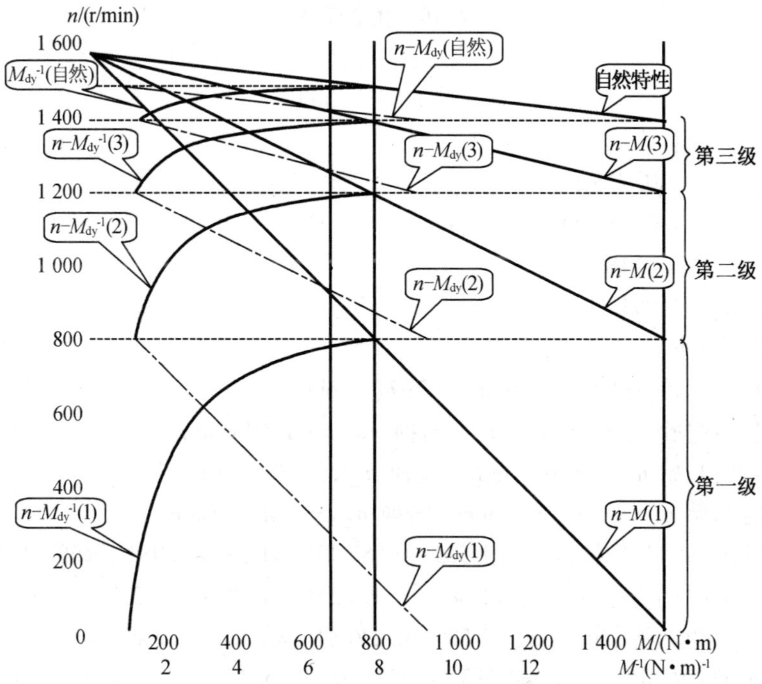

图 5－7　各级机械特性及动态转矩曲线

启动升速和转矩、电流曲线见图 5－8。

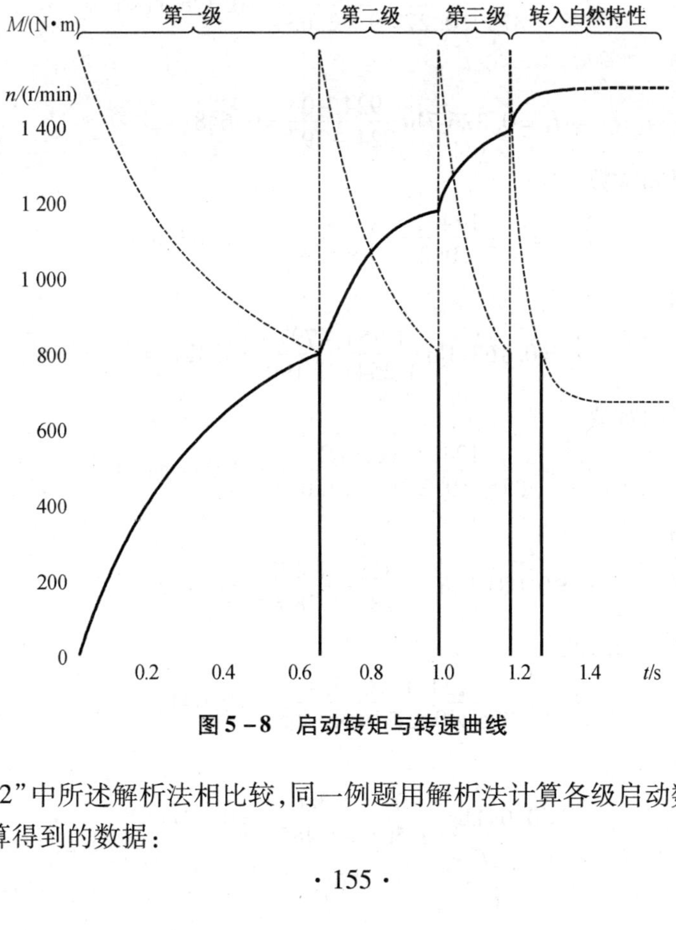

图 5－8　启动转矩与转速曲线

为与“5.6.2”中所述解析法相比较，同一例题用解析法计算各级启动数据如下：

由上述计算得到的数据：

$$C_e\Phi = 0.277\ 9$$

$$C_m\Phi = 2.654$$

$$n_0 = 1\ 583\ \text{r/min}$$

电枢回路总电阻：

第一级启动：$R_1 = 0.728\ \Omega$

第二级启动：$R_2 = 0.364\ \Omega$

第三级启动：$R_3 = 0.182\ \Omega$

自然特性：$R_a = 0.091\ \Omega$

起始与转换转速：

第一级启动：起始 $n_S = 0$　转换 $n_{CH} = 797$(r/min)

第二级启动：起始 $n_S = 797$ r/min　转换 $n_{CH} = 1\ 190$(r/min)

第三级启动：起始 $n_S = 1190$ r/min　转换 $n_{CH} = 1\ 386.5$(r/min)

自然特性：起始 $n_S = 1\ 386.5$ r/min　转换 $n_{CH} = 1\ 485$ r/min

第一级启动特性的稳定转速：$n_L = 1\ 583 - 0.987\ 1M_L = 1\ 583 - 0.987\ 1 \times 667.4 = 924$(r/min)

第二级启动特性的稳定转速：$n_L = 1\ 583 - 0.493\ 5M_L = 1\ 583 - 0.493\ 5 \times 667.4 = 1\ 254$(r/min)

第三级启动特性的稳定转速：$n_L = 1\ 583 - 0.246\ 8M_L = 1\ 583 - 0.246\ 8 \times 667.4 = 1\ 418$(r/min)

自然特性特性的稳定转速：$n_L = 1\ 583 - 0.123\ 4M_L = 1\ 583 - 0.123\ 4 \times 667.4 = 1\ 501$(r/min)

$GD^2 = 124.1\ \text{N} \cdot \text{m}^2$；

第一级启动时间常数

$$T_{me1} = \frac{124.1 \times 0.728}{375 \times 0.277\ 9 \times 2.654} = 0.326\ 7(\text{s})$$

启动过渡时间

$$t_1 = 0.326\ 7\ln\frac{924 - 0}{924 - 797} = 0.648(\text{s})$$

第二级启动时间常数

$$T_{me2} = \frac{124.1 \times 0.364}{375 \times 0.277\ 9 \times 2.654} = 0.163\ 3(\text{s})$$

启动过渡时间

$$t_2 = 0.163\ 3\ln\frac{1\ 254 - 797}{1\ 254 - 1\ 190} = 0.321(\text{s})$$

第三级启动时间常数

$$T_{me3} = \frac{124.1 \times 0.182}{375 \times 0.277\ 9 \times 2.654} = 0.081\ 7(\text{s})$$

启动过渡时间

$$t_3 = 0.081\ 7\ln\frac{1\ 418 - 1\ 190}{1\ 418 - 1\ 386.5} = 0.162(\text{s})$$

第四级自然特性的时间常数

$$T_{me4} = \frac{124.1 \times 0.094}{375 \times 0.277\ 9 \times 2.654} = 0.041(\text{s})$$

启动过渡时间

$$t_4 = 0.041\ln\frac{1\ 501 - 1\ 386.5}{1\ 501 - 1\ 485} = 0.081(\text{s})$$

总启动升速时间：

$$T=0.648+0.321+0.162+0.081=1.212(\mathrm{s})$$

比图解法结果(1.245(s))小 2% ~3%，是图解时用平均值代替曲线梯形所造成的误差。

要使图解的结果更精确，转速的分级越细，近似程度越好。

5.7　交流异步电动机的过渡过程(图解法)

异步电动机：

额定功率 100 kW；　额定电压 380 V；　额定电流 186 A；　额定转速 1 470 r/min；

过载倍数 2.2；　启动转矩倍数 2.0；　启动电流倍数 6.5；飞轮矩 7.1 kg · m^2

系统的负载：阻力矩 630 N · m；　飞轮矩 8 kg · m^2

电动机在满载条件下采用自耦变压器降压启动。

求：自耦变压器变压比、启动转换时间、总启动时间、$n-t$、$M-t$ 和 $I-t$ 曲线。

该异步电动机的通用特性见图 5-9。

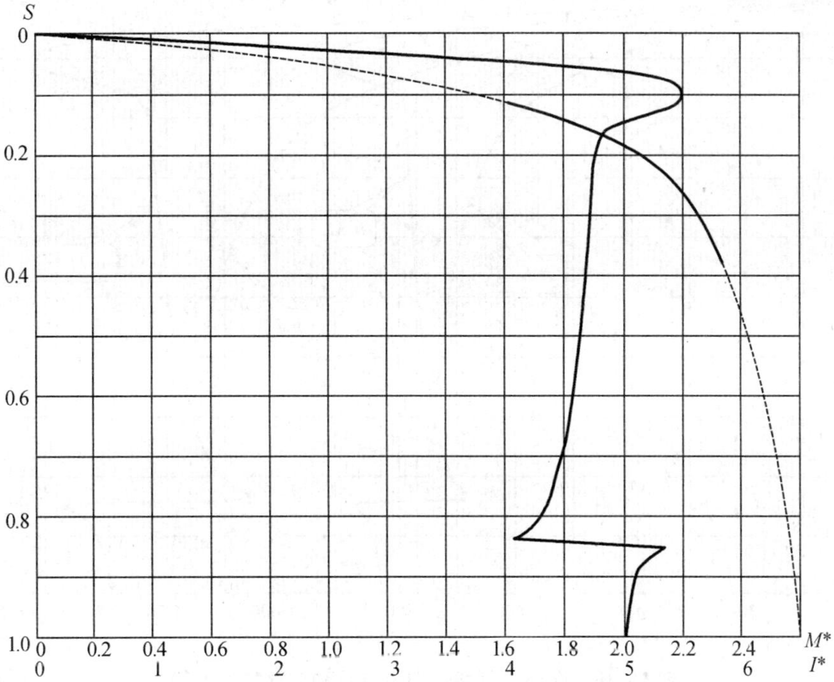

图 5-9　题述电动机的通用曲线

一、计算

电动机的额定转矩

$$M_N=9\ 550\frac{P_N}{n_N}=9\ 550\frac{100}{1\ 470}=650(\mathrm{N\cdot m})$$

电动机的最小转矩

由图 5－9　　　　$M_{min} = 1.64 M_N = 1.64 \times 650 = 1\ 066(N \cdot m)$

启动时的变压比：

$$\frac{负载转矩}{最小转矩} = \frac{630}{1\ 066} = 0.591$$

采用自耦变压器变压比 $k = 0.8$，则 $k^2 = 0.64 > 0.591$，可使启动过程中启动转矩始终大于负载阻力矩，保证系统顺利启动。

系统飞轮矩：

$$GD^2 = GD_M^2 + GD_L^2 = 7.1 + 8 = 15.1(kg \cdot m^2) = 9.81 \times 15.1 = 148.1(N \cdot m^2)$$

二、作图

1. 作固有机械特性曲线

按通用特性上的标幺值 M^*

$$M = M_N \times M^* = 650 \times M^*\ N \cdot m$$

2. 作启动机械特性曲线 $n - M_{st}$ 和转速特性曲线 $n - I_{st}$

$$M_{st} = k^2 M = 0.64M\ N \cdot m,\quad I_{st} = k^2 I = 0.64I\ A$$

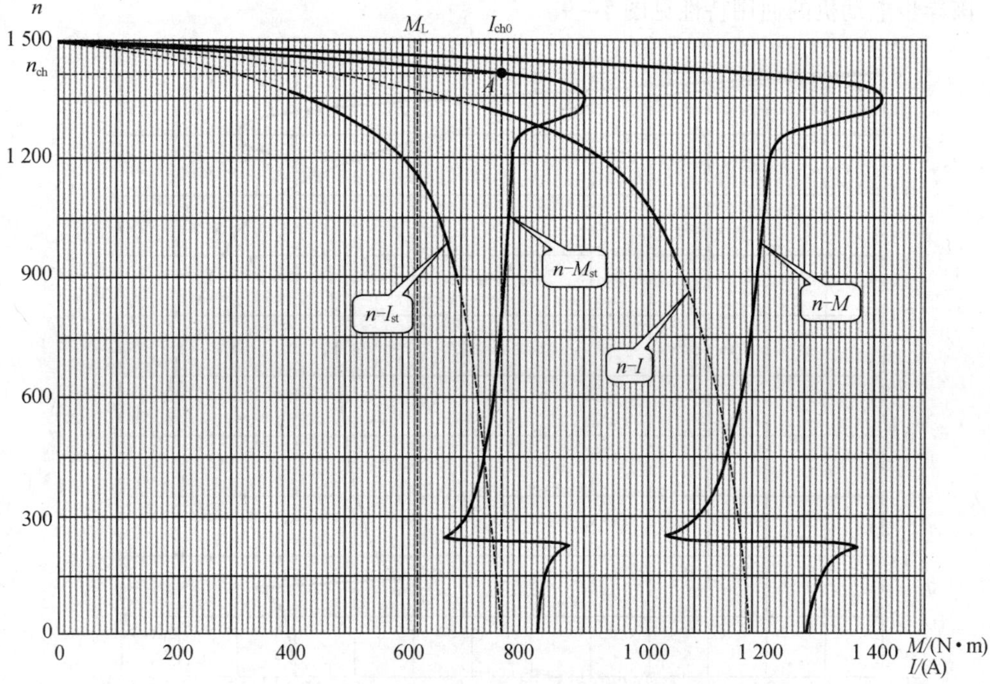

图 5－10　题述电动机的自然特性和启动特性曲线

3. 作动态转矩曲线：

$$M_{dy} = M_{st} - M_L = M_{st} - 630\ N \cdot m$$

4. 求动态转矩的倒数并作曲线：

$M_{dy}^{-1} = 1/M_{dy}$；对应各转速计算并列表如下：（M_{dy}^{-1} 单位 $[N \cdot m]^{-1} \times 10^{-3}$）

n	0	120	150	180	190	200	220	230	240	270	300	450
M_{dy}	200	210	215	240	250	240	70	60	70	90	100	115
M_{dy}^{-1}	5	4.762	4.651	4.167	4	4.167	14.29	16.67	14.29	11.11	10	8.696
n	600	750	900	1050	1200	1260	1290	1335	1350			
M_{dy}	130	145	155	165	170	180	200	250	270			
M_{dy}^{-1}	7.692	6.897	6.452	6.061	5.882	5.556	5	4	3.704			

由曲线 $n-I$ 和 $n-I_{st}$ 图中，从初始启动电流作垂直线与 $n-I$ 曲线的交点 A，可得到转换电流等于初始启动电流的转速值。为使启动时转换电流不超过初始启动电流，可取略高于此点的转速时转到全电压启动运行。

此例在 $n=1\ 335$ r/min 时转换，则随后的数据为：

n	1350	1370	1380	1400	1410	1440	1455	1470
M_{dy}	790	800	790	740	700	350	200	20
M_{dy}^{-1}	1.27	1.25	1.27	1.35	1.43	2.86	5	50

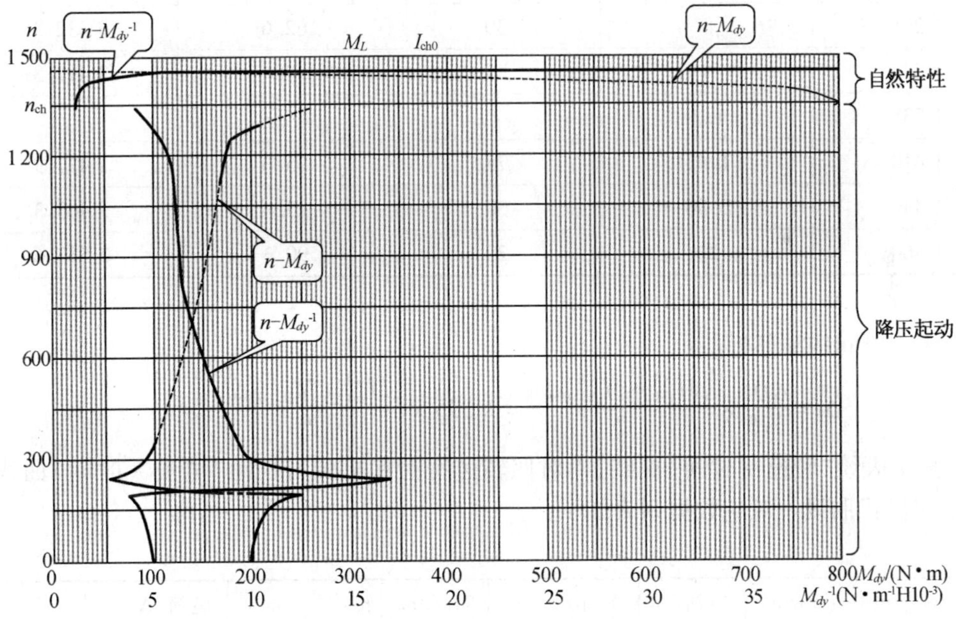

图 5－11　动态转矩曲线

注：动态转矩变化较快处，转速的分级适当取小。

5. 把 $n-M_{dy}^{-1}$ 曲线按转速分段，求曲线左面的面积，即为各转速段的升速时间列表如下（按梯形面积近似）：

n	M_{dy}^{-1}	Δn	Δt	$\Sigma\Delta t$
0	5		0	0
160	4.5	160	300.2	300.2
190	4	30	50.4	350.6
210	10	30	16.8	367.4
220	14.3	10	48	415.4
230	16.7	10	61.2	476.6
240	14.3	10	61.2	537.8
270	11.1	30	150.5	688.3
300	10	30	125	813.3
450	8.7	150	554	1 367.3
600	7.7	150	485.9	1 853.2
750	6.9	150	154.8	2 008
900	6.45	150	395.5	2 403.5
1 200	5.88	300	730.6	3 134.1
1 260	5.56	60	135.6	3 269.7
1 290	5	30	62.6	3 332.3
1 335	4	45	80	3 412.3
1 335	1.3			
1 410	1.43	75	25.6	3 437.9
1 440	2.86	30	25.4	3 463.3
1 460	20	20	90.3	3 553.6

上表中时间按梯形近似：

$$\Delta t = \frac{GD^2}{375} \times \frac{(M_{dy1}^{-1} + M_{dy2}^{-1})\Delta n}{2} = 0.395 \times \frac{(M_{dy1}^{-1} + M_{dy2}^{-1})\Delta n}{2} \quad /\text{ms}$$

6. 按上表绘“转速－时间”曲线，再对照转速特性和机械特性绘“电流－时间”曲线和“转矩－时间”曲线。对应数据列表如下：

时间/ms	转速/(r/min)	电流/A	转矩/N·m	时间/ms	转速/(r/min)	电流/A	转矩/N·m
0	0	774	832	2 008	750	730	772
300.2	160	770	845	2 403.5	900	715	780
350.6	190	769	880	3 134.1	1200	630	800
367.4	210	768	720	3 269.7	1 260	590	805
415.4	220	767	690	3 332.3	1 290	560	820
476.6	230	766	700	3 412.3	1 335	495/774	880/1 375

表(续)

时间/ms	转速/(r/min)	电流/A	转矩/N·m	时间/ms	转速/(r/min)	电流/A	转矩/N·m
537.8	240	765	707	(3 424)	1 375	660	1 430
688.3	270	764	716	3 437.9	1 410	520	1 340
813.3	300	763	724	3 463.3	1 440	410	1 050
1 367.3	450	755	742	3 553.6	1 460	260	780
1 853.2	600	742	762				

按以上数据绘图,见图 5-12。

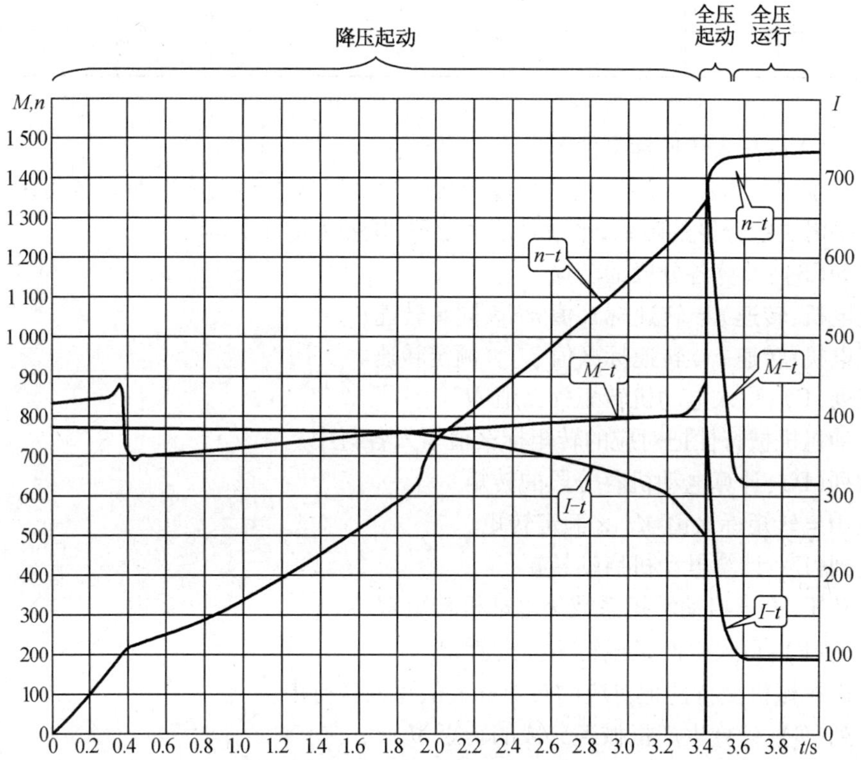

图 5-12　转速、转矩、电流的变化曲线

5.8　用 Excel 计算过渡过程

按图解法原理,采用电脑的 Excel 工具,计算过渡过程就可不必绘图,大大提高工作效率和计算精度。现把需准备的资料、Excel 的列表内容和编程算式说明如下:

需准备的资料:

电动机的转速、转矩和机械特性曲线(n·M),注意转矩与飞轮矩的单位相互对应;

生产机械的机械特性曲线($n-M_L$);

电动机的飞轮矩 GD_M^2;

生产机械的飞轮矩 GD_L^2（包括各级传动链的飞轮矩）；

电动机至生产机械各级传动链的转速比 i；

把所有各级飞轮矩都换算到电动机轴，并计算总等效飞轮矩 GD_{eq}^2；

计算 $\frac{GD_{eq}^2}{375}$。

Excel 的列表内容和编程算式：

A	B	C	D	E	F	G	H	I	J	K
n^*	n	M^*	M	M_Q	M_L^*	M_L	M_{dy}	M_{dy}^{-1}	Δt	$T=\sum\Delta t$

第一列（A）：写入转速标幺值 n^*

把转速范围分为若干小段，把各分段转速的标幺值从小到大依次写入各行中。按机械特性是否平滑决定分段的疏密，平滑处取大分段，快变处取小分段。

第二列（B）：计算各分段的转速

交流电机：转速 n = 转速标幺值 n^* × 同步转速；

直流电机：转速 n = 转速标幺值 n^* × 额定转速。

第三列（C）：写入电动机转矩标幺值 M^*

按电动机机械特性把对应的转矩标幺值写入各行中。

第四列（D）：计算电动机各分段的转矩

转矩 M = 转矩标幺值 M^* × 额定转矩。

第五列（E）：计算电动机启动转矩

启动转矩 M_Q = 启动转矩系数 × 电动机转矩 M。

第六列（F）：写入生产机械转矩标幺值 M_L^*

按生产机械机械特性把对应的转矩标幺值写入各行中。

第七列（G）：计算生产机械各分段的转矩 M_L

转矩 M_L = 转矩标幺值 M_L^* × 额定转矩。

第八列（H）：计算动态转矩 M_{dy}

动态转矩 M_{dy} = 启动转矩 M_Q − 生产机械转矩 M_L。

第九列（I）：计算动态转矩 M_{dy} 的倒数 M_{dy}^{-1} 动态转矩倒数 $M_{dy}^{-1}=\frac{1}{M_{dy}}$。

第十列（J）：计算各转速分段 $\Delta n=n_i-n_{i-1}$ 的启动时间 Δt

起始行 $\Delta t=0$

分段启动时间 $\Delta t=\frac{GD_{eq}^2}{375}\times\frac{M_{dyi}^{-1}+M_{dyi-1}^{-1}}{2}\times(n_i-n_{i-1})$ （按梯形面积近似）

第十一列（K）：计算启动时间 $\sum\Delta t$

起始行 $T=0$

启动时间 $T=\sum\Delta t=T_{i-1}+\Delta t_i$ （至转速 n_i 的启动时间）

举例:

异步电动机与 5 - 7 的实例相同,特性按图 5 - 9;

额定功率 100 kW;　额定电压 380 V;　额定电流 186 A;　额定转速 1 470 r/min;

过载倍数 2.2;　启动转矩倍数 2.0;启动电流倍数 6.5;　飞轮矩 7.1 kg·m²

带离心式风机:额定转矩 55 kg·m,空载转矩 4 kg·m, 额定转速 1 470 r/min;

机械特性 $M_L = 4 + 51 \times \left(\dfrac{n}{n_N}\right)^2 = 4 + 51 \times \left(\dfrac{n \times n_0}{n_N \times n_0}\right)^2 = 4 + 53.1 \times n^{*2}$　kg·m;

飞轮矩 27.8 kg·m²;

系统飞轮矩 $GD_{eq}^2 = 7.1 + 27.8 = 34.9(\text{kg} \cdot \text{m}^2)$;

①采用 Y - Δ 启动:

n^*	n	M^*	M	M_Q	M_L	M_{dy}	M_{dy-1}	Δt	T
0	0	2.000	132.512	44.171	4.000	40.171	0.025	0.000	0.000
0.12	180	2.080	137.812	45.937	4.765	41.173	0.024	0.412	0.412
0.15	225	2.120	140.463	46.821	5.195	41.626	0.024	0.101	0.513
0.155	232.5	2.120	140.463	46.821	5.276	41.545	0.024	0.017	0.530
0.16	240	1.600	106.010	35.337	5.359	29.977	0.033	0.020	0.550
0.165	247.5	1.600	106.010	35.337	5.446	29.891	0.033	0.023	0.573
0.2	300	1.700	112.635	37.545	6.124	31.421	0.032	0.159	0.733
0.3	450	1.760	116.611	38.870	8.779	30.091	0.033	0.454	1.187
0.4	600	1.800	119.261	39.754	12.496	27.258	0.037	0.488	1.675
0.5	750	1.850	122.574	40.858	17.275	23.583	0.042	0.552	2.227
0.6	900	1.880	124.561	41.520	23.116	18.404	0.054	0.675	2.902
0.8	1200	1.910	126.549	42.183	37.984	4.199	0.238	4.083	6.985
0.84	1260	1.920	127.212	42.404	41.467	0.936	1.068	3.646	10.632
0.88	1320	2.150	142.450	47.483	45.121	2.363	0.423	4.163	14.795
0.9	1350	2.180	144.438	48.146	47.011	1.135	0.881	1.821	16.615
0.9	1350	2.180	144.438	144.438	47.011	97.427	0.010	0.000	16.615
0.92	1380	2.160	143.113	143.113	48.944	94.169	0.011	0.029	16.644
0.94	1410	2.000	132.512	132.512	50.919	81.593	0.012	0.032	16.676
0.95	1425	1.540	102.034	102.034	51.923	50.111	0.020	0.022	16.699
0.955	1432.5	1.330	88.120	88.120	52.429	35.692	0.028	0.017	16.716
0.96	1440	1.080	71.556	71.556	52.937	18.620	0.054	0.029	16.744
0.98	1470	1.000	66.256	66.256	54.997	11.259	0.089	0.199	16.943

上表中:

转速单位 r/min;转矩单位 kg · m;飞轮矩单位 kg · m^2;时间单位 s。

按 Y 接法,启动转矩是全电压的三分之一;从 0 ~1 350 r/min 启动转矩大于负载转矩,系统能正常启动;高于 1 350 r/min 后,Y 接法启动转矩小于负载转矩(M_{dy} < 0),就须转为 Δ 接法全电压升速,启动转矩为全转矩,使电动机能继续升速至稳定运行。

此例应在 1 350 r/min 附近作 Y - Δ 转换,时间约为通电后 16.6 s。

总启动时间约 17s。

计算的启动曲线见图 5 - 13。

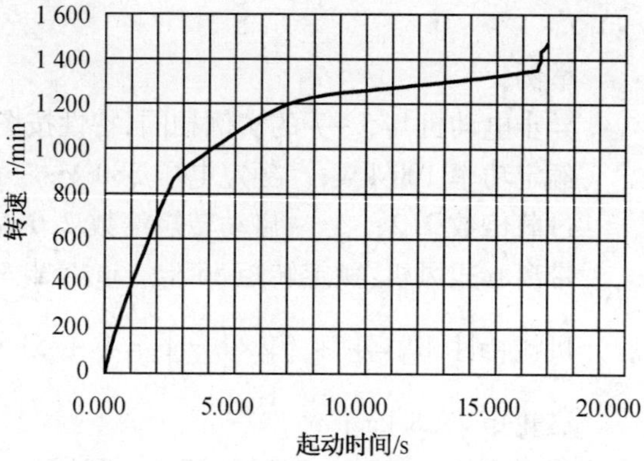

图 5 - 13 Y - Δ 启动的转速 - 时间曲线

②采用自耦变压器启动:抽头电压比 k = 0.7

n^*	n	M^*	M	M_Q	M_L	M_{dy}	$M_{dy}-1$	Δt	T
0	0	2.000	132.512	64.931	4.000	60.931	0.016	0.000	0.000
0.12	180	2.080	137.812	67.528	4.765	62.763	0.016	0.271	0.271
0.15	225	2.120	140.463	68.827	5.195	63.632	0.016	0.066	0.337
0.155	232.5	2.120	140.463	68.827	5.276	63.551	0.016	0.011	0.348
0.16	240	1.600	106.010	51.945	5.359	46.585	0.021	0.013	0.361
0.165	247.5	1.600	106.010	51.945	5.446	46.499	0.022	0.015	0.376
0.2	300	1.700	112.635	55.191	6.124	49.067	0.020	0.102	0.478
0.3	450	1.760	116.611	57.139	8.779	48.360	0.021	0.287	0.765
0.4	600	1.800	119.261	58.438	12.496	45.942	0.022	0.296	1.061
0.5	750	1.850	122.574	60.061	17.275	42.786	0.023	0.315	1.376
0.6	900	1.880	124.561	61.035	23.116	37.919	0.026	0.347	1.724
0.8	1200	1.910	126.549	62.009	37.984	24.025	0.042	0.949	2.673
0.84	1260	1.920	127.212	62.334	41.467	20.866	0.048	0.250	2.923
0.88	1320	2.150	142.450	69.801	45.121	24.680	0.041	0.247	3.170
0.9	1350	2.180	144.438	70.775	47.011	23.764	0.042	0.115	3.285
0.92	1380	2.160	143.113	70.125	48.944	21.182	0.047	0.125	3.410
0.94	1410	2.000	132.512	64.931	50.919	14.012	0.071	0.166	3.575
0.94	1410	2.000	132.512	64.931	50.919	14.012	0.071	0.000	3.575
0.95	1425	1.540	102.034	102.034	51.923	50.111	0.020	0.064	3.639
0.955	1432.5	1.330	88.120	88.120	52.429	35.692	0.028	0.017	3.656
0.955	1432.5	1.330	88.120	88.120	52.429	35.692	0.028	0.000	3.656
0.96	1440	1.080	71.556	71.556	52.937	18.620	0.054	0.029	3.684
0.98	1470	1.000	66.256	66.256	54.997	11.259	0.089	0.199	3.883

启动转矩是全电压的0.49；从0～1 350 r/min 启动转矩大于负载转矩，系统能正常启动；高于1 430 r/min 后，降压启动转矩小于负载转矩（$M_{dy}<0$），就须转全电压升速，启动转矩为全转矩，使能继续升速至稳定运行。

此例应在1 430 r/min 附近作转换，时间约为通电后3.7s。

总启动时间约3.9s。启动转矩大于Y－Δ启动，启动时间大幅减少。

计算的启动曲线见图5－14。

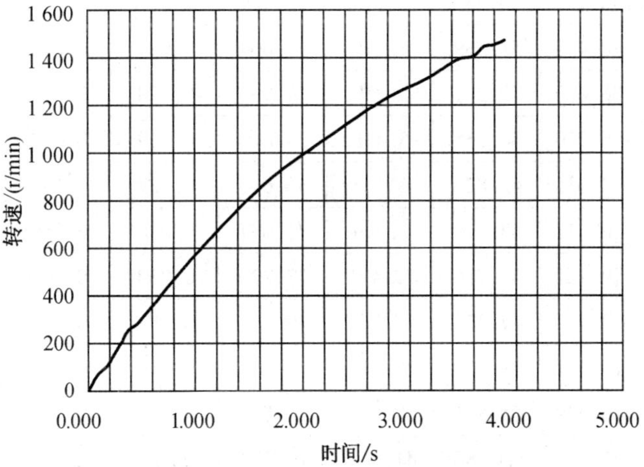

图5－14　自耦变压启动的转速－时间曲线

③采用软启动：启动电流限制为4倍额定电流

电动机的转矩与流过绕组的电流的平方成正比（因绕组的阻抗不变，电流与电压成正比）。软启动的启动转矩，当限制电流小于电动机转速特性在相应转速的电流时，其启动转矩按电流平方的比例下降；当限制电流超过相应转速的电流时，就自动转入全压运行，即全转矩启动。

因此要增加计算各相应转速的电流比值，并按下式计算启动转矩 M_Q：

$$\text{启动转矩}=\left(\frac{\text{限制电流}}{\text{转速特性的电流}}\right)^2\times\text{机械特性的转矩}$$

应尽可能向电动机制造商索取转速特性资料，在无相关资料时按第1章1.2.5计算：

$$I=\frac{\sqrt{1+s_K^2}}{\sqrt{1+\left(\frac{s_K}{s}\right)^2}}\times\lambda_I I_N$$

本题中

$$s_N=\frac{1\,500-1\,470}{1\,470}-0.02$$

$$s_k=s_N(\lambda_m+\sqrt{\lambda_m^2-1})=0.02\times(2.2+\sqrt{2.2^2-1})=0.083\,2$$

$$I^*=\frac{\sqrt{1+s_K^2}}{\sqrt{1+\left(\frac{s_K}{s}\right)^2}}\times\lambda_I=\frac{\sqrt{1+0.083\,2^2}}{\sqrt{1+\left(\frac{0.083\,2}{s}\right)^2}}\times6.5$$

则启动转矩 M_Q 按照：

$$M_Q=\left(\frac{4}{I^*}\right)^2\times M\quad(\text{当}\ I^*\geqslant4)$$

$$M_Q = M \quad (当 I^* < 4)$$

n	M^*	M	M_Q	M_L	M_{dy}	$M_{dy}-1$	Δt	T	I^*
0	2.000	132.512	50.182	4.000	46.182	0.022	0.000	0.000	6.500
180	2.080	137.812	52.294	4.765	47.529	0.021	0.358	0.358	6.494
225	2.120	140.463	53.333	5.195	48.139	0.021	0.088	0.445	6.491
232.5	2.120	140.463	53.339	5.276	48.064	0.021	0.015	0.460	6.491
240	1.600	106.010	40.261	5.359	34.901	0.029	0.017	0.477	6.491
247.5	1.600	106.010	40.265	5.446	34.820	0.029	0.020	0.497	6.490
300	1.700	112.635	42.820	6.124	36.696	0.027	0.137	0.634	6.487
450	1.760	116.611	44.476	8.779	35.697	0.028	0.386	1.019	6.477
600	1.800	119.261	45.716	12.496	33.220	0.030	0.406	1.425	6.461
750	1.850	122.574	47.376	17.275	30.101	0.033	0.442	1.867	6.434
900	1.880	124.561	48.874	23.116	25.758	0.039	0.503	2.370	6.386
1 200	1.910	126.549	55.831	37.984	17.847	0.056	1.324	3.694	6.022
1 260	1.920	127.212	60.780	41.467	19.313	0.052	0.301	3.995	5.787
1 320	2.150	142.450	79.329	45.121	34.208	0.029	0.226	4.221	5.360
1 350	2.180	144.438	91.926	47.011	44.915	0.022	0.072	4.293	5.014
1 380	2.160	143.113	112.040	48.944	63.096	0.016	0.053	4.346	4.521
1 380	2.160	143.113	112.040	48.944	63.096	0.016	0.000	4.346	4.521
1 410	2.000	132.512	132.512	50.919	81.593	0.012	0.039	4.386	3.815
1 425	1.540	102.034	102.034	51.923	50.111	0.020	0.022	4.408	3.360
1 432.5	1.330	88.120	88.120	52.429	35.692	0.028	0.017	4.425	3.103
1 440	1.080	71.556	71.556	52.937	18.620	0.054	0.029	4.453	2.826
1 470	1.000	66.256	66.256	54.997	11.259	0.089	0.199	4.652	1.524

从 0 ~ 1 380 r/min 启动电流受软启动器限制，1 380 r/min 后自动全电压升速。

总启动时间约 4.7 s。其电流限值略小于上述自耦变压器启动，总启动时间也稍大。（总启动时间随电流限值递减）

计算的启动曲线见图 5 - 15。

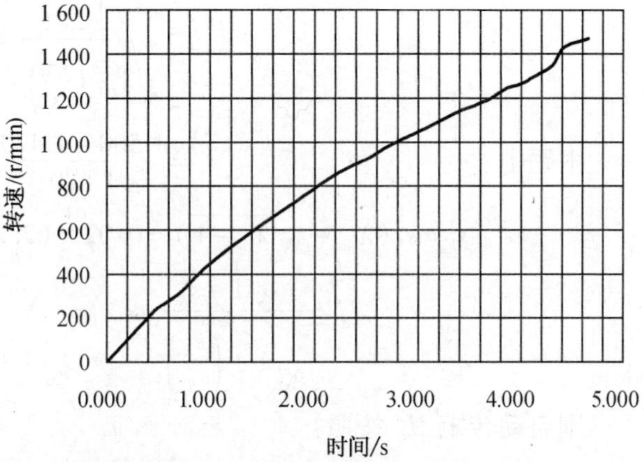

图 5 - 15　软启动的转速 - 时间曲线

参考习题

1. 电力拖动过渡过程的变化受哪几种惯性因素的影响？它们的时间常数各在什么范围？

2. 电力拖动的过渡过程主要考虑什么因素，为什么？

3. 如何确定电动机输出转矩、负载阻转矩和动态转矩的正、负？

4. 说明系统中各转矩与系统加、减速之间的关系。

5. 说明转动惯量和飞轮矩的含义。

6. 写出实用的系统的平衡方程式，说明各符号的含义和适用的单位。

7. 不考虑机构的传动效率，如何进行静态转矩折算？设转矩为 M，传动的转速比为 i，分别写出升速端的等效转矩 M_1 和降速端的等效转矩 M_2。

8. 考虑机构的传动效率 η，题 7 的静态转矩如何从被动端折算到主动端？反过来又如何折算？

9. 负载力矩 160 kg · m，转速 100 r/min，电动机转速 1 450 r/min，机构的传动效率 0.9，求负载折算到电动机轴的等效转矩（分别由电动机拖动负载和负载拖动电动机两种情况计算）。

10. 不考虑机构的传动效率，如何把负载作用力折算为转矩？设作用力为 F，运动速度为 v，电动机转速为 n，写出电动机端的等效转矩 M。

11. 考虑机构的传动效率 η，题 10 的等效转矩如何折算（分别由电动机拖动负载和负载作用力拖动电动机两种情况说明计算方法）？

12. 负载作用力 2 000 kg，上升速度 2 m/s，电动机转速 1 450 r/min，机构的传动效率 0.9，求负载折算到电动机轴的等效转矩。

13. 负载作用力 2 000 kg，下降速度 0.5 m/s，电动机转速 365 r/min，机构的传动效率 0.9，求负载折算到电动机轴的等效转矩。

14. 旋转运动物体的飞轮矩如何折算？负载飞轮矩 200 kg · m^2，转速 100 r/min，电动机转速 1 450 r/min，求负载折算到电动机轴的等效飞轮矩。

15. 直线运动物体的飞轮矩如何折算？负载质量 2 000 kg，运动速度 2 m/s，电动机转速 1 450 r/min，求负载折算到电动机轴的等效飞轮矩。

16. 试述电力拖动系统的过渡过程时间与转速、转动惯量和各力矩间的关系。

17. 有一台通风机由异步电动机（30 kW，1 455 r/min，60 A，$\lambda_M = 2.5$，$\lambda_I = 6$）拖动，它们的相关特性如下图，其中曲线①是该异步电动机的机械特性，曲线②为电动机采用 Y/Δ 启动的机械特性，曲线③是通风机的负载特性；系统折算到电动机轴的飞轮矩为 360 N · m^2。

试计算启动的转速 – 时间变化关系，并说明 Y/Δ 的转换时间。

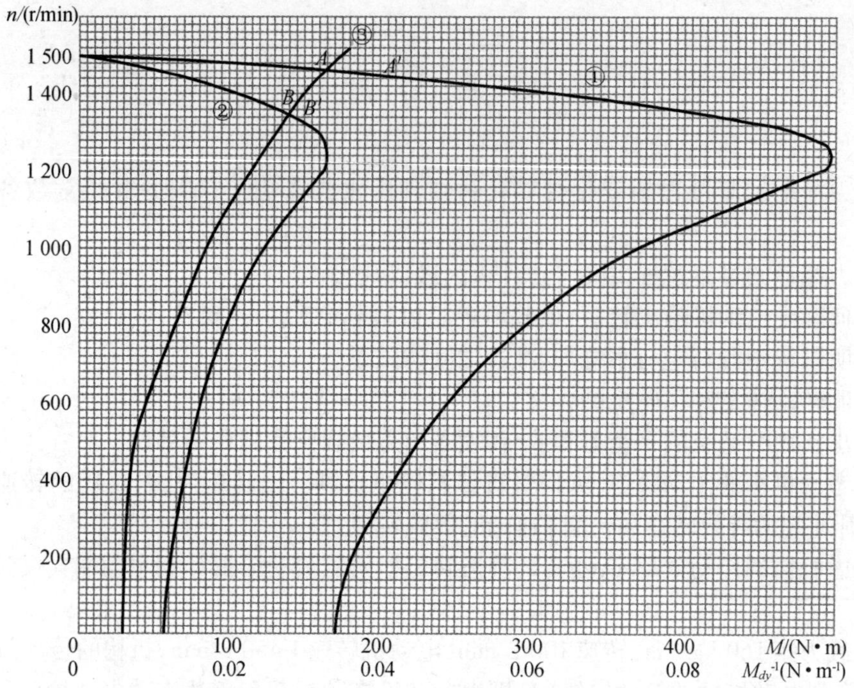

18. 按题 17 电动机的额定数据画出电动机的转速特性;再由上题的转速－时间曲线画出启动过程的电流－时间曲线。

19. 题 17 改用自耦变压器降压启动,取变压器的变比为 0.8,试计算启动的转速－时间曲线。

20. 题 17 改用软启动,电流限值在 2 ~5 倍额定电流范围选任一认为合适的值,试计算启动的转速－时间曲线。

第 6 章　控制电器与电动机基本控制电路

6.1　接 触 器

6.1.1　结构

接触器由触头系统、电磁机构、灭弧装置三部分组成,如图 6 - 1 所示。

1. 触头系统

其功用是接通与分断电路。主要包括:

主触头——包括动触头与静触头,用于主电路的接通与断开。

辅助触头——用于反映接触器动作情况,接通与断开控制及指示电路。

触头弹簧——保证触头的接触压力和超行程。

大电流触头多采用指式触头,其工作状态与刚开始接触(或分断)时触头的接触位置不同,使分、合时的电弧不会直接烧蚀触头工作表面,且分、合时,动、静触头间相互滑动可去除氧化层,这样可延长触头工作寿命,如图 6 - 2 所示。

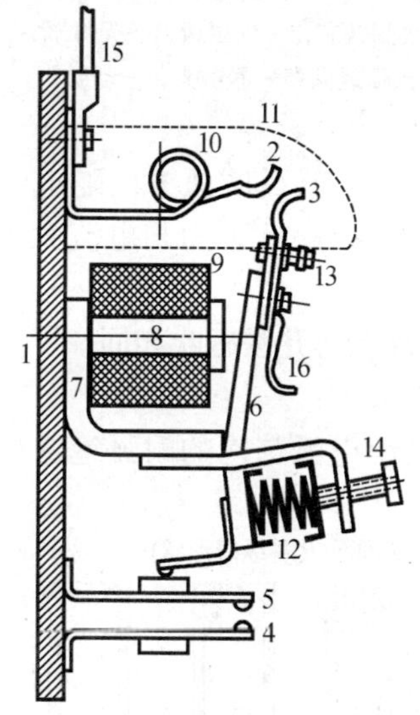

图 6 - 1　接触器原理图

1—底板;2—主静触头;3—主动触头;4—辅静触头;
5—辅动触头;6—衔铁;7—磁轭;8—铁芯;9—线圈;
10—灭弧线圈;11—灭弧罩;12—主反力弹簧;13—触头弹簧;
14—调节螺钉;15,16—主电路引出线

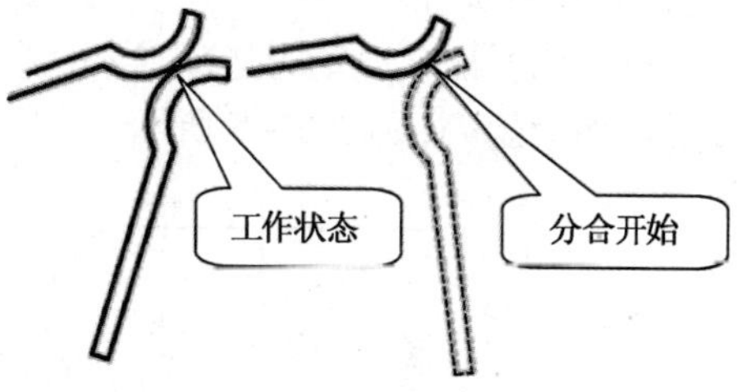

图 6 - 2　指式触头与接触面

2. 灭弧装置

其功用是迅速、可靠地分断电路(切断电弧)。

灭弧装置工作原理如下：

(1)触头回路的电动力吹灭电弧

触头分断时电流(包括电弧电流)方向如图6－3所示,按右手螺旋定则产生进入纸面的磁通,电弧电流在这一磁场内流过时按左手定则受到与电流方向垂直的电动力F,使电弧被向外拉长而加速熄灭。若电流反向,则磁通方向也随之相反而电动力方向不变,电弧仍加速熄灭。

(2)磁吹灭弧

这是由专用线圈或磁铁产生磁场与电弧电流相互作用产生吹弧电动力加速灭弧。有以下几种方式：

①串联磁吹　灭弧线圈与主触头串联,磁场方向与电流方向同步变化,其吹弧方向与电流方向无关,交流、直流通用;吹弧力与电流平方成正比,小电流的灭弧效果较差,如图6－4所示。

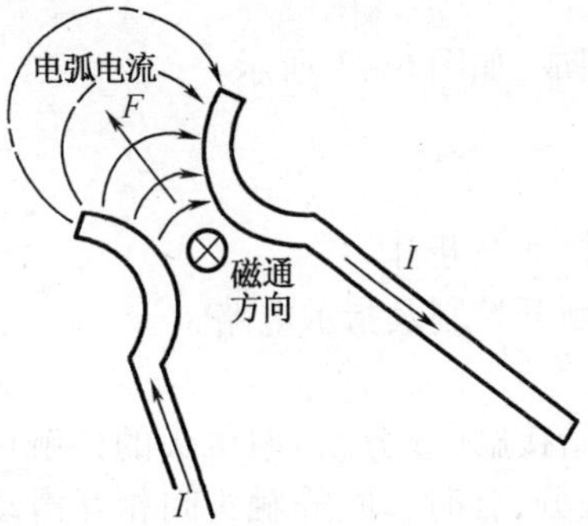

图6－3　触头间电弧的电动力

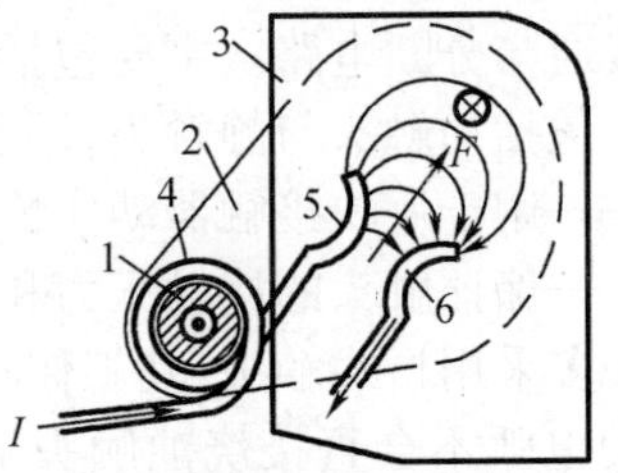

图6－4　串联磁吹灭弧

1—灭弧线圈铁芯;2—导磁板;3—灭弧罩;4—串联灭弧线圈;5—静触头;6—动触头

②并联磁吹　灭弧线圈由直流电源供电,磁场方向不变,其吹弧方向随电流方向变化,只用于直流接触器(或继电器),必须按规定的电流极性接线;吹弧力与电流大小成正比,小电流的灭弧效果比串联磁吹好。

③永磁磁吹　用永久磁铁替换电磁铁和线圈,其特点与并联磁吹相同。

(3)纵缝灭弧

电弧仍受磁吹电动力运动,当电弧被拉入狭缝,高温电弧与冷的耐弧绝缘材料接触,电弧受冷加速熄灭,如图6－5所示。

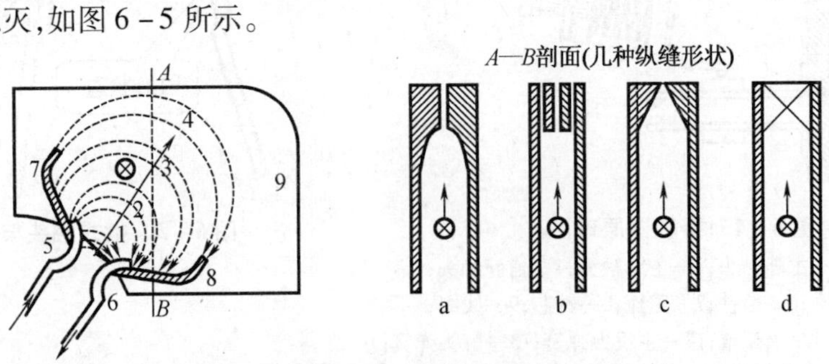

图6－5　纵缝灭弧装置

1～4—电弧运动路径;5—静触头;6—动触头;7—静弧触头;8—动弧触头;9—灭弧罩

接触器运行时(主触头导通时)弧触头并不接触,仅在分断时用作电弧通路,可使主触头免受电弧的烧蚀。

(4)灭弧栅

电弧受磁吹电动力运动的情况同上,但灭弧罩上装有灭弧栅,灭弧栅由磁性隔片组成。当电弧通过磁性材料制成的隔片附近时,电弧产生的磁通通过隔片,依靠磁力线的收缩力,把电弧拉入隔片中,使电弧分成许多小段而加速熄灭。

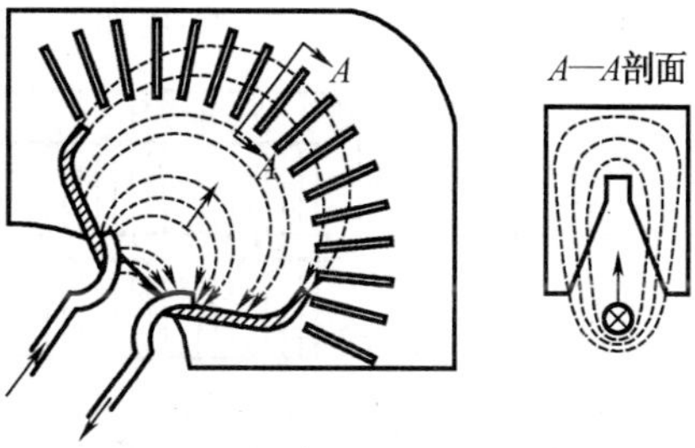

图 6 – 6　灭弧栅灭弧

3. 电磁机构

电磁机构由磁路和电磁线圈两部分组成。磁路包括衔铁、铁芯、磁轭和空气隙。

电磁机构的作用原理:电磁线圈通电时在磁路中产生磁通和吸力,把衔铁吸合带动触头动作。

(1)交流接触器

①交流接触器的磁路由硅钢片叠合制成,以减少铁芯损耗;

②磁路上(在铁芯面上)设短路环,以消除衔铁振动和噪声;

③电磁线圈的匝数较少、导线直径较粗、直流电阻较小,工作时电流的大小由磁路的状态决定。

线圈通电时,电压和磁通之间有下述关系:

$$U = 4.44\, fW\Phi \times 10^{-2}$$

Φ——磁通量(Wb)

W——线圈匝数

f——电源频率(Hz)

U——电源电压(V)

导磁体间的吸引力 F(N):

$$F = \frac{B^2 s}{2\mu_0} = \frac{\Phi^2}{2\mu_0 s}$$

Φ——磁通量(Wb)

s——导磁面积(m^2)

μ_0——真空磁导系数($=4\pi\times10^{-7}$)

励磁电流 I 与磁通量 Φ,按照磁路欧姆定律:

$$\phi = \frac{IW}{R_M};\qquad 其中\ R_M = \frac{l}{\mu s}$$

R_M——磁阻

l——磁路长度

s——导磁面积

μ——磁导系数

对于交流接触器,磁路的尺寸已定,磁阻与空气隙长度成正比,在磁通量不变条件下,励磁电流须与空气隙长度按正比变化。于是得出交流接触器有如下特性:

磁通与电压成正比,吸力与电压平方成正比;

磁通与频率成反比,吸力与频率平方成反比;

磁通与线圈匝数成反比,吸力与线圈匝数平方成反比;

磁通和吸力都与磁路空气隙大小无关;

励磁电流与电压成正比;

励磁电流与线圈匝数平方成反比(电感与匝数平方成正比);

励磁电流与空气隙长度成正比。

短路环的作用见图 6－7。

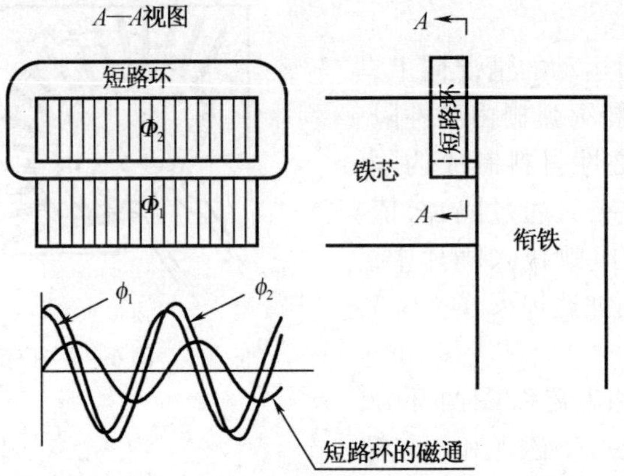

图 6－7　短路环的作用

励磁线圈在磁路中产生主磁通 Φ_1，Φ_1 在短路环中感应滞后 90°的电势与电流，感应电流产生的磁通滞后于 Φ_1 电角 90°，这个磁通在短路环所围的面积内与 Φ_1 合成为磁通 Φ_2，Φ_2 与 Φ_1 必然有相位差。当交流励磁电流过 0 点时 Φ_1 过零点，但 Φ_2 不同时过零点，当短路环的感应电流过 0 点时 Φ_1 不过零点，这样可始终保持铁芯和衔铁之间有所需的吸力，使衔铁不会振动。

（2）直流接触器

①直流接触器的磁路由整块电工钢或硅钢片叠合制成；

②磁路上不设短路环；

③电磁线圈的匝数较多、导线直径较细、直流电阻较大，励磁电流的大小由电压和线圈电阻大小决定。

$$I = \frac{U}{R}; \quad \Phi = \frac{IW}{R_M} = \frac{UW}{R \times R_M}$$

于是得出直流接触器有以下特性：

磁通与电压成正比，吸力与电压平方成正比；

* 磁通不随线圈匝数变化，吸力也不随线圈匝数变化；

磁通与线圈电阻成反比，吸力与线圈电阻平方成反比；

磁通与磁路空气隙长度成反比，吸力与磁路空气隙长度平方成反比；

励磁电流与电压成正比；

* 励磁电流随线圈匝数增加而减小；（匝数增多电阻增大）

励磁电流与线圈电阻成反比；

励磁电流与空气隙长度无关。

＊注：当线圈导线的截面不变时，匝数变化电阻也同时改变，实际励磁电流因匝数增加而减小，励磁磁势基本不变，磁通和吸力也基本不变。这与上面算式直观得到的结果不同，应予注意。

（3）（由电流线圈励磁的）交流接触器

磁路由硅钢片叠合制成，以减少铁芯损耗；

磁路上（在铁芯面上）设短路环，以消除衔铁振动和噪声；

电磁线圈的匝数少、导线直径粗、直流电阻较小；

励磁电流的大小由外电路的负载决定，与电压、频率、匝数、气隙无关。

磁通和吸力与电压无关；

磁通和吸力与频率无关；

磁通与线圈匝数成正比，吸力与线圈匝数平方成正比；

磁通与磁路空气隙成反比，吸力与磁路空气隙平方成反比。

(4)（由电流线圈励磁的）直流接触器

磁路由整块电工钢或硅钢片叠合制成；

磁路上不设短路环；

电磁线圈的匝数少、导线直径粗、直流电阻较小。

励磁电流的大小由外电路的负载决定，与电压、匝数、气隙无关。

磁通和吸力与电压无关；

磁通与线圈匝数成正比，吸力与线圈匝数平方成正比；

磁通与磁路空气隙成反比，吸力与磁路空气隙平方成反比。

(5)电磁接触器、继电器的特点汇总（表 6－1）

表 6－1　电磁接触器、继电器的特点汇总

特点 \ 类型		交流接触器（电压线圈）	直流接触器（电压线圈）	交流接触器（电流线圈）	直流接触器（电流线圈）
磁路	铁芯	硅钢片	电工钢或硅钢片	硅钢片	电工钢或硅钢片
	短路环	有	无	有	无
电磁线圈	匝数	较少	多	少	少
	导线截面	较粗	细	粗	粗
	线圈阻抗	较大（电感性）	较大（电阻性）	小	小
励磁电流与各参数关系	电压	正比	正比	无关	无关
	频率	反比		无关	
	线圈匝数	平方反比	（反比）	无关	无关
	线圈电阻	无关	反比	无关	无关
	磁路气隙	正比	无关	无关	无关
磁路磁通与各参数关系	电压	正比	正比	无关	无关
	频率	反比		无关	
	线圈匝数	反比	基本不变	正比	正比
	线圈电阻	无关	反比	无关	无关
	磁路气隙	无关	反比	反比	反比
磁路吸力与各参数关系	电压	平方正比	平方正比	无关	无关
	频率	平方反比		无关	
	线圈匝数	平方反比	基本不变	平方正比	平方正比
	线圈电阻	无关	平方反比	无关	无关
	磁路气隙	无关	平方反比	平方反比	平方反比

6.1.2 接触器的反力特性与返回系数：

1. 反力特性(图6－8)

图6－1中件号12为工作弹簧(或称主反作用弹簧)，件号13为触头弹簧。这两只弹簧的反作用力合成接触器的反力特性。

图6－8中F_1为工作弹簧的初始反作用力；F_2为触头弹簧的初始反作用力；δ_2为接触器释放状态的磁路气隙；δ_1为接触器主触头开始闭合时磁路气隙；δ_0为接触器完全吸合时磁路气隙。

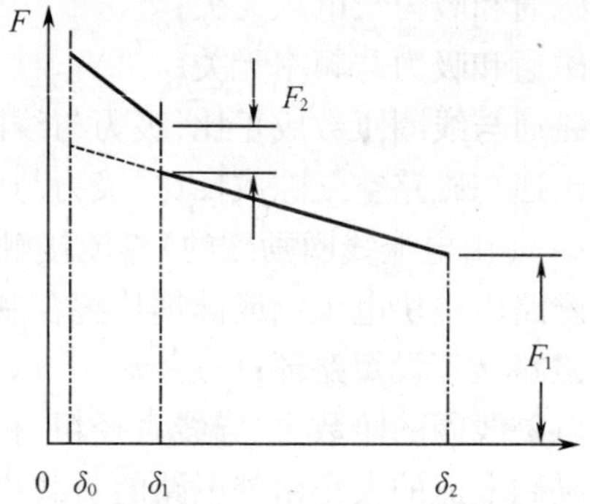

图6－8 反力特性

2. 返回系数

保证接触器吸合的条件：从释放状态到吸合状态的任何气隙下，要求“吸力＞反力”。

保证接触器释放的条件：从吸合状态到释放状态的任何气隙下，要求“吸力＜反力”。

$$返回系数=\frac{保证释放的最大输入量}{保证吸合的最小输入量}$$

调节反作用弹簧，反作用力(F_1)改变，吸合条件与释放条件同时改变。但因吸合时磁路饱和，反作用力改变所要求的吸合量变化较多，故反作用弹簧收紧返回系数减小。

调节吸合后磁路的气隙(δ_0，加非磁性垫片)可明显改变直流接触器在吸合状态的吸力，从而明显改变释放的输入量。直流接触器磁路加垫片返回系数明显增大。

3. 交流与直流接触器的主要区别

	交流	直流
磁路区别：	硅钢片	硅钢片或整块电工钢
	有短路环	无短路环
电磁线圈：	匝数少，导线粗，电阻小	匝数多，导线细，电阻大
灭弧：	较方便	较难

6.1.3 关于接触器的通断能力

按我国国家标准GB和国际电工委员会标准IEC对接触器的额定值和相应的通断能力规定如下：

额定发热电流：接触器触头能长期可靠通过的电流。

额定电流：此值随接触器的工作条件而不同，择要分述如下。

1. 交流电动机启、停控制(AC－3工况)

用于这种工况的接触器，除长期通过额定电流外，在规定的电寿命期间内允许短时通过不小于6倍额定电流，分断能力超过额定电流。不计触头磨损的最大接通能力为10倍额定电流。

符合这种工况使用的接触器，用于控制电动机单向运转，可按电动机的额定电流选择接触器，但若用于正反转控制，则须降低容量使用。

2. 交流电动机正反转控制(AC－4工况)

用于这种工况的接触器，除长期通过额定电流外，在规定的电寿命期间内允许短时通过不小于 6 倍额定电流，分断能力也要达到 6 倍额定电流。不计触头磨损的最大接通能力为 12 倍额定电流。

符合这种工况使用的接触器，用于控制电动机正反向运转，就可按电动机的额定电流选择接触器。

3. 变压器通断控制（AC－6a 工况）

变压器不通电时铁芯中的磁通为磁路中的剩磁，若在交流电压过 0 点附近接通，对应的磁通变化率也接近 0，相当于交流稳态磁通在最大值附近。若在这一瞬间接通变压器，铁芯中的磁通须从剩磁值突变到稳态磁通的幅值，这就出现磁通突变的过渡过程。由图 6－9 可见，在半周期后磁通出现最大值 Φ_{max}。

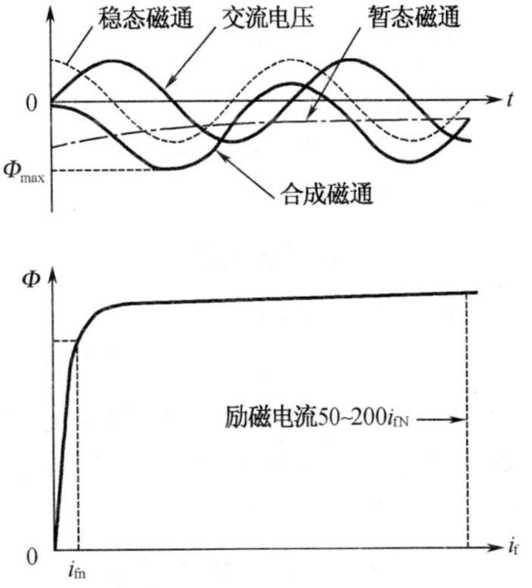

图 6－9　变压器接通的磁通与励磁电流

变压器接通后的磁通瞬变情况可按两部分考虑：①由磁通突变量决定的直流衰减成分（暂态磁通）；②由电源电压决定的交流成分（稳态磁通）。这两部分叠加，在接通后半周期磁通达到最大值，接近变压器工作状态磁通峰值的两倍（若考虑变压器有剩磁，则可能超过两倍）。对应于这一最大磁通的励磁电流很大，电流大小取决于磁路的磁化曲线，一般为正常励磁电流的 50～200 倍，按励磁电流占额定电流约 5% 估算，接通时的瞬变电流峰值可达到变压器额定电流的 2.5～10 倍。

随着导磁材料的不断升级和变压器设计的改进，变压器额定工况的磁通密度日益提高，对应于变压器接通最大磁通的励磁电流也愈来愈大，一般应以 AC－4 工况的要求选择接触器。

对于大型变压器应考虑先串电阻（限流）接通变压器，然后再短接电阻（加全电压于变压器）。

4. 电容器通断控制（AC－6b 工况）

电容器在接通瞬间有很大的瞬变电流，大大超过接触器的额定电流，须采用专用的电容接触器。如图 6－10 所示。

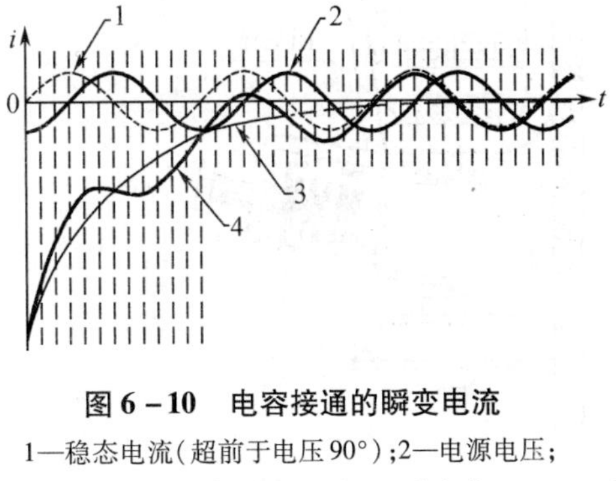

图 6－10　电容接通的瞬变电流

1—稳态电流（超前于电压 90°）；2—电源电压；3—电容瞬态充电电流；4—总电流

电容接触器的动触头分前后两段，前段动触头通过匝数很少的电抗线圈与电路连接，是过渡触头；后段动触头直接与电路连接，是电路的主触头。当电磁线圈通电使接触器吸合时，前段动触头先与静触头接通，使电容器通过电抗与电路接通，依靠电抗限制电容充电电流；稍后后段动触头与电路接通，把电抗线圈短路，并保证电容与电路长期可靠连接。

6.2 继电器

6.2.1 **电磁继电器**

其结构与接触器相似，通断电流较小，不需要灭弧装置。

可制成各种不同用途的继电器，如中间继电器、欠压继电器、欠流继电器、过流继电器、延时继电器等。

6.2.2 **时间继电器**

1. 电磁式（图 6－11）

由短路线圈（或短路环）的电感延时。仅用于直流继电器的断电延时。

当励磁线圈断电时，短路的阻尼环或阻尼绕组因磁通减小而产生感应电流，该感应电流要保持磁通不变，在一定时间内维持衔铁在吸合状态。维持时间的长短由阻尼环或绕组的时间常数和空气隙的长短决定。

调节吸合状态非导磁间隙的长度，就可改变延时时间，增加气隙垫片的厚度，延时时间缩短，反之则时间延长。

图 6－12 为通电延时型，线圈 2 通电后衔铁 3 吸合，带动连杆 4 右移，滑块 5 在反力弹簧作用下要向右移动，其移动速度受弹性气膜 7 限制；弹性气膜 7 右移时气室 8 须通过节流孔 9 补充空气，节流孔开启大小由调节螺钉 10 调整，直接影响滑块 5 移动速度；当滑块 5 推动微动开关 15 的推杆时，微动开关动作，触头输出延时信号。滑块从初始位置移到推动微动开关位置的时间就是延时时间。

2. 空气阻尼式

利用空气通过小孔产生延时，交、直流通用，通/断电都可延时。

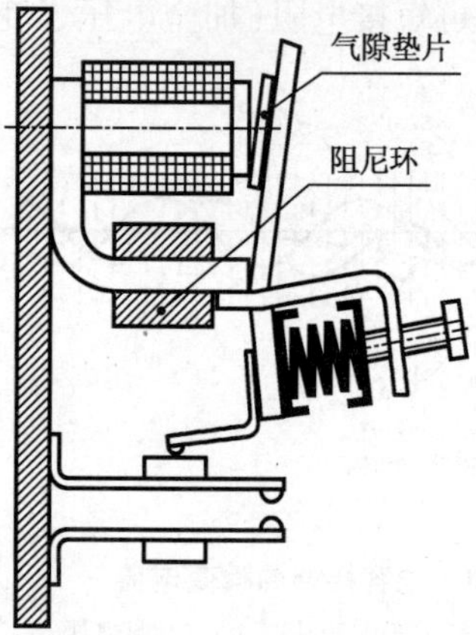

图 6－11 电磁延时原理图

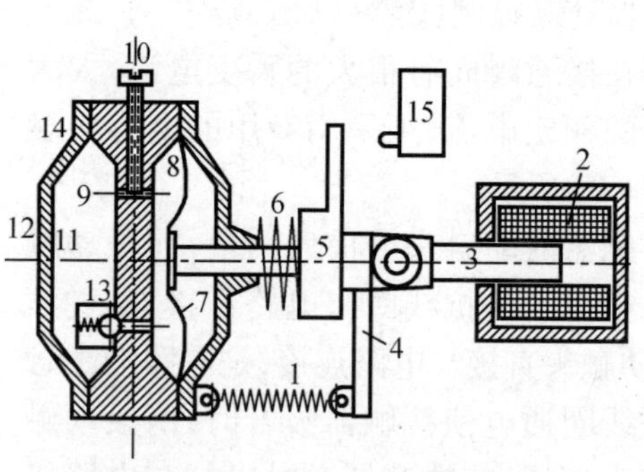

图 6－12 空气阻尼延时原理图

1—拉紧弹簧；2—电磁线圈；3—衔铁；4—连杆；5—滑块；6—反力弹簧；7—弹性气膜；8—气室；9—节流孔；10—调节螺钉；11—滤网；12—外壳；13—单向阀孔；14—通气孔；15—微动开关

线圈 2 失电时衔铁 3 释放，连杆 4 在拉紧弹簧 1 作用下左移，推动滑块 5 复位；此时单向阀孔 13 允许空气流通，弹性气膜 7 迅速左移，使滑块 5 和微动开关 15 都立即复位。

要实现断电延时，在原理上仅需改变单向阀孔 13 的方向，并在结构上稍作更动。

3. 电动机式

由恒速运行的电动机通过电磁离合器带动一组凸轮组，再由凸轮推动微动开关如图 6－13所示。可按需要组成通电延时或程序动作。

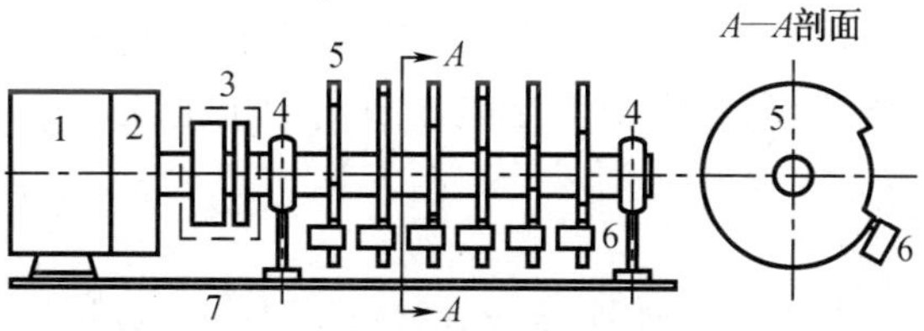

图 6－13　电动机式延时原理图

1—电动机；2—减速机构；3—电磁离合器；4—轴承；5—凸轮；6—微动开关；7—底板

工作时须电动机与离合器配合，其工作特点如下：

电动机	离合器	触头动作情况
通电	通电	凸轮旋转，微动开关按时间程序动作
通电	失电	凸轮在复位弹簧作用下回归零位，电动机空转
失电	通电	保持失电时的通断状态
失电	失电	零位状态

4. 半导体电子式

半导体电子式是目前广泛使用的时间继电器，并有进一步发展的趋势，可制成各种需要的动作状态。

6.2.3　热继电器

把热膨胀系数不同的金属片叠合成双金属片，双金属片受热后弯曲，使继电器动作。

1. 单动式热继电器

其中热元件的加热有直接加热和间接加热两种方式。直接加热是电流直接通过热元件（双金属片），而间接加热则是电流通过围绕在热元件周围的加热电阻，如图 6－14 所示。

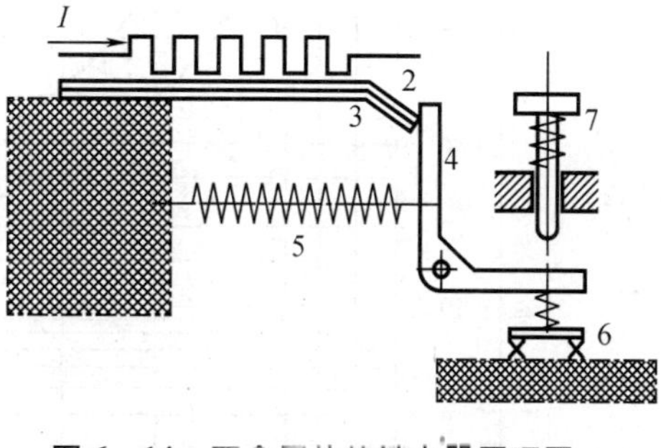

图 6－14　双金属片热继电器原理图

1—热元件；2，3—双金属片；4—杠杆；5—弹簧；6—触头；7—复位按钮

2. 差动式热继电器

如图 6－15 所示，当三相电流不平衡时，件 2 的位置由受热较小的双金属片的弯曲程度决定，而件 1 的位置则由受热较大的双金属片的弯曲程度决定，使件 3 的在主双金属片受热不等时发生倾斜，使继电器提前动作（热继电器的不平衡动作电流值小于平衡动作电流），更有利于保护电动机。

3. 热继电器的动作整定值与脱扣等级

热继电器通过负载电流（或经电流互感器通过与负载成正比的电流），当电流超过整定值并延续一段时间，其触头动作，发出控制和/或报警信号。用于电动机保护的热继电器，要求电动机在过载运行状态能适时动作，起保护作用，而在启动阶段不动作。

热继电器的动作整定值：

热继电器的动作有一定的误差范围，一般它的动作阈值在整定值的 1.1 ±0.06 至 1.15 ±0.06 倍，即最低动作值约 1.04 倍，最高动作值约 1.21 倍。为保证电动机不致长期过载运行，热继电器的动作整定值应等于或稍小于保护电动机的额定电流。

按照我国 CCS 规范第 4 篇 2.5.10.4 款规定："……热保护延时特性，其最大持续电流，应不超过被保护电动机额定电流的 125%"。这里"最大持续电流（不是整定值电流）"对应于热继电器的最高动作值，当取整定值等于电动机的额定电流时，其最大持续电流已接近规范允许最高限值了。

热继电器的脱扣等级：

电动机启动时间长短与系统的惯性（转动惯量或飞轮矩）成正比，启动时间通常从几秒到几十秒；启动电流大小因所用的启动方法而异，电流在 2～8 额定电流范围内。即在电动机启动过程中，流过热继电器的电流大大超过它的整定值，因此要求所选用的热继电器，必须有适当的脱扣延滞时间，确保电动机启动过程中热继电器不动作。

保护用热继电器按照不同的脱扣热延滞时间，其脱扣等级分为 10A，10，20，30 等。脱扣等级的数值，基本等于热继电器流过 6 倍整定电流的动作时间（单位：s），其中 10A 级动作时间少于 10 s，其时间—电流特性，各厂家都记载在产品样本上，以下曲线可作参考：

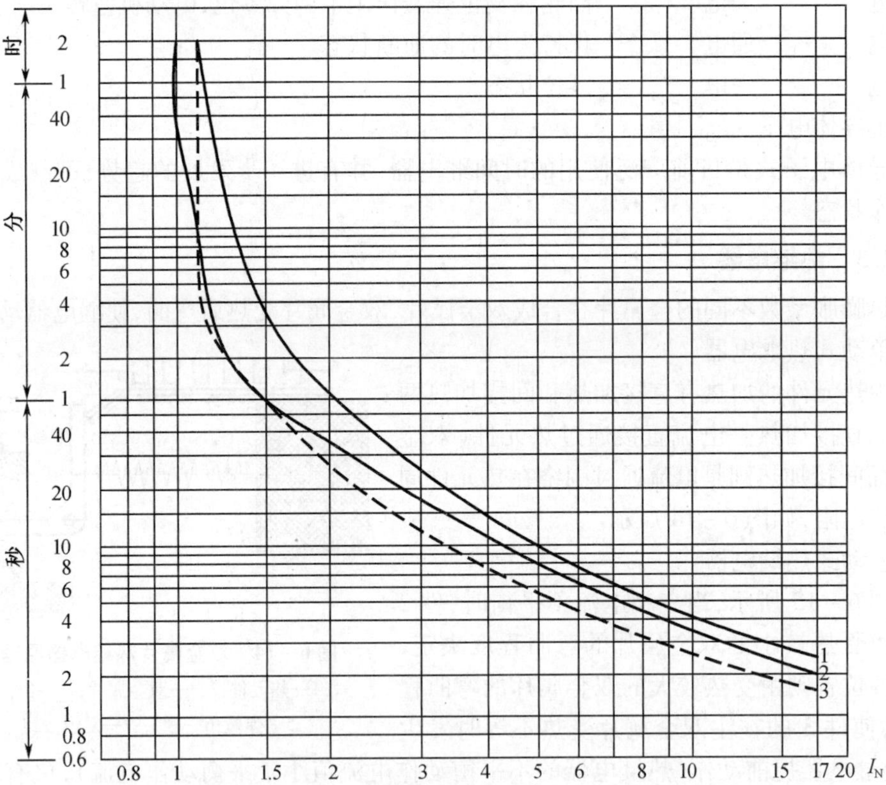

图 6－15（a） 脱扣等级 10A 的时间—电流特性

1—平衡工作，3 相，冷态开始；2—平衡工作，2 相，冷态开始；3—平衡工作，3 相，热态开始

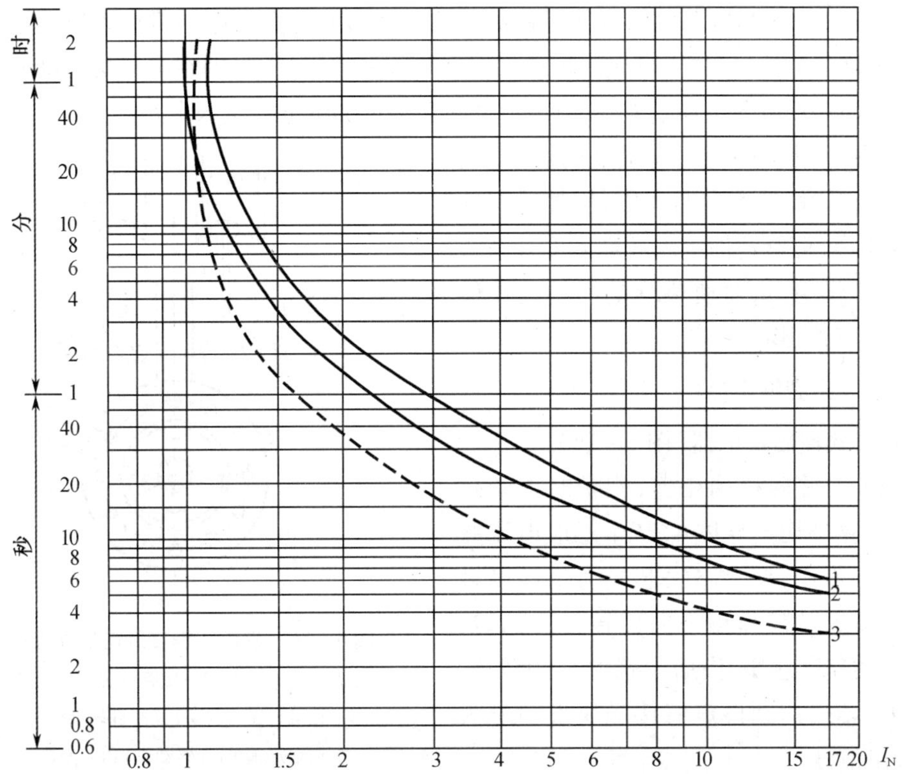

图 6－15(b)　脱扣等级 20 的时间—电流特性

1—平衡工作,3 相,冷态开始;2—平衡工作,2 相,冷态开始;3—平衡工作,3 相,热态开始

在选用热继电器时,须按照电动机的启动电流和过渡过程计算得出的启动时间,选择热继电器的脱扣等级,一定要保证启动电流和启动时间的坐标点,稍低于所选热继电器的时间—电流特性曲线。对于要经常启动的设备,须按照热态特性(上述曲线 3)选择脱扣等级,仅停机时间很长的设备可按冷态特性选择。

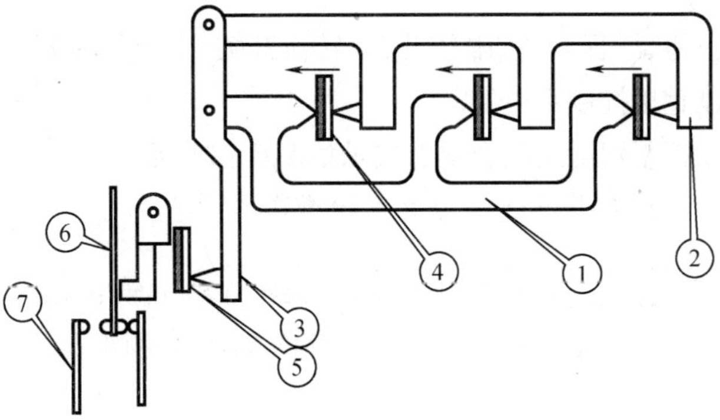

图 6－15(c)　差动式热继电器结构示意图(三相保护装置)

1—外导板;2—内导板;3—杠杆;4—主双金属片;5—补偿双金属片;
6—动触头;7—静触头;←—金属片受热弯曲方向

如果按照启动电流和启动时间无法选到合适的热继电器,则应按 CCS 规范第 4 篇 2.5.

10.3 款规定:“……当电动机的过载保护器件的时间电流特性与电动机启动周期不相适应时,则在电动机加速过程中,可允许过载保护有短暂失效,……”,即在电动机启动阶段短路热继电器,使启动电流不通过发热元件,启动完后再把热继电器接入电路。

补偿双金属片用于补偿环境温度的影响,当环境温度上升时,件 5 向左弯曲,增加了与件 3 之间的距离,可抵消件 4 因环境温度升高所引起的弯曲作用,从而使热继电器的动作值少受环境温度的影响。

6.2.4 速度继电器

1. 感应式速度继电器(图 6-16)

转轴 1 与旋转机构相连,旋转时带动磁铁 2 转动,磁场切割导体 4,产生感应电流并与磁场相互作用,使磁路铁芯受力带动接触块克服弹簧 8 的反作用力向旋转方向偏转。转轴旋转的速度愈快,作用力就愈大,则偏转角也愈大,转速达到设定值接触块推动触头转换,输出信号。

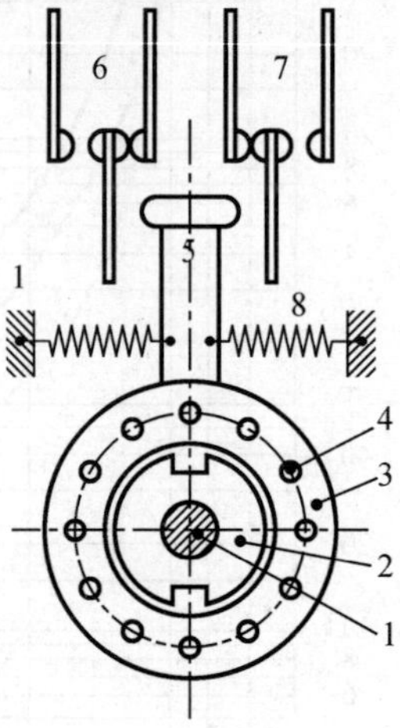

图 6-16 感应式速度继电器原理图

1—转轴;2—永久磁铁;3—磁路铁芯;4—笼形导体;5—接触块;6—触头(逆时针转动作);7—触头(顺时针转动作);8—弹簧

2)离心式速度继电器

由旋转物体的离心力产生位移推动触头输出信号。

6.3 主令电器、开关电器和电磁制动器

6.3.1 主令电器

主令电器是指按钮、行程开关、限位开关、转换开关、主令控制器等,只用于控制电路,其通断容量较小不能直接控制主电路。

转换开关与主令控制器触头闭合状态表示如图 6-17 所示。

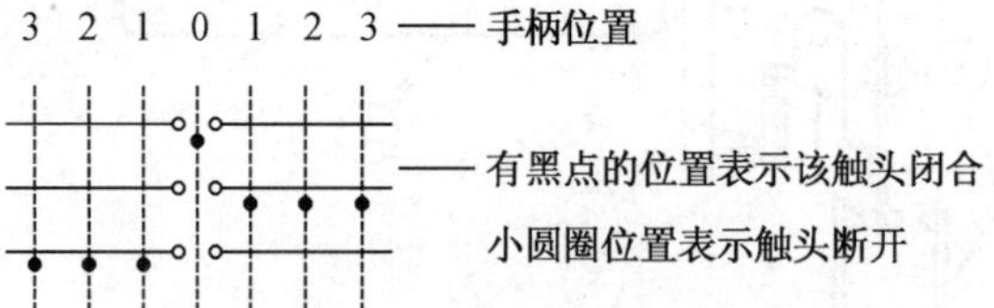

图 6-17 触头闭合表

6.3.2 电磁制动器

电磁制动器是电动机的机械刹车装置,有圆盘式和抱闸式等,船用电磁制动器的共同特点是线圈失电时由刹车弹簧的压力进行刹车,线圈通电时靠电磁吸力克服弹簧压力把刹车松开。

刹车线圈 8 通电时电磁吸力大于弹簧 7 的反作用力，把衔铁 6 吸住，使摩擦片 3 和摩擦盘 2 处于自由状态，电动机轴可自由地转动；刹车线圈 8 失电时，衔铁 6 释放，弹簧 7 把摩擦片 3 压住，通过摩擦盘 2 刹住电动机轴。

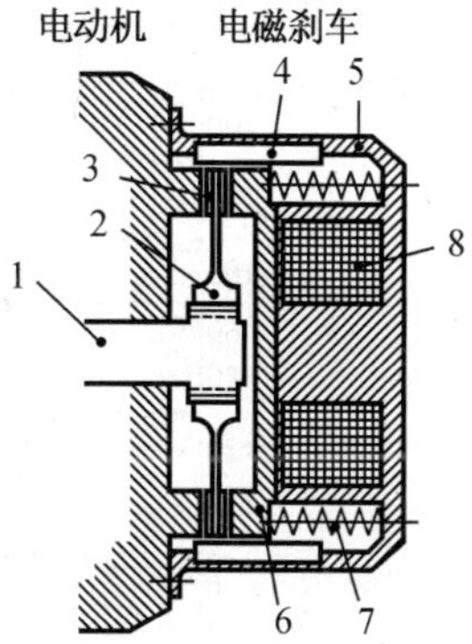

图 6-18　圆盘式电磁刹车原理图

1—电动机轴（带滑键或齿轮）；2—摩擦盘；3—摩擦片；4—滑键；5—刹车外壳兼铁芯；6—衔铁；7—压缩弹簧；8—刹车线圈

6.3.3　熔断器

1. 熔断器的类型

按 IEC196-2 标准，工业用熔断器分为以下三种类型：

(1) g Ⅰ 型　为一般用途熔断器；

(2) g Ⅱ 型　为一般用途快速熔断器；

(3) aM 型　为后备保护型熔断器，只做短路保护。

2. 各型熔断器的适用范围和选择原则

(1) g Ⅰ 型　用于一般电气电路过载保护和电动机短路保护。

①用于一般电气电路熔断器的额定值，选择等于或稍大于电路额定电流。

②用于电动机短路保护，按电动机额定电流的 2～3 倍选择熔断器。电动机轻载不频繁启动按电动机额定电流的 2 倍；电动机重载频繁启动按电动机额定电流的 3 倍；其余情况则在 2～3 倍之间选择。

③用于变压器初级短路保护，按变压器额定电流的 2 倍左右选择熔断器。

(2) aM 型　用于电动机、变压器初级和电磁线圈等的短路保护。

选择熔断器的额定值等于或稍大于电路额定电流。

注意：电动机主电路的熔断器只做短路保护，电动机的过载保护须另由热继电器或其他元件保护。变压器初级的熔断器也只做短路保护，变压器需另设过载保护或由次级保护元件保护。

(3) g Ⅱ 型　用于保护半导体器件。

此型是快速熔断器，流过电动机启动电流或变压器接通电流就会熔断，不能用于保护电动机或变压器初级。

图 6-19 是各型熔断器的熔断特性曲线（以额定电流倍数表示，所取样本为 $I_N = 10$ A）。

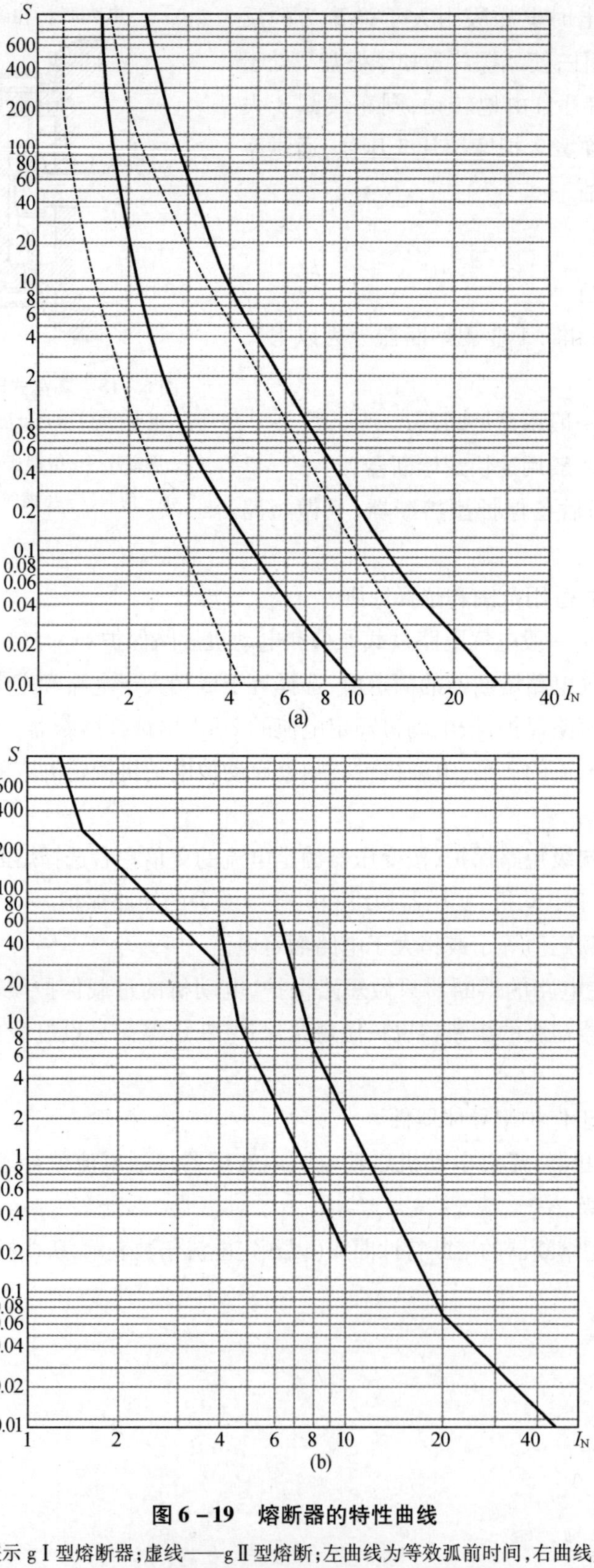

图 6-19　熔断器的特性曲线

(a)图中，实线表示 gⅠ型熔断器；虚线——gⅡ型熔断；左曲线为等效弧前时间，右曲线为等效熔断时间

(a)gⅠ型熔断器/gⅡ型熔断器；(b)aM 型熔断器

6.3.4　塑壳断路器(MCB——Moulded Circuit Breaker)

1. 保护特性

热保护:保护过载,具有反时限特性。

电磁保护:保护短路,一般有瞬动特性;大型塑壳断路器具有短延时和瞬动两段短路保护,可用于选择性保护。

具有热保护加瞬动保护叫作两段保护,有热保护、有短延时和瞬动保护的叫作三段保护。

塑壳断路器按使用要求不同,国内一般分配电保护用和电动机保护用两类,其区别在于短路保护动作值不同。

配电保护的瞬动电流是额定电流的 6 ~ 8 倍(也有 8 ~ 10 倍)。

电动机保护的瞬动电流是额定电流的 10 ~ 12(或 14)倍,在电动机启动过程中不会分断。

国外的塑壳断路器按瞬动电流不同分为 A、B、C、D 四类(德国 Siemens 公司),其动作电流和主要用途如下:

类别	瞬动电流/额定电流(A)	主要用途
A	2 ~ 3	电子元件的过电流保护
B	3 ~ 5	变压器二次线路保护
C	5 ~ 10	一般电气电路保护
D	10 ~ 20	变压器一次电路、电动机、电磁阀保护等

2. 分断能力

分断能力是断路器切断短路电流的能力,用能安全切断的短路电流值表示,是断路器能否保护短路电流的重要指标。分断能力分为以下两种:

极限分断电流 I_{CU}:断路器可安全切断一次的短路电流值。断路器分断一次极限分断电流 I_{CU}后,就须更换或大修。断路器型式试验要求按“合—分”顺序操作试验。

工作分断电流 I_{CS}:断路器可安全切断多次的短路电流值。断路器分断一次工作分断电流 I_{CS}后,应能继续使用,其主要性能指标仍符合技术要求。断路器型式试验按“合—分—延时—合—分”顺序操作试验。

3. 接通能力

断路器能承受短路峰值电流的能力。

用断路器能通过的最大峰值电流(仍保持可靠接通)I_{make}值表示。

6.4　电力拖动继电器接触器基本控制电路

6.4.1　概述

1. 基本环节

大致有下列内容:

启动控制;制动控制;正反转控制;调速控制;保护;

报警与指示。

其他特殊要求,如测量、限时、连锁、程序控制等。

2.原理图

(1)应画出所用到的所有元件,表明各元件之间及元件本身各零件之间的相互关系。

(2)元件的位置按动作的顺序、相互关系和便于阅读的原则安排;同一个元件的各零件,按上述原则可画在几个地方。

(3)元件的符号应按照标准规定的画法:

①触头通断状态按"静态"画出,即画成线圈不通电、按钮未受压、主令电器的手柄在"0"位的状态;

②对压力、温度等继电器触头,一般按常压、常温时的状态画出;凡可能引起混淆的触头,应对其通断状态做专门说明。

(4)原则上主电路画在原理图的上部或左部,控制电路画在下部或右部;或分页画出。

(5)元件代号应按标准规定的文字(字母与数字)符号标注。

国际电工委员会 IEC 和我国国家标准 GB 对电气原理图的画法都有详细要求,各大型电气企业更进一步规定了企业标准,在阅读有关原理图前应先了解相关的规定。

6.4.2 电动机基本控制电路之一——直接启动控制电路

如图6-20所示三相异步电动机直接启动控制的工作情况:合 DAK ,1XD 亮;表示电源有电,电动机停;启动:按 QA,接触器 C 动作并自保,电动机 JD 启动运转;1XD 暗,2XD 亮;表示电动机在运行。

停车:按 TA 接触器 C 释放,电动机 JD 停止;1XD 亮,2XD 暗;表示电动机停。

1.电路的保护环节

短路保护:熔断器 RD;流过大电流时熔断,切断电源。

过载保护:热继电器 RJ;过载较长时间使接触器 C 脱扣。

缺相保护:由热继电器 RJ 兼顾(缺相时电动机电流增大)。

欠压保护:由接触器 C 兼顾(欠压时接触器线圈释放)。

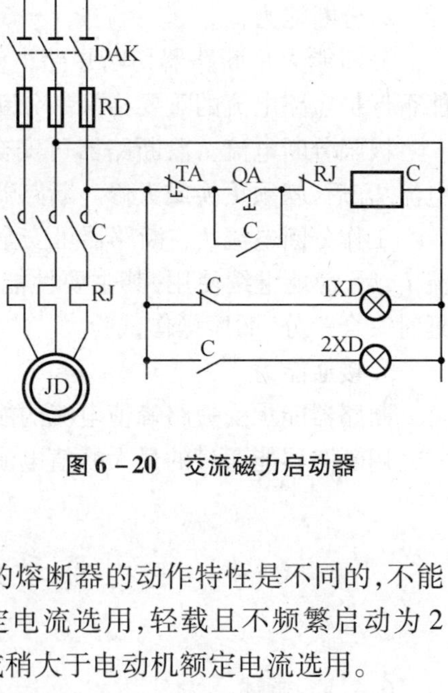

图6-20 交流磁力启动器

2.各元件整定值选择

熔断器:熔断器必须在电动机启动时间内能流过启动电流(5~7倍电动机额定电流)而不熔断,而在发生短路时则迅速熔断。

熔断器都具有反时限动作特性,须注意不同型号的熔断器的动作特性是不同的,不能随便更换。采用 gⅠ型熔断器可按 2~3 倍电动机额定电流选用,轻载且不频繁启动为 2 倍,重载频繁启动取 3 倍;采用 aM 型熔断器则按等于或稍大于电动机额定电流选用。

热继电器:按等于或稍大于电动机额定电流选用。

对于启动时间很长的拖动系统,若启动电流的持续时间超过热继电器反时限动作时间,则必须采取措施在启动过程中把启动电流旁路掉,使启动电流不通过热继电器,以便电动机能顺利启动。

应尽量采用三相(差动式)热继电器。这种热继电器在三相电流不平衡时的脱扣电流小于三相电流平衡时的脱扣电流,对电动机的保护有利。

接触器:按等于或稍大于电动机额定电流选用。

接触器的额定电流分为:

①长期发热电流:主触头可长期通过而不致温升过高的电流值。

②指定工况的额定电流:按所接负载性质和通断的频繁程度而确定的负载电流值,接触器的主触头不仅能通过此负载电流,也能接通和断开瞬变电流,保证正常工作。

对于控制鼠笼式异步电动机单向启动、停止的接触器,其工况为 AC－3,应选择在 AC－3 工况下其额定电流等于或稍大于电动机额定电流的接触器(符合该工况的接触器都允许在启动过程中通过 6 倍额定电流)。

对于控制鼠笼式异步电动机正反向启动、停止的接触器,其工况为 AC－4,应选择在 AC－4工况下其额定电流等于或稍大于电动机额定电流的接触器(符合该工况的接触器都允许在反转过程中通过大于 6 倍额定电流,多数在 AC－3 的基础上降低额定电流使用)。

用断路器代替刀开关和熔断器:

采用断路器的优点:可多次保护,无须更换;不会只断一相而缺相运行;必要时可直接切断电路。

断路器的过载脱扣电流应稍大于电动机额定电流。

断路器的瞬动电流须大于电动机额定电流的 10～12 倍,以保证在启动冲入电流作用下不分断。因此,若采用配电用断路器其额定电流应大于电动机额定电流的 1.5 倍,采用电动机保护用断路器其额定电流只需稍大于电动机额定电流。

注:电动机启动时的冲入电流是电动机启动瞬时的电磁过渡过程所出现的峰值电流,是由电动机的启动电流和瞬变的直流分量在半周期时叠加而成的,其峰值可接近启动电流的 2 倍,即额定电流的 10～14 倍。

3. 船用启动器线路的改进(图 6－21)

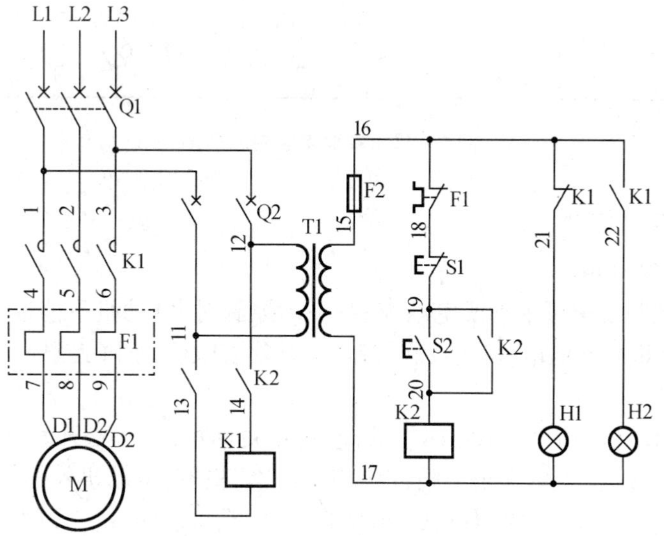

图 6－21　交流磁力启动器原理图

控制电路用220V或110V电压，由控制变压器供电，降低操作元件和设备面板上的电压以确保安全，同时控制电路与主电路隔开，使船舶主电网的绝缘电阻得以提高；

主电路和控制电路都用断路器控制，保护动作后不需要更换；

控制大电动机时，为减小控制变压器容量，主接触器经中间继电器控制，主接触器仍用动力电源（电压380 V）激励。图6－21由继电器 K_2 控制接触器 K_1 即为这一目的。

4. 电气原理图的绘图规则

为阅读方便，我国电气原理图绘图标准规定：图纸横向分列，按1，2，3次序自左向右编号；图纸纵向分行，按A，B，C次序自上至下编号；在需要注明元件位置时，可按所在列、行的代号标注。

在继电器或接触器线圈附近（下面或左右）列表注明该元件触头所在的位置。

控制电路的被控元件（继电器、接触器线圈、指示灯，鸣音器等）尽可能接在同一公共端。

6.4.3 多地点控制

多地点控制的启动器只需遵循如下原则：

常开按钮：并联。如一般启动按钮为常开，只需要把它并联。

常闭按钮：串联。如一般停止按钮为常闭，只需要把它串联。

若用常开停止按钮，再通过中间继电器的常闭触头停止电动机——则常开按钮并联；

指示灯：相同用途的指示灯并联。

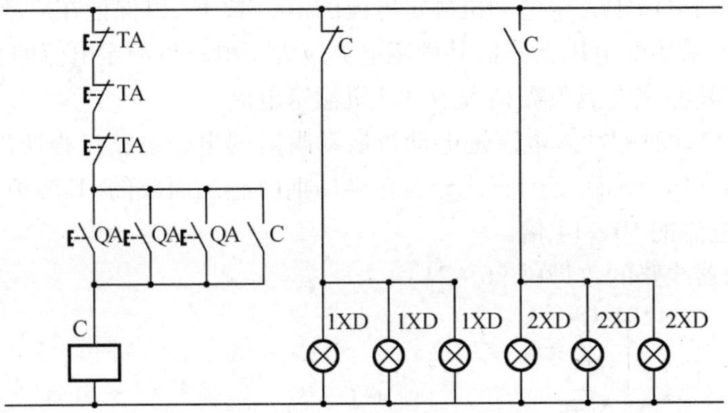

图6－22 多地点控制原理图

6.4.4 正、反转控制

1. 吊艇机控制电路

（1）吊艇机控制要求可手动或电动控制；手动控制时，电动机不能通电旋转；电动控制时，刹车松开电动机才能通电；可正反转控制；上升须有限位，下降无限位。

（2）电路说明

连锁开关LSK在手动手柄取出时接通；连锁开关QD在刹车松开时接通；按ZQA，ZC有电自保，电动机正转；若小艇升至上限，ZDK打开，ZC失电，电动机停车；小艇未到上限，按TA则ZC失电，电动机停车；按FQA，FC有电自保，电动机反转；按TA则FC失电，电动机停车；在小艇升至上限，ZDK打开后，按FQA，电动机仍可反转使小艇下降。

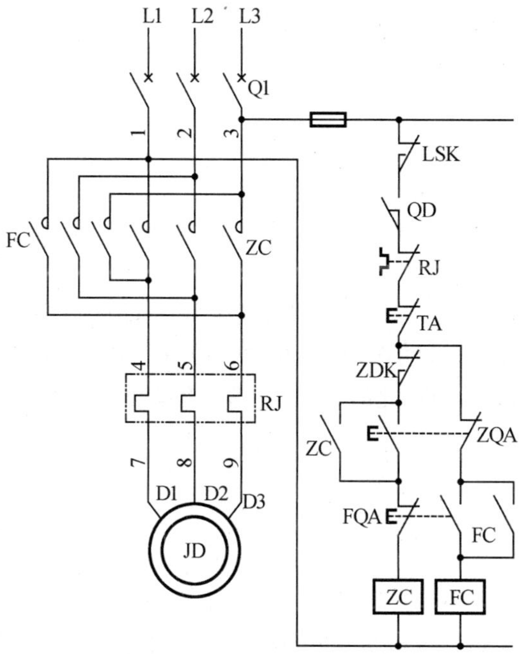

图 6－23　吊艇机控制原理图

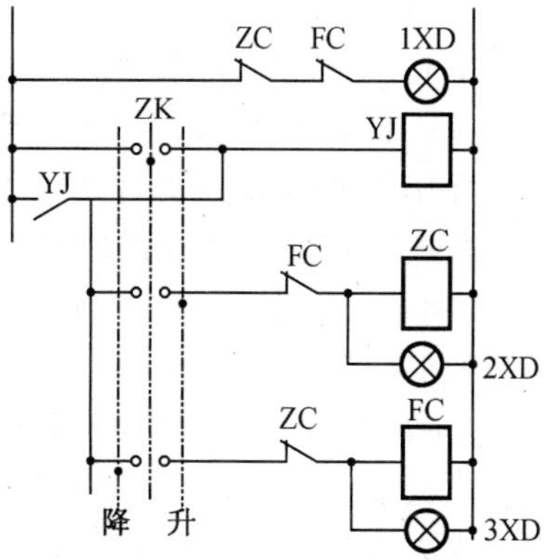

图 6－24　主令控制正反转原理图

2. 主令控制方式的正反转电路

1XD——停车指示；

2XD——正转指示；

3XD——反转指示；

ZC,FC 常闭触头——正反转电气连锁；

YJ——零位保护。

ZK——主令控制器

6.4.5　双态控制(按行程原则控制)

双态控制是按温度、水位、压力等的高低来控制电动机的运行。

1. 空气压缩机的控制

手动控制：由按钮控制启动与停止，但压缩机运行中若气压达到上限值，则自动停机并不能再启动；其余情况下都由人工控制电动机启动或停止。

自动控制：按使用要求设定气压上下限。当气压在上下限之间电动机保持原工作状态；气压升至上限时自动停机，

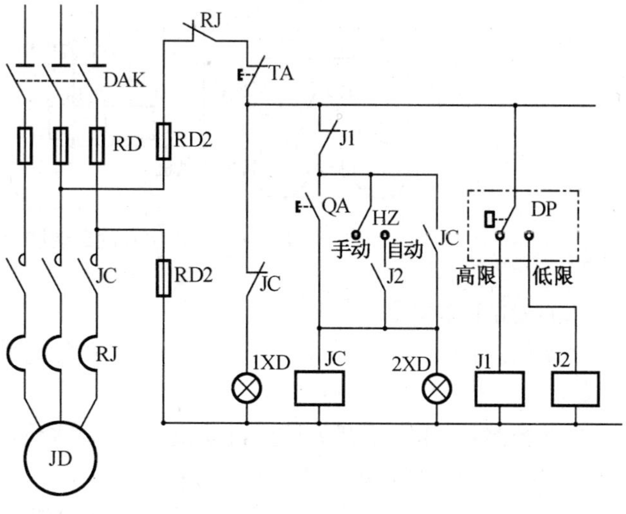

图 6－25　空压机自动控制原理图

气压降至低限时自动启动运行。

2. 电路工作情况

(1)手动控制

气压未达到上限值时 J1 不通电，常闭触头合，按 QA，则 JC 动作并自保，电动机启动运行；按 TA，各元件失电复位，电动机停止。

气压达到上限值时，J1 通电，常闭触头分断，按 QA 时 JC 不动作，电动机不启动。

(2)自动控制

气压在上下限之间 J1，J2 都不通电，电动机保持原工作状态；气压升至上限时，J1 动作切断 JC 电路，电动机停止；气压降至低限时，J2 有电动作，其常开触头使 JC 通电动作，电动机启动运行并自保；电动机运行使气压上升，J2 分断，此时 JC 已自保，电动机仍继续运行，直至气压上升到上限使 J1 动作才停止。

2. 锅炉水位自动控制

(1)控制要求

手动控制：由人工扳动转换开关控制。

自动控制：转换开关扳到“自动”位置，按使用要求设定上、下限工作水位和危险(最低)水位。水位达到上限工作水位，水泵电动机自动停机；水位降至下限工作水位，水泵电动机自动启动运行。

运行过程中水位在上、下限工作水位之间水泵电动机保持原工作状态。

电路恢复供电时水位在上、下限工作水位之间，水泵电动机立即启动运行，直至达到上限工作水位自动停机。

水位降至危险(最低)水位，切断油泵和通风电动机，停止锅炉运行。

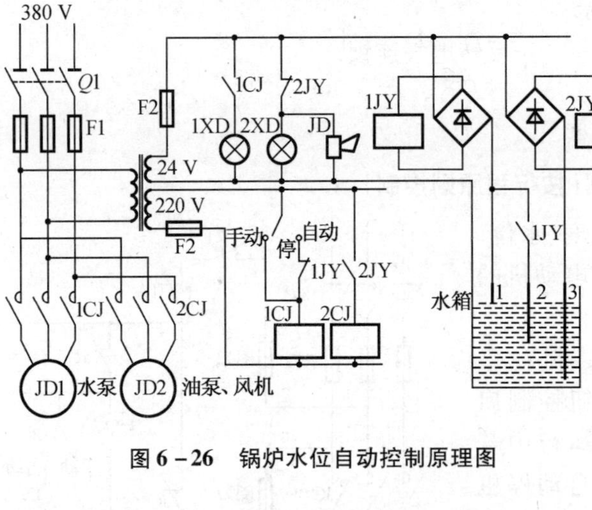

图 6－26　锅炉水位自动控制原理图

(2)电路工作情况

手动控制：工作方式开关扳到手动位置，水泵电动机立即启动；扳到停止位置，立即停机。

自动控制：工作方式开关扳到自动位置，只要水位不在上限，1JY 不通电，其常闭触头接通，1CJ 通电动作，水泵电动机启动运行；

水位上升到上限，1JY 通电动作，其常闭触头分断，1CJ 失电复位，水泵电动机停止；

水位下降到上、下限之间，因 1JY 常开触头已接通下限电极“2”，1JY 保持通电，电动机不启动；

水位下降到下限电极“2”以下，1JY 失电，常闭触头接通，1CJ 通电动作，水泵电动机启动运行；

因故障等原因，若水位下降到危险水位，电极“3”断开，2JY 失电触头分断，2CJ 失电，使油泵和风机电动机停止，停炉。

(3)附加说明

水位略高于最高水位并无很大危害，故手动工况没有高水位连锁保护，仅靠人工控制。若电路中有最高水位溢出保护，则宜用该触头切断水泵电路。

测量水位的触头通过锅炉水导电，水位继电器须用低电压，图中用 24V 整流电源。船用密封日用水柜用压力继电器测水位，调试时应空柜放大气，压力为零就代表水位为零。

6.4.6　按电流原则的启动电路

1. 直流电动机按电流原则启动

(1)电流加速接触器

电流加速接触器有两个线圈，一个电压线圈，一个电流线圈。单独电压线圈通电，不论电流线圈是否通电(只要电流线圈不是反向通很大电流)接触器就吸合；

在释放状态若单独电流线圈通电，接触器不会吸合；

在吸合状态电压线圈不通电，只要电流线圈电流超过整定值，接触器就保持吸合；电流线圈电流低于整定值，接触器就释放。

(2)电路工作情况(图 6－27)

按启动按钮 QA(按下的时间须大于下面 4 只接触器的动作时间)：

电流加速接触器 1JLC 电压线圈通电动作；

电流加速接触器 2JLC 电压线圈通电动作；

电流加速接触器 3JLC 电压线圈通电动作；

线路接触器 XLC 通电动作并自保，断开 1JLC 的电压线圈；

电动机串全部电阻启动，随电动机转速上升，电流下降；

当电流降至 1JLC 的整定值以下，1JLC 释放；第一级电阻被短接，断开 2JLC 的电压线圈；

电动机进入第二级启动，随电动机转速继续上升，电流下降至 2JLC 的整定值以下，2JLC 释放，第二级电阻被短接，断开 3JLC 的电压线圈；

电动机进入第三级启动：

重复上述过程，直至 3JLC 释放，全部电阻被短接，线路接触器线圈串经济电阻 R_f，运行指示灯 XD 亮，启动动作完毕。

电流加速接触器的整定值为电动机额定电流的 1.1～1.2 倍。

(3)电路保护

短路保护：电流继电器 GLJ，其整定值大于电动机启动电流($>2.5I_N$)。

欠压保护：接触器 XLC 兼(与经济电阻 R_f 配合)。

控制电路保护：熔断器 RD。

此电路无电动机过载保护，实用时应予补上。

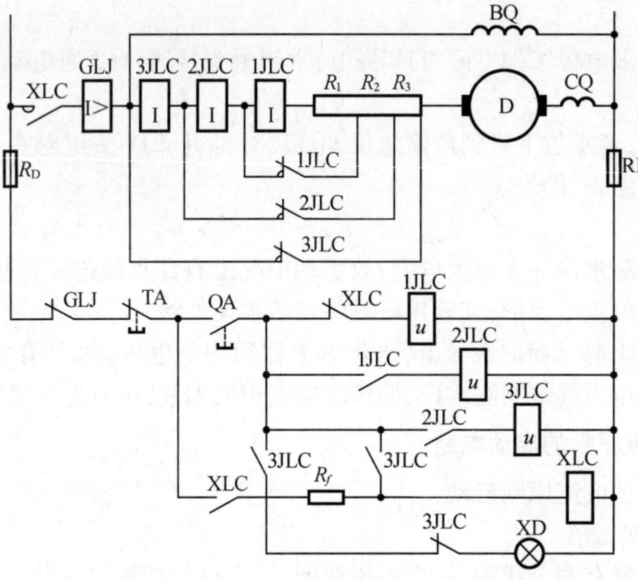

图 6－27(a)　直流电动机启动原理图(电流原则)

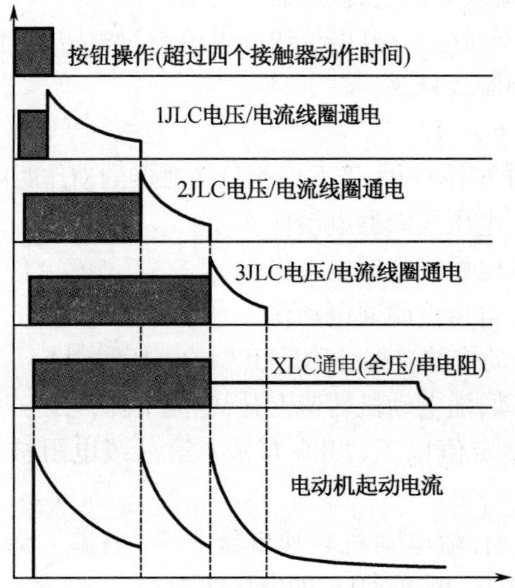

图 6－27(b)　线圈通电与电动机电流示意图

(4)指示

有运行指示灯 XD,启动过程无指示。

2. 交流绕线式异步电动机按电流原则启动(图 6－28)

K1,K2 电流继电器,其动作时间比接触器快。

K1,K2 整定值:动作值 $2I_{2N}$,释放值 $1.1I_{2N}$;I_{2N}为转子额定电流。

Q1 线路接触器,Q2,Q3 加速接触器;

Q01,Q02 断路器。

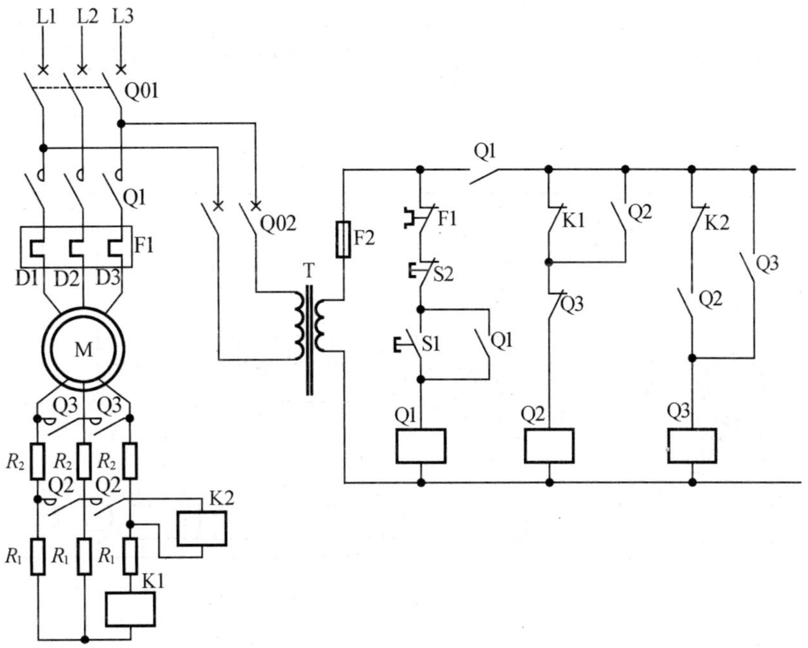

图 6－28　交流线绕式电动机启动电路原理图(电流原则)

(1)电路动作

按 S1;线路接触器 Q1 动作并自保,电动机转子串全部电阻启动,加速接触器的线圈电路通电;

电流继电器 K1 通过启动电流,在 Q2 动作之前吸合,Q2 不动作;

电动机转速上升,电流下降到 K1 释放值时,K1 释放;

Q2 通电动作并自保,电动机转子串 R2 升速启动;

电流继电器 K2 通过启动电流,在 Q3 动作之前吸合,Q3 不动作;

电动机转速上升,电流下降到 K2 释放值时,K2 释放;

Q3 通电动作并自保,Q2 失电断开(对电路无影响),电动机启动完毕;

(2)电流原则启动的优缺点

优点:对变动负载,因电动机升速快慢随负载变化,用电流原则可缩短实际启动时间。

缺点:若电源电压较低,或负载过大,电动机电流大于电流继电器的释放电流,则电流继电器不释放,电路不能转换(不能把启动电阻短接),会使启动电阻长期通电而烧坏。

若电流继电器动作稍有阻滞,则加速接触器在线路通电后立即动作,使电动机直接全压启动,引起大电流冲击。

目前这种启动方式很少采用。

6.4.7　按时间原则的启动电路

1. Y－Δ 启动器(图 6－29)

(1)电路动作

合上 GLK 接通电源。

启动: 按 QA, 1XLC 通电动作并自保,电动机按 Y 接法启动;

1SJ 通电计时(t_1),待 t_1 时间到,1SJ 动作;

2SJ 通电计时(t_2),待 t_2 时间到,2SJ 动作;

1XLC 失电复位,1SJ 失电复位,2XLC 通电动作并自保,电动机接成 Δ 运行。

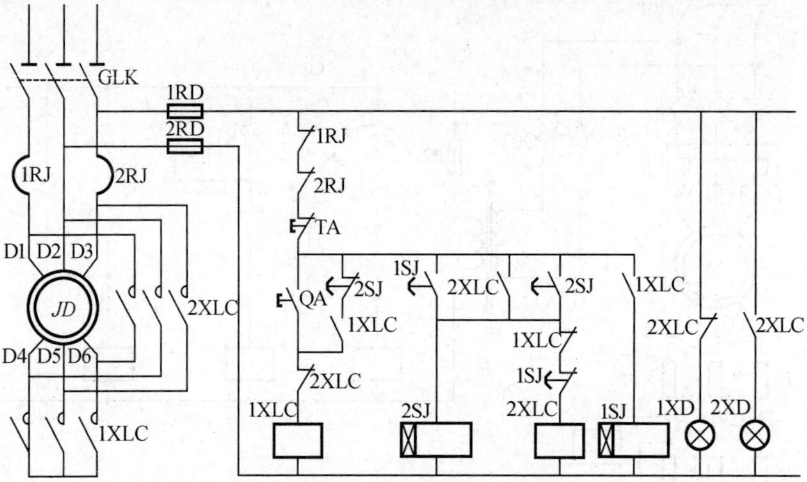

图 6－29(a)　Y－Δ 启动器(1)原理图

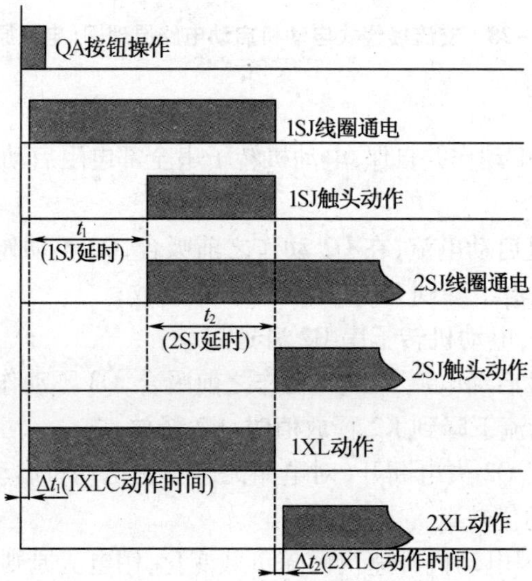

图 6－29(b)　元件动作时间

(2)电路特点

有过载、欠压保护;

有启动阶段转换时短路连锁,但缺短路保护;

有运行和停车指示;

电动机停转时绕组带电,不安全;

运行时主电路只要 2XLC 接通, 2SJ 也无必要再通电;

电路以下各点可作修改:

热继电器接在 Δ 接法的总线上,计量线电流,热继电器容量大;

Y－Δ 启动只有一级启动,却用了两只时间继电器,启动时间是两者之和, $t = t_1 + t_2$。这是由当时(20 世纪 50 年代)钟摆式延时继电器为增长延时时间而采用的方法,目前看来既不合理又不经济。

2. Y－Δ 启动器(2)

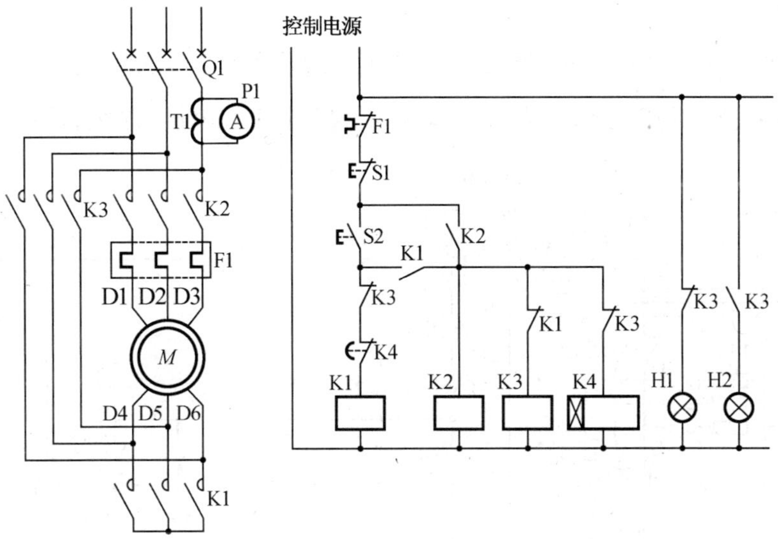

图 6－30　Y－Δ 启动器(2)

(1)电路动作

合上 Q1 接通电源;

启动:按 S2, K1 通电动作,电动机接成 Y 接法;

K2 通电动作并自保,电动机按 Y 接法启动;

K4 通电计时(t),待 t 时间到,$K4$ 动作;

K1 失电复位,电动机瞬时断电;

K3 通电动作,电动机按 Δ 接法加速运行;

K4 失电;启动过程完毕。

电路保护与指示:

短路保护 Q1;

过载保护 F1;

欠压保护 K2,K3;

启动转换防短路连锁 K1,K3;

运行与停车指示。

(2)待改进处

在 Y－Δ 转换过程中须有短时断电,以防电源短路,使得在 Δ 接法接通瞬间有电流冲击,瞬间电流可大于启动冲入电流,可能使高速断路器分断,并可能干扰弱电设备。

3. 不停电转换 Y－Δ 启动器(图 6－31)

前述 Y－Δ 启动器在 Y 接法转换到 Δ 接法时,电动机必须有短时停电,以避免发生短路。而在这停电的短时间内电动机内部发生了以下变化。

①停电时转子依靠惯性旋转,旋转速度与同步转速不同,待到重新接通电源时,转子磁场与定子旋转磁场间的相位发生了变化。

②停电后转子磁场按指数规律衰减,衰减速度由转子绕组的电感和电阻大小决定。但由于转换停电时间很短(0.1 s 左右),在重新通电时仍有相当大的剩磁磁场。

③由 Y 接法转换到 Δ 接法，定子绕组中通入的电流相位有 30°的相位差。

上述变化使电动机在转换后再通电时出现电流冲击，可能影响电网的安全运行并引起无线电干扰。

不停电转换 Y－Δ 启动器在电路设计上，从 Y 接法转换到 Δ 接法时，电动机不停电，可避免出现冲击电流；但它原则上仍是 Y－Δ 启动器，启动转矩并无改善，仍为直接启动转矩的$\frac{1}{3}$。

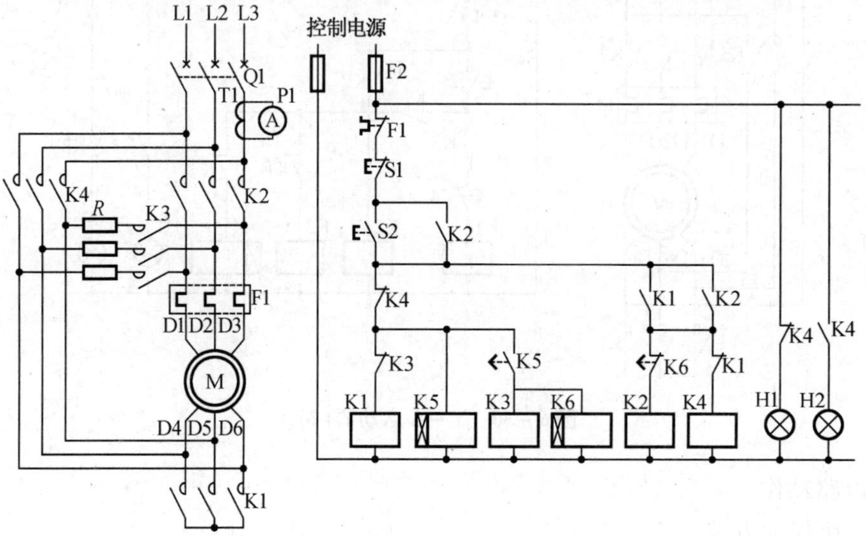

图 6－31　不停电转换 Y－Δ 启动器

电路动作说明。

合上 Q1 接通电源；

启动：按 S2，K5 通电计时(t_1)；

①K1 通电动作，电动机按 Y 连接；

②K2 通电动作并自保，电动机按 Y 接法启动；

③K5 计时到，触头动作，K6 通电计时(t_2)；

④K3 通电动作，电阻 R 与电动机绕组并联；

⑤K1 失电复位，电动机绕组串电阻 R 后接成 Δ；

⑥K4 通电动作，电阻 R 被短路，电动机接成 Δ 运行；

⑦K3 失电复位，电阻 R 退出，K5，K6 失电复位，启动过程完成。

启动各阶段电动机绕组连接情况如图 6－31 所示。

①②K1 或 K1，K2 接通，Y 接法
持续时间 t_1(K5 延时)

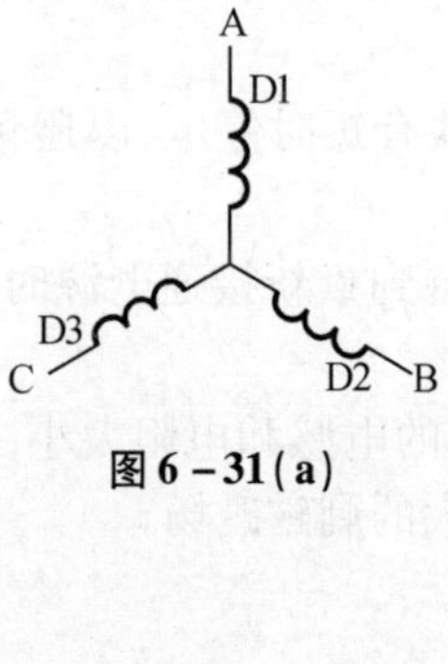

图 6－31(a)

④K1，K2，K3 接通，Y 接法并联电阻
持续时间 K1 失电释放时间

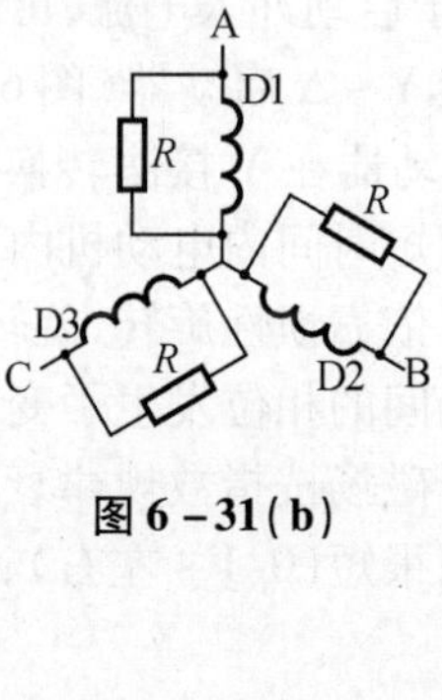

图 6－31(b)

⑤K2,K3 接通,Δ 接法串电阻
持续时间 K4 通电动作时间

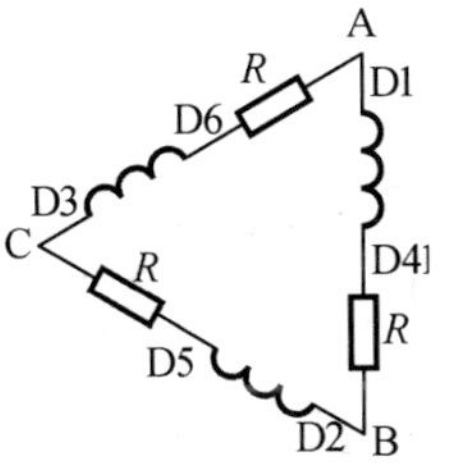

图 6 -31(c)

⑥K2,K3,K4 接通,Δ 接法电阻短接
持续时间 K3 失电释放时间

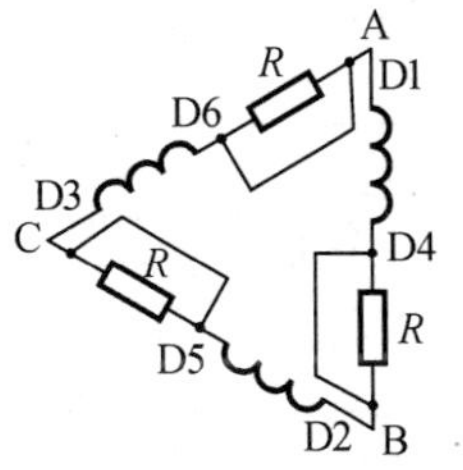

图 6 -31(d)

⑦K2,K4 接通,电动机 Δ 接法运行,电阻退出,启动动作完毕

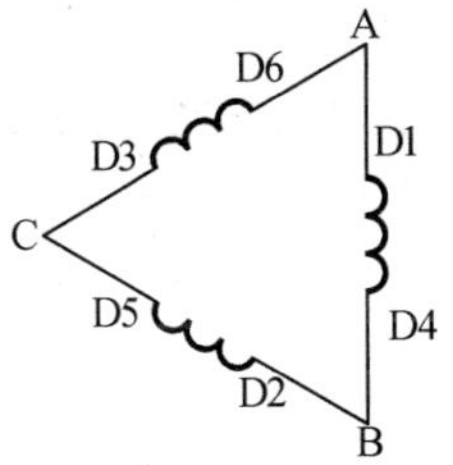

图 6 -31(e)

时间继电器 K6 的作用与整定。

时间继电器 K6 是保护转换电阻 R,防止其长期通电烧坏。

若接触器 K3,K1,K4 中有任一个动作失灵,在 K6 的延时时间内不动作,则 K6 到时动作,使 K2 失电切断电动机的控制电路,电动机停车、电阻即从电源脱离。

K5 的延时为电动机启动的过渡过程时间。K6 的延时应稍大于 K3,K1,K4 动作时间之和,约 0.2 ~0.3 s, 可调整为 $t_2=0.4$ s。

4. 延边 Δ 启动器电路(图 6 -32)

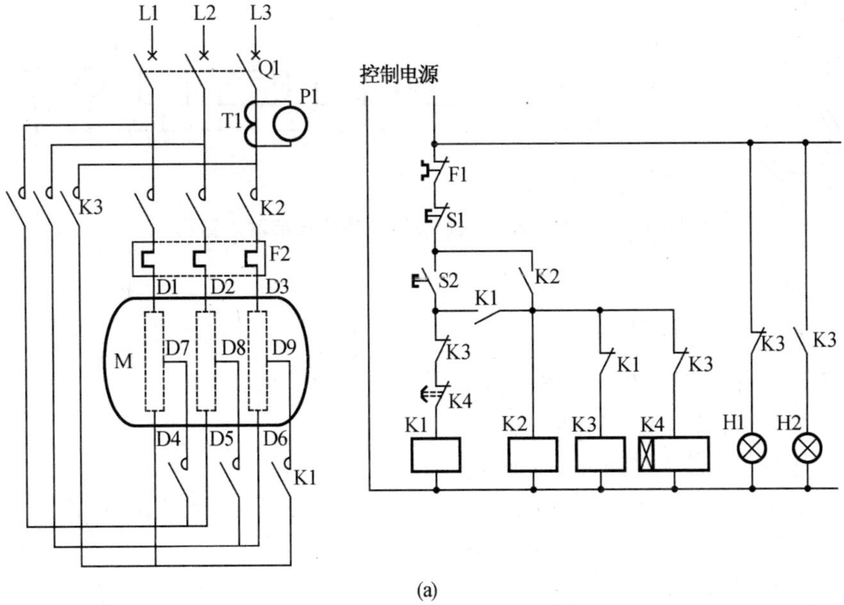

(a)

延边Δ启动的启动转矩和启动电流已在电动机启动一章内说明,这里仅画出电动机绕组的连接情况和电路接法;各控制元件的动作顺序与 $Y-\Delta$ 启动器完全相同,也不再重复。其绕组接法如图 6-32(b)所示。

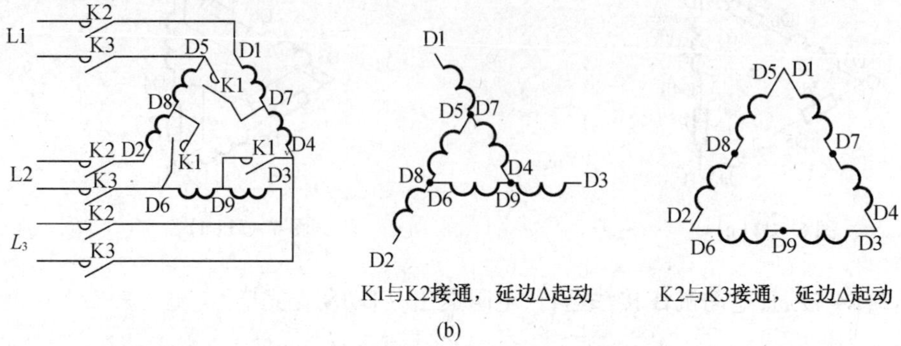

图 6-32 延边Δ启动电动机绕组接法

(a)异步电动机延边Δ启动原理图;(b)延边Δ启动电动机绕组接法

5. 自耦变压器降压启动(图 6-33)

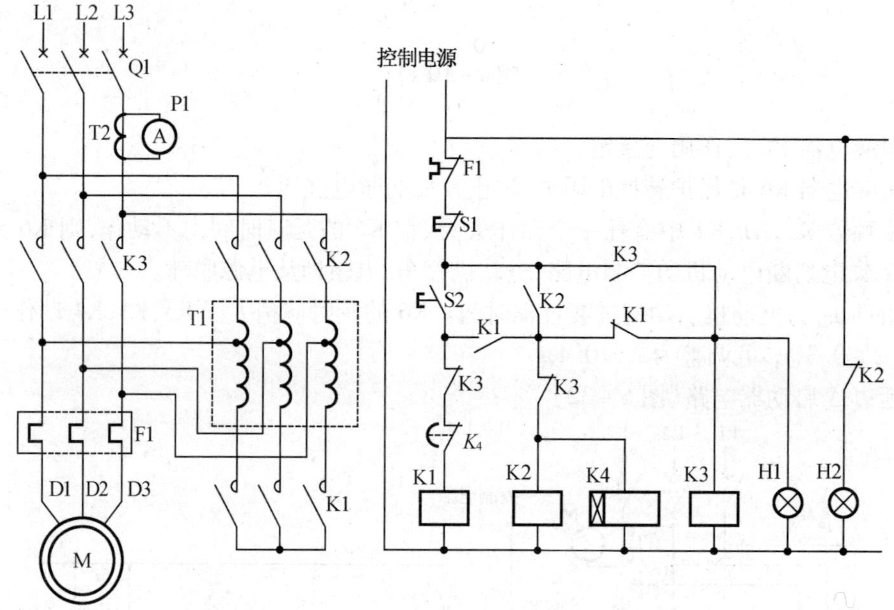

图 6-33 交流电动机自耦变压器降压启动电路图

(1)电路动作

合上 Q1 接通电源;

启动:按 S2, K1 通电动作,自耦变压器 Y 接法中点连通;

K2 通电动作并自保,电动机降压启动;

K4 通电计时(t),待 t 时间到,K4 动作;

K1 失电复位,变压器中点分断,电动机串电感(变压器部分绕组)运转(不失电);

K3 通电动作并自保,电动机全电压运行;

K2,K4 失电复位;启动过程完毕。

(2)电路保护与指示

短路保护 Q1;

过载保护 F1;

欠压保护 K3;

启动转换防变压器绕组过电压 K1,K3;

运行与停车指示 H1,H2。

6.4.8　按转速原则的控制电路

1. 交流电动机正、反转反接制动电路(图 6-34)

图 6-34 中 JY 是感应式速度继电器(参见图 6-15),电动机停转或转速很低时触头状态如图所示;电动机正转速度超过整定值 JYZ 转换通断状态,JYF 不变;电动机反转速度超过整定值 JYF 转换通断状态,JYZ 不变。

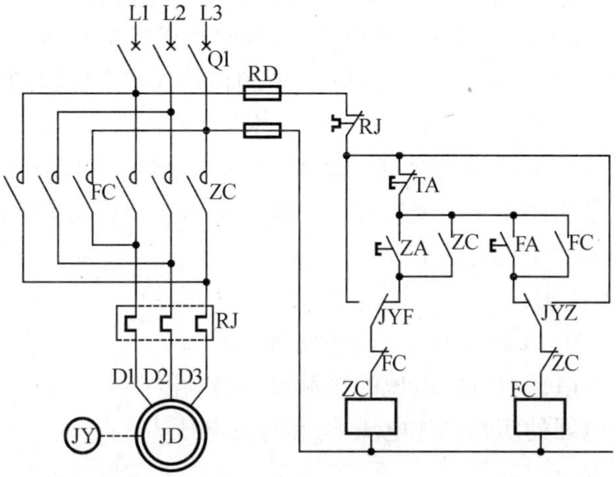

图 6-34　交流电动机转速原则反接制动电路图

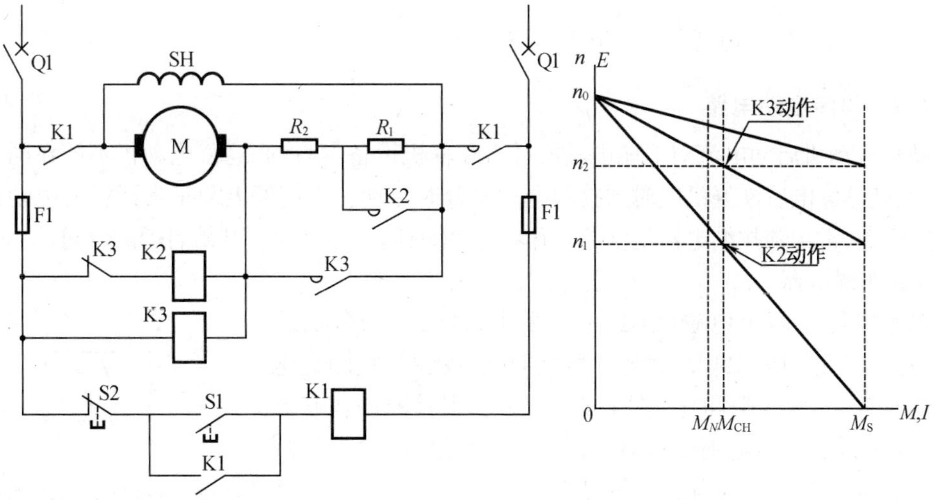

图 6-35　直流电动机按转速原则启动电路图

(1)动作说明

正转:按 ZA,电动机正转启动,转速上升后 JYZ 转换通断状态,为反接制动先作准备。

停车:按 TA,ZC 复位,在电动机未停车前 JYZ 仍接通,使 FC 接通,电动机反接制动,待电动机转速降至整定值以下,JYZ 复位,FC 失电断开,电动机在失电状态自然停车。

反转的运作情况与正转相似,不赘述。但须注意改变转向必须先停车,待电动机转速下降,速度继电器复位后才能反向启动,否则因速度继电器触头分断,操作无效。

注意:此电路应适用于力矩式异步电动机;对于普通异步电动机,因其反接时冲击电流极大而制动转矩不大,不宜直接反接,此电路不适用。

2. 直流电动机按转速原则启动电路(图 6-35)

控制原理:用可以调整动作电压的直流电压接触器(或继电器)检测电动机的反电势,代替直接测量转速。

启动动作:按 S1,接触器 K1 动作自保,电动机串全部电阻启动;

电动机转速上升,反电势与转速成比例上升,当电动机反电势达到加速接触器 K2 动作值时 K2 动作,触头闭合,短接第一级启动电阻,电动机转入较高转速的机械特性运行。

转速继续上升达到加速接触器 K3 动作值时,K3 动作触头闭合,短接第二级启动电阻,电动机转入自然机械特性运行,同时切断 K2 线圈(减少电耗),启动动作完毕。

K2 与 K3 动作值按右图所示机械特性与转换转矩相交处的反电势值,调整方法如下:

(1)改变气隙大小;

(2)改变复位弹簧压力;

(3)电磁线圈串电阻,电阻大小按下述方法确定:

选择额定电压低于电动机额定电压的接触器或继电器;

测定接触器或继电器的实际动作电压 U_m 和释放电压 U_r;

测定线圈电阻值 R;

计算接触器或继电器的动作电流 I_m 和释放电流 I_r:$I_m = \dfrac{U_m}{R}, I_r = \dfrac{U_r}{R}$;

按所要求的动作反电势计算外串电阻 R_{ad}:$R_{ad} = \dfrac{E}{I_m} - R$。

6.4.9 程序启动电路

为减轻电动机启动电流对船舶电站的冲击和辅机设备本身的需要,电动机不能在同一时间启动,尤其是停电后恢复供电时须控制电动机分时启动。为使停电前正常运行的电动机能自动分时启动,常用锁扣继电器记忆原工作状态,用时间继电器控制开始启动的时间。

(1)锁扣继电器

锁扣继电器有两个电磁线圈,一个吸引线圈,一个释放线圈;其动作特点是:吸引线圈通电时继电器吸合;释放线圈通电时继电器释放;吸引线圈和释放线圈都不通电,保持原动作状态(吸引线圈通电后再断电则继电器保持吸合,释放线圈通电后断电则保持释放。下图为其电路图符号)。

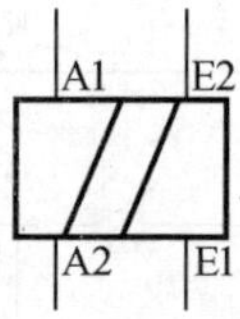

附图:双线圈器件的符号

(2)按顺序直接启动电路(图 6-26)

接通电源后不会立即启动,必须经过 K 12的延时才能启动。

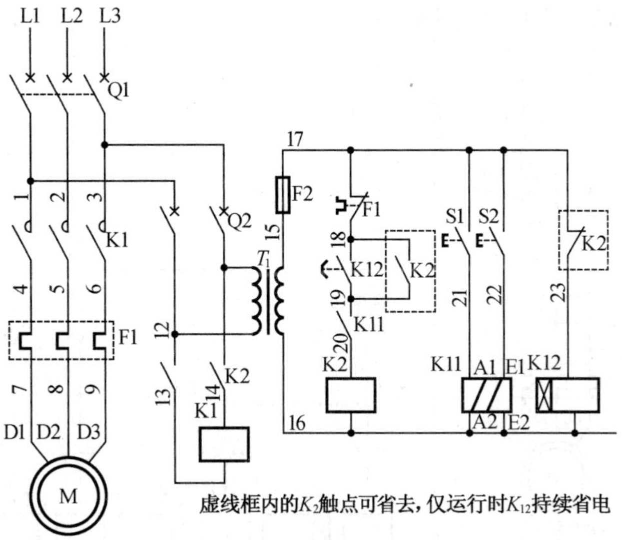

图 6－36　交流磁力启动器程序启动原理图

按 S1，锁扣继电器 K11 吸合，待 K12 时间到，K2 动作自保，K1 吸合，电动机启动。

停电后恢复供电时，也经过 K12 延时，K2 动作，电动机启动。

遵循以下原则就可把各种启动电路，改为电源恢复后按顺序自动启动的电路：

①增加锁扣继电器，用启动按钮控制其吸引线圈，用停止按钮（常开）控制其释放线圈；

②增加时间继电器，其线圈通过启动完毕时吸合的接触器的辅触点（常闭）接控制电源；

③用锁扣继电器常开触点置换原电路中的（常闭）停止按钮；

④用延时继电器常开触点置换原电路中的启动按钮。

以下各程序启动电路的工作原理与此类同，仅把电路列出，供分析与参考。

（3）Y－Δ 程序启动电路（图 6－37）

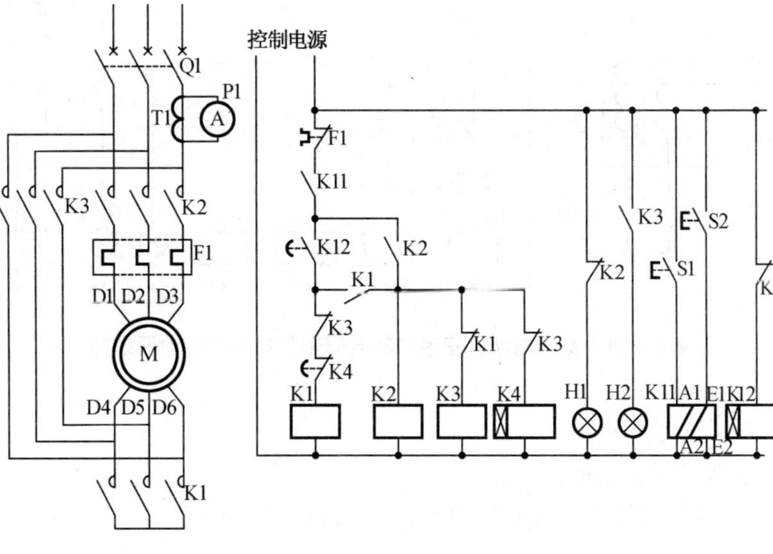

图 6－37　异步电动机程序启动 Y－Δ 启动原理图

(4)不断电转换 Y－Δ 启动(图 6－38)

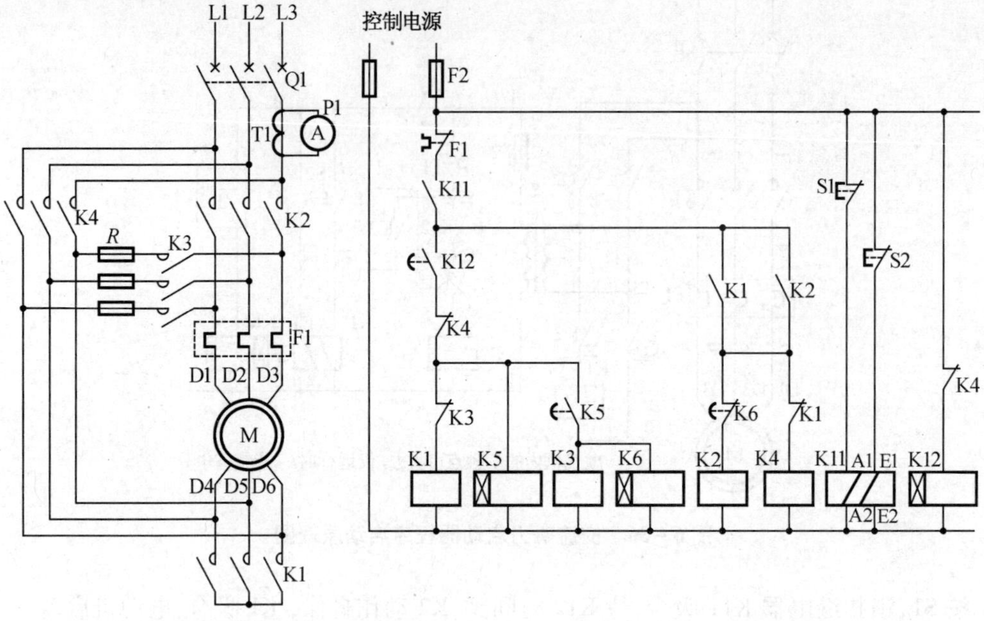

图 6－38 异步电动机程序启动不停电转换 Y－Δ 启动原理图

(5)自耦变压器降压启动(图 6－39)

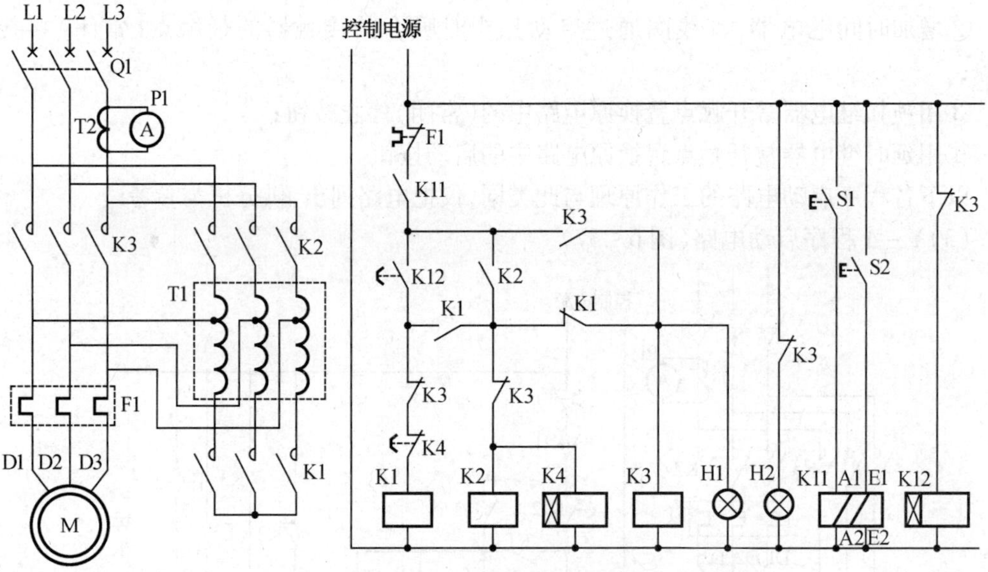

图 6－39 交流电动机程序启动自耦变压器降压启动原理图

6.4.10 实用电路分析

1. 自耦变压器降压启动举例

VS3.3 空压机启动器(为上海空压机厂设计),如图 6－40 所示。

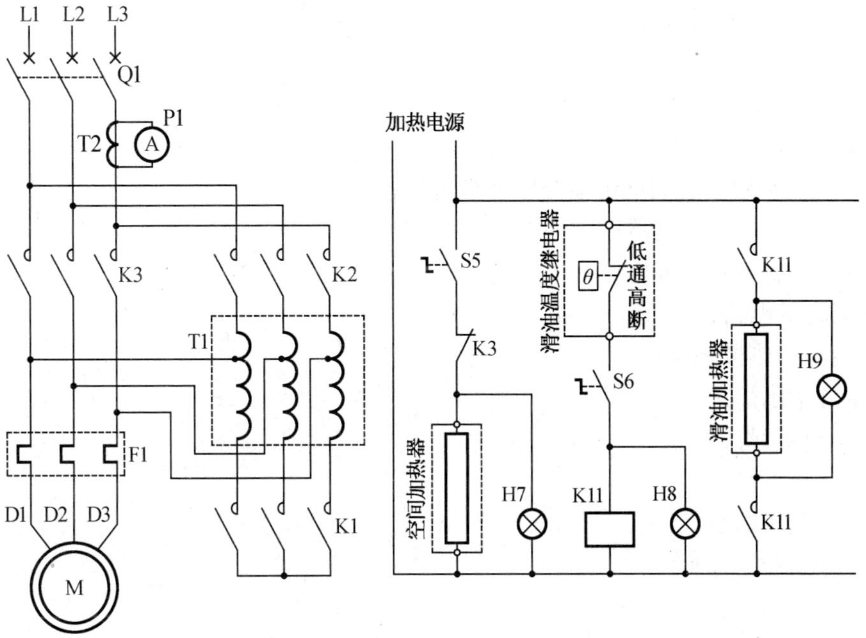

图 6－40a　VS3.3 型空气压缩机启动器(主电路与加热电路)

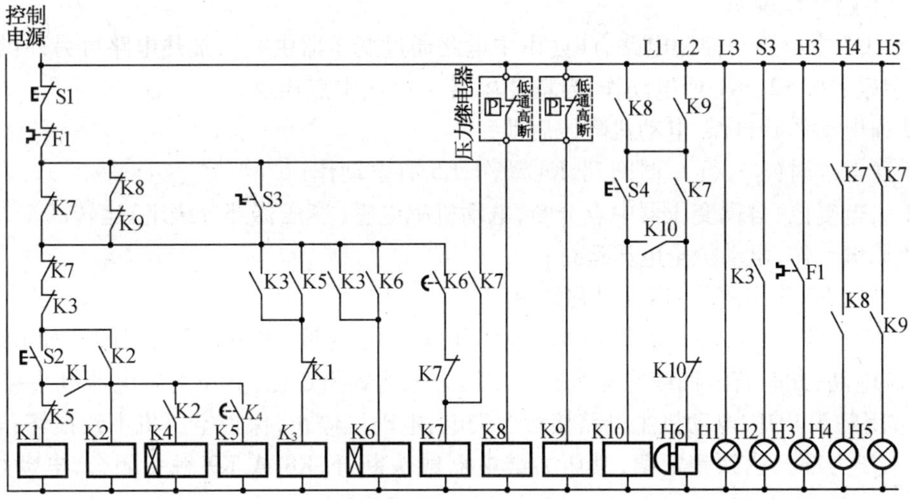

图 6－40b　VS3.3 型空气压缩机启动器(控制与指示电路)

(1)空压机控制要求

①按电动机容量选择启动方式;

②机带滑油泵、冷却水泵各需有油压低和水压低保护,但在启动过程中机带泵转速也在升速过程,不可能达到所需压力,应闭锁保护动作;

③电动机过载和短路按常规保护设置;

④滑油需要温度控制(加热);

⑤电动机停用时可加热去潮;

⑥具有故障报警功能;

⑦应急状态可强制运行。

(2)主要元件说明

K1,K2,K3 启动及运行接触器;

K4,K5 启动时间继电器与中间继电器;

K6,K7 油、水建压时间继电器与中间继电器;

K8 滑油压力中间继电器;

K9 冷却水压力中间继电器;

K10 消音继电器;

K11 滑油加热接触器;

H1 电源指示灯;

H2 运行指示灯;

H3 过载指示灯;

H4 滑油低压指示灯;

H5 冷却水低压指示灯;

H6 报警蜂鸣器;

H7 电机加热指示灯;

H8 滑油加热指示灯。

(3)电路动作说明

①合 Q1 主电路与控制电路有电(由主电路通过变压器供电),加热电路可另外供电;

②启动:按 S2, K1 通电动作,自耦变压器 Y 接法中点连通;

K2 通电动作并自保,电动机降压启动;

K4 通电计时(t_1),待 t_1 时间到,K4 动作,K5 有电动作;

K1 失电复位,自耦变压器中点分断,电动机串电感(变压器部分绕组)运转;

K3 通电动作,电动机全电压运行;

K2,K4 ,K5 失电复位;启动过程结束。

K6 通电计时(t_2),待 t_2 时间到,K7 动作并自保(t_2 为油、水压力上升时间),使 K8 和 K9 串入控制电路;此时若滑油或冷却水有一项压力未达到整定值,其压力继电器触头接通,K8 或 K9 常闭触头断开,电动机主电路接触器失电,电动机停止,保护空压机不致损坏;若滑油或冷却水压力都已达到整定值,其压力继电器触头断开,K8 或 K9 触头闭合,电动机继续运行。

③停车:按 S1 电动机主电路接触器失电,电动机停止。

④强制运行:在紧急情况下,即使滑油或冷却水压力不足也要空压机运转,可接通 S3,短接滑油及冷却水 K8,K9 触头,使电动机继续运行。

⑤报警:启动及滑油、冷却水建压时间后,中间继电器 K7 已接通,若出现滑油或冷却水压力不足,则 K8 或 K9 在动作状态,相应的 H4 或 H5 亮,蜂鸣器 H6 发音响报警;按 S4,继电器 K10 动作并自保,H6 断开消音,指示灯保持报警。

⑥电动机加热:由 S5 控制,并与电动机运行接触器连锁,电动机运行时加热器自动切断。

⑦滑油加热:在需要加热时接通 S6,由温度继电器按滑油温度接通或断开加热器。长期不用或维修时应断开 S6。

⑧报警与消音

H4,H5 为报警指示灯,当 K7 设定的建压时间过完后,若滑油或冷却水压力未达到预定值,则 K8,K9 处于接通状态,指示灯 H4,H5 亮,铃或蜂鸣器响 H6。按 S4 则 K10 动作,断开 H6 消音。

2. 主机喷油嘴淡水泵控制(图 6－41)

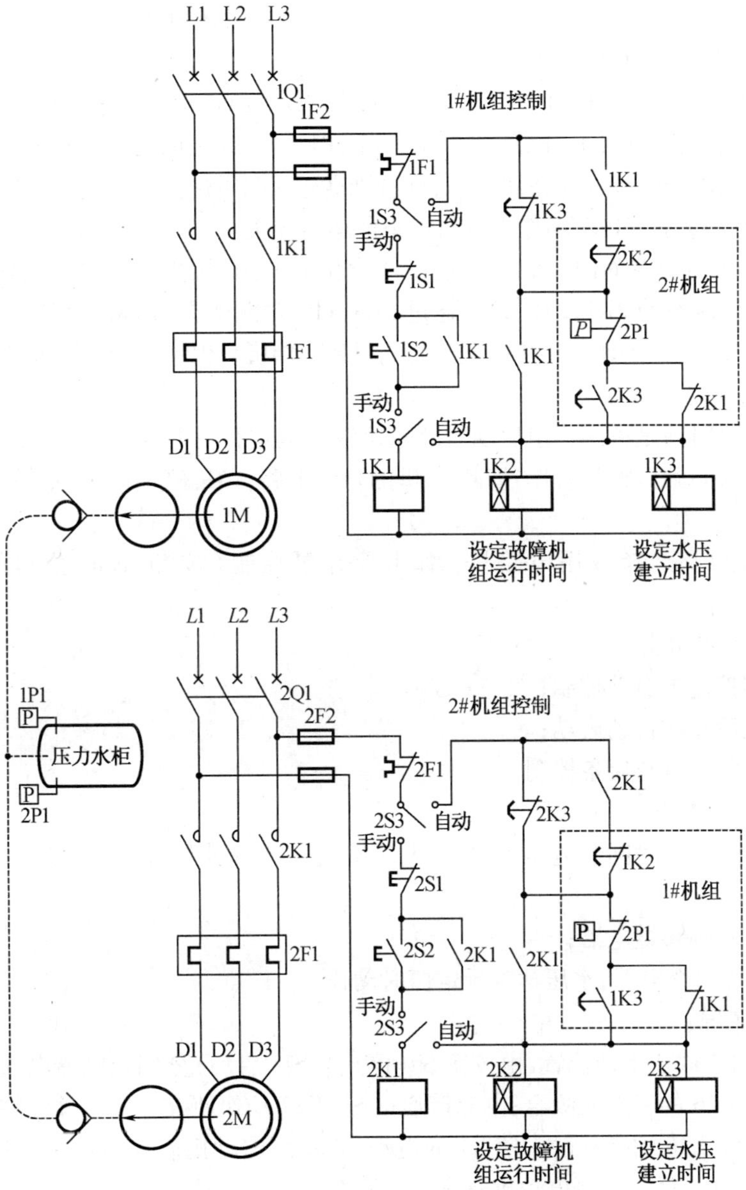

图 6－41　主机喷油嘴淡水泵控制原理图

(1)电路控制要求

手动工况两台机各由各自的启/停按钮控制。

自动工况两台中先通电的机组自动启动,后通电机组作为备用机组;若第一台机组启动后在规定时间内淡水压力不能达到规定值,或在运行过程中水压降至规定值以下(有故障),则备用机自动启动,备用机启动后故障机停止运行。

(2)电路说明

两台水泵都是直接启动;各由选择开关1S3/2S3选择手动或自动工况;手动工况属于简单的直接启动控制;自动工况的工作情况说明如下:

假设1#机组先通电,1K1,1K2,1K3通过1K3,2P1,2K1的常闭触头同时通电,1K1动作自保,电动机1M直接启动;此时接通2#机电源,因1K1常闭触头已分断,2K1,2K2,2K3都不会动作,2#机组自动处于备用状态。

1K2,1K3同时开始计时;其中1K3的延时时间按机组正常建起水压所需的最长时间整定,在这一时间内若机组工作正常,压力继电器1P1在1K3之前动作,当1K3计时到触头动作,2#机不会通电而继续处于备用状态;1#机则通过1K1的自保触头和2K2常闭触头保持正常运行。这一过程中1K2动作与否与机组的运行无关。

若在1K3的延时时间内1#机组不能正常建起水压,压力继电器1P不动作,当1K3计时到触头动作时,2#机的2K1,2K2,2K3通过2K3,1P1常闭触头和1K3通电:

2K1动作2#机组启动与1#机一起运行,并断开1#机自保触头的并联通路;

2K2,2K3同时开始计时;其中2K3的作用与1#机的1K3相同,不重复。

2K2的延时时间是备用机组启动后故障机组继续运行的时间,使系统水压不致立即下降。2K2延时时间到后触头动作,切断1#机的自保电路,1#机停止;2#机则在建压和2K3动作后运行。

3.程序启动及选择备用电路——海水冷却泵控制(按Siemens公司的图纸整理)(图6-42)

(1)电路主要功能

手动多路控制与自动控制;

恢复供电后延时自动启动;

自动工况的运行与后备控制。

(2)特殊元件说明

1K25,2K25脉冲时间继电器,每次通电时输出一个脉冲信号(触头动作一段预定时间后就复位);

1K26,2K26锁扣继电器;

1P1,2P1压力继电器,水压达到预定值时动作。

(3)手动工况:

选择开关S3放在手动位置,由按钮S0(停止)、S1(启动)分别控制继电器K21,K22,控制锁扣继电器K26的释放或吸合;电源接通按S1,K22动作使K26吸合并锁扣,经过K12延时后常开触头和K26的常开触头使K1通电动作,水泵电动机启动运行;按S0,K21动作使K26释放,K1失电复位,水泵电动机停止。

电源失电时K26保持失电前的状态,若电动机原已运行则在恢复供电后经过K12延时时间K1通电动作,水泵电动机自行启动运行。

(4)自动工况

选择开关S3放在1#机或2#机位置,接通电源;(以下按S3放在1#机说明)

1K23通电动作,在2#机未建立水压时(2K11在失电状态)1K25动作发出动作脉冲,使1K26吸合并锁扣,经过1K12延时后常开触头闭合,和$1F_1$,1K26的常开触头使1K1通电动作，1#水泵电动机启动运行。1K25 的另一付触头，使 2K26 释放，使 2#水泵电动机处于停止状态。

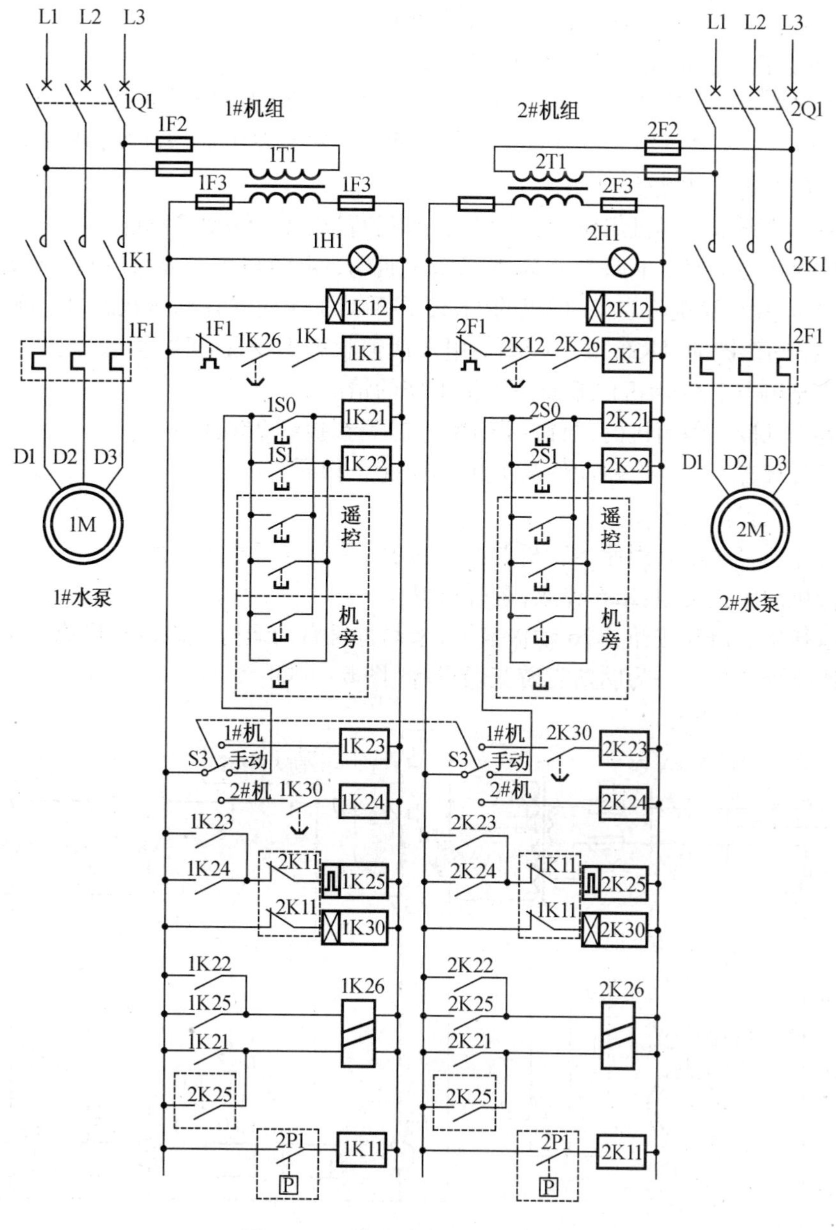

图 6－42　海水冷却泵控制原理图

1K30 和 2K30 分别在 2#水泵或 1#水泵未建立水压条件下通电计时，它的延时时间是水泵启动到建立水压所需的时间（1K30 与 2K30 的延时时间相同），在此时间内若 1#泵建起正常水压则压力继电器 1P1 触头闭合，1K11 通电动作，切断 2K25 和 2K30 的通路，使 2#泵不会启动，2K30 也复位，1#泵继续正常运行；若在 2K30 延时时间内 1#泵不能建起正常水压，压力继电器 1P1 不动作，则在 2K30 延时时间到达时，2K30 的触头闭合，2K24 通电动作，此时 2K25 通电发出动作脉冲，2K26 吸合并锁扣，经过 2F1，2K12 和 2K26 的常开触头使 2K1 通电动作，2#水泵电动机启动运行。2K25 的另一付触头，使 1K26 释放，切断 1#水泵电动机电源使其停止运行。

选择开关 S3 放在 2#机位置的工作情况与上述相同,仅工作元件对换而已。

自动工况下失电后恢复供电的工作与手动工况相同。

(5)当水泵已运行时扳动选择开关 S3 的情况

①由手动扳到已运行机组位置:(设 1#机在运行,由手动扳到 1#机位)

系统运行状态不变。电路动作如下:1K23 通电,1K25 发出动作脉冲,1K26 吸引线圈通电一次但状态不变,1#机继续运行。

②由手动扳到未运行机组位置:(设 1#机在运行,由手动扳到 2#机位)

系统运行状态不变。电路动作如下:2K23 通电,因 1#机已建水压 1K11 已动作,2K25 不通电无脉冲输出,2#机不启动;1#机的 1K30 在手动工况时已在动作状态,使 1K24 有电动作,1K25 发出动作脉冲,1K26 吸引线圈通电一次但状态不变,1#机继续运行。

这一工况相当于在 1#机位置而备用机工作的情况。

③由运行机扳到备用机的位置:(设 1#机在运行,扳到 2#机位)

系统运行状态不变。电路动作与上述"②"完全相同。

④由自动位置扳到手动

若不操作起/停按钮,因原运行机的 K26 锁扣,系统运行状态不变。

按运行机的停止按钮:K26 释放,运行机停止。

按未运行机的启动按钮:K26 动作自锁,未运行机启动运行。原运行机仍继续运行。

4. 双速排烟风机——为明斯克游览船设计(图 6-43)

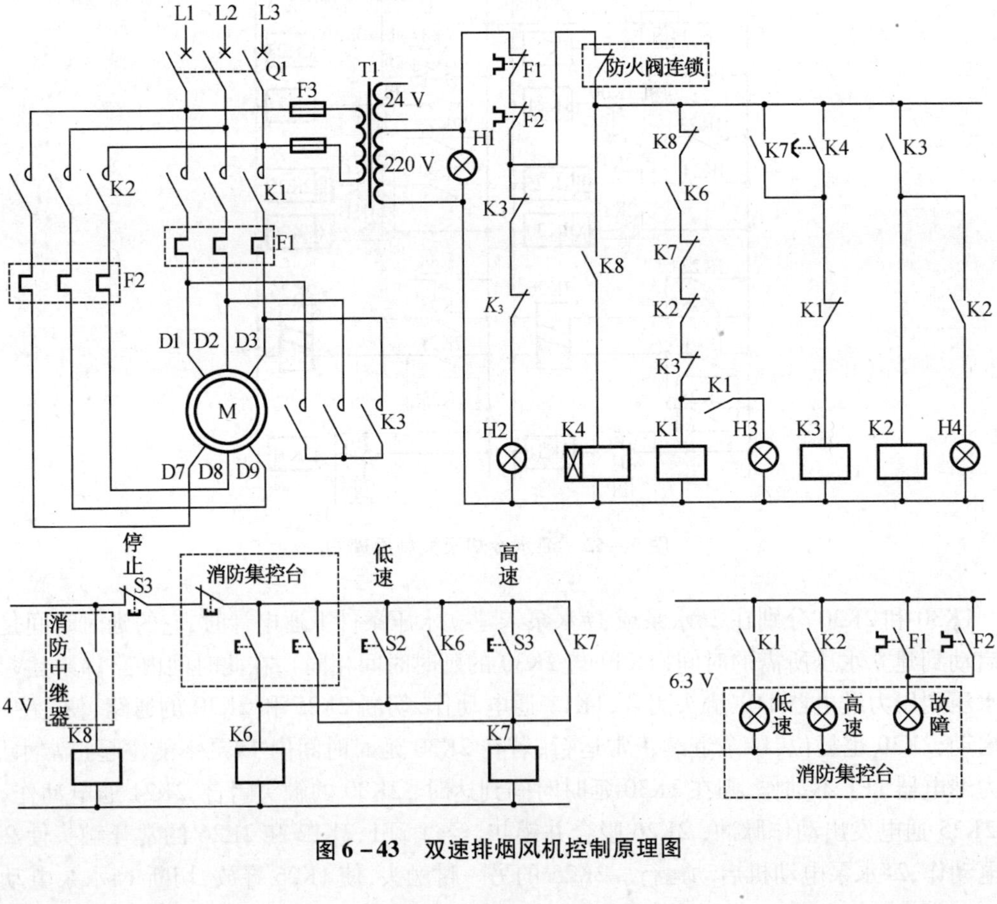

图 6-43 双速排烟风机控制原理图

(1)主电路

Q1 用作短路保护,其容量按电动机高速额定电流选择;

K1 电动机接成 Δ 接法,低速,其容量按电动机低速额定电流选择;

K2,K3 电动机接成双 Y 接法,高速,其容量按电动机高速额定电流选择;

F1 容量按电动机低速额定电流选择;

F2 容量按电动机高速额定电流选择。

(2)控制电路

低速运行:在启动控制箱按 S2(或在集控台按低速按钮),K6 动作自保,K1 通电动作,电动机低速启动,相应指示灯 H3 亮。

直接高速运行:在启动控制箱按 S3(或在集控台按高速按钮),K7 通电动作自保,K3 动作,电动机绕组接成双 Y 接法,K2 通电动作电动机按双 Y 接法启动高速运行,指示灯 H4 亮。

由低速运行转高速:在启动控制箱按 S3(或在集控台按高速按钮),K7 通电动作自保,K1 被切断,电动机短时停电,K1 常闭触头闭合,K3 通电动作电动机绕组接成双 Y 接法,K2 通电动作电动机按双 Y 接法启动高速运行,指示灯 H4 亮。

停车:在启动控制箱按 S1(或在集控台按停止按钮),K4,K6,K7 都失电复位,使 K1,K2,K3 都复位,电动机停止。

由高速运行转低速:须先在启动控制箱按 S1(或在集控台按停止按钮),使电动机停止;然后按 S2 启动低 速,动作情况与低速运行相同。

消防中继器起、停风机:消防中继器在火警过后发信号启动风机排烟,它的优先权高于人工指令(按钮操作)。消防中继器触头接通,K8 动作,K4 通电计时,待 K4 延时时间到,K3,K2 先后动作,电动机高速启动运行。其中 K4 延时时间是在测到火警熄灭后,再灭火一段时间,然后通风排烟以保安全。由消防中继器启动风机高速运行后,因 K6,K7 都未通电,断开消防中继器触头,电动机就自行停车。而在消防中继器接通情况下按停止按钮,因 K6,K7 原来都未接通,对电动机的运行毫无影响;若按低速按钮,虽 K6 接通自保,但 K8 触点已分断,K1 也不会动作。

防火阀连锁:防火阀连锁用在火警时切断风机,具有最高优先权。防火阀连锁触点分断后风机停止。

火警控制台按消防规范要求必须采用安全电压,所以与集控台连接的电源采用 AC. 24 V和 AC. 6. 3V。

5. 大功率双速电动机的启动控制——船用货油泵控制

(1)主电路(图 6 - 44)

大功率电动机的启动受电源容量限制,要求限制启动电流,对双速电动机多数采取自耦变压器降压方式启动(双速电动机绕组在变速时须改变接法,一般不适宜再采用 Y - Δ、延边 Δ 等启动方式),把启动电流限制在允许范围内)。

大功率双速电动机不论是低速启动,还是高速启动,都必须按电源容量大小采取限流措施。尤其要注意即使电动机已在低速运行,也不能直接转到高速启动, 因为对交流电动机来说,转速在同步转速的 0.5 左右时,电流超过直接启动电流的 90% 以上,对电网的冲击与直接启动相仿,这是不允许的(参见第一章 1.2.5 图 1 - 23 和相关内容)。

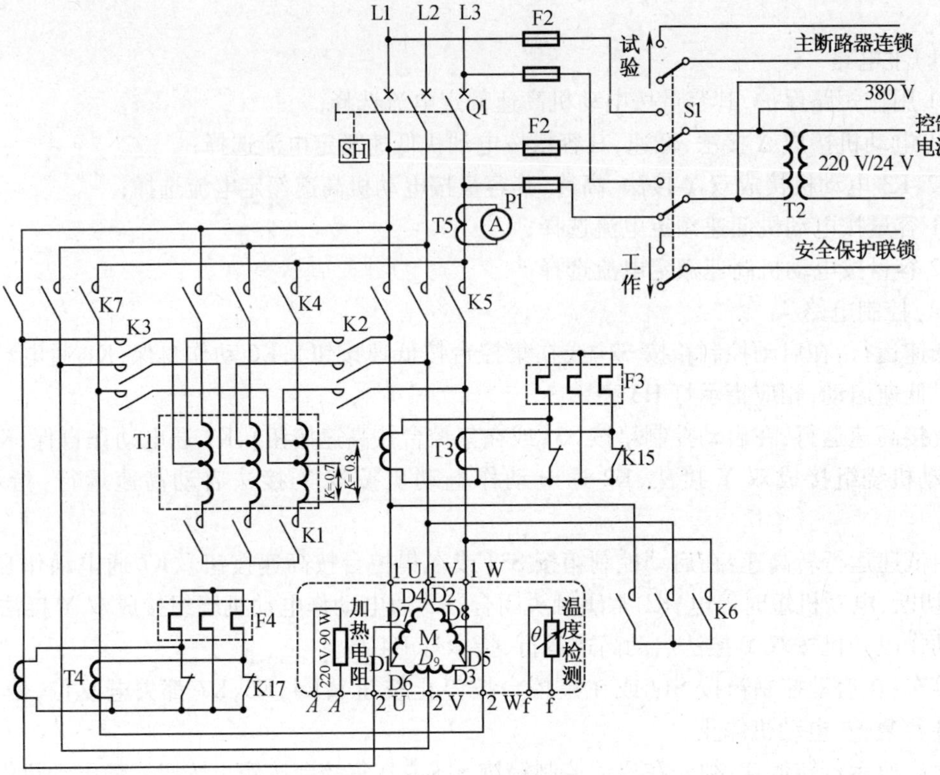

图 6-44　双速货油泵主电路图

图 6-44 中电动机 M 是 Δ-YY 接法的双速电动机；Δ 接法为低速，电源由 1 U，1 V，1 W输入；YY 接法为高速，1 U，1 V，1 W 短接，电源由 2 U，2 V，2 W 输入（图中高、低速的出线端已按转向一致的原则标出，外电路按顺序连接）。

实例电动机为 YD-335L-4/8-H 型（中心高 335 mm、长型，高速 4 极，低速 8 极）厂方提供的数据如下：

极数	4	8
额定功率 kW	220	110
额定转速 r/min	1 489	745
效率	94.1%	93.6%
功率因数	0.921	0.75
堵转电流倍数	5.83	5.48
堵转转矩倍数	1.62	2.15
最大转矩倍数	2.53	3.05
最小转矩 N·m	705	1128

计算得出以下数据：

极数	4	8
额定电流 A	385.7	238.1
额定转矩 N·m	1 411	1 410
额定转差率	0.007 333 3	0.006 666 6
临界转差率	0.035 596	0.039 543
堵转电流 A	2 248.6	1 304.8
堵转转矩 N·m	2 285.8	3 031.5
最大转矩 N·m	3 569.8	4 300.5

按上述数据，电动机为恒转矩调速，这与 Δ－YY 接法应接近恒功率调速不符。按高速挡每一绕组应可通过额定电流一半，即$\frac{385.7}{2}=192.9$ A，则低速挡可通过电流应为 $192.9\times\sqrt{3}=334$ A，显然厂方考虑了通风散热等条件，有意压低了低速挡的额定电流和转矩，而最大转矩倍数却提高了。

由厂方所供数据，低速挡启动电流约 1 300 A，若船舶电网允许可采取低速直接启动，若电网容量有限，则采用自耦变压器降压启动，其直接启动的最小转矩 1 128 N·m，降压启动则按电压的平方比例下降。

高速挡启动电流达到约 2 250 A，不能高速直接启动，而高速挡的最小转矩只有额定转矩的一半(705 N·m)，降压启动则最小转矩就更小，显然对于恒转矩类负载，或以静压为主的容积泵类(本例货油泵就属于容积泵)负载，不能由高速启动(降压或直接都不适用)，只能先低速启动，避开高速机械特性的最小转矩区段，升速到接近高速的一半转速处再转为高速启动。

图 6－44 的主电路高低速都采用自耦变压器降压启动，低速挡的降压比例按负载对最小转矩的要求设定，而高速挡的降压比例则按电网对启动电流的承受能力设定。

通过上述讨论，可得出主电路动作要求和元件动作顺序。

S1 放在“工作”位置，合 Q1 接通电源；

①低速运行

由低速启动后转入正常运行。元件动作顺序是 K1，K2，K4 接通，电动机降压启动；经延时后断开 K1，接通 K5，断开 K2，K4，转入低速运行。

②高速运行

先低速启动达到转速基本稳定后再转入高速启动。从低速状态转入高速启动的元件动作顺序是：断开 K5，接通 K6，电动机与电源脱离接成 YY 接法。然后依次接通 K1，K3，K4，电动机高速降压启动，经延时后断开 K1，接通 K7，断开 K3，K4，进入高速运行。

③转换开关 S1 选择“试验”工况：

可在主电路不通电情况下，检查电路各元件动作情况。

④各主要元件的容量与整定值：

a. 主断路器 Q1

额定电流 630 A(考虑由低速转到高速有短时停电，再通电时可能有较大冲入电流，按 1.5 倍额定电流选择。若采用电动机保护型断路器则可选择 400 A。)

b. 自耦变压器 T1

容量按 220 kW 选择，它的变比为：

低速挡变比：按一般启动用自耦变压器最大抽头 $k=0.8$；

启动电流 $=0.8^2\times1\ 304.8=835$ A；

启动阶段最小转矩 $=0.8^2\times1\ 128=722$ N·m。

一般货油泵低速段的转矩不超过额定值的50%，该最小转矩可符合启动要求。

高速挡变比：把启动电流限制在1 100 A左右，则取自耦变压器抽头 $k=0.7$。

启动电流 $=0.7^2\times2\ 248.6=1\ 102.8$ A（在50%同步转速附近转高速，电流约1 000 A）。

先低速启动已越过最小转矩区（一般在稍高于同步转速的 $\frac{1}{7}$ 处），就不必再考虑最小转矩（$0.7^2\times705=345$ N·m）。

电流互感器T3：300/5 A；

电流互感器T4，T5：500/5 A；

热继电器F3的整定值稍大于 $238.1\times\frac{5}{300}=3.97$ A

热继电器F4的整定值稍大于 $385.7\times\frac{5}{500}=3.86$ A

接触器K1的容量大于 $0.25\times358.7=89.7$ A，可采用100 A；

接触器K2的容量大于 $0.8\times238.1=190.5$ A，可采用200 A～250 A

接触器K3的容量大于 $0.7\times385.7=270$ A，可采用300 A

接触器K4的容量大于 $0.8^2\times238.1=152.47$ A和 $0.7^2\times385.7=189$ A，可采用200 A～250 A

接触器 K_5 的容量大于238.1 A，可采用250 A

接触器K6，K7的容量大于385.7 A，可采用400 A

控制变压器T22次级电压：采用继电器控制用220 V，若采用PLC控制用24 V

（2）主接触器的控制与连锁（图6－44（a））

高低速自耦变压器降压启动的各主接触器各由控制继电器K11～K27控制，其中K11～K15对应低速的K1～K5，K21～K27对应高速的K1～K7；为保证电路安全，凡不允许同时接通的主接触器相互连锁（由K1～K7的辅触点直接连锁）。

自耦变压器中点接触器K1不允许与K5或K7同时接通，否则变压器部分匝数接到电源，会引起磁路严重饱和，出现极大的励磁冲击电流。变压器不允许同时接通高速和低速，K2与K3相互连锁。K5与K6不允许同时接通，否则会发生短路，必需相互连锁。

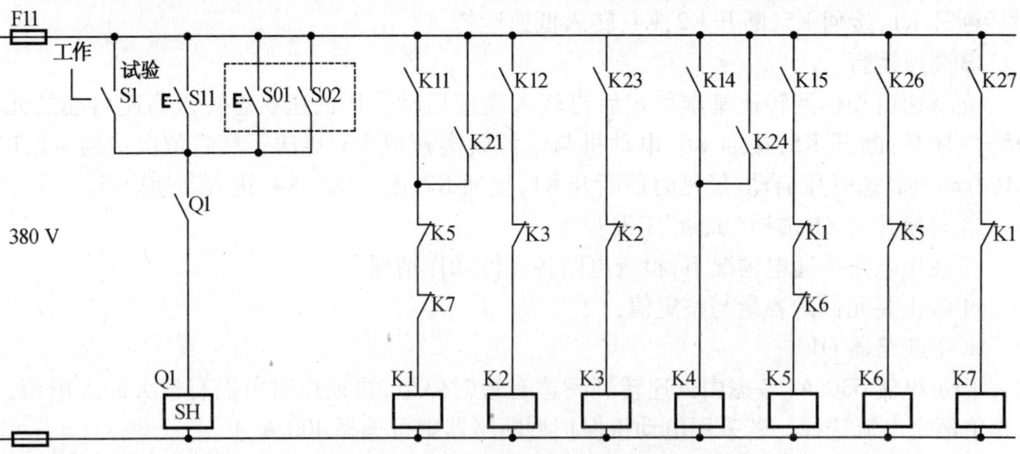

图6－44（a） 双速货油泵主接触器控制电路

(3)控制电路(图 6-44(b))

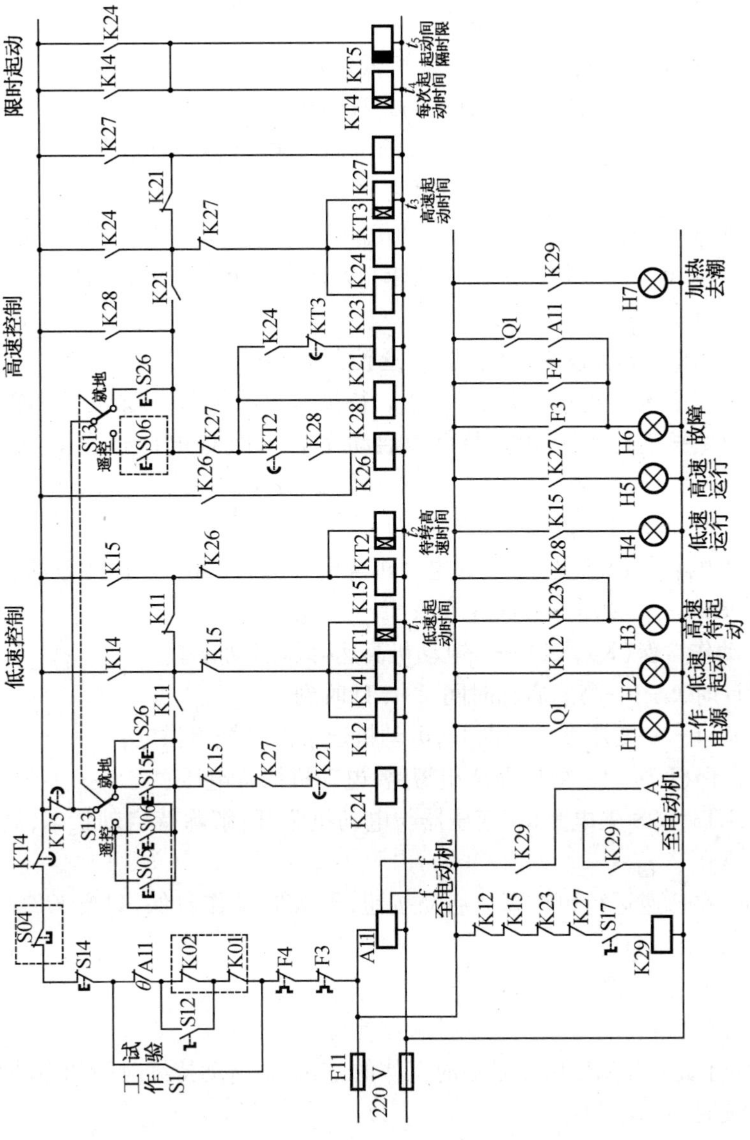

图 6-44(b)　双速货油泵控制电路

①部分元件说明:(带点画线框部分为外部元件)

K01:可燃气体信号(超限时断开);

K02:风机运行信号(停机时断开);

S04:遥控停止;

S05:低速遥控启动;

S06:高速遥控启动;

A11:绕组测温继电器(热敏);

S12:紧急开关(风机停止时强制启动);

S13:操作地点选择开关(保证两处不同时操作)。

②电路动作情况

a. 低速启动:按 S15(选择“遥控”为 S05)。

K11 动作(K1)——变压器接成 Y 形;

K12,K14 动作自保(K2,K4)——电动机低速降压启动;

KT1 通电计时,t_1——低速启动时间,→t_1 计时到:

K11 断电复位——变压器中点断开,电动机通过部分绕组供电;

K15 接通自保(K_5)——变压器绕组短路,电动机接全电压;

K12,K14,KT1 失电复位,变压器与电动机脱开,低速启动完毕,电动机低速运行;

KT2 通电计时,t_2——按货油泵操作要求,设定低速转高速的延时时间,时间到后才允许转换到高速运行。

b. 高速启动:在静止状态按 S26(选择“遥控”为 S06)。

高速启动电路中 K28 通电动作自保,进入待高速启动状态,其余元件都暂不动作;

低速启动电路按前述顺序动作,待低速启动完毕,KT2 通电计时,→t_2 计时到开始高速启动:

K26 动作自保,此时 K6 因与 K5 连锁,暂不动作;

K15,KT2 失电复位(K5 复位)——电动机与电源脱离;K6 动作,电动机按 YY 连接;

K21 动作(K1)——变压器接成 Y 形 ;

K23,K24 动作自保(K3,K4)——电动机高速降压启动 ;

KT3 通电计时,t_3——高速启动时间,→t_3 计时到:

K21 断电复位——变压器中点断开,电动机通过部分绕组供电;

K27 接通自保(K7)——变压器绕组短路,电动机接全电压;

K23,K24,KT3,K28 失电复位,变压器与电动机脱开,解除待启动状态,高速启动完毕,电动机高速运行;

若电动机已在低速运行再按高速启动按钮,则 K28 动作自保,只要 KT2 时间一到就按上述高速启动,直至高速运行。

停机:按 S14(选择“遥控”为 S04)

高、低速控制电路失电,各继电器、接触器复位,停机。

限时启动:启动用自耦变压器是短时工作的,需限制启动持续时间和启动间隔时间。

③启动持续时间的限制:

每次启动自耦变压器接通,K14 或 K24 接通,KT4 有电计时 t_4,若启动超过设定时间 t_4,KT4 动作,切断控制电路,停机。

④启动间隔时间的限制

每次启动自耦变压器接通,K14 或 K24 接通,KT5 有电动作,就切断启动按钮电路,在本次启动完毕后,K14 或 K24 复位,KT5 失电开始计时 t_5,在计时期内,启动按钮失效,直到 KT_5 延时到,触点复位才可再次启动。

加热去湿:由 S17 控制,电动机在启动(K12,K23 动作)和运行时(K15,K27 动作)加热电路被切断(K29 断电),不加热。

⑤保护与连锁

a. 工作与试验的连锁

由 S1 选择,在“工作”位置,控制电源经 Q1 供电,主电路同时有电,电动机按控制进程运行。在“试验”位置,只试验元件动作情况,电动机不要通电,控制电源由电网直接供电,此时若 Q1 在合闸状态,其分励线圈通过 S1 通电,使 Q1 分断,可确保安全;同时 S1 把可燃气体、风机、绕组高温信号短路,即在试验时不需要检测这些信号。

⑥过载与绕组高温

分别由热继电器 F3,F4 和 A11 常闭触点切断控制电源。

⑦可燃气体超限

外部触点 K01 切断控制电源(不宜强制运行)。

⑧风机未运行

外部触点 K02 切断控制电源,必要时可强制运行(S12)。

⑨指示电路

除直接由相关触点控制的指示灯外,仅说明两点。

a. 高速待启动

按高速启动按钮后,电路先低速启动,再按操作要求低速运行一段时间,然后高速启动,在这段时间内,由 K28 接通指示灯 H3,表示电路正在等待转入高速启动,这与低速启动或低速运行有区别。

b. 绕组过热故障

热敏继电器在未加电源时,其输出触点状态与通电后电机过热的故障状态相同,为避免误报警,要串联电源开关辅触点 Q1。

6. 同步电动机的启动电路

第 2 章中已提及同步电动机启动控制的有关问题,其中的整步控制仅考虑了手动整步控制。

正如第 2 章 2.4.3 举例所述,对由直流电动机或柴油机等可调速的原动机拖动启动的同步电动机,因在启动过程中可把转速调到非常接近同步转速(与同步转速相差不超过 0.5%),使同步电动机磁极与三相旋转磁场的相位差变化缓慢,可以由人工判别其整步情况,控制接通励磁电流。对于绝大多数采取异步启动的同步电动机,启动时只能升速到同步转速的约 95%,同步电动机磁极与三相旋转磁场的相位差变化速度约每秒 2 ~ 3 周,人工不可能判别整步情况并捕捉到整步点,必须由电路自动动作,在符合整步条件时接通直流励磁。

目前采用电子电路判别并捕捉整步点已很普遍,其原理都是以励磁绕组感应电势的频率测定电动机的转速,以感应电动势的零点判别相位对齐。对于相关的电子电路的组成及其原理,属于电子电路内容,本文不深入讨论。

以下介绍用电磁延时继电器捕捉整步点的方案。

(1)用作整步控制的继电器

用作整步控制的继电器是带短路套的直流继电器,其原理结构如图 6 - 45 所示。在继电器线圈中通入足够的直流励磁电流后,铁芯中建立起足够大的磁通,使继电器吸合,之后若断开励磁电流,铁芯中磁通变化(减少),在短路套中产生感应电势和电流,这一感应电流要维持原有的磁通,其作用是阻止磁通变化,使铁芯中的磁通量按指数曲线下降,当磁通量降至继电器的释放磁通以下时,继电器才释放。

这种继电器的功能相当于直流(断电)延时继电器,延时时间则由以下几个因素决定,如图 6 - 46 所示。

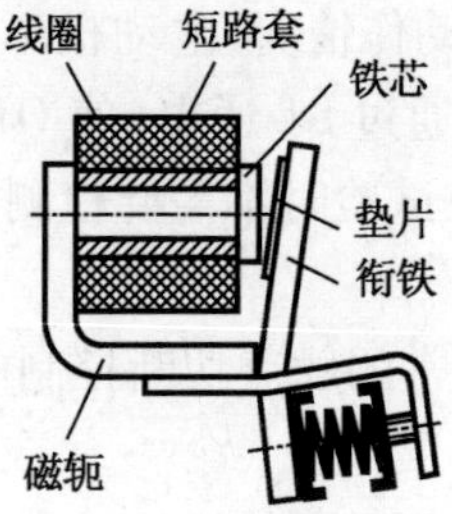

图 6-45　带短路套继电器原理结构

①断电前铁芯中初始磁通量大小:延时时间随初始磁通量增大而递增。

②释放磁通大小:延时时间随释放磁通增大而递减。

③磁通衰减时间常数:延时时间随衰减时间常数增大而递增。

调整继电器延时时间与以下因素有关。

a. 与初始磁通量大小的相关因素

随线圈的励磁磁势(所接的直流电压)大小递增。增大直流励磁电压,延时时间增加。

随继电器吸合后的磁阻递减。吸合后磁路气隙增大,延时时间缩短,即增加铁芯与衔铁间非磁性垫片厚度,缩短延时;非磁性垫片厚度减小,延时增大。

b. 与释放磁通大小的相关因素

释放磁通随继电器反力弹簧紧松变化。弹簧收紧,释放磁通增加,延时时间缩短,弹簧放松,释放磁通减小,延时时间延长。

c. 衰减时间常数的相关因素

衰减时间常数与短路套的电阻成反比($T=\frac{L}{R}$)。铜短路套的延时比铝套长,增加短路套径向厚度,截面增加,延时增大。

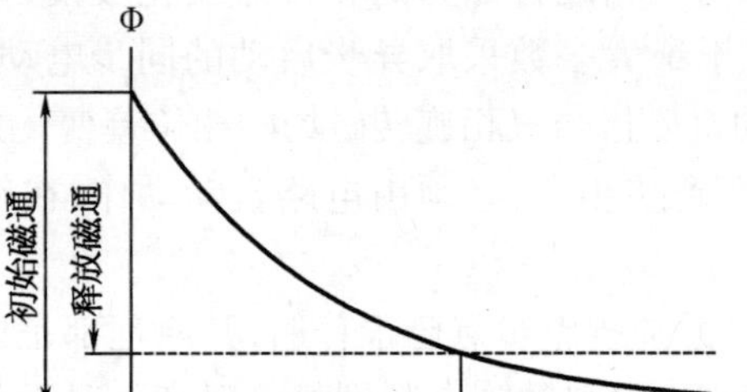

图 6-46　带短路套继电器的磁通与延时曲线

(2)继电器整步控制原理

整步继电器经整流二极管 Δ 和电阻,参见图 6-47,启动阶段 K1 接通,电阻 R(并在励磁绕组两端)接到励磁绕组,继电器两端所受电压是转子上励磁绕组感应电动势的正半波脉动电压,感应电动势的振幅和频率与电动机的转差率 s 成正比。在电动机启动初期感应电动势频率高、幅度大,继电器正半波充磁快,负半波衰减少,很快达到吸合磁通而动作。待电动机升速到接近同步转速时,感应电动势幅度减小,充磁缓慢,而负半波磁通衰减时间延长,磁通衰减多,当磁通衰减到继电器释放磁通时,继电器就释放复位。

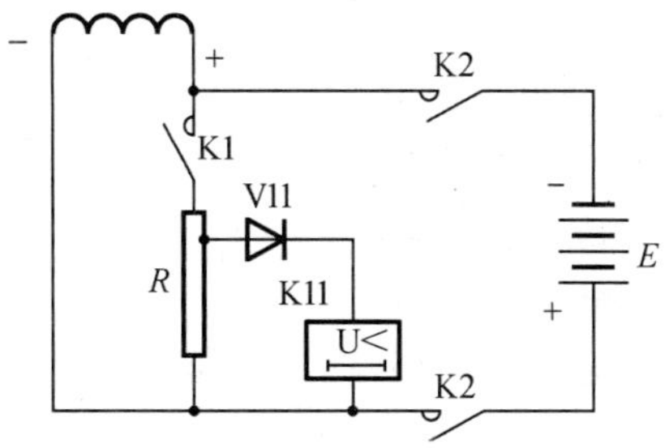

图 6 – 47　整步继电器 K_{11} 的连接

K11 复位,其触点控制 K2 接通,给励磁绕组加励磁电流;K1 断开,电阻 *R* 退出。

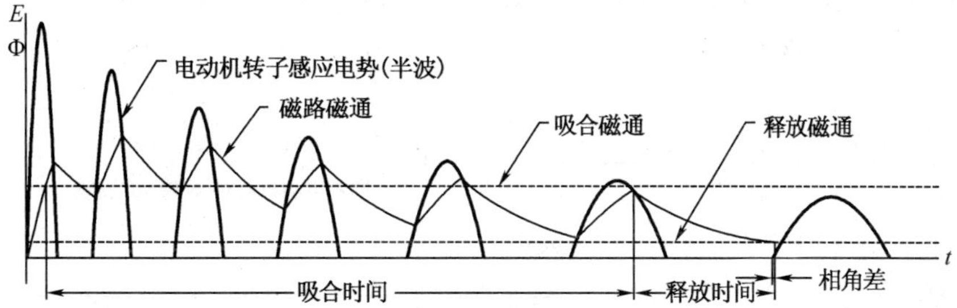

图 6 – 48　带短路套继电器整步控制原理

励磁绕组磁通衰减的情况如图 6 – 48 所示。由于磁通主要在感应电动势的负半波衰减,磁通衰减到释放磁通以下的时间,一定是在负半波或正半波起始段。由于电动机转速是逐步上升的,感应电动势的周期也逐步延长,若前一周期继电器磁路的磁通尚未能衰减到释放磁通以下,后一周期衰减的时间不会有很大延长,若能衰减到释放磁通,则时间一定在负半周的后期或正半波起始段,即在感应电动势由负变正的零点附近。因此继电器也一定在感应电动势由负变正接近零点的时刻释放。这一动作特点正好符合第 2 章中 2.4 所述"通入直流励磁的极性与时间"的要求,继电器复位的瞬间,转子与定子磁场的相角差不大。

(3)继电器整步控制原理电路(图 6 – 49)

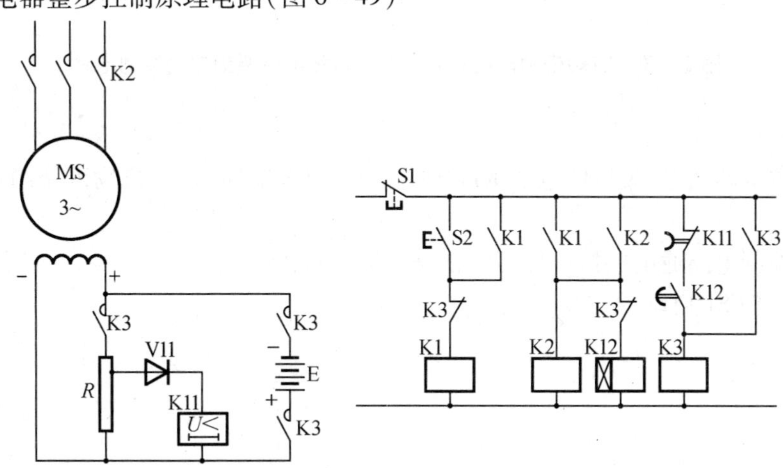

图 6 – 49　继电器整步控制启动同步电动机的原理电路

K11——带短路套的直流继电器,以下称"整步继电器"

此电路动作如下：

按 S2：K1 动作自保，励磁绕组并电阻 R；

K2 动作自保，电动机接通电源异步启动，升速，励磁绕组产生较高的感应电压；

K11 充磁后吸合，常闭触点断开；

K12 通电，经短暂延时后触头闭合；

电动机升速到准同步转速，K11 衰减到释放磁通以下，常闭触点闭合；

K3 动作自保，直流电源向励磁供励磁，电动机拉入同步；

K1，K12 失电复位，电阻 *R* 和 K11 断开。电动机启动完毕。

(4)同步电动机启动电路举例

①有轴带直流励磁机的同步电动机按电流原则的启动控制电路(图 6－50)

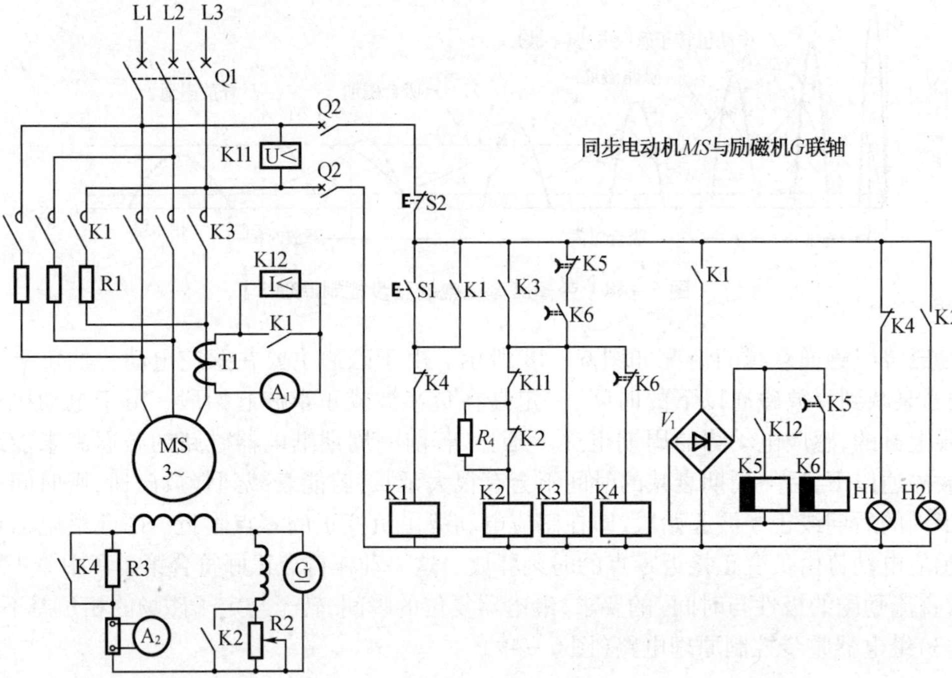

图 6－50　有轴带励磁机的同步电动机按电流原则启动控制电路

a. 路动作情况

合 Q1：主电路通电，欠压继电器 K11 动作，切断 K2 电路，励磁机励磁绕组串正常励磁电阻；

合 Q2：控制电路通电→指示灯 H1 亮——待启动状态；

按启动按钮 S1 启动：

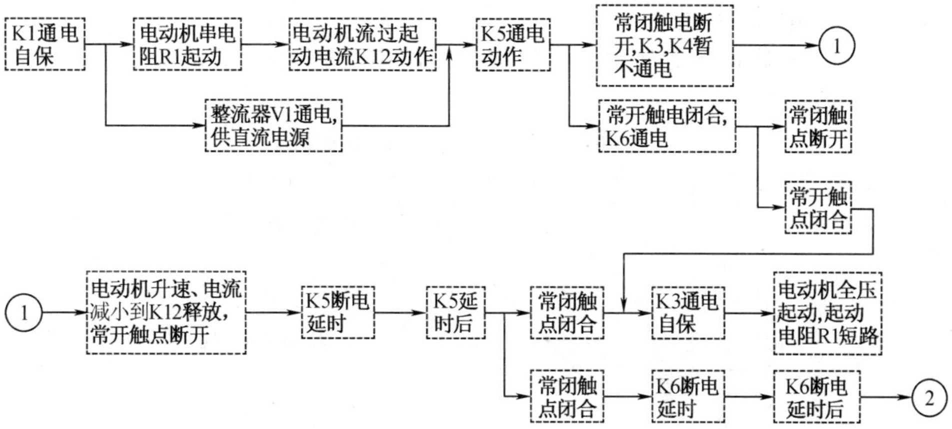

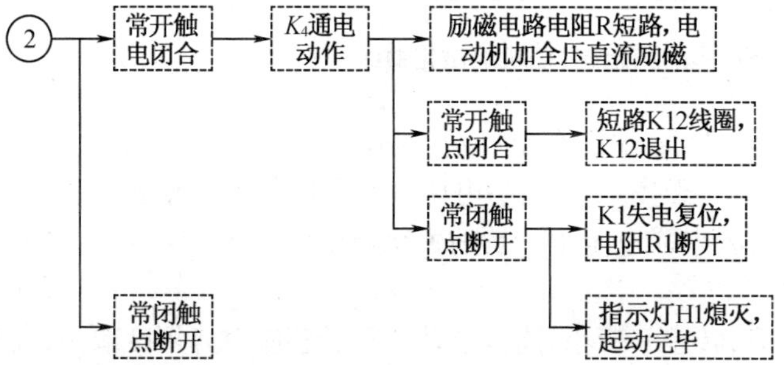

电源欠压时加强励磁:

当电源电压低于欠压继电器 K11 释放电压时:

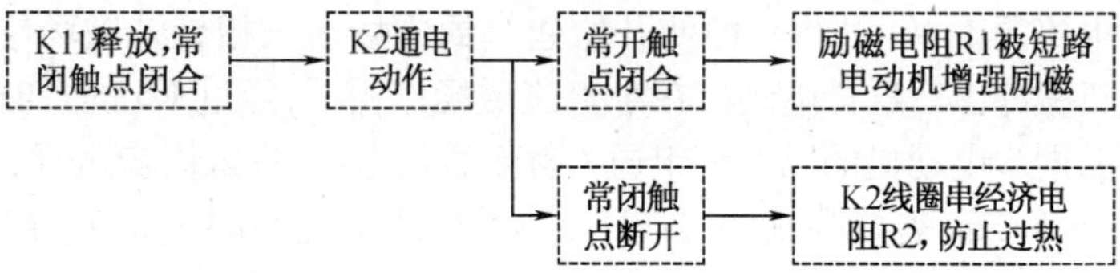

注:K2 需在电源电压降低情况下保证吸合,多数选额定电压较低的继电器,因此在吸合后必须串入经济电阻。

b. 于启动控制的说明

(a)启动升速过程

本例为串电阻降压异步启动。

按电路动作情况,在串电阻阶段电动机升速,到电流降至设定以下,K12 复位,再经 K5 延时后电动机加全电压。即串电阻降压启动的时间是电流降至 K12 释放电流的时间加 K5 的延时时间,以后在全电压下继续升速,继续升速的时间是 K6 的延时释放时间。

(b)励磁控制

本例的励磁控制是先直接通小直流励磁电流,以后加大直流励磁,电路中不检测整步情况。

在电动机全电压继续升速阶段,励磁机已达到能自励建压的转速,输出接近额定励磁电压,电阻 R_3 则仍串在电动机的励磁电路中,励磁机向电动机的励磁绕组输出很小的直流励磁,使电动机在 K6 的延时时间内,拉到接近同步的位置。在 K6 延时后,短接 R_3,使励磁绕组接通额定励磁电压,电动机同步运行。因开始通入的励磁电流很小且逐步增大,冲击电流不大。

(c)励磁机的起励与强励

电动机启动和正常运行工况,励磁机的励磁电路串联电阻 R_2,其电压与电流关系为图 6-51中的额定场阻线。

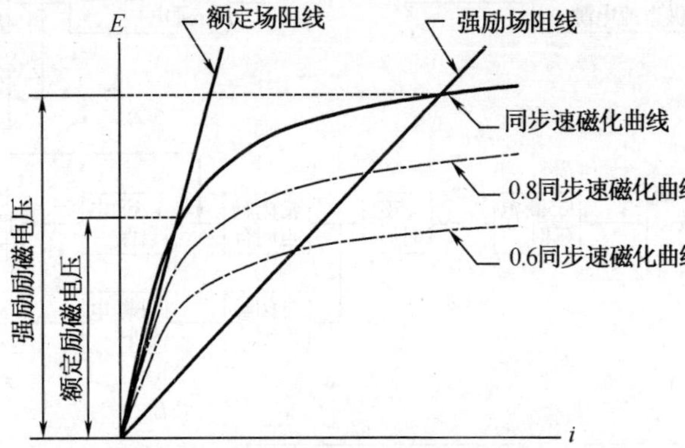

图 6-51　轴带直流励磁机的磁化曲线

在异步启动的初始阶段,转速较低,励磁机不能自励(场阻线与磁化曲线在零点外不相交),对同步电动机的励磁回路仅相当于串入一个小电阻,并不向同步电动机输送励磁电流,而同步电动机的转子感应电势,因串联电阻 R_3(是励磁绕组电阻的 8~10 倍),对励磁机的影响也很小。

异步启动的后期,随着转速上升,转差率变小,同步电动机转子感应电势幅度减小,周期延长,对励磁机的影响更加减小,励磁机逐渐自励建压,其输出电压随转速上升,在电阻 R_3 仍串在电路中的情况下,向同步电动机励磁绕组输送小励磁电流(当电动机达到同步转速时,也仅为额定直流励磁电流的 1/10~1/8),即使开始建起的磁场与三相旋转磁场位置不符,也不会引起大的电流或机械冲击。这样电动机在小直流磁场作用下,经过 K6 的延时时间进入同步,以后电阻 R_3 短路,同步电动机的励磁绕组通入额定直流电压,进入同步运行。

在因电源电压下降而需要强励的工况下,励磁机的励磁回路电阻 R_2 被短接,其电压与电流关系为图 6-51 中的强励场阻线,输出电压升高,使同步电动机的励磁增强,输出转矩增大,弥补因电压下降引起的转矩减小。

②有轴带直流励磁机的同步电动机自耦变压器降压启动控制电路(图 6-52)

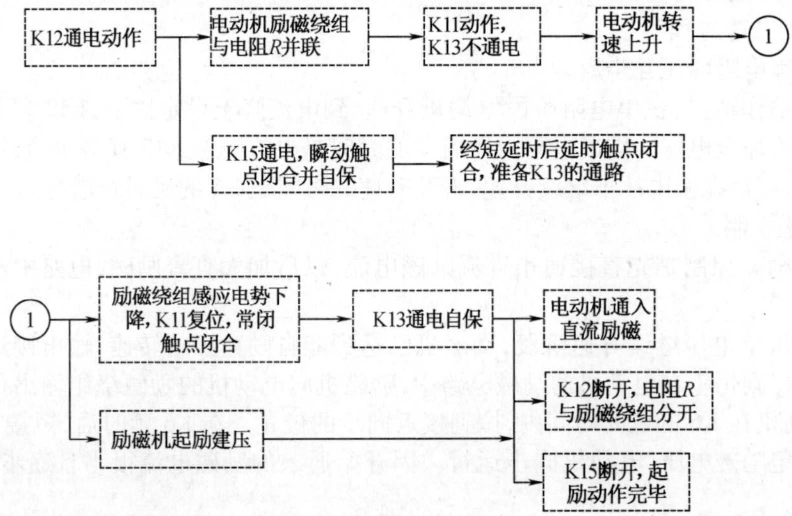

a. 启动升速

电动机的启动、升速与异步电动机自耦变压器降压启动完全相同，降压启动与全电压的转换按照时间原则进行。

b. 起励与励磁

电动机开始降压启动到全压升速及运行阶段，接触器 K2 或 K3 常开触点闭合，起励与强励的控制电源接通，从 K2 接通开始，同步电动机的起励电路动作如图 6－52 所示。

以上励磁动作过程都是按照转速原则进行的，而通入励磁的时间则由整步继电器 K11 控制。

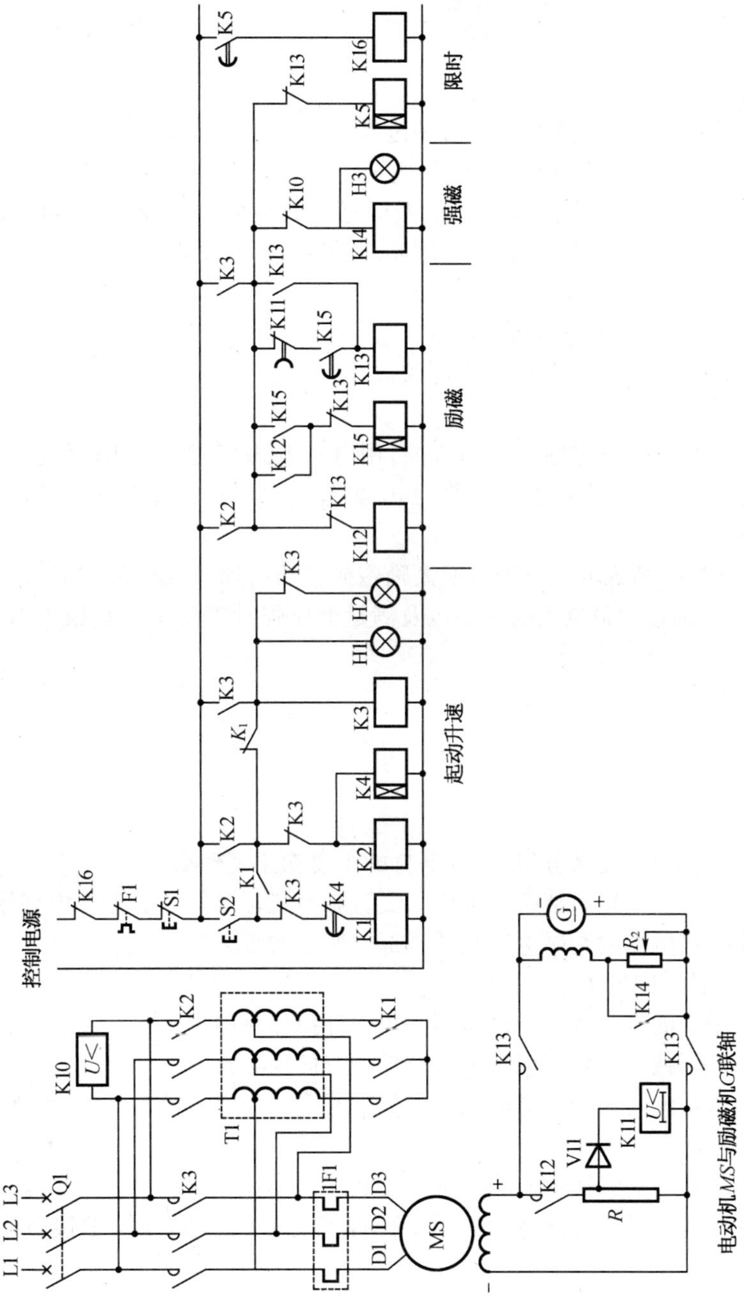

图 6－52　同步电动机按整步相位起励的启动控制电路

若电动机是空载启动,可能在降压阶段已升到亚同步转速,若是重载启动,则须在全电压下升速才能达到亚同步转速。对继电器 K_{11} 只要充电半周的感应电压减小,放电半周的时间足够长,即电动机已达到所要求的转速,就会复位把励磁机与电动机的励磁绕组接通;而在此转速下,励磁机本身应已完成自励建压过程,从而完成同步电动机的励磁并拉入同步。

c. 强励

当电源电压降低时,为避免电动机的输出力矩过度下降必须加强励磁。在此情况下电路的动作如下:

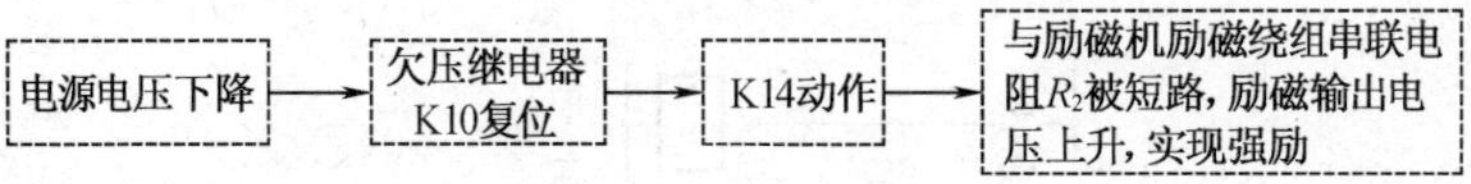

d. 限时启动

同步电动机的异步启动绕组只在启动过程中有持续的启动电流流过,在通入直流励磁并拉入同步后即不再有持续性电流,它是按短时运行配置的。但如果启动受阻,不能升到要求的亚同步转速,或励磁电路故障不能及时通入直流励磁电流,电动机就将在异步状态长期运转,必然导致启动绕组过热损坏,因此需设置限时启动保护。

图 6－52 从 K2 接通开始,时间继电器 K5 即通电计时,若在 K5 的延时期内,不能完成励磁绕组通直流励磁,即 K13 未动作,则继电器 K16 动作,切断控制电源,使全部继电器和接触器都失电复位,电动机即与三相电源脱离。

附述:

目前半导体电子电路应用已相当普遍,用电子电路判别频率和相位已非难事,多数同步电动机的励磁控制都已采用电子电路,其中也包括由可控整流电路取代励磁机向同步电动机的励磁绕组供电。

由电子电路控制励磁可采取逐步增大励磁或整步后加入励磁等方案,还可按调节系统功率因数的要求,调整励磁电流的大小以及满足低压强励等要求。其相关内容有待于今后学习和探讨。

参考习题

1. 电磁接触器由哪几部分组成,各部分的主要功用是什么?

2. 接触器的电磁机构包括哪些部件?交流和直流接触器的电磁机构有什么区别?

3. 说明交流接触器的励磁电流和活动部分所受的吸力与励磁电源的电压、频率以及线圈匝数和空气隙长度间的关系。

4. 交流接触器的短路环有什么作用?短路环损坏有何现象?

5. 交流接触器铁芯接触表面不平或有异物有何现象?

6. 说明直流接触器的励磁电流和活动部分所受的吸力与励磁电源的电压、线圈匝数和空气隙长度间的关系。

7. 电流接触器与一般接触器的线圈有什么差别,活动部分所受的吸力有什么差别?

8. 控制交流电动机单方向运转的属于哪种工况,用于这种工况的接触器应能通、断多大电流?

9. 控制交流电动机正反向运转的属于哪种工况,用于这种工况的接触器应能通、断多大电流?

10. 接通电力变压器用的接触器一般应采用哪种工况的接触器，为什么？必要时还应采取什么措施？

11. 对控制电力电容器用的接触器有什么要求，它有何特点？

12. 说明电动式延时继电器的工作原理和工作特点。

13. 差动式热继电器与一般热继电器有何不同，主要用在什么地方？

14. 说明电磁制动器通、断电时的工作情况。

15. 工业用熔断器有哪几种类型，主要用途是什么？

16. 如何选择电动机保护用的熔断器？

17. 保护半导体二极管应采用哪种熔断器？

18. 塑壳断路器有哪几项过电流保护，各有什么特点？

19. 什么叫做断路器的两段保护和三段保护？

20. 配电保护断路器和电动机保护断路器有何主要区别？

21. 什么是断路器的分断能力和接通能力？

22. 图 6－20 交流磁力启动器有哪些保护环节，是怎样起保护作用的？

23. 什么是电动机的冲入电流，与启动电流相比冲入电流大概有多大？

24. 图 6－20 交流磁力启动器，若电动机额定电流为 85 A，试选择接触器和熔断器的容量。

25. 电动机通过塑壳断路器供电，电动机额定电流为 85 A，启动电流是额定电流的 6 倍，试选择该塑壳断路器瞬动保护电流值。

26. 船用设备的控制电路为什么要通过控制变压器供电？

27. 电气设备如何实现多地点控制？

28. 图 6－23 吊艇机控制原理图有哪些连锁保护环节，各起什么作用？

29. 试说明图 6－25 空压机自动控制原理图是怎样按空气压力自动控制空压机运转的？

30. 下图是直流电动机按电流原则启动的控制电路，请指出其中两处错误（或遗漏），说明这两个错误的后果。并说明图中的 GLJ 是什么，整定值是多少？

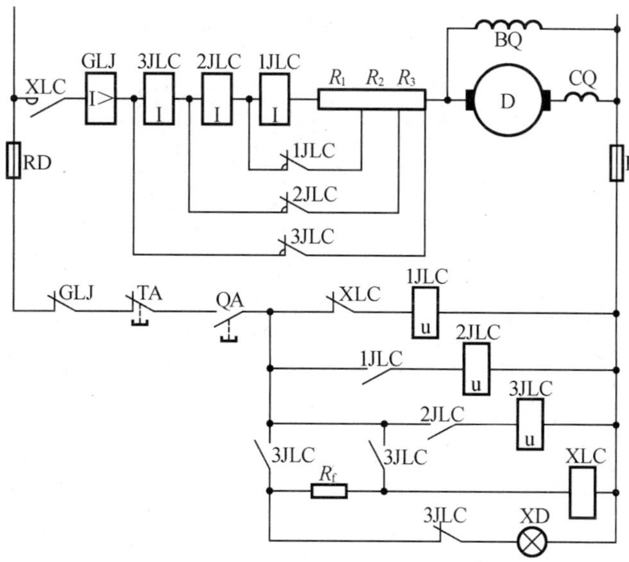

题 30 附图

31. 图 6－30 Y－Δ 启动器中,电动机 M 的额定电流为 150 A,请选择断路器 Q1,接触器 K1、K2、K3,热继电器 F1 的容量和电流表 P1 的量程。

32. 说明图 6－31 不停电转换 Y－Δ 启动器中,延时继电器 K6 有什么作用？请说明它的动作原理。

33. 说明图 6－33 交流电动机自耦变压器降压启动电路图的工作原理。

34. 说明图 6－35 直流电动机按转速原则启动电路图中,转速是由哪几个元件测量的,它们的动作值如何确定？

35. 在什么情况下电动机要采用程序启动？程序启动是怎样实现的？

36. 锁扣继电器的工作特点是什么？

37. 说明图 6－37 异步电动机程序启动 Y－Δ 启动原理图,电动机在停电后恢复供电后的动作过程。

38. 说明图 6－40 VS3.3 型空气压缩机启动器中,继电器 K6～K9 起什么作用,说明它们的工作原理。

39. 说明图 6－40 VS3.3 型空气压缩机启动器中,蜂鸣器 H_6 起什么作用,说明它们的工作原理。

40. 说明图 6－41 主机喷油嘴淡水泵控制原理图,选择自动工况运行,若 1#机在运行中出现故障(水压降低),电路会如何动作？

41. 说明图 6－42 海水冷却泵控制原理图,选择 1#机运行,若 1#机在运行中出现故障(水压降低),电路会如何动作？

42. 说明图 6－43 双速排烟风机控制原理图中,与消防控制台相连的电源都须是安全电压,能否从变压器次级 220 V 抽头供 24 V 或 6.3 V 电源,为什么？

43. 大功率双速电动机能否在低速运行状态,直接转到全压高速运行,为什么？如果不能应采取什么措施？

第二部分　甲板机械与机舱辅机

船舶甲板机械主要包括起货机、锚机、舵机等。某些特殊船舶有一些专用甲板机械，如渔船的绞网机，拖船的拖轮机，冷藏船的运输带，舰船的输弹机、扫雷绞车等；根据能源不同，甲板机械分为人力、汽动、电动、液压等型式。目前电动和液压用得最广。

船舶机舱辅机主要包括为主机服务的各类泵、风机、辅助锅炉、制冷与空调等。

第7章　起货机、绞缆机与锚机

7.1　船舶起货机类型、结构与工作特点

目前主要采用的两大类起货机：电动起货机，电动液压起货机。蒸汽动力的起货机已淘汰。

电动起货机的组成：包括电动机，传动机构（减速箱、离合器等）和工作机构（吊杆、卷筒、刹车机构等）。

电动起货机的型式：吊杆式（分为单杆和双杆两种）、回转式。

电动液压起货机则由电动机带动液压泵，由液压泵输出的压力油驱动液压马达代替电动起货机中的电动机，其余的组成与型式基本上与电动起货机相同。

（1）单杆式起货机（图7－1，7－2，7－3）

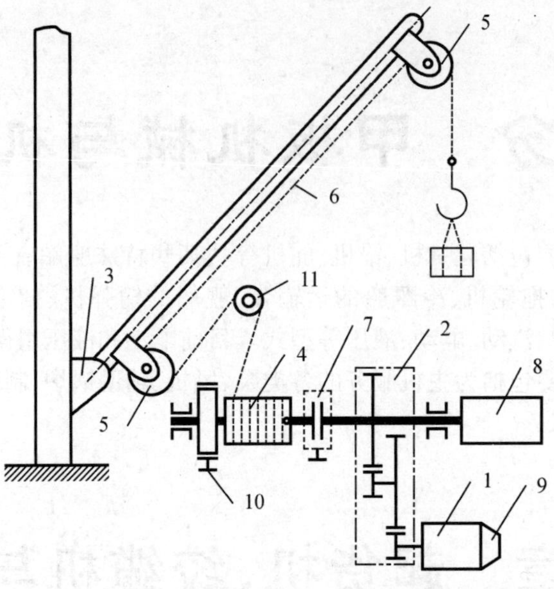

图 7-1　单杆电动起货机起重部分结构示意图

1. 电动机;2. 减速箱;3. 吊杆支座(允许吊杆前后左右摆动);4. 钢丝绳卷筒;5. 滑轮;6. 钢丝绳;7. 离合器;8. 系缆筒;9. 电磁制动器;10. 机械刹车;11. 滑轮(用于钢丝绳转向,视机械布置位置而定)

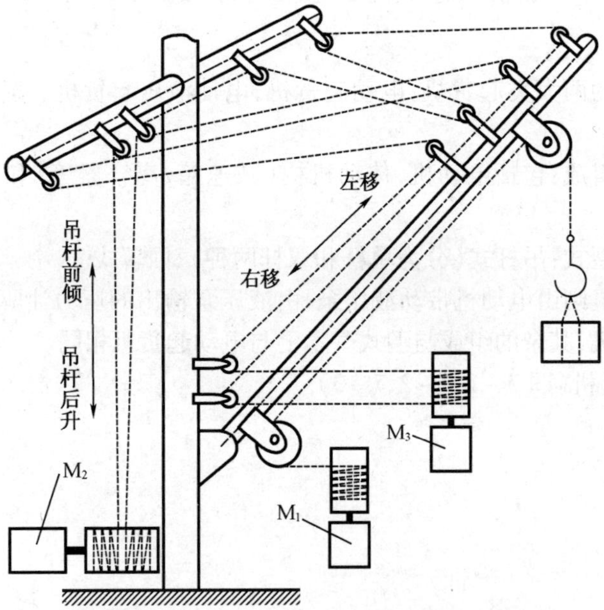

图 7-2　单杆电动起货机起升、变幅、移位结构示意图

M_1 起升电动机;M_2 变幅电动机:调节钢丝绳长度;M_3 移位电动机:调节钢丝绳两端长度比例

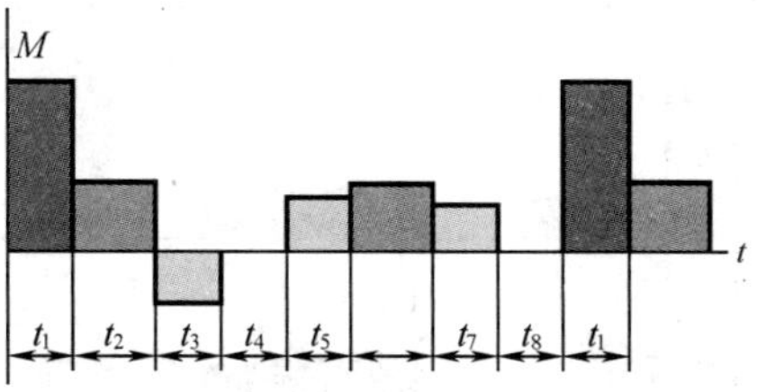

图 7－3　单杆电动起货机负荷图

装、卸货负荷的周期变化如表 7－1：

表 7－1　装、卸货负荷的周期变化

时间	电动机	负载情况	工作内容
t_1	M_1	起货	提升
t_2	M_2	变幅	前后移位
	M_3	横移	横向移位
t_3	M_1	制动	落货
t_4		停止	卸货
t_5	M_1	空钩	上升
t_6	M_2	变幅	前后移位
	M_3	横移	横向移位
t_7	M_1	空钩	下降
t_8		停止	挂货

(2)双杆式起货机

双杆式起货机起货作业时，两根吊杆的位置按照装卸货工况事先定位好，装卸货由两台起货机协同工作提升、位移或下降重物。两机同时升降则重物在原地升降，若左机升右机降则重物左移；反之则右移如图 7－4，7－5 所示。

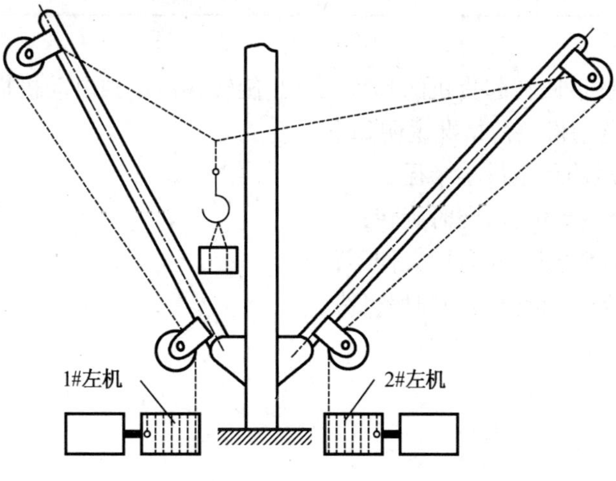

图 7－4　双杆电动起货机

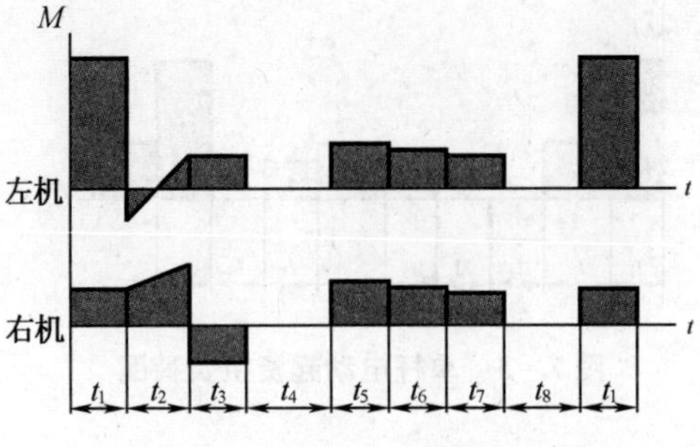

图 7-5　双杆电动起货机负荷图

双杆起货机负荷情况(左边提升到右边放下),见表 7-2:

表 7-2　双杆起货机负荷情况

时间	电动机	负载情况	工作内容
t_1	1#左机 2#右机	重载起升 轻载	起货 收钢索
t_2	1#左机 2#右机	制动转轻载 负载增大	移位:1#停车、松钢索 2#拉紧钢索,承重
t_3	1#左机 2#右机	轻载 制动	落货:1#松钢索 2#制动落货
t_4		停止	停车卸货
t_5	1#左机 2#右机	轻载 轻载	空钩上升:1#收钢索 2#收钢索
t_6	1#左机 2#右机	轻载 轻载	空钩移位:1#收钢索 2#松钢索
t_7	1#左机 2#右机	轻载 轻载	空钩下降:1#松钢索 2#松钢索
t_8		停止	停车装货

(3)回转式起货机:回转起货机的起货、变幅、旋转各由单独电动机拖动装卸货周期各电动机负荷情况说明如下:

t_1提升,同时缩短伸距至最小半径;

t_2继续提升直至最高位置,同时旋转;

t_3继续旋转至卸货方向,同时增大伸距;

t_4继续增大伸距至卸货位置,同时落货;

t_5继续落货至着地;

t_6停车卸货;

t_7空钩上升,减幅至最小半径;

t_8继续空钩上升,同时旋转;

t_9继续旋转并增大伸距;

t_{10}继续增大伸距，同时空钩下降；
t_{11}空钩下降至装货高度；
t_{12}停车装货。

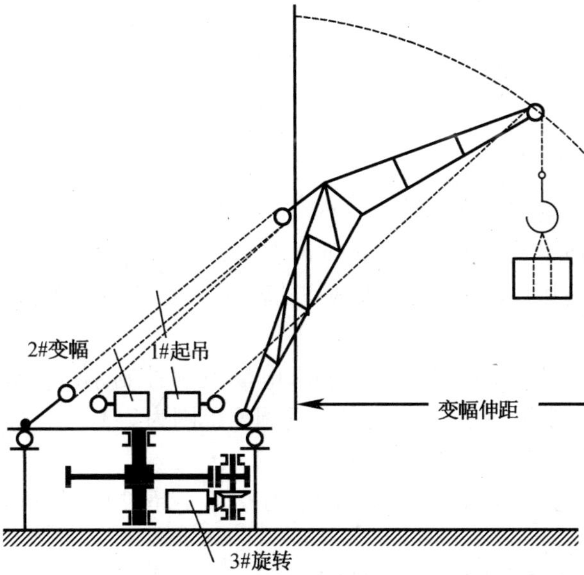

图 7－4　回转式起货机结构示意图

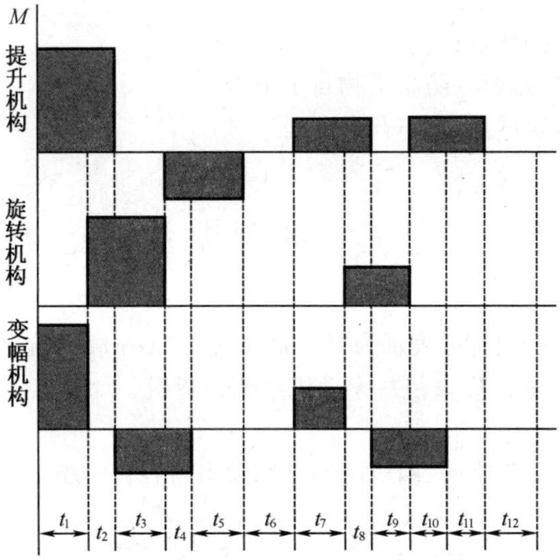

图 7－4a　回转电动起货机简化负荷图

7.2　船舶起货机的运行特点与要求

(1)船舶起货机的运行特点

船用起货机的装卸作业是有规律的重复动作，各电动机是周期性断续运转，电动机采用重复短时工作制。

按我国国家标准重复短时工作的电动机用“暂载率”表示工作时间的多少有 15%，20%，25%，40% 四种。暂载率的定义是一个周期内的等效工作时间占整个周期时间的百分数：

$$暂载率 = \frac{一周期内的等效工作时间}{整个周期时间} \times 100\%$$

要求所选电动机的暂载率大于起货机工作时的实际暂载率。

(2)对船舶起货机的有关要求

①提高生产率

有合理的起货速度：一般起货速度为 30 ~ 60 m/min；

较快的空钩速度：一般空钩速度为 120 m/min 左右；

尽量缩短过渡过程：选用启动力矩大、机械特性软、GD^2 小的电动机。

②调速范围广

重载、轻载和空钩应有不同的升降速度，要求电动机和控制系统有较广的调速范围。一般直流起货机的调速范围为 10:1，交流起货机的调速范围为 7:1。

③操作、维修方便，工作可靠

对起货机刹车的要求是：重物下降时刹车的滑行距离不超过 0.01 V(m)。V 为重物下降速度，以 m/min 计。

④设备适合露天甲板安装，具有三防功能

⑤控制与保护功能

能控制起降货各工况正常运行；

具有足够的安全保护环节；

停电时自动进行机械刹车，防止货物自由下落；

改变速度或转向时要尽量避免短时停电。

7.3 发电机—电动机系统起货机

发电机—电动机系统用符号表示为“F—D 系统”、“G—M 系统”等。

以下说明 SZH 型双输出发电机—电动机系统起货机。

(1)双输出直流发电机简介

两套励磁绕组分别独立励磁；两对电刷分别输出与各自励磁电流相对应的直流电压。

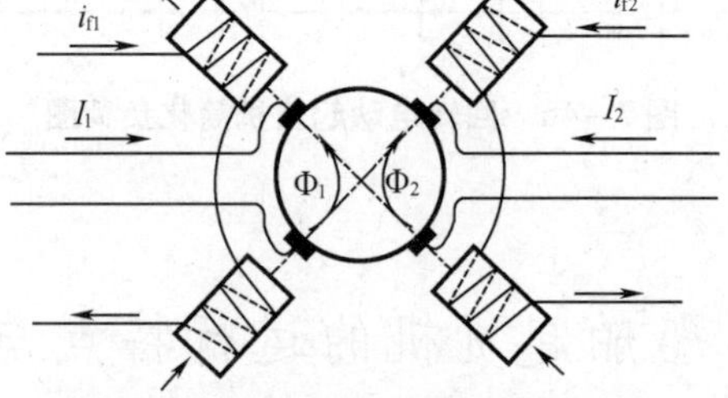

图 7-5 双输出直流发电机简图

从电气性能上说，这一台发电机相当于两台直流发电机，只是只有一个电枢，只需要一台原动机，在经济指标上比两台机组优越一些：

①体积小；

②原动机总功率小。对于起货机，起货、移位等操作大多不在同一时间，与独立机组须满足各自最大功率相比，总功率下降；

③还有用于回转式起货机的三输出直流发电机组，有三路励磁和三路输出，在分析电路时可把它看作三台发电机。

(2)原动机电路(图 7-6)

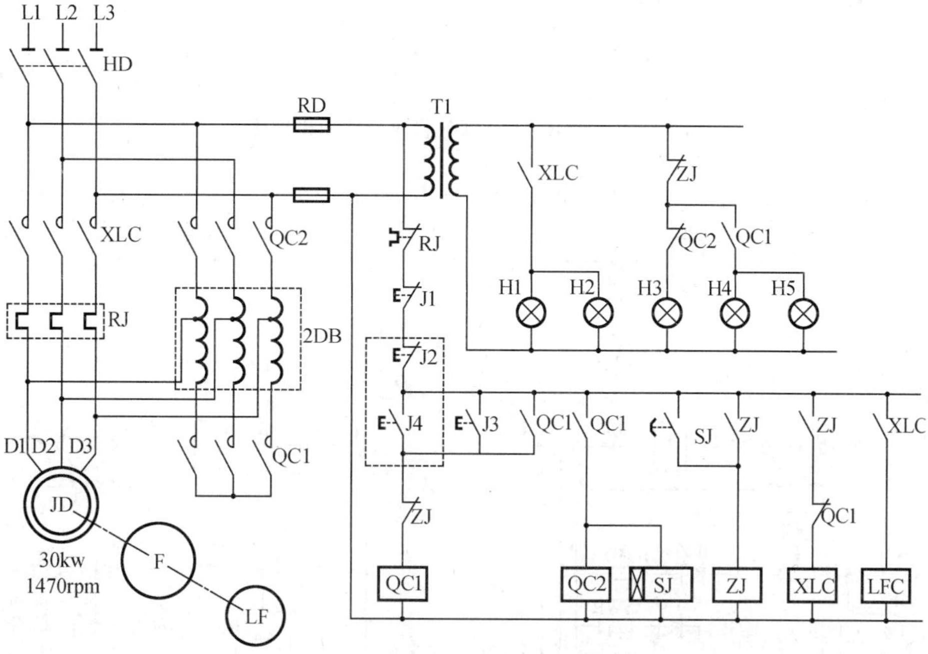

图 7-6　SZH-570 型起货机原动电动机启动器原理图

原动机为交流异步电动机，带动双输出直流发电机和自激直流励磁机，由自耦变压器降压启动器控制，可在主令控制器和启动控制箱两处启动或停止。

接通 HD，电源指示灯 H3 亮；

启动：按 J3 或 J4。

QC1 动作、自保，自耦变压器 2DB 接成 Y 接法；H4，H5 亮，指示启动状态。

QC2 动作，电动机降压启动；SJ 通电开始延时；指示灯 H3 灭。

SJ 延时时间到，ZJ 动作自保，QC1 复位，QC2 复位，XLC 接通，电动机全电压运行；H4，H5 灭，H1，H2 亮，指示启动结束进入运行状态；LFC 接通，控制励磁发电机接通励磁电路。

这一电路比一般自耦变压器降压启动器多用一只中间继电器 ZJ，并未增加功能；从降压启动转换到全压运行不能确保不断电(QC2 和 XLC 都由 QC1 控制，不能确定哪一个先动作)。在新设计电路中可不必照搬。

(3)励磁直流发电机(图 7-7)

励磁机为并激直流发电机，由原动机带动至适当转速即能自励建压，其输出电压供起货机的控制电源，再通过控制电路供双输出发电机和起货电动机的励磁。

励磁机的励磁电路的通、断受原动机启动电路中 *LFC* 的控制，只有在原动机启动完成时才自励建压。

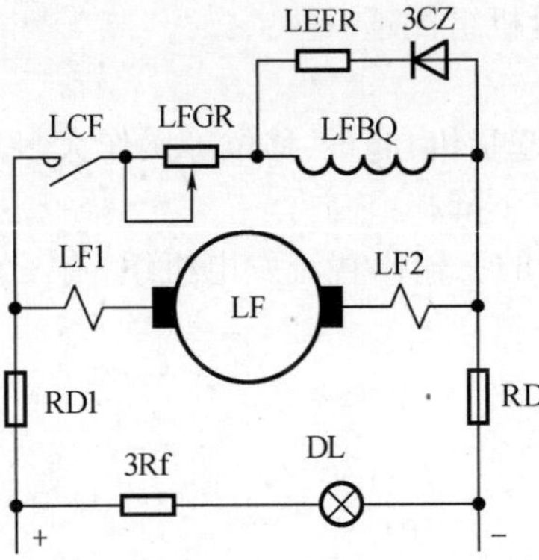

图 7－7　SZH－570 型起货机励磁机电路图

(4)直流发电机－电动机组及其控制(图 7－8,表 7－3)

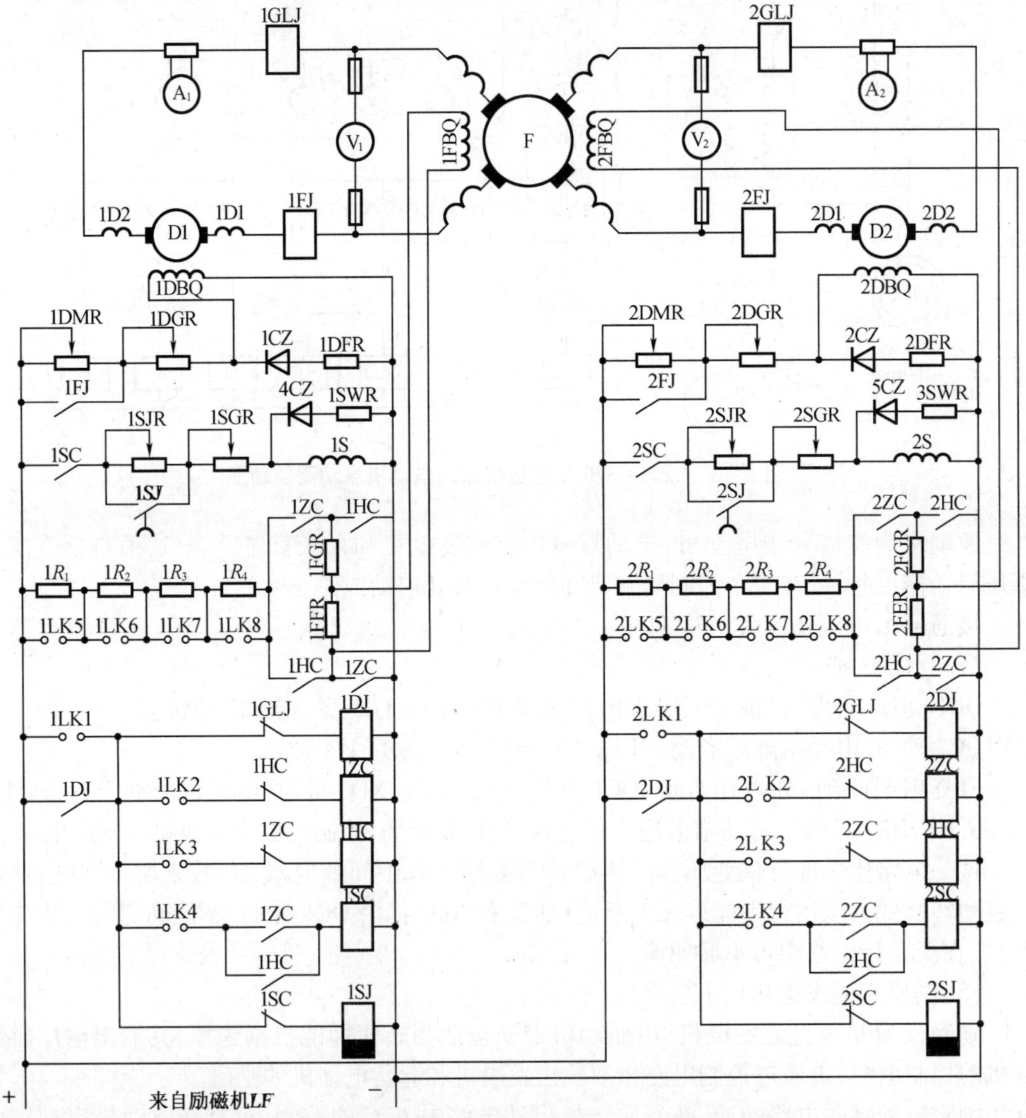

图 7－8　SZH－570 型起货机双输出发电机－电动机电路图

电路工作情况如下：

直流电动机 D 的励磁除由可变电阻 DMR，DGR 调节外，还受主电路的负载继电器 FJ 控制，负载电流超过整定值时，FJ 动作短接调载电阻 DMR，增大电动机的励磁，使电动机降速。

双输出发电机由主令控制器控制正反向接触器 ZC，HC 控制励磁电流方向，由主令控制器直接控制励磁强弱，从而调节电动机的转向、转速。

表 7-3　SZH-570 型起货机主令控制器触头闭合表

	上升					零位	下降				
	5	4	3	2	1		1	2	3	4	5
LK1						×					
LK2	×	×	×	×	×						
LK3							×	×	×	×	×
LK4	×	×	×	×	×		×	×	×	×	×
LK5	×	×	×	×				×	×	×	×
LK6	×	×	×						×	×	×
LK7	×	×								×	×
LK8	×										×

以下以 1#机为例，说明动作情况。

①主令控制器手柄在“0”位

LK1 接通，1DJ 有电动作并自保；

1SJ 有电动作，短接刹车 1*S* 的经济电阻 1SJR，为迅速松开刹车做好准备；

在此状态下：

发电机无励磁，无电压输出；

电动机电枢通过发电机电枢、电流继电器、负载继电器和电流表分流器等短接，处于能耗制动状态；

刹车线圈未通电，机械刹车。

②主令控制器手柄扳到上升“1”位

LK_1 断开，1DJ 自保，在失电时有零位保护功能；

LK_2 接通，1ZC 接通，发电机有正向励磁，此时励磁电流最小，输出低电压；

LK_4 接通，通过 1ZC 使 1SC 动作，刹车线圈 1*S* 串小电阻 1SGR 通电，迅速松开刹车，电动机低速启动；

1SJ 失电开始计时，待延时时间到触头分断，刹车线圈 1*S* 串经济电阻 1SJR 但仍然吸合，保持刹车在松开状态；

在这一阶段，开始启动时若电流超过 $0.5I_N$（I_N 为电动机额定电流），调载继电器 1FJ 动作，调载电阻 1DMR 被短接，电动机在强励磁下启动；当电动机转速上升后若为轻载，电流降至 $0.2I_N$ 或以下，则 1FJ 复位 1DMR 串入励磁电路，电动机励磁减小而升速；若负载不轻，电流较大，则 1FJ 仍保持动作状态，电动机低速运转。

③主令控制器手柄扳到上升“2－5”位

LK_{5-8}逐级接通，调速电阻1R1－1R4被逐级短路，发电机励磁逐级增大，输出电压逐级提高，电动机转速逐级上升；

在这一阶段：

若变速时电流超过$0.5I_N$，则调继电器1FJ动作，调载电阻1DMR被短接，电动机在强励磁下调速；当转速稳定后若为轻载，电流降至$0.2I_N$或以下，则1FJ复位，1DMR串入励磁电路，电动机励磁减小升速；若负载电流较大，则1FJ仍保持动作状态，电动机按全励磁的特性运转如图7－9，图7－10所示。

电动机全励磁和减弱励磁的特性大致如下：

对于主令控制器手柄的每一挡位置1FJ都有调载作用，在变速初期一般电流可能较大（尤其在快速变速时），电动机在全励磁下变速，有较大的电动力矩，在转速初步稳定后则视负载情况自动调节转速。

发电机的励磁电路串入电阻（包括调速电阻$1R_1$—$1R_4$和固定电阻1FGR）与励磁绕组的电感构成较大的时间常数，在变换速度时发电机的励磁电流和输出电压都不会突变，使系统的冲击电流相应减小。

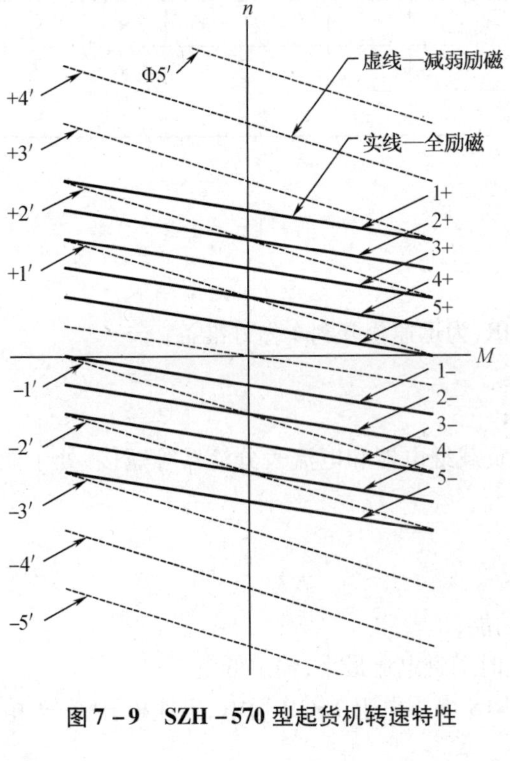

图7－9　SZH－570型起货机转速特性

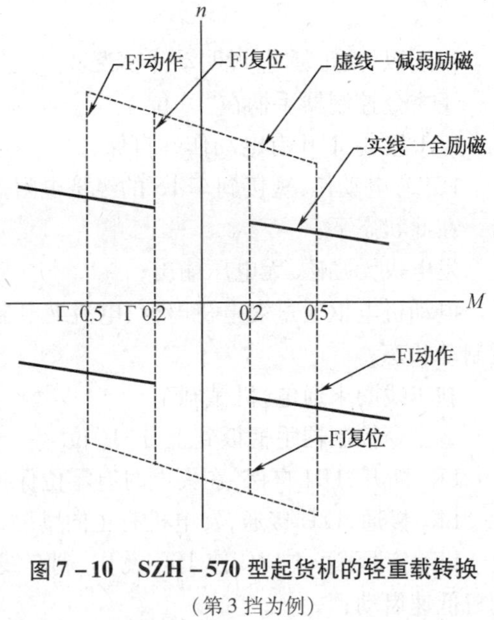

图7－10　SZH－570型起货机的轻重载转换

（第3挡为例）

④停车。主令控制器手柄扳回“0”位

LK2－8全部断开；

1ZC失电断开，发电机励磁线圈（电感量L）失电，励磁电流通过电阻1FFR（电阻值R）放电，按时间常数L/R（数量级为“秒”）的指数曲线衰减，发电机的输出电压也按此规律下降直至零。

电动机处于再生制动或能耗制动状态，在发电机电压未降到零前，电动机反电势大于发电机电压为再生制动，当发电机电压降到零后则为能耗制动。

1SC 失电断开使电动机的刹车线圈（电感量 L_S）失电，线圈电流通过电阻 1SWR（电阻值 R_S）放电，按时间常数 L_S/R_S（数量级为“秒”）的指数曲线衰减，待线圈电流降至不足维持刹车衔铁吸合时衔铁释放，电动机在刹车弹簧作用下进行机械制动。

调节电阻 1FFR 的大小可调整电气制动时间和制动速度，电阻大则制动较快，一般在制动冲击电流不太大的前提下取较快的速度；调节电阻 1SWR 的大小可调整延时进行机械制动的时间，电阻大则较早进行机械制动，机械制动时间应与前一时间配合，在电动机转速降到较低时进行机械制动，过早则刹车容易磨损，过迟则电动机可能被位能负载拖动反转。

⑤主令控制器手柄扳到下降“1－5”位

工作情况与上升各挡相同，仅由接触器 1HC 替换 1ZC 使发电机励磁反向、输出电压反向，电动机反转。

⑥主令控制器手柄由“上升”迅速扳到“下降”

发电机励磁电压方向突变，励磁电流由正向按指数曲线下降再反向上升到稳定值，输出电压也随之变化。

电动机进入全励磁反接制动工况。若升、降转换的速度不高，则转速降到零后就反向启动到相应的速度运行。

若升、降转换的速度较高，则反接制动的电流超过过流继电器 1GLJ 的整定值（$2.5I_N$），1GLJ 动作分断零位保护继电器 1DJ，使反向接触器 1HC 和刹车继电器 1SC 都失电，电路的工作情况与手柄放回零位的情况相同，先电气制动再机械刹车后停止。

系统停车后电流消失，1GLJ 复位，但因主令控制器手柄不在“0”位，1LK1 断开不会反向启动；要使系统运转须把主令控制器手柄扳回“0”位，再扳到要求的运行位置。

⑦主令控制器手柄由“下降”迅速扳到“上升”

除转向不同外，工作情况与上述由“上升”迅速扳到“下降”相同。

⑧主令控制器手柄在同一方向改变速度

由于发电机的励磁回路有放电电阻 1FFR、串联电阻 1FGR 和调速电阻 $1R_1 \sim 1R_4$，在改变速度时励磁电流和输出电压都按指数规律变化，在合理设计的前提下，其过渡过程能与电动机转速升降的过渡过程相配合，过渡过程中的电流不超过 $2.5I_N$，1GLJ 不会动作，系统能顺利过渡到新的速度而不致停车。

在变速时，瞬变电流都会使调载继电器 1FJ 动作，使电动机在全磁场下加速，可增大动态转矩，也使瞬变电流受到限制。

以上都以 1#机为例，对 2#机只需把各元件代号的前标改为“2”，所有动作情况都相同。

（5）系统保护

①原动机电路

与常见自耦降压启动电路相同，具有欠压、过载和启动连锁。

②起货控制电路

零位保护：继电器 1DJ，2DJ；

逆转矩保护：过电流继电器 1GLJ，2GLJ；

重载保护：调载继电器 1FJ，2FJ；

刹车线圈串经济电阻：时间继电器 1SJ，2SJ；

升降连锁：正反接触器 1ZC 与 1HC，2ZC 与 2HC。

(6)若系统采用差复激发电机和加复激电动机,则系统特性有所变化(图7-11)

图7-11是差复励发电机与加复励电动机起货机的特性。

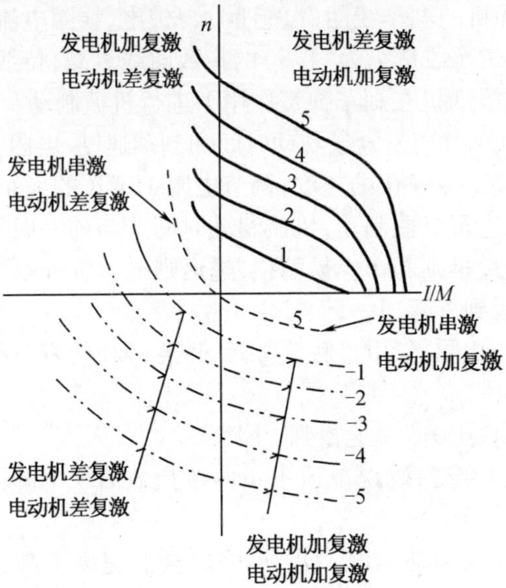

图7-11　复励发电机——电动机组的特性

①主令控制器在上升各挡

第一象限:起货状态呈下降特性,大负载时徒降;

第二象限:再生制动状态。此时电流反向,发电机变成加复激而电动机为差复激,转速随反向电流增大而迅速上升。

②主令控制器在"0"位

电动机能耗制动,发电机无他激励磁按串激发电机工作,系统特性通过第二、四象限。第二象限:电动机正转,发电机输出反向电压使电动机降速,电动机因电流反向而为差复激,电流随转速下降;第四象限:电动机在外负载作用下反转,发电机输出正向电压使电动机制动,电动机为加复激,外负载增大反向转速升高较慢。

③主令控制器在下降各挡

控制电路使发电机的他激励磁电流反向,其输出电压和电流反转。

第二象限:再生制动(降速)状态。发电机励磁电流和电枢电流都反向,仍为差复激;电动机因电枢电流反向也为差复激,转速(正向)随反向电流增大而迅速上升;

第三象限:落货状态。发电机和电动机都处于差复激,反向转速随阻力矩增大而下降;

第四象限:再生制动(限速落货)状态。发电机与电动机的电枢电流与起货时相同,都工作在加复激状态;电流增大时转速上升很慢,特性较硬。

7.4　交流三速电动起货机

7.4.1　概述

(1)用于起货机的交流三速电动机,对应每一挡速度都有各自独立的定子绕组,这样相邻两挡速度的绕组可同时通电，转换速度时可无瞬时停电现象，以避免货物滑落。

（2）一般起货用交流三速电动机为 4、8、28 极，即同步转速 1 500、750、214 r/min。

低速用于启动和货物慢速“着陆”，输出转矩大，可起吊重物；中速用于重载起货与落货，输出转矩最大；高速多用于轻载或空钩升降，输出转矩小，升降速度快（恒功率电动机）；有些型号起货机为提高装卸货速度采用恒转矩电动机，高速挡输出功率大，输出转矩与中速相等，则可重载高速升降。

（3）对于（中、高速）恒功率的起货机，在高速挡转矩减小不能拖动重载，其控制电路须有重载高速连锁保护。

（4）为装卸作业安全，起货机控制电路必须达到如下要求。

①电动机绕组未通电，机械刹车不松开；

②转换起货速度不出现瞬时断电；

③在快速变换速度和/或方向时能自动控制系统的加速过程，不发生太大冲击，尤其在改变方向时不出现电源反接工况。

7.4.2　HJD 型交流三速电动起货机电路解说（见图 7－12）

（1）主要元件的用途

FSC　冷却风机控制	LYJ　零位保护	ZC　上升接触器
FC　下降接触器	1C　低速 28 极 214 r/min	ZDC　刹车接触器
1SJ　刹车延时串经济电阻	JLC 刹车串经济电阻	2C　中速 8 极 750 r/min
J/ZJ　负荷检测与控制	3C　高速 4 极 1 500 r/min	2SJ　延时反接
3SJ　中、高速延时转换	4SJ　中、高速转换避开过渡电流	
5SJ　延时刹车	FK　风门（连锁）开关	K　控制电源开关
A　紧急按钮	D　起货电动机（恒转矩）	FD　冷却风机
ZDQ　刹车线圈	LK1～9　主令控制器	

（2）读图准备：

按照当前标准绘制的电气图，控制元件在图纸上的位置及其控制点（触头）的分布和导线连接去向等都在图纸上标明，但不同厂商（尤其是不同国家的厂商）其标注方法不尽相同，在阅读图纸前应先阅读该厂商的“绘图说明”，便于正确理解。

对于较早绘制的图纸，大多按梯级图的形式画成一张或几张大图，对于较复杂的电控线路往往一个控制元件有许多控制点分布在各个位置，要分析这一元件动作或复位所引起的相关动作，就很容易发生遗漏与错误。因此阅读较复杂的电气图纸，应先作如下准备。

①把图纸分成较小的区域

可按电路功能和/或位置分区（只需自己认为方便就可），给每区自定一个编号；

②把每一区域上所有的控制点（触头）所在的区域编号标注在控制元件（接触器或继电器线圈）旁边，能表明开、闭情况更好；

③若有几张图纸，标明图纸间相互连线的去向（区域编号）。

上述准备工作后，在阅读图纸时就可按每一控制元件旁的编号逐个分析该元件所引起的相关动作，不致遗漏。

图 7－12“HJD 型交流三速电动起货机电路”已附加了上述准备工作内容，在分析电路动作时可按编号逐个分析。

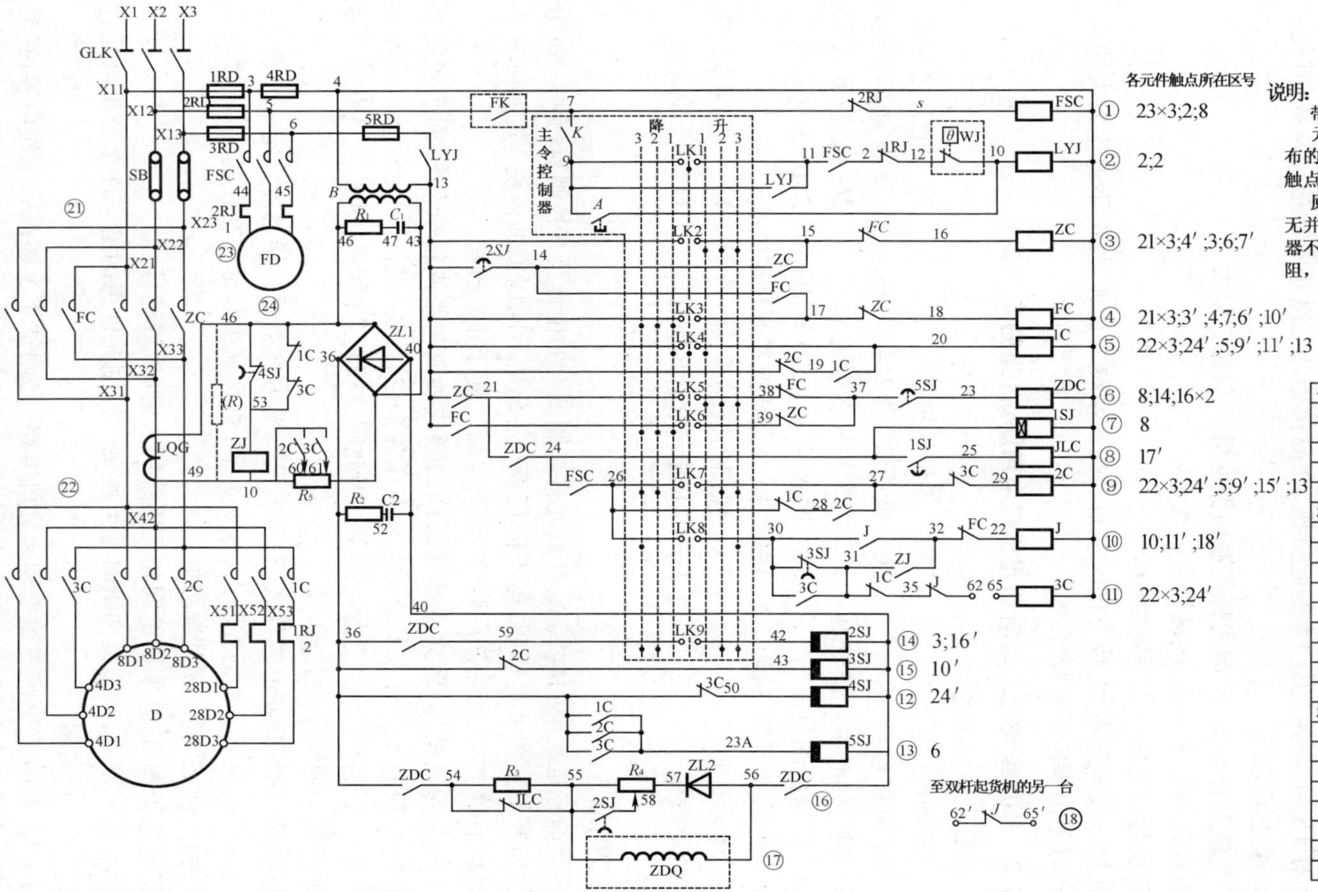

图 7－12　HJD 型交流三速电动起货机电路图

说明：

带圆圈的数字为电路的分区号。

元件旁的数字为该元件触点分布的区号，其中纯数字表示常开触点，带撇的数字表示常闭触点。

原图中调载用电流互感器 LQG 无并联电阻（R），但按电流互感器不能开路的要求，似应有并联电阻，现以虚线列出，供参考。

代号	名称	用途	备注
FSC	接触器	风机控制	
LYJ	继电器	零位保护	
ZC	接触器	正转	
FC	接触器	反转	
1C	接触器	低速	
ZDC	继电器	刹车	
1SJ	时间继电器	刹车串经济电阻	通电延时
JLC	继电器	风机控制	
2C	接触器	中速	
J	继电器	负载调节	
3C	接触器	高速	
2SJ	时间继电器	正反向转换时间	断电延时
3SJ	时间继电器	中高速转换时间	断电延时
4SJ	时间继电器	高速延时调载	断电延时
5SJ	时间继电器	接触器故障保护	断电延时
ZDQ	刹车线圈	风机控制	
ZJ	电流继圈	风机控制	
1RJ	电流继电器	低速过载	
2RJ	热继电器	风机过载	
FK	热继电器	电动机通风	
K	风门开关	控制电源	
A	紧急按钮	应急落货	
WJ	热敏继电器	绕组过热保护	
SB	短接片	检修分断	

④准备元件动作记录表(见表 7－4)

表 7－4　准备元件动作记录表

元件号	上升			零位	上升		
	3	2	1		1	2	3

记录表供阅图时记录与分析元件的动作情况,在全面分析图纸后,可把它整理成元件动作表。

(3)动作说明:(端子号 62,68 处于接通状态)

①主令控制器手柄在“0”位

合主开关 GLK,起货机电源供电;

打开起货电动机的风门,风门开关 FK 闭合,FSC 动作,冷却风机 FD 运转;

合控制开关 K,零位保护的控制电源(A,B 相电源)接通;

LK_1 在接通位置:LYJ 动作自保,交流控制电路通电(A,C 相电源),变压器 B 通电,通过 ZL1 向直流控制电路供电;

LK_4 在接通位置:1C 动作并通过 2C 常闭触头自保,电动机低速绕组准备通电;

5SJ 通电动作,触头闭合,为刹车线圈通电作准备;

4SJ 通电动作,触头分断,断开调载调载继电器 ZJ,升速阶段电流不通过 ZJ;

3SJ 通电动作,切断 J 和 3C 的通路,准备控制中速至高速的加速过程;

这一位置,处于启动准备阶段,电动机机械刹车。

②主令控制器手柄扳到上升“1”位

LK1 断开:LYJ 已自保,电路工作状态不变;

LK2 接通:ZC 动作,电动机正向低速接通,机械刹车尚未松开,堵转;

LK5 接通:ZDC 动作,ZDQ 通电,经短暂过渡时间后衔铁动作,刹车松开,电动机正向低速启动;

1SJ 通电开始延时,延时后 JLC 动作,常闭触头分断,刹车线圈 ZDQ 串经济电阻 R_3;

这一位置,电动机先堵转(电路接成低速运行)再低速启动。

③主令控制器手柄扳到上升“2”位

LK4 断开:因 1C 已通过 2C 自保,暂时仍保持通电动作;

LK7 接通:2C 动作;

电动机中速绕组也通电,处于中、低速绕组同时通电状态;

调载电路的电阻 R_5 部分短接,使电阻与中速挡调载相匹配;

1C 断开，电动机低速绕组失电，按中速挡加速；

5SJ 保持有电，状态不变；

3SJ 失电，经延时后接通高速接触器 3C 的电路，允许 3C 通电（从中速到高速须延时）；

LK_9 接通：2SJ 通电动作；上升接触器 ZC 自保，为反向延时作准备；

刹车线圈放电电阻 R_4 被部分短接，控制停车延时的机械刹车时间；

这一位置电动机先中、低速同时接通，再转入中速，最后准备高速运行；同时准备好停车时延时进行机械刹车，以利延长刹车寿命。

④主令控制器手柄扳到上升“3”位：

LK8 接通：在 3SJ 延时期内，电路工作状态不变；

在 3SJ 延时完毕后，按负载大小有两种情况：

a. 中速运行时负载不超过 50%

调载继电器 ZJ 不会动作，J 也不会动作；

高速接触器 3C 动作自保，电动机中、高速绕组同时通电；

4SJ 失电计时；

2C 失电复位，电动机中速绕组失电，按高速挡加速；

调载继电器 ZJ 电路在 4SJ 复位前被切断，升速时的过渡电流不会使 ZJ 动作；

调载电路电阻 R_5 的短接部分变化，电阻值与高速挡调载相匹配；

5SJ 保持有电，状态不变；

4SJ 延时（延时时间与中速至高速的过渡时间相匹配），待延时时间到 ZJ 线圈通电，此时电动机应已处于高速运行，也可能出现两种工况：

若高速状态下负载不超过 50% 则 ZJ 不会动作，起货机继续高速起货；

若高速状态下负载超过 50%，则 ZJ 动作；

继电器 J 动作并自保；

3C 失电复位，电动机高速绕组断开；

2C 通电动作，电动机转入中速运行；

4SJ 通电动作，3SJ 失电复位，但对电路工况已无作用。

这一工作状态是先升速，因高速状态负载过大而降到中速，即使回中速后负载变小，因继电器 J 已自保也不会自行再升速，避免可能出现的中、高速的反复转换。要想再高速运行须把手柄先扳回中速或以下，使 J 失电复位后再扳到高速，可再进行调速过程。

b. 中速运行负载已超过 50%

调载继电器 ZJ 动作，继电器 J 动作自保；

3C 不能通电，电路工作状态不变，起货机保持中速起货。

注：中速时 50% 转矩相当于高速时 100% 转矩，而在电流计量上相差可能不会太多，但输出转矩差约一倍。在中速负载接近 50% 时转入高速，高速状态的已达到额定值左右，若超过额定值则应自动转回中速，所以 ZJ 的动作电流在中速时应相当于半载时的电流，而在高速时则应是接近高速挡的额定电流；调载继电器 ZJ 电路中电阻 R_5 的短接部位，需按上述要求调整。

图 7－13 中 M_N 是中速挡（低速挡也接近）的额定转矩，M_{Nh}是高速挡的额定转矩。

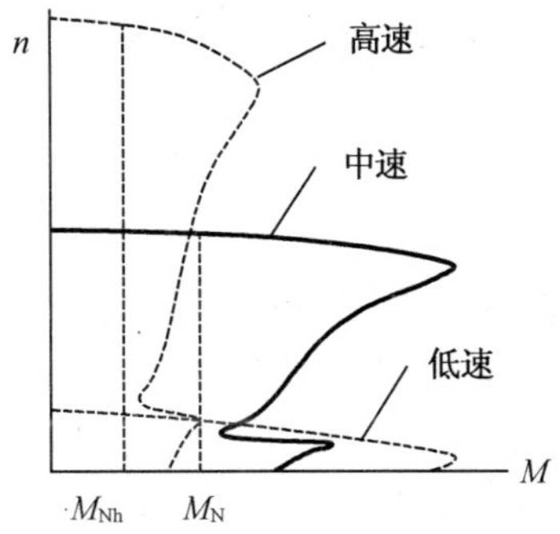

图 7－13　恒功率电动机的机械特性

⑤主令控制器手柄从“0”迅速扳到上升“3”位

“0”位状态通电动作的元件为：FSC，LYJ，1C，3SJ，4SJ，5SJ

LK1 断开：LYJ 已自保，对电路工作状态不会有影响；

LK4 断开：因 1C 已通过 2C 自保，暂时仍保持通电动作；

LK2 接通：ZC 动作，电动机正向低速堵转；

LK5 接通：ZDC 动作，ZDQ 通电，经短暂过渡时间后刹车松开，电动机正向低速启动；

1SJ 通电开始延时，延时后 JLC 动作，常闭触头分断，刹车线圈 ZDQ 串经济电阻 R_3；

LK7 接通：2C 动作，1C 复位，2C 通过 1C 常闭触头自保；

电动机中、低速绕组同时通电后，转中速挡加速；

调载电路的电阻 R_5 部分短接，与中速挡调载相匹配；

5SJ 保持有电，状态不变；

3SJ 失电，经延时后接通高速接触器 3C 的电路；

LK9 接通：2SJ 通电动作；上升接触器 ZC 自保；刹车线圈放电电阻被部分短接；

LK8 接通：在 3SJ 延时期内，电路工作状态不变，实现升速延时控制；

经 3SJ 延时后，按负载大小升速或保持中速运行，其工作情况与“项④”所述相同。

⑥主令控制器手柄由上升“3”逐级扳回“0”位

上升“3”扳到上升“2”：

若调载继电器已动作则仍保持中速运行；

若调载继电器未动作：则 3C 复位，2C 动作，电动机经短时停电后转入中速运行。

上升“2”扳到上升“1”：

1C 动作，电动机中、低速绕组同时通电；

2C 复位，电动机经短时双绕组通电后转入低速运行；

2SJ 失电延时后复位。

上升“1”扳到“0”：

ZC 失电复位，电动机与电源分开；

ZDC 失电复位，ZDQ 与电源分开经电阻 R_4 放电，此时 2SJ 已复位，R_4 电阻值较大，放电很快，迅速实行机械刹车。

⑦主令控制器手柄由上升“3”迅速扳回“0”位

上升“3”位通电动作的元件为：

FSC，LYJ，ZC，ZDC，JLC，1SJ，2SJ，5SJ；

以及在轻负载时 3C；在重负载时 2C，ZJ，J，3SJ，4SJ；

LK8 断开：3C 复位；

LK7 断开：2C 复位；

LK9 断开：2SJ 失电开始延时；

LK2 断开：ZC 通过 2SJ 自保，暂时保持动作状态；

LK5 断开：ZDC 复位，ZDQ 线圈失电开始放电；

LK1 接通：电路工作状态不变；

LK4 接通：1C 通电动作；

电动机低速再生制动，待 2SJ 延时时间到，ZC 复位断开电源；

刹车线圈通过电阻 R_4（尚被 2SJ 部分短接，电阻小时间常数大）放电，经一段时间后衔铁释放，实行机械刹车。

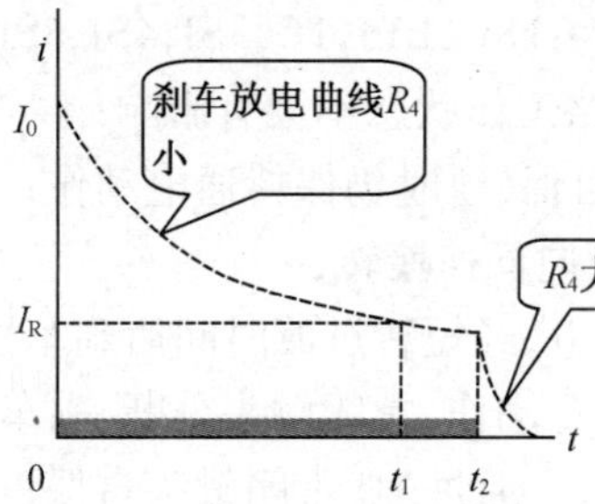

图 7-14　再生制动与机械刹车

I_0刹车线圈初始电流（串经济电阻）。

I_R刹车释放电流。

t_1 ZDQ 的释放时间，即开始机械刹车时间。

t_2 2SJ 复位，ZC 断开，再生制动结束；刹车线圈放电电阻增大，快速放电。

为避免电动机在未刹车时失电，刹车线圈放电电阻 R_4 和延时继电器 2SJ 须配合调整，在转速较高时再生制动，转速降低（一般 20% 以下）后加入机械制动，然后电动机与电源脱离由机械刹车制动停车。

⑧主令控制器手柄扳到"下降"各位置

下降各位置的工作情况与上升各位置基本相同，其中差别为：

接触器 ZC 与 FC 对换，电动机反转、落货；

FC 的常闭触头与调载继电器 J 的线圈串联。FC 动作后 J 不会动作，即在落货时不作调载。

这是因为落货时重力负载力矩与电动机转向一致，重载时电动机处于再生制动工况，由负载力矩克服系统的摩擦力，电动机的输出转矩比起货时小；轻载时负载力矩和电动机输出转矩共同克服系统的摩擦力，电动机的输出转矩比空钩上升还小；所以起货机在落货工况不会过载，也就不需要进行调载了。

⑨主令控制器手柄从"上升 3"迅速扳到"下降 3"位置

在手柄转换过程中电路分断过的元件的动作情况如下：

原来自保的元件保持原状，然后按新的通断条件动作；

没有自保的元件先复位，再按新的通断条件动作。

手柄转换后 3C,2C 失电复位;

1C 在手柄过零位前后动作并自保;

ZC 在 2SJ 延时期内保持吸合;电动机接成上升低速,运行于再生制动状态;

ZDC 失电复位(ZC 在动作状态,虽 LK_6 接通,电路仍断开);

ZDQ 通过 R_4(2SJ 闭合,电阻小)放电,当放电电流小到释放值时,衔铁释放,进行机械刹车;电动机停。

2SJ 延时结束,触头复位:

ZC 失电复位,电动机脱离电源,仅由刹车机械制动;

FC 通电动作,电动机接通反向低速,堵转;

ZDC 动作,ZDQ 通全电压励磁;

2C 动作,电动机反向中、低速同时接通,堵转;

1C 失电复位,电动机接通反向中速,堵转;

ZDQ 电流升到动作值,松开刹车,电动机中速启动;

3SJ 从 2C 动作开始失电延时,时间到后 3C 动作 2C 复位,电动机转入高速运行。

这一工况的转换过程是:低速再生制动——再生制动加机械制动——机械制动停车——反向中速启动——延时后升高速运行。电路设计与整定确保先停车再接通反向电源,防止电源反接。

⑩主令控制器手柄从“下降 3”迅速扳到“上升 3”位置

其工作情况与上一项从“上升 3”迅速扳到“下降 3”基本相同,接触器 ZC 与 FC 对换,从中速升高速时,调载继电器 J/ZJ 起作用,其动作与项(5)《主令控制器手柄从“0”迅速扳到上升“3”位》中升速过程相同。

(4)保护环节

①重载保护:由 J/ZJ 实施调载。

流过 ZJ 的电流是两部分之和,一是 AC 相电压分量 I_{AC},一是电动机的 B 相电流分量 I_b,当功率因数为“1”时,两者相位差 90°。

交流电动机在额定负载附近功率因数最大,在负载减小时,功率因数变小而电流幅值变化不多,仅用电动机电流来驱动电流继电器 ZJ,很难确切反映实际负载情况。采用 AC 相电压分量和 B 相电流分量叠加,可使流过 ZJ 的电流较好地反映电动机的实际负载。

图 7－15 中,I_{B1} 对应重负载,其功率因数较高;I_{B2} 对应轻载,功率因数较低;两者大小相差不多而相位差很大,分别与电压分量 I_{AC} 相加所得到的电流 I_1,I_2 相差就很明显,使 ZJ 可较灵敏地检测出电动机的负载大小。

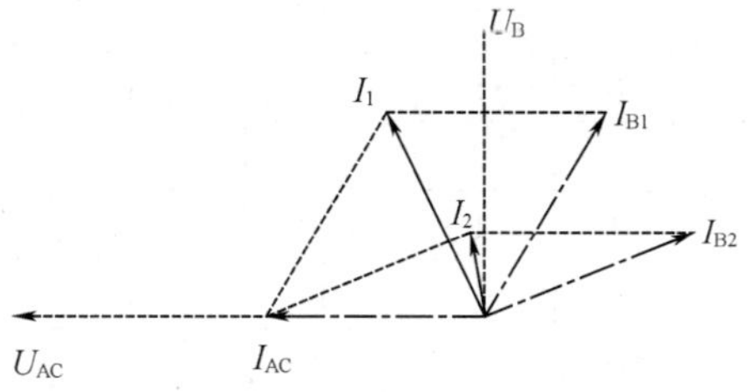

图 7－15　调载电流的合成

由上面矢量图可看出,电压与电流分量的极性必须正确配合,如果其中一个反向,则负载小时流过继电器 J 的电流反而大,就不能达到调载的目的。

②逆转矩控制:在改变升降方向时先制动、刹车、停转,然后反向启动。其工作情况见前述从“上升 3”迅速扳到“下降 3”一项内容。

③应急切断:控制开关 K。

④欠电压与缺相保护

LYJ,FSC 由 AB 相供电,AB 相欠压可使交、直流控制电路都失电,起货机就全部停止。

交流控制电路由 AC 相供电,直流电路由 AC 相经整流供电,AC 相欠压时起货机也全部停止。

因此三相电源欠压或缺任何一相都停止工作,实现欠压与缺相保护。

⑤零位保护:由 LYJ 自锁实现。

⑥风机过热保护:热继电器 2RJ,停风机、切断 FSC,切断中、高速接触器电路使起货机只能低速运转。

⑦低速绕组过热保护:热继电器 1RJ,切断 LYJ,停机。(整定值 $2I_e$,延时 15 s)

⑧绕组过热保护:线圈内置温度继电器 WJ,切断 LYJ,停机。(动作温度 130°)

⑨强制落货:按钮 A,可在电动机过热时强行低速落货。

⑩接触器故障保护:变速接触器 1C,2C,3C 操作频繁,故障频度可能较高,一旦故障可使电动机失电而造成货物自由跌落,需予保护。由 1C,2C,3C 常开触头并联控制时间继电器 5SJ。正常时 5SJ 始终通电动作;若 1C,2C,3C 出现故障,5SJ 失电,经延时(零点几秒)切断 ZDC,使 ZDQ 失电,进行机械刹车,防止货物自由跌落。

⑪双杆起货机的同步:串联调载继电器触头。

双杆起货机要求两台起货机速度匹配(同时收放或一收一放,但速度一致)。但不同工况两台的实际负载却不相同,若按调载继电器的动作分别控制,则两台速度就相差很大,是不允许的。

3C 接触器线圈电路(端子号 62,68)串联两台起货机的调载继电器 J 的触头,当任一台负载达到动作值时,两台都降到中速,这样就可使两台的速度互相匹配了。

(5)元件动作表(见表 7-5)

表 7-5　元件动作表

元件	下降			零位	上升				触头所在位置(区域号)
	3	2	1		1	2	轻载 3	重载	
FSC	1	1	1	1	1	1	1		23×3,2,8
LYJ	1	1	1	1	1	1	1		2,2
ZC	0	0	0	0	1	1	1		21×3,3,4,6,6
FC	1	1	1	0	0	0	0		21×3,3,4,6,6,10
1C	0	0-1	1	1	1	1-0	0		22×3,24,5,9,11,13
ZDC	1	1	1	0	1	1	1		14,17,17,8
JLC	1	1	1←0	0	0→1	1	1		18
1SJ	1	1	1←0	0	0→1	1	1		7
2C	0-1	1	0	0	0	1	1-0	1	22×3,24,5,9,13,15

表 7－5(续)

元件	下降			零位	上升				触头所在位置(区域号)
	3	2	1		1	2	轻载 3	重载	
J	0	0	0	0	0	0	0	1	10,11,18
3C	1	0	0	0	0	0	1	0	22×3,24,24,9,11,13,12
4SJ	0←1	1	1	1	1	1	1→0	1	24
5SJ	1	1	1	1	1	1	1	1	6
2SJ	1	1	1→0	0	0←1	1	1	1	3,18
3SJ	1	0←1	1	1	1	1→0	1	0	10
ZDQ	1	1	1	0	1	1	1		
ZJ	0	0	0	0	0	0	0	1	10

7.5　高架门型起重机的起升机构

高架门型起重机又称高架吊车，是船厂修、造船只(布置在船台、船坞、码头等处)和航运码头装卸货物常用的起重设备，按功能需求，由起升(主钩及副钩)、变幅、旋转、行走和夹轨机构等部分组成。目前新建的高架门起重机已有采用变频调速方案，但多数仍使用交流绕线式电动机作为各部分的动力，其中起升机构的控制，是绕线式电动机控制电路的典型实例。本节介绍采用交流绕线式电动机拖动的起升机构电路。

高架门型起重机都有主钩和副钩，主钩用于提升重大型物件，由较大的电动机拖动，而副钩则用于提升较轻的物件，由较小的电动机拖动。起升电动机都是带涡流制动器的交流绕线式电动机，主、副钩的电路基本相同，见图 7－16，图 7－17。

7.5.1　起升机构各调速级，相应电路元件的动作

主、副起升机构共用一套主令控制器，由转换开关 1SA2 选择控制主钩或副钩。以下以主钩为例说明电路的工作情况。

主令控制器有起升 4 挡、下降 4 挡和零位。

(1)逐级起升

零位：LK1 接通→1KM 动作自保，作为零位保护。

起升 1：LK3 接通，1LJ 力矩保护未超限时接通→1KM1 动作，电动机正向通电。

→1KT3 通电动作→为停车时涡流制动作准备。

LK2 接通，通过 1KM1 触点→1KM7 动作→推杆制动器松开。

LK8 接通→涡流制动器变压器 1T 通电，涡流制动器 1AB 通励磁电流。

在这一挡电动机正向接通，刹车松开，转子串入全部调速电阻；涡流制动器 1AB 通励磁电流，励磁电路中串电阻 $1R_3$。

在低速阶段，电动机转子电流的负反馈电压，使励磁电路处于截止状态，涡流制动器不起作用；待电动机转速上升，转子电流减小，负反馈电压小于励磁电压(由 1T1 整流提供)时，涡流制动器 1AB 通励磁电流，并随转速上升电流增大。待励磁电流大于欠流继电器

1FA3 动作值时，1FA3 动作，准备在停车时先行涡流制动，待转速降低，转子电流和负反馈电压增大，励磁电流减小到 1FA3 复位值时，涡流制动器退出工作，再实行机械制动。

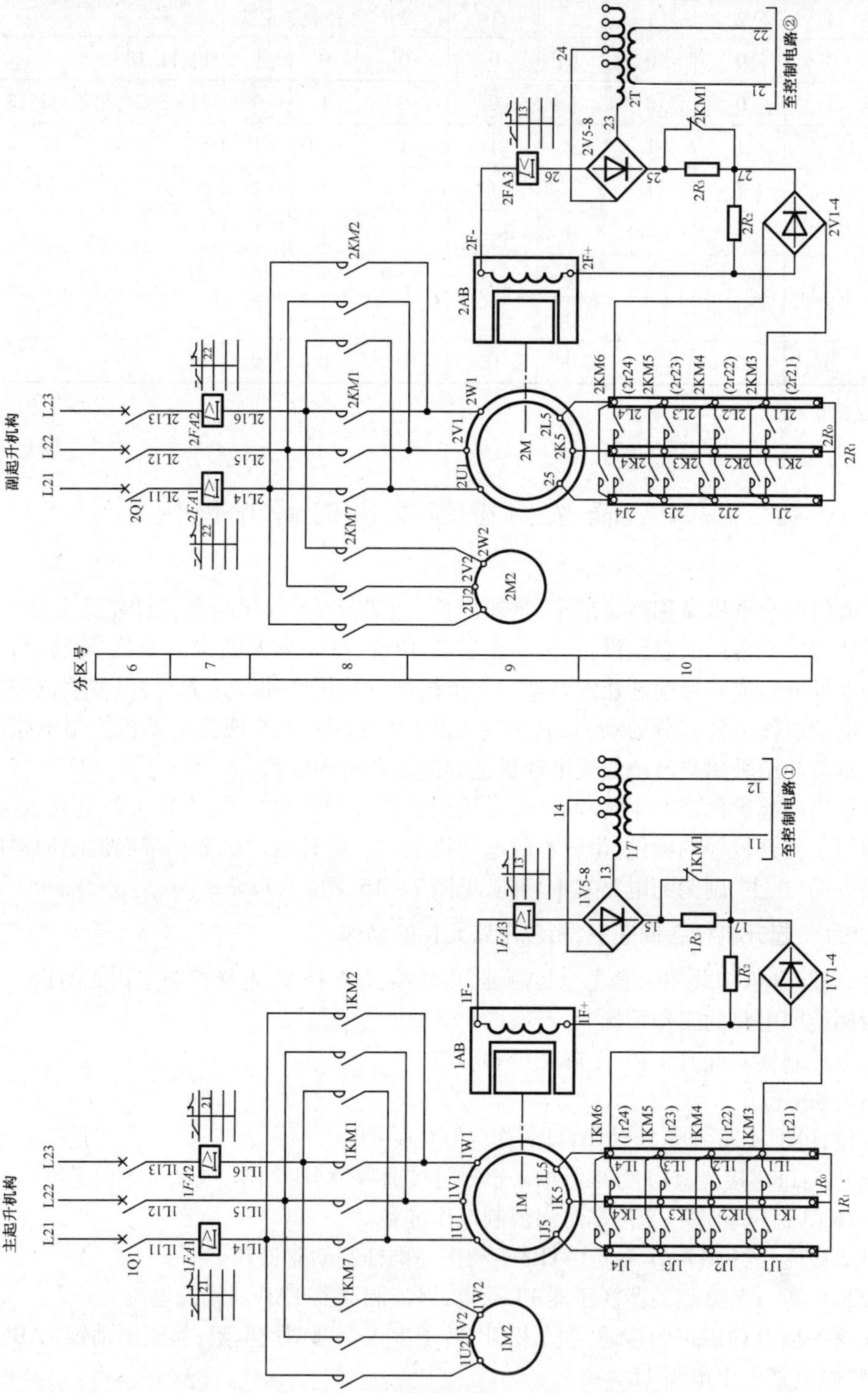

图 7－16　高架门型起重机起升机构主电路图

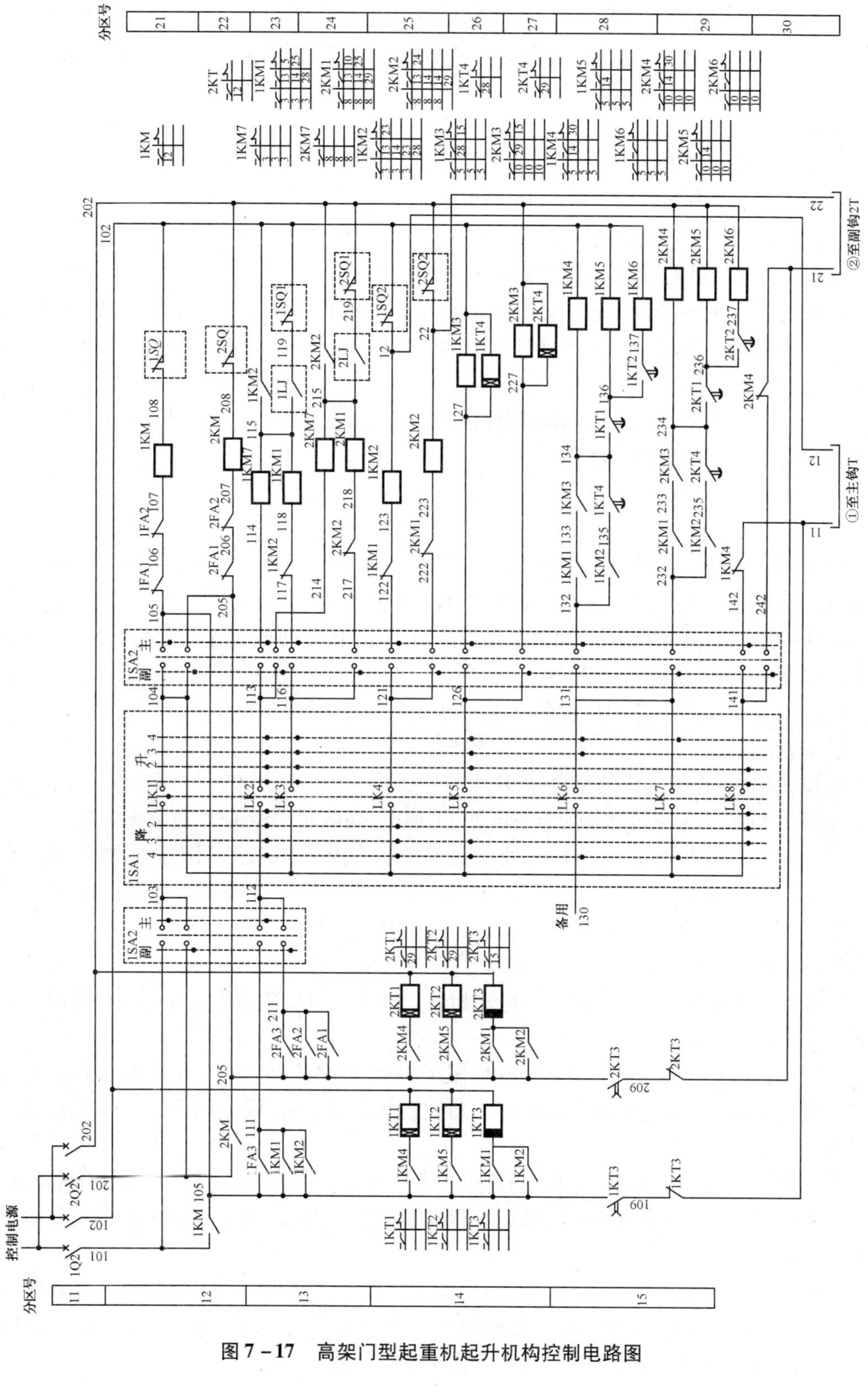

图 7－17　高架门型起重机起升机构控制电路图

起升 2:LK5 接通→1KM3 动作,短路第 1 段电阻 $1r_{21}$,1KT4 通电,对起升操作无作用。

在这一挡电动机正向接通,切除第一段调速电阻,涡流制动器励磁电路的反馈电压较前增大。

起升 3:有以下两种工况。

①备用端子 130 不接线。

LK8 断开→涡流制动器变压器 1T 断电。

在这一挡电动机正向接通,切除第一段调速电阻,涡流制动器退出。

②备用端子 130 接到 104(控制电源)。

LK6 接通→1KM4 动作,短路第 2 段电阻 $1r_{22}$,→1KT1 通电,经延时后 1KM5 动作,短路第 3 段电阻 $1r_{23}$,→1KT2 通电,经延时后 1KM6 动作,短路第 4 段电阻 $1r_{24}$;LK8 断开→涡流制动器变压器 1T 断电。

在这一挡电动机正向接通,涡流制动器退出工作,切除两段调速电阻后,分两级延时逐级切除启动电阻,启动升速至全速。

起升 4:也有以下两种工况。

①备用端子 130 不接线。

LK6 接通→1KM4 动作,短路第 2 段电阻 $1r_{22}$,→1KT1 通电,经延时后 1KM5 动作,短路第 3 段电阻 $1r_{23}$,→1KT2 通电,经延时后 1KM6 动作,短路第 4 段电阻 $1r_{24}$。

在这一挡电动机正向接通,涡流制动器退出工作,切除两段调速电阻后,分两级延时逐级切除启动电阻,启动升速至全速。

②备用端子 130 接到 104(控制电源):已升至全速,工作状态不变。

(2)逐级下降

零位:LK1 接通→1KM 动作自保,作为零位保护。

下降 1:LK8 接通→涡流制动器变压器 1T 通电,涡流制动器 1AB 通励磁电流。

在这一挡位置电动机不接电源,处于刹车状态。转子串入全部调速电阻,但转子电路没有电流,对涡流制动器的励磁没有负反馈电压,而 1KM1 的常闭触点短路电阻 $1R_3$,涡流制动器 1AB 的励磁电流超过电流继电器 1FA3 动作值,触点闭合。

LK2 接通,通过 1FA3 触点→1KM7 动作→推杆制动器松开。

下降 2:LK4 接通→1KM2 动作→电动机反向通电,→1KT3 通电动作→为停车时的涡流制动准备。

在这一挡电动机转子串入全部调速电阻反向接通,涡流制动器 1AB 的励磁电路有反馈电压。在低速阶段,涡流制动器不起作用;待电动机转速上升,涡流制动器 1AB 的励磁电流随转速上升增大。

下降 3:LK5 接通→1KM3 动作,短路第 1 段电阻 $1r_{21}$,→1KT4 通电,为延时升速准备。

在这一挡电动机反向接通,切除第一段调速电阻,涡流制动器励磁电路的反馈电压较前增大。

下降 4:LK6 与 LK7 接通,在 $1KT_4$ 延时时间结束后→1KM4 动作,短路第 2 段电阻 $1r_{22}$,→1KT1 通电,经延时后 1KM5 动作,短路第 3 段电阻 $1r_{23}$,→1KT2 通电,经延时后 1KM6 动作,短路第 4 段电阻 $1r_{24}$;LK8 断开→涡流制动器变压器 1T 断电。

在这一挡电动机反向接通,涡流制动器退出工作,在已切除第一段调速电阻的基础上,分三级延时逐级切除电阻,升速至全速。

(3)由上升或下降回零

除零位保护接触器 1KM 保持接通，和断电延时继电器 1KT3 延时复位外，其他各元件都失电复位，电动机与电源脱离。在 1KT3 延时期内，因 1KM1 常闭触点把电阻 $1R_3$ 短路，涡流制动器通较大的励磁电流，使电动机制动；待 1KT3 延时完毕涡流制动器失电，电动机应已停止。

(4)各元件动作表(见表 7-6)

表 7-6　各元件动作表

元件	下降				零位	起升			
	4	3	2	1		1	2	3	4
1KM	1	1	1	1	1	1	1	1	1
1KM1	0	0	0	0	0	1	1	1	1
1KM2	1	1	1	0	0	0	0	0	0
1KM3	1	1	0	0	0	0	1	1	1
1KM4	1(0	0	0	0	0	0	0	0	1
1KM5	1(0	0	0	0	0	0	0	0	0→1
1KM6	1(0	0	0	0	0	0	0	0	0→1
1KM7	1	1	1	1	0	1	1	1	1
1KT1	1(0	0	0	0	0	0	0	0	0→1
1KT2	1(0	0	0	0	0	0	0	0	0→1
1KT3	1	1	1	0	0	1	1	1	1
1KT4	1	1	0	0	0	0	1	1	1
1T	0	1	1	1	0	1	1	0	0

7.5.2　与各挡工况相应的机械特性的情况(图 7-18)

(1)相关数据

按涡流调速电动机所配电阻的相关资料，分 4 级电阻的特性大致为：串全电阻——转矩标幺值 $M^* = 1.42$ 堵转，短路第 1 级 r_{21}——转矩标幺值 $M^* = 2.2$ 或 $M^* = 2.5$ 堵转，后 3 级电阻的配置按逐级启动的要求。

目前缺涡流制动器的电磁与结构数据，只能分析制动转矩变化的大致情况。

主钩电动机数据(按 YZM315M-10——缺涡流制动器数据，仅供定性分析用)。

功率 75 kW，电压 380 V，电流 160 A，功率因数 0.79，效率 0.897，转子电压 313 V，转速 579 r/min，转子电流 149 A，过载倍数 3.4，飞轮矩 32.9 kg · m。

(2)主钩电动机机械特性

该电动机过载倍数较大，以下取短路第 1 级 r_{21} 时，在 $M^* = 2.5$ 堵转

额定转差率
$$s_N = \frac{600 - 579}{600} = 0.035$$

临界转差率
$$s_K = 0.035\left(3.4 + \sqrt{3.4^2 - 1}\right) = 0.232\ 74$$

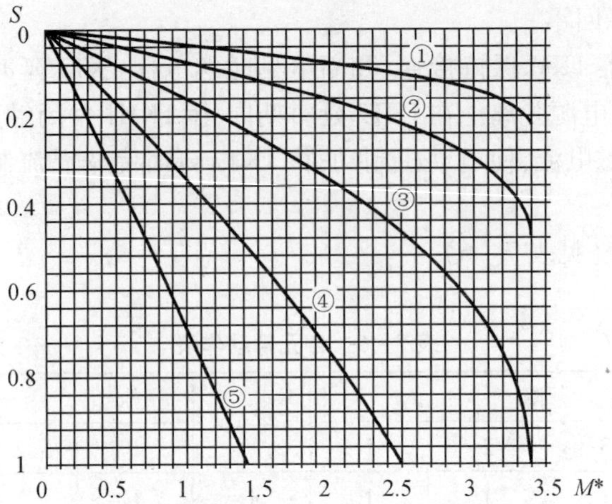

图 7-18 电动机各挡转速的机械特性

①—自然特性；②—第 3 级启动特性；③—第 2 级启动特性；④—第 1 级启动特性；⑤—最低转速

转子电阻 $r_2 = \dfrac{313 \times 0.035}{149\sqrt{3}} = 0.424\ \Omega$

按算式误差修正取 $r_2 = 0.42\ \Omega$

$M^* = 1.42$ 堵转特性的临界转差率

$$s_{K1.42} = \frac{3.4}{1.42} + \sqrt{\left(\frac{3.4}{1.42}\right)^2 - 1} = 4.5699$$

$M^* = 1.42$ 堵转特性的转子电路总电阻

$$R_{1.42} = \frac{4.5699}{0.23274} \times 0.42 = 8.2468\ \Omega$$

$M^* = 2.5$ 堵转特性的临界转差率

$$s_{K2.5} = \frac{3.4}{2.5} + \sqrt{\left(\frac{3.4}{2.5}\right)^2 - 1} = 2.2817$$

即第一级启动临界转差率

$M^* = 2.5$ 堵转特性的转子电路总电阻

$$R_{2.5} = \frac{2.2817}{0.23274} \times 0.42 = 4.1175\ \Omega$$

按三级启动的转换比 $\lambda = \sqrt[3]{\dfrac{4.1175}{0.42}} = 2.1402$

启动转换转矩标幺值 $M^* = \dfrac{2.5}{2.1402} = 1.1681$ 合格

得到各级的临界转差率及转子电路总电阻如下

最低转速挡的临界转差率 $s_{K1.42} = 4.5699$

转子电路总电阻 $R_{21} = 8.2468\ \Omega$

第一级启动临界转差率 $s_{K1} = s_{K2.5} = 2.2817$

转子电路总电阻 $R_{22} = 4.1175\ \Omega$

第二级启动临界转差率 $s_{K2} = \dfrac{2.2817}{2.1402} = 1.0661$

转子电路总电阻　$R_{23}=1.9239\ \Omega$

第三级启动临界转差率　$s_{K3}=\dfrac{1.0661}{2.1402}=0.49814$

转子电路总电阻　$R_{24}=0.8989\ \Omega$

最高转速(自然特性)的临界转差率　$s_K=0.23274$

转子电路总电阻　$R_{25}=r_2=0.42\ \Omega$

不计涡流制动转矩的机械特性:按 $M^*=\dfrac{2M_K^*}{\dfrac{s}{s_K}+\dfrac{s_K}{s}}$ 计算。

(3)涡流制动器的制动力矩(按某些假设数据分析,仅供了解电路工作情况之用)

若涡流制动器的磁通未饱和,其制动力矩与直流励磁电流的平方成正比。涡流制动器直流励磁电压由两部分反向串联叠加。

①励磁电压 $1V_1$:由变压器 1T 的输出经 $1V_{5-8}$ 整流的直流电压,电压高低由变压器输出抽头(75 V,90 V,110 V,127 V 四挡)选择。

整流后的直流电压平均值分别为:67.5 V,81 V,99 V,114 V。

②反馈电压 $1V_2$:电动机转子电流在电阻($r_{22}\sim r_{24}$)上的电压降,经 $1V_{1-4}$ 整流的直流电压。以下考虑转子电流及其电压降随电动机转速变化的情况。按交流电动机简化等效电路,转子外串电阻电流折算值可表达为

$$I_2'=\frac{U}{\sqrt{\left(r_1+\dfrac{R_2'}{s}\right)^2+(x_1+x_2')^2}}$$

电动机的电压变换比 $k_V=\dfrac{E_1}{E_2}\approx\dfrac{U_1}{E_2}=\dfrac{380}{313}=1.214$ 考虑定子反电势 $E_1<U_1$,取 $k_V=1.1$

转子绕组电阻折算 $r_2'=k_V^2r_2=1.1^2\times0.42\approx0.5\ \Omega$

取定子电阻　$r_1\approx r_2'=0.5\ \Omega$

电抗折算　$x_1+x_2'=\dfrac{r_2'}{s_K}=\dfrac{0.5}{0.23274}=2.15\ \Omega$

按电路的实际工作情况,反馈电压分两工种工况。

a. 转子串联全部电阻的反馈电压近似值

转子总电阻折算 $R_{21}'=k_V^2R_{21}=1.1^2\times8.2468\approx10\ \Omega$

转子电流

$$I_2=\frac{U}{k_V\sqrt{\left(r_1+\dfrac{R_{21}'}{s}\right)^2+(x_1+x_2')^2}}=\frac{380}{1.1\sqrt{\left(0.5+\dfrac{10}{s}\right)^2+2.15^2}}\ \text{A}$$

外串电阻很大,忽略 x_1+x_2',则 $I_2\approx\dfrac{380}{1.1\left(0.5+\dfrac{10}{s}\right)}$ A

涡流制动器反馈电压

$$1V_2=I_2(R_{22}-r_2)\approx\frac{380}{1.1\left(0.5+\dfrac{10}{s}\right)}\times(4.1175-0.42)=\frac{1277}{0.5+\dfrac{10}{s}}\approx127s\ \text{V}$$

反馈电压整流后直流平均值 $0.9\times127s=114.3s$ V。

b. 转子电路第 1 级电阻 r_{21} 短路的反馈电压近似值

转子总电阻折算 $R'_{22}=k_V^2R_{22}=1.1^2\times4.1175\approx5\ \Omega$

转子电流

$$I_2=\frac{U}{k_V\sqrt{\left(r_1+\frac{R'_{22}}{s}\right)^2+(x_1+x'_2)^2}}=\frac{380}{1.1\sqrt{\left(0.5+\frac{5}{s}\right)^2+2.15^2}}\ \mathrm{A}$$

忽略

$$x_1+x'_2\quad I_2\approx\frac{380}{1.1\left(0.5+\frac{5}{s}\right)}\ \mathrm{A}$$

涡流制动器 反馈电压

$$1V_2=I_2(R_{22}-r_2)\approx\frac{380}{1.1\left(0.5+\frac{5}{s}\right)}\times(4.1175-0.42)=\frac{1277}{0.5+\frac{5}{s}}\approx255s\ \mathrm{V}$$

反馈电压整流后直流平均值 $0.9\times255s=229.5s$ V。

c. 主钩的涡流制动励磁电路的等效电路

由上述近似推算得到近似等效电路如图 7 – 19 所示。

在低速段若反馈电压 $1V_2\geqslant$ 励磁电压 $1V_1$，则电路不通，涡流制动器无励磁电流，不起制动作用。

转速上升，反馈电压减小，到 $1V_1>1V_2$ 时电路导通，按戴维南定理向涡流制动器的线圈供电的等效电路如图 7 – 19 所示。

转子串全电阻的等效电源电压 $E_1=1V_1-1V_2=1V_1-114.3\ s$

转子电路 r_{21} 短路的等效电源电压 $E_1=1V_1-1V_2=1V_1-229.5\ s$

接触器 IKM1 动作时的等效电源内阻 $R_e=1R_2+1R_3=13.4\ \Omega$

接触器 IKM1 复位时的等效电源内阻 $R_e=1R_2=5.4\ \Omega$

图 7 – 19 涡流制动器等效电路

假设：涡流制动器线圈电阻 14 Ω（表 7 – 7）。

表 7-7　涡流制动器线圈电流

1T 抽头电压	75 V	90 V	110 V	127 V
起升工况线圈电流 A(仅 $E_1>0$ 适用)	$\frac{67.5-114.3s}{27.4}$	$\frac{81-114.3s}{27.4}$	$\frac{99-114.3s}{27.4}$	$\frac{114-114.3s}{27.4}$
下降工况线圈电流 A(仅 $E_1>0$ 适用)	$\frac{67.5-229.5s}{19.4}$	$\frac{81-229.5s}{19.4}$	$\frac{99-229.5s}{19.4}$	$\frac{114-229.5s}{19.4}$

涡流制动器的制动特性相当于异步电动机的能耗制动特性,其最大制动力矩与线圈励磁电流的平方成正比,而力矩与电流平方间的比例系数以及出现最大制动力矩所对应的临界转差率,则由制动器的结构参数而定。以下仅为分析转矩变化情况。

设:最大制动力矩 M_{KB},与电动机转速对应的转差率 s_b,临界转差率 s_{KB}

则涡流制动器的制动力矩可表达为

$$M_B^* = \frac{2M_{KB}^*}{\frac{s_B}{s_{KB}} + \frac{s_{KB}}{s_B}}$$

假设:制动器不加反馈电压,在 $1T$ 抽头电压 110V 时,下降工况的最大制动力矩等于电动机的临界转矩,即 $M_{KB}^* = \lambda_m = 3.4$;出现最大制动力矩的临界转差率 $s_b = 0.5$(涡流制动器的转子为实心钢材,其电阻率较高,并在电流频率升高时铁芯损耗增大较快,其临界转差率应较大。)

则 1T 各挡抽头电压所对应的临界转矩(与励磁电流的平方成正比)为:

按假设 $M_{KB}^* = K \times \left(\frac{99}{19.4}\right)^2 = K \times 26.04 = 3.4$,得到 $K = 0.130\ 56$。

其余各档的临界转矩按励磁电流平方比例计算 $M_{KB}^* = 0.130\ 56 \times \left(\frac{E_1}{R}\right)^2$ 如表 7-8。

表 7-8　涡流制动器各档的临界转矩

1T 抽头电压	75 V	90 V	110 V	127 V
转子串全电阻的 M_{KB}^*	0.792	1.14	1.7	2.26
转子电阻 r_{21} 短路的 M_{KB}^*	1.58	2.28	3.4	4.5

反馈电压随转速而变,相应的 M_{KB}^* 与励磁电流的平方成正比。在不同转速下涡流制动器各挡的制动转矩,应是按 M_{KB}^* 计算机械特性的结果,再乘以有反馈励磁电流与无反馈励磁电流比值的平方,汇总如下:

$E_1 = 1V_1 - 1V_2 < 0$ 时 $M_B^* = 0$。在起升状态 E_1 可按前述等效电压式计算,在下降状态电动机转差率 s_R,若用上升的转差率 s 表示,则为 $s_R = 2 - s$。

$E_1 = 1V_1 - 1V_2 > 0$ 时,涡流制动器在静止状态磁场同步,与电动机的同步转速相差 n_0,其转差率 s_b 与电动机转差率 s 相差 1,应取 $s_b = 1 - s$。

起升与下降工况,涡流制动器励磁电路的电阻不同,起升工况的励磁电流是下降工况的 $\frac{19.4}{27.4}$ 倍(与励磁电路的总电阻成反比)。得到制动转矩的算式分别如表 7-9,表 7-10。

表 7－9　起升工况各档制动转矩

1T 抽头电压	起升工况制动力矩 M_b^*	
	起升$_{\text{第1挡}}$	起升$_{\text{第2挡}}$
75 V	$67.5-114.3s>0$	$67.5-229.5s>0$
	$\frac{2\times 0.792}{\frac{1-s}{0.5}+\frac{0.5}{1-s}}\times\left(\frac{67.5-114.3s}{67.5}\times\frac{19.4}{27.4}\right)^2$	$\frac{2\times 1.58}{\frac{1-s}{0.5}+\frac{0.5}{1-s}}\times\left(\frac{67.5-229.5s}{67.5}\times\frac{19.4}{27.4}\right)^2$
90 V	$81-114.3s>0$	$81-229.5s>0$
	$\frac{2\times 1.14}{\frac{1-s}{0.5}+\frac{0.5}{1-s}}\times\left(\frac{81-114.3s}{81}\times\frac{19.4}{27.4}\right)^2$	$\frac{2\times 2.28}{\frac{1-s}{0.5}+\frac{0.5}{1-s}}\times\left(\frac{81-229.5s}{81}\times\frac{19.4}{27.4}\right)^2$
110 V	$99-114.3s>0$	$99-229.5s>0$
	$\frac{2\times 1.7}{\frac{1-s}{0.5}+\frac{0.5}{1-s}}\times\left(\frac{99-114.3s}{99}\times\frac{19.4}{27.4}\right)^2$	$\frac{2\times 3.4}{\frac{1-s}{0.5}+\frac{0.5}{1-s}}\times\left(\frac{99-229.5s}{99}\times\frac{19.4}{27.4}\right)^2$
127 V	$114-114.3s>0$	$114-229.5s>0$
	$\frac{2\times 2.26}{\frac{1-s}{0.5}+\frac{0.5}{1-s}}\times\left(\frac{114-114.3s}{114}\times\frac{19.4}{27.4}\right)^2$	$\frac{2\times 4.5}{\frac{1-s}{0.5}+\frac{0.5}{1-s}}\times\left(\frac{114-229.5s}{114}\times\frac{19.4}{27.4}\right)^2$

表 7－10　下降工况各档制动转矩

1T 抽头电压	下降工况制动力矩 M_b^*		
	下降$_{\text{第1挡}}$	下降$_{\text{第2挡}}$	下降$_{\text{第3挡}}$
75 V	$\frac{2\times 1.58}{\frac{1-s}{0.5}+\frac{0.5}{1-s}}$	$67.5-114.3(2-s)>0$	$67.5-229.5(2-s)>0$
		$\frac{2\times 0.792}{\frac{1-s}{0.5}+\frac{0.5}{1-s}}\times\left(\frac{67.5-114.3(2-s)}{67.5}\right)^2$	$\frac{2\times 1.58}{\frac{1-s}{0.5}+\frac{0.5}{1-s}}\times\left(\frac{67.5-229.5(2-s)}{67.5}\right)^2$
90 V	$\frac{2\times 2.28}{\frac{1-s}{0.5}+\frac{0.5}{1-s}}$	$81-114.3(2-s)>0$	$81-229.5(2-s)>0$
		$\frac{2\times 1.14}{\frac{1-s}{0.5}+\frac{0.5}{1-s}}\times\left(\frac{81-114.3(2-s)}{81}\right)^2$	$\frac{2\times 2.28}{\frac{1-s}{0.5}+\frac{0.5}{1-s}}\times\left(\frac{81-229.5(2-s)}{81}\right)^2$
110 V	$\frac{2\times 3.4}{\frac{1-s}{0.5}+\frac{0.5}{1-s}}$	$99-114.3(2-s)>0$	$99-229.5(2-s)>0$
		$\frac{2\times 1.7}{\frac{1-s}{0.5}+\frac{0.5}{1-s}}\times\left(\frac{99-114.3(2-s)}{99}\right)^2$	$\frac{2\times 3.4}{\frac{1-s}{0.5}+\frac{0.5}{1-s}}\times\left(\frac{99-229.5(2-s)}{99}\right)^2$
127 V	$\frac{2\times 4.5}{\frac{1-s}{0.5}+\frac{0.5}{1-s}}$	$114-114.3(2-s)>0$	$114-229.5(2-s)>0$
		$\frac{2\times 2.26}{\frac{1-s}{0.5}+\frac{0.5}{1-s}}\times\left(\frac{114-114.3(2-s)}{114}\right)^2$	$\frac{2\times 4.5}{\frac{1-s}{0.5}+\frac{0.5}{1-s}}\times\left(\frac{114-229.5(2-s)}{114}\right)^2$

(4)涡流制动器的制动特性曲线

有反馈电流起升 1 的制动特性(图 7－20)。

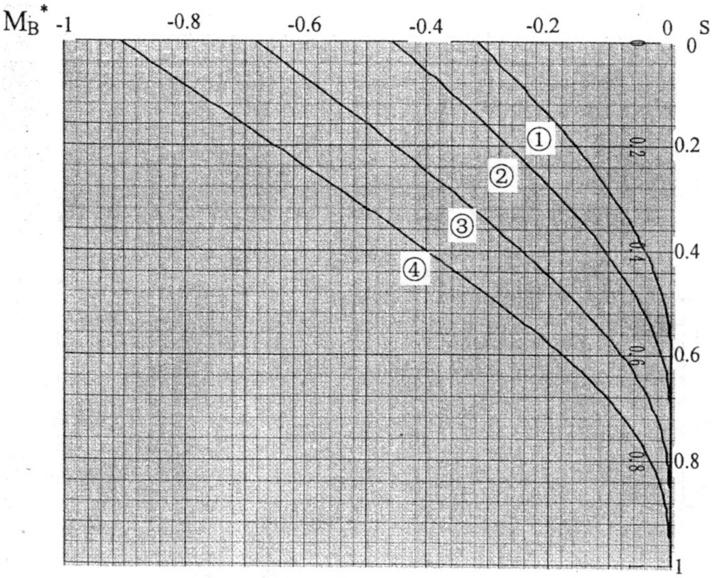

图 7－20　起升 1 制动特性(有反馈)

①—抽头 75 V;②—抽头 90 V;③—抽头 110 V;④—抽头 127 V

有反馈电流起升 2 的制动特性(图 7－21)。

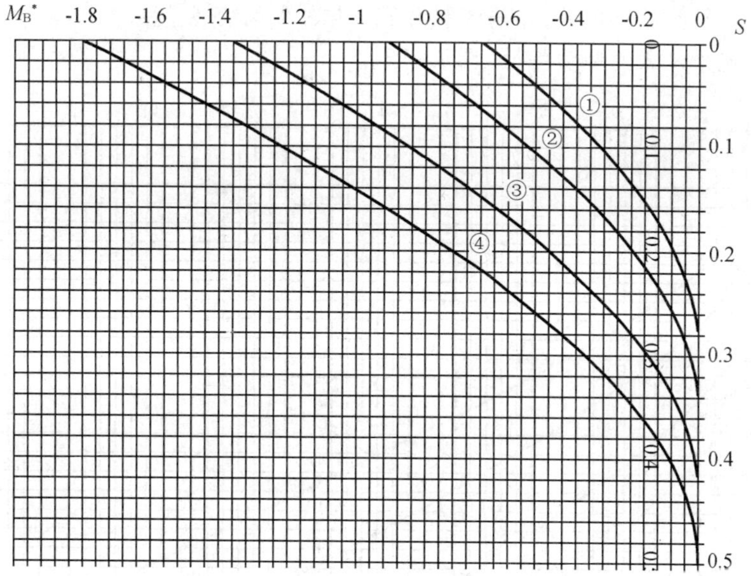

图 7－21　起升 2 制动特性(有反馈)

①—抽头 75 V;②—抽头 90 V;③—抽头 110 V;④—抽头 127 V

制动力矩 M_b^* 与电动机转向相反。

无反馈电流下降 1 的制动特性(图 7－22)。

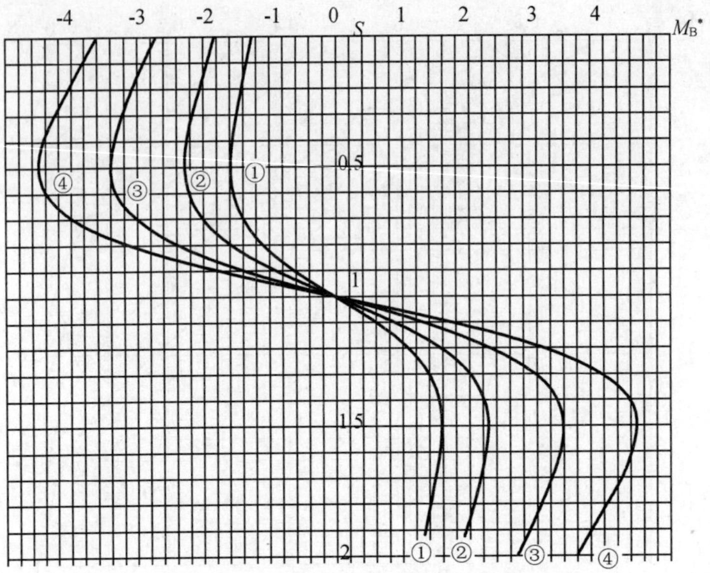

图 7－22　下降 1 制动特性(无反馈)

①—抽头 75 V;②—抽头 90 V;③—抽头 110 V;④—抽头 127 V

制动力矩 M_b^* 与电动机转向相反。

此图对应电动机不接电源,仅涡流制动器工作的制动特性。

有反馈电流下降 2 的制动特性(图 7－23)。

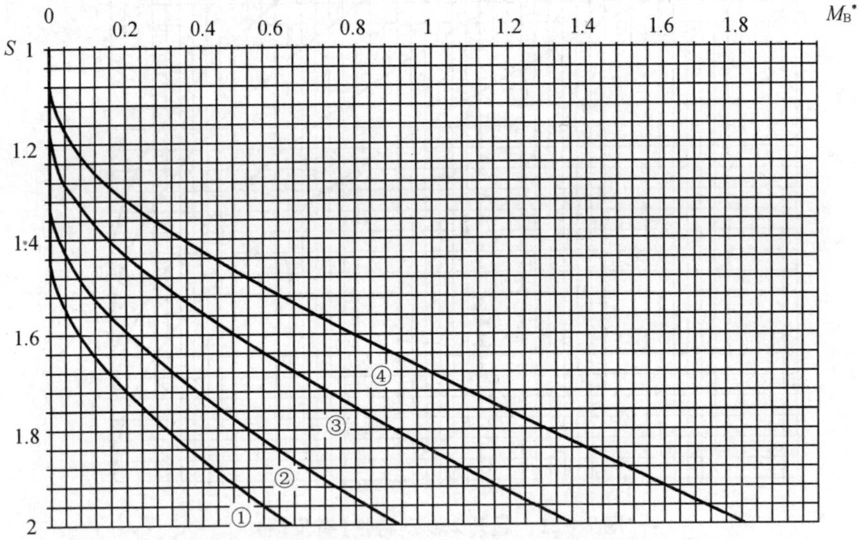

图 7－23　下降 2 制动特性(有反馈)

①—抽头 75 V;②—抽头 90 V;③—抽头 110 V;④—抽头 127 V

制动力矩 M_b^* 与电动机转向相反。

有反馈电流下降 3 的制动特性(图 7－24)。

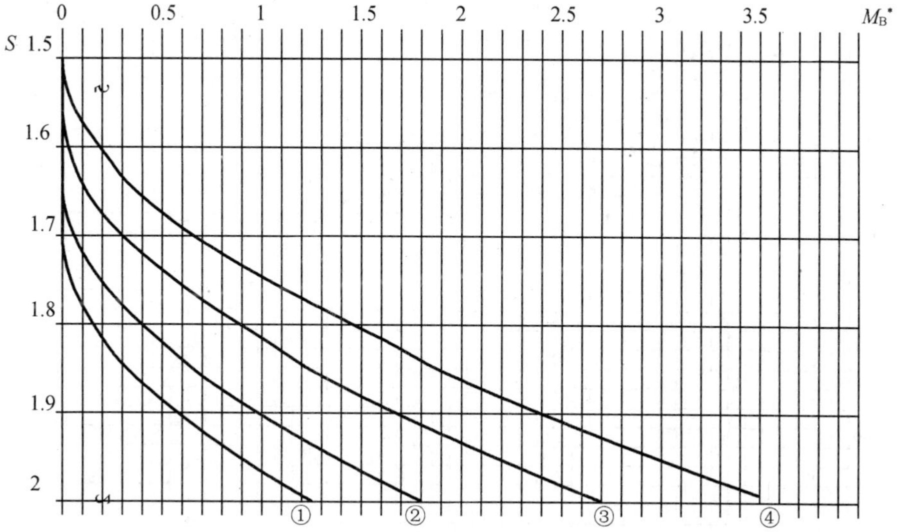

图 7-24　下降 3 制动特性(有反馈)

①—抽头 75 V;②—抽头 90 V;③—抽头 110 V;④—抽头 127 V

制动力矩 M_b^* 与电动机下降方向相反。

(4)起升第 1 挡

这一挡转子串入全部调速电阻,涡流制动器电路中串电阻 $1R_3$。其机械特性是图 1 中曲线 5 与图 3 涡流制动起升 1 特性叠加,见图 7-25。

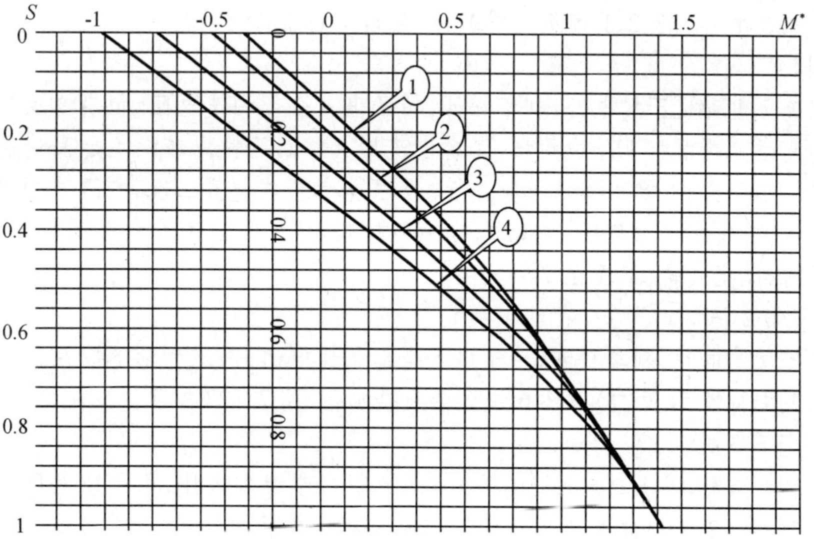

图 7-25　起升 1 综合特性

①—抽头 75 V;②—抽头 90 V;③—抽头 110 V;④—抽头 127 V

(5)起升第 2 挡

电动机调速电阻 r_{21} 被短接,涡流制动器仍有制动作用,其综合特性为是图 1 中曲线 4 与图 4 涡流制动起升特性叠加,见图 7-26 所示。

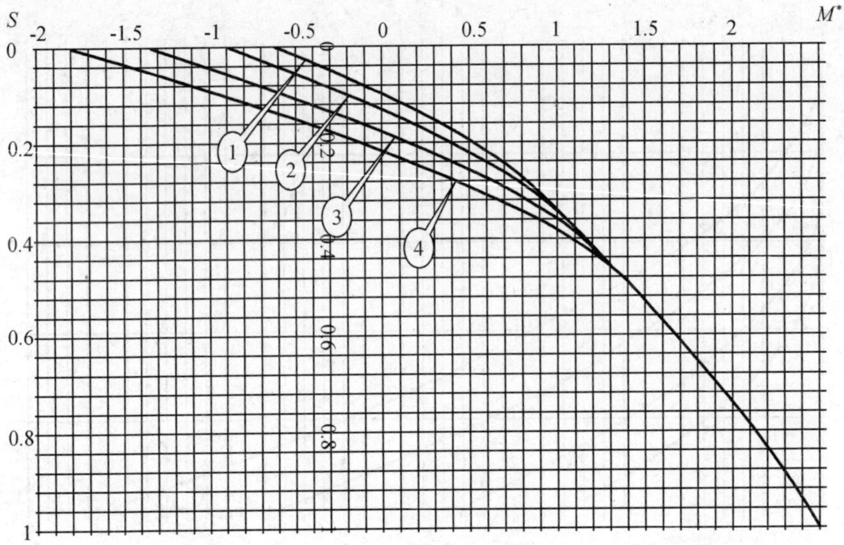

图 7－26　起升 2 综合特性

①—抽头 75 V；②—抽头 90 V；③—抽头 110 V；④—抽头 127 V

(6)起升第 3 挡

备用线 130 不接线，仅涡流制动器退出工作，按图 7－26 中曲线 4 运行。

备用线 130 接到 104，除涡流制动器退出工作外，电阻 r_{22} 被短接，按图 1 中曲线 3 运行。

(7)起升第 4 挡

按图 7－26 中曲线 3、2、1 逐级延时升速，最后运行于特性曲线 1。

(8)下降第 1 挡

这一挡工况电动机不接电源，刹车松开，转子串入全部调速电阻，但没有反馈电压。涡流制动器的励磁电路电阻 $1R_3$ 被短接，励磁电流增大。总的输出转矩等于涡流制动器没有反馈电压时的制动力矩，其工作特性见图 5。如原电动机在起升工况，则涡流制动器制动转矩与转向相反，工作在第二象限；电动机转速下降到零后，若因位能负载反转，涡流制动器制动转矩反向，阻止反转，工作在第四象限。

(9)下降第 2 挡

电动机接反向电源，刹车松开，转子串入全部调速电阻，涡流制动器有反馈电压。其机械特性是图 1 中特性 5(反向)与图 6 中各曲线叠加，如图 7－27 所示。

(10)下降第 3 挡

电动机反向通电，第 1 挡电阻 $1r_{21}$ 短路，涡流制动器继续工作，但反馈电压增大。其综合特性是电动机在 $2.5M^*$ 堵转曲线(图 7－18 的曲线 4 反向)与有反馈下降制动曲线(图 7－27)叠加。

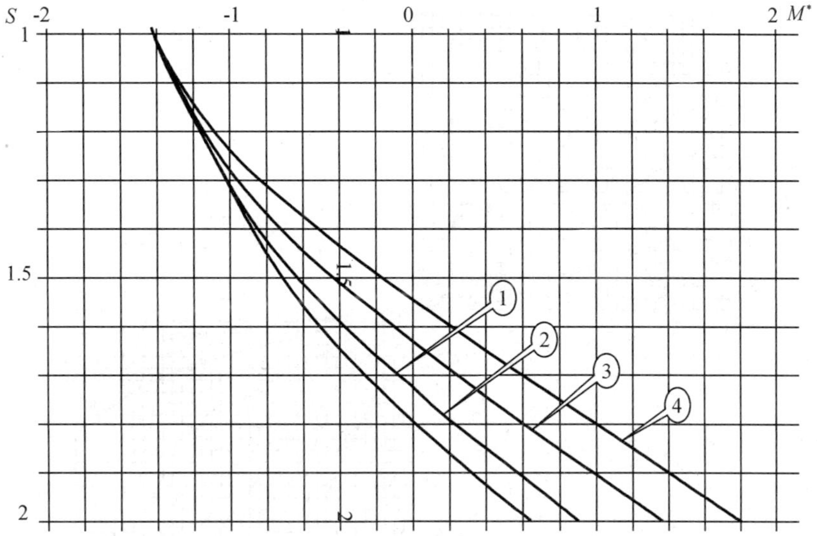

图 7－27　下降 2 综合特性

①—抽头 75 V；②—抽头 90 V；③—抽头 110 V；④—抽头 127 V

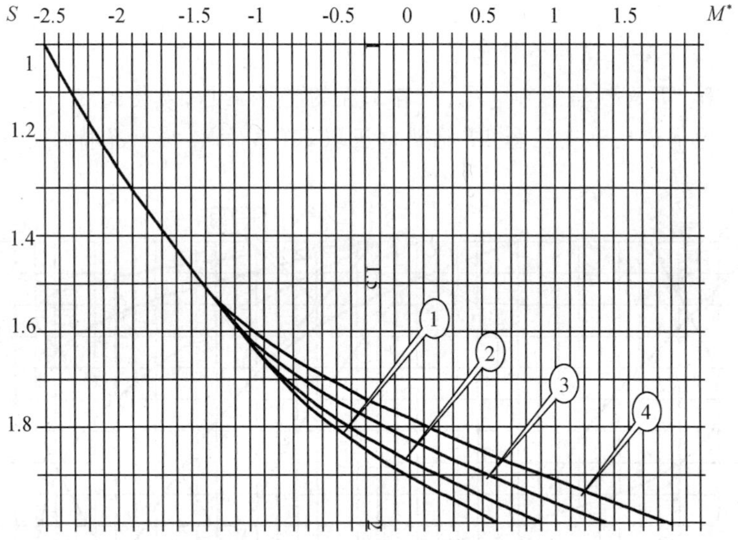

图 7－28　下降第 3 挡运行特性

①—抽头 75 V；②—抽头 90 V；③—抽头 110 V；④—抽头 127 V

(11)下降第 4 挡

这一挡电动机涡流制动器退出工作，在已切除第一段调速电阻的基础上，分三级延时逐级切除电阻，升至全速。其运行特性是图 7－18 中经曲线 3→2→1，但转速与转矩都与起升相反，工作在第三象限。若在位能负载作用下超过同步转速，则工作在第四象限的再生制动状态。

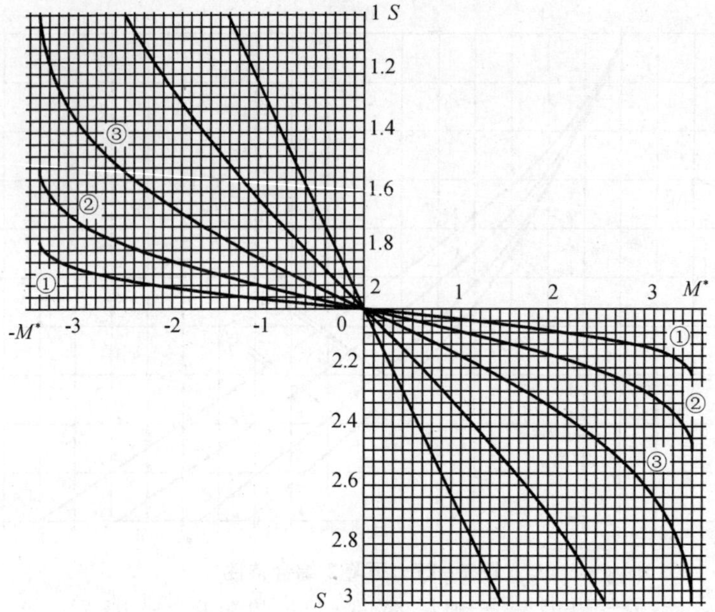

图 7-29　下降第 4 挡运行特性

(12)各起升与下降工况的特性曲线

按制动变压器 $1T$ 的各档抽头电压，把各工况的特性汇总，就得到起升与下降各工况的特性曲线。下图为涡流制动变压器 $1T$ 抽头电压取 110 V 的各挡工况特性汇总，如图 7-30 所示。

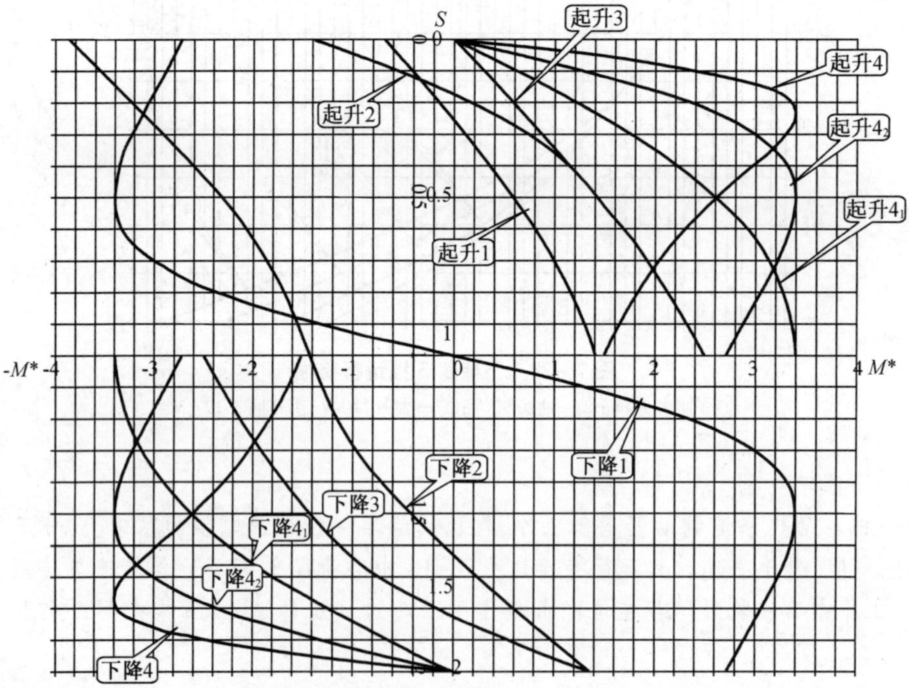

图 7-30　升降各挡运行特性($1T$ 抽头 110 V)

(13)涡流制动器控制电压(变压器 $1T$ 抽头电压)和反馈电压($1V_{1-4}$输入接线)励磁电路电阻($1R_2$,$1R_3$)对特性的影响

由以上各挡制动特性可见,变压器 $1T$ 抽头电压调高,制动力矩增大。对起升第 1,2 挡和下降第 2、3 挡,$1T$ 抽头电压调高,则反馈电压的作用变小,制动器在转速较低处(转差率较接近 1 处)就开始起作用,在转速较高处则反向转矩增大;把 $1T$ 抽头电压调低,则情况相反。

反馈电压取自电动机转子电路的电压降,可接在调速电阻的不同抽头上(图 14 中 $1L1$,$1L2$,$1L3$,$1L4$ 取两点)得到不同的反馈电压。接线两点间的电阻增大,则反馈电压增大,制动器开始起作用的转速升高,转速较高处则反向转矩减小;接线两点间的电阻减小,则相反。减小反馈电阻,则起升第 1,2 挡和下降第 2,3 挡的转速降低;增大反馈电阻,这几挡的转速升高。

增大励磁电路电阻使励磁电流变小,制动力矩减小,起升第 1,2 档和下降第 2,3 挡高转速处的反向转矩减小;减小励磁电路电阻,则相反。

7.6　电动液压起货机

7.6.1　概述

电动液压起货机由液动机(油马达)代替电动起货机中的电动机起吊或下放货物,由油泵机组(包括油泵、拖动油泵的电动机和电动机启动设备)、液动机、控制阀和管路等组成。

电动液压起货机分为以下几种类型。

(1)按液压油的通路分

①闭式:液压油从油泵经油马达再回到油泵。

②开式:液压油由油泵从油箱吸入经油马达回到油箱。

(2)按所用控制元件分。

①阀控型:液压油的流量与流向由控制阀控制,一般用于小型起货机。

②泵控型:流量与流向由油泵控制。改变油泵内倾斜盘的角度可调节流量,改变倾斜盘倾斜方向可改变液流方向,其机械结构的原理,可参考有关轮机的书籍。

7.6.2　泵控型液压起货机的液压系统

(1)电动液压起货机液压系统原理图(双杆起货,左右两套相同,图 7-31)

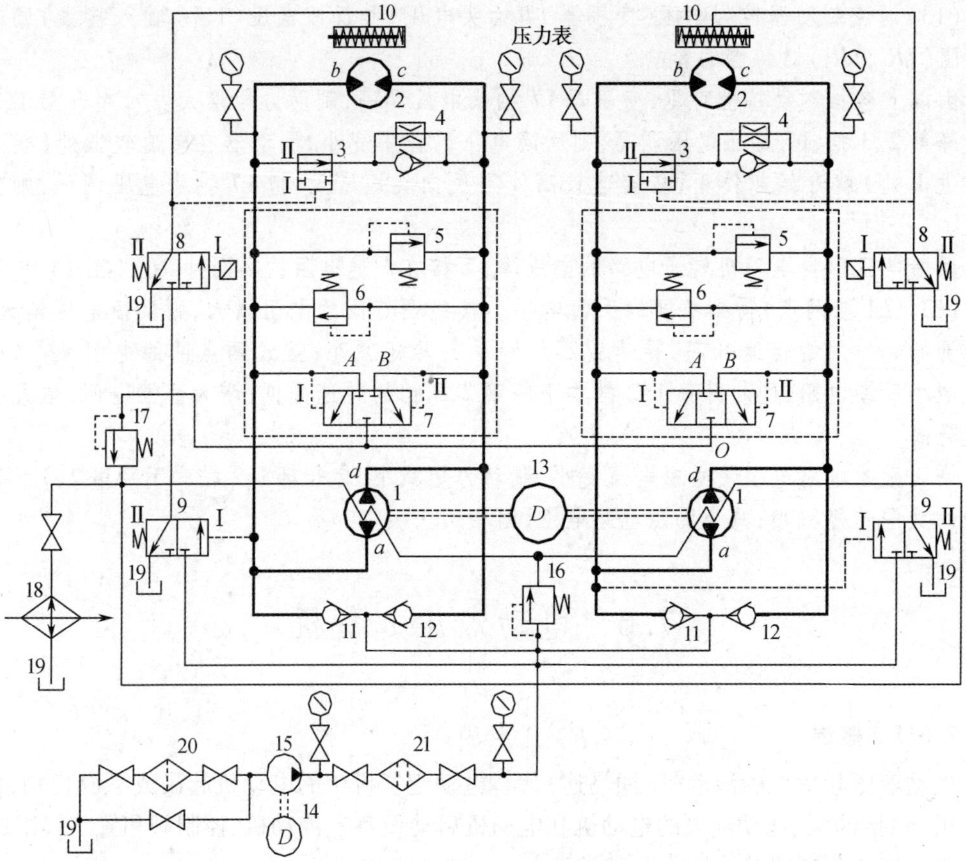

图 7-31　泵控型电动液压起货机原理图

代号说明:1. 主油泵(双向变量泵,13.72MP);2. 双向油马达;3. 液动二位二通阀(旁通阀);4. 单向节流阀;5. 溢流阀;6. 溢流阀;7. 液动三位三通阀;8. 二位三通电磁阀;9. 液动二位三通阀;10. 刹车油缸(液压制动器);11. 单向阀;12. 单向阀;13. 主油泵电动机;14. 辅油泵电动机;15. 辅油泵(单向定量泵,1.764MP);16. 溢流阀;17. 溢流阀;18. 冷却器;19. 油箱;20. 粗滤器;21. 精滤器。

(2)液压元件符号简述

单向定量泵:输出的压力油流量与方向不变。

双向变量泵:输出的压力油方向可变,流量可调节。

双向油马达:旋转方向由液流方向确定,转速由流量确定。

单向变量泵:输出的压力油方向不变,流量可调节。

单向油马达:只能向一个方向旋转,转速由流量确定。

压力表

单向阀:液流只能从 A 端流向 B 端,反向截止。

节流阀:限制液体流速

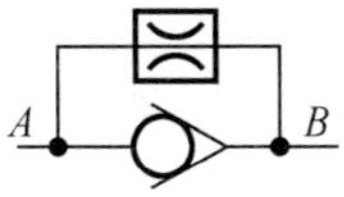

单向节流阀:由 A 端流向 B 端液体流速受限制;由 B 端流向 A 端畅通。

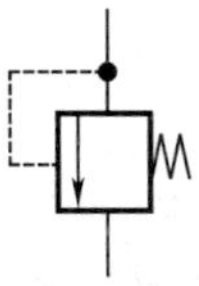

溢流阀:控制端与进油管相连,由进油压力控制阀的通断;进油压力超过整定值时阀导通,小于则截止。

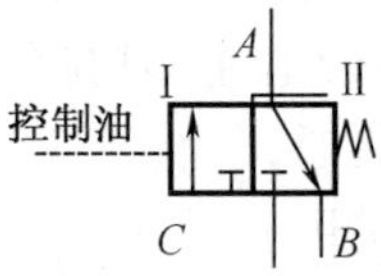

液动二位三通阀:控制油压达到整定值移到Ⅰ位,A 端与 C 端导通;小于整定值移到Ⅱ位,A 端与 B 端导通。

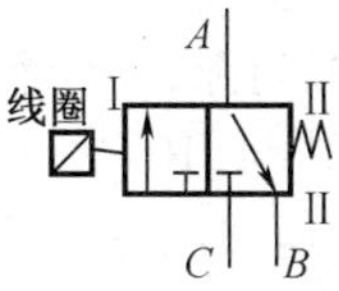

二位三通电磁阀:线圈通电移到Ⅰ位,A 端与 C 端导通;线圈失电移到Ⅱ位,A 端与 B 端导通。

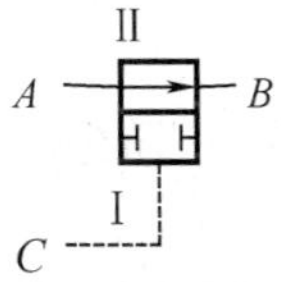

旁通阀:控制端 C 有压力移到Ⅰ位,A 与 B 隔断;C 端失压移到Ⅱ位,A 与 B 连通。

手控阀(开关):

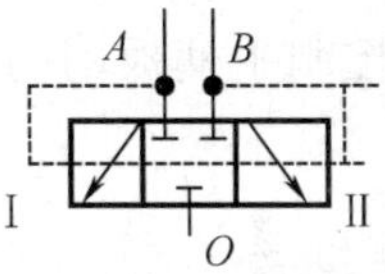

液动三位三通阀:A 管油压高于 B 管达到或超过整定值时移到Ⅰ位,使 B 端与 O 端导通;B 管油压高于 A 管达到或超过整定值移到Ⅱ位,A 端与 O 端导通。

冷却器:(1)

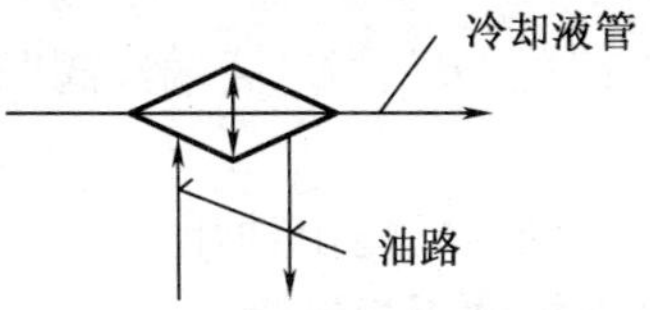

(2)

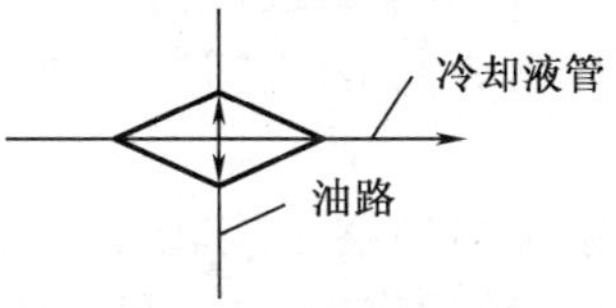

加热器:(1)

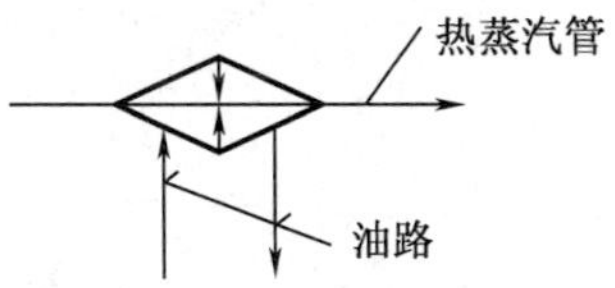

(2)

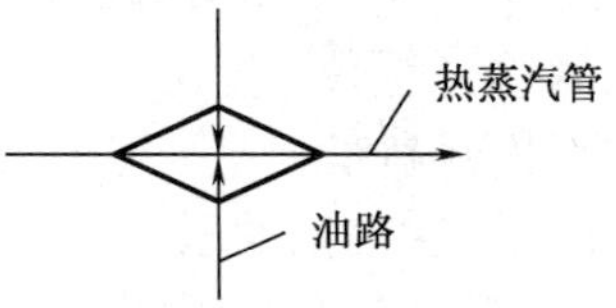

油箱:

(1)通用符号

(2)管口在油面上

(3)管口在油面下

(4)管口在箱底

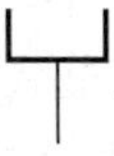

粗滤器

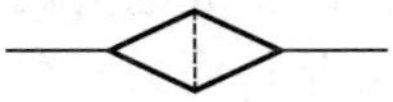

精滤器

(3)液压系统工作原理

液压系统的控制手柄操纵主油泵的倾斜盘,调节液压油的流向与流量,从而操纵油马达的转向与转速,达到提升、下降和速度控制的目的。液压控制手柄与电控触头联动,在零位切断刹车电磁阀,进行机械刹车。

主、辅油泵的起、停在电控线路中再叙述,以下是主、辅油泵启动运行后液压系统的工作情况。

①控制手柄在零位

主油泵“1”倾斜盘在中间位置,不输送压力油,油马达“2”不转。

辅油泵“15”的压力油通过滤器“21”和单向阀“11”通到液动二位三通阀“9”的控制端,阀“9”移到“Ⅰ”位,油液通过阀“9”进入“9”与“8”之间的管路,为动车时松开刹车做准备。此时二位三通电磁阀“8”截止,油马达“2”由刹车“10”的弹簧力制动。

若控制手柄与倾斜盘间有间隙,使倾斜盘略有偏斜而主油泵“1”有少量出油,因刹车“10”的作用也不会转,同时“8”与“10”之间的管路中无压力油,旁通阀“3”接通,主油泵“1”少量出油通过单向节流阀“4”返回主油泵,油马达“2”被旁路,不产生旋转力矩。

②控制手柄扳到“起货”位

手柄离开零位后,与手柄相连的开关触头接通,电磁阀“8”的线圈通电而移到“Ⅰ”位,辅油泵“15”的压力油通入刹车“10”,松开刹车。

辅油泵的压力油通到旁通阀“3”的控制端,阀“3” 移到“Ⅰ”位切断主油泵“1”的旁路,使主油泵的压力油驱动油马达。

在起货位置,主油泵“1”的油流动方向是从“*A*”端流出,经油马达“2”后从“*D*”端流入,形成一个闭合回路。油马达正转,其转速与主油泵输出的流量成正比,受控制手柄扳动的角度控制。

③控制手柄回零

主油泵“1”倾斜盘回零不再输出压力油。

与手柄相连的开关触头断开,电磁阀“8”的线圈断电而移到“Ⅱ”位,刹车“10”中的压力油经阀“8”流回油箱,由弹簧进行刹车。

旁通阀“3”的控制端失压,阀“3” 移到“Ⅱ”位,油马达“2”的“*B*”,“*C*”两端经阀“3”和“4”形成回路。

油马达“2”因系统惯性继续旋转,这时的作用相当于一台油泵,输出油压“*C*”端高于“*B*”端,有使油马达反转的作用力矩,起制动作用(相当于电动机的再生制动);在制动过程中油流从“*C*”端流出经阀“4”和“3”回到“*B*”端。

④控制手柄扳到“落货”位

手柄离开零位后松开刹车。

阀“3” 移到“Ⅰ”位,主油泵的压力油驱动油马达。

在落货位置,主油泵“1”的油流方向是从“*D*”端流出,经油马达后从“*A*”端流入,形成一个闭合回路,油马达“2”反转,其转速由控制手柄扳动的角度控制。

空载或轻载时,由主油泵“1”输出压力油驱动油马达“2”,克服系统摩擦力落货。

重载时重物带动油马达“2”向落货的方向加速旋转,油马达的转速高于当时液压油流速,处于油泵工作状态,“*B*”端的压力高于“*C*”端,促使主油泵“1”升速;若主油泵转速超过主泵电动机“13”的同步转速,电动机就处于再生发电状态,把重物的位能变成电能返回交流电网;若主泵电动机“13”还同时带动另一台主油泵(双杆起货机的情况),而另一台处于起货工况(双杆起货收钢索一侧),则重物的位能通过“主油泵—电动机—主油泵”的传动轴，直接驱动另一侧提升重物。

⑤辅油泵的功用

供刹车的动力：其动作情况已如前述。

向主系统补油：通过单向阀“11”、“12”向主油管的低压侧供油。当主油路有少量渗漏或高温溢流后，辅油泵输出压力高于主油管的低压侧油压，就及时向主油管补油，保证主油路不出现漏气。

冷却主油泵：辅油泵“15”启动后，压力油通到液控阀“16”的控制端，使液控阀“16”接通，油液经主油泵“1”的冷却管路和冷却器“18”回油箱“19”，高温油的热量由通过冷却器“18”的冷却液带走，使主油泵“1”始终得到冷却。

(4)液压系统保护

失压保护：主系统“A,B”侧是高压侧（起货时是主油泵的输出端，落货时由重物拖动油马达工作于油泵状态时“B”端压力也高于“C”端），若“A,B”侧失压（油马达失去动力，呈自由状态）则阀“9”回到“Ⅱ”位，不论阀“8”是否通电，刹车油都放回油箱，由机械刹车防止重物跌落。

节流限速：主令手柄离开零位后，阀“3”应移到“Ⅰ”位截止，若因故阀“3”不能截止，阀“4”的单向节流作用可限制流量，使油马达“B”端的压力仍高于“C”端，产生制动转矩，不会自由跌落。在“下降”回零的过程中，阀“4”也使“A,B”管的压力高于“C,D”管而帮助制动，减轻刹车的压力。

高温高压保护：溢流阀“5”、“6”和液动阀“7”组成高温高压保护环节：

当“A,B”管或“C,D”管压力过高时阀“5”或阀“6”导通，使油液由高压侧向低压侧泄漏防止过压；液动三位三通阀“7”受“A,B”管和“C、D”管的压力差控制，当“A,B”压力高于“C,D”则右移至“Ⅰ”位，使“C,D”管（B 点）与回油管接通，反之则“A,B”管（A 点）与回油管接通。这样当出现低压侧油压高于溢流阀 17 的整定值时，就向油箱泄放一些工作油，再由辅油泵通过单向阀补充新油，使工作油不断更新，保证油温不过高。

7.6.3　电气工作原理

电动液压起货机的升降机构（钢丝绳卷筒）由液压马达拖动，其正反转、调速和制动都由液压系统控制，电气系统只需要维持主、辅油泵恒速运行，并实现控制手柄与刹车的连锁。

双杆起货机中吊杆位置的调节，由专用电动机控制。

(1)主油泵启动电路

主油泵电动机功率较大，可根据功率大小和电源情况选择启动方式，一般可采用 Y/Δ 启动器。与一般启动器相比，至油泵动机有以下要求。

①按液压系统工作要求（见前述内容）与辅油泵连锁，在辅油泵启动后再启动。

②按零位保护的要求与液压控制手柄连锁，只有当控制手柄在零位（双杆起货机则要求两只手柄都在零位）时才能启动。

图 7－32 是在 Y/Δ 启动器电路的基础上，按上述要求作了修改，其中

$1LW_0$—1#液压系统控制手柄零位开关，图中为零位状态，其余位置通断情况相反；

$2LW_0$—2#液压系统控制手柄零位开关，图中为零位状态，其余位置通断情况相反；

DCF_1—1#液压系统液压刹车线圈（包括续流二极管）；

DCF_2—2#液压系统液压刹车线圈（包括续流二极管）；

C—辅油泵启动连锁触头，辅油泵启动完成后接通。

状态指示灯略。

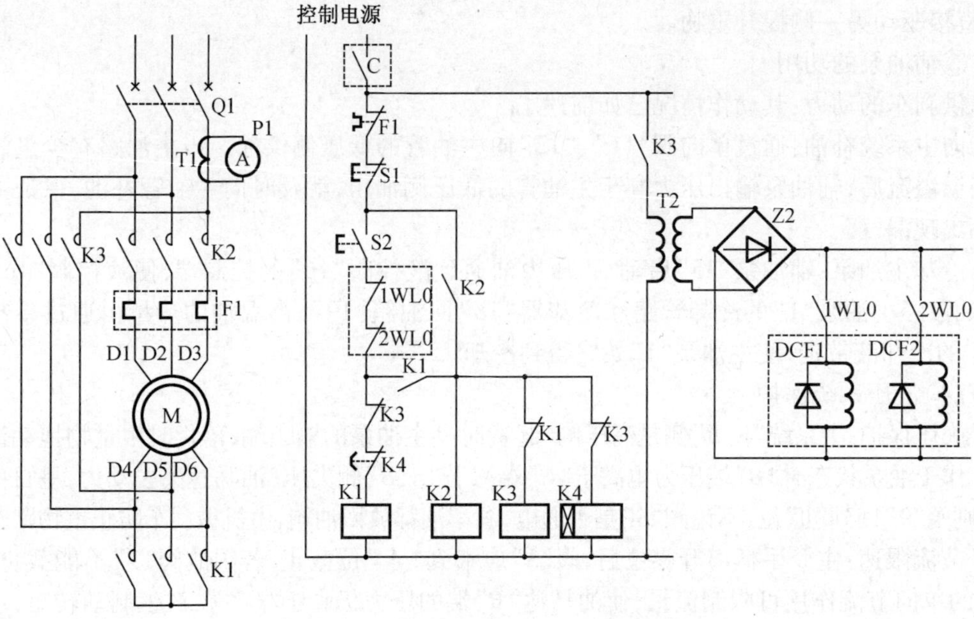

图 7-32　液压起货机主油泵控制电路

(2)辅油泵启动电路

辅油泵电动机一般采用直接启动,主接触器的连锁触头接到主泵启动电路,如图 7-33 所示。

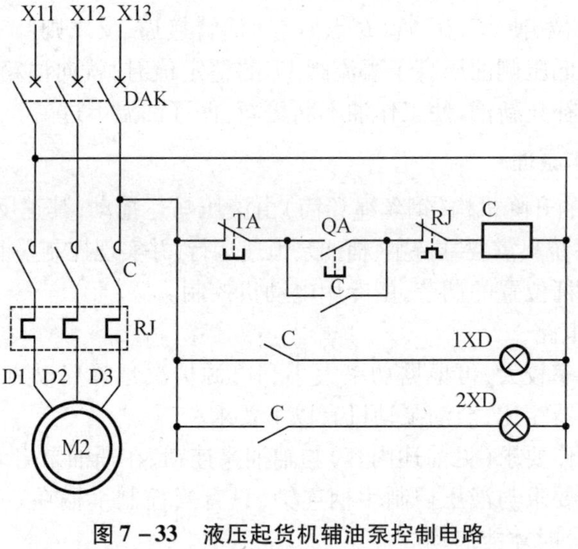

图 7-33　液压起货机辅油泵控制电路

(3)吊杆电动机电路

吊杆电动机是正、反转点动控制,按钮不设自保触头,如图 7-34 所示。

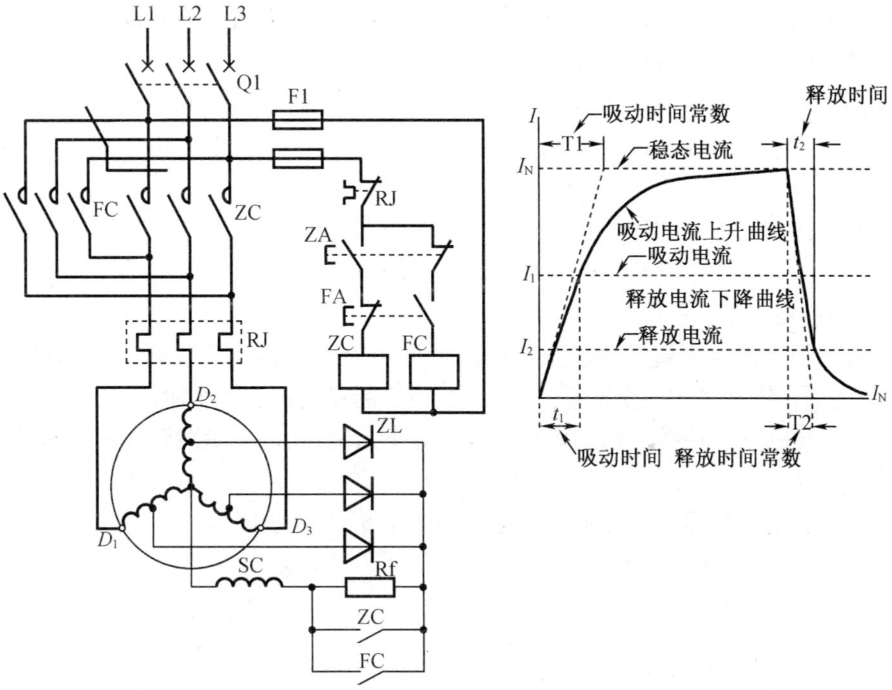

图7-34 液压起货机吊杆控制电路和刹车线圈充放电及衔铁吸放时间图

刹车线圈由电动机定子抽头供电，确保与电动机同时通电，松开刹车。

为使刹车能加速动作，电动机正、反转通电时，都短接电阻 R_f，以较高电压使线圈加快达到吸动电流，松开刹车；停车时串入电阻 R_f，加大放电回路电阻，减小放电时间常数，加快放电制动。

7.7 锚机与绞缆机

绞缆机常与锚机共用一套装置（也有和起货机共用的），通过联合器作机械转换实现不同功能，即使是专用绞缆机，它的电气控制也可参照锚机或起货机电路。

7.7.1 锚机运行特点及对电力拖动的要求

（1）正常起锚：可分为五个阶段（图7-35、7-36）

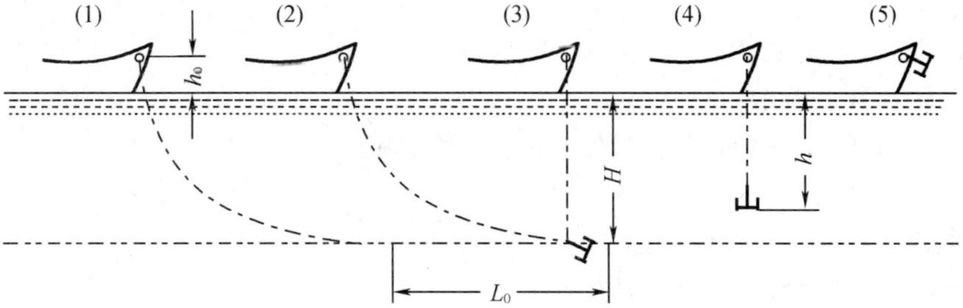

图7-35 正常起锚的五个阶段

①收起沉在水底的锚链。这一阶段负载不变,船舶随锚链收起而移动;

②收紧锚链。负载逐渐增大,船舶继续移动;

③拔锚出土。此时负载最大,电动机堵转;一般单靠起锚电动机的转矩不足以拔锚出土,而是电动机堵转后由船舶移动的惯性力把锚从土中拔出,也可由主机慢车移动船舶拔锚。

④收起悬挂在水中的锚和锚链。随锚链收起负载逐渐减小;

⑤收锚入孔。锚和锚链孔的摩擦使负载略有增大。

(2)应急起锚(图 7-37)

应急起锚是指在水深超过锚链全长的海域抛锚后的起锚工况。此时锚和锚链都悬于水中,电动机须在锚和锚链的全部重力下启动,整个起锚过程分两个阶段。

①收起悬挂的锚和锚链。电动机在最大负载下启动,启动后负载随锚链缩短减小;

②收锚入孔。

应急起锚的两个阶段相当于正常起锚中(4)和(5)两个阶段。

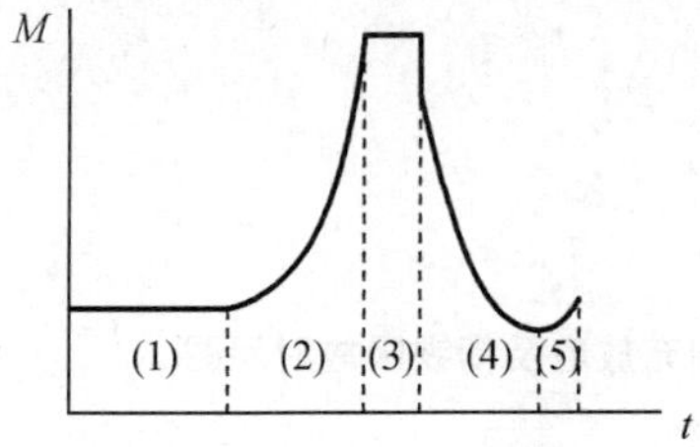

图 7-36 正常起锚各阶段负荷图

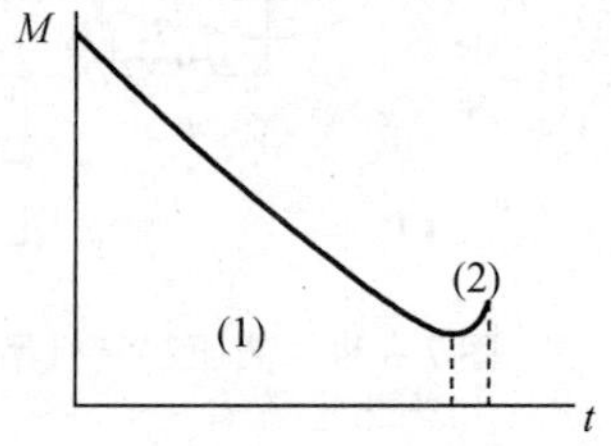

图 7-37 应急起锚负荷图

(3)对锚机电力拖动的要求

①电动机须能在最大负载下启动(满足应急起锚要求),短时工作制(30 min);

②机械特性为软特性(以挖土机特性为佳),在 2 倍额定转矩左右堵转(满足拔锚出土要求);

③有适当的调速范围(单锚—12 m/min、双锚—8 m/min 和收锚入孔—3~4 m/min)

④限速抛锚(用于深水抛锚)

⑤经济、操作方便等。

7.7.2 锚机控制电路

锚机一般采用变极调速异步电动机、发电机-电动机系统或电动液压系统。采用变极调速电动机拖动时与起货机稍有不同,可允许在变速时短时停电,因此可不要求每挡速度有单独的绕组。

(1)锚机控制电路特点:

有正反转与速度调节;

当从零位直接扳到高速挡有自动启动与升速控制;

电动机可堵转约 1 min;

深水抛锚时可用电气制动限速;

有机械与电气配合制动,能迅速停车;

具有常规保护环节,如零位、欠压、过载、短路保护和其他连锁环节等。

(2)交流三速电动起锚机电路解说(图 7-38)

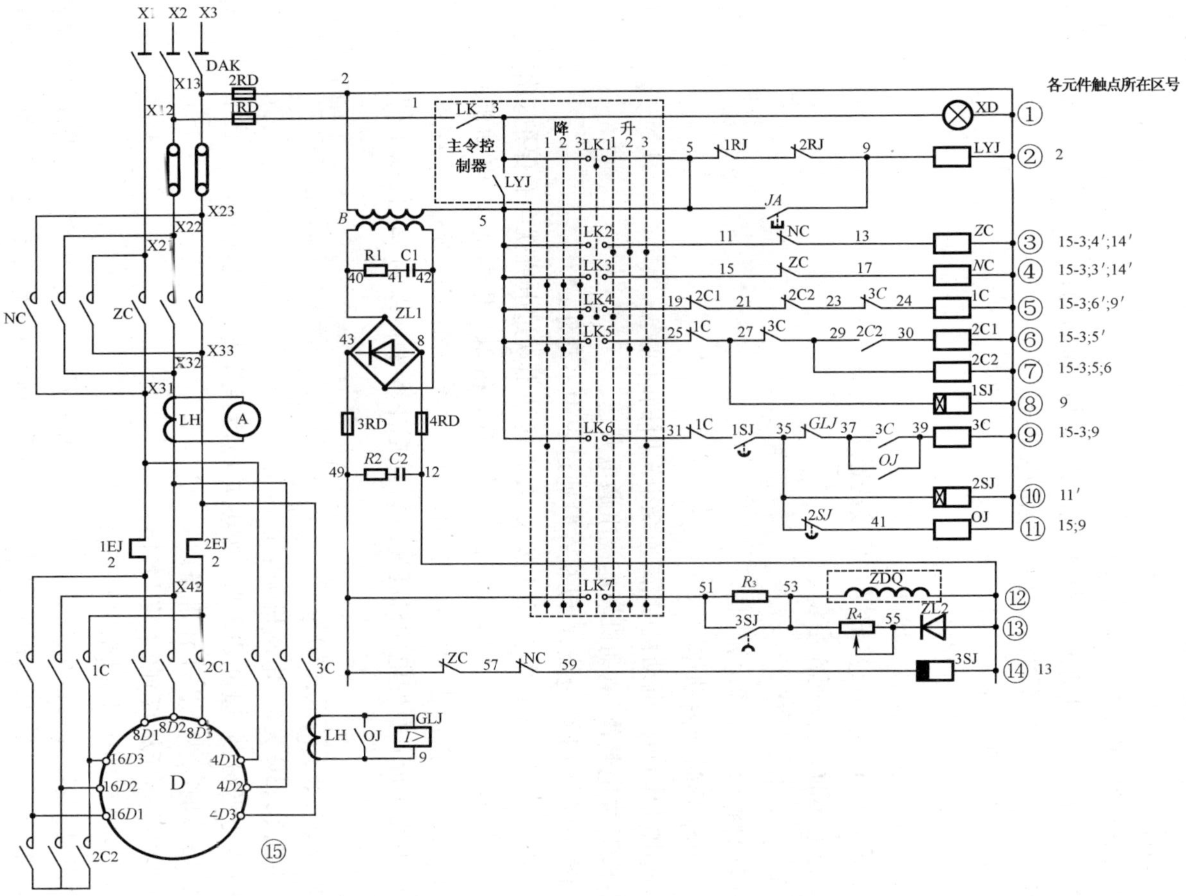

图 7－38　交流三速电动起锚机电路图

说明：

带圆圈的数字是电路的分区号。

元件旁的数字是该元件触点分布的区号。其中纯数字代表常开触点，带撇的数字代表常闭触点。

代号	名 称	用 途	备注
DAK	刀开关	电源	
LYJ	继电器	零位保护	
ZC	接触器	正转	
NC	接触器	反转	
1C	接触器	低速	
2C1	接触器	中速	
2C2	接触器	中速	
1SJ	时间继电器	中高速转换时间	通电延时
3C	接触器	高速	
2SJ	时间继电器	中高速转换时间	通电延时
OJ	继电器	中高速转换	
3SJ	时间继电器	刹车经济电阻	断电延时
ZDQ	刹车线圈		
GLJ	电流继电器	高速重载保护	
1EJ	热继电器	低、中速过载	
2EJ	热继电器	低、中速过载	
JA	紧急按钮	应急运行	

三速电动机用两套绕组:高速一套 4 极;中速与低速共用一套 8 极/16 极,8 极为 Y - Y 接法,16 极为 Δ 接法;中速或低速直接启动;高速须由中速经延时后升入高速;高速过载时自动降到中速,回中速后若负载减小不会自行回高速,须控制手柄扳回中速(或低速)再扳到高速才能升到高速;电路的动作情况如下。

①主令控制器手柄在零位

接通电源开关 DAK 和控制开关 LK,指示灯 XD 亮;

LYJ 动作并自保,交、直流控制电路都通电;

1C 通电动作,电动机准备接低速;

3SJ 通电动作,为快速松刹车作准备。

②起锚,上升"1"位:

ZC 通电动作,电动机上升低速通电;

ZDQ 全电压通电,迅速松开刹车,电动机上升低速启动;

3SJ 失电延时,延时后刹车线圈串经济电阻 R_3。

③起锚,上升"2"位:

1C 失电复位,电动机短时停电;

2C2 通电动作,电动机接成 Y - Y 接法;

2C1 通电动作,电动机接成 Y - Y 接法通电,升速;

1SJ 通电延时,为高速作准备。

④起锚,上升"3"位:

1SJ 延时到后:2SJ 通电延时;

OJ 在 2SJ 延时期内动作:

3C 通电动作自保,电动机中、高速绕组短时同时通电;

$2C_1$,$2C_2$ 失电复位,电动机高速绕组通电升速;

电流继电器 GLJ 被短接,电动机在升速过程中不动作;

在 2SJ 延时到后,OJ 失电,GLJ 接入,若高速挡出现过电流就会有保护动作。

在高速挡若发生过载,GLJ 动作 3C 复位,$2C_2$ 和 $2C_1$ 相继动作,电动机回到中速运行;此时因 2SJ 已在动作状态,OJ 不会再动作,即使负载减小,GLJ 复位,3C 也不会再通电,电动机仍保持中速运行。要使电动机高速运行须把主令手柄扳到"2"位以下使 2SJ 复位,然后再扳到"3"位。

⑤停车,主令手柄扳回"0":

ZC,NC,2C,3C 失电,电动机失电;

ZDQ 与电源分断,通过 ZL2,R_4 放电,放电后释放进行机械刹车;

3SJ 通电动作,为下次工作准备。

⑥抛锚,主令手柄扳到"下降"各挡:

除 ZC 由 NC 替代外,其情况与上升相同。

当电动机在锚和锚链重力作用下加速到超过同步转速,电动机就进入再生制动,限制转速进一步上升;若在高速再生制动,下锚速度过快而使电流超过 GLJ 动作值,则 GLJ 动作,电动机自动降到中速,使制动转矩增大,从而限制抛锚速度不至过快。

保护与强迫运行:

零位保护:LK1,LYJ。

低、中速过载保护:1EJ,2EJ。

高速过载保护:GLJ;在升速过程中由 2SJ 与 OJ 闭锁。

中速至高速的转换延时:1SJ。

刹车延时串经济电阻:3SJ。

低、中速过载下强迫运行:按钮 JA。

人员限制:控制开关 LK 可用专用钥匙开关。

参考习题

1. 电动单杆式、回转式起货机各有几台电动机,各作什么用途?

2. 电动双杆式起货机有几台电动机,它们是怎样控制货物的升降或移动的?

3. 船用起货机运行特点是什么? 怎样提高它的生产率?

4. SZH－570 型起货机(图 7－7)中 LCF,LFGR,LFFR 和 3CZ 起什么作用?

5. SZH－570 型起货机(图 7－8)是如何实现零位保护的?

6. SZH－570 型起货机(图 7－8)是如何控制起货机升降和速度的,与主发电机励磁绕组并联的电阻有何作用,电阻值大小有什么影响?

7. SZH－570 型起货机(图 7－8)中 1FJ、2FJ 叫什么名称,起什么作用,它是怎样工作的?

8. SZH－570 型起货机(图 7－8)中 1S 是什么元件,1SC,1SJ 起什么作用?

9. SZH－570 型起货机的过电流继电器 GLJ 起什么作用,它是怎样工作的?

10. HJD 型三速电动起货机(图 7－12)运行前要做哪些准备工作?

11. 说明主令控制器手柄在零位时 HJD 型三速电动起货机(图 7－12)各元件的动作情况和电路供电情况。

12. 说明 HJD 型三速电动起货机(图 7－12)主令控制器手柄从零位扳到上升 1 位电路的动作情况。

13. 说明 HJD 型三速电动起货机(图 7－12)主令控制器手柄从上升 1 位扳到上升 2 位电路的动作情况。

14. 说明 HJD 型三速电动起货机(图 7－12)主令控制器手柄从上升 2 位扳到上升 3 位电路的动作情况。轻载与重载有什么不同?

15. 说明 HJD 型三速电动起货机(图 7－12)主令控制器手柄从上升 3 迅速扳到下降 2 位电路的动作情况。

16. 说明 HJD 型三速电动起货机(图 7－12)流过继电器 ZJ 的电流是由哪两部分组成的,画出它的相量图,说明作用原理。

17. 说明 HJD 型三速电动起货机(图 7－12)中时间继电器 2SJ 的作用。

18. HJD 型三速电动起货机(图 7－12)用于双杆起货机时,如何保证同步?

19. HJD 型三速电动起货机(图 7－12)中 5SJ 为什么要由三个加速接触器触点并联控制?

20. 说明液压起货机吊杆控制电路(图 7－34)的工作原理。

21. 说明正常起锚与应急起锚各阶段及其负荷变化情况。

22. 对锚机的电力拖动有什么要求?

23. 说明交流三速电动起锚机(图 7 - 38)主令控制器手柄从上升 2 位扳到上升 3 位电路的动作情况。

24. 说明交流三速电动起锚机(图 7 - 38)主令控制器手柄从上升 3 位迅速扳到零位电路的动作情况。

第 8 章　船舶辅助锅炉的自动控制

8.1　辅助锅炉概述

8.1.1　辅助锅炉的用途与要求

辅助锅炉在以柴油机为动力装置的船舶上的主要用途与要求：供主机暖缸，燃油、滑油和水的加热，船员（和旅客）生活上需要的蒸汽等。此用途的辅助锅炉特点是蒸发量小（一般小于0.5 t/h）蒸汽压力低（一般在0.78 MPa 以下），锅炉水位和气压都允许控制在一定范围内，不要求严格的定值控制。水位控制采用双位（或三位）控制。气压控制采用双位（或三位）控制，或双位加比例调节。

辅助锅炉在大型油船上的使用与要求：大型油船的辅助锅炉除上述用途外，还要供货油加热、驱动货油泵和其他甲板机械之用，其蒸发量大，蒸汽压力高，对锅炉水位和气压的控制要求相应提高，要求作定值控制（与汽轮机为动力装置船舶的主锅炉相近）。其水位和气压都要求定值控制。

船舶规范对辅助锅炉系统的主要要求：

对燃烧控制的要求是保持预定的蒸汽量、蒸汽压力、蒸汽温度和稳定的燃烧。按顺序控制的自动点火锅炉应做到锅炉的炉膛和烟道在点火前应进行定时前扫气，要保证炉膛进行4次换气，扫气时风门处于全开位置。在完成前扫气后才可点火。点火火花出现后方可打开进油阀。若点火不成功，自动关闭点火装置和进油阀。进油阀从开启到关闭的时间不得大于15 s。设火焰监测器，当故障熄火时，从熄火起6 s 内自动关闭喷油器进油阀。熄火后应进行后扫气，时间不少于2 s（烧轻油的小锅炉，若设计能保证安全，可免去此项要求）。

对安全系统的要求是发生下列故障时，自动切断燃油供应或其他紧急措施停炉。

①炉膛熄火或点火失败；

②锅炉水位低于极限低水位（危险水位）；

③燃烧空气失压。

在集控室设置独立的手动紧急切断供油设施。给水泵、燃油泵压力低于规定值时，自动启动备用泵并投入工作。

对报警系统的要求是：

①蒸汽出口压力高；

②锅炉水位高、低；

③至燃烧器的重油黏度高或温度低；

④燃油压力低；

⑤燃烧空气失压；

⑥点火失败、熄火；

⑦给水盐度高（适用于发电机辅汽轮机的供气锅炉）；

⑧控制系统电源故障等。

8.1.2 辅助锅炉的种类

按能源分燃油锅炉，废气锅炉和燃油－废气混合锅炉三种。

按加热结构分水管锅炉、火管锅炉和联合锅炉。

火管锅炉：烟火在管内流动，水在管外被加热蒸发成蒸汽。

水管锅炉：烟火在管外流动，水在管内被加热蒸发成蒸汽。

联合锅炉

按外形结构分立式与卧式。

按蒸汽流通分自然循环与强制循环等。

现以火管锅炉为例说明辅锅炉的基本结构，如图8－1所示。前烟箱和燃烧室之间是一个管板式热交换器，两块管板之间装有许多平行的无缝钢管即火管。管外是水，水位的高度高过管板式热交换器，管内有烟火流动，管外的水被加热。水位降低接近火管是危险水位；允许的最低水位比危险水位高；正常水位比最低水位高；水位不超过最高水位。锅炉正常工作，水位保持在最高水位和最低水位之间。

油泵输送的燃油通过喷油嘴，经燃烧器不断向炉胆喷射雾化油，同时鼓风机将空气与燃油混合吹入炉胆内助燃。大量燃油在炉胆内燃烧，剩下的油烟进入燃烧室继续燃烧，顺火管流进前烟箱，从烟道排出通大气。

炉水被火管加热成蒸汽聚集在锅炉上部，经集汽管和汽阀输送给用户。

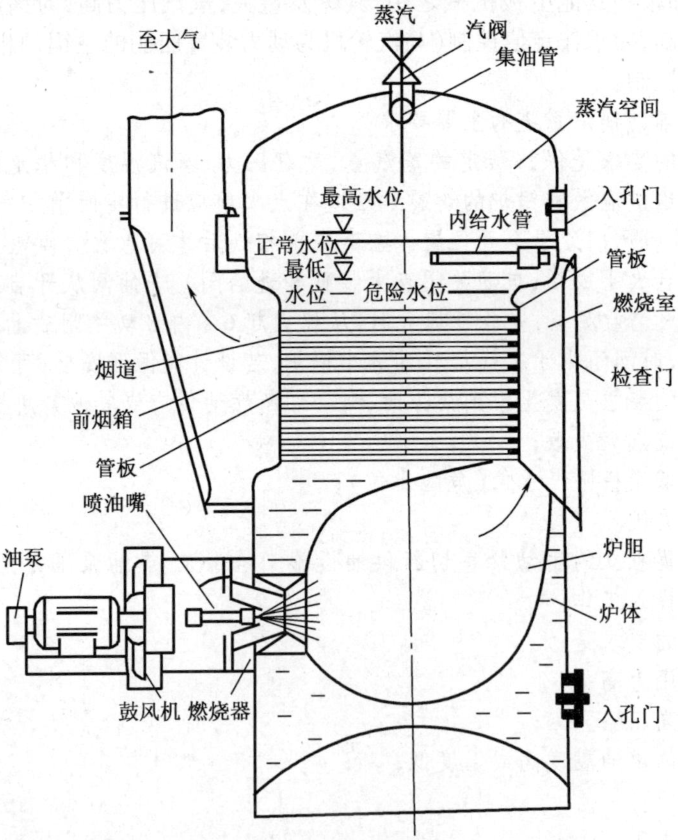

图8－1 火管锅炉结构图

8.1.3　水位检测元件

水位检测元件常用浮子式和电极式两类。

(1)磁性浮子式液位开关

磁性浮子式液位开关的结构如图 8－2 所示,不锈钢浮球随水位高低而上下浮动,带动装在另一端的磁铁向反方向移动,并与装在开关体内的动块上的磁铁相互作用。当水位上升,浮球带动另一端的磁铁下移到动块磁铁下方时,由同性磁铁的相斥作用使动块绕其支点向上旋转,使微动开关动作,水位继续上升,微动开关保持动作状态。若水位下降,则浮球带动另一端的磁铁上移,当上移到动块磁铁上方时,使动块绕其支点向下旋转,使微动开关复位,水位继续下降,微动开关保持复位状态。

浮球从低水位上升过程,动块上的磁铁在下方位置,浮球须上升较长的距离才能使磁铁到动块磁铁所在的下方,而一旦把动块磁铁推到上方使微动开关动作后,要使微动开关复位,浮球随水位下降也须经较长的距离才能使磁铁到达动块磁铁在的上方,即在高水位动作与低水位复位之间存在一定差值。很明显浮球与支点间的距离越长,高低水位动作的差值就越大。

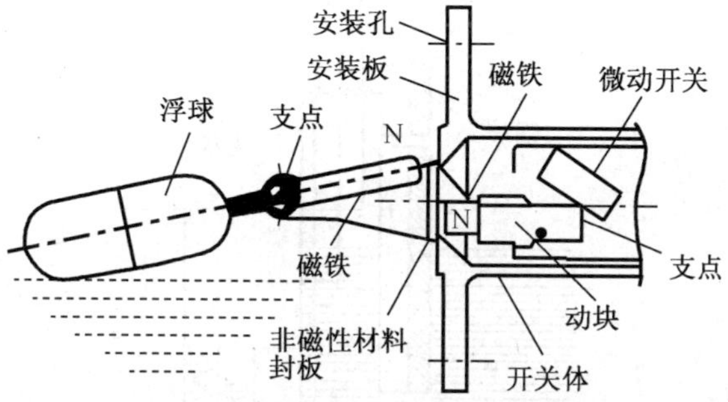

图 8－2　磁性浮子式液位开关结构图

(2)多位浮子式液位控制器(磁性)

多位浮子式液位控制器可测量多个水位,作不同的控制、报警与保护等用途。

与锅炉相连的筒体内的水位浮球,在筒体内随液位上下浮动,通过垂直方向的浮球杆带动其上部的传感探头,传感探头经过旁边的磁性开关时带动磁性开关动作或复位(其工作原理与上述浮子式液位开关基本相同)。

(3)电极式水位检测器

工作原理:锅炉水含有一定盐分,有导电作用,当电极与水面接触时,电极通过锅炉水与外壳形成电的通路,发出信号。

图 8－4 中水位检测筒上下都与锅炉相连,其水位与气压都与锅炉相同,在各电极与外壳间接低压电源和工作元件,当水面与相应电极接触时,工作元件动作,脱离开时则工作元件复位。

电极式水位检测器长期工作后会出现水中盐分下降,使导电率下降,以及电极和筒体内壁结垢,使电路断路等现象,需要定期清洁保养。一般辅锅炉应有两套水位检测器,其中一套备用。水位检测器与锅炉相连处设截止阀,底部设泄水阀。维修时先接通备用检测器投入使用,再关断与锅炉间的截止阀,打开泄水阀放水,然后打开上盖取出电极,进行清洁保养和维修工作,电极与上盖间的绝缘也应检查,如有损坏须及时更换。

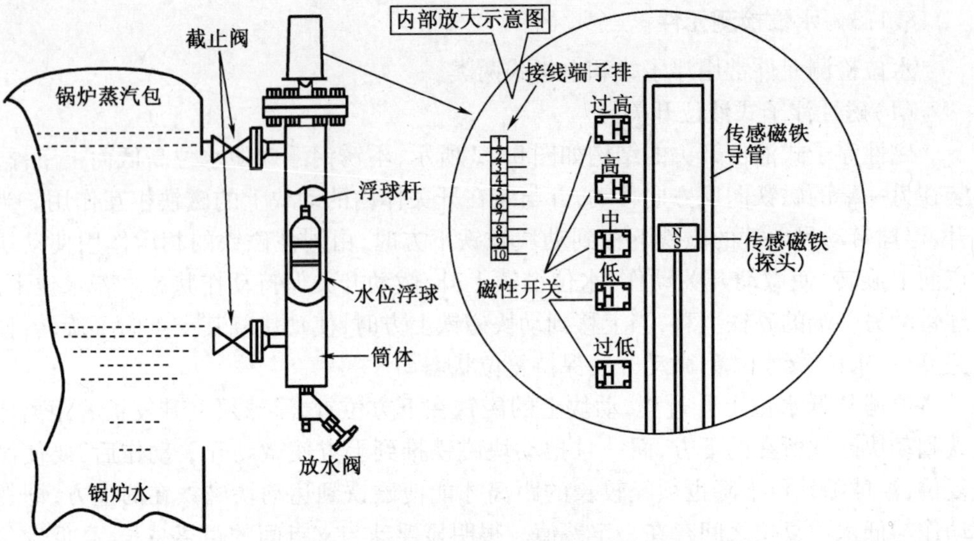

图 8-3　多位浮子式磁性液位控制器安装及结构示意图

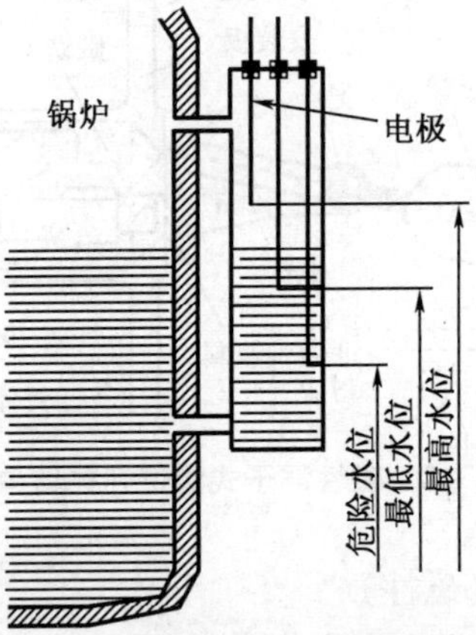

图 8-4　电极式液位检测器示意图

电极式水位检测器工作时,与锅炉相连的上下截止阀都必须打开,使测量筒内上下压力与锅炉内压力相等,才能正确测出锅炉水位。

8.1.4　辅助锅炉的燃烧装置

锅炉的燃烧过程分为三个阶段,即:

①燃油预热;

②燃油雾化,油雾加热、汽化、分解、与空气混合;

③着火燃烧。

(1)喷油嘴

喷油嘴的功能是调节喷油量,把燃油雾化成细小的雾滴再喷入炉膛。

①压力式喷油嘴(图 8-5)

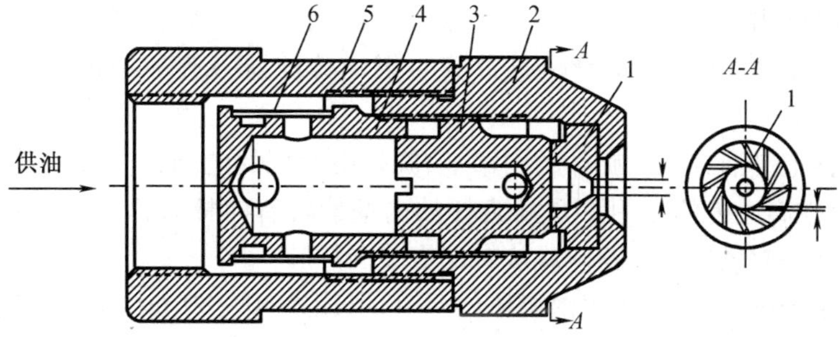

图 8-5　压力式喷油嘴头部结构

1—雾化片;2—油头;3—芯子;4—网座;5—套座;6—滤网

套座“5”的内螺纹与燃油输送管相连。燃油的输送路径:燃油输送管—套座“5”—滤网“6”—网座“4”—芯子“3”的径向横孔—油头“2”的杯形空间—雾化片“1”,经“1”背面的切向槽高速流入“1”的中央雾化室,从“1”的喷口高速喷出—炉膛。

从喷口高速喷出的燃油在离心力和空气摩擦力的共同作用下形成雾状,扩散成顶角为60°~70°的雾锥喷入炉膛。

输油压力 0.7 ~2 *MPa*。

燃油温度: 重柴油为 60°~70 ℃,燃料油≥90 ℃。

喷油量的调节:由改变输油压力调节喷油量,喷油量与压力的平方根成正比($Q\propto\sqrt{P}$),喷油量的调节范围不大。单个喷油嘴的调节范围一般不超过 1:2,在需较大范围调节喷油量时须增加或减少喷油嘴的数量。

②回油式喷油嘴

回油式喷油嘴有两个管接头,供油端接燃油输送管,回油端接回油调节阀和回油管,如图 8-6 所示。燃油的输送路径:燃油输送管→阀芯的外圈孔→雾化片的外环空间,经切向槽高速流入中央漩涡室(杯形空间),然后分为两路:一路经喷口进入炉膛;另一路经阀芯的内圈孔进入回油管。燃油进入回油管的多少随回油阀的开度大小递增,而燃油进入炉膛的多少随回油阀的开度大小递减。改变回油阀的开度可调节喷油量的大小,其调节范围可达到 1:3 ~1:5。

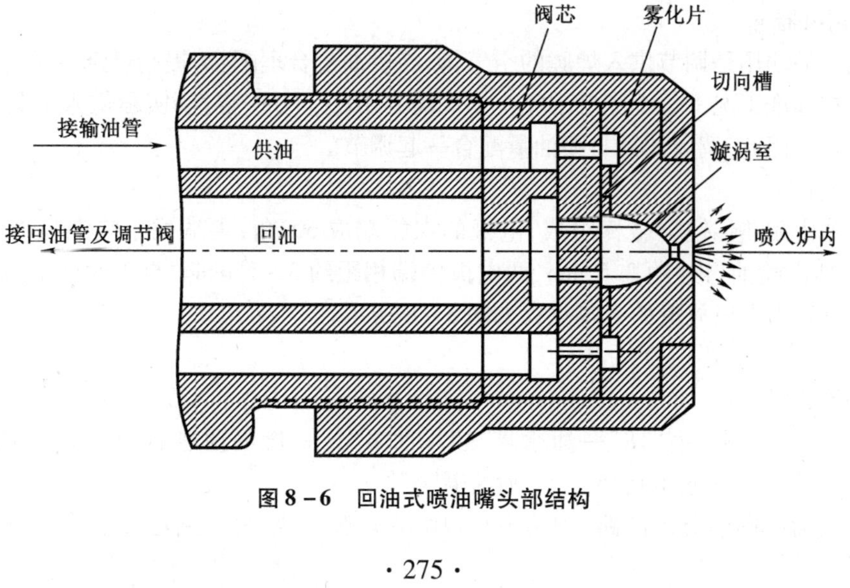

图 8-6　回油式喷油嘴头部结构

③旋杯式喷油嘴

燃油的输送路径:燃油输送管→进油管→燃油分配器→旋杯→进入炉膛,如图 8-7 所示。

燃油分配器把燃油分配到旋杯的内壁上,旋杯由专配的电动机通过皮带轮和驱动轴带动旋转,使燃油在离心力的作用下紧贴旋杯的内壁旋转着向杯口移动,当燃油移到杯口边缘时在离心力和一次风吹击下粉碎成旋转油雾喷向炉膛。

一次风另由风机供给,其风量由调风门调节,风速为 60~80 m/s,一次风以能使燃油雾化和达到适当的扩散角(雾化角)为准,其风量约为锅炉燃烧所需总风量的 1/10,其余燃烧所需的空气由二次风直接供入炉膛。

喷油量的调节另由燃油输送管上的供油阀控制,其调节范围可达到 1:10;调节喷油量时须配合调节一次风量(调风门)。

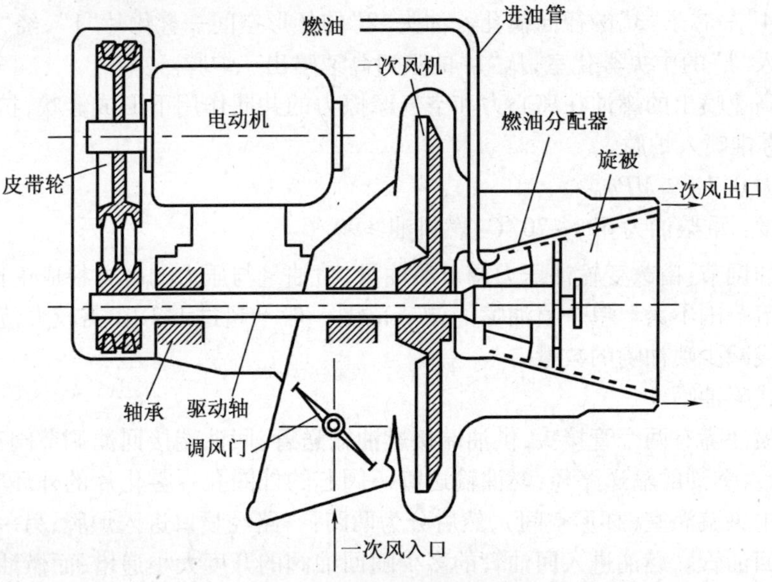

图 8-7 旋杯式喷油嘴结构

(2)调风器

调风器的功用是调节供入炉膛的空气量,与供油量合理配合,提高燃烧效率。

一般在标准工况下每千克燃油完全燃烧需要 10~11 m^3 空气,实际供入炉膛的总风量应稍多一些。因此,调风器需与喷油量配合一起调节。

(3)点火器

点火器由耐热铝镁合金棒组成,电极的裸露端成 60°角,尖端位于喷油嘴中心上方约 11 mm,并伸出喷油口外约 2.5 mm,两电极尖端相距约 3~5 mm。点火时两电极间通 5~10 kV高电压,由电极放电的火花点火如图 8-8 所示。

(4)燃油系统(图 8-9)

①油流路径

油柜"1"—换油旋塞"18"—油滤器"3"—油泵"2"—燃油预热器"4"(内附精滤器)—主电磁阀"10"—手动速闭阀"5"—主喷油嘴"6"。

进喷油嘴的燃油分成两路,一路由喷口喷入炉膛燃烧;另一路经回油管和回油调节阀

“7”流回油柜。

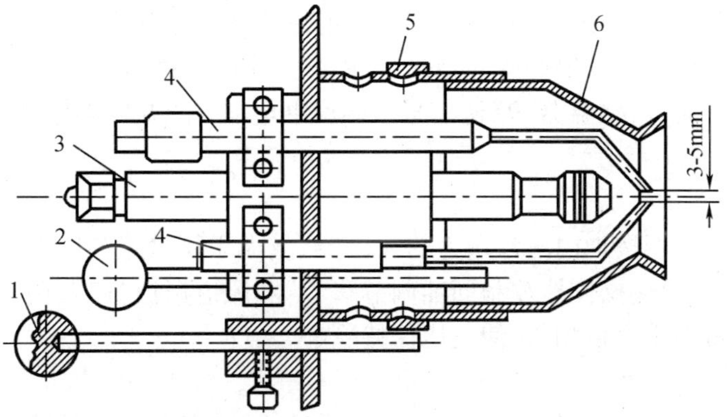

图 8－8　喷油嘴与点火器

1—轴向风门调节杆;2—扩散器罩调节杆;3—喷油嘴;4—点火器;5—风门挡板;6—扩散器罩

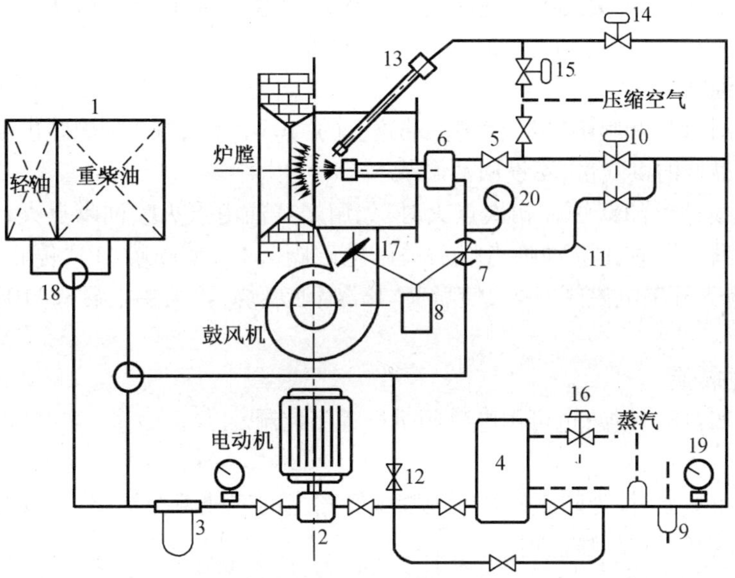

图 8－9　锅炉燃油系统

1—油柜;2—燃油泵;3—油滤器;4—燃油预热器;5—手动速闭阀;6—主喷油嘴;7—回油调节阀;
8—比例操作器;9—燃油温度继电器感温管;10—主电磁阀;11—旁通管道;12—安全阀;
13—点火喷油嘴;14—辅电磁阀;15—压缩空气电磁阀;16—燃油温度调节器;17—风道挡板;
18—换油旋塞;19—燃油压力表;20—回油压力表

②风流路径

鼓风机—风道挡板“17”—配风器—炉膛。

风道挡板“17”与回油调节阀“7”同时配合调节;回油调节阀开大,喷油量减小,相应风道挡板应关小。

③燃油温度控制

燃油温度应控制在:重柴油 60 ~70 ℃;燃料油接近 90 ℃。

在燃油预热器“4”的出口设温度继电器“9”,该信号用来控制预热蒸汽量的增减或电加热器的通断,自动调节燃油的温度。

用蒸汽预热燃油,所用的蒸汽是辅锅炉燃烧产生的,只有在辅锅炉正常产汽后才能进行,所以在冷炉点火阶段必须用轻柴油点火,到正常燃烧后转用燃料油。

用电加热预热燃油可在停炉时先预热,可以直接使用燃料油。

燃油温度过低时,由感温器“9”送信号给温度继电器,由温度继电器去控制停油、停风并使锅炉熄火。

④蒸汽产量

由压力比例调节器按炉内蒸汽压力的大(产汽量大于用汽量)小(产汽量少于用汽量)输出信号,通过压力比例操作器控制回油调节阀“7”和风道挡板“17”,调节风、油大小,自动调节锅炉的产汽量与用汽量相符,使气压保持稳定。

⑤保护

若出现蒸汽压力过高,水位、油压、油温、风压过低,点火失败,突然熄火等异常情况,控制系统应关闭主电磁阀“10”,停止供油。

若出现燃油压力过高,则安全阀“12”打开,燃油经油管短路卸压。

若出现紧急情况,可关闭手动速闭阀“5”,切断炉膛供油,使锅炉熄火。此时,管路油压将上升,到达安全阀“12”的动作值时由阀“12”卸压。

⑥点火喷油嘴

由辅电磁阀“14”和喷嘴“13”代替主油路上的“10”,“5”,“6”向炉膛供油,其喷油量仅够维持锅炉的最低的供气量,不设回油调节。

设置点火喷油嘴的锅炉在初次点火时,先用轻柴油由点火喷油嘴点火,然后由炉膛火焰点燃主喷油嘴“6”,在主喷油嘴点燃后关辅电磁阀“14”,使喷嘴“13”停止工作。要使主喷油嘴熄火,应先开辅电磁阀“14”,使喷嘴“13”喷油燃烧,再关主电磁阀“10”,使锅炉维持最低产气量。

⑦轻、重油转换

由换油旋塞“18”转换;也可用电磁阀进行程序控制。

⑧扫气

喷油嘴停止喷油时,为防止残存在喷嘴或管路上的燃油阻塞油路,应及时把剩油吹去,此时应接通压缩空气吹扫喷油嘴。

8.2 辅助锅炉的控制方案

辅助锅炉自动化可归纳为三个自动控制环节:锅炉水位自动调节;蒸汽压力自动调节(燃烧的自动控制);锅炉启动按时序程序控制。

8.2.1 锅炉水位自动调节

(1)货船辅助锅炉水位控制的特点

一般货船的辅助锅炉只要求水位始终保持在最高与最低工作水位之间,万一出现危险的低水位,则立即停炉报警。这种锅炉多数采用双水位控制,其水位自动调节电路可参阅第六章基本控制电路的有关内容。

较大型的辅助锅炉也有三水位控制的。三水位控制实际是两套双水位控制的水泵合并在一起,水位检测器(多位)设置“高、中、低”三个工作位置,一套主用水泵在“低水位”启动，到“高水位”停止，另一套备用水泵在“低水位”启动，到“中水位”停止。这样锅炉在低水位就有两台水泵同时工作，达到中水位后则由一台水泵打水。

(2)油船辅助锅炉水位控制的特点

油船因需加热货油等的需要，锅炉的用气量较大，对水位和蒸汽压力的要求比较严格，要求对锅炉水位和蒸汽压力实行定值控制。

①水位控制

按锅炉水位高低调节给水调节阀的开度和调节阀两端的压差来控制水的流量。

按流体力学的规律，水流量 G 与阀门开度 F(水流面积)和压差 Δp 间的关系是:

$$G = \mu F\sqrt{\Delta p}$$

其中 μ 是流量系数，调节阀选定后是常数。

为保持流量按阀门开度成正比，须控制阀两端的压差保持恒定。即按测得的锅炉水位调节阀门开度外，还要测量阀两端的压力，按压差调节给水泵的输出压力，使压差 Δp 保持不变。

(2)关于“假水位”问题

什么是“假水位”?

假水位是指锅炉在供气量发生突变时，锅炉水面出现虚假高度，这个高度与锅炉内的水容量不符，在实际需要增加供水时水面虚假上升，在需要减少供水时水面虚假下降。

为什么会出现“假水位”?

锅炉在运行期间，炉内的水和蒸汽都处于相应压力下，炉水中有一部分是气泡，这种气泡是因炉水受热而在受热面不断形成的，随后升到水面进入蒸汽空间。因此锅炉水空间的容积是水的容积和气泡(从受热产生到升至水面的过渡期内)的容积之和。

当锅炉负荷突然增大(供气量突然增大)的短时间内，炉膛内的燃烧强度来不及改变，使锅炉内的蒸汽压力下降，锅炉水压也下降，从而导致以下两种情况:一、水中的气泡膨胀，体积增大;二、原处于高温高压下饱和状态的锅炉水因压力下降而处于过热状态而产生大量气泡(自蒸发现象)。这两种情况都使水空间的容积增大、水面上升。

反之，若锅炉负荷突然减小(供气量突然减少)的短时间内，锅炉内的蒸汽压力上升，锅炉水压也上升，从而水中的气泡被压缩，原处于饱和状态的锅炉水因压力上升也不再产生气泡，使水空间的容积减小、水面下降。

(3)如何控制给水流量

由于存在假水位现象，若仅按水位高度控制给水调节阀的开度，就会引起供气量突增时调节阀关小，减少锅炉供水，而供气量突减时调节阀开大，增加锅炉供水。在水位定值控制锅炉中要解决假水位对实际水位控制的影响，一般采用双冲量水位控制，即检测水位变化的水位冲量信号和蒸汽流量变化的蒸汽流量冲量信号，由两个信号控制给水调节阀的开度。

8.2.2　蒸汽压力自动调节

任何供气系统，其储气罐和管路等的总体积是固定的，系统内气体的压力与气体的质量成正比，当锅炉的产气量多(或少)于系统的用气量时，滞留在系统内的蒸汽总量就增加(或减少)，气体压力也就按比例上升(或下降)。

为使锅炉供气压力稳定，必须产气量与用气量相等(接近)，因此要求产气量跟随用气量变化。

在实际操作中,辅助锅炉系统根据系统气压是否偏离设定值来调节喷油和送风,从而改变锅炉产气量使其与用气量相适应。

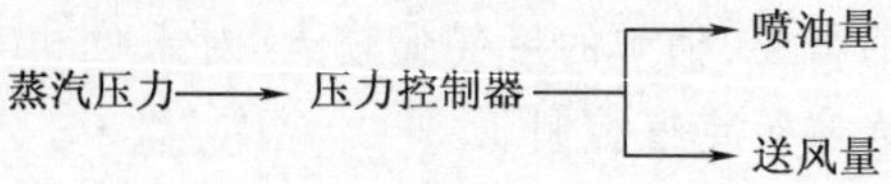

(1)货船辅助锅炉的蒸汽压力控制特点

一般货船辅助锅炉的容量不大,经济性要求不很高,要求油量与风量的配合精度也不高,通常可采取风、油联动控制方案,即由同一个调节器控制回油阀和风门,其调节方案按蒸汽压力控制喷油量与送风量。其中压力控制可采用双位控制、三位控制或比例控制。

喷油量调节:①用压力式喷油嘴时改变油压或喷油嘴数目。②用回油式喷油嘴时改变回油阀开度。③用旋杯式喷油嘴时改变进油阀开度和一次风门的开度。

送风量调节:改变风门开度。蒸汽压力控制方案,如图 8-10 所示。

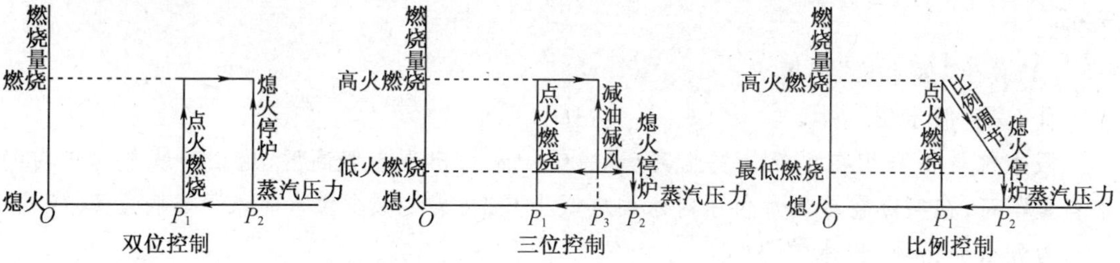

图 8-10　辅锅炉蒸汽压力控制方案

①双位控制

设定一种喷油量和送风量(燃烧状态),在蒸汽管路上设置压力检测单元,测量锅炉蒸汽的上限压力 p_2 和下限压力 p_1,蒸汽压力降到下限值 p_1 时点火燃烧,升到上限值 p_2 时熄火停炉。这一方案控制蒸汽压力在设定范围($p_1 \sim p_2$)内,但锅炉起停频繁,很少采用。

②三位控制

设定两种喷油量和送风量组合。一种叫“高火燃烧”,其喷油量和送风量都最大;另一种叫“低火燃烧”,其喷油量和送风量都最小。

在蒸汽管路上设置三挡压力检测,蒸汽压力降到下限值 p_1 时按高火点火燃烧,升到第一上限值 p_3 时减少喷油和风量,转到低火燃烧,若蒸汽用量很少,压力继续上升到上限值 p_2 时,就熄火停炉。这一方案在蒸汽用量较大时,控制蒸汽压力在 $p_1 \sim p_3$ 之间,当蒸汽用量较小时,控制蒸汽压力在 $p_3 \sim p_2$ 之间,只有在蒸汽用量极少或基本没有负载时,低火燃烧经较长时间压力上升到最高限值,才自动熄火停炉。这就使锅炉得以连续供气,并避免频繁起停。

三位控制可采用一套喷油、送风装置,在气压低于下限值 p_1 时点火,成功后把油量和风量调到高火燃烧位置;待压力升至第一上限值 p_3 时,关小油门和风门,使锅炉按低火燃烧。

也可采用两套喷油装置,在气压低于下限值 p_1 时点火,成功后两套同时喷油并把风量调到最大;待压力升至第一上限值 p_3 时,关闭一套喷油装置(一般是喷油量较大的一套),关小风门,使锅炉按低火燃烧。若气压下降至 p_1 以下,关闭的喷油装置再恢复燃烧;若气压继续上升到达上限 p_2,就熄火停炉。

③比例控制

设定锅炉蒸汽压力的上限与下限，蒸汽压力低于下限值，锅炉点火，点火后先以大风油量、高火燃烧；蒸汽压力在上下限之间，按压力大小比例控制锅炉的喷油量和送风量，压力低增大油量和风量，压力高则减少；若蒸汽压力升到上限值时，则熄火停炉。

(2)油船辅助锅炉蒸汽压力控制的特点

油船辅助锅炉的用气量较大，要求在不同负荷下蒸汽压力都能稳定在给定值，同时为了提高锅炉效率，要求喷油量与送风量有很好的配合，即要有一个最佳风油比。因此油船辅助锅炉的蒸汽压力控制包括两个回路，一路按蒸汽压力调节喷油量，一路按喷油量调节风门，其系统框图如图 8 – 11 所示。

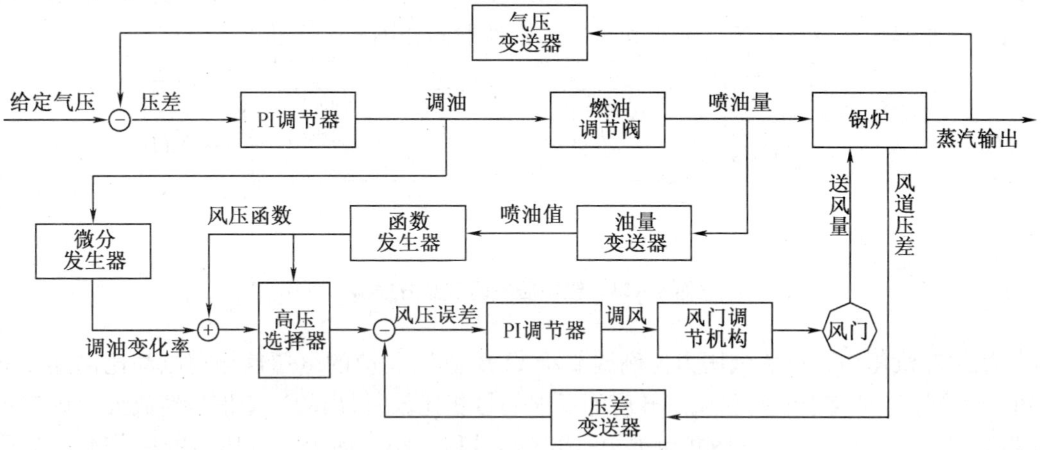

图 8 – 11　油船辅锅炉蒸汽压力控制方框图

①按蒸汽压力调节喷油量

按供气要求给定蒸汽压力与输出蒸汽压力比较得到压差，经 P_1 调节器输出燃油阀调节信号，从而控制锅炉的燃油喷入量。这是主调节通路。

②按喷油量调节风量

风量调节有两路输入信号：一路是调油信号的变化率(微分)在油量调大时提前开大风门。由调油信号经微分输出与变化率成比例的压差信号，再与喷油量的压差信号叠加送入高压选择器。另一路按喷油量经变送器输出喷油多少信号，经函数发生器输出与喷油量匹配的压差信号，输到高压选择器和与微分信号叠加。

一般在标准工况下每千克燃油完全燃烧需要 10 ~ 11 m^3 空气，即燃烧空气应与喷油量按比例变化。在风道面积和风门开度一定时，送风量与风速成正比，而空气的能量则与风速的平方成正比，即要求空气的压差与风速的平方成正比，与送风量的平方成正比，与喷油量的平方成正比，其匹配关系如图 8 – 12 所示。

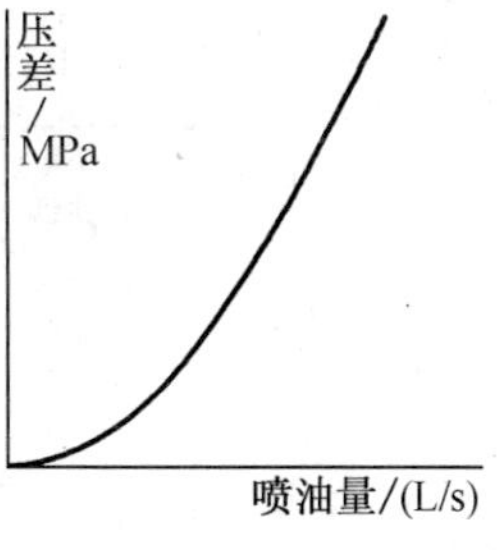

图 8 – 12　喷油量与风压差

在稳定燃烧时，微分信号极小，按喷油量由函数发生器输出的调节信号经高压选择器输出，经与风道压差比较调节风门开启度，使风油量得到匹配。

当喷油量突然增大时(负载增大，蒸汽压力降低)，调油微分信号正向跃变，在与喷油量的调节信号叠加后，信号有所增大，高压选择器就输出这个高压信号，与风道压差比较后，提前开大风门，保证足够空气量，避免出现油多气少燃烧不足的现象。之后微分信号逐渐减弱，回到按喷油量调节。

当喷油量突然减小时（负载减少，蒸汽压力上升），微分信号负向跃变，在与喷油量的调节信号叠加后，信号减小，高压选择器只输出按喷油量调节的信号，风门仍按喷油量调节，不会出现风门过度关小。

8.2.3 压力调节器的组成及作用

对于货轮的辅助锅炉，喷油量与供风量的配合要求不高，不需要按喷油量函数和微分等环节，只要求两者间有相应的搭配，一般采用由同一个伺服机构通过机械连接，带动油阀和风门。按锅炉蒸汽压力调节油阀和风门的原理框图如图 8－13 所示。

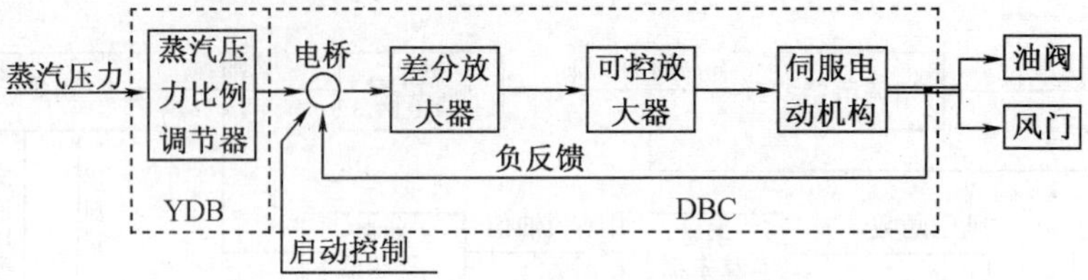

图 8－13　锅炉压力调节器方框图

锅炉蒸汽压力通过蒸汽压力比例调节器 YDB，输出相应的电压信号至电动比例操作器 DBC，该信号与对应于油阀和风门开度的反馈信号相比较，得出的误差信号经放大后调节可控整流器的导通角，控制伺服电动机构，调节风门和油阀。锅炉蒸汽压力的调节系统如图 8－14所示。

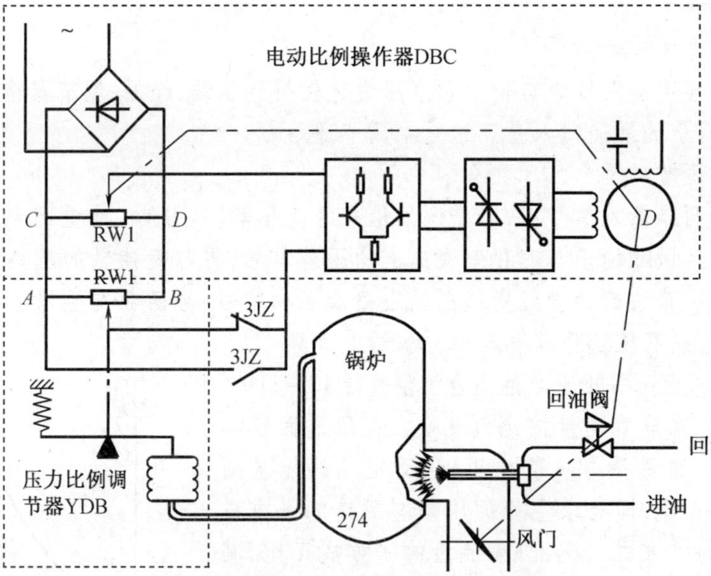

图 8－14　锅炉蒸汽压力调节系统

压力比例调节器 YDB 与锅炉蒸汽管相连，蒸汽压力高时，波纹状气筒膨胀，带动电位器 RW1 的滑臂向 *A* 点移动；汽压低时，波纹状气筒收缩，带动电位器 RW1 的滑臂向 *B* 点移动。

电位器 RW1 和 RW2 构成电桥，由交流电源整流供给直流电压，用作差值检测。

电位器 RW2 的滑臂由伺服电动机带动，与风、油调节同步。两电位器滑臂间的电压实现了模拟量减法器的作用。

两电位器滑臂间的电压差，输入差分放大器与可控放大器，其输出接到伺服电动机的控制绕组。该输出电压的大小与输入电压大小成比例，输出电压的极性（相位）与输入电压极性相对应。

伺服电动机构是调节风、油的执行机构，由可控放大器的输出驱动伺服电动机，带动风、油调节；同时带动电位器 RW2 的滑臂向与电位器 RW1 的滑臂平衡的方向移动（负反馈）当 RW1 的滑臂与 RW2 的滑臂电位平衡时，放大器的输入与输出都为零，伺服电动机停止转动，系统处于平衡状态。

当用气量增大时，系统气压下降，RW1 的滑臂向 *B* 点移动，平衡状态被打破，差分放大器有输入信号，可控放大器有输出，驱动伺服电动机，增加风、油供给，提高系统的产气量，使与用气量相平衡，同时 RW2 的滑臂也移到与 RW1 的滑臂相平衡的位置，系统达到新的平衡状态。

当用气量减小时，放大器输入与输出极性与上述相反，向反方向转到又一新平衡位置。

在此须注意伺服电动机的转向匹配，若转向错误，则负反馈变为正反馈，系统就不稳定，气压稍有波动就会转到极限位置。

锅炉在冷炉状态启动时须先把炉内剩余的油气排尽，在开始点火时须少量供油和空气，否则炉内冷空气突然快速受热急剧膨胀，会引起严重事故。

这一要求与正常的气压－油量控制装置的作用相反。锅炉正常燃烧时若气压偏低，说明产气量少于用气量，应增加风、油以提高产气量；正常的油气控制装置在低压时都把回油阀关小、把风门开大。在冷炉启动时管路内没有蒸汽，更谈不上有气压，这时油气控制装置的动作是把供油量和供风量都放在最大位置，这与启动锅炉的要求相违背。

因此，在锅炉启动阶段要采取措施，在低压状态把风、油量调到最小。图 8－14 中的继电器 3JZ 就作此用途，在启动阶段 3JZ 接通，把相当于最高气压的信号引入差分放大器，从而把风、油量调到最小，在启动成功后，3JZ 失电复位，把锅炉实际气压信号引到放大器。

8.2.4　辅锅炉启动按时序程序控制

启动辅锅炉的基本流程见图 8－15。

锅炉系统电源接通后：按锅炉内水位情况启动水泵，使水位保持正常工作水位。锅炉启动指令发出后：风机与油泵电动机启动；关闭燃油阀，开大风门，以大风量进行（点火前）预扫风，以防止锅炉内残存的油气在点火时发生“冷爆”。预扫风时间在 20～60 s，由锅炉的结构形式而定。

预扫风时间到后，关小风门，点火变压器通电进行预点火，接着（约 3 s 后）开大回油阀、打开燃油阀，以小风量和少喷油量点火（即锅炉的启动控制状态）。

检测点火成功后切断点火变压器，把启动控制状态复位，然后（或经一段时间低火燃烧，进行暖炉）使锅炉转入蒸汽压力控制的正常燃烧阶段。

在锅炉启动或正常燃烧过程中，出现以下情况，则停炉：

①点火不成功；

②锅炉水位过低（达到危险水位）；

③燃烧空气的风压过低；

④人控停炉等。

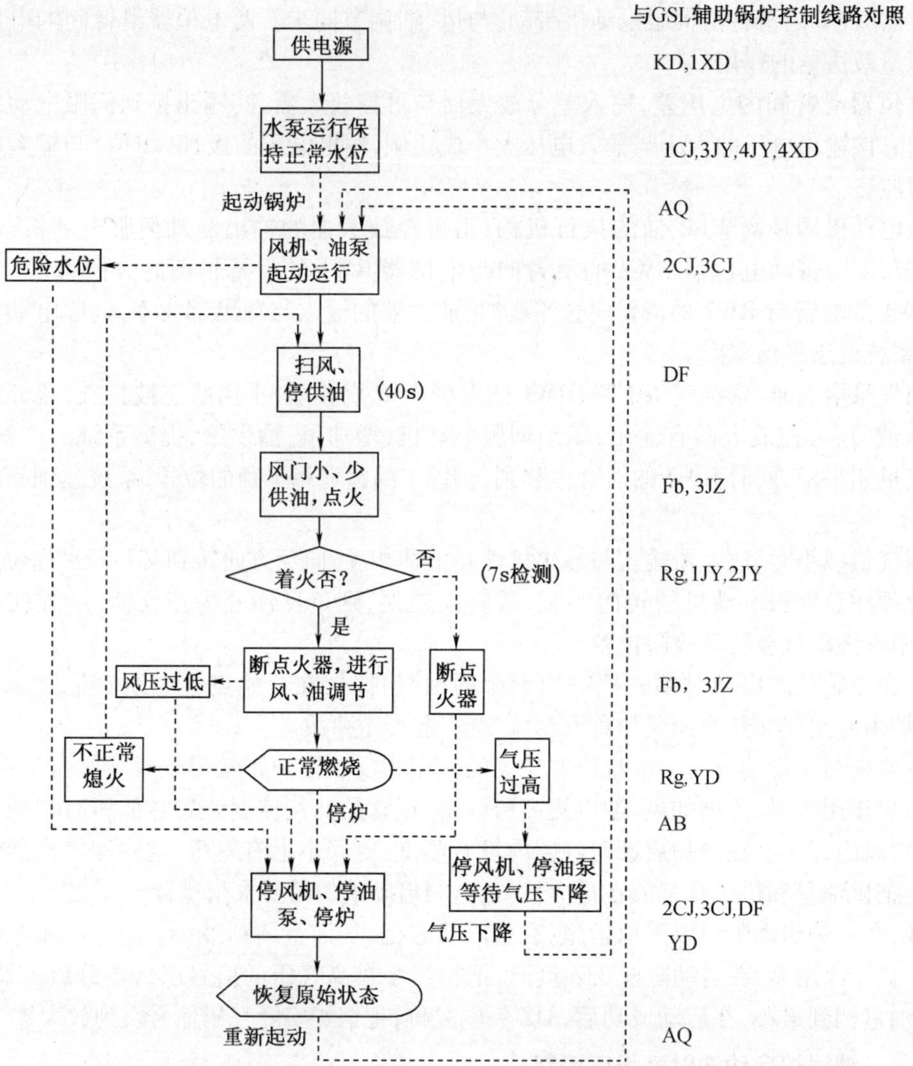

图 8-15　船用辅助锅炉基本控制流程

停炉包括停油泵、关油阀、后扫风、停风机等。停炉后锅炉恢复到原始状态,重新启动要再发启动指令。

锅炉正常燃烧过程中,若出现不正常熄火,则重新进行预扫风后再行点火。

因用气量减少,在持续最低燃烧工况下出现气压上升,达到最高气压时,则停止风机和油泵,使锅炉进入待机状态,待蒸汽压力下降时,再自动重新启动(不需要再发启动指令)。

8.3　国产 GSL 型辅助锅炉自动控制系统

"GSL 型辅助锅炉控制电路原理图"如图 8-16 所示。

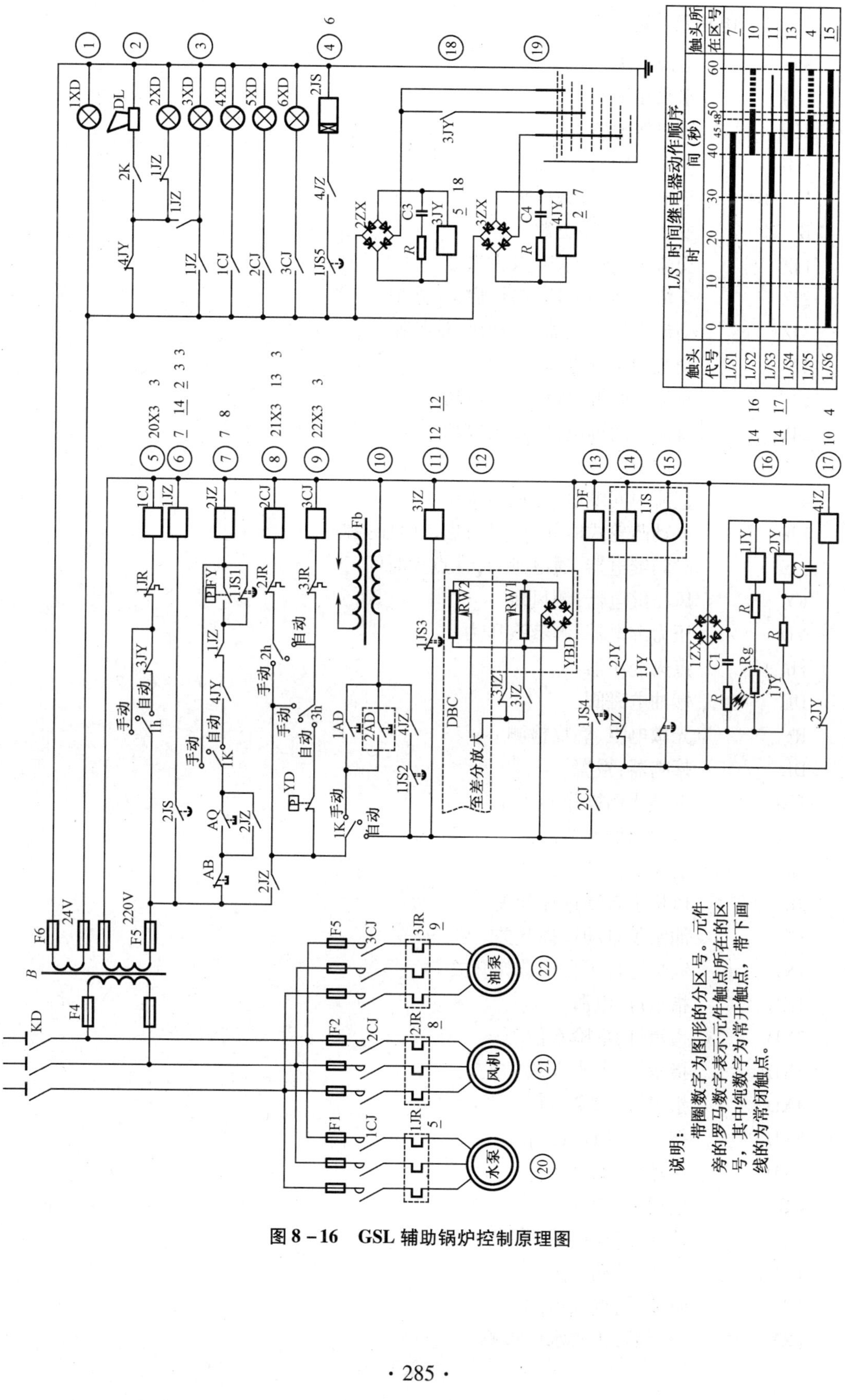

图 8－16　GSL 辅助锅炉控制原理图

8.3.1 电路元件说明:

KD	电源开关
1CJ	水泵接触器
2CJ	风机接触器
3CJ	油泵接触器
1—3RJ	热继电器,过载保护
B	变压器,控制电源
1JZ	交流中间继电器,点火失败
2JZ	交流中间继电器,锅炉启动/停炉
3JZ	交流中间继电器,启动风、油控制
4JZ	交流中间继电器,点火
1JY	直流中间继电器,点火成功
2JY	直流中间继电器,点火成功
3JY	直流中间继电器,正常水位
4JY	直流中间继电器,危险水位
1JS	电动凸轮式时间继电器;启动时序控制
2JS	时间继电器,通电延时;计点火时间
FY	风压继电器;测风压
YD	压力继电器;测蒸汽压力
Fb	点火变压器
DF	燃油电磁阀
Rg	光敏电阻,燃烧检测
DL	蜂鸣器,报警
DBC	电动比例操作器
YBD	压力比例调节器
1h	水泵手自动选择开关
2h	风机手自动选择开关
3h	油泵手自动选择开关
1K	锅炉运行手自动选择开关
1XD	指示灯,电源
2XD	指示灯,危险水位
3XD	指示灯,点火失败
4XD	指示灯,水泵运行
5XD	指示灯,风机运行
6XD	指示灯,油泵运行
AB	按钮,停炉
AQ	按钮,启动锅炉
1,2AD	按钮,手动点火
1ZX	整流器,点火检测
2ZX	整流器,正常水位检测

3ZX　　　整流器,危险水位检测

上述 1SJ 电动凸轮式时间继电器有两个通电元件——电动机与电磁离合器线圈,其工作特点如下:

电动机	电磁离合器线圈	继电器工作情况(凸轮位置)
通电	通电	计时(凸轮旋转)
失电	通电	保持失电当时的状态(电动机停)
通电	失电	归零(电动机空转)
失电	失电	归零(电动机停)

(把电路分区,在继电器、接触器线圈附近注明其触头所在区号)

8.3.2　电路在手动工况的工作情况

手自动转换开关 1K 放在"手动"位置,由按钮 AQ,AB 控制锅炉启、停。

合上 KD:1XD 亮——电源指示。

按 AQ:2JZ 通电动作自保,接通风机、油泵和点火变压器的电源。

水泵转换开关 1h 放到"手动"位置,水泵启动运行,扳到"断开"位置,水泵停止。

风机转换开关 2h 放到"手动"位置,风机启动运行,扳到"断开"位置,风机停止。

油泵转换开关 3h 放到"手动"位置,油泵启动运行,扳到"断开"位置,油泵停止。

按点火按钮 1AD(2AD)接通点火变压器,锅炉点火,放开按钮则停止点火。

风门和油阀的开度由人工调节。

在"手动工况"除有短路和过载保护外,各动作都由人工控制,没有其他保护。

8.3.3　电路在自动工况的工作情况

手自动转换开关 IK,1h,2h,3h 全部放在"自动"位置

(1)接通与启动

合上 KD:

1XD 亮——电源指示

锅炉水位未到达最高水位时,3JY 的常闭触头接通:

1CJ 有电动作(1h,3JY,1JR——1CJ),水泵启动;

4XD 亮——指示水泵运行

当水位升到设定的最高水位整流桥 2ZX 接通,3JY 动作并通过最低水位的电极自保,1CJ 失电释放,水泵停止,4XD 熄灭;水泵停止后锅炉水位逐渐下降到最高水位以下,3JY 因已自保而不会立刻释放,要到水位降到设定的最低水位以下,3JY 的自保线路断开才失电释放,1CJ 再通电动作,重新启动水泵。这样可自动使水位保持在设定的最高与最低水位之间,并避免水泵频繁启动、停止。

3ZX 通过危险水位电极接通:

4JY 有电动作;

按 AQ

2JZ 动作并自保;(AB,AQ,1K,4JY,1JZ,1JS1——2JZ)

区间 8—12 有电

2CJ 动作,风机启动;(YD,3h,2h,2JR——2CJ)

5XD 亮,区间 13—17 有电

3CJ 动作,油泵启动;(YD,3h,3JR——3CJ)

6XD 亮

YBD 通电工作;

3JZ 动作,压力调节器 YBD 处于启动状态(风门关小,回油阀开大);

1JS 的离合器和电动机同时通电(2CJ,1JZ,2JY——1JS),开始计时;此时锅炉因电磁阀未打开,不喷油,只有通风扫气(小风——这一点与预扫风应开大风门的要求不符);

4JZ 动作(2CJ,2JY——4JZ),为锅炉点火预先准备;

按 1JS 的动作顺序,启动指令后 40 s:

1JS2 接通,锅炉在扫气 40 s 后

Fb 通电(1SJ2,4JZ——Fb),锅炉点火;

1JS4 接通,

DF 通电(2CJ,1JS4——DF),输油电磁阀接通,向炉膛供油(回油阀在开大位置少量供油);

1JS5 接通,

2JS 通电(1JS5,4JZ——2JS),开始延时,计点火时间(7 s);

启动指令后 45 s:

1JS1 断开,检测风压是否正常:

若已达到正常风压,则 FY 接通,1JS1 被短接,锅炉继续运行;

若风压偏低,则 FY 不通,1JS1 断开使 2JZ 失电复位,区间 8 以下全部失电,风机和油泵停止,停炉,系统回到启动前的状态。

1JS3 断开

3JZ 失电复位,压力调节器 YBD 进入正常调节(按蒸汽压力调节风门和回油阀);

启动指令后 47 s(2JS 延时 7 s 到):

若锅炉点火不成功,则

Rg 电阻仍很大;

1JY 不动作;

2JY 不通电,不动作;

4JZ 保持通电动作状态;

2JS 保持通电,到时动作;

1JZ 通电动作;

3XD 亮,DL 响,点火失败报警;

2JZ 失电复位,区间 8 以下全部失电,风机和油泵停止,停炉,系统回到启动前的状态。

1JS 的离合器失电,所有的触头全部回到零位;准备下次可重新按顺序启动;

若锅炉已正常点火成功,则

Rg 电阻变小;

1JY 动作;

2JY 动作;

4JZ 失电复位;

2JS 失电,不再计时、不动作;

锅炉继续正常燃烧,由 YBD 进行风、油调节。

启动指令后 47 s 到 60 s 之前：

1JS2 和 1JS5 的通断状态对电路的工作已不起作用，无须精确调整；

因为这时若点火不成功，电路已回启动前状态；若点火成功则串联的 4JZ 已复位断开，不论这两个触头是否接通，Fb 和 2JS 都不通电。

启动指令后 60 s：

1JS6 断开；

1JS 的电动机失电停止旋转，离合器保持通电（通过 1JZ，1JY），凸轮和触头保持当时的状态（仅 1JS4 须保持接通，其余全部断开），锅炉启动程序完毕。

在 1JS6 断开位置 1JS4 必须仍保持接通，以使启动完毕后正常燃烧阶段供油电磁阀 DF 始终打开。

（2）重新启动

若锅炉点火不成功，在再次启动之前，须对锅炉做仔细检查，排除故障后按 AQ 按钮重新启动。

（3）燃烧中不正常熄火

锅炉若在燃烧时熄火，2JZ 仍保持接通，控制电路保持有电，锅炉自动按启动时序重新启动，其动作如下：

Rg 电阻变大；

1JY 电流减小，因不能保持而复位；

2JY 失电，靠电容 C2 放电在短期内保持动作状态；

在 1JY 断开而 2JY 尚未复位的一段时间内，1JS 的离合器失电，其凸轮与电动机脱开，凸轮归零；

电容 C2 放电结束，2JY 复位

1JS 离合器通电，从零开始计时

4JZ 通电动作；

系统按 1JS 的计时顺序重新启动。

（4）锅炉蒸汽压力控制

锅炉在正常燃烧供气时，由蒸汽压力调节器 YBD 和电动比例操作器 DBC 按系统内蒸汽压力的高低，自动调节喷油量和供风量，达到按当时用气量调节锅炉供气量的目的。

当外界用气量少于锅炉的最小供气量时，即使锅炉处于仅能维持燃烧的最小喷油供风工况，其产生的蒸汽仍多于用掉的蒸汽，系统内的蒸汽会愈积愈多，导致气压升高。当蒸汽压力达到压力继电器 YD 的动作值时：

YD 常闭触头断开；

2CJ，3CJ 失电，停风机和油泵；

区间 13 ~ 17 失电：

电磁阀 DF 关闭，停供油，停炉；

1JS 复位归零；

2JZ 保持接通，在气压下降后可再自动按顺序启动；

停炉后因外部用气或温度下降等因素，气压降至 YD 的复位值时：

YD 常闭触头接通；

2CJ，3CJ 有电动作，启动风机和油泵；

区间 13 ~ 17 有电，1JS 从零开始计时，锅炉自动按顺序启动。

这样，在用气量少时锅炉自动间歇燃烧，维持蒸汽压力在适当范围内。

注：当 2CJ 失电风机停止后，风压开关会断开，但由于风机的惯性能维持较长时间，而在此期内，1JS 已因 2CJ 断开失电而先复位，可保证 2JZ 接通，在气压下降后自动启动。

(5) 安全保护

风路故障保护：若风压过低，FY 断开，2JZ 失电使控制电路失电，系统停炉回到启动前的状态。

供水故障：当水位低于危险水位时，4JY 失电使 2JZ 失电、控制电路失电，系统停炉回到启动前的状态；2XD 亮，DL 响，发危险水位报警。

高气压保护：YD 分断，2CJ，3CJ 复位，停炉。

其他保护（在 GSL 型辅助锅炉控制线路图中尚未画入）应有：

燃油低压，燃油低温，滑油低压，温油低温等，应实行相应的调节，超限时须停炉、报警。

(6) 有关电路的改进问题

①扫风阶段增大风量问题

按锅炉点火前预扫气的要求，扫风时应以大风为好，而上述线路为达到点火时小风、少油的目的，在预扫风时就先把风门关小，显然不利于扫尽余气。为改善扫风效果，可把 1JS3 的闭合时间从 0 至 45 s 改为从 30 s 至 45 s。这样开始启动时 1JS3 不通，3JZ 不动作，输入到 YBD 的信号相当于气压为"0"，通过伺服机构把风门开到最大（这时供油电磁阀关闭，虽回油阀关小，仍没有喷油），进行大风扫气；30 s 后 1JS3 闭合 3JZ 动作，把风门关小、回油阀开大，准备以后（小风、少油）点火。

②点火后暖炉问题

点火成功后若需延长低火燃烧时间，只需延长 1JS3 的接通时间，就可使 3JZ 保持动作状态，使风油调节器按高气压调到小风小火，直到 1JS3 延时结束。若锅炉需要的暖炉时间超过 15 s，则需要加长时间继电器 1JS 总工作时间。

8.3.4 停炉

把手自动转换开关全部扳到"断开"即可停炉。但从锅炉运行安全出发宜按如下次序：

断 3 h，停油泵；

断 2 h，停水泵；

也可断 1K，使油泵和水泵一起停止。

按后扫气要求让 1 h 保持接通，风机继续运行一段时间。待后扫气时间到断 开 1 h。

附录 8.1：伺服电动机

Ⅰ. 交流伺服电动机

1.1 交流两相旋转磁场

1.1.1 两相圆形旋转磁场

在空间相隔 90°电角度布置的两相绕组，通以幅值相等、相位互差 90°的交流励磁磁势，就在空间形成圆形旋转磁场。圆形旋转磁场的磁势的大小与单相磁势的幅值相等，旋转的

转速为同步转速 $n_1=\frac{60f}{P}$。

$$F_A=F_m\cos\omega t$$
$$F_b=F_m\cos(\omega t-90^\circ)$$

在与 A 相绕组轴线成 α 角的方向上的励磁磁势 F 是 F_A 和 F_b 在该方向上的投影之和：

$$F_A=F_A\cos\alpha+F_b\cos(90^\circ-\alpha)=F_m[\cos\omega t\cos\alpha+\cos(90^\circ-\omega t)\cos(90^\circ-\alpha)]$$
$$=F_m[\cos\omega t\cos\alpha+\sin\omega t\sin\alpha]=F_m\cos(\omega t-\alpha)$$

由此式可见，合成磁势的最大值出现在与 A 相绕组成角度 $\alpha=\omega t$ 的方向上，即合成磁势以交流电角频率的速度（同步转速）在空间旋转，合成磁势的最大值不变且与通入各相绕组的磁势的最大值相等，称为圆形旋转磁场。

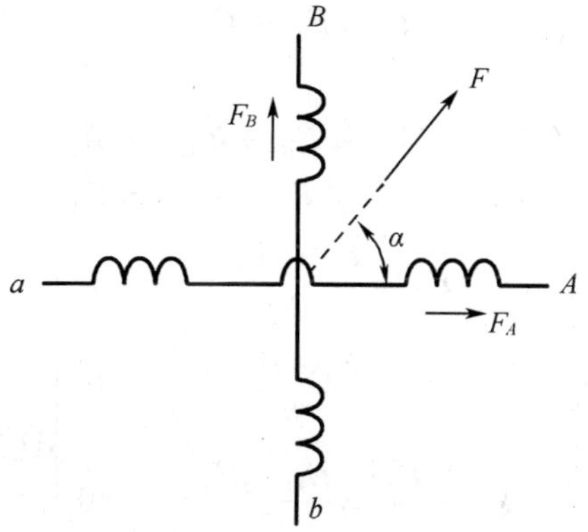

绕组布置与空间磁场方向

1.1.2 两相椭圆旋转磁场

在空间相隔 90°电角度布置的两相绕组，通以幅值不等或相位不等于 90°的交流励磁磁势，就在空间形成椭圆旋转磁场。椭圆旋转磁场的磁势的大小和转速的快慢随旋转角度而变化，旋转的平均转速为同步转速 $n_1=\frac{60f}{P}$。

以两相励磁磁势不等，$\omega t=45^\circ$ 为例：

$$F_A=F_{mA}\cos\omega t$$
$$F_B=F_{mB}\cos(\omega t-90^\circ)$$
$$F_{45}=0.707F_{mA}+j0.707F_{mB}$$

与 A 相绕组所成的角度为

$$\alpha=\arctan\frac{F_{mB}}{F_{mA}}\neq45^\circ$$

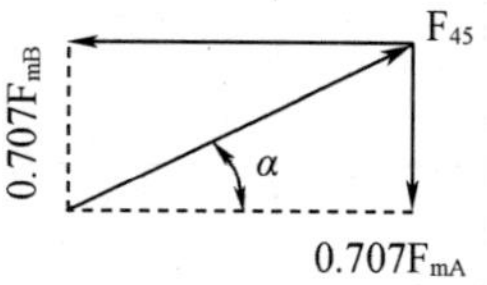

ωt=45°的空间磁场方向

1.1.2.1 对称分量法

对于椭圆旋转磁场的两相励磁磁势可分解为两组圆形旋转磁场的励磁磁势（每一组本身的两磁势相等，相位差 90°）其中一组的相序与原励磁磁势相同（称为顺序分量），另一组的相序与原励磁磁势相反（称为逆序分量），两组合成的作用与原励磁磁势相同。这种分解方法叫对称分量法。

设：原 A 相励磁磁势为 $\boldsymbol{F}_A$，B 相励磁磁势为 $\boldsymbol{F}_B$；且 $\boldsymbol{F}_A$ 超前 $\boldsymbol{F}_B$。

分解后两组励磁磁势分别为顺序分量 $\boldsymbol{F}_{A1}$，$\boldsymbol{F}_{B1}$，

逆序分量 $\boldsymbol{F}_{A2}$，$\boldsymbol{F}_{B2}$。

按对称分量的定义 $\boldsymbol{F}_{A1}$ 超前 $\boldsymbol{F}_{B1}$ 90°，且幅度相等：

则 $$\boldsymbol{F}_{A1} = \mathrm{j}\boldsymbol{F}_{B1} \quad ①$$

同理逆序分量 $$\boldsymbol{F}_{A2} = -\mathrm{j}\boldsymbol{F}_{B2} \quad ②$$

两组合成的作用与原励磁磁势相同

$$\boldsymbol{F}_A = \boldsymbol{F}_{A2} + \boldsymbol{F}_{A2} \quad ③$$

$$\boldsymbol{F}_B = \boldsymbol{F}_{B2} + \boldsymbol{F}_{B2} \quad ④$$

解上列方程得

① - ② $$\boldsymbol{F}_{A1} - \boldsymbol{F}_{A2} = \mathrm{j}(\boldsymbol{F}_{B1} + \boldsymbol{F}_{B2}) = \mathrm{j}\boldsymbol{F}_{\mathrm{B}} \quad ⑤$$

① + ② $$\boldsymbol{F}_{A1} + \boldsymbol{F}_{A2} = \mathrm{j}(\boldsymbol{F}_{B1} - \boldsymbol{F}_{B2}) = \boldsymbol{F}_{\mathrm{A}} \quad ⑥$$

⑤ + ⑥ $2\boldsymbol{F}_{A1} = \boldsymbol{F}_A + \mathrm{j}\boldsymbol{F}_B$ $$\boldsymbol{F}_{A1} = \frac{\boldsymbol{F}_A + \mathrm{j}\boldsymbol{F}_B}{2} \quad ⑦$$

⑥ - ⑤ $2\boldsymbol{F}_{A2} = \boldsymbol{F}_A - \mathrm{j}\boldsymbol{F}_B$ $$\boldsymbol{F}_{A2} = \frac{\boldsymbol{F}_A - \mathrm{j}\boldsymbol{F}_B}{2} \quad ⑧$$

①/j 并⑦/j $$\boldsymbol{F}_{B1} = \frac{\boldsymbol{F}_{A1}}{\mathrm{j}} = \frac{\boldsymbol{F}_B - \mathrm{j}\boldsymbol{F}_A}{2} \quad ⑨$$

② ×j 并⑧ ×j $$\boldsymbol{F}_{B2} = \mathrm{j}\boldsymbol{F}_{A2} = \frac{\boldsymbol{F}_b + \mathrm{j}\boldsymbol{F}_A}{2} \quad ⑩$$

（⑦～⑩）这是两相旋转磁场的分解式。

1.1.2.2 不同励磁情况举例

（1）单相通电：

$$\boldsymbol{F}_A = \boldsymbol{F}_m,\ \boldsymbol{F}_B = 0$$

$$\boldsymbol{F}_{A1} = \boldsymbol{F}_{A2} = \frac{\boldsymbol{F}_A}{2}$$

$$\boldsymbol{F}_{B1} = -\mathrm{j}\,\frac{\boldsymbol{F}_A}{2}$$

$$\boldsymbol{F}_{B2} = \mathrm{j}\,\frac{\boldsymbol{F}_A}{2}$$

顺序分量与逆序分量相等，转向相反。

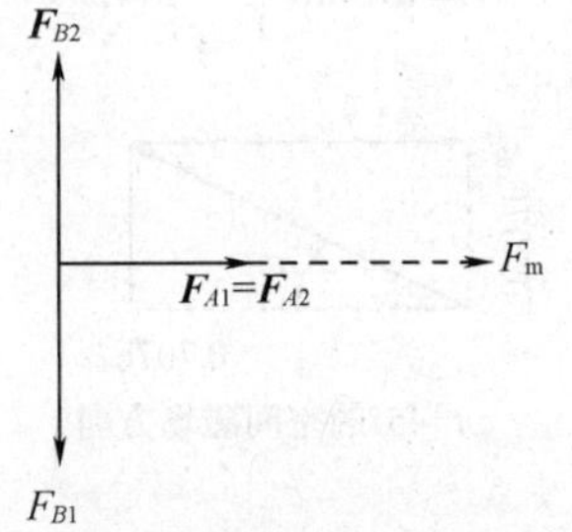

(2)两相幅值不等,相位差 90°

$$\boldsymbol{F}_{B2}=\frac{-\mathrm{j}\boldsymbol{F}_{mB}+\mathrm{j}\boldsymbol{F}_{mA}}{2}=j\,\frac{\boldsymbol{F}_{mA}-\mathrm{j}\boldsymbol{F}_{mB}}{2}=\mathrm{j}\boldsymbol{F}_{A2}$$

$$\boldsymbol{F}_{A1}=\frac{\boldsymbol{F}_{mA}+\boldsymbol{F}_{mB}}{2}$$

$$\boldsymbol{F}_{A2}=\frac{\boldsymbol{F}_{mA}-\boldsymbol{F}_{mB}}{2}$$

$$\boldsymbol{F}_{B1}=\frac{-\mathrm{j}\boldsymbol{F}_{mB}-\mathrm{j}\boldsymbol{F}_{mA}}{2}=-\mathrm{j}\,\frac{\boldsymbol{F}_{mB}+\boldsymbol{F}_{mA}}{2}=-\mathrm{j}\boldsymbol{F}_{A1}$$

$$\boldsymbol{F}_{B2}=\frac{-\mathrm{j}\boldsymbol{F}_{mB}+\mathrm{j}\boldsymbol{F}_{mA}}{2}=\mathrm{j}\,\frac{\boldsymbol{F}_{mA}-\mathrm{j}\boldsymbol{F}_{mB}}{2}=\mathrm{j}\boldsymbol{F}_{A2}$$

顺序分量大于逆序分量;随 $\boldsymbol{F}_{mB}/\boldsymbol{F}_{mA}$ 比值减小而顺序分量减小,逆序分量增大。

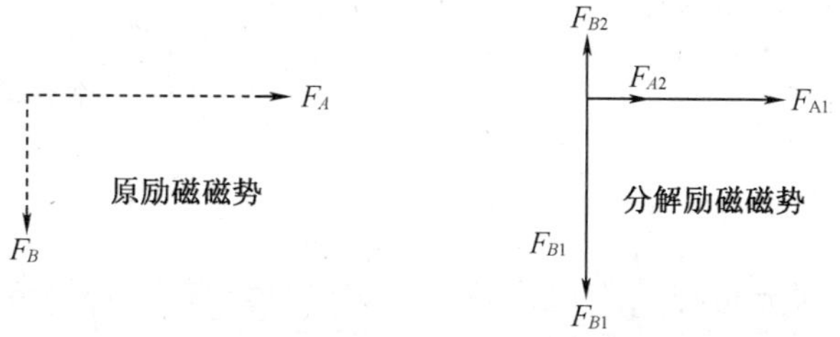

(3)两相幅值相等,相位差 θ≠90°

$$\boldsymbol{F}_A=F_m,\ \boldsymbol{F}_b=\boldsymbol{F}_m e^{-j\theta}=\boldsymbol{F}_m(\cos\theta-j\sin\theta)$$

$$\boldsymbol{F}_{A1}=\frac{\boldsymbol{F}_m+\mathrm{j}\boldsymbol{F}_m(\cos\theta-\mathrm{j}\sin\theta)}{2}=\frac{\boldsymbol{F}_m}{2}(1+\sin\theta+\mathrm{j}\cos\theta)$$

$$\boldsymbol{F}_{B1}=\frac{\boldsymbol{F}_m(\cos\theta-\mathrm{j}\sin\theta)-\mathrm{j}\boldsymbol{F}_m}{2}=\frac{\boldsymbol{F}_m}{2}[\cos\theta-\mathrm{j}(1+\sin\theta)]$$

$$\boldsymbol{F}_{A2}=\frac{\boldsymbol{F}_m-\mathrm{j}\boldsymbol{F}_m(\cos\theta-\mathrm{j}\sin\theta)}{2}=\frac{\boldsymbol{F}_m}{2}(1-\sin\theta-\mathrm{j}\cos\theta)$$

$$\boldsymbol{F}_{B2}=\frac{\boldsymbol{F}_m(\cos\theta-\mathrm{j}\sin\theta)+\mathrm{j}\boldsymbol{F}_m}{2}=\frac{\boldsymbol{F}_m}{2}[\cos\theta+\mathrm{j}(1-\sin\theta)]$$

顺序分量大于逆序分量;随 θ 角偏离 90°愈远顺序分量减小逆序分量增大。

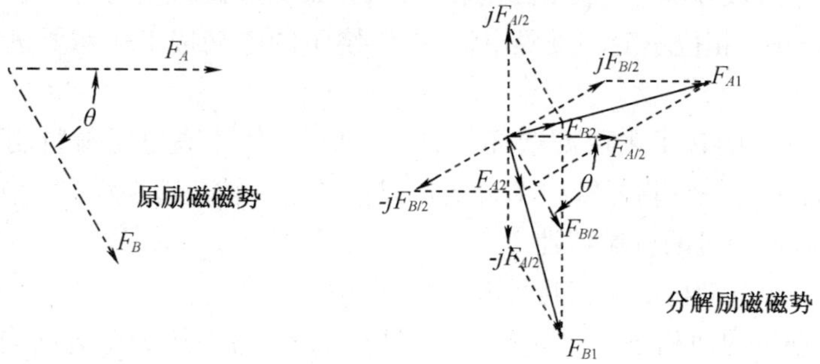

(4)两相幅值不等,相位差 θ≠90°

$$\boldsymbol{F}_{\mathrm{A}}=F_{mA},\ \boldsymbol{F}_{\mathrm{b}}=\boldsymbol{F}_{mB}\mathrm{e}^{-j\theta}=\boldsymbol{F}_{mB}(\cos\theta-\mathrm{j}\sin\theta)$$

$$\boldsymbol{F}_{\mathrm{A1}}=\frac{\boldsymbol{F}_{mA}+\mathrm{j}\boldsymbol{F}_{mB}(\cos\theta-\mathrm{j}\sin\theta)}{2}$$

$$\boldsymbol{F}_{B1}=\frac{\boldsymbol{F}_{mB}(\cos\theta-\mathrm{j}\sin\theta)-j\boldsymbol{F}_{mA}}{2}$$

$$\boldsymbol{F}_{A2}=\frac{\boldsymbol{F}_{mA}-\mathrm{j}\boldsymbol{F}_{mB}(\cos\theta-\mathrm{j}\sin\theta)}{2}$$

$$\boldsymbol{F}_{B2}=\frac{\boldsymbol{F}_{mB}(\cos\theta-\mathrm{j}\sin\theta)+\mathrm{j}\boldsymbol{F}_{mA}}{2}$$

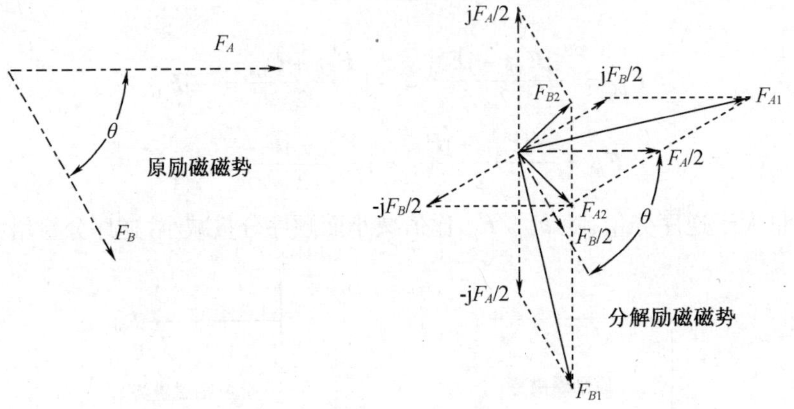

顺序分量大于逆序分量；随$\dfrac{\boldsymbol{F}_{mB}}{\boldsymbol{F}_{mA}}$比值减小而顺序分量减小，逆序分量增大；随 θ 角偏离 90°愈远顺序分量减小逆序分量增大。

当 θ 角等于 0 时，顺序分量与逆序分量相等，它们的作用相互抵消。

小结：通入两相绕组的交流励磁磁势幅值不等和/或相位互差≠90°，可用对称分量法分解为两组励磁磁势，每组中的两磁势相等，相位差 90°；其中一组的相序与原励磁磁势相同，称为顺序分量，另一组的相序与原励磁磁势相反，称为逆序分量，两组合成的作用与原励磁磁势相等。减小某一相的励磁磁势，或使两相励磁磁势的相位差偏离 90°愈远，则顺序分量减小，逆序分量增大。

改变任一相交流励磁磁势的极性（相位转过 180°）就相当于把相序倒转，旋转磁场的转向也随之反向，顺序分量和逆序分量也同时反向。

1.2 交流伺服电动机的结构

在定子铁芯中嵌放互隔 90°电角的两相绕组，一组为励磁绕组，另一组为控制绕组。一般励磁绕组通入振幅、相位不变的励磁电流，控制绕组的电流按工作需要进行振幅和/或相位控制。

交流伺服电动机的转子采取薄壁杯形或鼠笼形，导体用高电阻材料制造，其转子电阻很大，折算电阻 $r_2' > x_1 + x_2'$；临界转差率 $s_K > 1$，以使转矩－转速特性满足工作需要。

1.3 交流伺服电动机的机械特性

1.3.1 单相分相电动机的机械特性及其单相运行

单相分相电动机的两相绕组，其中一相直接接电源，另一相经电容接电源移相约 90°，在定子内形成旋转磁场，该旋转磁场与转子导体相互作用使转子跟随旋转磁场旋转，其转矩－转速特性与普通异步电动机相似。

若两者的振幅不等或相移不等于 90°，则分解为两个分量，其转矩为各分量转矩的代数和（相减）。下面分析有一相磁势为 0 或相位差为 0°或 180°时的情况。

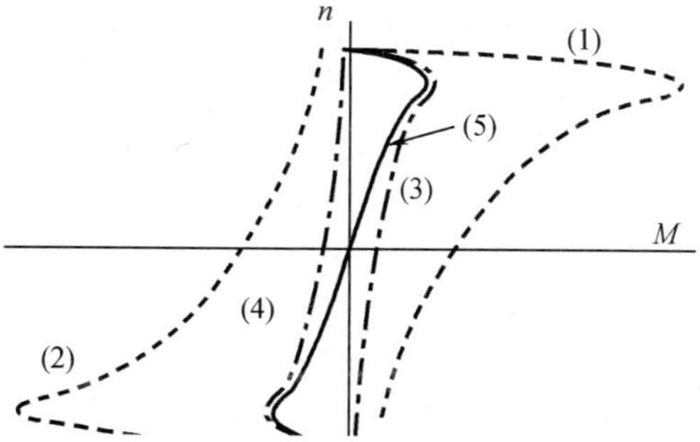

(1)正转特性:两相振幅相等,相位差 90°;

(2)反转特性:两相振幅相等,相位差 270°;

(3)单相正转特性:一相为 0 或相位差 0 或 180°(顺序分量);

(4)单相反转特性:一相为 0 或相位差 0°或 180°(逆序分量);

(5)单相运行的合成特性:(3)与(4)的代数和。

当有一相失电时,其顺序与逆序分量相等且为单相振幅的 1/2,则正反向的最大转矩都降为正常的 1/4;若两相的相位差为 0°或 180°,则顺序与逆序分量也相等,但为单相振幅的 $\frac{1}{\sqrt{2}}$,顺序与逆序的机械特性分别为上述曲线(3)、(4),两者的转矩是相反的;把各转速相应的转矩代数相加,就得到合成的机械特性曲线(5)。曲线(5)的特点是当转速等于 0 时,转矩也等于 0,电动机不会旋转;但当电动机转起来以后,电动机输出与转向相同的转矩,可使电动机继续转动。这就是电动机的单相(缺相)运行。

1.3.2 伺服电动机的机械特性

对于伺服电动机要求在控制电压为 0(振幅控制)或相位差 0°或 180°(相位控制)时立即停转,即必须在旋转情况下有制动转矩。上述分相电动机的机械特性是不能满足需要的。为此在转子结构上采取措施增加其转子电阻 r_2,即用高电阻材料作鼠笼或把转子做成薄壳杯形,使其临界转差率 $s_K>1$,其合成机械特能符合伺服电动机的要求。

下面分别按 $s_K=1$ 及 $s_K=1.5$ 画出,以作比较:

$s_K=1$ 的特性

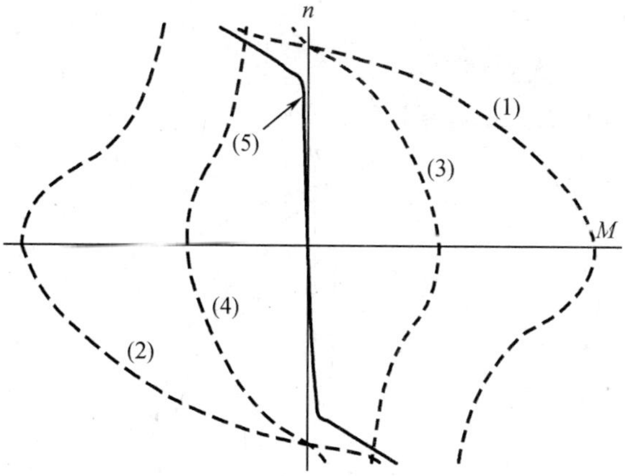

(1)正转特性:两相振幅相等,相位差 90°;

(2)反转特性:两相振幅相等,相位差 270°;

(3)单相正转特性:一相为 0 或相位差 0 或 180°(顺序分量);

(4)单相反转特性:一相为0或相位差0°或180°(逆序分量);

(5)单相运行的合成特性:(3)与(4)的代数和。

其合成特性能控制转向与转速,但低速段制动转矩很小,不能迅速停车,难于满足控制要求。

$s_K=1.5$ 的特性

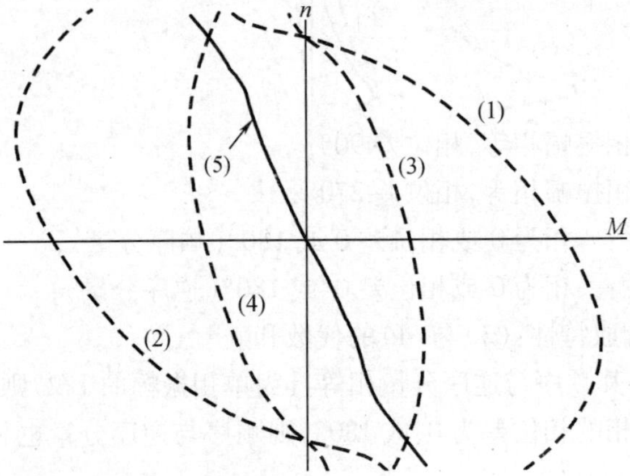

(1)正转特性:两相振幅相等,相位差90°;

(2)反转特性:两相振幅相等,相位差270°;

(3)单相正转特性:一相为0或相位差0或180°(顺序分量);

(4)单相反转特性:一相为0或相位差0°或180°(逆序分量);

(5)单相运行的合成特性:(3)与(4)的代数和。

其合成特性能达到控制要求,且其制动转矩接近能耗制动的特性,能较快停车。

当 $s_K>1$ 时只要控制电压为0或相位差0°或180°,顺序分量等于逆序分量,电动机有制动转矩,能制动停车,制动转矩的大小随转速递增。s_K大则制动转矩随转速递增较快,效果较好。若取 $s_K=1$ 则在低速时制动转矩很小,不能迅速停车,故一般 s_K取1.5~2或以上。

1.3.3 不同控制电压的机械特性

不同的控制电压,可分解出不同的顺序和逆序分量,按各分量占额定工况(圆形旋转磁场)励磁的比例,可分别求出顺序和逆序的机械特性,把它们的转矩相加,就是相应控制电压下的机械特性。

下图为 $F_{mB}=0.5F_{mA}$的大致情况:

$F_{A1}=0.75F_{mA}$,$F_{A2}=0.25F_{mA}$,$s_K\approx1.5$

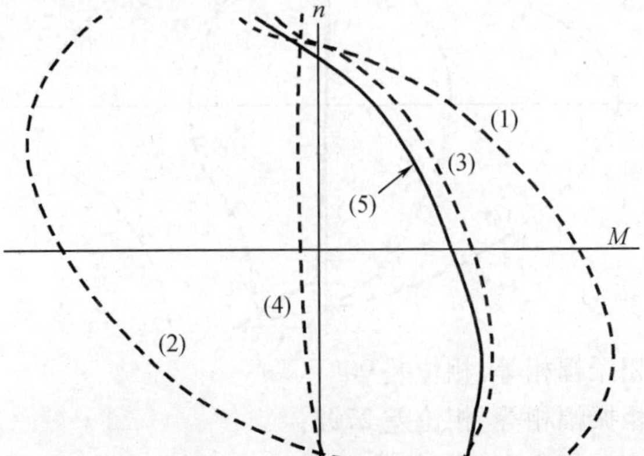

(1)正转特性:两相振幅相等,相位差 90°;

(2)反转特性:两相振幅相等,相位差 270°;

(3)单相正转特性

(4)单相反转特性

(5)合成特性:(3)与(4)的代数和。粗实线为电动正转运行的特性。

当控制电压的幅值减小和/或相位偏离 90°,合成机械特性向下移动——空载转速下降,堵转转矩减小。

1.3.4 控制电压与转速的关系

振幅控制		相位控制	
控制电压	转速	电压相位差	转速
0	停转	0	停转
高	快	0 – 90°	升速
低	慢	90°	最高速
反相	反转	90° – 180°	降速
		180°	停转
		180° – 270°	反向升速
		270°	反向最高速
		270° – 360°	反向降速

Ⅱ直流伺服电动机

2.1. 结构

直流伺服电动机的结构原理与他激直流电动机相同,但其电枢电阻较大,机械特性很软,是下降的直线。

直流伺服电动机的磁极也有采用永久磁铁的。

2.2. 电枢控制的机械特性

多数直流伺服电动机采取电枢控制方法,即励磁电压不变(或永久磁铁),改变电枢电压控制电动机的转速。

不同控制电压的机械特性是向下倾斜的平行直线,随控制电压降低,特性曲线下移。(如下图)

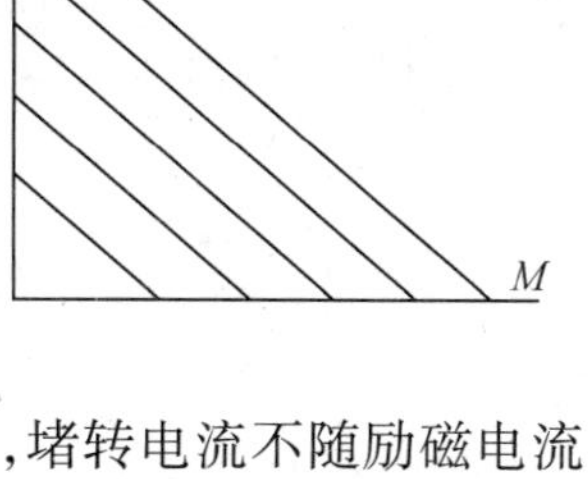

2.3. 磁场控制的机械特性

空载转速随励磁减小而上升,堵转电流不随励磁电流变化,堵转转矩随励磁电流减小而下降(当磁路不饱和时堵转转矩与励磁电流成正比)。

因电枢电阻大,伺服电动机在实用负载范围内励磁减小时转速降低或停转。(即普通直流电动机出现“反调”的情况)。

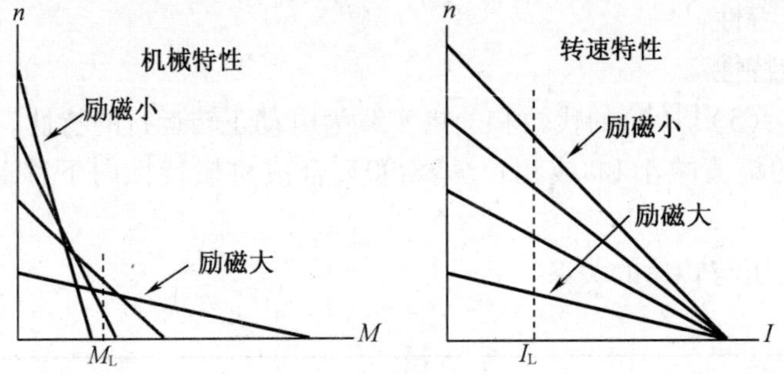

参考习题

1. 以柴油机为动力装置的一般船舶上,辅助锅炉的主要用途是什么?对这种辅助锅炉的水位和气压控制有什么要求?

2. 试述电极式水位检测器的工作原理,为什么要定期清洁保养?使用中若有一端管路不通会出现什么情况?

3. 回油式喷油嘴的喷油量是如何调节的?

4. 试述锅炉点火器的工作原理。

5. 辅助锅炉自动化有哪几个自动控制环节?

6. 辅助锅炉的蒸汽压力控制有哪几种方案?简述它们的特点。

7. 按锅炉蒸汽压力调节系统图,说明压力比例调节器和电动比例操作器工作原理。

8. 说明锅炉蒸汽压力调节系统图中继电器3JZ的作用。

9. GSL辅助锅炉控制电路选择自动工作方式是如何控制水泵运行的?

10. 试说明GSL辅助锅炉控制电路,在正常情况下的自动启动程序。

11. 试说明GSL辅助锅炉控制电路,在自动启动过程中点火不成功时电路的动作。

12. 试说明GSL辅助锅炉控制电路,在燃烧中不正常熄火电路的动作情况。

13. 试说明GSL辅助锅炉控制电路,在蒸汽压力上升到压力继电器YD动作时电路的动作。

14. 试说明GSL辅助锅炉控制电路,在预扫风时风门的开启情况。有否改进建议?

15. 若辅助锅炉要求点火后要求有一段暖炉时间,针对GSL辅助锅炉控制电路有何建议?

16. 说明振幅控制的交流伺服电动机,控制电压与电动机转向、转速的关系。

17. 说明相位控制的交流伺服电动机,控制电压与电动机转向、转速的关系。

第 9 章　制冷与空调

船舶制冷装置和空气调节装置是物、货冷藏与创造人工气候的设备，实际上是一个温度自动调节系统。

9.1　制冷装置

9.1.1　制冷装置的分类：

① 液体气化，吸收气化潜热制冷；
② 气体膨胀，气温降低吸收热量制冷；
③ 利用半导体的帕尔帖效应制冷。
目前船舶上广泛采用液体气化吸热法制冷，称为蒸汽制冷。

9.1.2　蒸气压缩式制冷装置的基本组成与工作原理

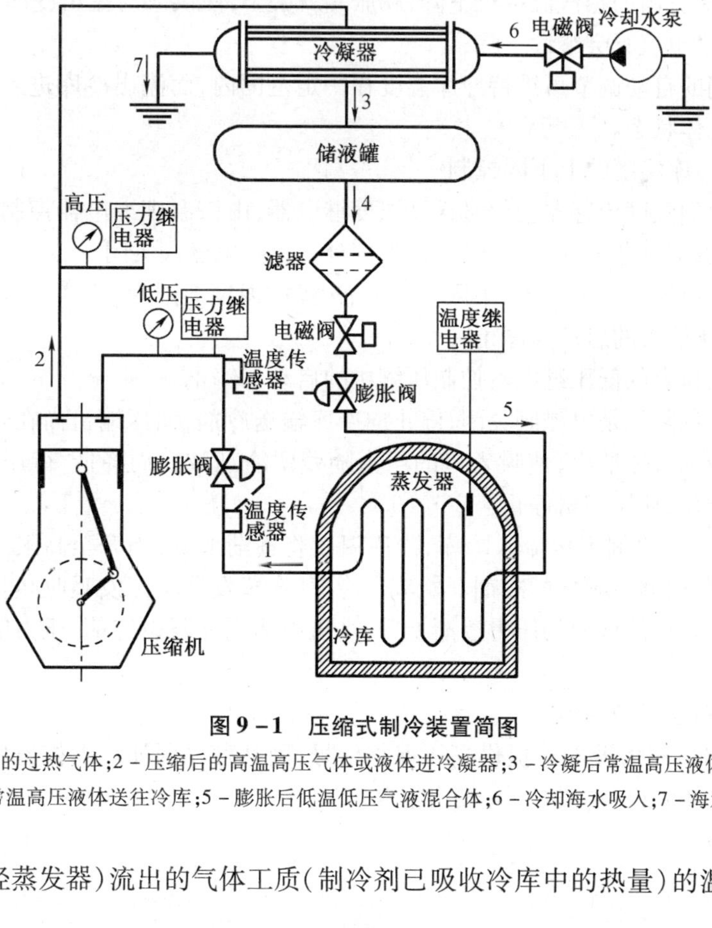

图 9－1　压缩式制冷装置简图

1－蒸发后的过热气体；2－压缩后的高温高压气体或液体进冷凝器；3－冷凝后常温高压液体进贮液罐；4－常温高压液体送往冷库；5－膨胀后低温低压气液混合体；6－冷却海水吸入；7－海水排出

从冷库（经蒸发器）流出的气体工质（制冷剂已吸收冷库中的热量）的温度已超过该工

质的汽化温度(超过汽化温度的气体谓之过热气体),进入压缩机,受压缩后变成高温高压的气体与液体的混合物送往冷凝器;在冷凝器受到冷却海水(或其他冷却介质)冷却,温度下降,冷凝为常温高压的液体状态;该液体冷剂经过滤和膨胀阀(毛细管)节流后膨胀,温度进一步降低,变成低温低压气液混合物流入冷库中的蒸发器,并在蒸发器中蒸发,冷凝液体膨胀、蒸发,吸收冷库中的热量,使冷库温度下降。

气体工质(制冷剂)由进入压缩机到从冷库流出就完成一次制冷循环。制冷循环不断地继续,冷库温度就不断降低,可使冷库维持到所需的低温。控制流入蒸发器的制冷剂的流量大小,就能控制冷库的温度。

制冷循环的流程为:

压缩(升温升压) → 冷凝(散热降温) → 膨胀(降压) → 气化(吸热) → (返回压缩)

9.1.3 冷藏机的自动调节

9.1.3.1 制冷剂蒸发量的自动控制

蒸发量的自动控制是要保证回入压缩机的冷剂处于过热蒸汽状态,由热力膨胀阀完成此项控制。

膨胀阀的控制信号来自蒸发器出口过热蒸汽的温度。当库温较高时,由冷库流出的蒸汽温度升高,膨胀阀就开大,使供入与流出冷库(蒸发器)的冷剂增多,冷库温度下降;当库温较低时,由冷库流出的蒸汽温度也下降,膨胀阀就关小,使供入与流出冷库(蒸发器)的冷剂减少,冷库温度也就不会继续下降了。

通过膨胀阀的自动调节可维持冷库温度在一定范围内,而流出冷库进入压缩机的冷剂也就处于过热气体状态。

9.1.3.2 冷库温度的上下限控制

设于冷库内的温度传感器把信号送到温度继电器,由该温度继电器控制输往蒸发器管路上的电磁阀;温度到达上限电磁阀打开,温度到达下限电磁阀关闭。

一般菜库的温度上限为 7 ℃,下限为 4 ℃;肉库的温度上限为 -7 ℃,下限为 -14 ℃。

9.1.3.3 压缩机的启动与停止

由压缩机入口处的低压继电器控制压缩机的启动与停止。

当库温到达低限先是电磁阀关闭,停止向冷库输送冷剂,而压缩机尚在转动,继续把蒸发器内残留的冷剂气体抽出,使吸入口的压力随残留冷剂减少而降低,待压力低至下限值时低压继电器动作,使压缩机停止。

电磁阀关闭后,冷剂不再流入冷库,冷库温度将逐渐上升,当升至高限温度时,温度继电器使电磁阀打开,储液罐中的冷剂开始流入冷库,在蒸发器中蒸发吸收热量,蒸发后的气体到达压缩机吸入口使该处的压力逐渐上升,当压力达到高限设定值,压力继电器动作,启动压缩机。

9.1.3.4 高压保护

压缩机的出口压力继电器提供高压保护信号,因某种原因使压缩机出口压力过高时,该信号直接停止压缩机(电动机)并发出报警信号。

9.1.4　冷藏机的控制电路

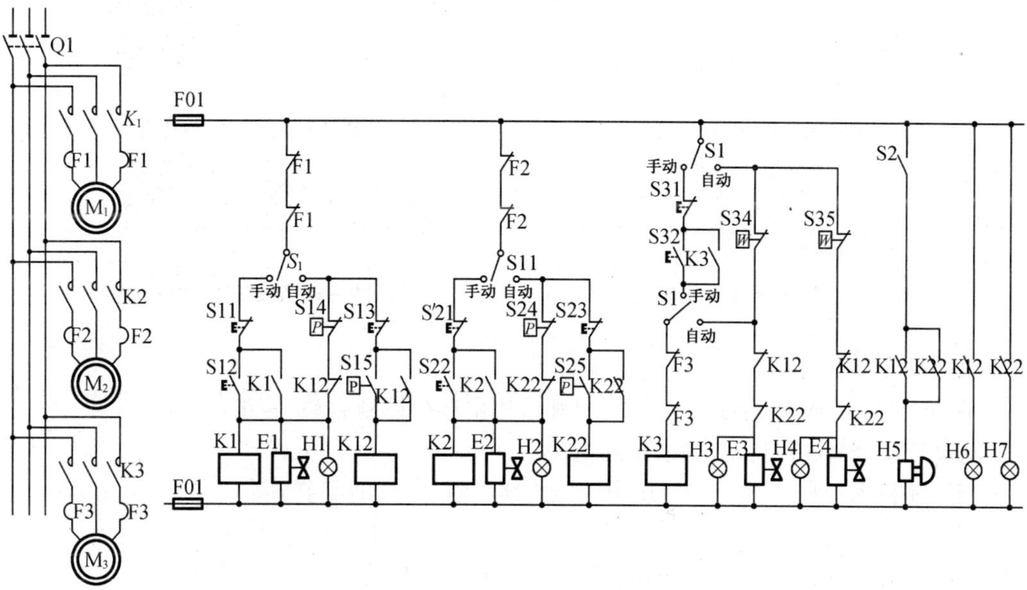

图 9 – 2　冷藏机的控制电路

控制电路主要元件说明：

M1，M2——冷库压缩机电动机；

M3——菜库风机电动机；

F1，F2，F3——热继电器；

K1，K2，K3——接触器；

Q1——电源开关；

F01——熔断器；

E1，E2——冷却水电磁阀；

E3——菜库冷剂电磁阀；

E4——肉库冷剂电磁阀；

H1 ~4，H6，H7——指示灯；

H5——警铃；

K12，K22——中间继电器，由压缩机出口压力控制；

S1——冷库手自动选择开关；

S2——报警消音开关；

S11，S21，S31——停止按钮；

S12，S22，S32——启动按钮；

S13，S23——复位按钮，压缩机高压故障排除后复位用；

S14，S24——压力继电器，压缩机入口压力高于设定低限（9.8 N/cm^2）接通（图 9 – 3）；

S15，S25——压力继电器，压缩机出口压力高于设定高限（102.9 N/cm^2）接通（图 9 – 3）；

S34——菜库温度继电器，温度高于上限（7 ℃）接通，低于下限（4 ℃）分断（图 9 – 4）；

S35——肉库温度继电器，温度高于上限（ –7 ℃）接通，低于下限（ –14 ℃）分断（图 9 – 4）。

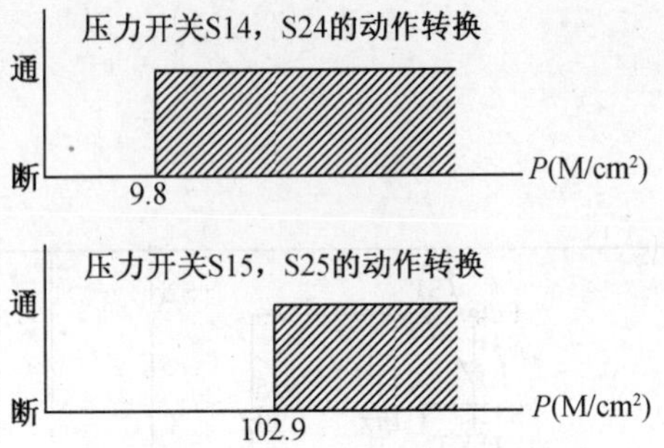

图 9－3　压力开关动作转换

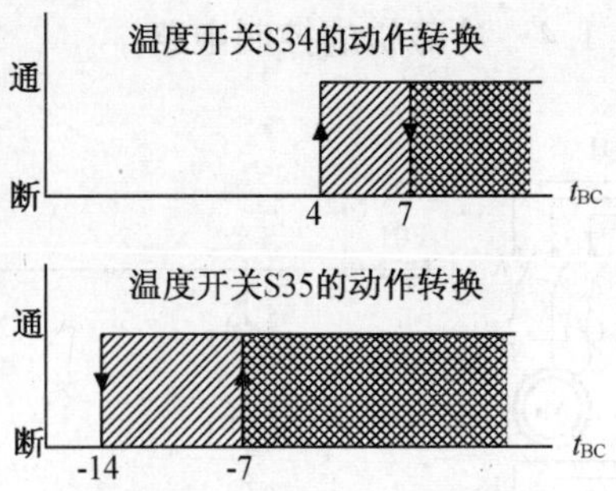

图 9－4　温度开关动作转换

电路动作简述：

手动工况：S1 放在手动位置，压缩机和风机由按钮控制启动/停止。

自动工况：S1 放在自动位置，接通电源。

当压缩机入口压力高于大气压力时压力继电器（S14，S24）接通：

K1，K2 通电动作，压缩机启动运行，冷却水电磁阀（E1，E2）打开；

若冷库温度在设定值以上，温度继电器（S34，S35）闭合：

冷剂电磁阀（E3，E4）打开；冷剂进入冷库制冷。

当冷库温度降至下限，温度继电器（S34，S35）断开：

冷剂电磁阀（E3，E4）关闭，冷库停止制冷，此时压缩机仍继续运行；

当压缩机入口压力降至大气压以下，压力继电器（S14，S24）断开：

K1，K2 分断，压缩机停止，冷却水电磁阀（E1，E2）关闭；冷库停止制冷，处于保温状态；

待冷库温度回升到上限，温度继电器（S34，S35）接通：

冷剂电磁阀（E3，E4）打开，储存在储液罐中的冷剂进入冷库的蒸发器，蒸发器出口的压力逐渐上升，待升至高于大气压力时压力继电器（S14，S24）接通，压缩机重又启动运行。

自动工况下的高压故障保护：

若压缩机出口压力过高压力继电器（S15，S25）接通：

中间继电器（K12，K22）通电自保，常闭触头打开，压缩机停止，冷却水电磁阀（E1，E2）关闭；冷库停止工作；常开触头闭合发出声光报警。

在故障排除后，因（K12，K22）自保，压缩机不会自动启动，可在压缩机出口压力低于 83.3N/cm^2（约 8.2 大气压）时按复位按钮（S13，S23）使系统恢复工作。

9.2　空　　调

9.2.1　空调系统的组成

空调系统主要由两部分组成，一部分用来冷却空气形成冷风，用于夏季空调；另一部分用来加热空气形成热风，用于冬季空调。空调方案很多，图 9－5 是常见的一种。

9.2.1.1　冷风的形成与夏季空调

图 9－5 中的冷却器相当于制冷系统中的冷库，冷却器中的淡水相当于冷库中的库容物，淡水的热量被冷剂吸收。淡水温度降至 7～11 ℃以下，再由循环水泵送到热交换器使空

气冷却。吸收空气中热量后的淡水,再回到冷却器降温。在夏季冷却后的空气由风机送入各舱室。

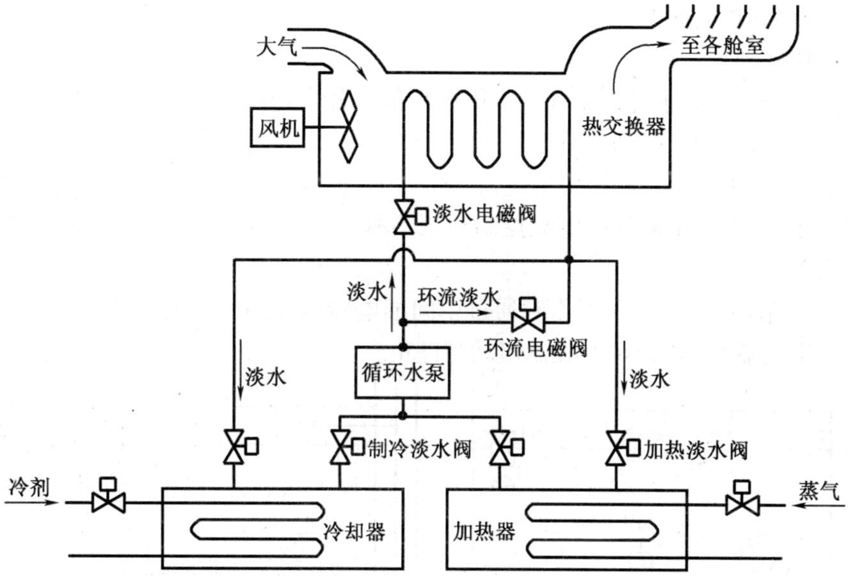

图 9 – 5　空调系统简图

9.2.1.2　热风的形成与冬季空调

加热器由蒸汽或电加热器加热淡水,加热后的淡水(43 ~ 45 ℃)由循环水泵送到热交换器去加热空气,受空气冷却后的淡水,再回到加热器受热。在冬季加热后的空气由风机送入各舱室。

9.2.2　空调系统电控实例分析

电气控制的基本环节:

夏季空调的控制:

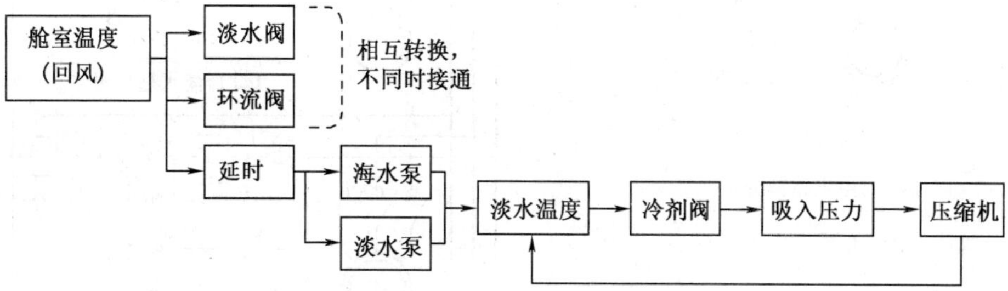

冬季空调的控制:

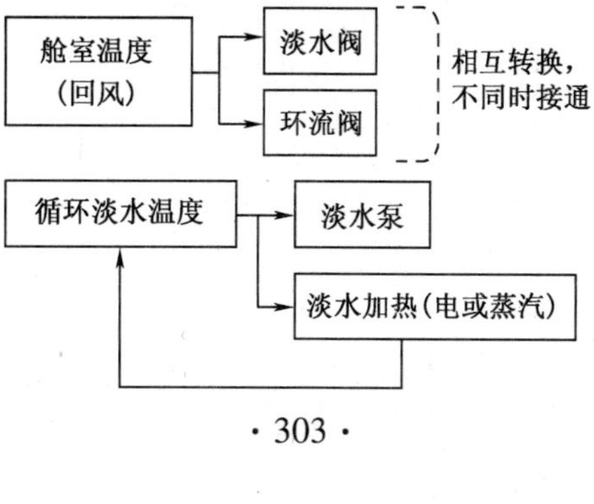

海船空调装置电气控制电路实例如图 9－6 所示。该空调装置主要设置如下：

三台制冷装置，包括三台制冷压缩机和两台海水冷却泵，用于冷却换热介质——淡水；两台淡水循环泵；热交换器等。

电路工作原理：

主电路：压缩机、海水冷却泵和淡水循环泵都可各自选择手动/自动工况。手动由按钮控制启动与停止；自动工况则各有区别。

三台压缩机：由吸入口的压力继电器 SP1～SP3 控制机组的启动与停止。

两台海水冷却泵：由中间继电器控制与压缩机同时启动与停止（压缩机入口压力达到动作值时启动）。

两台淡水循环泵：在夏季工作时通过中间继电器与压缩机同时启动与停止；在冬季工作时由温度继电器 SW14，SW15 控制启动与停止。

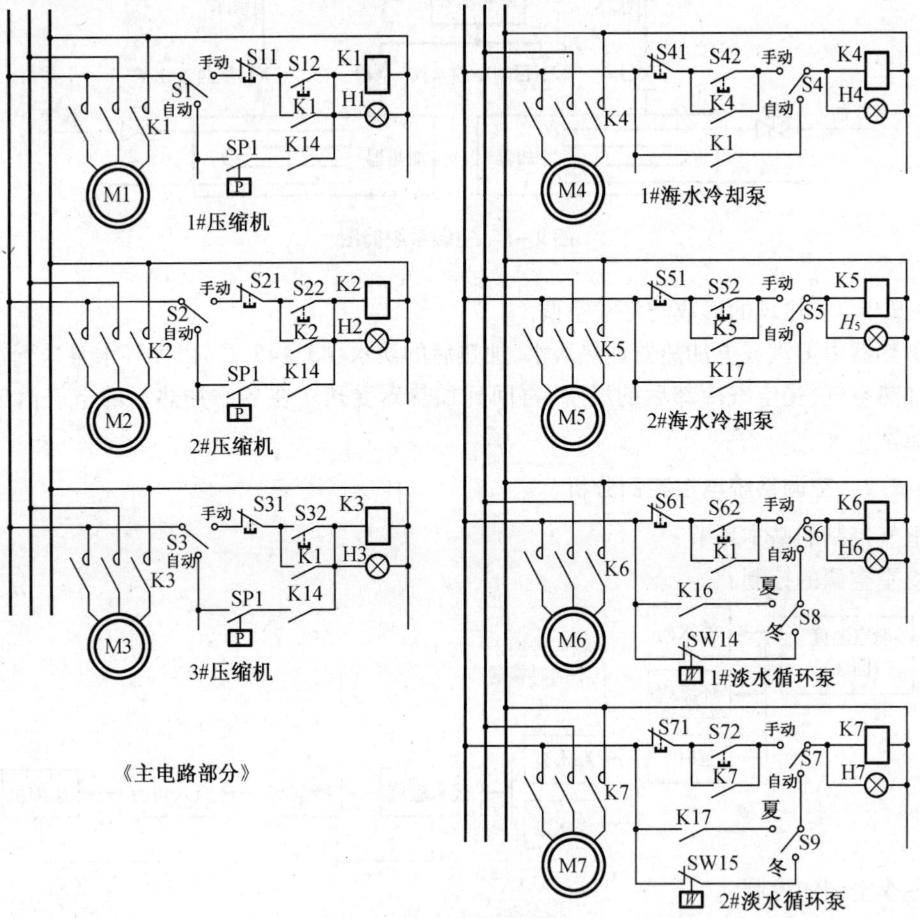

《主电路部分》

控制电路：

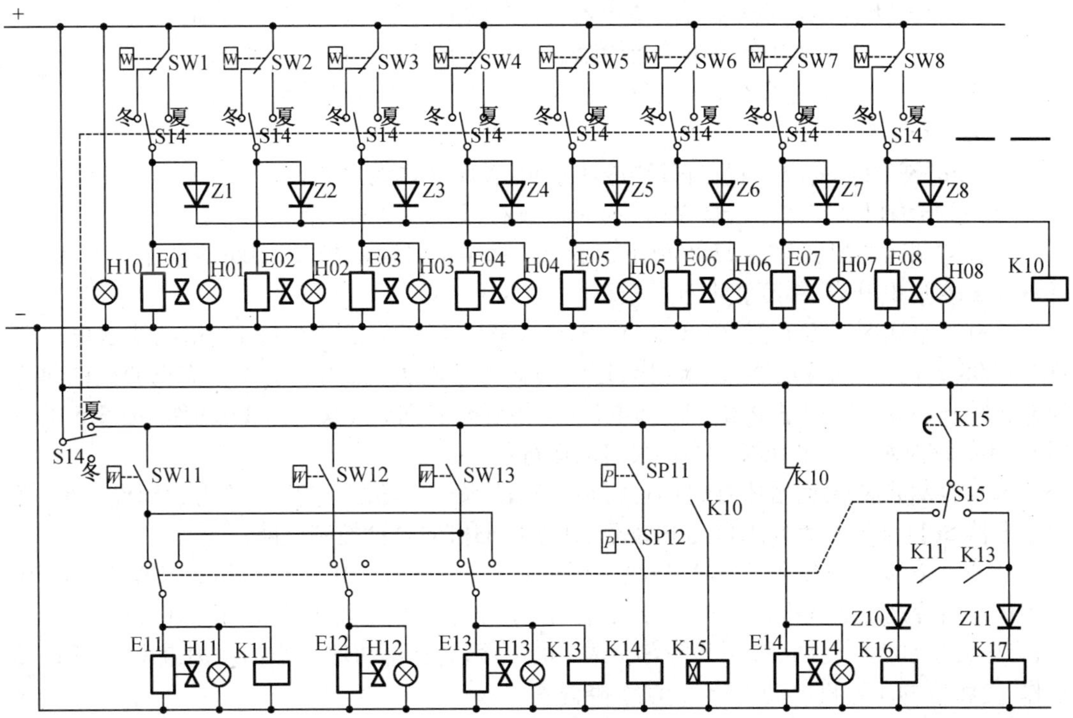

图 9－6　空调系统电路图

各元件用途与整定值：

E01～E08——各空调区的淡水电磁阀；

E11～E13——制冷剂电磁阀；

E14——淡水环流阀；

K10,K11,K13,K14,K16,K17——中间继电器；

K15——时间继电器；

S14——冬夏季工况选择开关；

S15——压缩机工作次序选择开关；

SP1～3——压缩机吸入口压力继电器；

SP11——冷却海水压力继电器；

SP12——循环淡水压力继电器；

SW1～SW8——各空调区的温度继电器，一般设置为：

冬季（图中常闭触头）13 ℃以下闭合，19 ℃以上分断；

夏季（图中常开触头）30 ℃以上闭合，27 ℃以下分断。

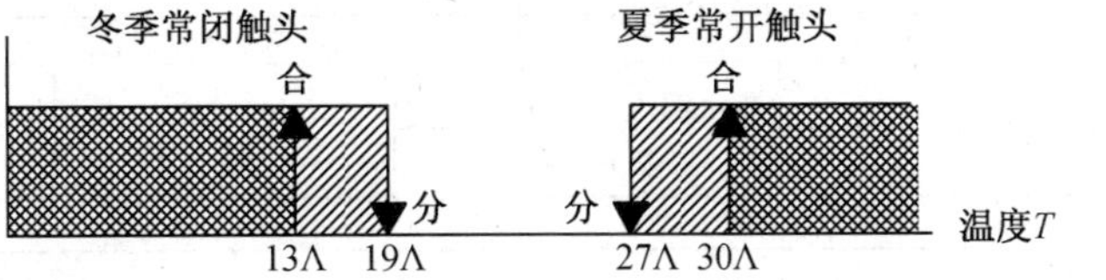

SW11——夏季降温用淡水温度继电器，7 ℃以上闭合，低于 7 ℃分断。

SW12——夏季降温用淡水温度继电器，9 ℃以上闭合，低于 9 ℃分断。

SW13——夏季降温用淡水温度继电器,11 ℃以上闭合,低于 11 ℃分断。

SW14——冬季加热用淡水温度继电器,43 ℃以下闭合,超过 43 ℃分断。

SW15——冬季加热用淡水温度继电器,45 ℃以下闭合,超过 45 ℃分断。

夏季工作:

S14,S8,S9 放在夏季位置;打开制冷淡水阀,关闭加热淡水阀。

S15 按压缩机工作次序选择左(1 - 2 - 3)或右(3 - 2 - 1)位置;

若各空调区的温度都在 27 ℃以下,则 SW1 ~ SW8 都触点断开,中间继电器 K10 失电,环流阀 E14 通电开启,制冷淡水自行循环;

若有某空调区温度升至 30 ℃以上,SW_1 ~ SW_8 有一个或几个接通,相应淡水电磁阀 E01 ~ E08 开启,中间继电器 K10 动作,环流阀 E14 断电关闭,淡水通入相应空调区的热交换器,使空气降温;时间继电器 K15 通电计时,待延时时间到 K16 或 K17 动作(按 S15 的选择),1#或 2#海水冷却泵和淡水循环泵启动运行;

海水冷却泵和淡水循环泵启动运行后,海、淡水压力随之上升,待压力达到设定值,压力继电器 SP11,SP12 动作,K14 通电动作,接通压缩机的自动控制电路;

冷剂电磁阀受淡水温度控制,当淡水温度达到设定值(7,9,11 ℃)以上,SW11 ~ 13 先后动作开启冷剂电磁阀 E11 ~ E13,冷剂通入淡水冷却器并在其中蒸发,其出口压力逐渐上升;当压力超过大气压时,按照开关 S15 选定的顺序,各压缩机吸入口的压力继电器 SP1 ~ 3 动作,使相应的压缩机启动运行,为淡水降温;

首先是对应于设定淡水温度 7 ℃的压缩机启动运行,若一台压缩机制冷不足以使淡水温度下降,则淡水温度达到 9 或 11 ℃,SW12 或 SW13 动作,冷剂电磁阀 E12 或 E13 开启,两或三台压缩机同时制冷;在三台压缩机同时工作时, K11 与 K13 都动作,使 K16 与 K17 并联动作,两台海水泵和两台淡水泵全部启动运行。

当某一空调区温度降到低限 27 ℃时,该区的温度继电器复位,淡水电磁阀关闭,相应的热交换器停止热交换,气温不再继续下降,但其余空调区仍继续工作。

若所有空调区温度都降到低限 27 ℃,温度继电器 E01 ~ E08 全部复位,则 K10 复位,淡水环流阀开启,使淡水不通过热交换器而自行循环;K15 复位、K16 和 K17 复位,海淡水泵停止。

冷剂通过压缩机继续冷却循环中的淡水使淡水温度下降,当淡水温度降到设定值以下,淡水温度继电器 SW13 ~ SW11 相继复位,关闭冷剂电磁阀 E13 ~ E11,使冷剂停止循环;在压缩机作用下吸入口的冷剂气体压力下降,使压力继电器 SP1 ~ 3 复位,压缩机停止运行。

压缩机工作顺序由开关 S15 选择,可按 1 - 2 - 3 或 3 - 2 - 1 次序启动工作,海水泵和淡水泵的运行顺序也同时按 1 - 2 或 2 - 1 的顺序选定。

夏季空调各元件动作情况如下:

各舱室温度 27 ℃以下:

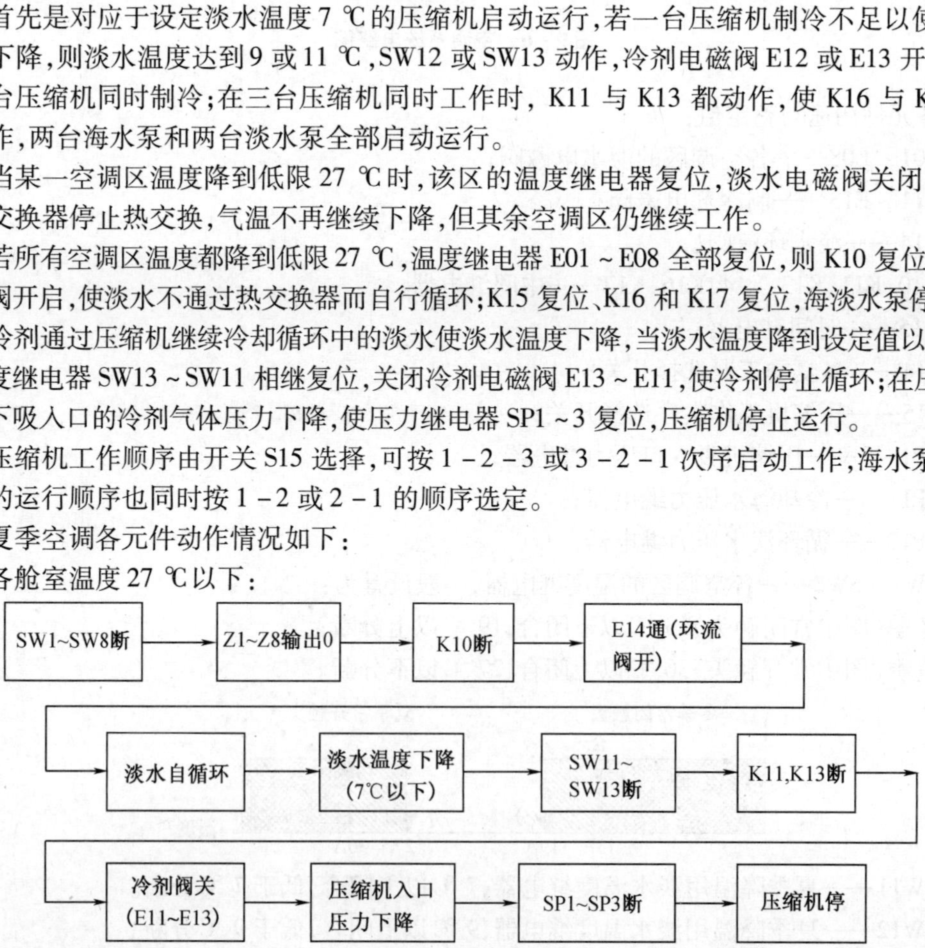

有舱室温度到 30 ℃以上：

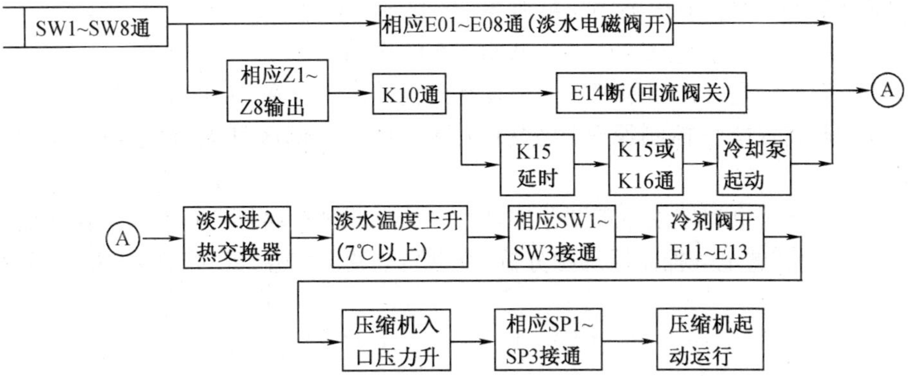

多数舱室温度在 30 ℃以上：

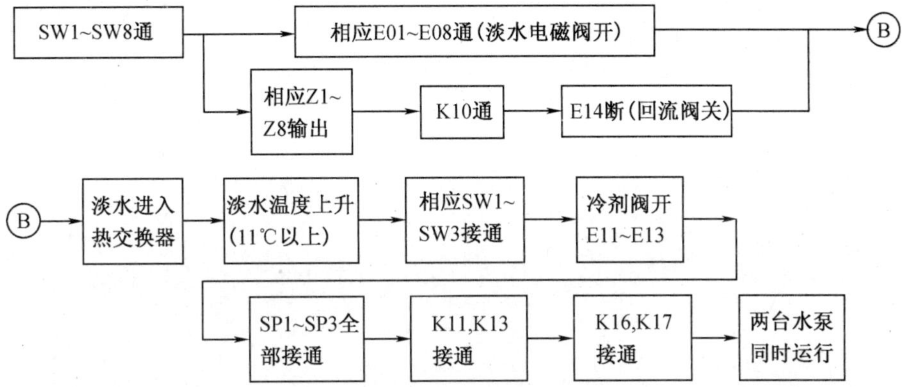

冬季工作：

S14，S8，S9 放在冬季位置；打开加热淡水阀，关闭制冷淡水阀。

在冬季工况制冷装置不需要工作，压缩机和海水冷却泵都无需工作可放在手动位置（即使放在自动位置，因 S14 已在冬季位置，K14，K16，K17 都不通电，也不会启动）。

环流电磁阀 E14 通电开启。

若某一空调区温度降至 13 ℃以下，SW1～8 有一接通，相应淡水电磁阀 E01～E08 开启，中间继电器 K10 动作，环流阀 E14 断电关闭，淡水通入相应空调区的热交换器，使空气升温。当空调区温度升到上限 19 ℃时，该区的温度继电器复位，淡水电磁阀关闭，相应的热交换器停止热交换，气温不再继续上升，但其余空调区仍继续工作。

加热淡水温度不足 43 ℃时两台淡水泵启动运行，温度上升达到 43 ℃或 45 ℃时，淡水温度继电器 SW14，SW15 相继分断，淡水泵停止运行。应同时关闭加热蒸汽阀或电加热器。（图中未画入）。

参 考 习 题

1. 蒸汽压缩式制冷装置是按什么原理制冷的？
2. 压缩式制冷装置中膨胀阀的作用是什么，是怎样工作的？
3. 压缩式制冷装置如何控制冷库温度的上下限？

4. 压缩式制冷装置如何控制压缩机的启动与停止?

5. 试分析冷藏机控制电路中压缩机 M1 的自动工作情况。

6. 试述冷藏机控制电路中压力继电器 S15 的作用。

7. 按空调装置电气控制原理图分析夏季各空调区气温在 27 ℃以下的工作情况。

8. 按空调装置电气控制原理图分析夏季有几个空调区气温升至 30 ℃以上的工作情况。

9. 按空调装置电气控制原理图分析夏季多数空调区气温都较高时的工作情况。

10. 按空调装置电气控制原理图分析,夏季当空调区气温都已降到 27 ℃以下时的工作情况。

第10章　船舶舵机

10.1　舵机装置

船舶航行由舵来控制航向，而舵则由舵机装置操纵。船舶的舵机装置由操舵装置、舵机、转舵机构和舵叶组成，其分布情况如图10－1所示。

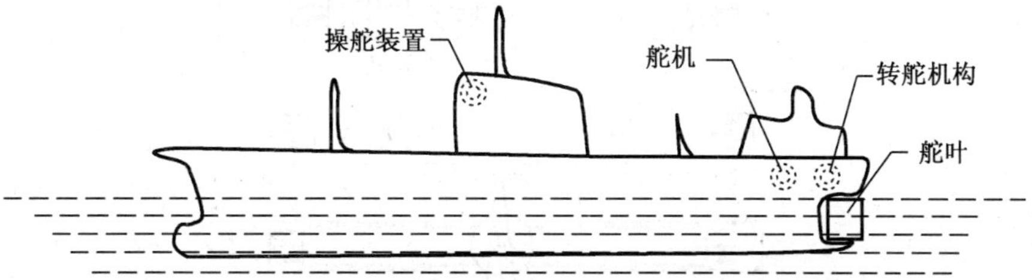

图10－1　舵机装置在船上的分布示意图

10.1.1　操舵装置

由驾驶室发信装置和舵机房接收装置组成，是操纵舵机的指令系统，也叫作远距操纵机构。

10.1.2　舵机

是转舵的动力装置，分人力舵、气动舵、电动舵和电液舵等。目前多用电液舵，简况如图10－2所示。

单向液控阀：控制油压低于设定值时其作用与单向阀相同，控制油压高于设定值则双向导通。

电液阀：电磁线圈通电或断电可控制辅系统油路的通断或流向，再由辅系统的油压控制阀的移动。从电路的控制来说与控制电磁阀的要求是一样的，但须在辅油泵启动并建立油压后才能工作。

向右转舵时的液流：电磁线圈S2通电。

压力油流：油箱2—主油泵5—滤器8—电液阀4（P—B）—单向液控阀3—转舵油缸1的右缸。

回油路径：转舵油缸1的左缸—单向液控阀3′—电液阀4（A—O）—回油箱2′。

在转舵时P端有油压，通过控制油管通到单向液控阀的控制端，使单向液控阀双向导通，为回油提供了通路。

向左转舵时的液流：电磁线圈S1通电。

压力油流：油箱2—主油泵5—滤器8—电液阀4（P—A）—单向液控阀3′—转舵油缸1

左缸。

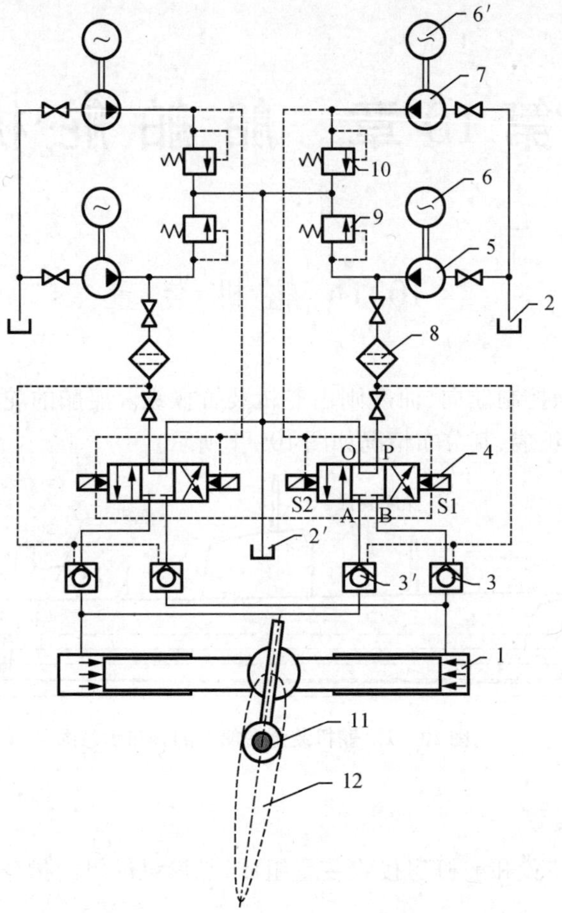

图 10-2　阀控液压舵机原理图

1—转舵油缸;2—油箱;3—单向阀液控;4—电液阀;5—主油泵;6—电动机;7—辅油泵;
8—滤器;9—主系统溢流阀;10—辅系统溢流阀;11—舵柱;12—舵叶

回油路径:转舵油缸 1 的右缸—单向液控阀 3—电液阀 4(B—O)—回油箱 2′。同样 P 端油压,使单向液控阀双向导通,为回油提供通路。

停舵状态:

油流:油箱 2—主油泵 5—滤器 8—电液阀 4(P—O)—回油箱 2′。

此时 P 端与 O 连通,其压力为零(大气压力),单向液控阀 3 和 3′都逆向截止,转舵油缸 1 的左、右两缸的容积(油量)都不能改变,使舵叶停在原位不会因外力作用而移动。

过载保护:

当舵机的负荷超载时,转舵油缸 P 端的压力就升高,即主泵的输出压力上升,当压力升到主系统溢流阀的动作整定值时,溢流阀 9 就开通,把压力油放回油箱降低压力。这样在超载时舵叶就停止转动,获得了陡降(挖土机)机械特性,实现过载保护。

10.1.3　转舵机构

把转舵的动力从动力装置传到舵柱(或舵杆),是传动机构。

10.1.3.1 十字头式转舵机构

液压油在操舵装置控制下进入转舵油缸，推动柱塞和耳轴左右移动，通过十字头、连接结构转动舵柄，带动舵叶左右旋转，其工作原理如图 10－3 所示。

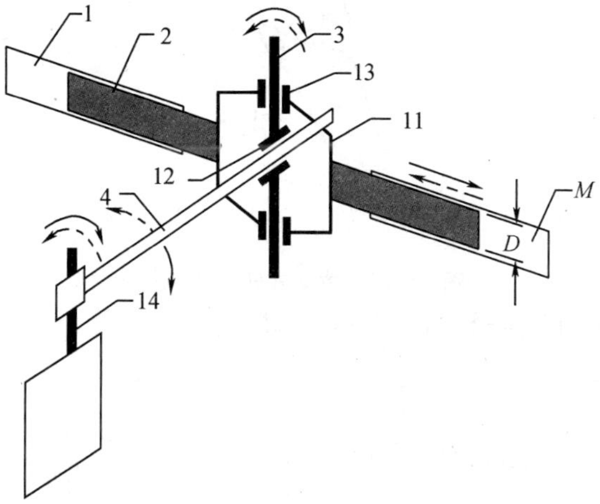

图 10－3　十字头式转舵机构工作原理图

1—转舵油缸；2—柱塞；3—副轴；4—舵柄；11—联接结构；12—十字头；13—轴承；14—舵柱

十字头式转舵机构如图 10－4 所示。

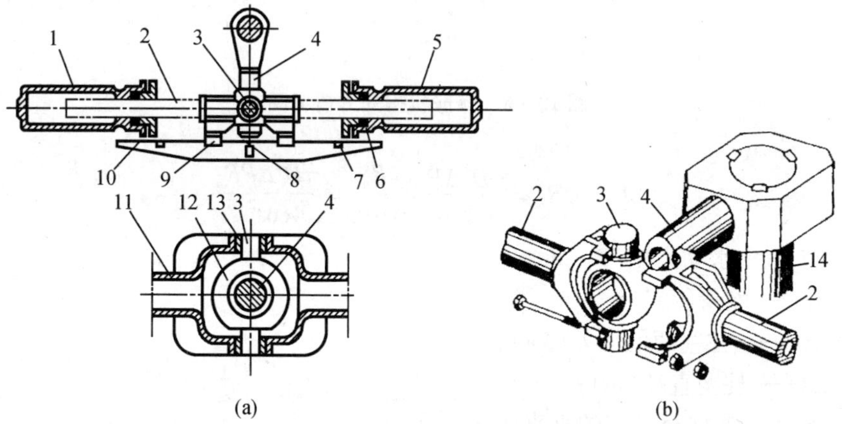

(a)　(b)

图 10－4　十字头式转舵机构图

1－油缸；2－柱塞（撞杆）；3－耳轴；4－舵柄；5－油缸；6－密封环；7－柱塞行程限位器；8－机械式舵角指示器；9－滑块；10－导板；11－中央联结部分；12－十字头；13－轴承；14－舵柱（舵杆）

10.1.3.2 拨叉式转舵机构（图 10－5）

十字头式及拨叉式转舵机构受力情况如图 10－6 所示。

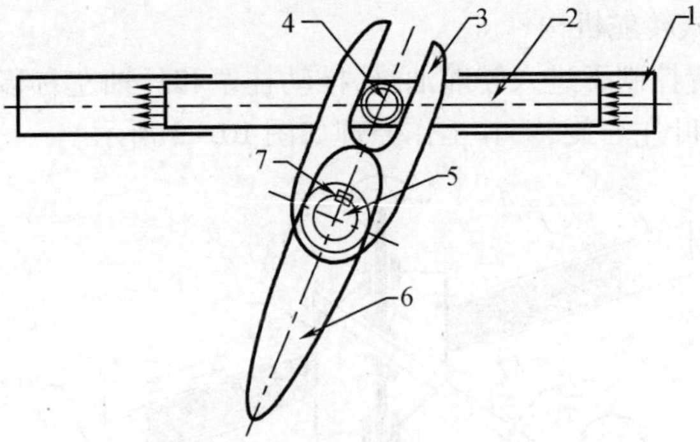

图 10－5　拨叉式转舵机构图

1－油缸;2－柱塞;3－拨叉;4－立柱;5－舵柱;6－舵叶;7－键

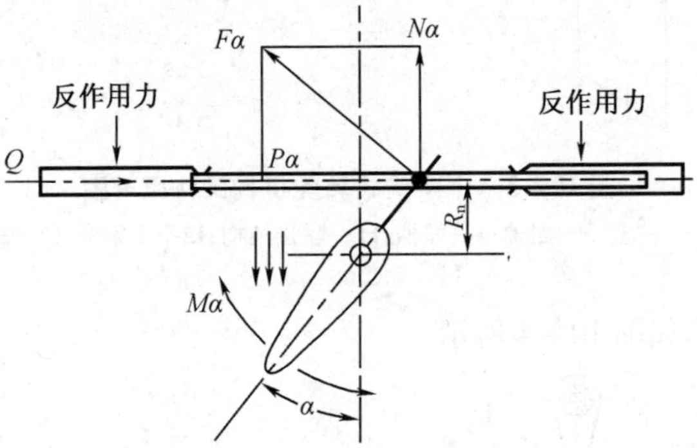

图 10－6　转舵机构受力情况图

$$M_\alpha = QR_n = \frac{\pi D^2 \Delta P}{4\cos\alpha} \times \frac{R_n}{\cos\alpha} = \frac{\pi D^2 \Delta P R_n}{4\cos^2\alpha}$$

式中　M_α——水动力矩(N·m);

α——舵角(°);

ΔP——柱塞两的压差(Pa);

D——柱塞直径(m);

R_n——舵柱至柱塞的垂直距离(m)。

10.1.3.3　转叶式转舵机构(图 10－7)

10.1.4　舵叶

简称舵,其作用是承接水流的作用力,产生转船力矩。按舵叶结构不同分平衡舵、不平衡舵和襟翼舵等,如图 10－8 所示。

舵叶高度与宽度之比叫展舷比,$\lambda = \frac{H}{W}$,海船的展舷比一般比河船大。

除上述基本组成设备外,还有舵角指示装置、指令收发装置、应急装置等。

附:舵机控制船舶航向的原理(图 10－9)

当舵叶偏转某一舵角 α 后,水流就以冲角 α 流向舵叶,产生与舵叶面垂直的水压力,整个舵叶面水压力的合力 P_N 可分成两个分力,一个与船舯线面平行,一个与船舯线面垂直。平行于船舯线面的力阻碍船舶前进,垂直于船舯线面的力产生转船力矩,使船舶转向。

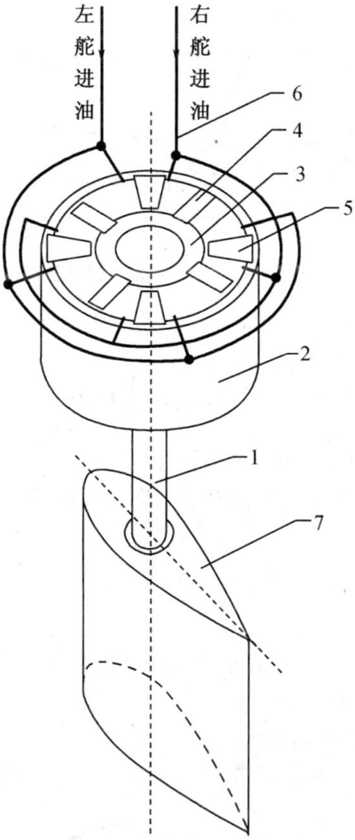

图 10-7　转叶式转舵机构图

1—舵柱(舵杆);2—缸体;3—转毂;4—转叶;5—定叶;6—油管;7—舵叶

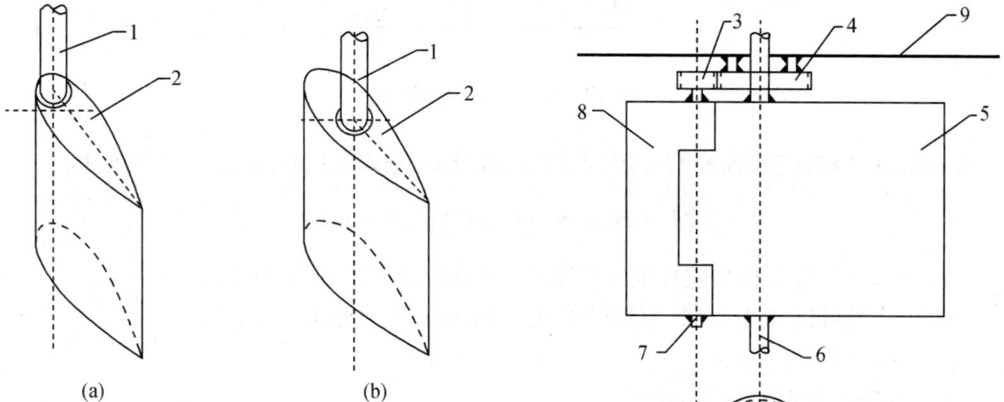

图 10-8　舵叶分类

(a)不平衡舵;(b)平衡舵;(c)襟翼舵

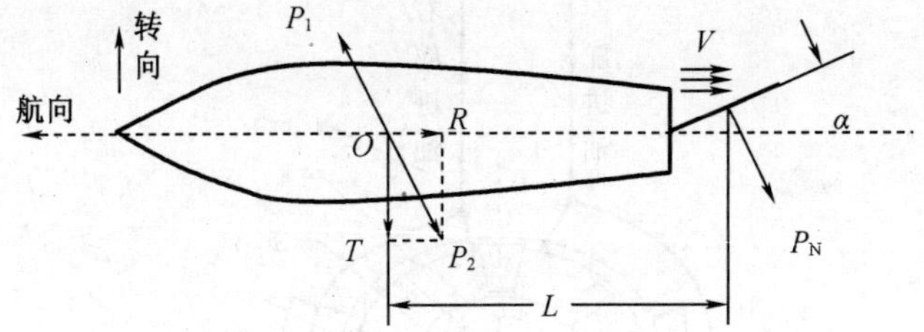

图 10－9　操舵转向原理图

转船力矩 M_S 的大小用下式表示

$$M_S = P_N L\cos\alpha \approx \frac{1}{2}C_L\rho AV^2 L$$

式中　L——舵压力中心至船舶重心的距离,m;

C_L——升力系数,与舵叶的何形状有关,随 α 值而变;

ρ——水的密度,kg/m^3;

V——舵叶处水的流速,m/s,可取航速的 1.15～1.2 倍;

A——舵叶面积,m^2。

产生最大转船力矩的舵角定为舵的最大偏转角,叫作“最大舵角”。

海船的最大舵角为 $\alpha_{max} = 30° \to 35°$。

河船的最大舵角为 $\alpha_{max} = 35° \to 45°$。

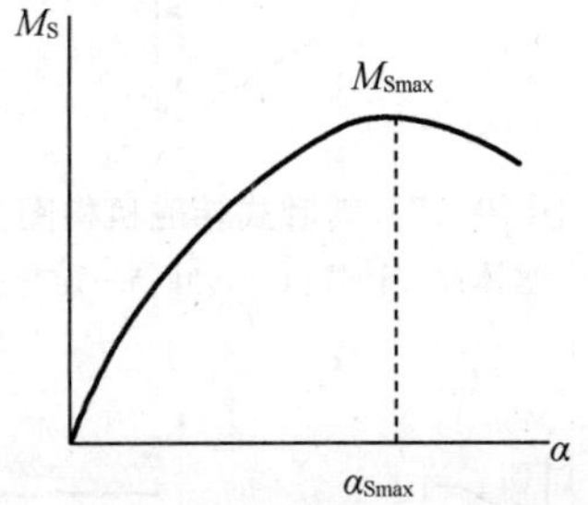

图 10－10　转船力矩曲线

水的压力 P_N 对舵杆轴线的力矩是水流使舵绕轴线偏转力矩,称为水动力矩 M_α

$$M_\alpha = P_N x_C = \frac{1}{2}C_N\rho AV^2 x_C (\text{N}\cdot\text{m})$$

式中　x_C——舵压力中心至舵杆轴线的距离 m(此距离随舵角 α 而变);

C_N——舵叶的压力系数,与舵叶的几何形状有关,随舵角 α 而变;

ρ——水的密度 kg/m^3;

V——舵叶处水的流速 m/s;

A——舵叶面积 m^2。

要使舵叶转动,舵机施加于舵杆上的力矩 M 应能克服水动力矩 M_α 和舵轴承总摩擦力矩 M_f。当舵匀速转动时 $M = M_\alpha + M_f$;

要使舵加速,则须加上系统的动态力矩 M_{dy},舵加速时 $M = M_\alpha + M_f + M_{dy}$;一般 $M_f = (0.15 \sim 0.2)M_\alpha$。

航向控制小结:

(1)前进时船的转向与舵的转向相同,后退时船的转向与舵的转向相反。

(2)转船力矩和水动力矩都与舵叶面积成正比,与舵叶处水流速度平方成正比,但转船力矩比水动力矩大得多;平衡舵的水动力矩小于不平衡舵的水动力矩。

(3)最大舵角是出现最大转船力矩时的舵叶偏转角。

(4)一般在最大舵角时水动力矩也最大,要求舵机输出最大转矩,把舵机在最大舵角时输出的最大转矩称为舵机的“公称扭矩”;船舶配置的舵机的“公称扭矩”须保证船舶在最大吃水、最大航速时能在规范规定的时间内转到最大舵角,并满足规定的倒车要求。

(5)在水流速度相同时,后退的水动力矩比前进时大(后退时水流压力中心至舵杆中心的距离比前进时大),但所有船舶后退的航速比前进时小很多,故后退时的水动力矩不会超过公称扭矩(一般后退时最多约为60%)。

10.2　船舶对舵机装置的要求

10.2.1　工作可靠性

(1)由两路供电。

(2)连续工作制,机械特性为软特性(陡降特性),有足够的过载能力,可堵转而不损坏;不设过载保护。

(3)具有足够的转舵力矩和速度,在最高航行速度时转舵速度符合规范要求。

(钢质海船能在30 s内从左满舵转至右满舵或反方向。)

10.2.2　生命力强

(1)有两个或两个以上控制站,可迅速转换操作地点,且防止两地同时操作。

(2)有备用动力。

10.2.3　操作灵便

10.2.4　具有限位和报警功能

过载报警(只报警不停止)。

欠压报警。

偏航报警等。

10.3　操舵控制方式

10.3.1　单动操舵

又叫应急操舵、手柄操舵。由开关或按钮控制舵叶旋转。

10.3.1.1　电动舵机单动操舵原理图(图10-11)

元件说明:

K1,K2:操舵开关/按钮的触头;

ZD1,ZD2:舵角限位开关的触头;

BQJ1,BQJ2:励磁机励磁绕组(正反向);

BQF:发电机他激励磁绕组;

CQF:发电机串激励磁绕组(差复励);

BQD：电动机他激励磁绕组。

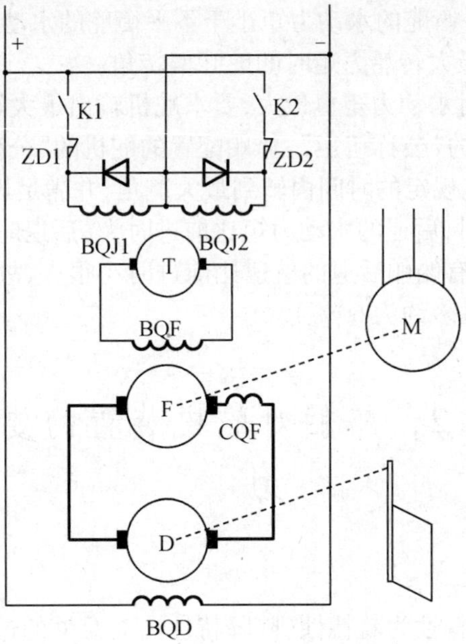

图 10－11　单动操舵原理图

元件功能：

K1,K2 控制励磁机的励磁方向,可控制向左/向右转舵；

ZD1,ZD2 分别为左/右舵角的限位开关,分别限制最大左/右舵角。

舵机用电动发电机组的发电机特点是:差复励成分较大,在轻载时磁路处于饱和状态。

在正常负载范围内输出电压变化不大,超载时因串励的去磁作用使磁路退出饱和,磁通随负载增加而减少,发电机的输出电压也随之下降。电动发电机组的电动机是他激励磁,其转速大致与输入电压成正比。

因此电动舵机的机械特性是陡降特性,又叫挖土机特性。

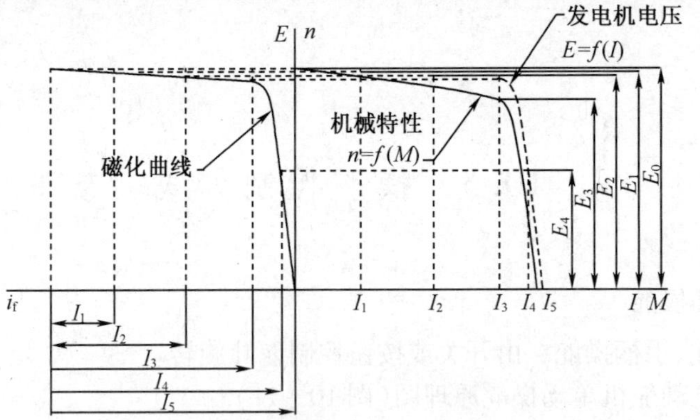

图 10－12　电动舵机的机械特性

10.3.1.2　阀控型电液舵机的单动操舵

阀控型电液舵机的操舵原理与电动舵相比,只是用左右电磁阀(或电液阀)的线圈代替电动舵机的励磁机的正反向控制绕组。图中 DF1,DF2 分别是左右转舵电磁阀的线圈,用 K1,K2 控制 DF1,DF2 的通、断,就可操纵转舵油缸的通油方向,从而控制舵叶左转或右转。

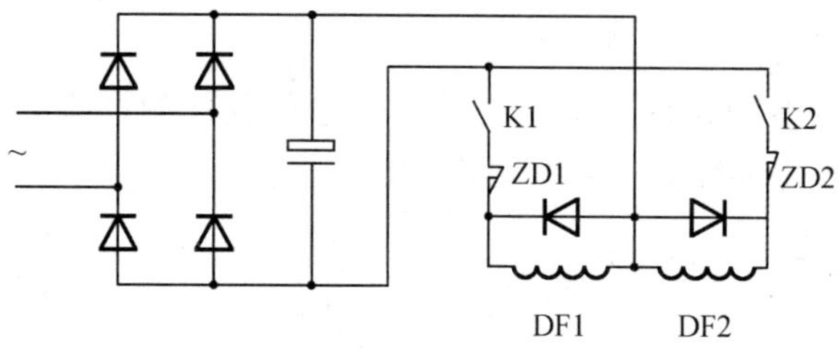

10.3.1.3　单动操舵方框图

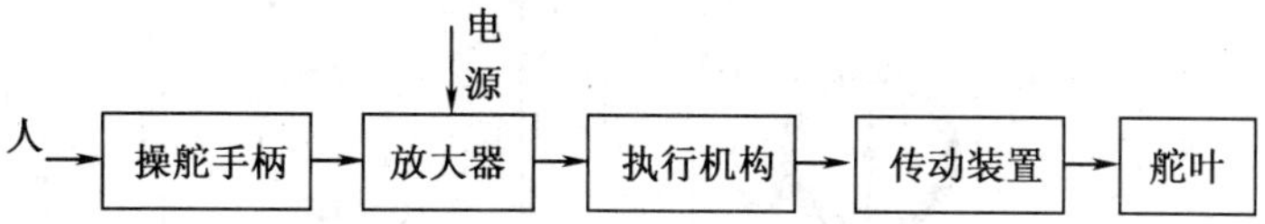

10.3.2　随动操舵

由操舵手轮控制,舵叶自动跟随操舵手轮转到相应的位置。

10.3.2.1　电动舵机随动操舵原理图(图 10 - 14)

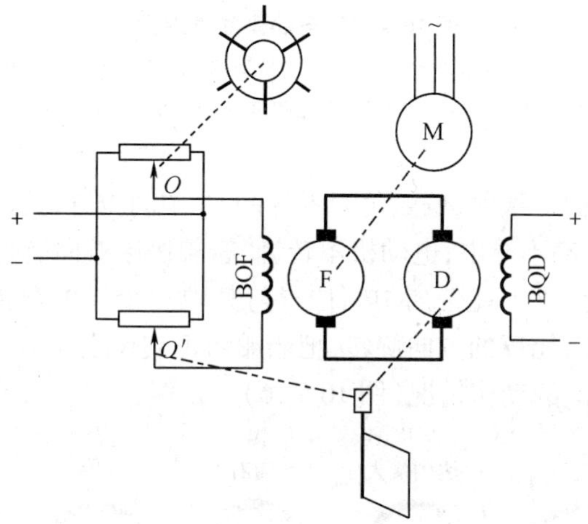

图 10 - 14　电动舵机随动操舵原理图

图 10 - 14 中的电桥起一个比较器的作用,在实际的舵机电路中可采用各种比较器把舵轮与舵叶角度进行比较,用比较后的差值进行放大,去控制舵叶旋转。

当舵轮与舵叶角度一致时,O 点与 O' 点的电位相等,发电机励磁绕组 BQF 没有励磁电流,发电机输出电压为零,电动机停转,舵叶停在协调的位置上。

舵轮与舵叶位置不协调时,BQF 通过励磁电流,发电机输出电压,使电动机带动舵叶向与舵轮协调的方向旋转。

10.3.2.2　随动操舵方框图

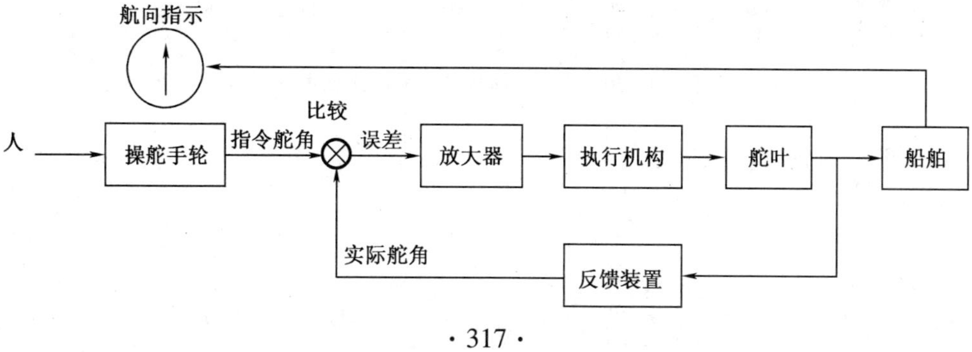

10.3.3 自动操舵

按设定航向与船舶实际航向的偏差控制舵叶旋转,使船舶自动保持按设定航向航行。

10.3.3.1 电动舵机的自动操舵原理图(图 10-15)

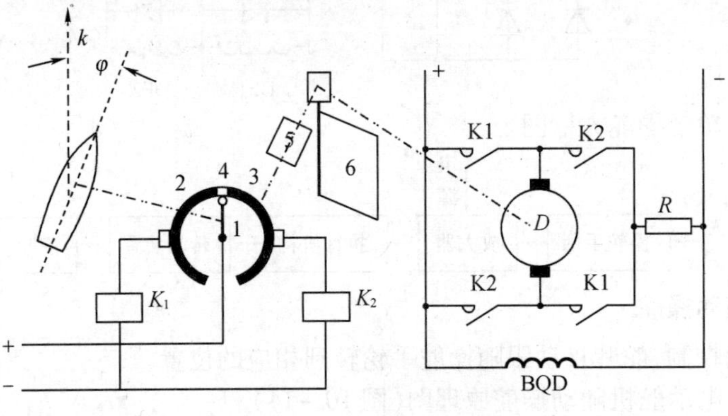

图 10-15 自动操舵原理图

k-设定航向;φ-偏航角;1-导电滚轮,由偏航信号带动;2,3-左、右导电环,由舵角反馈机构带动;
4-绝缘块;5-舵角反馈机构,与舵叶机械相连带动件 2,3,4;6-舵叶

船舶航向与设定航向一致时,偏航角为零,件 1 在中间位置,若此时舵叶也在零位,则滚轮与绝缘块接触,K_1,K_2 都不导电,电动机不转,使船舶按原航向航行;若航向与设定航向不一致,即偏航角不等于零,件 1 就偏离中间位置与其中一个导电环接触,使 K_1 或 K_2 导电,电动机带动舵叶向与偏航相反的方向旋转,把船舶纠正到设定航向上来。

10.3.3.2 自动操舵的动作情况(图 10-16)

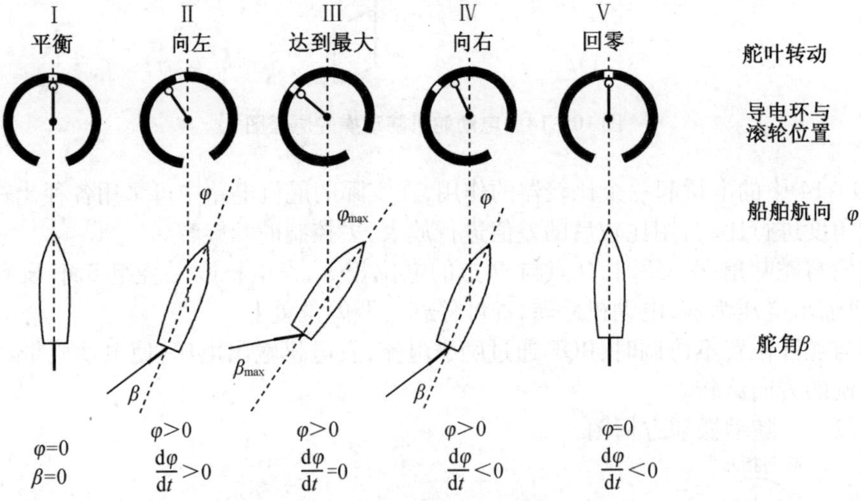

图 10-16 电动舵机自动操舵的工作情况

10.3.3.3 自动操舵方框图

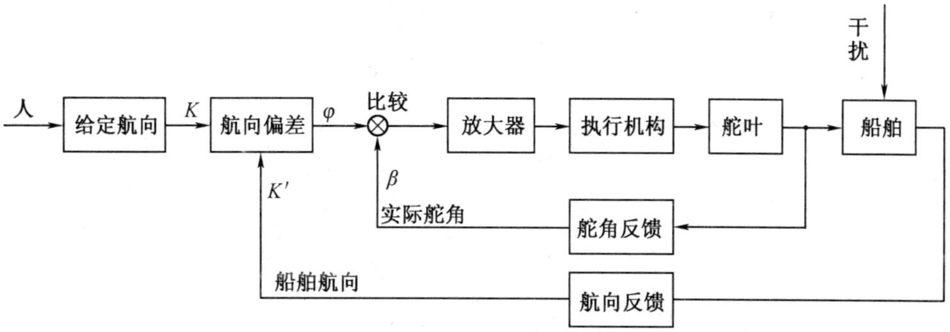

10.3.4　自动舵调节规律

10.3.4.1 比例舵(P 舵):舵角与偏航角大小成正比

舵角　$\beta = -k_1\varphi$

φ —— **偏航角**

k_1 —— **比例系数，一般范围内为0.5~4，多数为2~4**

比例舵未考虑船舶惯性,出现偏航后船舶往往左右摇摆呈 S 形行驶。其偏航角和舵角的关系如图 10－17 所示。

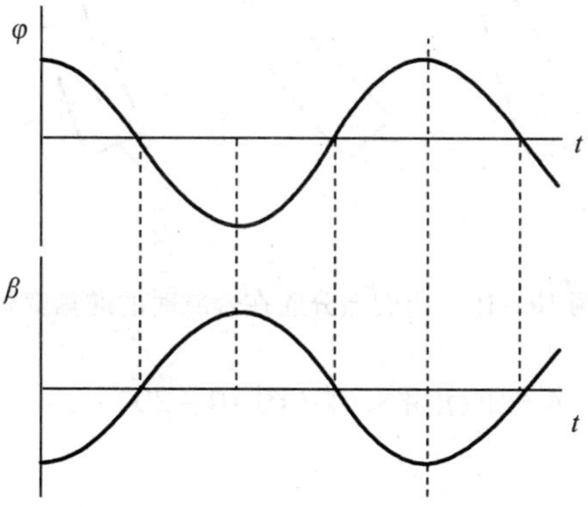

图 10－17　比例舵的偏航角与舵角

比例舵调节规律是按偏航角的大小,向相反的方向转动舵叶,转角大小与偏航角成正比,纠正偏航回归指定的航向。

10.3.4.2　比例微分舵(PD 舵)

比例微分舵是按偏航角的大小和航向变化的速度控制舵角。

舵角的变化规律：$\beta = -\left(K_1\varphi + K_2\dfrac{d\varphi}{dt}\right)$

K_2 —— **微分系数，一般范围为10~30，即航线变化速度为0.1°/s时，附加舵角1°~3°。**

K_1 与 K_2 须按船型、装载、气候等因素选合适的数值,以得到较好的控制效果。

图 10－18 是舵角随偏航角的调节规律。

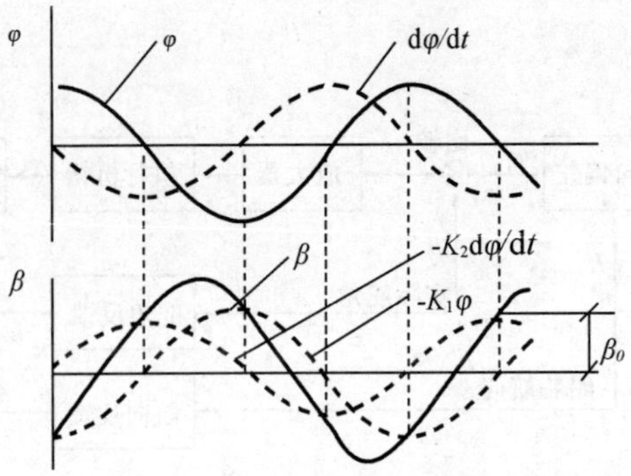

图 10-18　比例微分舵的偏航角与舵角

β_0 是偏航角回到零时用来克服船舶惯性的舵角值，称为反舵角或叫稳舵角、制动舵角、纠偏舵角。

比例微分舵在偏航时舵叶的运动情况（图 10-19）：

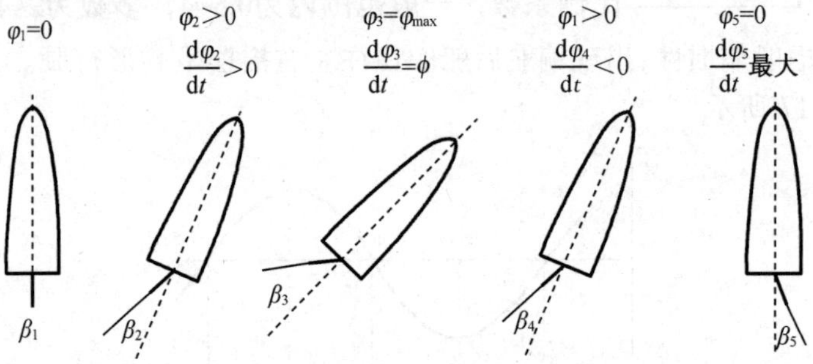

图 10-19　比例微分舵在偏航时的舵角变化

比例微分舵的微分系数对偏航角的影响（图 10-20）：

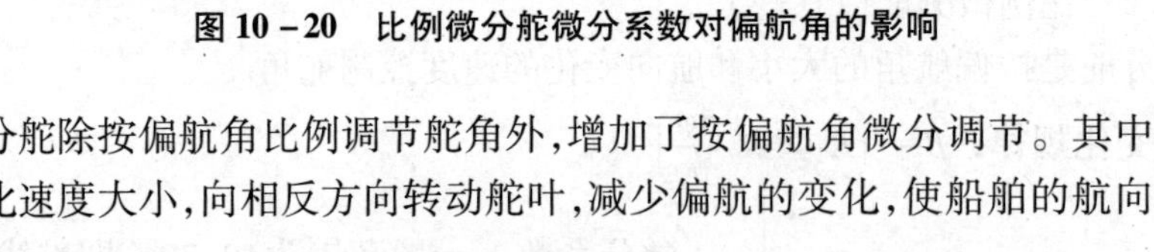

K_2调得小，微分效果差，船舶左右摇摆时间长

K_2调得大，微分效果太强，船舶纠正偏航缓慢

图 10-20　比例微分舵微分系数对偏航角的影响

比例微分舵除按偏航角比例调节舵角外，增加了按偏航角微分调节。其中微分调节是按偏航角变化速度大小，向相反方向转动舵叶，减少偏航的变化，使船舶的航向和舵角加快稳定。

10.3.4.3　比例-微分-积分舵（PDI 舵）

比例-微分-积分舵按偏航角、航向变化速度和持续偏航的累计误差控制舵角。

舵角的变化规律： $\beta=-\left(K_1\varphi+K_2\dfrac{d\varphi}{dt}+K_3\int\varphi dt\right)$

积分系数

比例 – 微分 – 积分舵的积分调节用来校正死区内小偏航引起的累积偏差和由于风向、水流、螺旋桨单向旋转、装载不均等因素造成的航迹偏离。

积分调节是按累积误差的相反方向转舵角，以纠正累积误差，使船舶回归指定航向。

为简化控制设备，有些舵机装置采用压舵环节代替积分环节，即人工设定一个固定的小转舵信号，用以抵消持续的小偏航引起的航迹误差。

偏航累积误差对船舶航迹的影响如图 10 – 21 所示。

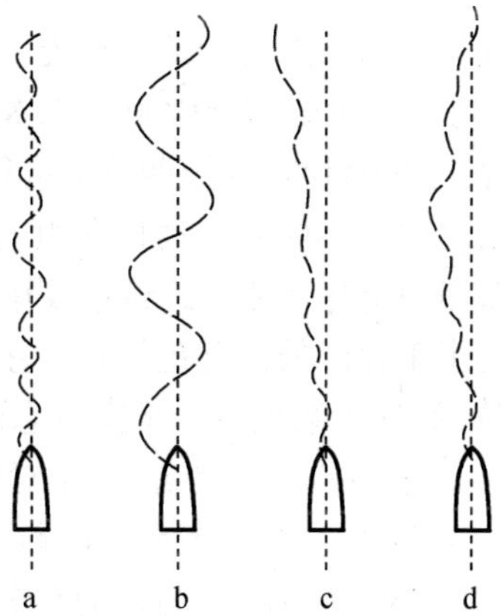

图 10 – 21　偏航积分对航迹的影响

其中

a 短时小偏航不影响航迹大方向；

b 左右交替偏航，船舶呈 S 形轨迹前进，航线延长，不影响总航向；

c 持续偏航累积使船舶偏离航线；

d 采用积分校正（或压舵环节），使船舶回到预定的航线。

10.3.4.4　自动导航

自动导航是在自动舵的基础上的进一步发展，把自动舵的人工设定船舶航向改为由导航设备设定航向。要求导航设备随时测定船舶所在位置，对照船舶预定的航线，向自动舵设备发出航向指令，使船舶按预定的航线航行。

10.3.4.5　自适应舵

前述各操舵方式的比例、微分、积分系数都由人工选择调整，其恰当与否在很大程度上取决于操作者经验。随着计算技术、测量技术的发展，按照船舶航行数据自动选择最合适的参数已有可能。目前国内已有这方面的研究成果，由计算机接收船舶航行的各项数据，把自动舵调到最佳状态，使船舶航行于最佳工况。

自适应舵应是今后大型船舶的发展方向。

10.4 对自动操舵装置的基本要求

10.4.1 自动操舵性能

10.4.1.1 静态特性

静态特性表示自动调节系统在平衡状态时的调节性能。

在理想情况下要求被调节量(自动舵中的船舶实际航向 K′)与给定量(自动舵中的给定航向 K)相等。但实际的自动调节系统都有惯性,在被调节量达到给定量时不能立即停下并保持在协调位置,在被调节量偏离给定量时也不能立即动作并跟上给定量的变化。此外各检测元件本身存在误差等因素,使被调节量只能尽可能接近给定量并在给定量附近摆动。

当被调节量与给定量的差值小于允许的误差范围(不论是恒定不变的或大小方向变化的,只要其最大值不超过允许值),就认为系统处于平衡状态(静态)。系统在平衡状态的允许误差(称为静态误差)反映了系统静态特性的优劣,用绝对误差 ε 或相对误差 s 来表示。

绝对误差 ε 指系统被调量与给定量的差,如船舶实际航向与给定航向的差角。

相对误差 s 指系统被调量与给定量的差占被调量的百分比,如在速度控制系统中实际速度与给定速度差占实际速度的比例。

应该着重指出的是自动调节系统的平衡状态是一种动态的平衡,即保持误差在一定范围内而不断变化着的平衡,而不是给定值和误差保持不变的静态的平衡。

10.4.1.2 动态特性

动态特性表示系统偏离平衡状态(因外界干扰或给定值重新设定等)后,自动恢复到平衡状态的能力。动态特性的优劣用稳定性和品质指标来衡量。

(a)稳定性

指系统能否恢复到平衡状态。

自动调节系统的调节过程通常是一个振荡或阻尼过程,若调节过程是减幅振荡或阻尼过程,系统最终可达到平衡状态,则该系统是稳定系统;除此之外系统不能达到平衡状态,则称为不稳定系统。不稳定系统的被调量不能向给定量靠拢,在自动调节系统中不能使用。

(b)品质指标

只有稳定系统才有品质指标。

自动调节系统的品质指标是衡量系统受干扰偏离平衡状态后,返回到平衡状态的能力的指标。分调节时间、振荡次数和超调量三个指标表示系统的优劣。

调节时间:从开始受到扰动到系统回到平衡状态(误差降到小于系统的允许误差)的时间。调节时间短说明系统反应迅速,性能好。

振荡次数:从开始受到扰动到系统回到平衡状态(误差达到小于系统的允许误差)期间被调量上下振荡的周期数。要求振荡次数不要太多,并与尽量减少调节时间配合考虑。

超调量:受到扰动后系统越过给定值的幅度。从整体品质考虑,一般在 20% ~30% 为宜。

自动调节系统的品质指标,如图 10 - 22 所示。

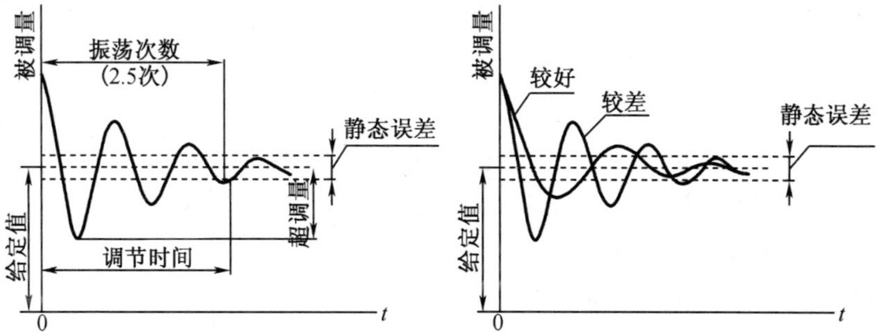

图 10－22　随动系统的品质指标

10.4.2　具有必要的调节装置

为适应不同船舶(排水量、装载情况、航速、舵机装置等)及各种天气、海情等要求,船用舵机装置需具备以下调节装置:

(1)灵敏度调节:

整定使舵机动作的最小偏航角。在天气晴好,风平浪静时灵敏度可调高一点,使航向保持比较精确;风浪较大时灵敏度调低一点,以减少舵机频繁动作;

(2)舵角比例调节:调整比例系数 K_1;

(3)反舵角调节:调整微分环节(微分系数 K_2);

(4)积分或压舵调节;

(5)航向设定。

10.4.3　配置随动操舵和单动操舵设备

船舶在进出港口或靠离码头时必须用随动操舵或单动操舵控制舵机;单动操舵因其电路简单,可靠性较高,作为应急操舵设备是不可缺少的。

10.5　HQ－5 型自动舵机

10.5.1　执行装置电路原理图(图 10－23,见插页)

10.5.1.1　元件说明

K1　机组选择开关:只有驾驶室操舵可选择机组。

Ⅰ 1#机组;　Ⅱ 停止;　Ⅲ 2#机组;　Ⅳ 1#与 2#同时运行

K2　操舵方式选择开关:只有驾驶室操舵可选择工作方式。

Ⅰ 单动操舵;　Ⅱ 随动操舵;　Ⅲ 自动操舵

K5　控制电源选择开关:只有驾驶室操舵可选择控制电源。

Ⅰ 1#机电源;　Ⅱ 2#机电源

K6　1#机操舵地点选择开关:

Ⅰ 驾驶室操舵;　Ⅱ 空位;　Ⅲ 舵机房操舵;　Ⅳ 预备驾驶室操舵

K7　2#机操舵地点选择开关:

Ⅰ 驾驶室操舵;　Ⅱ 空位;　Ⅲ 舵机房操舵;　Ⅳ 预备驾驶室操舵

K8　驾驶室操舵开关:

Ⅰ 左舵;　0　停;　Ⅱ 右舵

K9　舵机房操舵开关:

Ⅰ 左舵;　0　停;　Ⅱ 右舵

K10　预备驾驶室操舵开关:

Ⅰ 左舵;　0　停;　Ⅱ 右舵

PK1　1#机辅油泵压力继电器

PK2　2#机辅油泵压力继电器

XCK1　1#机左舵限位开关

XCK2　1#机右舵限位开关

XCK3　2#机左舵限位开关

XCK4　2#机右舵限位开关

1B　变压器,自动与随动操舵用电源

2B　变压器,驾驶室单动操舵电磁阀电源

7B　变压器,舵机房、预备驾驶室操舵,1#机电磁阀电源

8B　变压器,舵机房、预备驾驶室操舵,2#机电磁阀电源

Ⅰ左　1#机左舵电磁阀

Ⅱ右　1#机右舵电磁阀

Ⅲ左　2#机左舵电磁阀

Ⅳ右　2#机右舵电磁阀

10.5.1.2　开机准备

选择机组“K1”,以下说明为放在“Ⅰ”位,用1#机;

选择操舵地点:“K6”,以下说明为放在“Ⅰ”位,驾驶室操舵;

1#辅油泵接触器 $CJ1_{辅}$ 通电,辅油泵启动。通电路径如下:

C 相—RD1—$\boxed{CJ1_{辅}}$—350—K1—351—K6—367—B 相;

辅油泵启动后,辅油管路压力上升,当压力升至 PK1 的动作值时,PK1 触头闭合,主油泵接触器 $CJ1_{主}$ 通电,主油泵启动运行。

选择控制电源:K5”,以下说明为放在“Ⅰ”位,用1#机电源;

10.5.1.3　单动操舵

把“K2”放在“Ⅰ”位,选择单动操舵;(现在是用1#机,驾驶室单动操舵)

变压器“2B”通电。通电路径如下:

C 相—K6—354—K5—183—K2—318—$\boxed{2B}$—182—K5—356—B 相;

2B 通电后,次级 317—348 间输出 ~28V,经 ZL9 整流输出直流 24V,极性为 214‘+’,147‘-’。

向左转舵:把“K8”向“Ⅰ”位转,左舵电磁阀“Ⅰ左”通电,舵左转:

214(24V+)—K8—145—K1—359—K6—152—$\boxed{\text{Ⅰ左}}$—151—XCK1—147(24V-)

向右转舵:把“K8”向“Ⅱ”位转,右舵电磁阀“Ⅱ右”通电,舵右转:

214(24V+)—K8—136—K1—361—K6—162—$\boxed{\text{Ⅱ右}}$—161—XCK2—147(24V-)

XCK1,XCK2 分别是左/右舵角限位开关,当舵叶转到极限位置时,相应的 XCK1 或 XCK2 断开,切断电磁阀线圈电路,使电磁阀关闭切断油路,舵就停止转动;但反方向的限位开关仍接通,把操舵开关"K2"扳向反方向,就可向相反方向操舵。

限位开关的限位方向是否正确对舵机的安全运行是至关重要的,一般在调整舵机时都先要把限位的方向调好,调限位方向时应在舵叶未到限位前看限位撞块的运动方向,用手按相应方向的限位开关,看能否使舵机停下以确定限位方向的正确性。

若选择在舵机房或预备驾驶室单动操舵,则主、辅油泵直接由开关 K6(1#机组)、K7(2#机组)启动与停止,而电磁阀的电源由 7B(1#机组)或 8B(2#机组)供电,操舵开关分别为舵机房的 K9 和预备驾驶室的 K10。舵机房或预备驾驶室只有单动操舵一种操舵方式,也不选择机组或控制电源,转换开关 K1,K2,K5 都不起限制作用。

单动操舵属于应急操舵方式,在控制电路中不设熔断器。

选择驾驶室操舵,不论用哪一种操舵方式,接触器 CJ1 总是通电的,CJ1 用来接通驾驶室操舵时的报警与指示电源(待后在报警、指示电路说明)。以采用 1#机电源为例,其通路如下:

C 相—375—K6—354—K5—183—1RD—[CJ1]—335—2RD—K5—356—B 相

10.5.1.4 随动与自动操舵的电源供给

主、辅油泵的启动与停止与驾驶室单动操舵相同。

各控制电源主要都由变压器 1B 的次级供电。

操作方式选择开关 K2 放在"Ⅱ"(随动)或"Ⅲ"(自动);电源变压器 1B 通电。通电路径:

C 相—375—K6—354—K5—183—1RD—2—[1B]—56—K2—335—2RD——K5—356—B 相

1B 通过熔断器有电,其次级输出 ~36V,经 ZL8 整流后输出直流脉动电压,"+"端 141 与硅可控整流器 SCR1、SCR2 的阳极相连,"-"端 251 通过 K_2 与各电磁阀的公共负端 147 连接。当硅可控整流器触发导通时,相应的转舵电磁阀通电,使舵叶按要求的方向旋转,导电通路如下:

左舵:141(+)—SCR1—145—K1—359—K6—152—[Ⅰ左]—151—XCK_1—147—K2—251(-)

右舵:141(+)—SCR2—136—K1—361—K6—162—[Ⅱ右]—161—XCK_2—147—K2—251(-)

变压器 1B 供自动与随动操舵用电源,次级有多路输出电压,各级电压及用途汇总如下:见图 10-24。

自动与随动电磁阀电源 AC.36V

自整角机励磁电源 AC.110V

信号指示电源(场致发光) AC.140V

相敏整流基准电压 AC. 2×65V(2 组)

压舵信号 AC.12V

直流放大器电源 AC.30V(2 组)

脉冲发生器电源 AC.12V(2 组)

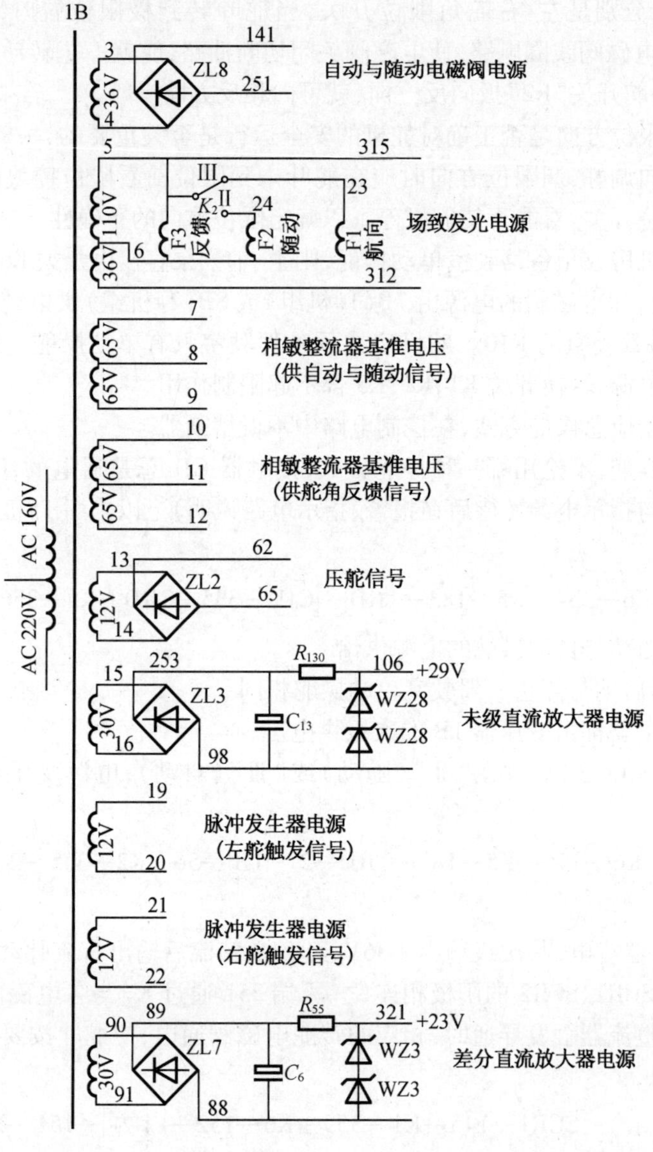

图 10-24　自动舵与随动舵电源——变压器 1B 电路图

10.5.2　指示与报警

10.5.2.1　场致发光板

为面发光元件，在电极间加上交流电压后在所形成的电场作用下发光，具有功耗小，发光均匀等特点。

结构：

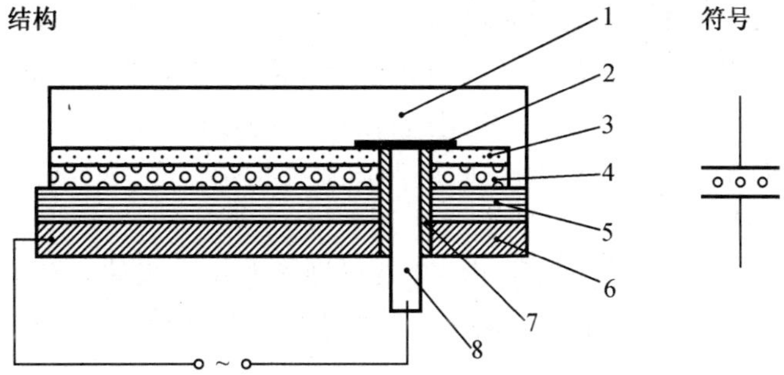

图 10-25 场致发光板

1—透明无机保护层;2—导电银浆;3—透明第二电极;4—发光层;
5—钛白反射层;6—钢板第一电极;7—绝缘环;8—第二电极引钉

10.5.2.2 舵机操作方式指示

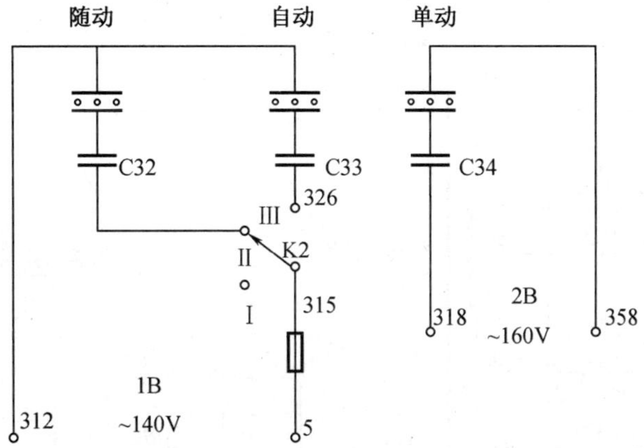

图 10-26 操作方式指示

自动与随动的指示由变压器 1B 供电,并由操舵方式转换开关 K2 的触头控制。

单动(手柄)操舵的指示直接由变压器 2B 供电。

10.5.2.3 自动操舵的失压报警

直流 24 V 电源由报房蓄电池供电,在随动或自动操舵时(K2 在Ⅱ或Ⅲ位)继电器 CJ1 和 1B 同时通电,此时若舵机电源失电则 CJ1 常闭触头闭合,24V 直流电使 Y-1 和 1XD 通电,发出声、光报警。

单动操舵时只有 1XD 发出光报警信号。

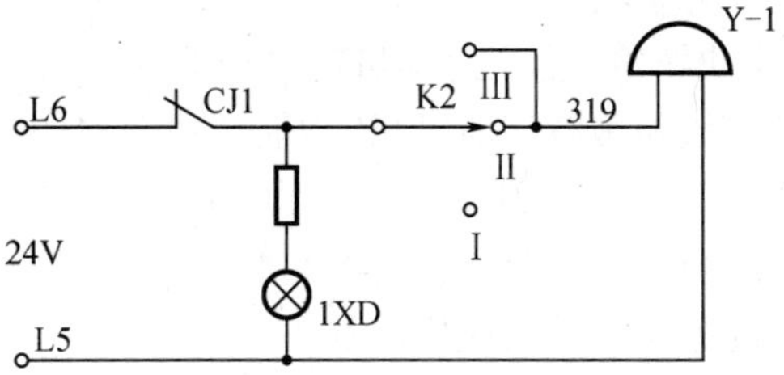

图 10-27 失压报警

10.5.2.4 电源/机组指示与偏航报警

指示与报警电源变压器 9B 的初级通过电源转换接触器 CJ2 由 1#或 2#机组的电源供电,2#机组不运行时由 1#机组供电,2#机组运行时由 2#机组供电。

选择驾驶室操舵时,接触器 CJ1 接通,电源与罗径指示灯亮,机组指示则按机组选择开关 K1 的位置相应点亮。

偏航报警只在自动操舵时起作用(由 K2 选择操舵方式),当偏航角超过 5° ~7° K19 触头闭合,蜂鸣器 Y-2 发出偏航报警。K20 与航向设定手柄连锁,在改变设定航向时触头分断,不报警。

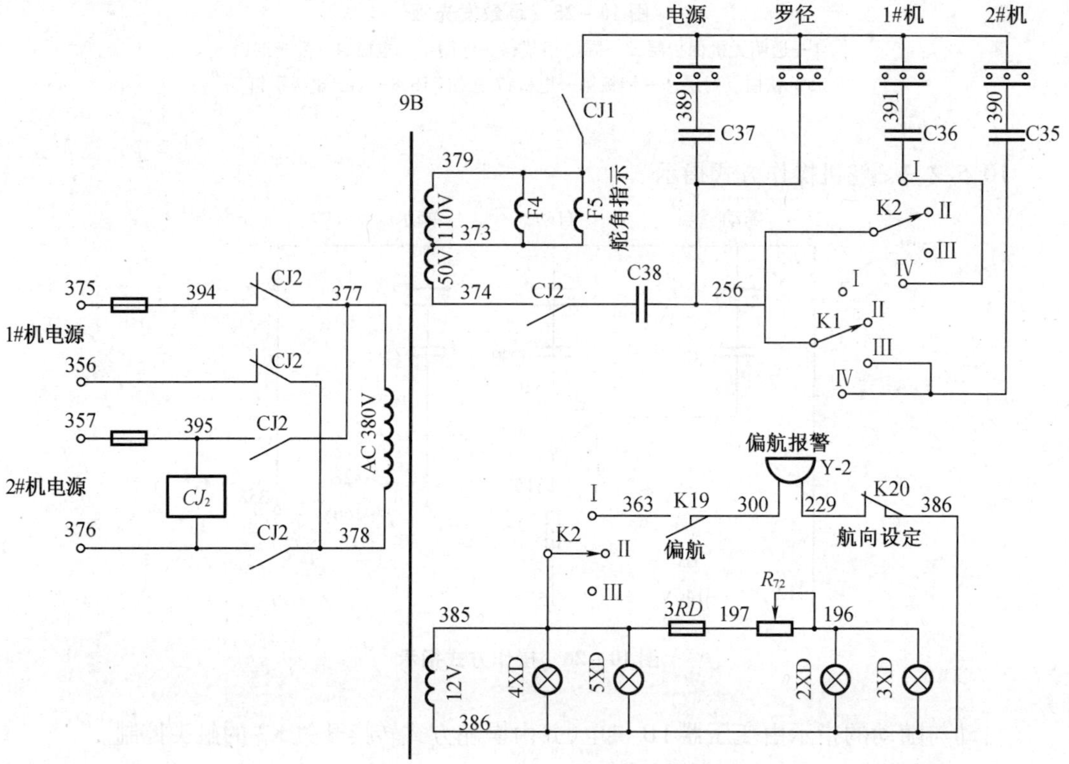

图 10-28 指示与偏航报警电路

10.5.3 随动操舵

控制电路原理如图 10-29(见插页)。有关自整角机和旋转变压器知识参见本章末附录 2 和 3。

10.5.3.1 信号的发送与接收

选择随动操舵方式,随动舵角发信机 F2 和舵角反馈发信机 F3 有励磁,它们的三相绕组取两相输出交流信号至下级相敏整流器,以控制舵叶跟随操舵手轮旋转。这两个发信机的转角与舵叶转角的比值一般为 2/1,即最大舵角为 35° ~45°时,自整角机旋转 70° ~90°,达到信号输出最大;即使舵轮与舵叶在相反方向,自整角机的差角也不超过 140° ~180°,保证输出信号的差值与差角的关系为单值递增函数。

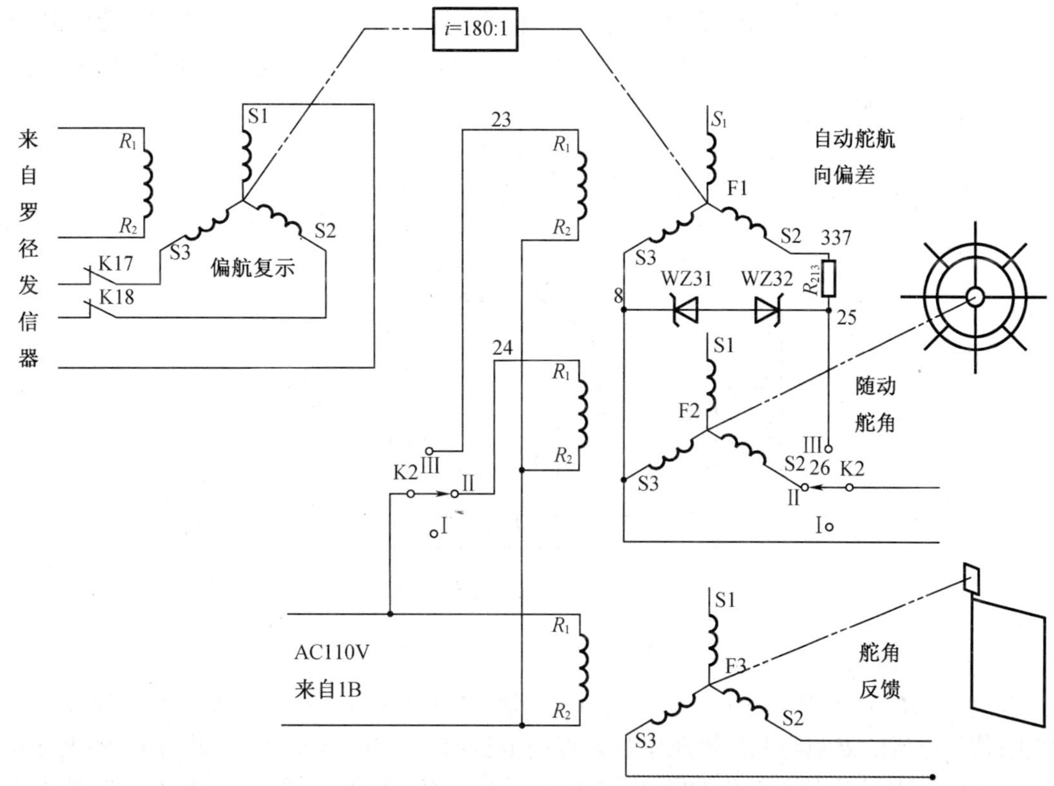

图 10－30　HQ－5 型舵机控制信号

当操舵手轮发出的舵角信号与实际舵角一致时，F2 与 F3 的输出信号大小相等、相位相同，经后一级相敏整流后得到的直流信号则大小相等，因反极性连接而相互抵消，使总的输出信号为零，舵叶停在协调的位置上。当操舵信号与实际舵角不一致时，F2 与 F3 的输出信号大小不等、或相位相反，则有输出信号使舵叶向舵轮所发送的角度旋转，直到两者一致。

选择自动操舵方式，航向偏差发信机 F1 和舵角反馈发信机 F3 有励磁，它们的三相绕组中取两相输出交流信号至下级相敏整流器，以控制舵叶按纠正偏航的方向旋转。

为了保证自动操舵时偏航信号的传送力矩，与罗径相连接的偏航复示自整角机转值为 1°（即每偏航 1°该自整角机转一圈）。自动舵与 F1 通过 180/1 的减速机构连接，使 F1 的转值为 180°，与舵角的比例仍为 2/1。

由于每偏航相差 1°，偏航复示自整角机都处于相同的位置，在停机后再开机时航向偏差发信机 F1 就可能处于 1°整倍数误差的位置上。因此在每次开机、选择自动操舵方式后都须进行航向匹配，即把偏航复示自整角机 F1 与罗径脱开，人工转动它的转子，使 F1 的位置与罗径匹配，然后恢复联接。偏航复示自整角机三相电路中的触头 K17，K18 装在航向匹配手柄的插孔旁，进行航向匹配时插入手柄，触头就分断，偏航复示自整角机可自由旋转进行匹配，拔出手柄，触头闭合，偏航复示自整角机就与罗径相连并随罗径旋转，带动 F1 发出真实的航向偏差信号。

10.5.3.2　相敏整流电路

(1) 信号电压有中心点的电路

图 10－30 的整流管接成环形通路，与桥式整流器的接法不同，又叫环形解调器。其中

四个臂上二极管和电阻的参数须取得尽量一致；基准电压 U_R 取得比信号电压 U_S 大得多，使二极管的导通与否完全取决于基准电压的极性；可实现按基准电压与信号电压的相位输出相应极性的直流脉动电压。

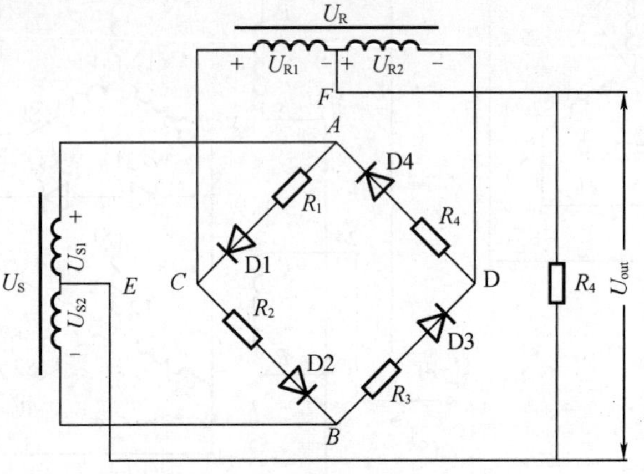

图 10－30　相敏整流电路(1)

①工作原理

$U_R \gg U_S$；U_R 正半周时若 U_R 与 U_S 的电压极性如图 10－30 所示，则 D_2，D_3 导通，D_1，D_4 截止；信号电压的 B 点与基准电压中点 F 点同电位（$U_{R1}=U_{R2}=0.5U_R$），并与 R_L 的上端相连，信号电压中点 E 点接在 R_L 的下端，输出电压 U_{OUT} 为上负下正，即 $U_{\mathrm{OUT}}'0$；U_R 负半周时 U_R 与 U_S 的电压极性都反向，则 D_2，D_3 截止，D_1，D_4 导通；信号电压的 A 点与 F 点同电位，输出电压 U_{OUT} 仍为上负下正，仍是 $U_{\mathrm{OUT}}'0$；

若信号电压的相位反转，则输出电压 U_{OUT} 都是上正下负，$U_{\mathrm{OUT}}\exists 0$。

这样，就使输出电压成为直流脉动信号，其极性取决于信号电压与参考电压的相位，而与正负半周无关。

② 等效电路与输出电压

正半周等效电路：

r_2，r_3 分别是环形臂上二极管和电阻的等效电阻，电路设置使 $r_2=r_3$。

$$i_2=i_L+i_3 \qquad ①$$

$$U_{R1}-i_2r_2+U_{S2}-i_LR_L=0 \qquad ②$$

$$U_{R2}+i_LR_L-U_{S2}-i_3r_3=0 \qquad ③$$

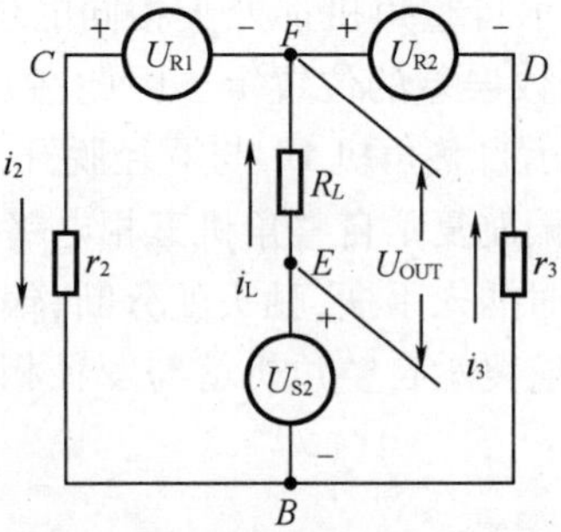

①代入②

$$U_{R1}-i_Lr_2-i_3r_2+U_{S2}-i_LR_L=0$$

$$U_{R1}+U_{S2}-i_3r_2-i_L(R_L+r_2)=0 \quad ④$$

④ - ③和 $U_{R1}=U_{R2}=0.5U_R$

$$U_{S1}=U_{S2}=0.5U_S$$

$$r_2=r_3$$

$$2U_{S2}-i_L(R_L+r_2)-i_LR_L=0$$

$$i_L=\frac{U_S}{2R_L+r_2}$$

输出电压：
$$U_{OUT}=i_LR_L=\frac{U_SR_L}{2R_L+r_2}=\frac{U_S}{2+\frac{r_2}{R_L}}$$

从电流 i_L 的方向可确定其极性为 E 点 +，F 点 -。

负半周等效电路：

r_1，r_4 分别是环形臂上二极管和电阻的等效电阻，电路设置使 $r_1=r_4$。

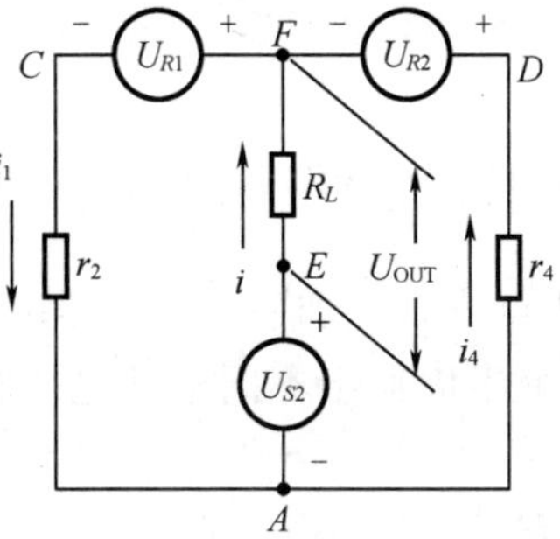

$$i_1=i_L+i_4 \quad ①$$

$$-U_{R1}-i_1r_1+U_{S1}-i_LR_L=0 \quad ②$$

$$-U_{R2}+i_LR_L-U_{S1}-i_4r_4=0 \quad ③$$

① 代入 ②

$$-U_{R1}-i_Lr_1-i_4r_1+U_{S1}-i_LR_L=0$$

$$-U_{R1}+U_{S1}-i_4r_1-i_L(R_L+r_1)=0 \quad ④$$

④ - ③和 $U_{R1}=U_{R2}=0.5U_R$

$$U_{S1}=U_{S2}=0.5U_S$$

$$r_1=r_4$$

$$2U_{S1}-i_L(R_L+r1)-i_LR_L=0$$

$$i_L=\frac{U_S}{2R_L+r_1}$$

输出电压：
$$U_{OUT}=i_LR_L=\frac{U_SR_L}{2R_L+r_1}=\frac{U_S}{2+\frac{r_1}{R_L}}$$

从电流 i_L 的方向可确定其极性也是 E 点 +，F 点 -。

比较正负半周的输出电压，其极性相同，即把交流信号电压变为同极性的直流脉动电压，输出电压的幅值和信号电压成正比，与基准电压的大小无关。当环形四臂的参数相同时（$r_1=r_2=r_3=r_4$）正半负周的振幅对称。

若信号电压反相（与基准电压相比较），上述等效电路图中的 U_{S1}，U_{S2} 反相，输出电压的极性也反转。

由前述推导可见,若四臂等效电阻不等,则左右臂的压降不等,一部分基准电压就会掺杂到输出电压中,使零位漂移(信号为零时输出不是零)。而实际的电路很难做到各二极管、电阻都完全一致,为解决这一问题常在电路的 A 点和 B 点加调零电位器,如图 10－31 所示。

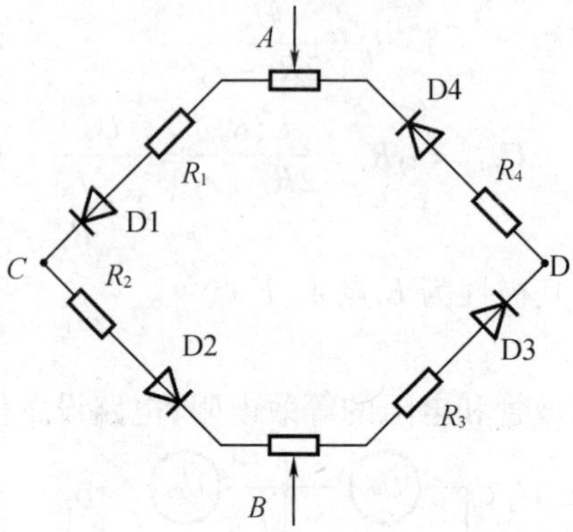

图 10－31　相敏整流的平衡调节

某些电路为简化起见只在 A 点或 B 点加一个电位器调零,这也可在信号为零时把脉动直流的平均值调到零,它是用两个半周输出不同极性电压相互抵消以达到平衡的,即输出零信号中会有少许交流成分。

(2)信号电压无中心点的电路

图 10－32 整流管接法、对四个臂上二极管和电阻的参数及对基准电压的要求与上一种电路相同;其工作原理也大致相同。简述如下:

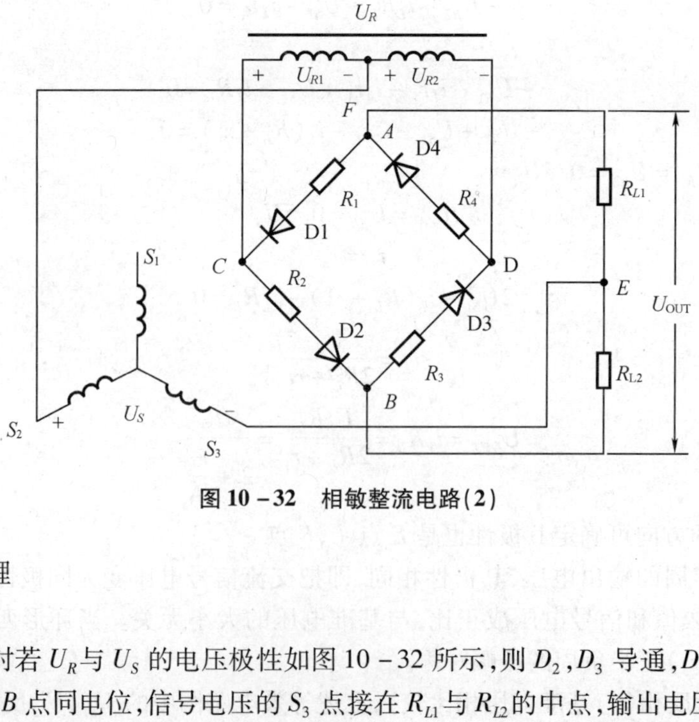

图 10－32　相敏整流电路(2)

①工作原理

$U_R \gg U_S$。

U_R正半周时若 U_R与 U_S 的电压极性如图 10－32 所示,则 D_2,D_3 导通,D_1,D_4 截止;信号电压的 S_2 点与 B 点同电位,信号电压的 S_3 点接在 R_{L1} 与 R_{L2}的中点,输出电压 U_{OUT}为上负下

正，即 $U_{OUT}<0$；

U_R负半周时 U_R与 U_S 的电压极性都反向，则 $D2$，$D3$ 截止，$D1$，$D4$ 导通；信号电压的 S_2 点与 A 点同电位，输出电压 U_{OUT}仍为上负下正，$U_{OUT}<0$；

若信号电压的相位反转，则输出电压 U_{OUT}都是上正下负，$U_{OUT}>0$。

这样，就使输出电压成为直流脉动信号，其极性取决于信号电压与参考电压的相位，而与正负半周无关。

②等效电路与输出电压

等效电路及输出电压的计算以及平衡调节都与信号有中点的基本相同，下面仅把等效电路列出，其余留给读者自行分析。

正半周等效电路　　　　负半周等效电路

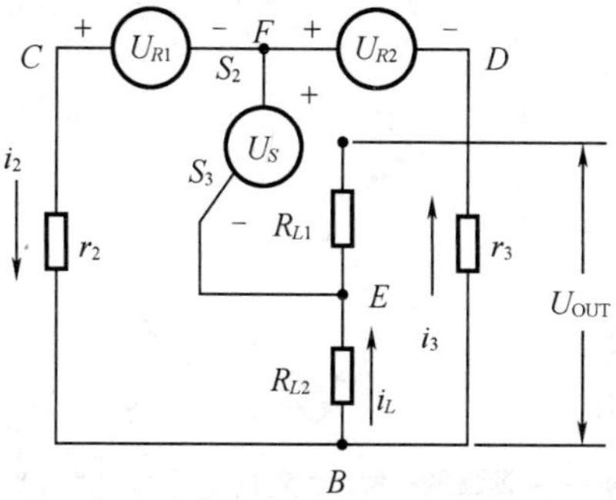

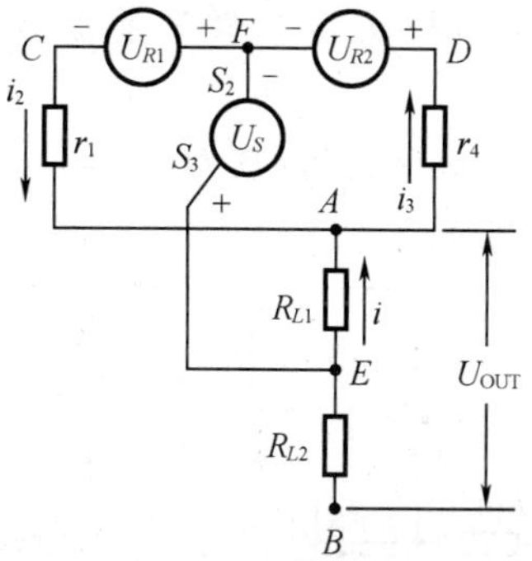

10.5.3.3　信号比较与直流放大电路（图 10－33）

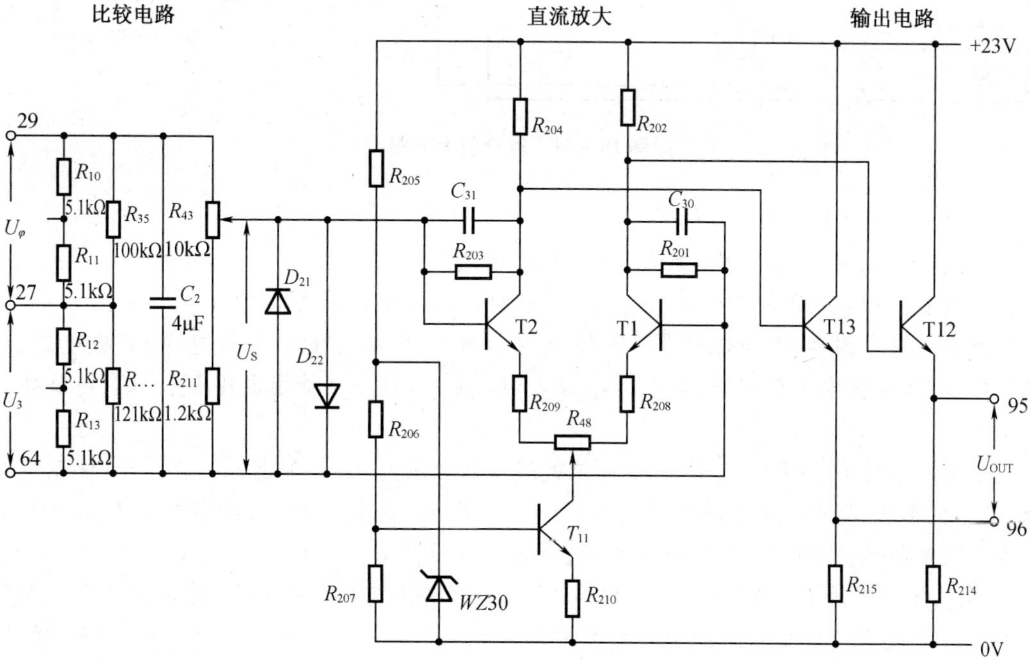

图 10－33　直流放大电路

(1)比较电路

u_{Φ}操舵手轮发送的(经相敏整流后的)舵角指令信号电压。

u_{β}舵叶返回的(经相敏整流后的)舵角反馈信号电压。

上两个舵角信号在舵角转向一致时,其极性相反,构成减法电路;在 R_{43} 滑臂上的电压是两者之差。当转角相同时,则相互抵消,没有信号送到下一级,系统处于平衡状态;若转角不相等则有误差信号送下一级放大。

$R\cdots = R_{36} + R_{37} + R_{38} + R_{39}$ 是电阻的串联等效电阻。

R_{43} 可调节误差信号的大小,即调节随动工况的灵敏度。其调节范围为:

最大信号 $U_{\mathrm{Smax}} = u_{\Phi} - u_{\beta}$

最小信号 $U_{\mathrm{Smin}} = \dfrac{U_{\mathrm{Smax}} \times 1.2}{10 + 1.2} = 0.107 U_{\mathrm{Smax}}$

调节范围 $\dfrac{U_{\mathrm{Smax}}}{U_{\mathrm{Smin}}} = 9.3$(倍)

信号电压 U_{S} 经二极管限幅器 D_{21},D_{22},送下一级差分放大器的信号电压在 ±0.7 V 以下。

(2)差分放大器(图 10-34)

(a)基本电路

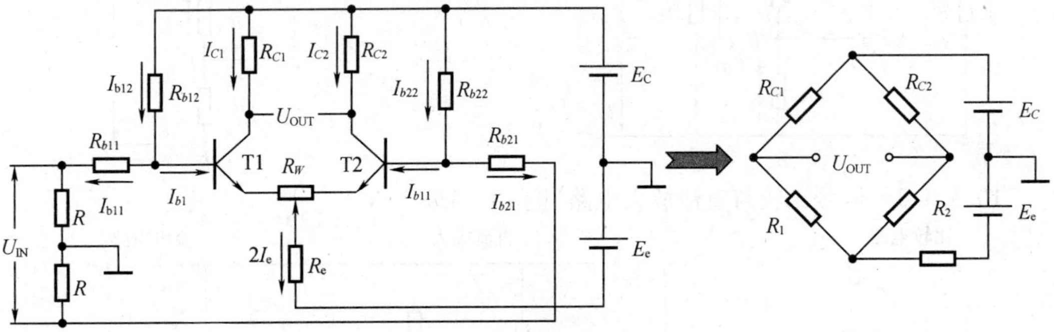

图 10-34 差分放大电路

集电极电阻 $R_{C1} = R_{C2} = R_C$

基极偏流电阻 $R_{b11} = R_{b21} = R_{b1}$,$R_{b12} = R_{b22} = R_{b2}$

三极管 T1 与 T2 的参数 U_{be},I_{bco},β(尽可能)相同,多数采用对管。

当输入信号为零 $U_{\mathrm{IN}} = 0$,因 T1 与 T2 电路及参数对称,它们的基极电位、基极电流、集电极电流、集电极电位都相等,即 $I_{b1} = I_{b2}$,$I_{C1} = I_{C2}$,$U_{C1} = U_{C2}$;使输出电压 $U_{\mathrm{OUT}} = 0$,电路处于平衡。

当输入信号 $U_{IN} \neq 0 T_1$ 与 T_2 基极电位就随输入电压变化,一个上升一个下降,使基极电流、集电极电流、集电极电位都随之变化,$I_{b1} \neq I_{b2}$,$I_{C1} \neq I_{C2}$,$U_{C1} \neq U_{C2}$,输出电压 $U_{\mathrm{OUT}} \neq 0$,其大小与极性随输入电压大小与极性改变;设输入电压 U_{IN} 为上+下-,则 $I_{b1} > I_{b2}$,$I_{C1} > I_{C2}$,$U_{C1} < U_{C2}$,输出电压 U_{OUT} 右端是"+"左端是"-";若输入电压极性相反,输出也相反。两管的发射极电流都流过射极电阻 R_{e},由于两管的电流总是一个上升一个下降,其总和 $2I_{\mathrm{e}}$ 不变,这就使输入信号变化时相对于发射极的平均电位不变,即射极电阻 R_{e} 对信号没有负反馈。

由于三极管和电阻等的参数不可能完全一致,这样在输入信号为零时,就可能有电压输出,在电路中用调零电位器 R_{W} 调零。

输入信号 U_{IN} 只是输入两端的电位差,而不能要求两端对地的电位对称。当输入两端对地电压同时上升或降低时,T1与T2管的基极电压、基极电流、集电极电流可能一起升降,甚至达到饱和或截止,使放大器出现畸变;另外环境温度的变化也会使基极电流改变而出现同样的情况。

为解决这一问题,串在T1与T2管的发射极电路中的射极电阻 R_e 应取较大的值,这样当输入电压对地电位变动或温度变化引起集电极电流升降时,R_e 上的电压降也一起增减,使两管的发射极电位同步升降,可保持两管的基射电压稳定,从而使两管的集电极电流之和、发射极电流之和都基本不变。也就是说 R_e 对输入信号对地的漂移或温度漂移都有负反馈作用。R_e 值愈大使两管电流之和变化愈小,放大器工作愈稳定;但也带来电压降增大,因此须引入发射极电源 E_e,E_e 的大小也需随 R_e 增大而增大。

要使差分放大器漂移小,零点稳定,须选择对称的晶体管,一般要求两管的基射电压 U_{be} 之差在mV级,放大量 β 相差不超过5%,采用特制的对管则比较理想,如图10-35所示。

(b)电路分析

①静态工作点:$U_{IN}=0$,为简化作如下假设:

R_W 很小,认为 $R_W\approx 0$;

两管对称,$U_{IN}=0$ 时 $U_{C1}=U_{C2}$,$I_{C1}=I_{C2}$;

硅晶体管的 $U_{be}=0.6\sim 0.8\text{V}$,平均为0.7V;

$U_{b1}=U_{b2}\approx 0$($U_{IN}=0$ 时 I_b 不大,在 R_{b11} 和 R_{b21} 上的压降接近0)。

在这样的假设下得到

$$U_b=0,\ U_{be}=0.7\text{V},$$

$$2I_eR_e=E_e-U_{be}\qquad I_e=\frac{E_e-0.7}{2R_e}$$

$$I_C=I_e$$

$$U_{C1}=U_{C2}=E_C-I_CR_C$$

$$I_b=\frac{I_e}{\beta}$$

② 电压放大率(倍数)

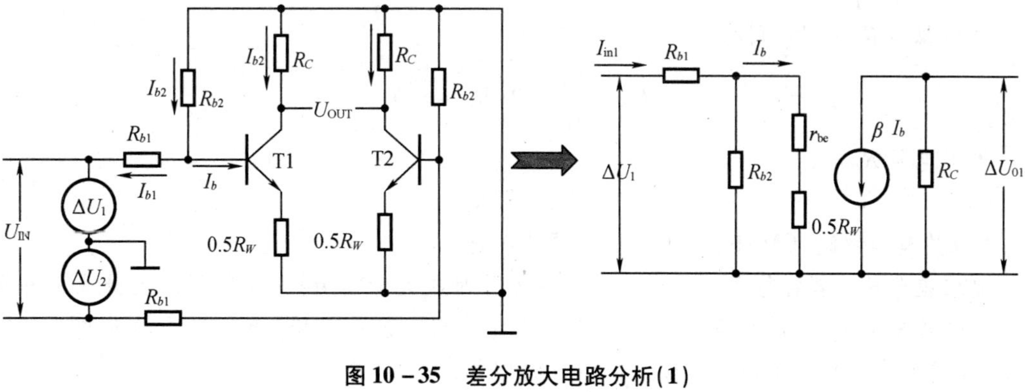

图10-35 差分放大电路分析(1)

射极电阻 R_e 对信号没有反馈,对交流信号相当于接地,其固定的直流电压端也相当于接地,得到上面的等效电路。

差分放大器左右两管对称,其中一个晶体管的等效电路(把晶体管作为恒流源)如图

10-35所示。

通常 R_{b2} 的电阻比晶体管基射内阻 r_{be} 大得多，而射极电阻 R_W 很小，可把 R_{b2}，R_W 忽略掉，得到：

$$\Delta U_1 = I_b(R_{b1} + r_{be})$$
$$\Delta U_{O1} = -\beta I_b R_C$$

每一边单管的放大倍数 k_1

$$k_1 = \frac{\Delta U_{O1}}{\Delta U_1} = -\frac{\beta R_C}{R_{b1} + r_{be}}$$

两晶体管合在一起输入和输出都增加一倍，电压放大倍数不变

$$K = k_1 = \frac{\Delta U_{\text{OUT}}}{\Delta U_{\text{IN}}} = -\frac{\beta R_C}{R_{b1} + r_{be}}$$

③输入电阻与输出电阻

把两管的等效电路合并，求出电压与电流间的关系：

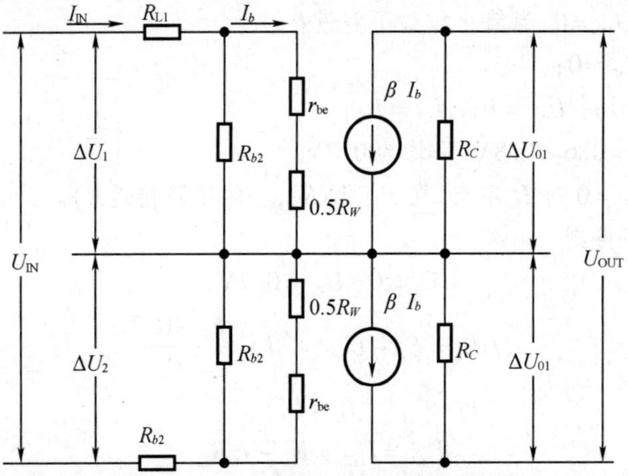

图10-36　差分放大电路分析(2)

输入电阻 R_{IN}

同样忽略 R_{b2} 和 R_W 则有：

$$R_{IN} = \frac{U_{IN}}{I_{IN}} = 2(R_{b1} + r_{be})$$

输出电阻 R_{OUT}

$$R_{OUT} = 2R_C$$

(c)共模抑制比(CMRR)与差分放大器的改进

要求差分放大器在输入两端点的电压有差异时放大输出，两端电压同时上升或下降则不应影响输出电压；因温度等外界因素使两管集电极电流的升降，也相当于输入同时升降的电压；类似这些相当于输入信号同向漂移的信号，叫做共模信号。

差分放大器在两管参数完全相同时，对共模信号的放大为零，参数不完全相同时在共模信号下，放大器有输出。要求这一输出愈小愈好，并用“共模抑制比”来衡量。

$$\text{共模抑止比} = \frac{\text{差动信号的放大倍数}}{\text{共模信号的放大倍数}}$$

在电路不能完全对称条件下，增加发射极电阻 R_e 可提高共模抑制比，但须同时增加发射极电源电压，对放大器的制作、功耗和成本等都不利。

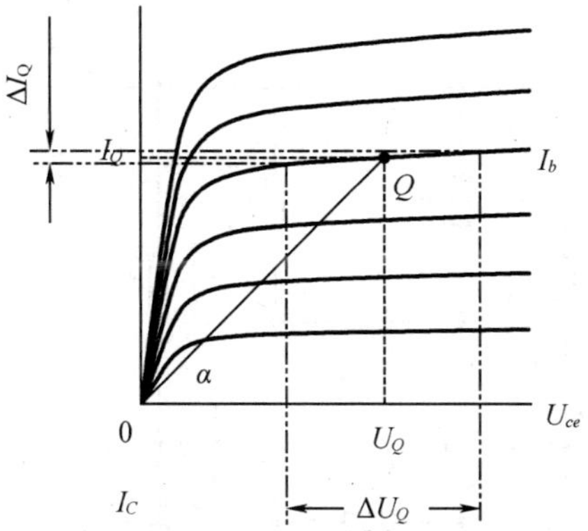

图 10－37　晶体管特性

①用晶体管代替发射极电阻提高共模抑制比

利用晶体管的恒流特性，选择适当的工作点，可使其集电极电压在较大范围内变化时，集电极电流的变化很少，从而获得较小的直流电阻、较大的动态电阻。

图 10－37 工作点为 Q 点

直流电阻　$R_{DC}=\dfrac{U_Q}{I_Q}$；

动态电阻　$R_{AC}=\dfrac{\Delta U_Q}{\Delta I_Q}$

动态电阻比直流电阻大得多。

图 10－38 用三极管代替了射极电阻，T3 的基极电位由稳压管钳位，用电位器调节，以选择工作点，使 I_{C3} 保持稳定。

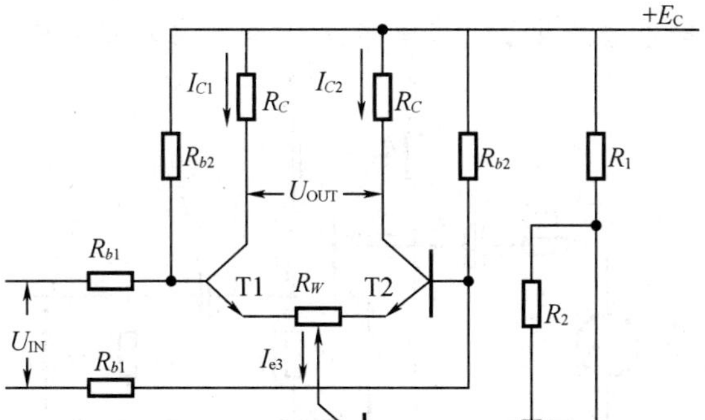

图 10－38　晶体管恒流差分放大电路

这样三极管集射间的电压不高（相当于 U_Q）而动态电阻很大，可降低电源电压和功耗并提高共模抑制比。

② 差分放大器的增益调节

图 10－39 在差分放大器的发射极之间接入可变电阻 R_{W2}，这个可变电阻相当于各把一半电阻并联在射极电阻 R_{e1}上。

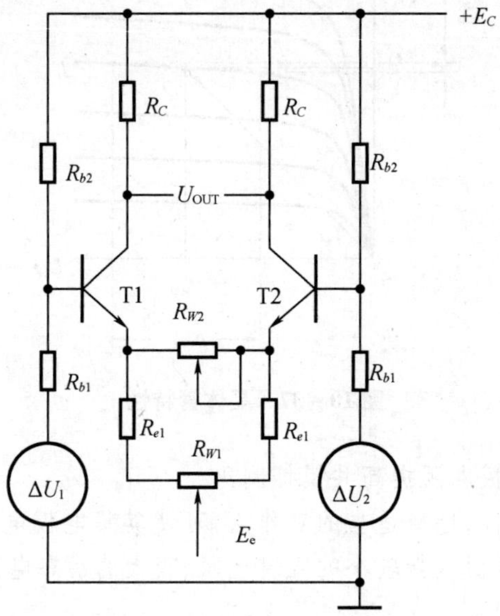

图 10－39　差分放大器增益调节

改变 R_{W2}的大小就调节了两个晶体管的等效射极电阻。

每个晶体管的等效射极电阻流过各自的发射极电流，在它上面的电压降与输入电压同相位，起负反馈作用；电阻大负反馈作用就大，放大量就减小。这样调节 R_{W2}的大小就可改变放大器的放大倍数，也就调节了放大器的增益。

10.5.3.4　射极输出器

图 10－40 的射极输出器是共集电极电路，输出电路放在发射极上。

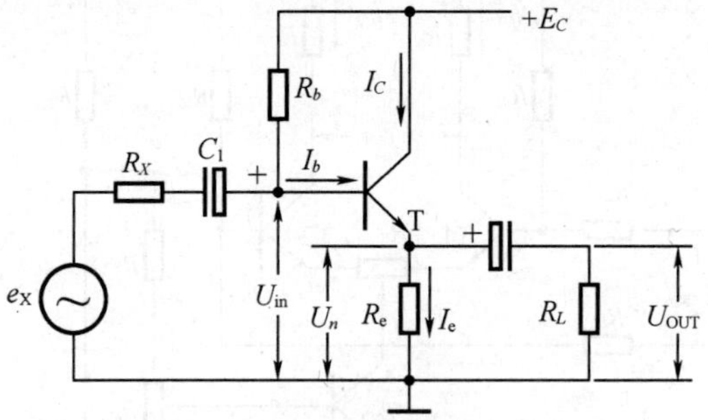

图 10－40　射极输出器

在发射极电阻上的输出电压全部反馈到输入端，与输入信号相抵消，是负反馈。

射极输出器的特点是：

输入阻抗大，对前一级负载很小；

输出阻抗小，能承担后一级较大的负载；

放大倍数接近 1（略小于 1）；

输入信号与输出信号的相位相同。

(1)输入阻抗

$I_e = I_b + I_C = (1+\beta)I_b$

$u_{in} = I_b r_{be} + I_e R_e = I_b[r_{be} + (1+\beta)R_e]$

空载时不接外负载,并略去 R_b 的并联影响,则输入阻抗 $z_{IN1} = \dfrac{u_{in}}{I_b} = r_{be} + (1+\beta)R_e$。

其中 r_{be} 很小而 β 很大,所以 $z_{IN1} \approx \beta R_e$

在有外负载时,负载 R_L 与 R_e 并联,并联后的电阻值记作 $R_L \parallel R_e$ 则输入阻抗

$$z_{IN1} = r_{be} + (1+\beta)(R_L \parallel R_e) \approx \beta(R_L \parallel R_e)$$

再考虑基极偏流电阻 R_b 的并联影响,则总的输入阻抗

$$z_{IN} = R_b \parallel Z_{IN1} \approx R_b \parallel (\beta(R_L \parallel R_e))$$

因 R_b 和 Z_{IN1} 都很大,所以并联后的输入电阻是很大的。

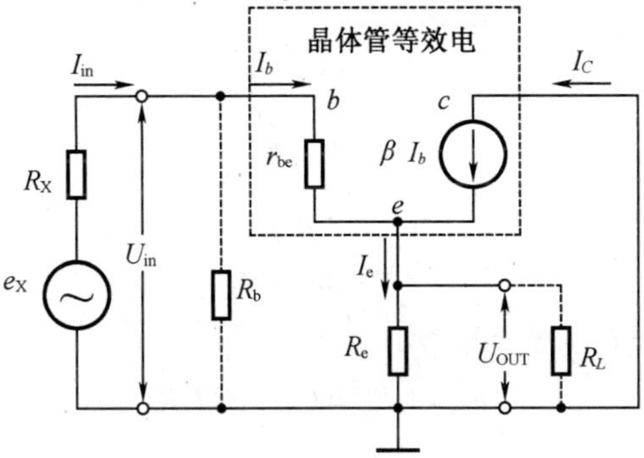

图10－40(a)　射极输出器的输入阻抗

(2)输出阻抗

①任意两端网络的等效电路

按照戴维南定理,任意一个两端网络都可用一个电动势与一个内阻抗相串联来等效代替,如左图从 A,B 端看进去,整个两端网络可用 u_O,z_O 等效代替。

电动势 u_O 是网络空载(两端不接负载)时,从两端测得的电压;

内阻抗 z_O 是把网络内所有电动势全部短接时,从两端测得的阻抗。

测电动势 u_O 可直接用电表测量;而测内阻抗 z_O 需把内部电动势短接是很不方便的,有时很难做到。下面的方法可在不短接内电动势的前提下测算内阻抗 z_O。

在空载时测得 u_0 后,在 A,B 两端外接电阻 R,然后测量两端的电压 U_R。

从等效网络可得到 $U_R = \dfrac{u_0 R}{z_0 + R}$

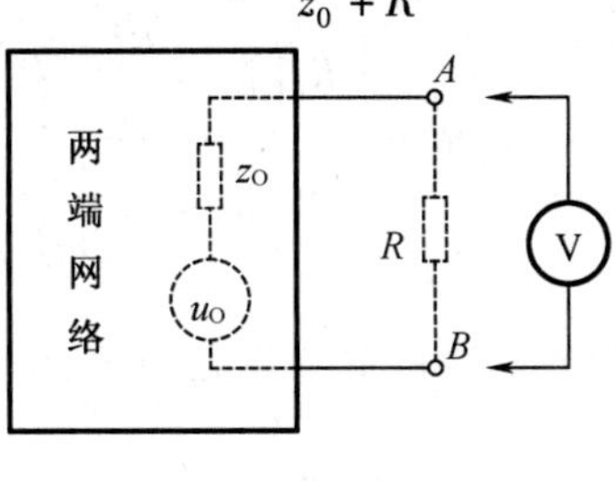

图10－40(b)　两端网络等效电路

解得

$$z_0=\left(\frac{u_0}{U_R}-1\right)R$$

② 射极输出器电路的等效电路

把射极输出器(图 10－40)的电路等效如下:

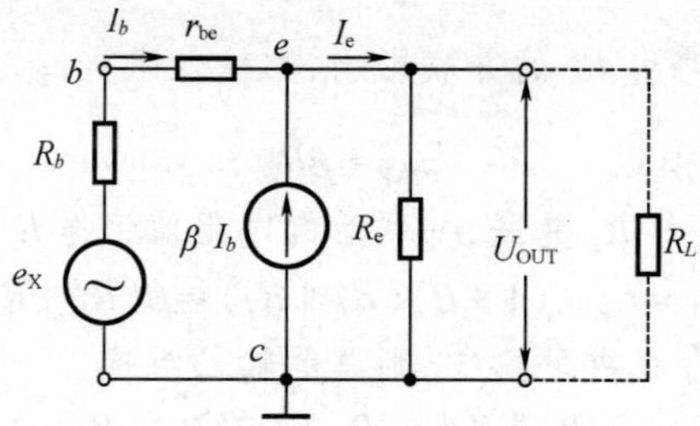

图 10－40c　射极输出器的输出阻抗

与原图对照,等效电路中:

$$e'_X=u_{in}=\frac{R_b}{R_b+R_X}e_X$$

$$R'_b=\frac{R_bR_X}{R_b+R_X}$$

输出端开路时 $U_{OUT}=U_Q$(等效电势)

$$u_0=I_eR_e=(1+\beta)I_bR_e$$

按基尔霍夫定理:

$$I_b=\frac{e'_X}{R'_b+r_{be}+(1+\beta)R_e}$$

$$u_0=I_eR_e=(1+\beta)I_bR_e=\frac{e'_X}{R'_b+r_{be}+(1+\beta)R_e}(1+\beta)R_e=\frac{e'_XR_e}{R_e+\dfrac{R'_b+r_{be}}{1+\beta}}$$

射极输出器带负载 R_L 后,相当于射极电阻变为 R_L 与 R_e 并联,即 $R_L\parallel R_e$

设:$R_L\parallel R_e=\dfrac{R_LR_e}{R_L+R_e}=R'_L$,则输出电压

$$U_{OUT}=I_eR'_L=(1+\beta)I_bR'_L=\frac{e'_X}{R'_b+r_{be}+(1+\beta)R'_L}(1+\beta)R'_L=\frac{e'_XR'_L}{R'_L+\dfrac{R'_b+r_{be}}{1+\beta}}$$

根据前面①中求等效内阻的公式:

$$z_0=\left(\frac{u_0}{u_{OUT}}-1\right)R'_L=\left[\frac{R_e\left(R'_L+\dfrac{R'_b+r_{be}}{1+\beta}\right)}{R'_L\left(R_e+\dfrac{R'_b+r_{be}}{1+\beta}\right)}-1\right]R_L$$

设:$\dfrac{R'_b+r_{be}}{1+\beta}=R_f$,这是基极输入电路的等效电阻折合到发射极的电阻,相当于射极输出器本身(不包括 R_e)的内阻。

得到

$$z_0=\left[\frac{R_e(R_L'+R_f)}{R_L'(R_e+R_f)}-1\right]R_L=\frac{R_eR_L'+R_eR_f-R_eR_L'-R_L'R_f}{R_L'(R_e+R_f)}R_L=\frac{R_fR_L(R_e-R_L')}{R_L'(R_e+R_f)}$$

因为 $R_L'=R_L\parallel R_e$　所以 $R_L'=\dfrac{R_LR_e}{R_L+R_e}$

代入上式

则有

$$z_0=\frac{R_fR_L\left[R_e-\dfrac{R_LR_e}{R_L+R_e}\right]}{R_L'(R_e+R_f)}=\frac{R_f\left[R_e-\dfrac{R_LR_e}{R_L+R_e}\right]}{R_e+R_f}\times\frac{R_L+R_e}{R_e}$$

通分并归并同类项

$$z_0=\frac{R_fR_e(R_L+R_e)-R_fR_eR_L}{(R_e+R_f)(R_L+R_e)}\times\frac{R_L+R_e}{R_e}=\frac{R_fR_e}{R_f+R_e}=R_f\parallel R_e$$

把 R_f 代入

$$z_0=R_e\parallel\left(\frac{R_b'+r_{be}}{1+\beta}\right)$$

由此得到，射极输出器的输出电阻是两个电阻并联的值，一个是发射极电阻 R_e，另一个是基极输入电路等效电阻折合到发射极后的值。

一般情况下因 β 很大($\beta\gg1$)，上式中并联电阻 R_e 比 R_f 大很多，R_e 可以忽略掉：

则

$$z_0\approx\frac{R_b'+r_{be}}{1+\beta}\approx\frac{R_b'+r_{be}}{\beta}$$

其中 R_b'是栅极内阻与栅极串联电阻并联值 $R_b'=R_b\parallel R_X=\dfrac{R_bR_X}{R_b+R_X}$，可见射极输出器的输出阻抗是很小的。

(3)输出信号与放大倍数

当基极电流在正常范围变化时，晶体管基、射极之间的电压变化是很小的，而且量值不大。因此对交流信号来说基极信号与发射极信号相近，$u_{in}\approx u_{OUT}$，两者的相位相同，即发射极电位跟随基极电位变化，又叫做“射极跟随器”。

从基极直接输入信号的放大倍数 k：

由(2)中②的等效电路

$$k=\frac{u_{OUT}}{e_X'}=\frac{u_{OUT}}{I_b(R_b'+r_{be})+u_{OUT}}=\frac{I_b(1+\beta)(R_e\parallel R_L)}{I_b(R_b'+r_{be})+I_b(1+\beta)(R_e\parallel R_L)}$$

$$=\frac{(1+\beta)(R_e\parallel R_L)}{(R_b'+r_{be})+(1+\beta)(R_e\parallel R_L)}$$

$$k=\frac{(R_e\parallel R_L)}{\dfrac{(R_b'+r_{be})}{(1+\beta)}+(R_e\parallel R_L)}\approx1\text{（因 }\beta\text{ 很大，而 }R_b',r_{be}\text{都不大）}$$

通过基极输入电阻 R_X 输入信号的放大倍数 K

$$K=\frac{u_{OUT}}{e_X}=\frac{u_{OUT}e_X'}{e_X'\ e_X}=k\frac{e_X'}{e_X}$$

因为 $e_X'=e_X\dfrac{R_b}{R_b+R_X}$　所以 $K=k\dfrac{R_b}{R_b+R_X}\approx1$(因 R_X 比 R_b 小得多)

10.5.3.5 脉冲形成与可控硅触发电路

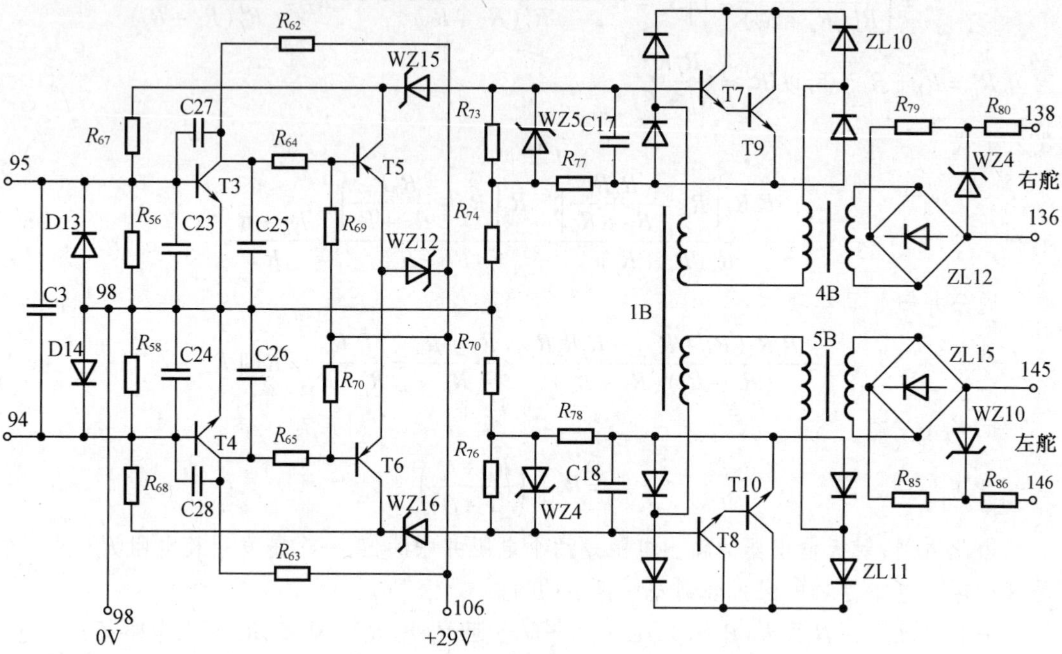

图 10-41 脉冲触发电路

(1)开关电路

输入端接收来自上级射极输出器的误差电压 U(直流脉动电压),可有三种情况:

$$u=0,\quad u<0,\quad u>0$$

当 $u=0$ 时,晶体管 T3,T4 的基极与发射极电位都等于零,两管都截止,使 T5,T6(PNP 管)的基极处于高电位,也都截止,就没有信号送到下一级去,最后也就不会有脉冲输出。

若上一级有信号电压,则 $u<0$(端点 94+,95-)或 $u>0$(端点 95+,94-),只要这一电压大于晶体管 T3,T4 的基射电压 U_{be},则相应晶体管导通。

下面以 $u>0$,T_3 导通的工作情况作说明:

为清楚起见,把图 10-41 中 T_3,T_5 工作的部分,如图 10-42 所示。

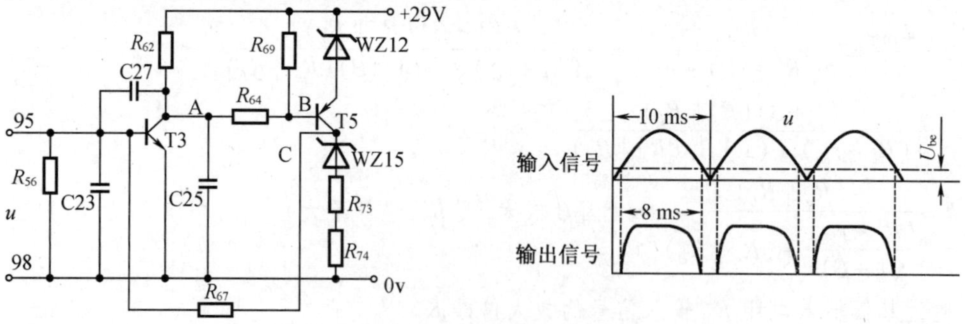

图 10-42 输入与输出脉冲

当输入脉动信号由零上升到使 T3 导通时,集电极(A 点)电位下降,使 T5 基极(B 点)电位降到发射极电位(29V 减去 WZ12 的压降)以下,T5 管导通,在电阻 R_{73} 上有电压降落,R_{73} 两端的电压就作为下一级的输入信号去触发脉冲输出。

在T5导通时其集电极 C 点电位升高，并通过电阻 R_{67} 反馈到T3的基极，这是正反馈信号，使$_3$跳过放大状态立即饱和导通，也使T5进入饱和导通；当T3的输入信号低于 U_{be} 时，T3电流减小，A 点电位上升使 B 点电位上升，T5电流减小，从而使 C 点电位下降，促使T3，T5都迅速截止。

这样每一半周脉动信号就输出一个持续时间约8ms的正脉冲。

(2)触发脉冲形成

前级 R_{73} 上的连续正脉冲从左端输入，经WZ5限幅向电容 C_{17} 充电，经短暂延时后，复合晶体管T7，T9饱和导通，相当于电桥ZL10的正负端短接，使电源变压器1B次级经脉冲变压器4B初级构成回路，4B初级有持续时间约8 ms的脉动电流流过，在次级感应出脉冲电压。这一脉冲经整流限幅用于触发可控硅，如图10-43所示。

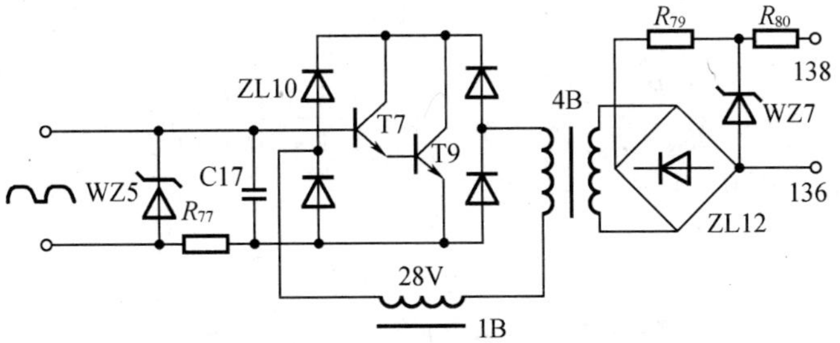

图10-43 脉冲成形

10.5.4 自动操舵

10.5.4.1 比例舵及比例系数调节

比例舵的调节规律： $\beta = -K\Phi$

自动舵的偏航发信自整角机由航向复示器经减速机构传动，其转值（每转过一圈所代表的偏航角度）与舵角发信自整角机的转值（每转过一圈所代表的舵角）相等。相同的偏航角与舵角经相敏整流的信号电压也相等。取舵角信号不同比值，就改变了舵角与偏航间的比例，即改变了 $\beta = -K\Phi$ 中的比例系数 K。

操舵方式选择开关K2选择“Ⅲ自动操舵”，就可由比例系数选择开关 K_{15} 设定不同的比例系数，如图10-44所示。

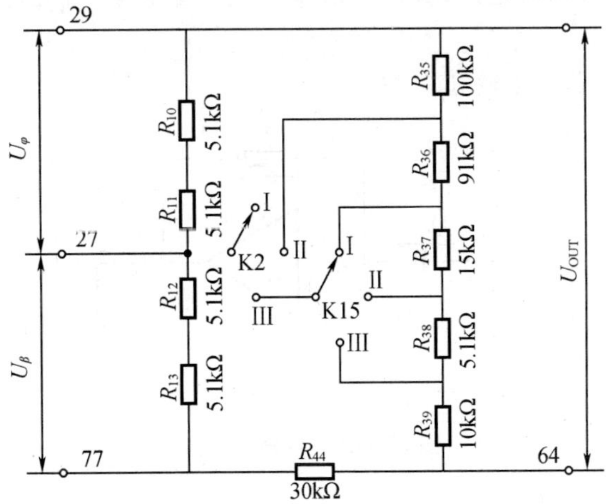

图10-44 比例系数

图 10－44 中：

u_Φ偏航信号来自相敏整流器；

u_β舵角信号来自相敏整流器；

u_{out}比例调节后的输出信号。

K15 在“Ⅰ”位：

$$u_{out}=u_\Phi-\frac{R_{37}+R_{38}+R_{39}}{R_{37}+R_{38}+R_{39}+R_{44}}u_\beta=u_\Phi-\frac{15+5.1+10}{15+5.1+10+30}u_\beta=u_\Phi-\frac{1}{2}u_\beta$$

自整角机的输出电压和差角之间的关系是正弦函数，在小差角时可认为信号电压与差角成正比，则由上式可得出：

$\beta=2\Phi$　即比例系数 $K=2$。

K15 在“Ⅱ”位：

$$u_{out}=u_\Phi-\frac{R_{38}+R_{39}}{R_{38}+R_{39}+R_{44}}u_\beta=u_\Phi-\frac{5.1+10}{5.1+10+30}u_\beta=u_\Phi-\frac{1}{3}u_\beta$$

$\beta=3\Phi$　比例系数 $K=3$。

K15 在“Ⅲ”位：

$$u_{out}=u_\Phi-\frac{R_{39}}{R_{39}+R_{44}}u_\beta=u_\Phi-u_\beta=u_\Phi-\frac{1}{4}u_\beta$$

$\beta=4\Phi$　比例系数 $K=4$。

船舶航行若需要其他比例系数，可改变相关的电阻值；舵角偏转信号电压取得愈小，则比例系数愈大；与单位偏航角对应的舵角也愈大。

10.5.4.2　比例微分舵与微分调节

比例微分舵的调节规律

$$\beta=-\left(K_1\Phi+K_2\frac{\mathrm{d}\Phi}{\mathrm{d}t}\right)$$

其中后一项与航向的变化率成正比，并按航向变化的速度对舵角作预先控制。

在自动舵系统中常用来产生微分信号的元件或电路有：

(1)测速发电机

能产生与转速成正比的电压，其转子由罗径复示器带动，输出电压就直接反映船舶航向变化的速度。

(2)通过运算放大器产生微分信号

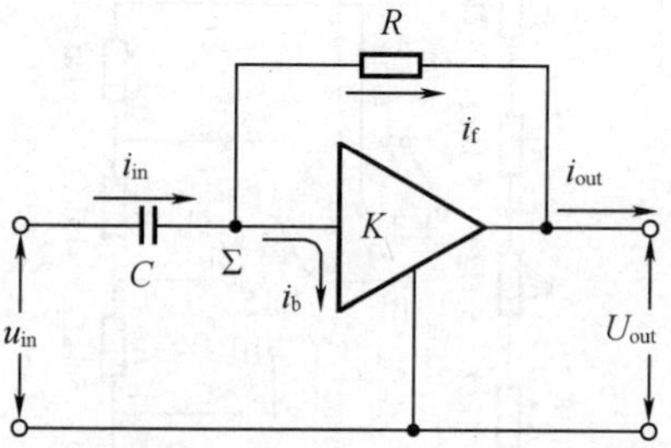

图 10－45　微分信号(1)

运算放大器的放大倍数 K 很大(一般超过 10^3)，对有限的输出电压 u_{out}，其输入端电压和电流接近为零；因此认为 Σ 点的电位为零(Σ 点是虚地)，i_b 也接近零。

i_{in}是电容 C 的充电电流

$$i_{in}=\frac{dQ_{in}}{dt}=C\frac{du_{in}}{dt}$$

因为 $i_b\approx 0$，可认为 $i_{in}=i_f=i_{out}$

$$u_{out}=-i_fR=-RC\frac{du_{in}}{dt}$$

输出电压与输入电压的微分成比例；输入偏航信号就可得到偏航微分信号。

(3)在航向信号电路中接入RC微分电路(图10-46)

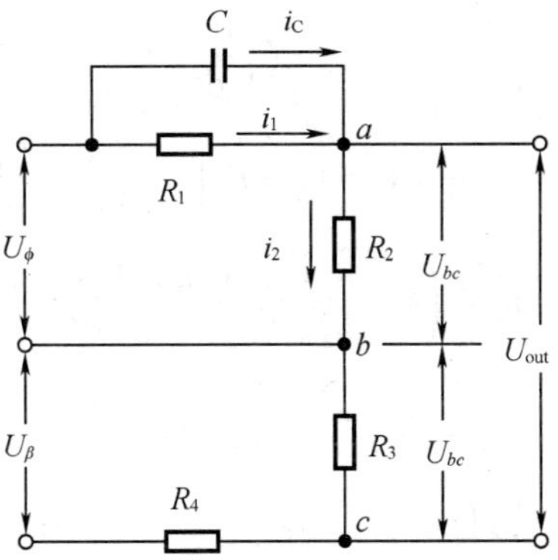

图10-46 微分信号(2)

图10-46中：

$i_C=C\frac{du_C}{dt}$ 取 $u_C\approx u_\Phi$

$i_C=C\frac{du_\Phi}{dt}$； $i_1=\frac{u_\Phi-U_{ab}}{R_1}$

$U_{ab}=i_2R_2=(i_C+i_1)R_2=R_2C\frac{du_\Phi}{dt}+\frac{R_2(u_\Phi-U_{ab})}{R_1}$可推得：$\left(1+\frac{R_2}{R_1}\right)U_{ab}=R_2C\frac{du_\Phi}{dt}+\frac{R_2}{R_1}u_\Phi$

因为：$R_1\gg R_2$，$\left(1+\frac{R_2}{R_1}\right)\approx 1$ 则 $U_{ab}\approx R_2C\frac{du_\Phi}{dt}+\frac{R_2}{R_1}u_\Phi$ 又：$U_{bc}=\frac{R_3}{R_3+R_4}u_\beta$

在信号平衡时 $u_{OUT}=U_{ab}+U_{bc}=0$；即 $R_2C\frac{du_\Phi}{dt}+\frac{R_2}{R_1}u_\Phi+\frac{R_3}{R_3+R_4}u_\beta=0$

在小偏差角时 $u_\Phi\propto\Phi$，$u_\beta\propto\beta$ 且它们的转值相同，

则 $R_2C\frac{d\Phi}{dt}+\frac{R_2}{R_1}\Phi+\frac{R_3}{R_3+R_4}\beta=0$； $\beta=-\left[\frac{R_2C(R_3+R_4)}{R_3}\frac{d\Phi}{dt}+\frac{R_2(R_3+R_4)}{R_1R_3}\Phi\right]$

与微分舵的调节规律比较，上式中

$$\frac{R_2(R_3+R_4)}{R_1R_3}=K_1\quad \frac{R_2C(R_3+R_4)}{R_3}=K_2$$

适当选择电阻 R_1，R_2，R_3，R_4 和电容 C 的参数，就可得到所要求的比例系数和微分系数。

(4)在舵角反馈信号电路中接入RC积分电路

物理概念：

若突然出现偏航信号 u_{Φ}，该信号经电阻分压后在输出端出现阶跃信号，图 10－46 中 u_{ab}；

舵角反馈信号 u_{β} 经电容充电后的波形为上升指数曲线，图 10－45 中 u_{bc}；

输出信号为上述两信号相减，图 10－47 中 u_{out}；很明显这是下降指数曲线，具有微分信号的特性。

电路分析：

$$i_C = C\frac{dU_{bc}}{dt};\quad i_3 = \frac{U_{bc}}{R_3}$$

$$i_4 = i_C + i_3 = C\frac{dU_{bc}}{dt} + \frac{U_{bc}}{R_3}$$

$$U_{bc} = u_{\beta} - i_4R_4 = u_{\beta} - R_4\left(C\frac{dU_{bc}}{dt} + \frac{U_{bc}}{R_3}\right)$$

得到

$$u_{\beta} = \left(1 + \frac{R_4}{R_3}\right)U_{bc} + R_4C\frac{dU_{bc}}{dt}$$

$$U_{ab} = \frac{R_2}{R_1 + R_2}u_{\Phi}$$

在信号平衡时：$u_{OUT} = U_{ab} + U_{bc} = 0$，$U_{ab} = -U_{bc}$，

$$\frac{dU_{bc}}{dt} = -\frac{dU_{ab}}{dt} = -\frac{R_2}{R_1 + R_2}\frac{du_{\Phi}}{dt}$$

代入 u_{β} 的表达式，得到

$$u_{\beta} = \left(1 + \frac{R_4}{R_3}\right)\left(-\frac{R_2}{R_1 + R_2}u_{\Phi}\right) + R_4C\left(-\frac{R_2}{R_1 + R_2}\frac{du_{\Phi}}{dt}\right)$$

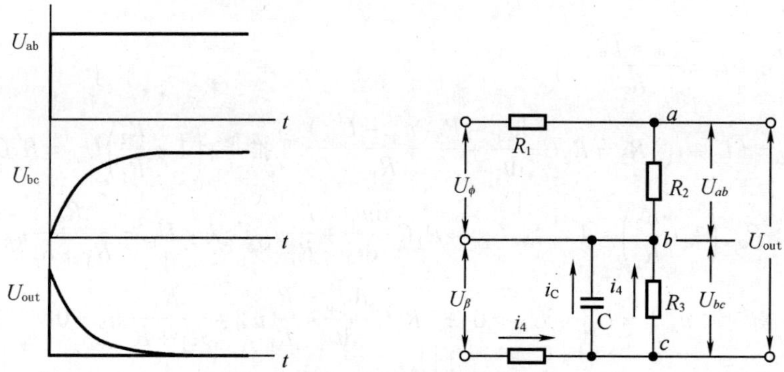

图 10－47　微分信号(3)

与 10.5.4.1 所述理由相同，小差角时认为按差角的正弦规律变化的信号电压与差角成正比，得出：

$$\beta = -\left[\frac{R_2(R_3 + R_4)}{R_3(R_1 + R_2)}\Phi + \frac{R_2R_4C}{R_1 + R_2}\frac{du_{\Phi}}{dt}\right]$$

与微分舵的调节规律相比较得出：

比例系数 $K_1 = \dfrac{R_2(R_3 + R_4)}{R_3(R_1 + R_2)}$；

微分系数 $K_2 = \frac{R_2R_4C}{R_1 + R_2}$

选择适当的电阻、电容参数，就可得到所需要的比例系数和微分系数。

此方案在 HQ－5 型舵机中的应用：

图 10－48 各元件参数与原图对照如下：

$1R = R_{123} + R_{128}$

$2R = R_{128}$

$3R = R_{128}$

$1C = C_{22}$

$2C = C_{21} + C_{22}$

$3C = C_{20} + C_{21} + C_{22}$

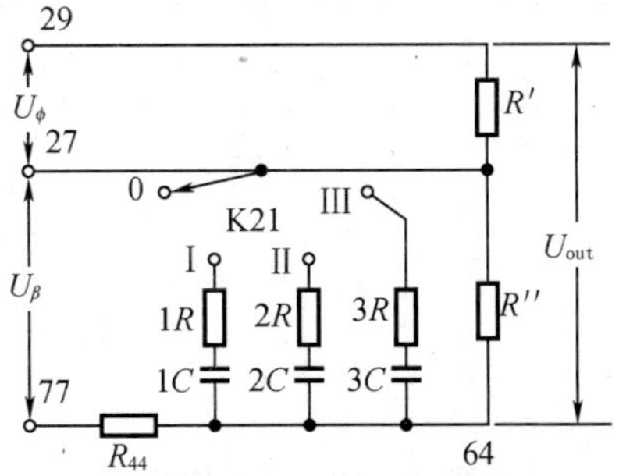

图 10－48　微分信号(4)

原图中

$R_{123} = 10\text{k}\Omega$；$R_{128} = 4.7\text{k}\Omega$；$R_{44} = 30\text{k}\Omega$；$C_{20} = 100\mu\text{f}$；$C_{21} = 50\mu\text{f}$；$C_{22} = 50\mu\text{f}$

K21 在“0”位，没有微分作用；

K21 在“Ⅰ”位，电路中的时间常数 τ_1

$$\tau_1 = 1C(1R + R_{44}) = 50 \times 10^{-6}(10 + 4.7 + 30) \times 10^{-3} = 2.235\text{s}$$

K21 在“Ⅱ”位，电路中的时间常数 τ_2

$$\tau_2 = 2C(2R + R_{44}) = (50 + 50) \times 10^{-6}(4.7 + 30) \times 10^{-3} = 3.47\text{s}$$

K21 在“Ⅲ”位，电路中的时间常数 τ_3

$$\tau_3 = 3C(3R + R_{44}) = (100 + 50 + 50) \times 10^{-6}(4.7 + 30) \times 10^{-3} = 6.94\text{s}$$

10.5.4.3　压舵环节

船舶保持某一航向航行，因风浪、水流的作用及船型、载货、推进等不对称因素等的影响，会产生不对称偏航。

在比例－微分－积分舵中，由积分环节来纠正这种偏航，但电路比较复杂，在有些舵机中采用比例－微分舵附加压舵环节来予以校正。HQ－5 型舵机就采用这样的方案。

压舵环节是在比例电路的输出端加上一个极性与大小可调的直流信号电压（相当于一个持续的小偏航信号）送下一级直流放大器。

图 10－49 压舵环节中 $R_{32} \sim R_{34}$ 组成一电桥，两端加直流电压，在电位器 R_{34} 滑臂端 66 和 R_{32} 与 R_{33} 的中点 64 之间的电压可由 R_{34} 滑臂位置调节大小与极性。这一信号加到下一级直流放大器就可使舵转一个角度，用以纠正船舶的偏航。

由压舵信号（偏航角为零时）使舵叶转过的角度，叫做“压舵舵角”。

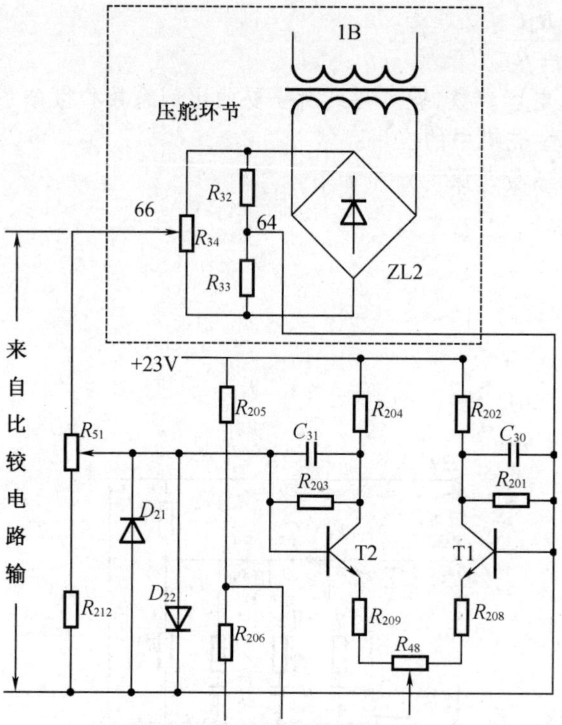

图 10－49　压舵信号

10.5.5　**随动舵与自动舵的调整**

10.5.5.1　平衡调节

平衡调节要求放大器在输入信号为零时输出为零，舵机放大器的平衡调节一般包括两部分。

(1)相敏整流器的平衡

断开信号发送与接收器来的信号，并把输入端短接，测量输出端电压(波形)，调整环形回路上的平衡调节电位器，使输出电压为零。

(2)直流放大器的平衡

断开差分放大器输入信号并把输入端短接，测量输出端电压，调整差分放大器发射极的平衡调整电位器，使输出电压为零。

10.5.5.2　随动舵信号式自整角机的调整

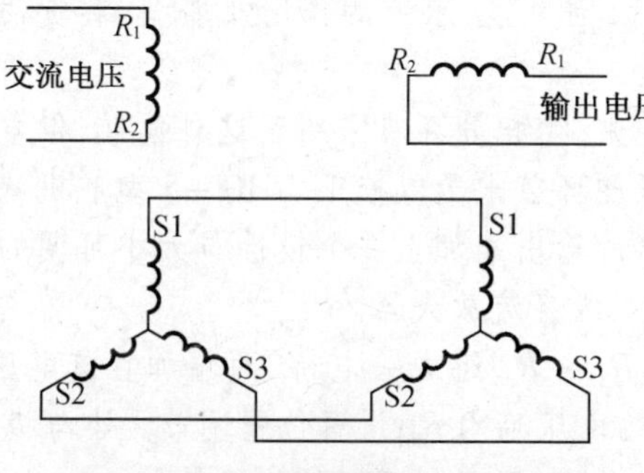

图 10－50　信号式自整角机的接线

发送机的单相绕组接交流励磁电源;发送机与接收机的三相绕组对应端子相连;接收机的单相绕组输出信号电压。

当发送机定转子绕组相对位置与接收机定转子绕组相对位置差90°(如图10－50的情况)时输出信号为零,在此位置上转一角度 θ,则输出电压按 θ 的正弦变化 $u=U\sin\theta$。

发送机由操舵手轮带动,接收机与舵叶相连,调试步骤如下:

(1)调零位

把操舵手轮转到零位,这时驾驶室操舵台上的机械指针指在零刻度上;把舵角转到零位,这时舵叶的机械指示器指在零刻度上;发送机的励磁绕组通单相交流励磁电源;测量接收机的输出电压(线端 A,B),转动发送机或接收机的定子,使输出电压为"0";这样若以发送机为准,接收机可出现下面四种情况:

①正确

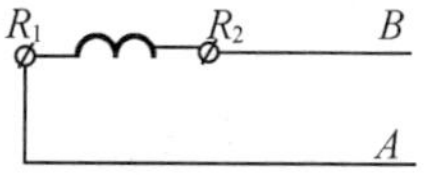

②输出接线反

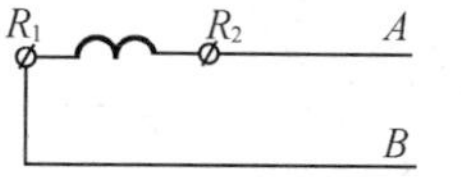

③绕组位置反

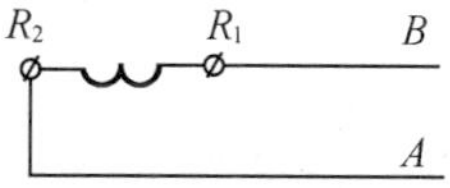

④输出接线与绕组位置都反

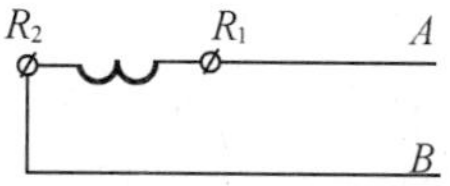

上面①,④是和发送机相匹配的,②,③则与发送机的转向相反。下一步就是要把两者的转向调到一致。

(2)调转向

调转向的目的是使当舵叶跟着操舵手轮向同一方向转动时接收机的输出信号减小,两者的转角相同时输出信号为零(平衡状态)。

把操舵手轮向任一个方向转一小角度,测量接收机的输出电压(线端 A,B 测交流电压)并作出记录;用手柄操舵方法把舵叶向同一方向转动后,接收机的输出电压应随之减小,当转到相同角度时输出电压应为零;若舵叶向同一方向转动时,接收机的输出电压反而增大,则说明其转向与发送机相反(即上面的情况②或③);须把发送机与接收机之间三相绕组的连线中任意两根对换(即把相序倒过来),两者的转向就匹配了。更换相序后,原来调好的零位必须按调零位的方法重新检查,如有变化重新调整。

(3)调极性

调极性的目的是调整驾驶室发送的信号与动力装置之间的匹配,即要使舵叶按驾驶室所发信号的方向旋转。调整步骤如下:

先把操舵手轮和舵叶放在零位(这仅是为了安全,防止系统不匹配时冲到止档位置);接通随动操舵系统,放大与执行机构开始工作,并注意系统动作情况;把操舵手轮转一小角度;这时可能出现两种现象:

①舵叶向相同方向转同样角度后停止;说明信号极性正确。

②舵叶转向相反;这时发送的信号将愈来愈大,舵叶会愈转愈快并一直转到止档位置;说明信号极性错误。

这时应及时断开随动操舵系统,把输出电压的极性对换(线 A 与 B 对换)。也可以不更换接线,而把一只自整角机定子转过180°,但须重新检查零位。按上述步骤调整后,随动信号的调整已完毕,可接通系统检查舵叶的随动情况。

10.5.5.3 旋转变压器的调整

由于自动舵控制需要对偏航信号进行微分或积分处理,再与舵角信号进行比较,因此需各用一只旋转变压器(或把自整角机接成旋转变压器使用)分别产生偏航信号和舵角信号进行处理。而信号式自整角机只能产生两个相减后的信号,无法作其他处理,故不能采用。

对于自动舵机中的随动功能,为采用同一套舵角信号装置,随动舵信号也采用旋转变压器(或把自整角机接成旋转变压器)。

(1)把自整角机当作旋转变压器

随动操舵时发送机与操舵手轮连接;接收机与舵叶连接。偏离零位时各有电压输出。若两者输出电压相等,则相互抵消,系统即处于平衡状态。

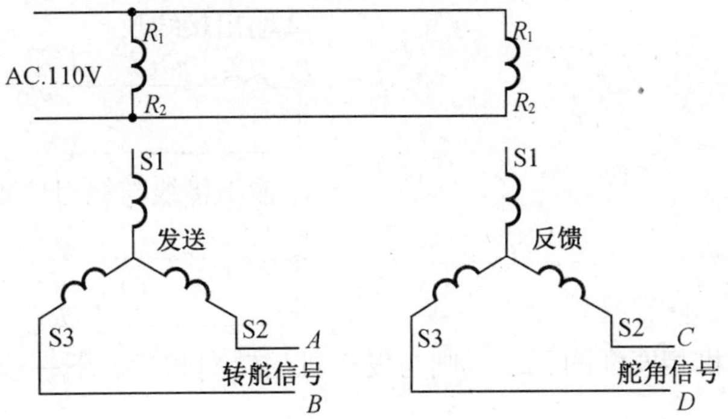

图 10－51 用作旋转变压器的接线

(2)随动舵的调整

按图检查接线正确后,分下列三步进行。

(a)调零位

励磁绕组通单相交流励磁电源;把操舵手轮转到零位,这时手轮指示器指在零刻度上;用手柄操舵方法把舵叶转到零位,这时舵叶的机械指示器指在零刻度上;测量发送机输出电压(A,B 端),转动定子,使输出电压为"0";测量舵角反馈器输出电压(C,D 端),转动定子,使输出电压为"0";

这样调整后,两只自整角机的相对位置可有下面四种情况,若以反馈器的位置和接线为基准,则发送机的位置和接线是:

①正确

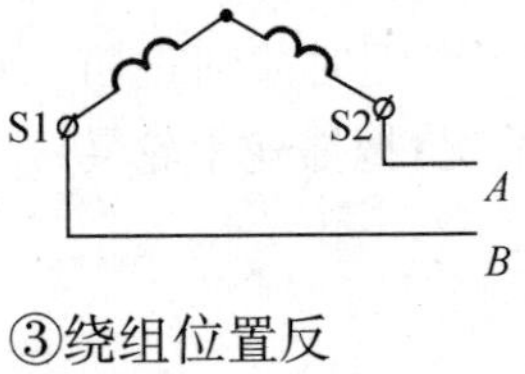

②输出接线反

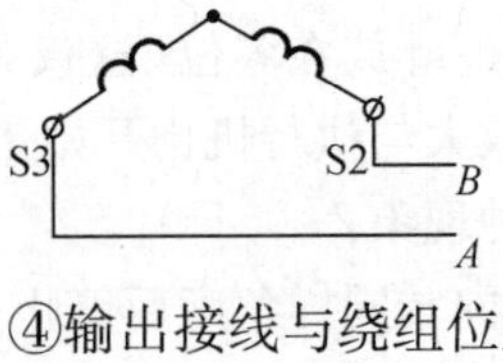

③绕组位置反

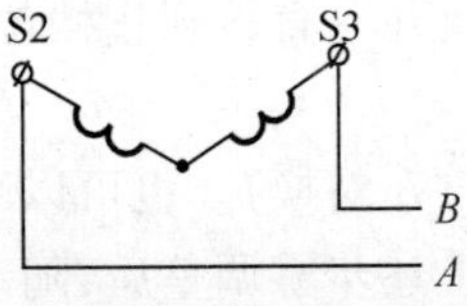

④输出接线与绕组位置都反

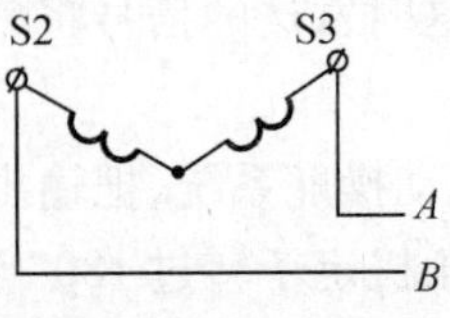

上面①,④是匹配的,②,③则转向相反。

下面的步骤就是要把两者的转向调到一致。

(b)调转向

上述两只自整角机的输出信号分别送到各自的相敏整流器,这两个输出信号的相位是否一致,可从相敏整流后所得到的直流电压极性来判断。当两只自整角机转过相同的角度时,若两电压相互抵消,则相位一致,否则就是反相。

把操舵手轮转一小角度;测量与舵角发送器连接的相敏整流器的输出电压;用手柄操舵方法把舵叶向同方向转同一角度;测量与舵角反馈器连接的相敏整流器的输出电压;

可出现两种情况:

①上两电压相互抵消,两者的转向已匹配;

②上两电压的作用叠加,则两者的转向相反,暂把 A,B 两端对换,继续进行下一步骤。

(c)调极性

先把操舵手轮和舵叶放在零位(这仅是为了安全,防止系统不匹配时冲到止档位置);接通随动操舵系统,使放大与执行机构工作,并注意系统动作情况;把操舵手轮转一小角度;这时可能出现两种现象:

①舵叶向相同方向转同样角度后停止;说明信号极性正确。

②舵叶转向相反;这时发送的信号将愈来愈大,舵叶会愈转愈快并一直转到止档位置;说明信号极性错误。

这时应及时断开随动操舵系统,把两只自整角机输出端 A 与 B 对换,C 与 D 对换。

然后检查整个系统工作情况。

(3)自动舵信号的调整

在随动舵调整完毕的基础上进行调整,这时发送机与船舶航向复示器相连(不是原随动工况用的自整角机)。为了调整不致出错,必须先搞清航向发送机与转向的关系,绝不能搞错。其调整步骤如下:

(a)调零位

舵叶放在零位;反馈器的零位在随动工况已调好,不可再变动。

把偏航角置零,转发送机定子使输出信号电压为零;

(b)调转向与极性

接通自动操舵系统,把偏航角置一小角度,可能出现下列情况:

①舵叶向偏航反方向转一角度停下

说明信号极性与转向正确。认为偏航信号的调整已完成,应可进行后续比例微分调节。

②舵叶向偏航同方向转,且在止挡位置前不会自行停止

说明发送机的输出极性反了,应把发送机输出两端对换 。

③舵叶向偏航同方向转一角度停下,说明信号极性与转向都反了

④舵叶向偏航反方向转,而且一直转到止挡位置,说明转向反了

以上③、④两种情况都先把发送机的三相相序倒过来(对换其中两根线),再重调零位。然后再重试极性,这时可能出现①、②两种情况,可按上面所述方法处理。

10.5.5.4 灵敏度调节

对随动舵一般可选择舵轮与舵角差约0.5°时,系统应自行跟踪,若舵机的动作很频繁,要求在更大的差角才进行跟踪,则应降低放大器的灵敏度;若要求较小的差角时系统就有反应,则应文大放大器的灵敏度。

HQ－5 型电液舵机的灵敏度可调整输入到差分放大器的信号比例（随动工作调电位器 R_{43}，自动工作调 R_{51}）。

附录 10.1：自整角机的功用、原理与调试

在控制系统中经常采用电磁耦合装置，使各转轴跟随某一转轴旋转，即在没有机械连接的条件下通过电磁耦合重现某一转轴的角位与转速。自整角机就是在机械上互不相连而可以复现角位与转速的一种设备。

（1）结构与符号

定子上设置在空间互差 120°角的三相绕组，转子上设单相绕组（或转子用特殊结构，把单相绕组也设在定子上以免去接触导电）。

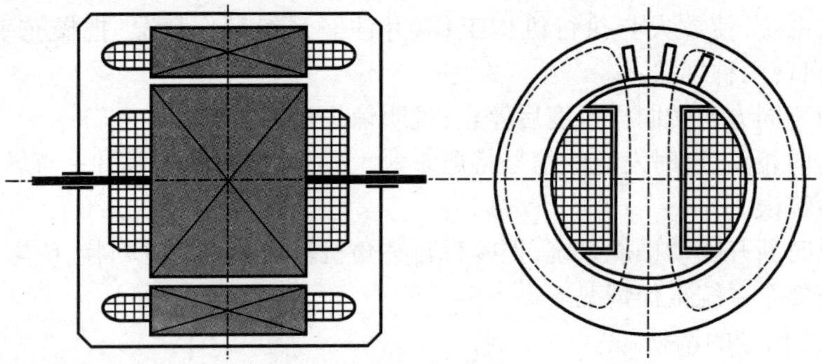

上图：有刷自整角机，定子上安放三相绕组，转子上为单相绕组。

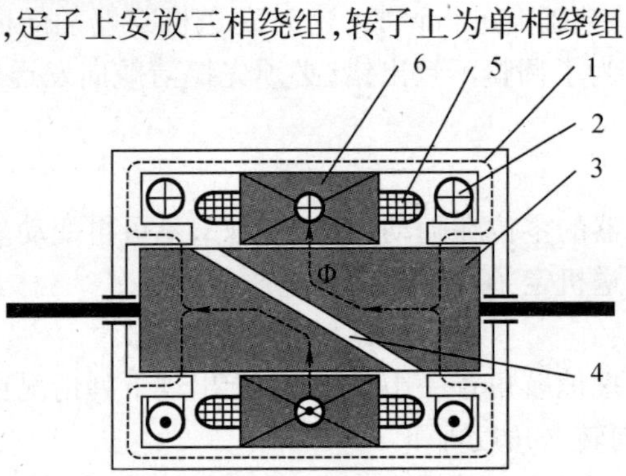

上图：无刷自整角机：

1－定子导磁体；2－单相绕组；3－转子；4－隔磁材料；5－三相绕组；6－定子铁芯

单相绕组安放在定子两端，依靠转子磁路的特殊结构在电机内形成 N－S 磁场，其方向随转子所在的位置而定。

有刷自整角机的符号：

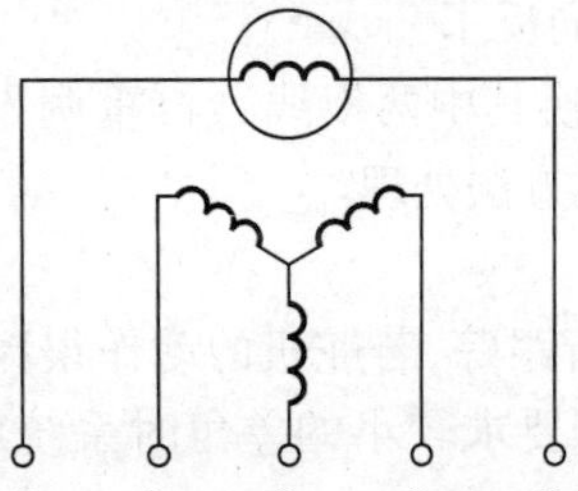

无刷自整角机的符号：

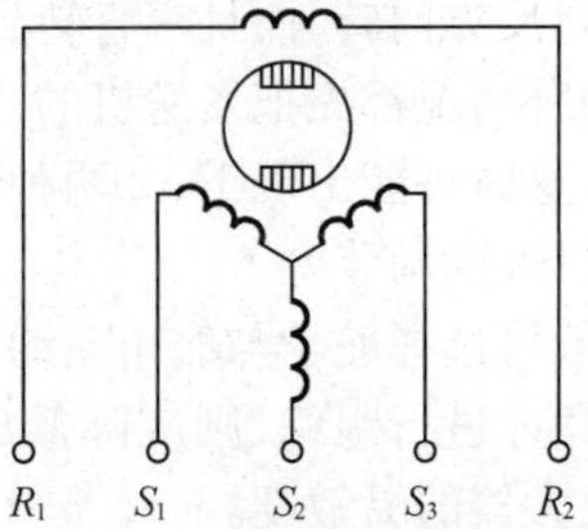

注：上面的符号是电路图上的标准画法，若仅为了表示电路接线，圆圈部分可省略。

(2)力矩式自整角机的工作原理

励磁绕组通单相交流电 U_f，因定子与转子相对位置不变，在三相绕组上感应出相位相同而振幅不同的电动势。各相感应电动势的大小与单相绕组上的励磁电压 U_f 成正比，与三相各绕组与单相绕组间的相对轴线位置有关。

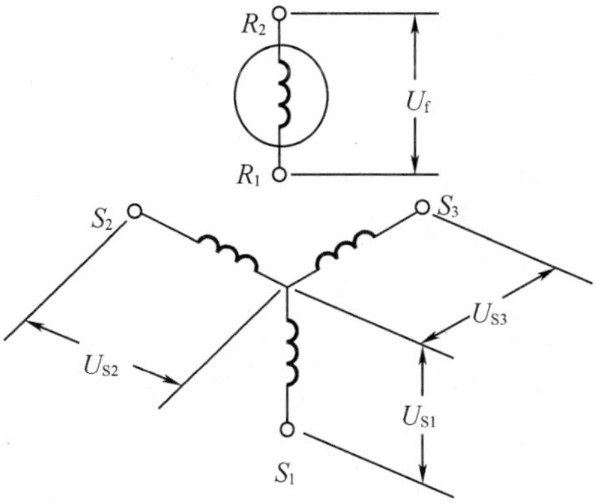

上图：$U_f = U_{fm}\cos\omega t$；各绕组相对位置为：

S_1 与 $R_1 - R_2$ 同轴线，S_2 滞后 120°，S_3 则超前 120°。

按上图位置各相的感应电动势为：

$U_{S_1} = kU_f\cos0° = kU_{fm}\cos\omega t$

$U_{S_2} = kU_f\cos(-120°) = -0.5kU_{fm}\cos\omega t$

$U_{S_3} = kU_f\cos120° = -0.5kU_{fm}\cos\omega t$

若转子在上述位置转过一角度“α”，则各相的感应电动势变为：

$U_{S_1} = kU_f\cos\alpha = kU_{fm}\cos\alpha\cos\omega t$

$U_{S_2} = kU_f\cos(\alpha - 120°) = kU_{fm}\cos(\alpha - 120°)\cos\omega t$

$U_{S_3} = kU_f\cos(\alpha + 120°) = kU_{fm}\cos(\alpha + 120°)\cos\omega t$

上列各式表明三相绕组每一相感应电动势的相位一致，而振幅随偏转角 α 变化。

取两台自整角机由同一电源供单相励磁，把三相绕组相互连接，就构成一个自动同步系统；该系统将力图使两只自整角机各自的相应三相绕组与单相绕组之间的夹角保持一致。

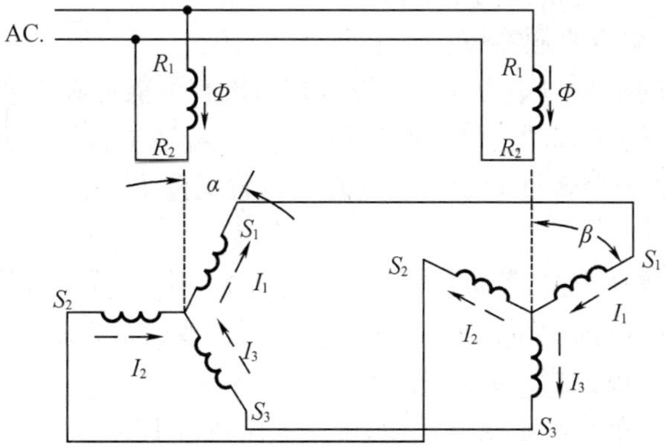

上图 $\alpha \neq \beta$，两台自整角机相连的三相绕组所感应的电动势大小不等，在三相绕组中有电流流过，这一电流在两台自整角机中的方向相反，它们与各自的单相励磁磁场相互作用

产生的旋转力矩方向相反,使两者的轴线趋向一致,这一使系统同步的旋转力矩叫作整步力矩。

通常自整角机组成的同步系统中发信自整角机由机械发信机构定位,接收自整角机就在整步力矩的作用下转到与发信机相匹配的位置。

当发信与接收自整角机达到匹配位置 $\alpha=\beta$,相连的三相绕组的感应电动势大小相等而相互抵消,三相绕组中电流为零,系统就处于稳定状态。

力矩式自整角机系统的整步力矩随收、发信机之间的差角变化,并符合正弦规律,如下图。

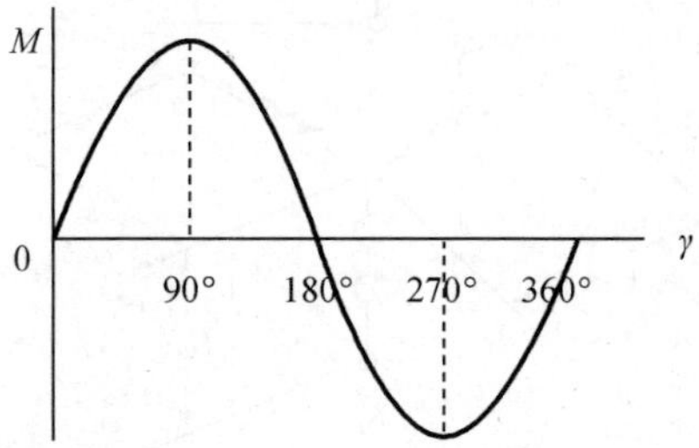

其中 $\gamma=\alpha-\beta$,是两自整角的差角。

当差角为90°的奇数倍时,整步力矩达到最大值,叫做"最大力矩"。这是自整角机的一项重要指标,若自整角机系统的阻力矩超过最大力矩,系统就不能同步。

实际的自整角机系统,在正常工作时差角都很小,收发信机之间的差角就反映了系统的精度,因此在小差角时的整步力矩显得尤为重要,于是有另一项重要指标,叫作比整步力矩。

比整步力矩是收发自整角机间差角为1°时,接收自整角机的整步力矩。它反映了误差不超过1°条件下,接收自整角机可带动的负载的大小。

当收、发自整角机之间的差角为180°时,整步力矩为零,这一点是不稳定零位,又叫假零位。在这一点上两只自整角机上的感应电动势相互叠加,电流达到最大值,但三相电流的合成磁势的方向正好与单相励磁磁势相反,相互间的作用力矩为零。这时若稍有扰动,三相合成磁势与单相励磁磁势就出现差角而形成整步力矩,使接收自整角机向差角为0°或360°的方向旋转,以到达新的稳定平衡位置。

(3)力矩式自整角机的调试方法

①按电路连接图检查电路接线正确性。

②单相绕组通电,检查真假零位。

由于不稳定零位的整步力矩为零,收、发自整角机有可能停在差角为180°的位置,这时需拨动一下接收机转子(加扰动信号)使其偏离原位。若转子自行回到原位,则该点为稳定零位(真零位);否则转子会转过180°在新的稳定位置上停下,新的位置就是真零位。

③调零位

把发信自整角机放在零位,若接收机(指针或度盘)不在零位,可如下调整:

松开接收自整角机的固定压板,转动其定子使指针或度盘归零;

松开指针或度盘压板把指针或度盘放到零位;

把接收自整角机的单相励磁极性反相,可使零位转过180°;

顺序更换三相绕组的接线,可使零位转过120°。

④调转向

若收、发信机转向相反，需更换其中一只自整角机三相绕组的接线顺序；

三相接线相序改变后，须重新调零位。

(4)注意事项与故障现象

①力矩式自整角机系统在相互匹配位置时，三相绕组中无电流，单相绕组中仅流过较小的空载励磁电流；但在失调位置时，三相绕组有电流流过，其合成磁势与单相绕组的励磁磁势相反(相当于变压器次级对初级的作用)，使单相绕组的电流增大，失调严重时电机会发热，长期处于失调状态可能损坏电机。

力矩式自整角机系统失调角与所带动的负载大小密切相关，必须严格控制负载大小，尤其不能有任何卡住现象，否则系统不能自行协调匹配，电机就会烧坏。

②停电后再次通电时，各自整角机原先处于失调位置，在通电瞬间会出现很大的电流冲击(相当于短时接通大负载)，所配置的单相励磁电源必须要能承受这种短时过载，否则不能正常工作。

③接收自整角机单相绕组失电

当接收自整角机单相绕组失电时，发信机三相绕组的感应电动势通过接收机三相绕组形成回路，在接收机中产生磁通 Φ'，其方向与发信机中单相磁通与三相绕组的位置相同(如左图中的 α 角)。该磁通力图通过最短的铁磁路径，就会带动转子磁极也转到这一方向上来，即在单相绕组失电时自整角机仍可带动指针或度盘转动，但与正常励磁的状态的工作是有区别的。

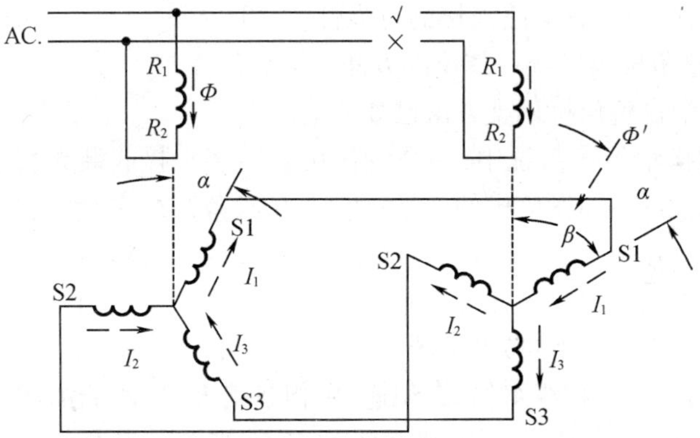

说明如下：

这时测量单相绕组两端也会有电压，这是由三相绕组磁通在单相绕组内感应产生的电压，其大小比正常励磁电压小；

其整步力矩比止常工作时小，跟踪误差较大；

由于没有单相励磁，转子磁通就没有正反极性，接收机在零位或差 180°位置都可稳定住，即可能在差 180°的位置跟踪转动。

④三相绕组断线或接触不良

设 S2 断线，则只有 S1 与 S3 构成回路，当发信机的转角 β 在 0°～180°范围内变化时，电流(正半周)都从接收机的 S1 流向 S3，在自整角机内形成磁场 Φ'，其大小随发信机转角位置变化而方向不变，使接收机的转子始终在与 S1 成 30°角的位置；当 β 与中心线角度超过 180°，则电流(同样按正半周)从接收机的 S3 流向 S1，磁场 Φ' 反向，接收机转子就要转过

180°。这样在一相断线时，不论发信机转在什么角度，接收自整角机只停在正反两个位置上。

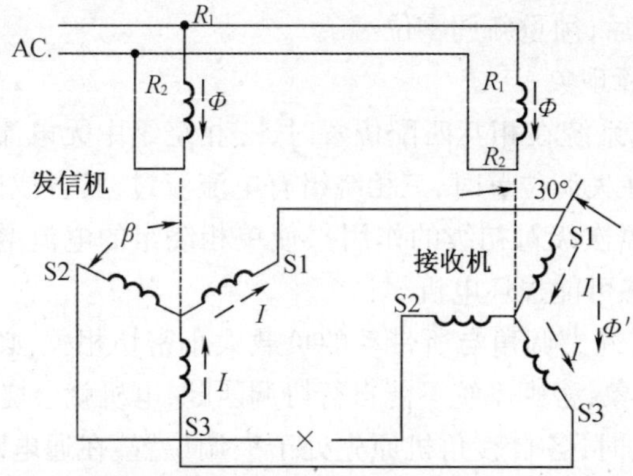

若 S2 接触不良，相当于上图断线处接入较大阻抗，S2 回路上的电流减小，使接收自整角机内的磁通方向发生畸变，使传送的角度出现误差。当 S2 与单相绕组轴线重合时，电流减小使该方向的磁通减小而合成磁通的方向不变；成 90°角时，则感应电动势为零，对磁通没有影响。因此若发信机转 360°，在接收自整角机内就形成椭圆形磁场，而且在 0°/90°/180°/270°的四个点上，传送角度正确，其他各位置都有传送误差。

在多个自整角机组成的自动传输系统中，如果有一个自整角机断线或接触不良，都会引起其他自整角机三相电流变化，从而造成误差。在调试自整角机传输系统时，必须对电路的连接与接触情况给予足够的重视，若发现零位与转向已调试正确的条件下出现随发送角变化的传输误差，就应检查电路连接的可靠性。

(5)力矩式自整角机确定统一零位的方法

一般指示系统中自整角机调整方法已如前述。

在比较复杂的指示传输系统中，一个发信机要向多个接收装置发信号，而一个接收机在不同时间要接收来自不同发信机的信号；例如，在武备系统中，海、空警戒雷达、光学搜索瞄具、声呐等向火炮、导弹、反潜设备等传输目标信号，就需按指挥员的命令，随时转换发送与接收的通路。这样就必须要求各发送装置都有统一的零位，绝不能各行其是。

统一零位的确定方法如下：参见下图。

把单相绕组的 R_2 与三相绕组的 S2 相连，单相绕组 R_1R_2 两端加额定励磁电压 U_f，用电压表测量 R_1 与 S3 两端的电压，转动自整角机的定子，当电压表指示达最大或最小时作初步固定，这一位置就是零位(初调位置)。

系统内所有自整角机(包括发信机与收信机)都按同样方法初调零位。

以下说明这一调整方法的原理：参见下图。

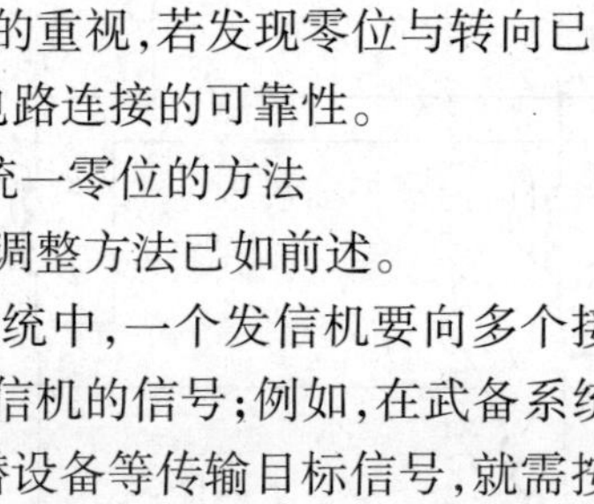

所测量的电压 U_{R1S3} 是在励磁电压 U_f 上叠加了 S2 与 S3 之间的感应电压 U_{S2S3}，这一感

应电压的大小随定、转子间的夹角 β 变化，相位则与励磁电压相同（β 小于 90°时）或相反（β 超过 90°时）。当 S2，S3 与 R_1，R_2 方向一致时 U_{R1S3} 达到最大，方向相反则最小。

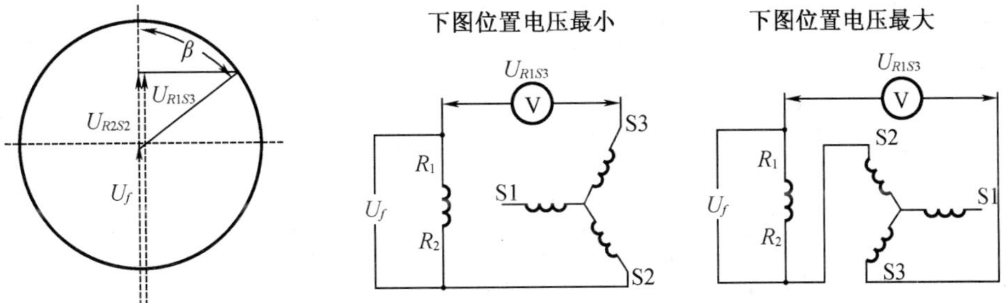

电压矢量图

在统一调零时单相绕组和三相绕组哪一端相连，测量哪两端之间的电压，电压取最大值还是最小值是可以任意规定的，并不一定按上述接法，但一旦由系统责任单位确定后，则整个系统都须按同一标准执行，任何人不得自行更改。

由上面电压矢量图可见，当自整角机定子转到接近零位附近，电压随角度的变化很小，这就使零位调整的精度不可能很高，上述方法只是找到了邻近正确零位的位置，所以叫它"初调零位"。

初调零位后，选定系统中一只接收自整角机（取要与较多发信机连接的收信机，由系统责任单位选择）与某一发信机相连并精确调整零位与转向；然后以这一只收信机为基准，逐个与其他发信机连接，精调其他发信自整角机的零位与转向。凡经过初调零位的自整角机在改变转向时，只允许更换三相出线的电压测量端（上图中 S_3）和连接端（上图中 S_2），可保证更改转向后零位不变。

（6）力矩式差动自整角机

定子和转子上都设置三相绕组，分别与发信自整角机的三相绕组相连，其转子旋转的角度是两个发信机转角的代数差。

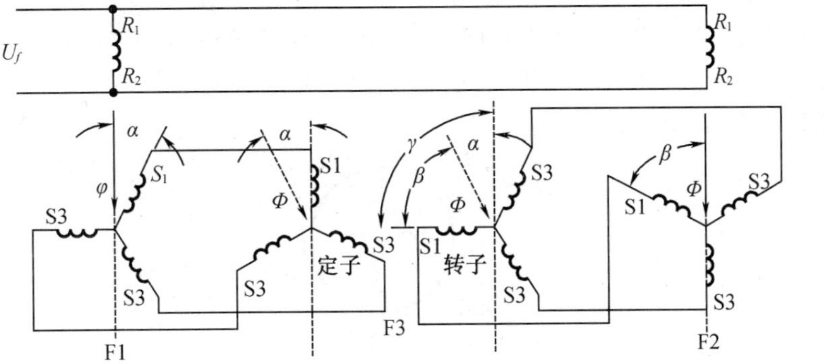

上图：

F_3 为差动自整角机，当发信机 F_1 转子转过 α 角，其感应电流流过 F_3 定子绕组，在 F_3 内形成的磁通方向与定子绕组 S1 也成 α 角；同样当发信机 F_2 转子转过 β 角，其感应电流流过 F_3 转子绕组，在 F_3 内形成的磁通方向与转子绕组 S1 也成 β 角；在同一个电机的空间内，磁通会力图转到相同的方向，因此就使 F_3 的转子旋转，它的转角是两个发信机转角之差，$\gamma=\beta-\alpha$。

上图中因 α 与 β 若方向不同，F_3 转角的绝对值是两者之和。

(7)信号式自整角机

信号式自整角机的转子分别与发送和接收的机构机械联结,随发送和接收的机构旋转,由接收自整角机的单相绕组输出电压信号,其接线如下:

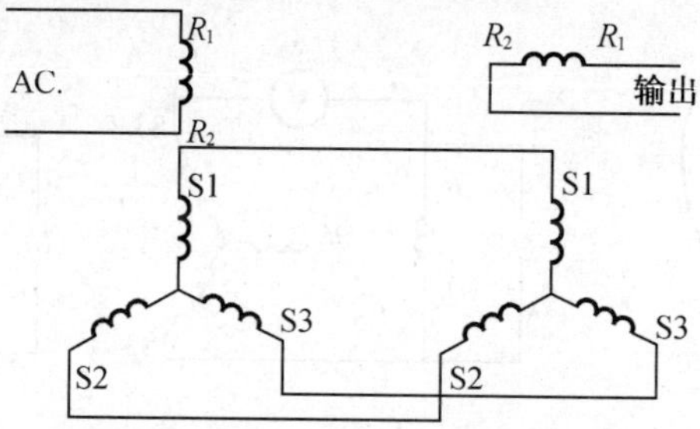

发信机单相绕组接交流励磁电源,收、发信机的三相绕组对应连接,收信机的单相绕组输出角差信号。

在上图所示位置,发信机单相励磁磁通在三相绕组上的感应电流流过收信机,在收信机上产生的磁通方向与绕组 S1 的空间方向一致,若此时单相绕组在空间方向与 S1 垂直,则在 R_1,R_2 两端的感应电压为"0",即收、发在协调位置,误差为零。若单相绕组偏转一个角度,则就有电压输出,输出电压的大小与偏角大小有关,输出电压的相位随偏角方向而变,符合正弦规律。

$$u = \sin\theta$$

信号式自整角机都是一台发信机接一台收信机。若用一台发信机向几台收信机发送角度信号,则对任一台收信机来说另外各收信机的三相绕组也是发送信号的来源,就会出现信号传输误差,使系统不能正常工作。

附录 10.2:旋转变压器

与附录 2 中的信号式自整角机相似,在控制系统中还经常采用另一种角差信号检测装置,可输出与角差成各种函数关系的信号电压,这就是旋转变压器。

(1)结构与原理:见下图

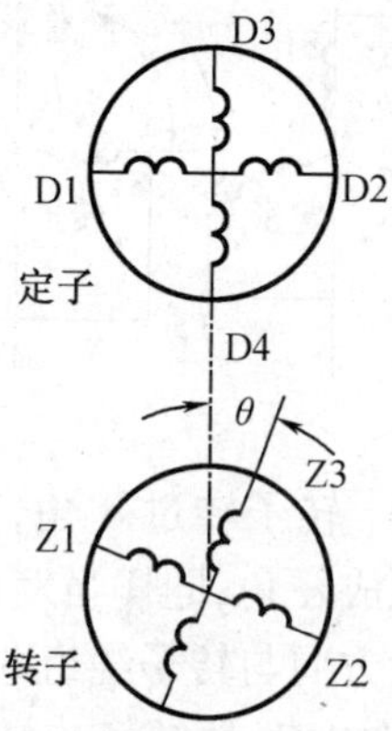

定子和转子上各设两组在空间互差 90°电角的两相绕组。

定子(或转子)上任一相或两相绕组通交流电后,就在电机内形成脉动磁场,从而在转子(或定子)绕组上产生感应电压,该电压的大小随定子与转子间相对位置变化,可作为定、转子间的角差信号输出。

(2)正余弦旋转变压器:见下图

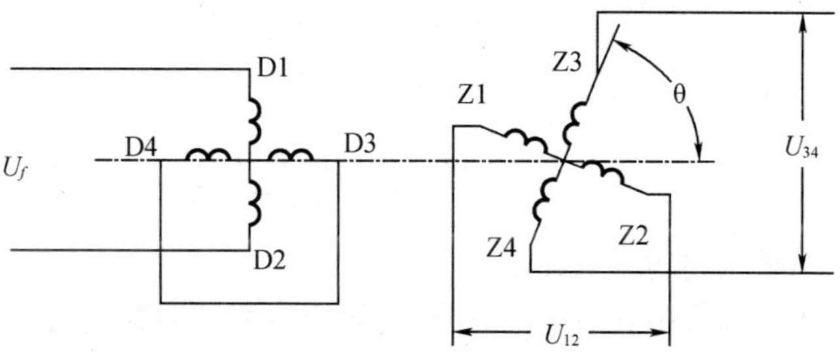

按上图接线。励磁侧的另一相短路是为了消除杂散磁场的影响,提高信号精度。

输出电压:$U_{12} = kU_f\cos\theta$

$U_{34} = kU_f\sin\theta$

其中 k 是匝数比。

(3)线性旋转变压器

用正余弦旋转变压器按下图接线,励磁电压分成两部分,一部分加在励磁绕组 D_1D_2 上,另一部分被转子绕组 Z_3Z_4 的感应电压所抵消。

输出电压 U_2 在一定的范围内与差角 θ 成正比。

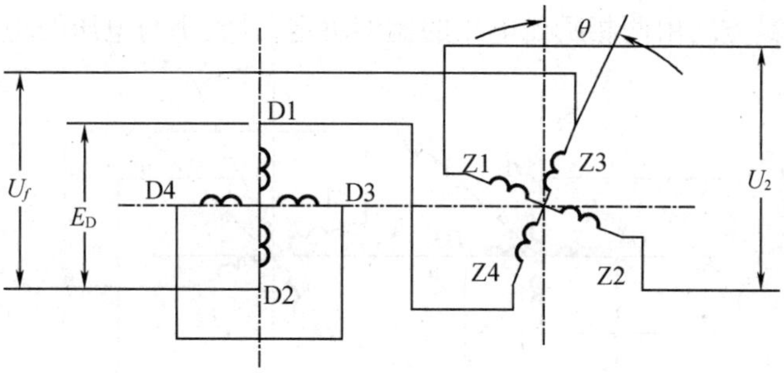

其工作原理如下:

设在不同差角 θ 时励磁绕组 D1D2 上的励磁电压为 E_D

则转子绕组 Z3Z4 的感应电压为

$$U_{34} = kE_D\cos\theta$$

按电势平衡条件　$U_f = E_D + kE_D\cos\theta$

$$E_D = \frac{U_f}{1 + E_D\cos\theta}$$

输出电压是转子绕组 Z1Z2 的感应电压　$U_2 = kE_D\sin\theta$,可得到

$$U_2 = \frac{kU_f\sin\theta}{1 + k\cos\theta}$$

把 $\sin\theta$ 和 $\cos\theta$ 按 Taylor 公式展成幂级数:

$$\sin\theta = \theta - \frac{\theta^3}{3!} + \frac{\theta^5}{5!} - \frac{\theta^7}{7!} + \frac{\theta^9}{9!} - \cdots \approx \theta - \frac{\theta^3}{3!}$$

$$\cos\theta = 1 - \frac{\theta^2}{2!} + \frac{\theta^4}{4!} - \frac{\theta^6}{6!} + \frac{\theta^8}{8!} - \cdots \approx 1 - \frac{\theta^2}{2!}$$

取转子与定子的匝数比为 0.5 则有

$$\frac{\sin\theta}{1+0.5\cos\theta}\approx\frac{\theta-\dfrac{\theta^3}{6}}{1+0.5-\dfrac{\theta^2}{4}}=\frac{\theta\left(1-\dfrac{\theta^2}{6}\right)}{1.5-\dfrac{\theta^2}{4}}=\frac{\theta}{1.5}$$

代入 U_2 的表达式得

$$U_2=\frac{kU_f\sin\theta}{1+k\cos\theta}=\frac{0.5U_f\theta}{1.5}=\frac{U_f\theta}{3}$$

即输出电压和定子与转子间的差角成正比。

上述推导忽略了幂级数中 θ 的高次成分,实际旋转变压器的输出信号和差角间的线性关系是有误差的,尤其当差角大于 1 弧度时,这个误差不容忽视,所以转子与定子匝数比为 0.5 的旋转变压器用作线性变压器,其差角范围限在 ±60°范围内。

应用数理统计按幂函数回归计算,把转子与定子匝数比取为 0.56,可以把差角范围扩大到 ±90°得到很好的相关线性,在 ±90°差角范围内的相关系数达到 0.9999 以上。所以实际旋转变压器的匝数比取 0.56。

除用正余弦旋转变压器按上述接法得到线性输出外,还有采用使变压器内磁场按线性规律分布的线性变压器,可在 ±85°范围内得到线性输出。

(4)比例变压器

用正余弦旋转变压器定子两相绕组通入频率、相位相同的交流励磁电压,在变压器内形成合成磁场 Φ,其方向由两相励磁电压的比例决定,其大小与电压的均方根值成正比。

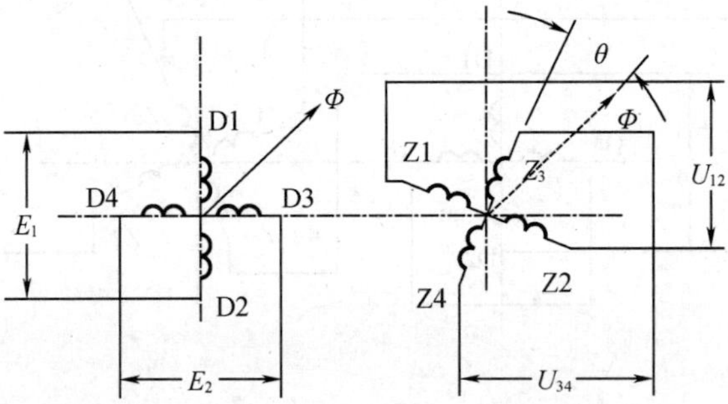

输出电压则随转子绕组相对合成磁场的差角而变。

$$\Phi\propto\sqrt{E_1^2+E_2^2}\quad U_{12}\propto\sqrt{E_1^2+E_2^2}\sin\theta\quad U_{34}\propto\sqrt{E_1^2+E_2^2}\cos\theta$$

(5)自整角机用作旋转变压器

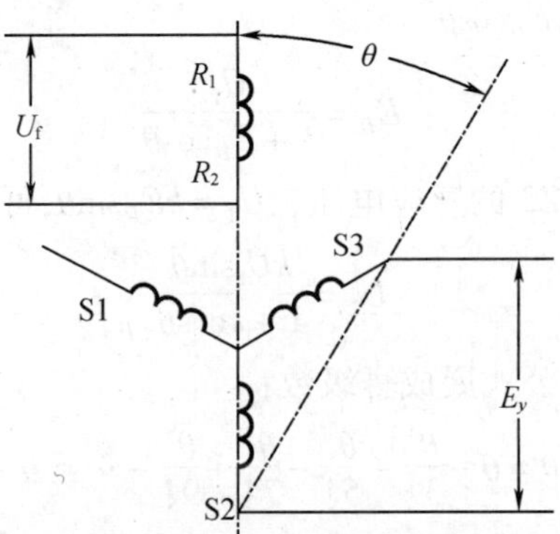

单相绕组通交流励磁电压,取三相绕组中任意两相作为输出,其功用相当于正弦旋转变压器。

输出电压

$$E_Y=\sqrt{3}kU_f\cos\theta$$

参考习题

1. 船舶舵机有哪几种操舵方式?

2. 说明电动舵机单动操舵的工作原理和它的机械特性。

3. 画出单动操舵的方框图,并作说明。

4. 画出随动操舵的方框图,并作说明。

5. 画出自动操舵的方框图,并作说明。

6. 试分析图 10 – 15 电动舵机自动操舵的工作情况。

7. 自动操舵有哪几种调节规律?

8. 说明比例舵的调节规律,写出舵角和偏航角的关系式。

9. 说明比例微分舵的调节规律,写出舵角和偏航角的关系式。

10. 说明比例微分积分舵的调节规律,写出舵角和偏航角的关系式。

11. 比例舵的比例系数大小对船舶航行有什么影响?

12. 比例微分舵的微分系数大小对船舶航行有什么影响?

13. 船舶自动舵应有哪些调节装置?

14. 船舶自动舵为什么还要配置随动操舵和单动操舵设备?

15. 试说明力矩式自整角机整步力矩与差角之间的关系,什么是"最大力矩"和"比整步力矩"?

16. 试说明力矩式自整角机的调试方法。

17. 若一个接收机在不同时间,要接收来自不同发信机的信号,如何确定各发信机的统一零位?

18. 试述差动式自整角机的转角变化规律。

19. 试说明信号式自整角机输出信号与差角之间的关系。

20. 试说明正余弦旋转变压器输出信号与转角之间的关系。

21. 试说明把自整角机用作旋转变压器的工作原理,它的输出信号与转子转角之间的关系,什么位置输出为零?(参见图一)

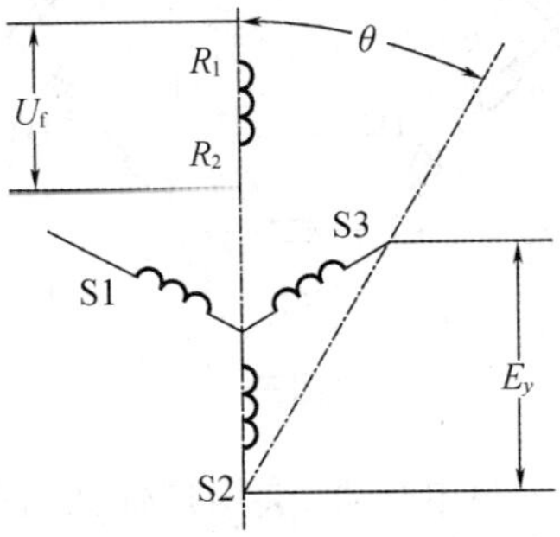

图一

22. 说明图二的名称和工作原理。

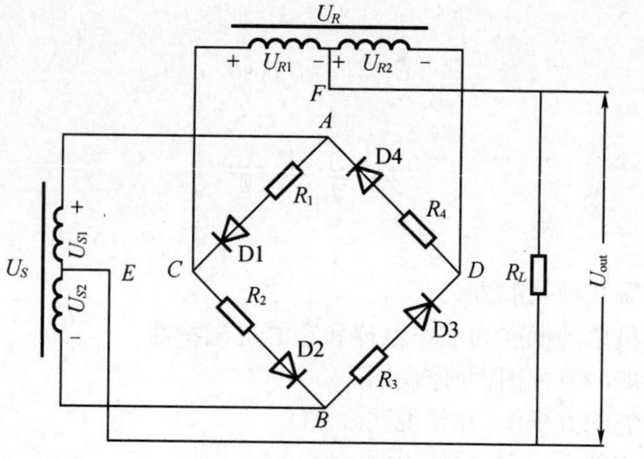

图二

23. 说明图三的名称和工作原理。

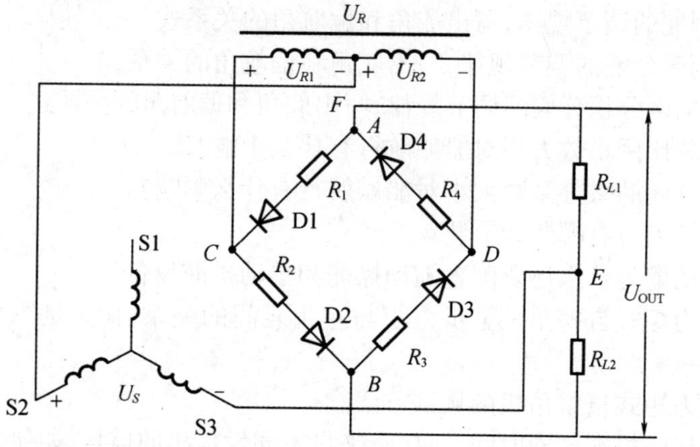

图三

24. 试述图四相敏整流的环形桥中，电位器 A 和 B 的功用。

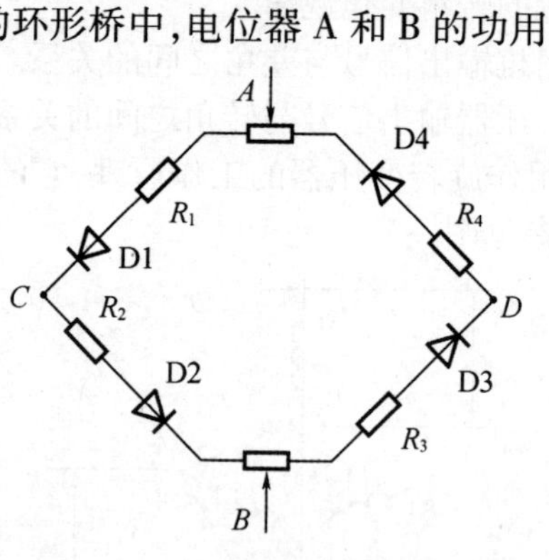

图三

25. 题 24 的电路，若只采用一只电位器，会出现什么情况？
26. 按图 10 – 29 HQ – 5 型舵机控制电路原理图，说明应如何调整随动舵与自动舵的平衡。
27. 按图 10 – 29 HQ – 5 型舵机控制电路原理图，说明应如何调整随动舵的信号自整角机。
28. 按图 10 – 29 HQ – 5 型舵机控制电路原理图，说明应如何调整自动舵的信号自整角机。

附录　鼠笼式异步电动机机械特性的近似推算

第1章关于按样本数据绘制的异步电动机机械特性，其不稳定段是按照最小转矩和启动转矩粗略画出的，这对设计重要拖动系统可能太粗略。本文拟在某些近似假设下再作探讨，以供参考。

用以下近似假设：

把电动机都设为双鼠笼式；

启动笼的临界转差率 $s_K=1$，即启动笼的始启动转矩是最大转矩；

五次与七次谐波在堵转时的转矩相互抵消。

这些近似假设使推算出的特性与实际特性有些差异。但由于上述推算抓住了最大转矩、最小转矩、启动转矩、临界转差率等要点，可以在工程计算上应用。

按简化等效电路推算出的异步电动机机械特性表达式

$$M=\frac{2M_K}{\dfrac{s}{s_K}+\dfrac{s_K}{s}}$$

在鼠笼式电动机正常工作转速范围内，按上式求出的机械特性能很好符合电动机的实际特性，满足工程计算的要求。但目前实际鼠笼电动机为增大启动转矩，大多采用了深槽或双鼠笼等型式，其转子电阻随电动机的转速变化，上式按转子电阻不变推算得到的表达式，已不能表达电动机在低转速阶段的特性，因此用来分析电动机启动、制动等过渡过程的情况，显得误差过大。

为便于分析电力拖动系统的过渡过程，本文通过电动机的铭牌或样本数据，把实际电动机近似为双鼠笼电动机，分析、推算鼠笼式异步电动机近似的机械特性。

(一)基波转矩的推算

由铭牌及样本可得到下列数据：

额定功率：P_N；额定电压：U_N；额定电流：I_N；额定转速：n_N；效率：η

功率因数：$\cos\Phi$；过载转矩倍数：λ_m；启动转矩倍数：λ_I；启动电流倍数：λ_S

最小转矩倍数：$\lambda_{\min}$（多数样本未载明此数据，则按标准规定值计算）

按上述数据可计算：

额定转差率　$$s_N=\frac{n_1-n}{n_1}$$

临界转差率　$$s_K=s_N(\lambda_m+\sqrt{\lambda_m^2-1})$$

额定转矩　$$M_N=9.55\frac{P_N}{n_N}$$

最大转矩　$$M_K=\lambda_m M_N$$

标幺值 $M_K^* = \lambda_m$

启动转矩 $M_S = \lambda_S M_N$

标幺值 $M_S^* = \lambda_S$

把实际异步电动机(深槽式或双鼠笼式)当作双鼠笼电动机考虑。其中启动笼的参数在下标中加“2”，并假设它在堵转状态出现最大转矩 M_{K2}，对应的临界转差率 $S_{K2} = 1$；运行笼的参数在下标中加“3”，它应在略高于电动机的临界转差率附近出现最大转矩 M_{K3}，即对应的临界转差率 $S_{K3} \approx S_K$ 而稍小于 S_K(见下图)。

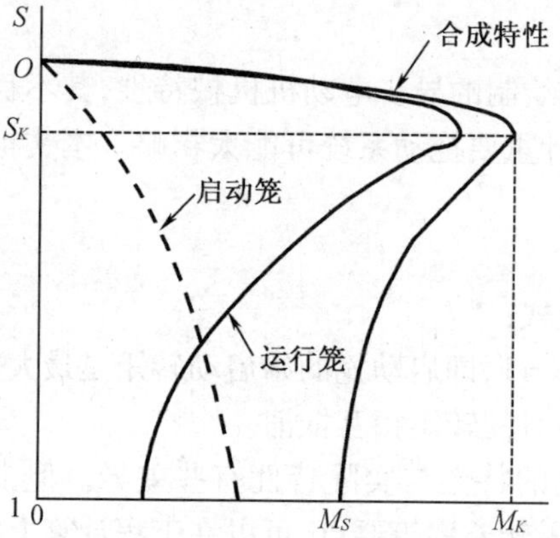

两鼠笼的合成转矩应符合电动机机械特性的主要指标。

用标幺值表示合成转矩

$$M_1^* = \frac{2M_{K2}^*}{s + \frac{1}{s}} + \frac{2M_{K3}^*}{\frac{s}{s_{K3}} + \frac{s_{K3}}{s}} \tag{1}$$

在 $s = s_K$ 处 $M^* = M_K^* = \lambda_m$；

在 $s = 1$ 处 $M^* = M_S^* = \lambda_S$；

分别代入上式得到

$$\lambda_m = \frac{2M_{K2}^*}{s_K + \frac{1}{s_K}} + \frac{2M_{K3}^*}{\frac{s_K}{s_{K3}} + \frac{s_{K3}}{s_K}} \approx C_2 M_{K2}^* + M_{K3}^* \tag{2}$$

其中 $C_2 = \dfrac{2}{s_K + \frac{1}{s_K}}$

启动笼在临界转差率处的转矩系数

$$\lambda_S = M_{K2}^* + \frac{2M_{K3}^*}{\frac{1}{s_{K3}} + s_{K3}} \approx M_{K2}^* + C_3 M_{K3}^* \tag{3}$$

其中 $C_3 \approx \dfrac{2}{s_K + \frac{1}{s_K}} = C_2$ 运行笼在堵转处的转矩系数。

由(2),(3)两式可解出

启动笼临界转矩

$$M_{K2}^* = \frac{\lambda_S - C_3 \lambda_m}{1 - C_2 C_3} \approx \frac{\lambda_S - C_2 \lambda_m}{1 - C_2^2} \tag{4}$$

运行笼临界转矩

$$M_{K3}^{*} = \frac{\lambda_m - C_2\lambda_S}{1 - C_2C_3} \approx \frac{\lambda_m - C_2\lambda_S}{1 - C_2^2} \tag{5}$$

把它们代入式(1)就得到电动机的近似机械特性。

按上述方法求得的特性，其启动转矩、最大转矩及相关转差率与铭牌(样本)数据基本相符，但仅代表基波磁通所起的作用，尚未包含五次和七次谐波的影响，即忽略了异步电动机普遍存在的、对电力拖动往往是至关重要的“最小转矩”。对于启动条件相对严酷的拖动系统，要求校核低转速阶段的启动转矩，特别是要保证最小转矩大于负载阻力矩，而按上述方法推算出的机械特性在低速段误差较大，很难用以判断系统在低速能否顺利启动。

以下结合谐波影响与最小转矩，推导异步电动机的近似机械特性。其中有些假设是近似的，并不严格，得到的结果可用作检查拖动系统在整个启动阶段的动态转矩，可以判断系统能否成功启动。

为以后引用方便，我们取：

启动笼临界转矩与电动机临界转矩之比为

$$\lambda_2 = \frac{M_{K2}^{*}}{M_K^{*}} \tag{6}$$

运行笼临界转矩与电动机临界转矩之比为

$$\lambda_3 = \frac{M_{K3}^{*}}{M_K^{*}} \tag{7}$$

(二)考虑五次和七次谐波影响的转矩推算

下面考虑五次和七次谐波对机械特性的影响，对五次谐波的参数在下标中加“5”，七次谐波的参数在下标中加“7”。

假设五次谐波和七次谐波所产生的转矩与转速的关系和基波的特性是相似形，启动笼和运行笼的转矩比值和基波的比值相同，各谐波堵转转矩与最大转矩的比值和基波的比值相同，它们的临界转差率也相同。

五次谐波产生逆转矩，取负值。

七次谐波产生顺转矩，在低于七分之一同步转速时与基波转矩同向，高于七分之一同步转速时则反向，且在稍高于七分之一同步转速处达到反向转矩最大值。

五次谐波的逆转矩和高于七分之一同步转速段七次谐波的反向转矩都要与基波的转矩相抵消，使电动机的转矩减小。

按本文前述方法求出的在堵转状态的基波磁通转矩已与样本所列启动转矩相符，为使推算得到的启动转矩仍合乎样本数据，在下面推算中假设堵转时五次谐波和七次谐波所产生的转矩相互抵消(此假设是近似的，实际电动机这两者可能是差异的)。堵转时基波和谐波的转差率 $s = s_5 = s_7$。

即：

$$M_{5S}^{*} = \frac{\lambda_S}{\lambda_m} M_{5K}^{*}$$

$$M_{7S}^{*} = \frac{\lambda_S}{\lambda_m} M_{7K}^{*}$$

$$M_{5S}^{*} = M_{7S}^{*}\text{(堵转处两转矩相抵消)}$$

则有五次谐波和七次谐波启动笼、运行笼及合成的最大转矩标幺值为

合成最大转矩 $M_{5K}^* = M_{7K}^*$

启动笼最大转矩 $M_{5K2}^* = M_{7K2}^* = \lambda_2 M_{7K}^*$

运行笼最大转矩 $M_{5K3}^* = M_{7K3}^* = \lambda_3 M_{7K}^*$

谐波转差率与电动机转差率的换算

七次谐波是顺序谐波，它的同步转速是基波的$\frac{1}{7}$，转向相同即同步转速为$\frac{n_1}{7}$。其转差率为

$$s_7 = \frac{\frac{n_1}{7} - n}{\frac{n_1}{7}} = \frac{n_1 - 7n}{n_1} = \frac{7(n_1 - n) - 6n_1}{n_1} = 7s - 6$$

$$s = \frac{6 + s_7}{7}$$

对应的转速

$$n = \frac{n_1(1 - s_7)}{7} = n_1(1 - s)$$

五次谐波是逆序谐波，它的同步转速是基波的$\frac{1}{5}$，转向相反即同步转速为$-\frac{n_1}{5}$。其转差率为

$$s_5 = \frac{-\frac{n_1}{5} - n}{-\frac{n_1}{5}} = \frac{n_1 + 5n}{n_1} = \frac{6n_1 - 5(n_1 - n)}{n_1} = 6 - 5s$$

$$s = \frac{6 - s_5}{5}$$

对应的转速

$$n = \frac{n_1(s_5 - 1)}{5} = n_1(1 - s)$$

电动机的最小转矩：

双鼠笼或深槽电动机，从静止到临界转速范围内会出现最小转矩，但多数的最小转矩出现在七次谐波有最大逆转矩的转速上，即在七次谐波转差率 $s_7 = -s_{7K}$处，逆转矩达到最大值为“$-M_{7K}^*$”，再加上五次谐波在这一转速上的反向转矩，使电动机在这一点上达到最小转矩。以下按这一最小转矩与样本（或标准）所列的最小转矩相符这样的思路，推算电动机的近似机械特性。

按基波与谐波特性相似的假设，七次谐波转差率等于临界转差率时，谐波转矩最大，最大逆转矩出现在 $s_7 = -s_{7K} = -s_K$时，其对应的基波转差率为 $s = \frac{6 - s_K}{7}$。

把这个转差率代入式(1)，计算这一转速上基波的转矩为

$$M_{1\min}^* = \frac{2M_{K2}^*}{\frac{6 - s_K}{7} + \frac{7}{6 - s_K}} + \frac{2M_{K3}^*}{\frac{6 - s_K}{7s_{K3}} + \frac{7s_{K3}}{6 - s_K}} = C_4 M_{K2}^* + C_5 M_{K3}^* \quad (8)$$

其中 $C_4=\dfrac{2}{\dfrac{6-s_K}{7}+\dfrac{7}{6-s_K}}$　启动笼基波最小转矩系数；　(9)

$$C_5=\frac{2}{\dfrac{6-s_K}{7s_{K3}}+\dfrac{7s_{K3}}{6-s_K}}\approx\frac{2}{\dfrac{6-s_K}{7s_K}+\dfrac{7s_K}{6-s_K}}$$　运行笼基波最小转矩系数。　(10)

这一转速对应的五次谐波的转差率为

$$s_5=6-5\times\frac{6-s_K}{7}=\frac{12+5s_K}{7}$$

把它代入式(1)，并用五次谐波的最大转矩 M_{5K}^*（尚未知，与 $M*_{7K}$ 相等，待求）取代 M_K^*，得到这一点上五次谐波的转矩为

$$M_{5\min}^*=\frac{2M_{5K2}^*}{\dfrac{12+5s_K}{7}+\dfrac{7}{12+5s_K}}+\frac{2M_{5K3}^*}{\dfrac{12+5s_K}{7s_{K3}}+\dfrac{7s_{K3}}{12+5s_K}}$$

$$=\frac{2\lambda_2M_{5K}^*}{\dfrac{12+5s_K}{7}+\dfrac{7}{12+5s_K}}+\frac{2\lambda_3M_{5K}^*}{\dfrac{12+5s_K}{7s_{K3}}+\dfrac{7s_{K3}}{12+5s_K}}=(C_6+C_7)M_{5K}^*=(C_6+C_7)M_{7K}^*$$

其中

$C_6=\dfrac{2\lambda_2}{\dfrac{12+5s_K}{7}+\dfrac{7}{12+5s_K}}$　启动笼五次谐波最小转矩系数；　(11)

$C_7=\dfrac{2\lambda_3}{\dfrac{12+5s_K}{7s_{K3}}+\dfrac{7s_{K3}}{12+5s_K}}\approx\dfrac{2\lambda_3}{\dfrac{12+5s_K}{7s_K}+\dfrac{7s_K}{12+5s_K}}$　运行笼五次谐波最小转矩系数。　(12)

这一转速上基波与各次谐波转矩的代数和是电动机的最小转矩。其中五次谐波为逆向转矩取负值，七次谐波取高于七次同步转速处的临界转矩也是负值，即

$$M_{1\min}^*-M_{5\min}^*-M_{7K}^*=\lambda_{\min}$$

$$M_{1\min}^*-(C_6+C_7+1)M_{7K}^*=\lambda_{\min}$$

按此可求出

谐波临界转矩　$M_{5K}^*=M_{7K}^*=\dfrac{M_{1\min}^*-\lambda_{\min}}{C_6+C_7+1}$　(13)

对谐波转矩中启动笼与运行笼的比例认为与基波的比例相同。则

启动笼谐波临界转矩　$M_{5K2}^*=M_{7K2}^*=\lambda_2M_{5K}^*$　(14)

运行笼谐波临界转矩　$M_{5K3}^*=M_{7K3}^*=\lambda_3M_{5K}^*$　(15)

把它们分别代入五次谐波和七次谐波机械特性方程就可得到该次谐波的转矩—转速关系，再把它们与基波特性相加就可得到电动机比较实用的机械特性。

合成机械特性的计算：

基波转矩　$M_1^*=\dfrac{2M_{K2}^*}{s+\dfrac{1}{s}}+\dfrac{2M_{K3}^*}{\dfrac{s}{s_K}+\dfrac{s_K}{s}}$　(16)

五次谐波转矩（逆序取负值）

$$-M_5^* = -\left(\frac{2M_{5K2}^*}{s_5+\frac{1}{s_5}}+\frac{2M_{5K3}^*}{\frac{s_5}{s_K}+\frac{s_K}{s_5}}\right)$$

把五次谐波的转差率用基波转差率 s 表示

$$-M_5^* = -\left(\frac{2M_{5K2}^*}{6-5s+\frac{1}{6-5s}}+\frac{2M_{5K3}^*}{\frac{6-5s}{s_K}+\frac{s_K}{6-5s}}\right) \tag{17}$$

七次谐波转矩(顺序取正值)

$$M_7^* = \frac{2M_{7K2}^*}{s_7+\frac{1}{s_7}}+\frac{2M_{7K3}^*}{\frac{s_7}{s_K}+\frac{s_K}{s_7}}$$

把七次谐波的转差率用基波转差率 s 表示

$$M_7^* = \frac{2M_{5K2}^*}{7s-6+\frac{1}{7s-6}}+\frac{2M_{5K3}^*}{\frac{7s-6}{s_K}+\frac{s_K}{7s-6}} \tag{18}$$

电动机的合成机械特性

$$M^* = M_1^* - M_5^* + M_7^* \tag{19}$$

转矩突变点:

由于谐波转矩在其本身临界转差率附近迅速变化,在各谐波的临界转差率处转矩突变,应特别注意在五次谐波和七次谐波临界转差率附近的转矩值

$s_5 = \pm s_K$即$s=\frac{6\mp s_K}{5}$和$s_7 = \pm s_K$即$s=\frac{6\pm s_K}{7}$的转矩值。

转矩的零点:

算式(1)当$s=0$,算式(17)当$s=\frac{6}{5}$,算式(18)当$s=\frac{6}{7}$处,都是转矩的零点,取$M=0$。

(三)基波磁通转矩的修正

由于上述计算中把样本的最大转矩取作基波的临界转矩,再加上五次谐波和七次谐波的反向转矩后,综合机械特性的最大转矩将略小于样本值,对于一般拖动系统计算,则提供了一定的安全裕度。

为了求得的机械特性参数更接近样本数据,可先适当增大基波临界转矩值(约增大5% ~10%,可取$\lambda'_m=1.05\sim1.10\lambda_m$)进行计算。把计算结果与样本数据比较,若差别还较大再调整λ'_m后再算。

(四)推算实例

电动机铭牌数据:

型号:Y315S-6

功率:$P_N=75$ kW

电流:$I_N=141$ A

转速:$n_N=980$ r/min

效率:$\eta=0.928$

功率因素:$\cos\Phi=0.87$

最大转矩倍数：$\lambda_m = 2.0$

启动转矩倍数：$\lambda_S = 1.6$

最小转矩倍数：$\lambda_{\min} = 0.7\lambda_S = 1.12$

启动电流倍数：$\lambda_I = 6.5$

注：$\lambda_{\min}$系按 IEC 标准选定

原始数据：

同步转速　$n_1 = 1\ 000$ r/min

额定转速　$n_N = 980$ r/min

最大转矩倍数修正值　$\lambda'_m = 2.15$

启动转矩倍数　$\lambda_S = 1.6$

最小转矩倍数　$\lambda_{\min} = 1.12$

计算步骤：

额定转差率　$s_N = \dfrac{n_1 - n_N}{n_1}$

临界转差率　$s_k = s_N(\lambda'_m + \sqrt{\lambda'^2_m - 1})$

启动笼临界转矩系数和运行笼启动转矩系数

$$C_2 = C_3 = \frac{2}{s_K + \dfrac{1}{s_K}} \tag{2}$$

启动笼临界转矩

$$M^*_{K2} = \frac{\lambda_S - C_2\lambda_m}{1 - C_2^2} \tag{4}$$

运行笼临界转矩

$$M^*_{K2} = \frac{\lambda_m - C_2\lambda_S}{1 - C_2^2} \tag{5}$$

启动笼临界转矩比

$$\lambda_2 = \frac{M^*_{K2}}{M^*_K} \tag{6}$$

运行笼临界转矩比

$$\lambda_3 = \frac{M^*_{K3}}{M^*_K} \tag{7}$$

启动笼基波最小转矩系数

$$C_4 = \frac{2}{\dfrac{6 - s_K}{7} + \dfrac{7}{6 - s_K}} \tag{9}$$

运行笼基波最小转矩系数

$$C_5 = \frac{2}{\dfrac{6 - s_K}{7s_K} + \dfrac{7s_K}{6 - s_K}} \tag{10}$$

基波最小转矩

$$M^*_{1\min} = C_4 M^*_{K2} + C_5 M^*_{K3} \tag{8}$$

启动笼谐波最小转矩系数

$$C_6 = \frac{2\lambda_2}{\frac{12 + 5s_K}{7} + \frac{7}{12 + 5s_K}} \tag{11}$$

运行笼谐波最小转矩系数

$$C_7 = \frac{2\lambda_3}{\frac{12 + 5s_K}{7s_K} + \frac{7s_K}{12 + 5s_K}} \tag{12}$$

谐波临界转矩

$$M_{5K}^* = M_{7K}^* = \frac{M_{1\min}^* - \lambda_{\min}}{C_6 + C_7 + 1} \tag{13}$$

启动笼谐波临界转矩

$$M_{5K2}^* = M_{7K2}^* = \lambda_2 M_{5K}^* \tag{14}$$

运行笼谐波临界转矩

$$M_{5K3}^* = M_{7K3}^* = \lambda_3 M_{5K}^* \tag{15}$$

基波转矩

$$M_1^* = \frac{2M_{K2}^*}{s + \frac{1}{s}} + \frac{2M_{K3}^*}{\frac{s}{s_K} + \frac{s_K}{s}} \tag{16}$$

五次谐波转矩

$$-M_5^* = -\left(\frac{2M_{5K2}^*}{6 - 5s + \frac{1}{6 - 5s}} + \frac{2M_{5K3}^*}{\frac{6 - 5s}{s_K} + \frac{s_K}{6 - 5s}} \right) \tag{17}$$

七次谐波转矩

$$M_7^* = \frac{2M_{5K2}^*}{7s - 6 + \frac{1}{7s - 6}} + \frac{2M_{5K3}^*}{\frac{7s - 6}{s_K} + \frac{s_K}{7s - 6}} \tag{18}$$

电动机的合成机械特性:

$$M^* = M_1^* - M_5^* + M_7^* \tag{19}$$

转矩的零点:

$s = 0 \quad M_1^* = 0$

$s = \frac{6}{7} \quad M_7^* = 0$

$s = \frac{6}{5} \quad M_5^* = 0$ 此点在反转范围,若不考虑反转,一般可不计算。

转矩突变点的转差率:

$s = \frac{6 + s_K}{5}$ 对应于启动特性段的最大转矩的转差率;

$s = \frac{6 - s_K}{5}$ 对应于启动特性段的最小转矩的转差率;

$s = \frac{6 \pm s_K}{7}$ 在反转范围,若不考虑反转,一般可不计算。

1. 最小转矩按 IEC 标准为启动转矩的 0.7 倍：

Y315S 电动机机械特性近似推算(最小转矩按 IEC 标准)

n_1	n	λ'_m	λ_S	λ_{min}	s_n	s_K	$C_2=C_3$
1 000	980	2.15	1.6	1.12	0.02	0.081 07	0.161 07
M^*_{K2}	M^*_{K3}	λ_2	λ_3	C_4	C_5	M^*_{1min}	C_6
1.287 09	1.942 69	0.598 64	0.903 57	0.986 09	0.19	1.638 29	0.512 44
C_7	$M^*_{5K,7K}$	$M^*_{5K2,7K2}$	$M^*_{5K3,7K3}$	S_{5K+}	S_{5K-}	S_{7K+}	S_{7K-}
0.082 49	0.324 96	0.194 54	0.293 63	1.183 79	1.216 21	0.868 72	0.845 56
s	M^*_1	M^*_5	M^*_7	M^*			
0	0	−0.07 1	−0.07 1	−0.142 1			
0.01	0.497 84	−0.071 6	−0.071 8	0.354 42			
0.02	0.955 04	−0.072 2	−0.072 6	0.810 23			
0.024 67	1.145 45	−0.072 4	−0.073	0.999 98			
0.04	1.644 57	−0.073 4	−0.074 3	1.496 9			
0.06	2.011 83	−0.074 6	−0.076 1	1.861 17			
0.08	2.147 14	−0.075 8	−0.077 9	1.993 38			
0.08107	2.15	−0.075 9	−0.078	1.996 07			
0.083	2.154 34	−0.076	−0.078 2	2.000 1			
0.09	2.161 93	−0.076 5	−0.078 9	2.006 57			
0.1	2.155 53	−0.077 1	−0.079 9	1.998 53			
0.2	1.847 66	−0.084 3	−0.091 1	1.672 21			
0.4	1.644 01	−0.103 4	−0.125 6	1.414 93			
0.6	1.651 2	−0.132 6	−0.191 6	1.327 06			
0.8	1.645 4	−0.179 4	−0.248 5	1.217 53			
0.82	1.642 54	−0.185 4	−0.261 6	1.195 55			
0.84	1.639 27	−0.191 6	−0.318 4	1.129 28			
0.845 56	1.638 29	−0.193 3	−0.325	1.12			
0.855	1.636 56	−0.196 4	−0.110 9	1.329 3			
0.868 72	1.633 88	−0.200 8	0.324 96	1.758 02			
0.9	1.627 13	−0.211 2	0.254 97	1.670 88			
1	1.6	−0.241 8	0.241 83	1.6			
1.1	1.566 05	−0.248 4	0.197 97	1.515 62			
1.15	1.547 15	−0.263 9	0.176 5	1.459 79			
1.183 79	1.533 81	−0.325	0.163 63	1.372 48			
1.2	1.527 27	0	0.157 95	1.685 22			
1.216 21	1.520 65	0.324 96	0.152 56	1.998 17			
1.3	1.485 37	0.248 4	0.129 02	1.862 8			
1.4	1.441 74	0.241 83	0.108 28	1.791 85			
1.6	1.353 28	0.179 39	0.081 31	1.613 98			

续表

n_1	n	λ'_m	λ_S	λ_{min}	s_n	s_K	$C_2=C_3$
1.7	1.309 82	0.153 19	0.072 17	1.535 17			
1.8	1.267 44	0.132 58	0.064 84	1.464 86			
2	1.186 9	0.103 44	0.053 84	1.344 18			

注：此例把基波的临界转矩调整为 $\lambda'_m=2.15$（增大约 7%），计算结果主要参数与样本符合。机械特性曲线见图 1。

2. 最小转矩按 GB 标准为额定转矩的 0.9 倍

Y315S 电动机机械特性近似推算（最小转矩按 GB 标准）

n_1	n	λ'_m	λ_S	λ_{min}	S_N	S_K	C_2
1 000	980	2.207 3	1.6	0.9	0.02	0.083 5	0.165 8
M^*_{K2}	M^*_{K3}	λ_2	λ_3	C_4	C_5	M^*_{1min}	C_6
1.268 8	1.996 8	0.574 9	0.904 7	0.986	0.195 7	1.641 8	0.491 8
C_7	M^*_{5KM*7K}	$M^*_{5K2,7K2}$	$M^*_{5K3,7K3}$	S_{5K+}	S_{5K-}	S_{7K+}	S_{7K-}
0.085	0.470 5	0.270 4	0.425 6	1.183 3	1.216 7	0.869 1	0.845 2
S	M^*_1	M^*_5	M^*_7	M^*			
0.01	0.496 9	−0.1	−0.101	0.295 9			
0.02	0.955 4	−0.101	−0.102	0.752 4			
0.04	1.657 4	−0.103	−0.104	1.450 4			
0.06	2.044 2	−0.105	−0.107	1.833 1			
0.078	2.188 9	−0.106	−0.109	1.973 8			
0.079	2.193	−0.106	−0.109	1.977 7			
0.08	2.196 7	−0.106	−0.109	1.981 2			
0.082	2.203 2	−0.106	−0.11	1.987 2			
0.084	2.208 5	−0.107	−0.11	1.992			
0.09	2.217 8	−0.107	−0.111	2			
0.1	2.216	−0.108	−0.112	1.996			
0.2	1.907 9	−0.118	−0.128	1.661 9			
0.4	1.673 9	−0.145	−0.176	1.352 7			
0.6	1.664 8	−0.186	−0.269	1.209 8			
0.8	1.650 2	−0.252	−0.357	1.041 6			
0.82	1.646 8	−0.26	−0.38	1.006 9			
0.84	1.642 9	−0.269	−0.463	0.910 8			
0.844	1.642 1	−0.271	−0.473	0.898 3			
0.845 2	1.641 8	−0.271	−0.47	0.9			

续表

n_1	n	λ'_m	λ_S	λ_{min}	S_N	S_K	C_2
0.85	1.640 8	-0.274	-0.402	0.965 1			
0.87	1.636 4	-0.283	0.472 7	1.826 4			
0.9	1.629 2	-0.297	0.368 8	1.701 1			
1	1.6	-0.341	0.341	1.6			
1.1	1.564 5	-0.355	0.278 1	1.488			
1.15	1.545	-0.383	0.247 8	1.409 7			
1.183 7	1.531 3	-0.469	0.229 7	1.291 7			
1.2	1.524 6	0	0.221 6	1.746 2			
1.2163	1.517 8	0.469 3	0.214	2.201 1			
1.3	1.481 8	0.354 7	0.180 9	2.017 5			
1.4	1.437 6	0.341	0.151 8	1.930 5			
1.6	1.348 4	0.251 8	0.114	1.714 2			
1.8	1.262 2	0.185 9	0.090 9	1.539			
2	1.181 5	0.145	0.075 5	1.402			

注：此例把基波的临界转矩调整为 $\lambda'_m=2.2$（增大约 10%），计算结果主要参数与样本符合。机械特性曲线见图 2。

3. 最小转矩按 IEC 标准为启动转矩的 0.7 倍：

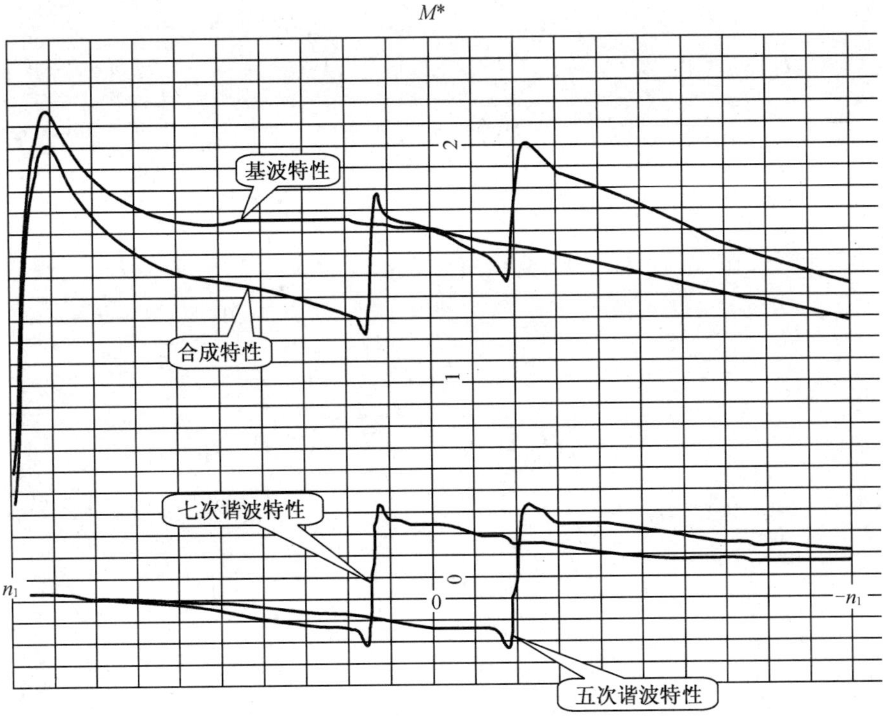

图 1 按 IEC 标准的近似机械特性

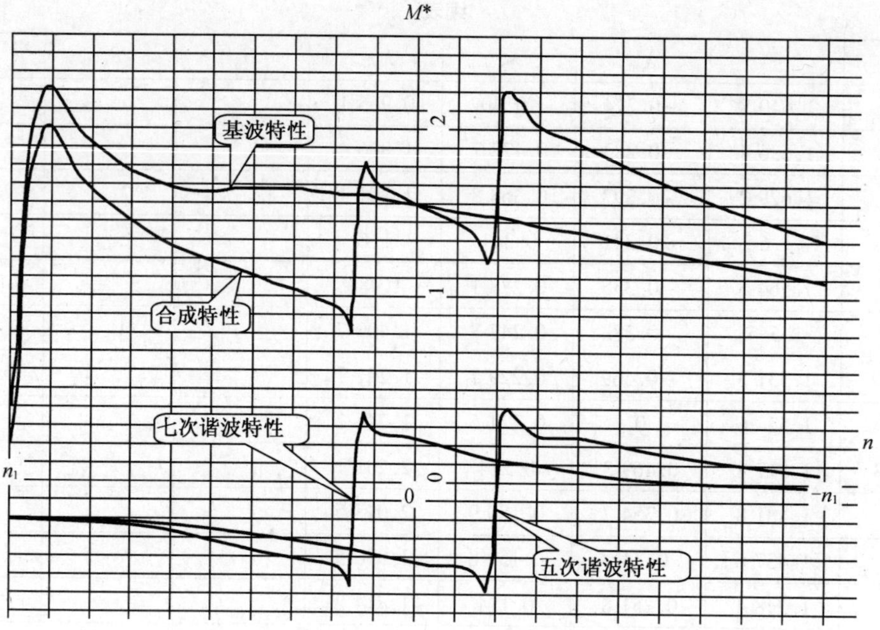

图 2　按 GB 标准的近似机械特性

参 考 文 献

[1]В. К. ПОПОВ. 电力驱动基础[M]. 锺兆琥译. 北京:龙门联合书局,1954.
[2]莫罗佐夫. 电力驱动原理[M]. 锺兆琥译. 北京:燃料工业出版社,1953.
[3]吴大榕. 电机学[M]. 北京:水利电力出版社,1959.
[4]李发海. 电机学[M]. 北京:科学出版社,1998.
[5]Г. К. 热而微. 电机的工业试验[M]. 吴大榕译. 北京:水利电力出版社,1959.
[6]Ю. С. 切切特. 自动装置中的微电机[M]. 北京:国防工业出版社,1959.
[7]Ф. А. 司徒沛尔. 电磁继电器的计算与结构[M]. 瞿安. 北京:高等教育出版社,1957.